Series of Ideas of History

编辑委员会

主 编

耶尔恩·吕森 (Jörn Rüsen，德国埃森文化科学研究所)
张文杰 (中国社会科学院哲学研究所)

副主编

陈 新 (复旦大学历史系)
斯特凡·约尔丹 (Stefan Jordan，德国巴伐利亚科学协会历史委员会)
彭 刚 (清华大学历史系)

编 委

何兆武 (清华大学历史系)
刘家和 (北京师范大学历史系)
涂纪亮 (中国社会科学院哲学研究所)
张广智 (复旦大学历史系)
于 沛 (中国社会科学院 世界历史研究所)
海登·怀特 (Hayden White，美国斯坦福大学)
娜塔莉·戴维斯 (Natalie Z. Davis，美国普林斯顿大学)
索林·安托希 (Sorin Antohi，匈牙利中欧大学)
克里斯·洛伦茨 (Chris Lorenz，荷兰阿姆斯特丹自由大学)
于尔根·施特劳布 (Jürgen Staub，德国开姆尼斯技术大学)
卢萨·帕塞里尼 (Luisa Passerini，意大利都灵大学)
埃斯特范欧·R.马丁斯 (Estevao de Rezende Martins，巴西巴西利亚大学)
于尔根·奥斯特哈默尔 (Jürgen Osterhammel，德国康斯坦茨大学)

历史的观念译丛

历史的观念
(增补版)

〔英〕柯林武德 著
扬·冯·德·杜森 编
何兆武 张文杰 陈新 译

The Idea of History
with Lectures
1926-1928

Robin George Collingwood

北京大学出版社
PEKING UNIVERSITY PRESS

著作权合同登记号　图字：01-2005-4644

图书在版编目（CIP）数据

历史的观念：增补版/（英）柯林武德著；何兆武，张文杰，陈新译.—北京：北京大学出版社，2010.1

（历史的观念译丛）

ISBN 978-7-301-16205-7

Ⅰ.历… Ⅱ.①柯…②何…③张…④陈… Ⅲ.历史哲学 Ⅳ.K01

中国版本图书馆 CIP 数据核字（2009）第 222744 号

The Idea of History: With Lectures 1926—1928
by R.G.Collingwood, Jan van der Dussen(Ed.)
© Teresa Smith 1946, 1993
Introduction and editorial material © Jan van der Dussen 1994

本书简体中文版由牛津大学出版社授予北京大学出版社独家拥有

书　　名	历史的观念（增补版）
著作责任者	〔英〕柯林武德（R. G. Collingwood）著　何兆武　张文杰　陈新　译
责任编辑	岳秀坤
标准书号	ISBN 978-7-301-16205-7
出版发行	北京大学出版社
地　　址	北京市海淀区成府路 205 号　100871
网　　址	http://www.pup.cn　新浪微博:@北京大学出版社
电子信箱	pkuwsz@126.com
电　　话	邮购部 010-62752015　发行部 010-62750672 编辑部 010-62752025
印 刷 者	三河市博文印刷有限公司
经 销 者	新华书店
	965 毫米×1300 毫米　16 开本　37 印张　524 千字 2010 年 1 月第 1 版　2023 年 7 月第 10 次印刷
定　　价	110.00 元

未经许可，不得以任何方式复制或抄袭本书之部分或全部内容。

版权所有，侵权必究

举报电话：010-62752024　电子信箱：fd@pup.pku.edu.cn

图书如有印装质量问题，请与出版部联系，电话：010-62756370

《历史的观念译丛》总序

序 一

在跨文化交流不断加强的当下,如影相随的是,我们面对着全球化时代的一种紧迫要求,即必须更好地理解文化差异及特殊性。由中外学者携手组织的这套丛书,将致力于把西方有关历史、历史编纂、元史学和历史哲学的话语带入中国历史文化的园地。

历史论题是人类生活中极其重要的元素。在历史中,人们形成并且反映了他们与其他人的认同感、归属感,以及与他者的差异。在归属感和差异的宽泛视界中来看待"世界诸文明",人们才能够谈及"文化认同"。历史学家们的专业学术工作往往涉及并依赖于认同形成的文化过程。由于这种牵涉,无论历史学家是否意识到,政治都在他们的工作中起着重要作用。不管学术性的历史研究仅仅只是作为资政的工具,还是因其方法的合理性而有着特别功能,这都已经是公开的问题。

关于历史思维的学术地位的许多讨论,还有它对"客观性"或普遍有效性的执着,都与世界范围内现代化过程中的历史思维之发展联系在一起。在这一过程中,历史思维获得了学术学科或者说"科学"(Wissenschaft,采该词更宽泛的意义)的形式。历史学研究的传统,其自尊就在于,它声称与非专业历史学相比有着更高层次的有效性。一般用的词就是"客观性"。与这种对客观性的执着相反,许多重要论述进入了历史学家的自我意识,这牵涉到他们与各自国家历史文化的相互关系。例如,后现代主义极力否认客观性这种主张,并且指出,尽管历史研究有其方法的合理性,而在历史研究之外的政治利益、语言假定和文化意义标准等等,历史的解释却对它们有一种根本的依赖。

在意识到了记忆的作用,并且意识到了非专业性因素在异彩纷呈的人类生活领域中表现过去的作用之后,发生在历史学内外的、有关历史思想以及它作为学术学科的形式的讨论,就因这种新的意识而被扩大了。在人类生活的文化定向中,记忆是一种巨大的力量,它似乎要取代历史在那些决定历史认同的行为中所处的核心位置。这样一种更迭是否会造成足够重要的后果,影响到历史在民族文化生活中的角色,这一点还悬而未决。只要记忆与"实际发生的"经验相关,历史就仍然是对集体记忆中这种经验因素的一种言说。

在反思历史思想与职业历史学家的工作时,这种视界的扩展因为如下事实而获得了额外的扩大和深化,即:人们为了理解现在、期盼未来而研究过去的方式存在着根本的文化差异;没有这样的洞见,就不可能正确地理解历史。既然认同关系到与他者的差异,而历史是呈现、反思和交流这种差异的领域,历史学家的工作就必然一直处在对付这种差异的张力之中。"文明的冲突"便是一个口号,它标明,通过回忆和历史形成的认同中存在着紧张因素。

既然认同不只是界定和奋争的事情,它同时还是理解和认知,为此,这双重因素在历史话语中都必须主题化。每一种认同都因识别出他者而存在,而各种认同或认同的文化概念之间的张力以至于斗争或冲突,都不得不被理解为一种认知的要求。是什么使得他者出现差异呢?对此不理解,认知就不可能实现。这样,就必须了解他者的差异中那些强有力的文化要素和过程。

进而,若缺少贯穿这种差异的可理解性原则,认知也不可能。就学术性话语的层面而言,在将历史认同主题化,使之成为差异的一个事例时,这些普遍的要素和维度与专业性历史思维的话语特征有着本质上的关联。

这就是本丛书的出发点,它想把西方世界人们理解、讨论、扩展、批判和利用历史的途径告诉汉语世界。

这套丛书可谓雄心勃勃,它试图展现西方历史话语的整个领域。

在思考历史的西方人眼中，西方历史思想是什么？谁的观点成了有影响的观点？想象一种单一的西方历史思想类型，并以之与非西方的中国人或印度人的历史思想相比对，这相当容易。但更进一步，人们就会发现，西方并没有这样一种类型，即单一的"观念""概念"或者"根本"。相反，我们找到了一种话语，它呈现出各种不同概念、观点和实际作用之间错综分合的交流。这套丛书便展现了这种多样性和话语特征，当然，非西方世界也会有类似情形。

本丛书分为作者论著和主题文集两类出版。第一类选取该作者对历史话语而言有着重要地位的作品，第二类则选取历史话语中的一些中心主题。每一卷都有介绍该作者或主题的导论、文本注释和文献目录。

本丛书期待对历史学领域中在新的层次上并且是高质量的跨文化交流有所贡献。抱着这种呈现更广泛的意见、立场、论证、争执的雄心壮志，它希望成为跨文化交流中类似研究的范例，使不同文化彼此得到更好的理解。在跨文化交流与对话的领域内，就一种对文化差异彼此了解的新文化来说，这种理解是必要的。

耶尔恩·吕森
2006 年 5 月于德国埃森

序 二

近代以来,西方历史思想家为人类提供了丰富的历史思想资源。历史的观念经过一代代思想家的演绎,构成了多元的话语系统,而且,这个系统还随着思想家们不断的思考、表现而获得扩充。

我们往往通过书本了解思想家们对历史的看法,但对于读者自身而言,我们却不能只是从书本中去理解历史。事实上,我们就生活在历史中,这并不是说我们现在的经历将成为历史,而是指我们身边的每一处能够被言说、被体悟的事情,如果不能够获得历史解释,它都无法进入理性的思索之中。从历史中获取意义,获取人生在某个时刻具有的确定性和行动的立足点,这是试图了解历史的人所追求的。但这样一种能力对于个人而言并不是可遗传的或可积累的,每个人都不得不在自己的生活中重新发展它。思想家们对过去的理解与认识、对历史这个观念的思考,以及对与历史相关的一些问题的探询,这些都只为我们耕耘未来生活这块荒原提供各式各样的工具,却不提供秋收的果实。

系统地译介西方史学理论或历史哲学作品,一直是20世纪以来几代中国学者的梦想。这个梦想曾经深藏在何兆武先生年青的头脑中,此后,他身体力行,译著丰卓,为拓展国人的历史思维付出了不懈的努力。如今,跨文化交流的加强,以及国内学术事业的繁荣,使得这一梦想更有可能变为现实。

本丛书有幸得到了德国学者耶尔恩·吕森教授的大力支持。吕森教授认为,加强跨文化交流有利于创造一种新的世界文化,现存诸种文化可以包含在其中,但它们了解彼此的差异,尊重彼此的习惯;平等交流使得我们可以跨越文化鸿沟,同时拓宽我们理解历史的文化限度。这也是中方编辑者的初衷之一。这样,中德双方组织者表现出极大的热忱。从丛书框架、选题的设计,到约请编译者,乃至沟通版权,一项项艰巨的任务在数年来持续不断的交流与努力中逐渐得到落实。

丛书编者有着极大的雄心,希望以数十年的努力,将西方18世纪以来关于历史、历史编纂、元史学和历史哲学的重要文献渐次翻译,奉献给汉语世界。如果可能,这套丛书还将涉及非西方世界史学思想的文献。

　　显然,这套丛书的出版是一项跨文化交流的成果,同时也是一项民间的学术事业,在此,我们要对所有帮助这套丛书出版的编者、译者、出版者表示感谢。愿这样的努力,也能够得到读者的关注、批评与认可。

张文杰　陈　新
2006 年 5 月

目 录

编者前言　　杜森　　1
增补版导言　　杜森　　1

历史的观念

导　论　3
　　第一节　历史哲学　3
　　第二节　历史学的性质、对象、方法和价值　8
　　第三节　第一编至第四编的问题　11
第一编　希腊罗马的历史编纂学　15
　　第一节　神权历史学和神话　15
　　第二节　希罗多德开创的科学历史学　19
　　第三节　希腊思想的反历史倾向　21
　　第四节　希腊人关于历史学的性质和价值的概念　23
　　第五节　希腊的历史学方法及其局限性　26
　　第六节　希罗多德和修昔底德　29
　　第七节　希腊化时期　32
　　第八节　波里比乌斯　35
　　第九节　李维和塔西佗　37
　　第十节　希腊罗马历史编纂学的特点　42
第二编　基督教的影响　47
　　第一节　基督教思想的潜移默化　47

第二节　基督教历史编纂学的特点　50

第三节　中世纪的历史编纂学　53

第四节　文艺复兴时期的历史学家　58

第五节　笛卡儿　60

第六节　笛卡儿派的历史编纂学　63

第七节　反笛卡儿主义:(一)维柯　65

第八节　反笛卡儿主义:(二)洛克、贝克莱和休谟　72

第九节　启蒙运动　77

第十节　人性的科学　82

第三编　科学历史学的滥觞　87

第一节　浪漫主义　87

第二节　赫德尔　90

第三节　康　德　94

第四节　席　勒　105

第五节　费希特　106

第六节　谢　林　111

第七节　黑格尔　113

第八节　黑格尔和马克思　122

第九节　实证主义　126

第四编　科学历史学　133

第一节　英　国　133

第二节　德　国　163

第三节　法　国　181

第四节　意大利　189

第五编　后　论　203

第一节　人性和人类历史[1936]　203

第二节　历史的想象[1935]　229

第三节　历史的证据[1939]　246

第四节　作为过去经验之重演的历史学[1936]　278

第五节　历史学的题材[1936]　298

第六节　历史和自由[1939]　311
第七节　历史思维所创造的进步[1936]　316

增补部分

绪论:某某哲学、特别是历史哲学的观念[1927]　333
历史哲学讲稿[1926]　354
历史哲学纲要[1928]　415

附　录

评柯林武德的史学理论　　何兆武　481
索　引　517
译后记　531

编者前言

《历史的观念》无疑是柯林武德最负盛名的作品。自1946年问世以来,它获得了广泛的关注。有关历史哲学的讨论在第二次世界大战中就发展起来了,战后,《历史的观念》事实上一直是讨论的核心。有的人甚至说,对历史哲学的兴趣之所以复兴,《历史的观念》的出版是一个主要的因素。过去,这个领域往往是和19世纪、20世纪之交的德国哲学家如狄尔泰、文德尔班、李凯尔特联系在一起的。《历史的观念》多次重印并翻译成其他文种,这恰恰从另一个方面证明了它具有持久的影响力。

在这个修订版中,增补的这些新材料是从最近才发现的柯林武德的未刊稿中选出的,至于原版内容,我们未作任何改动。这样,在柯林武德有关历史哲学的主要作品的语境中来研究他的历史哲学观点,就成为可能了。

原版《历史的观念》是一部遗著,由柯林武德的学生诺克斯(T. M. Knox)编辑。诺克斯为此撰写了一篇序言,将柯林武德的历史哲学放在其哲学观念及其发展的广阔语境中来理解。但是,随后对柯林武德的哲学的研究表明,诺克斯在序言中的解释有一些重要缺陷。因此,鉴于过去几十年中有关柯林武德历史哲学的研究的进展,现在就需要有一篇新的导言。

在这篇新导言中,我将说明诺克斯版《历史的观念》是如何成形的,以及他编辑此书的方式,然后简要介绍对《历史的观念》的接受情况。要想对柯林武德的历史哲学做出恰当的评价,就必须将它放在适当的情境中,这样,我们就该考虑柯林武德有关历史哲学观念的发展。

因此，我也试着评论了新增的1926年、1927年、1928年三篇手稿的性质。

《历史的观念》增补版的这篇新导论有点儿长，但考虑到此书面世的方式颇为复杂，这又很有必要。在这一点上，尤其值得注意的是，该书实际上是柯林武德在1926年至1939年期间有关历史哲学的文章汇编。为了更清楚地显示这一点，我在增补版的目录中，将原版内容中各部分的初次发表日期也标了出来。

柯林武德的女儿特丽莎·史密斯夫人(Mrs.Teresa Smith)允许我在这本增补版中刊印她父亲的历史哲学未刊稿，我肯定大家都和我一样深表感谢。我确信，不仅越来越多对柯林武德的思想感兴趣的学者和学生欢迎此举，一般的哲学家和历史学家也会欢迎。《历史的观念》自出版以来读者日众，我相信这个增补版不仅可以为柯林武德的新一代读者，也为那些熟悉初版的读者提供更多的内容。

我对牛津大学出版社以现在这个形式出版《历史的观念》特表谢忱，尤其要感谢安杰拉·布莱克本夫人(Mrs.Angela Blackburn)和弗朗西丝·莫菲夫人(Mrs.Frances Morphy)，她们和特丽莎·史密斯夫人一起为本书出版贡献良多。

我还想借此机会特别感谢马丁·巴克(Martijn Bakker)、马杰特·德克斯(Marjet Derks)、利奥·坦恩·哈格(Leo ten Hag)、阿尼塔·亨德里克斯(Antia Hendricx)、里克·彼特斯(Rik Peters)、赫尔曼·斯密森(Herman Simissen)，他们都是柯林武德研究团体中的朋友或学生。多年来，他们不仅和我一起探讨柯林武德哲学的各个方面，也帮助我编辑柯林武德手稿。

最后，我想要感谢大卫·鲍彻(David Boucher)和威廉·德雷(William Dray)教授。他们的热忱帮助使我的英语多少可以让读者忍受，同时，他们也对我提出了许多中肯的批评。

杜　森

荷兰海尔伦，1992年7月

增补版导言

杜森

一 导 言

《历史的观念》是柯林武德去世后出版的,它的由来和以后人们对它的接受,本身就是一个很有意思的故事。柯林武德想过要写一本书来说明历史这个概念的发展,书名就叫作《历史的观念》,但如果他来得及写完的话,就不会以诺克斯编辑的这种形式出版了。1943年1月,柯林武德英年早逝,这令他无法完成自己的那个庞大计划,而《历史的观念》本来只是这个计划的一部分。他曾经打算把自己以前发表的一些著作编成一套系统文集。这套书分成三类,即"哲学论集""哲学的原理"①和"观念史研究"。牛津大学出版社同意了这个方案,也安排了出版计划。② 第一类"哲学论集",包括《哲学方法论》(1933年出版),以及后来在1940年出版的《形而上学论》。这套书的第二类"哲学的原理",由《艺术原理》(1938年出版)和《史学原理》组成,其中后者只在1939年写了三分之一,之后未能完成。最后一类"观念史研究",由《自然的观念》和《历史的观念》构成,这两部作品都是在他去世后由诺克斯编辑出版的。

在最后三部作品中,只有《自然的观念》草稿接近全部成书。柯林武德之所以未能完成他的计划,有两个方面的原因,一是他的健康状况

---

① 此处"哲学的原理"(Philosophical Principles)并非指作为哲学学科的原理,而是指以哲学的方式思考的其他学科的原理。——译者注
② 这一出版计划在1939年10月18日和19日牛津大学出版社与柯林武德的往来信件中提到。在1939年6月3日给出版社的信中,柯林武德已经提出了这套书的前两类。

恶化，再就是二战爆发。柯林武德毫不妥协地反对法西斯主义和纳粹主义，并且认为，对战争中会有哪些危险进行一种基础性的研究是他的职责所在。在他看来，这完全是一种理念上的根本冲突：法西斯主义和纳粹主义构成了对文明的反叛，我们必须不惜一切代价抵制它们。他在《新利维坦》中表达了自己的想法。然而，这并不完全是以他关于历史学的作品为出发点的。与其他作品相比，这部著作试图发展出一种有关道义的理论，它涉及的是文明，以及在人与人之间的关系中逐渐消除武力；而像法西斯主义和纳粹主义那样的野蛮主义就对这种理念构成了威胁。对柯林武德来说，历史和道义是理论理性和实践理性的最高层次，二者都关涉具体的个人。《新利维坦》是柯林武德最后一部作品，也是在他病重时最艰难的情形下完成的。考虑到柯林武德晚年遭受一系列打击而变得越来越精力不济，他还能够完成此书，这的确是一件了不起的事情。

柯林武德去世时留下了总共4000页左右的手稿，它们涉及非常多的领域，如宗教、文学批评、伦理学、认识论、形而上学、宇宙论、民间传说与巫术、政治学、历史哲学、罗马不列颠史以及考古学。按他的意愿，除非他的遗产继承人主动与牛津大学出版社协商，否则这些手稿不得出版。自1978年开始，手稿被存放在牛津大学的巴德礼图书馆（Bodleian Library），可供读者查阅，而在此之前，学者们一般对此全无所知。不过，柯林武德去世后不久，柯林武德原先的一位得意门生诺克斯请求从手稿中选出一些可能适合出版的文字。然而，诺克斯看到的主要是柯林武德晚年的手稿，并且，即便是这些手稿，他盯住的也只是后来那些原本就有意出版的手稿。这些手稿就包括了前述的《自然的观念》《历史的观念》和《史学原理》。

柯林武德在1934年、1935年和1937年做过有关宇宙学理论史的演讲。他将此命名为"自然与心灵"，这是以他1933年至1934年间对该领域进行广泛研究为基础的。到1939年，考虑到要出版了，他开始对此进行修改。这些文稿最终在1945年以《自然的观念》为名出版，诺克斯自己说的，只做了"很少一点编辑"。

二 《历史的观念》后论(第五编)

诺克斯考虑出版的两部分剩余手稿都是有关历史哲学的。第一部分是一组题为"历史哲学讲稿"的演讲稿,这是柯林武德在1936年前两个学期写作和讲授的。1940年,柯林武德对讲稿进行了修订,并以"历史的观念"为名又讲授了一次,此时,他是想就用这个名字将它们编成书。

第二部分手稿即《史学原理》,其性质就不一样了。柯林武德原想将它当作一本单独的书。1939年2月,经历一次严重的中风之后,柯林武德到荷属东印度爪哇岛休假,这期间,他主要就是在写作此书。他在手稿中留下了为准备此书而做的注,如其中一条这样写道:

> 新书提纲,1939年2月9日,"史学原理"。主要论题包括:(1)简要描述历史学作为一门特殊科学的那些最明显的特征。(2)这些特征与其他特征之间的关系。(3)历史作为思想与实际生活的关系。据此可分为一、二、三编。①

这三编只有第一编完成了。它包括四章,分别研究了"证据""行动""重演"及"历史作为心灵的自我认识"这四个概念。至于柯林武德是否真正完成了第一编的最后一章尚未可知,因为他最后一次提到这一章是在3月27日的日记中,他写道:"早晨准备写《史学原理》第四章,但却写不出来。"可以肯定的是,柯林武德非常重视这一写作计划。他回到英国后,给考古学家辛普森(F.G.Simpson)写了一封信,信上说,《史学原理》是"我花费一生为之准备的书。如果我能完成它,我将死而无憾了"。虽然由于前述原因,这本书从未写完,柯林武德依然想要完成它,在他1939年10月19日写给牛津大学出版社的信里,这一点很明显。

---

① Bodleian Library, Collingwood Papers, dep.13, "Historiography, xi-1938-1939", p.20.

《史学原理》手稿中,柯林武德写了一条笔记,委托他的妻子在他万一没能完成该书时,"按照上面的标题出版,你自己写一个序言,说明它是我至少25年来所期待写出的重要著作的片断"。诺克斯在1945年3月31日给牛津大学出版社的信里,引用了这条笔记。他接着还写道:

> 尽管有这一授权,但我仍然认为,按照手稿目前的情况出版《史学原理》是不妥的。该书分为三章。第二章和第三章的大量内容早已包含在《自传》和《形而上学论》两书中,并且,我认为我们不应该对柯林武德很可能在病重时所写下的一条笔记咬文嚼字。

诺克斯说《史学原理》的第一编分为三章,他弄错了,因为实际上有四章,他本人还曾编辑过被遗漏的那一章的一部分。

《史学原理》手稿约有九十页。第一章("论证据")和第四章("论历史作为心灵的自我认识")被收入诺克斯版的《历史的观念》一书中,标题分别是"历史的证据"(《历史的观念》第249—282页,以下简称"《观念》";《史学原理》手稿第4—31页)和"历史和自由"(《观念》第315—320页;《史学原理》手稿第76—78页,以及增加的77a页和77b页)。诺克斯在《历史的观念》初版序言中说,他把《史学原理》手稿的第三部分第八节也收入其中(手稿第122—126页,论黑格尔和马克思)。看来这似乎是有道理的,因为这一部分差不多始于"历史与自由"结尾处(《观念》第320页):在"历史与自由"中,作者进一步论述了人类自由的观念必然与一种自律的历史科学有密切联系,而在"黑格尔与马克思"一节中,作者认为,这两位哲学家始终未能获得一种自律的历史科学,他们依然在运用着非历史的方法。①

诺克斯对《史学原理》中部分文本的处理是否可靠,这依然备受争

---

① 诺克斯在1945年3月31日写给牛津大学出版社的信中提到,这部分内容出自《史学原理》手稿的第81—83页。

议。但是,我们应该注意的是,柯林武德在《史学原理》的计划中,确定过第四章的主题:"历史作为心灵的自我认识。其他种种心灵科学除外",而诺克斯把其中的一部分放在"历史与自由"的标题下出版。该部分开篇这样写道:"我已经提出过,我们研究历史乃是为了获得自我认识。"接着,柯林武德又暗示,他将通过表明"我们关于人类的活动是自由的这种知识,是怎样只有通过我们发现历史才被获得"(《观念》第315页)来说明这个主题。这意味着,诺克斯很可能漏掉了《史学原理》第四章开头恰恰是论述历史作为心灵的自我认识的那一部分,而把自己局限在柯林武德自己对这一论点的举例说明中。可以肯定的是,"在我对历史的观念的历史概述中"(《观念》第315页)这句话是诺克斯加上去的,——柯林武德并没打算把这样的概述当作《史学原理》一书的内容。

这就给我们带来了一个问题:诺克斯是怎样编辑《历史的观念》一书的? 尤其要问的是,他都做了哪些改动? 我们可以肯定的是,柯林武德原意是要分开出版两本书:《历史的观念》和《史学原理》。柯林武德授权出版《史学原理》一书,但是诺克斯对此置若罔闻,结果两本书的主题被合并到《历史的观念》一卷里,其中既包括了《史学原理》的一部分,又包括了两篇柯林武德早先发表过的文章:《人性和人类历史》(《观念》第205—231页)和《历史的想象》(《观念》第231—249页)。① 《史学原理》的一部分,以及这两篇已经出版过的文章,诺克斯把它们放在了一起,以"后论"为题,作为《历史的观念》的第五编。他还在这一编中收录了另外三章,这是柯林武德"历史哲学讲稿"(1936)第二部分中的,柯林武德给这一部分用的标题是"形而上学后论"。这三篇文章分别是:《作为过去经验之重演的历史学》(《观念》第282—302页),《历史学的题材》(《观念》第302—315页),《历史思维所创造的进步》(《观念》第321—334页)。但是,我们应该注意到的是,柯林武德在他

---

① 《人性和人类历史》("Human Nature and Human History")一文是单独出版的(伦敦,1936),并收入 Proceedings of the British Academy, 22(1937),第97—127页。《历史的想象》("The Historical Imagination")是柯林武德1935年10月28日就任温弗莱特形而上学讲座教授时的就职演讲。

的"形而上学后论"中,给这些章节中的第一章和第三章,也就是《作为过去经验之重演的历史学》和《历史思维所创造的进步》这两篇,用了不同的标题。

同样可以肯定的是,诺克斯略去了《史学原理》的第二章和第三章。柯林武德曾在该书的提纲中,把第二章描述为"陈述并解释行动(Action,即 res gestae [活动事迹])这一概念,将它与进步或者变化的概念及其暗指的伪历史进行比较",而第三章则被描述为"重演的概念,并比较死的过去和完成性"。当然,很不幸,这些章节当时没能出版,这是我们的后见之明。更不幸的是,《史学原理》的这部分手稿丢失了,而作为《历史的观念》基础的那些原始手稿差不多也全部丢失了。它们很可能是被牛津大学出版社毁掉了,出版社只是遵照了处理已经出版过的手稿的工作惯例,但他们完全不知道,这一次,采用的只是手稿中的一部分。

我们已经看到,诺克斯没有收录《史学原理》第二、三章的理由是,在他看来,其中"大量"内容已经包含在《自传》和《形而上学论》里面。① 这一论断对于《形而上学论》一书来说,尤其难以令人信服,因为行动和重演这两个概念,并没有在该书中论述过。而且,更何况,要是在《自传》对这些论题的几页讨论之外,还能够获得柯林武德为它们所写的四十多页内容,当然是更好。

总结以上就诺克斯编辑《历史的观念》的方式所进行的论述,我们首先要注意的一点就是,柯林武德1936年所写的"历史哲学讲稿"的第二部分("形而上学后论")已经被诺克斯大大地扩充为一个单独的后论(即第五编"后论",《观念》第205—334页)。但是,我们要注意的更为重要的一点是,这个"后论"包含了一些完全不同的成分,这不仅

---

① 但是,诺克斯在《历史的观念》导言的第 vi 页,提到了另一种原因。他说,尽管柯林武德授权出版《史学原理》的手稿,"我仍不认为有理由要出版除了后面第三编第八节和第五编第三节、第六节中所出现的三部分摘录而外的更多的东西。甚至我把这些包括进去,都是有些迟疑的。这些部分是用柯林武德后来的态度写成的,而它们的风格和情调与本书的其余部分有时候颇为脱节;但是把它们包罗进来可以补充他的历史观和更详细地阐明在其他地方只是简略指出的某些论点。"

表现在它们成文的日期上(从1935年到1939年),而且表现在它们的风格上。我们尤其应该强调各篇文章的不同性质和背景:它们囊括了讲稿、出版过的文章,以及一本从未完成的书的初稿。第五编"后论"的构成可以概括如下:

  第一节 人性和人类历史(1936年发表)
  第二节 历史的想象(1935年发表)
  第三节 历史的证据(《史学原理》手稿的第一章,写于1939年)
  第四节 作为过去经验之重演的历史学(1936年讲稿)
  第五节 历史学的题材(1936年讲稿)
  第六节 历史和自由(《史学原理》手稿第四章的一部分,写于1939年)
  第七节 历史思维所创造的进步(1936年讲稿)

三 《历史的观念》:导论和第一至四编

正如其名称所指出的那样,"后论"并不是《历史的观念》一书的主体部分。该书的主要部分是由柯林武德1936年有关历史哲学方面的讲稿构成,它讲述的是从古希腊至今历史的观念的历史。这部分讲稿原稿有153页,而那篇"形而上学后论"占了41页。

我们已经指出过,这一手稿本身已经遗失。剩下的只有一个第二学期课程目录,以及多少有些零散的24页文稿。上面附了诺克斯写的一条很神秘的笔记:"《历史的观念》手稿的一部分,要么没有用过,要么已经以不同形式在出版了的书中用过。"① 这就把我们引向《历史的观念》编辑方式尤其是编辑过程中的随意性这个问题。这个问题以前没有人提出过,因为没有人在细节上研究过它。

诺克斯在动手编辑手稿前,曾于1945年3月31日给牛津大学出

---

① Bodleian Library, Collingwood Papers, dep.15.

版社写了一封信,简要说明了他是怎么构想的。"需要有相当大的编辑量",他写道,"以避免重复,把材料归纳成章等等,还要消除演讲形式的语气等等。需要做的编辑将比《自然的观念》一书要多。"编辑完成后,他在1945年10月31日又写道:

> 即便现在,我的感觉还是,如果让我自己把这本书再拿上六个月,我依然能找得到要修订的东西,但是,从总体上看,我已经得出的结论就是,这本书如今已经准备好付印了,除了整个做一个修订本之外,进一步改进几乎是不现实的。

诺克斯在《历史的观念》初版序言中,用相似的口气介绍说,"因为大部分可用的材料还只不过是最初的草稿,所以在这里有必要比《自然的观念》一书做更多得多的编辑工作"(第 v 页)。

手稿的主体部分是1936年为一门课所写的讲稿,该课程1937年又重开了一次。在1940学年的其中一个学期,柯林武德以"历史的观念"为题再次就该主题给学生讲课时,可能省略了"形而上学后论",因为随着《史学原理》的写作,他在同一主题上已经有了崭新的开始。①在1940年的讲座中,柯林武德对1936年的讲稿做了些修改。但是由于手稿仅剩一些散页,很难确定这些修改是什么类型的。诺克斯在他的前言部分宣称,柯林武德1940年修订了部分1936年讲稿,"尤其是有关希腊和罗马的部分"。② 他所未提到的是,导论部分也有相当大的修改。因为1936年导论最开始两页和随后的一些页都保存了下来了(第8—12页),它们与《历史的观念》一书的导论有相当大的不同,而后者因而显然是以1940年所做的改动为基础的:在开篇第一段中,柯

---

① 特别是在《史学原理》第一编的第三章,重演这一概念被重新讨论。1940 年,讲稿的标题也换成了"历史的观念"而不再是 1936 年的"历史哲学讲稿"。
② 手稿中有一个笔记本,标题是"历史编纂",后面有 6 页的笔记。在第 2 页上写着:"8-iii-40.《历史的观念》(讲稿笔记,之前才发现包含我过去 15 年关于该主题进行的研究成果的手稿已经丢了)。"(Bodleian Library, Collingwood Papers, dep.13)在这个注记后面,我们发现了一个粗略的提纲,很像《历史的观念》第一部分的框架,讲的是希腊-罗马历史编纂。因此,柯林武德所指的手稿可能是 1936 年演讲的希腊和罗马部分。

林武德对"历史哲学"这一名称的三种含义的阐述更为详细,对历史知识之性质的讨论也以不同于《历史的观念》的方式进行。这部分很有可能是柯林武德改动的,因为他在《史学原理》中重新论述了这一主题。因此,我们可以得出结论说,他在1940年写了一篇修订过的导言。

有证据表明,《历史的观念》中包含着来自各个部分的段落,它们集中起来构成了章节。比如,手稿中保留下来的第8页开头是:"科学哲学不再是哲学研究的一个特别的分支。"相同的段落可以在《历史的观念》一书的第6页末尾找到;相关的段落也被复制,直到第7页的"就两个阶段而言,如果本书代表第一个阶段,那我们应当满足了。"随后,三页手稿被略去——这三页尤其谈到了历史过程和自然过程的不同。之后,诺克斯加了一句"我此处试图要做的是",而从"对历史之性质所做的哲学探究"这几个词到这句话结尾(第7页)也是从手稿第11页中复制来的。①

在别的例子中,诺克斯加工的痕迹甚至更为明显。比如,有一页手稿(19d页)明显是写于1940年(柯林武德的笔迹在那个时候明显是不同的),文字内容见于《历史的观念》一书的第31页的下半页到第33页的上半页。但是,在《历史的观念》的文本中有一些明显的改动,这肯定是诺克斯做的。我们甚至可以更加自信地肯定,他对《历史的观念》第41页末和第42页开头的文本也进行了改动,该部分内容出自1936年的手稿,但在第41页末有几个句子是出自柯林武德1940年所添加的内容("第九讲开始")。之后,同时添加的两句可以在《历史的观念》第46页的开头找到。

在《历史的观念》第73页,可以看到诺克斯处理文本的一个明显的例子。该页中间部分出自1936年手稿的第68页。但是,在手稿中,以"这时英国学派正朝着历史学的方向在给哲学重新定向"开头的句子和以"就他那样坚定而深邃的一个思想家而言;这就必然具有某种

---

① 当然,这篇新文章也可能归功于柯林武德1940年的修改。但是,我们提到的段落是从第8页和第11页复制来的。并且,在柯林武德1940年稍后的手写稿中,第8页的"这些讲稿"被改成了"这本书"。

意义"开头的句子之间有一长段。柯林武德在这段文字中批评了洛克和休谟的静止的、一成不变的人性观。柯林武德在其中写道:"朝着历史学的方向给哲学进行一次彻底的重新定向","将清除作为形而上学教条主义残余的那些概念,将强调我们的状况只能是指人类此时此地的状况,强调人性指的是我们现在所发现的人性"。诺克斯不仅漏掉了这段话,而且,为了行文流畅,他还做了某些改动和增补:"这时英国学派正朝着历史学的方向在给哲学重新定向;但是,它并没有觉察到自己正在这样做",变成了"这时英国学派正朝着历史学的方向在给哲学重新定向,**虽然大体上说**,它并没有清楚地觉察到自己正在这样做"(黑体部分是增加的)。诺克斯又在这句话后面加上:"然而,休谟对这种形势却不像他的前人那样盲目",而这句话与诺克斯删掉的那段话似乎联系很小。①

有一页手稿,既有1936年版本,又有1940年版本。该页论述的是黑格尔和康德的关系,收录在《历史的观念》一书的第121页。1940年,柯林武德在1936年所写的该页后半页上,粘贴了一个新的版本。既然这样,我们因此就可以评价一下诺克斯对这个文本的处理。结果,我们吃惊地看到,《历史的观念》的第121页后半部分实际上是诺克斯自己对1940年版文本进行的重述。同样令人费解的是,在稍后没几页(第123页),诺克斯把后一页的1936年手稿的一部分照搬了过来(只做了一些很小的改动)。而第123页是讨论黑格尔和马克思段落的一部分(第三编,第八节),并且我们已经看到,这一段是从《史学原理》第四章拿来的。这就意味着,我们在这种情况下所看到的是1936和1939年手稿的拼凑物。

我们也要注意,诺克斯在他的前言中(第vii页)表明,在第四编的第一节之四(有关伯里),他采用的是柯林武德投给《英国历史评论》杂志的书评,他这一说法让人难以置信,因为,这一部分事实上与书评原

---

① 有一个要考虑到的可能性是,柯林武德在1940年的修订中,自己把相关的段落删掉了。但是,1936年手稿的第68页开头是"怀疑的乌云,但是大自然本身",该部分直到段末都被诺克斯收录在《历史的观念》一书的第73页。并且,手稿的第68页包括了柯林武德1940年加上的一个词("从实在论者的角度来看")。

文根本不符。考虑到诸如以上的事项,我们似乎确实有理由怀疑,诺克斯在编辑《历史的观念》一书时,是否一直是像人们原本希望的那样严谨。

四 《历史的观念》:诺克斯的编者序

柯林武德曾经给一本作者去世后由他人编辑出版的遗著写过书评。他说:"这是一项需要投入大量劳动的苦差事,显然,它需要技巧和判断力……由另外一个人润饰一部尚未完成的手稿,这是一项任何人都不愿做的工作,除非是当作心甘情愿做的工作。"①他自己的书《历史的观念》作为遗著出版,完全也可以用这句话来描述。诺克斯是柯林武德的一个忠实的学生和朋友,他认为编辑这本书以及《自然的观念》是他的职责所在。这就如同他对一位他非常感激同时也是他的老师的那个人做的最后的奉献。他所写的《历史的观念》初版序言,不仅表达了这一点,而且也应该被看作是为了防止柯林武德可能被人们忘却而做的努力。因为在该书出版之时,柯林武德思想的各个方面及其发展都尚未广为人知,诺克斯对此的描述就变得很有影响了,成为随后的大多数对柯林武德阐释的起点。考虑到过去数十年里出现的有关柯林武德的论著,以及今天可以在柯林武德手稿中找到的证据,我们有理由相信,诺克斯在其前言中所刻画的景象具有非常特殊的性质,我们有必要就此提出一些问题。

诺克斯最具影响力的观点,涉及柯林武德的哲学发展。在他看来,柯林武德的著作可以分为三类:

> 第一组包括他视为少年时代作品的《宗教与哲学》(1916)和《知识的图式》(1924)。第二组始自《哲学方法论》(1933),继之

---

① 柯林武德:"评S.迪尔著《墨洛维时期高卢的罗马社会》"(R. G. Collingwood, review of S. Dill, *Roman Society in Gaul in the Merovingian Age*, London, 1926),载《古代》(*Antiquity*),I(1927),第117页。

以《自然的观念》（除了"结论"外，均注明1934年）以及《历史的观念》的大部分（1936）。最后一组包括《自传》（1939），《形而上学论》（1940），以及《新利维坦》（1942）。而《艺术原理》（1938）则部分与第二组相近，部分与第三组相近。（第viii页）

诺克斯对柯林武德"第二时期"（1933—1936）的著作赞美不已：在他看来，柯林武德当时处于其才华的巅峰期，这一点尤其体现在《哲学方法论》一书中。但是，根据诺克斯所说，1936年和1938年间，柯林武德思想的发展发生了根本性转变，这个变化肯定不是往更好一面的变化。依诺克斯看，特别不幸的是，柯林武德开始采纳怀疑论和历史主义的一种武断形式。这在他的《自传》和《形而上学论》尤其如此。更令诺克斯不快的是，在这些著作中，所有知识都被简化为历史，并且，用最初为《史学原理》一书所做的笔记上的话说，甚至连"哲学作为一门独立学科已由于被转化为历史学而被清算了"。诺克斯宣称，他有"文字记录的证件"证明，与这种观点形成对比的是，柯林武德在1936年"仍然相信形而上学作为一门与历史学完全不同的独立研究的可能性"（第x页。这句话可以在柯林武德给诺克斯的一封信里找到）。

虽然后来的许多阐释者们都认可了诺克斯的观点，认为柯林武德的发展中有一个"根本性转变"，但另一些人，比如鲁比诺夫（L. Rubinoff）和路易斯·明克（L.O.Mink），则强调柯林武德思想及其发展的基本一致性。在此，我不再详述这类讨论，而只是谈谈在诺克斯看来导致柯林武德思想中所谓变化的一个决定性因素：他的健康状况不佳，这从1932年开始就一直是个问题，并导致了1938年起的一系列中风。诺克斯认为，柯林武德的病损害了他的判断力，这一点本身表现为采取了一种极端的、武断的历史主义形式，以及一种有时过度热情的甚至是非常虚张声势的风格。

有了柯林武德的手稿在手上，我认为诺克斯的观点不能成立。关于柯林武德不良健康状况可能带来的影响，我们应该首先注意的是，他的病开始的时间比诺克斯所称的要早。因为他的病全是始于1931年4月感染的水痘并发症。他有整整一年都病得很重，1932年的第一学期,他休了病假。① 其次,正如诺克斯所称,《哲学方法论》1932年春并没有写完,而是在一年多后才完成的。因此,该书是在重病一段时间之后写成的,而不是像诺克斯所说的在重病之前写的。既然诺克斯对《哲学方法论》评价很高,甚至认为它是柯林武德最重要的作品,那么,这一事实就令他有关柯林武德的疾病损害其判断力的说法大打折扣。但是,对这一说法更明显的驳斥还是,柯林武德最后一本著作《新利维坦》虽然写于他身体状况最糟糕的时候,却没有丝毫迹象(除了最后一部分外)表明他把握主题的能力在逐渐削弱:政治哲学家巴克(E. Barker)评论该书的时候,甚至认为,"再没有比《新利维坦》头两个部分里的思想更好的思想了"。②

诺克斯认为柯林武德的思想已经受其健康状况的损害,我们当然也可以这样来质疑他这一观点:我们完全不清楚的是,为什么这就应该以一种极端历史主义、怀疑论观点的方式来体现呢?在这方面,我们还应该注意的是,手稿表明,一方面,柯林武德晚年完全意识到了怀疑主义的一种极端形式的危害③,另一方面,他实际上在1936年以前,就已经发展了形而上学思想,这正是他后来在《形而上学论》中阐述思想的一个清晰轮廓。

最后,我想谈谈我对一段话的看法,这段话一直经常被柯林武德的众多阐释者引用并因此在柯林武德思想阐释中非常有影响。诺克斯坚称,柯林武德"在一份1936年写的手稿中"说过下列的话:

> 圣奥古斯丁从一个早期基督徒的观点来看待罗马的历史;提累蒙特是从一个17世纪法国人的观点来看;吉本是从一个18世纪英国人的观点来看;蒙森则从一个19世纪德国人的观点来看。问哪一种观点是正确的,那是没有意义的。每种观点对于采用它

---

① 诺克斯在《历史的观念》前言中提到这一点时说:"到了这时候,他还没有认识到这是他健康恶化的开始,而他的余生就成为一场英勇的搏斗。"(第xxi页)
② 载《牛津杂志》(Oxford Magazine),1943年2月4日,第163页。
③ 事实上,在柯林武德病重的时候,也就是说,当他写《新利维坦》的时候,他没有表现出历史主义和怀疑论的观点。

的人来说，都只是唯一的一种可能。（第 xii 页）

这段话的地位问题非常重要，因为它经常被用来证明柯林武德既是历史主义者，又是相对论者。① 手稿上找不到这段话。当我问诺克斯的时候，他告诉我，这段话是柯林武德写给他的一封信中的一部分。可是，在诺克斯存放于圣安德鲁斯大学图书馆的文件中，柯林武德给诺克斯的信件里却并没有相关的话。

五 对《历史的观念》的接受

人们目前对于柯林武德思想的各个方面都有很大兴趣，但以前却并非如此。相反，柯林武德生前没能获得他作为哲学家应当得到的认可，而是被描述成一位边缘化的"观念论者"（idealist），他去世后，种种迹象表明他的著作会渐为世人忘却。很大程度上是《历史的观念》一书的出版，才使他逃脱了这种命运。1946 年，几乎在该书一出版时，它就博得了众人的关注，随着时间的流逝，人们对它的关注反而越来越多。这是一种莫名的讽刺，生前出版了大量著作的柯林武德，大多数声誉却是靠一本在其身后出版的书获得的，而该书实际上是由讲稿、已刊论文以及《史学原理》第一编的一部分书稿拼凑而成。

就《历史的观念》的接受史以及对其中观点的讨论，可以写成一整本书。这一历史不仅本身会有价值，而且也会构成二战后历史哲学史中的基本要素之一。因为，我们可以毫不夸张的说，这一时期里，在柯林武德所投身的这一领域，至少在英语国家中，几乎没有一项研究不对它发表过这样或那样的讨论。

很难解释为什么《历史的观念》一书出版后那么快就吸引了人们

---

① 有趣的是要注意到，柯林武德在 1930 年的《历史哲学》一文中，讨论了同样的问题，他说："每个人都对历史学有自己的看法，都从他自己及他那一代所特有的观点研究历史学。"但是，他对这一点的评论是"这并没有使历史学变成某种任意的或者多变的东西。它依然还是真知。"见威廉·德宾斯编：《柯林武德历史哲学论文集》（W. Debbins, ed., *R. G. Collingwood: Essays in the Philosophy of History*, Austin, Tex., 1965），第 138—139 页。

的注意。我们要提到的一点原因可能就是这一事实,即,它的出现时间正好与二战后的那些年人们对历史哲学普遍感兴趣的时间相同,人们的这种兴趣是诸如阿诺德·汤因比的《历史研究》和卡尔·波普尔的《开放社会及其敌人》之类的作品所激发出来的。

《历史的观念》一问世,其重要性就得到历史学家和哲学家的认同。虽然随后出现的更为详细的评论几乎毫不例外都是哲学家所写,但是,非常有趣的是,第一批书评出自历史学家之手。比如,贝洛夫(M. Beloff)在一篇题为"历史学家们的哲学家"的文章中谈到《历史的观念》时说,无法"再想象出有什么比《自传》和这一新著加起来更好的历史学导论了"①。虽然罗斯(A. L. Rowse)并非对柯林武德观点的所有观点都赞同,他说这本书"尽管有缺点……(仍然是)该研究领域曾有过的最为重要的著作之一"②。

历史学家们对《历史的观念》前四编的内容最感兴趣,这是可以理解的,因为这部分包含了对历史这个观念的历史性回顾。另一方面,哲学家们无一例外地把注意力几乎完全集中到"后论"上。对柯林武德观点的某些方面第一次进行讨论的大型场合,是1947年7月亚里士多德学会和心灵学会联合举办的会议。③ 从那天直到现在,有关柯林武德历史哲学的出版物一直就源源不断。20世纪50年代,特别是因为威廉·德雷和阿兰·多纳根(A. Donagan)的文章,哲学方面的讨论变得越来越详细、越来越精深。这虽然大大增进了人们对柯林武德思想的理解,但是它产生的影响同时也是:这场高层次的哲学讨论使得很少有历史学家们能够介入其中。

柯林武德历史哲学的主要论点之一是客观性历史(即历史过程)和主观性历史(即历史学家的思想)之间的紧密关系。就这两个方面,柯林武德不仅在《历史的观念》中,而且也在《自传》中提出了许多明确的看法,这些看法吸引了人们很大注意力。就前者,他声称一切历史都应当

---

① 载《时代与潮流》(*Time and Tide*),1946年9月28日。
② 载《星期日泰晤士报》(*Sunday Times*),1946年9月29日。
③ 《历史和哲学中的解释》("Explanation in History and Philosphy"),载《亚里士多德学会学报》,Supp. Vol.21(1947),第33—77页。

被看作是思想史,而就后者,则认为历史实质上是过去思想的重演。

起初,人们对这些学说的反应主要是批评。从历史学家们这一方来看,其主要理由是,一切历史都是思想的历史这一观点被当作历史研究的指南,但同样也被认为是不适合于历史学家的研究的:它通常被看作是对于历史学家们行为的一种令人无法接受的限制,因而遭到拒绝,最多也只是被看作是一种显然是过度的哲学理论的产物。这一理论的所谓缺陷,尤其集中在以下两点:它太过公然地宣扬唯智论,以至于它未能考虑到人类行为中不那么理性的方面;它也无法解释社会和经济史,因为后者倾向于关涉集体或者群体,以及大众的行为,而不是个人行为。

重演论的命运最初也与此相似,人们对它的评论也以批评为主,对它的解释一开始也是从方法论的角度进行,在这种情形中,它被解释成为获取过去知识的一种指示。人们认为,柯林武德的态度意味着,在与过去建立一种直接联系这方面,历史知识是独特的,许多批评家把这解释为直觉的一种形式。他们通常认为,其中包含了一种主观主义的真理理论,该理论是非推论性、非科学的,并且,在他们看来,它并未考虑过一般知识。

我们可以说,一切历史都是思想的历史的学说以及重演论,是柯林武德历史哲学的核心。对这些学说的评价显然具有很大的意味。例如,人们可以谈论思想的特性、思想和行动之间的关系,或者客观条件在历史中的作用,以及更广泛但与这些有关的是,重演与历史解释的相关性。围绕这些问题已经出现了大量文献,而且目前还没有减少的迹象。

回顾人们对柯林武德观点所做的解释,我们确实不仅惊讶于它们偶尔令人困惑的多样性,而且更惊讶于它们有时不寻常的差异。比如,对于客观历史知识的可能性问题,我们可以辨别出的所有主要观点,实际上都已经被归在柯林武德身上了。人们说他已经具有"一种可悲的信念,相信有可能存在无可争辩的知识"①,说他有时对"一种完全的相

---

① 雷纳:《历史:目的及方法》(G. J. Renier, *History: Its Purpose and Methods*, London, 1950),第 215 页。

对主义"不以为然①,说他认为"对过去思想的重构是可以被改正的,在某种意义上也是假说性质的"②。同样,一位解释者主张,重演论"必然……不可避免地导致怀疑论"③,而另一位解释者认为,柯林武德的历史理论"是旨在反击对于历史知识之可能性的怀疑"④,第三种看法则声称,"柯林武德的分析并不打算表明一种特定的解释性重演能够永远不容怀疑,或者在任何最终意义上是确凿无疑的"⑤。人们也面临最为奇怪的种种矛盾。比如,一位解释者把柯林武德看作一位二元论者,指责他"坚持那种被赖尔(G. Ryle)抨击为'机器里鬼魂的教条'的形而上学观点之一"⑥,而另一位解释者则谈到"柯林武德的一元论",补充说它"就像赖尔的一元论,虽然它甚至可能会比赖尔的更激进些"。⑦

在历史哲学中,这样明显的、有时令人惊讶的多样性,至少在如此程度上,肯定是不同寻常的,沃尔什(W. H. Walsh)谨慎地称之为"观念史中一段奇怪的插曲"。那么,导致对柯林武德思想的阐释中出现如此多样性,其可能原因是什么呢?

我认为原因有许多。首先,我们应该记得的是,柯林武德是在生命的尽头,才试图最后总结他的历史哲学思想。虽然他已经研究这一领域多年(对此我们稍后还要论述),他在这个领域的出版物还太少、太分散,无法吸引很多注意力。我们已经看到,他计划在《历史的观念》

---

① 麦金农:《〈历史的观念〉书评》(D. M. Mackinnon, "Review of *The Idea of History*"),载《神学研究期刊》(*Journal of Theological Studies*),48(1947),第 252 页。
② 多纳根:《历史论题的确证》(A. Donagan, "The Verification of Historical Theses"),载《哲学季刊》(*Philosophical Quarterly*),6(1956),第 200 页。
③ 曼德尔鲍姆:《〈历史的观念〉书评》(M. Mandelbaum, Review of *The Idea of History*),载《哲学杂志》(*Journal of Philosophy*),44(1947),第 187 页。
④ 迈兰德:《怀疑论与历史知识》(J. W. Meiland, *Scepticism and Historical Knowledge*, New York, 1965),第 63 页。
⑤ 马丁:《历史解释:重演与实际推论》(R. Martin, *Historical Explanation: Re-enactment and Practical Inference*, Ithaca, NY, 1977),第 57 页。
⑥ 科恩:《历史哲学著作综述,1946—1950》(J. Cohen, "A Survey of Work in the Philosophy of History, 1946-1950"),载《哲学季刊》(*Philosophical Quarterly*),2(1952),第 173 页。
⑦ 斯卡吉斯塔德:《理解历史:波普尔和柯林武德的哲学》(P. Skagestad, *Making Sense of History: The Philosophies of Popper and Collingwood*, Oslo, 1975),第 66 页。

和《史学原理》这两本书中发表自己的历史哲学思想,但是他的计划却没能实现。其次,不了解柯林武德未发表的手稿,这是阐释其思想的一个主要障碍,这些手稿中有些最重要的部分是有关历史哲学的。当然,我们不能因为那些有关材料无法获得的消极因素,而去责备柯林武德的阐释者们,但是,他们必须承担一些责任,因为事实是,无论是柯林武德的相对稀少的历史哲学著作,还是他与此相关的其他著作,一直都没有得到充分重视。关于后者,人们可能举出《艺术原理》的例子,柯林武德在该书中解释了他的心灵哲学。明克的《心灵、历史和辩证法》(1969),第一次明确讨论了柯林武德的心灵哲学对于更好地理解其历史哲学的相关性。

对柯林武德历史哲学的接受也有积极的一面。回顾这种接受,很明显,它并非都是混乱,我们从阐释者们逐步展开其论证的方式上,也能看出一种理性的前进。对重演论一说的论述尤其如此,它也是柯林武德的历史哲学中被讨论得最多的一个方面。

我们已经看到,重演论最初被解释为、因而也被批评为一种涉及历史学家直觉能力的方法论。1956年,多纳根从根本上对这种"普遍接受的解释"进行了批判。① 他认为,重演论不应当被看作一种获取历史知识的方法论规定,而应该作为对历史知识何以可能的这个哲学问题的回答。不久,这一观点得到德雷的赞同。② 但是,德雷从这个基本假设发展出他自己的解释:通过再思考而获得的理解,应当被看成是紧随于其中看得出理性必然的一种实际论证之后。德雷在他的名作《历史的规律和解释》(1957)中,深入地阐释了这种观点,文中以一种"合理性解释模式"反对实证主义的"覆盖律模型"。因此,我们可以说,通过该研究,柯林武德的思想第一次在历史哲学的主要讨论中变得具有影

---

① 多纳根:《历史论题的确认》(A. Donagan, "The Verification of Historical Theses"),载《哲学季刊》(*Philosophical Quarterly*),6(1956),第193—208页。
② 德雷:《历史的规律和解释》(W. H. Dray, *Law and Explanation in History*, Oxford, 1957),第128页;同作者:《柯林武德与知识习得理论》("R. G. Collingwood and the Acquaintance Theory of Knowledge"),载《国际哲学评论》(*Revue internationale de philosophie*),II(1957),第420—432页;同作者:《作为再思考的历史理解》("Historical Understanding as Re-thinking"),载《多伦多大学季刊》(*University of Toronto Quarterly*),27(1958),第200—215页。

响力了。

在多纳根和德雷的研究之后,从方法论上对重演论进行解释,尤其是从直觉形式上的解释,就不断衰落了。目前,所有柯林武德方面的严肃研究都不接受这种解释,而是把哲学上的解释作为他们研究的起点。曾经是"替代性"的观点因此变成了"公认的"观点。事后看来,这实际上可以被看成是一种进步,因为本书出版的柯林武德手稿将无可置疑地证实,柯林武德的重演论确实应当被看作是对一个哲学问题而不是一个方法论问题的回答。另外,手稿也表明柯林武德还明确提出了他对历史学方法论的看法,这些看法与《历史的观念》中,尤其是《历史的想象》和《历史的证据》两节中的观点相似。

对柯林武德的历史哲学的讨论,一直因重演论的方法论解释而有所削弱。随着重演论的方法论解释之影响越来越小,对其历史哲学的研究也能够以一种更有成效的方式进行了。近来的发展表明,事实确是如此,而且,柯林武德对于问与答的逻辑、对于证据的看法,以及他作为考古学家和历史学家在实践中固有的一些观点,已经越来越受到它们应当受到的关注。

六 柯林武德历史哲学的发展:导言

诺克斯在《历史的观念》编者序言一开始写道:"1936 年的头六个月里,柯林武德写了 32 篇关于历史哲学的讲稿",这信息虽然正确,却易令人误解。诺克斯没有提到,柯林武德实际上以前从 1926 年到 1931 年每年都讲授历史哲学课程。这就意味着,1936 年的讲稿并不是柯林武德史学思想的开始,而是其史学思想本身就有至少跨越十年的历史。在这些手稿中,1926 年和 1928 年的是完整的。它们非常重要,因为在这两个版本中,柯林武德首次清晰地发展了他的历史哲学。诺克斯在回答本书编者(即杜森——译者)提出的一个提问时宣称,他在《历史的观念》中没有使用这些讲稿,因为他不知道它们的存在。这好像有道理,因为这部分稿件的题目没有出现在牛津大学出版社寄给诺克斯审定的清单之列。

1926年和1928年的讲稿首次收录在《历史的观念》这个修订本中。但是,在处理它们之前,有必要将它们放在一个合适的情境下,这就需要对柯林武德的史学思想发展说点什么。就其思想的大体发展而言,人们通常把注意力放在诺克斯在《历史的观念》序言中所提出的"根本性转变"这个论题上。我们在前面已经对此谈论过一些;这里就集中谈谈柯林武德史学思想的发展。这个题目应该与柯林武德的所谓1936年"转变"问题分开考虑。

柯林武德在1938年写的《自传》中,非常生动地描述了他思想的演化。虽然有些评论家们在一定程度上受诺克斯解释的影响,怀疑这一说法的可靠性,我却认为柯林武德自己的记述整体而言是可信的。尤其没有理由去怀疑的是,他那句经常被引用的话"迄今为止,以我五十岁的眼光看来,我一生的工作一直主要是在哲学和历史之间努力带来'和解(rapprochement)'"(第77页),这句话基本上是正确的。对于他与实在论观点之间的论战所进行的描述,以及他作为考古学家从这一专业中获得的教训,可以被看作是这种和解的一个例证。柯林武德的出版物和残存的手稿,也可作为例子证明他的思想中哲学与历史之间的紧密关系。

在讨论柯林武德思想中哲学与历史之间关系的时候,我们当然应该把这两门专业都认真对待。许多评论家一直对柯林武德历史哲学中的这种双重性没有足够重视,结果就无法把握《自传》中的一个主要论点。关于这一点,我们还应该注意到,柯林武德在考古学和历史学这两个领域都很活跃。他的专业研究领域是罗马统治时期的不列颠,显然,在这样一个领域中,历史学和考古学的工作是无法严格区分的。但是,这两门专业并不是相同的,而且,如果我们像有时所做的那样,在论及与柯林武德有关的活动时只提其一,那就会产生曲解。假如我们考虑到柯林武德去世后学术实践的发展,考虑到考古学和历史学已经发展成两个单独的学科,事实就尤为如此。虽然柯林武德断断续续地谈及历史学和考古学,他的工作实际有三条路线:哲学,历史学和考古学,它们之间的和谐因而具有更为复杂的性质。

如今,柯林武德主要被看作是一位哲学家,但是他生前却并非如此。因为在两次世界大战之间的时期,他在牛津的哲学气候里,是个或多或少孤立的人物。图尔明(S. Toulmin)在《自传》一书的导论中写道,"部分说来,成问题的是","柯林武德需要一个比他那时候的牛津所能提供的更大的舞台"。我们可以说,造成这一局面的,不仅是他对大行其道的实在论的抵制,而且也是他对于哲学的历史层面的兴趣,以及他对诸如维柯、黑格尔、克罗齐和鲁吉罗(G. de Ruggiero)之类的大陆哲学家们的兴趣。

人们对身为历史学家及考古学家的柯林武德的评价,一直是非常不同的。因为他生前作为罗马不列颠和有关哈德良长城的复杂问题的主要专家,其声誉一直是不可挑战的。除了许多这些方面的文章和评论外,柯林武德还出版了《罗马不列颠》(1923年,1932年修订)、《罗马不列颠考古学》(1930)手册,以及《罗马不列颠和英格兰定居点》(1936)的第一部分。我们还应该提到的是他去世后出版的《不列颠的罗马碑铭:(一)石碑铭文》(1965),他在这本书上花了许多年时间。虽然柯林武德最终自1935年起充任牛津大学温弗莱特形而上学讲座教授这个显赫职位,他在此之前就非常清楚人们对他的研究的不同评价。因为他在1927年10月4日给他的朋友、意大利哲学家鲁吉罗的信中写道:

> 我发现我自己怀着沮丧的心情写作。四个月来我一直埋头于历史研究,在这里我发现自己置身于朋友和自愿合作者之中;回归哲学就意味着回归到一个我越来越意识到自己在其中是个反叛者的职业。①

由此可以清楚地看出,柯林武德除了作为哲学家所做的研究之外,我们还应该认真对待他在历史和考古学上毕生所做的研究。这一点的一个很好例证就是《自传》一书中对实在论者进行批评的方式,实在论者之所以遭受猛烈批判是因为他们缺乏历史意识,因而在认识论上有

---

① Bodleian Libuary, Collingwood Papers, dep.27.

缺陷。柯林武德叙述了他是如何运用他的考古学实践对实在论观点进行了一次"侧面攻击",以及如何把考古学实践当作一个展示哲学史应当怎样被构想的"实验室"。他在这里提到了他的原则,即不要陷入"盲目挖掘"状态,后者是旧时惯常的做法,当时人们挖掘是因为好奇、怀旧或者甚至是为了财富。与此相对,柯林武德常常强调"科学"挖掘的重要性,它需要方法论原则,即脑子里总是带着特定的问题去靠近遗址。正是这一原则被柯林武德概括为他的问答逻辑(logic of question and answer),即一种"培根式"研究法,他特别地认为这是科学的特征,包括历史科学在内。

(一) 柯林武德的历史哲学的发展:1925—1930 年

在柯林武德思想中,哲学和历史之间的关系,也可以从一个不同的角度去看。从《知识的图式》(1924)到《历史哲学》(1930)一文,这些著述中都可以找到这种关系的主要特征。在《知识的图式》中,柯林武德区分了艺术、宗教、科学、历史和哲学这些"经验的诸种形式"。它们被放在彼此的相互关系中讨论,表现出某种辨证发展——从在一个层次中作为隐含东西发展到在下一个层次中变得明显的东西,而哲学是经验的最高阶段。但是,每一种经验又有其自身的发展,就历史来说,柯林武德指出,它的发展最终导致了历史科学在 18 世纪产生,到 19 世纪进一步发展,这被他称为"特殊含义上的"历史、"最高"意义上的历史,或者"历史学家"的历史(第 203、211、216 页)。

在《知识的图式》中,每一种形式的经验中都存在着该经验就其自身的观点(每种经验都认为自己是唯一有效的)与一种哲学观点之间做出的区分。前者通向教条主义,就历史而言,这表现为实在论的形式,它把事实看作是独立存在的。既然事实的无限世界永远无法被了解到,这就不可避免地导向了怀疑论。这样,柯林武德认为,唯有哲学能够在"绝对"知识或者"具体"知识的阶段克服怀疑论。

在《知识的图式》之后,人们看到柯林武德对于历史和哲学之间关系的看法发生了一个重要的、显著的转变。因为,从 1925 年开始,他致力于从内部对历史进行一种哲学研究,也就是说,致力于研究历史思想的性质。继康德之后,他在《历史哲学的性质和目的》(1925)①一文中首次明确提出,历史哲学应该对历史采取一种"批判态度",探究它的"性质和价值,前提和含义"。在1928年发表但是写于1927年②的《历史知识的局限》一文中,柯林武德进一步研究这个主题。他在文中不是把历史"事实"当作独立存在的实体去讨论,而是将它们放在历史研究必须赖以为基础的证据或者原始材料这层意义上来探讨。他认为这是历史与能够运用实验的科学相比所具有的基本的区别性特征。柯林武德认为,历史学家所依赖的证据也是历史学家的知识局限所在:一位历史学家永远也不可能走得比证据所允许的更远。与这种观点相联系的是,他反对那种认为历史学家以"真实"过去为目标的幻象:"实际发生的事物"只可能是"证据所证明的事物"。我们在这种观点中,已经能够找到柯林武德在《历史的观念》一书中所表达的成熟的历史哲学的一个重要成分,它强调的是历史学家的自律和他对证据的依赖。

1930年,柯林武德发表了《历史哲学》③一文,该文不仅可以看作是他的历史思想暂时的小结,而且也可以看作是他计划将来在该领域要做的工作的提纲。虽然这篇文章很少被那些柯林武德历史哲学的评论者们注意,它却具有一些重要性。由于作为"一种普遍的、必然的人类兴趣"的历史与作为一门科学的历史之间的关联方式,该文也与一种特殊的兴趣相关。我们不能把作为"一种普遍的、必然的人类兴趣"的历史仅仅看作是等同于《知识的图式》中所谓的一种"经验形式",还要将它看作等同于在《哲学方法论》中被解释为一种哲学概念的东西。从《哲学方法论》中对哲学概念和经验主义概念所做的区分来看,作为一门科学的历史应当被看作是历史的经验主义概念。柯林武德流畅地描述了从历史的哲学概念到历史的经验主义概念的转变。历史被说成是一种普遍、必然的人类兴趣,即便它属于一种特殊性质的兴趣,即,它

---

① 重印于德宾斯编:《柯林武德历史哲学论文集》(Debbins ed., *Essays*),第34—56页。
② 同上书,第90—103页。
③ 同上书,第121—139页。

是一种智力兴趣,因而是一种知识形式。这样,结论就是,"历史哲学的职责乃是找出这种知识形式的基本特征"。①

在这个对柯林武德历史哲学的发展进行的简要概述中,缺少的是他有关这个主题的演讲稿。1926年和1928年的讲稿在《历史的观念》增补版本中发表,下文将分别讨论。为了更好地理解柯林武德本人看待这些讲稿时的情景,我们提一下柯林武德1932年1月在大学讲师职位上写给人文学院的一份报告,这颇为有趣。② 报告写道:

> 学院任命我为哲学和罗马史的讲师,我认为学院的意思是,我不仅要研究和教授这两门科目,而且要在它们的相互联系中研究和教授它们:也就是说,在哲学中研究历史哲学,在历史中不要忽视历史研究的方法和逻辑,并要强调历史与史料的关系。

他进一步提到他的计划之一(引人注目的是,在《自传》第77页,柯林武德在解释他的哲学与历史之间的和谐观念时候,几乎用了一模一样的措辞):

> 研究历史中出现的哲学问题:尤其是(a)与"历史知识何以可能?"这个问题有关的逻辑的和认识论的问题,(b)有关历史思想之客体的特征和实在的形而上学问题。

柯林武德对这一计划的评论是:

> 我把这看作我的主要工作,它涉及彼此联系的我的整个哲学研究和历史研究。我认为这一领域里有着重要的工作要做,并且能做这项工作的只能是一位受过训练的、有经验的历史学家,他同

---

① 重印于德宾斯编:《柯林武德历史哲学论文集》(Debbins ed., *Essays*),第124页。
② 参见杜森:《作为科学的历史学:柯林武德的哲学》(W. J. van der Dussen, *History as a Science: ThePhilosophy of R. G. Collingwood*, The Hague, 1981),第435—438页。

时也经常是一位哲学家。

柯林武德对他的《历史哲学》一文显然很重视,这可以从他的言论中判断出来,即它"实际上是一篇完整论文的提纲,但是我不想着手去写这样一篇论文,除非我对这一主题的各个方面已经做了几年的研究"。

柯林武德的历史哲学思想在1930年左右暂告一段落。这一点不仅在1932年的报告中找得到证明①,而且在他的《自传》也确认了,他在《自传》中说,他在历史哲学上的"思路"直到1930年左右才得以完善(第115页)。

(二) 柯林武德的历史哲学的发展:从1935年起

1930年后,柯林武德致力于其他主题的研究。在哲学上,他重新回到后来撰写出《哲学方法论》一书的研究中。在稍后写给学院的报告中,柯林武德将该书描述为"旨在作为一系列哲学著作的前言,这些著作建立在这里阐述的方法观基础上"。这一点他最初是在1933年至1934年写下的《形而上学札记》中做到的,这些手稿有好几百页。柯林武德从物质、生命和精神的关系问题开始,在"札记"中讨论了各种宇宙论的及其相关的理论,包括亚历山大和怀特海的理论。除外之外,柯林武德还致力于考古学和历史学。由此写作了后来出版的许多作品,既有论罗马不列颠经济的,也有这一地区在前罗马这一"史前史"方面的。1935年,他完成了《罗马不列颠和英格兰定居点》一书中他承担的那部分内容。

虽然柯林武德并没有形成自己的宇宙论,但是,他在这一领域的研究产生了两个重要副产品。在《形而上学札记》中,他对有关自然的理论进行了一个历史回顾,并在1934年、1935年和1937年进行了讲授。这些讲稿在1939年至1940年被修订,并且,正如我们已经看到的那样,导致了《自然的观念》一书的出版。其次,他对自然和精神之间关

---

① 他提到他的关于"哲学和历史间彼此联系的研究"在最近四年已经渐渐"暂时解决了大多数主要问题"。

系的讨论,造成了他对自然过程和历史过程加以区别的看法:他尤其详述了这种观点,认为它们的区别本质上基于这样一个事实,即,在自然中,过去应该被看作是与现时分开的,而在人类历史所特有的精神过程中,过去是保留在现时之中的。

在1935年12月写的《作为历史的实在》一文的手稿中,柯林武德进一步研究了这个论题,他把该文描述为"一篇实验性论文,旨在检验我们到什么程度上可以主张所有实在都是历史、所有知识都是历史知识"。该文还论及了它对于与自然科学相对的历史知识的影响。柯林武德指出,历史理解的原理是使实在之流能够被人理解,而不是像在希腊思想中那样把它简化为固定的实体,或者像在现代科学中那样把它简化为固定的规律。在同一篇文章中,柯林武德还讨论了这种立场对人性的观念会产生的后果,即把人描绘成大自然的一个"逆子"。

随着《作为历史的实在》一文,我们已经进入了柯林武德历史哲学发展的"第二阶段",第一阶段是从1925年到1930年。我们已经看到,在1930年,柯林武德的历史哲学思想暂时告一段落,随后几年,他致力于其他主题的研究。但是,他1935年又以《历史的想象》一文重新回到历史哲学中,此文因为被收入了《历史的观念》一书中如今广为人知。柯林武德在1935年10月28日的就职演说中宣读了该文,这表明他在新的教授职位上想要进一步研究他十年前就着手研究的哲学与历史之间的关系。这之后就有了《作为历史的实在》的手稿。1936年1月,他宣读了题为"历史学家能够做到不偏不倚吗?"的论文。同年3月,他写了《人性与人类历史》的第一稿,该文的最后一稿收录在《历史的观念》一书中。

除了这些文章外,不仅1936年《关于历史编纂史与历史哲学的札记》手稿,而且尤其是同年的历史哲学讲稿,都清晰地表明,柯林武德对历史哲学这个主题的兴趣又复苏了。该年演讲的计划与1926年和1928年的完全不同;我们在前面已经讨论过了它们在《历史的观念》中发表的背景。我们注意到,有趣的是,《关于历史编纂史与历史哲学的札记》显然是为准备演讲稿而写,在该文中,柯林武德回到了过去思想之重演的主题。① 他说,"这个表述需要大量的清理",然后,他对"思想"一词的多义性做出了一种说明,即,它既可以指 *noēsis* [思考的行为],又可以指 *noēma* [思考的对象]。他的结论是,历史应当被看作 *noēseōs noēsis* [对思考的行为进行思考的行为]。柯林武德认为,历史学家的思考行为是一种独特的类型,因为不但他的思考的对象是独特的,他与该对象的关系也是独特的:"因为在这种特殊情形中的思考,把对象也吸收进了自身之中,使之成为其自身的一个要素",这暗示了对其对象的超越。柯林武德在这段话中所指的,是一个把过去的思想"囊缩"到历史学家现在的思想中的概念,正如他在《自传》中(第114页)所解释的那样。但是,在《历史的观念》中有关重演论的那一章里——1936年讲稿中"形而上学后论"的一部分——柯林武德还没有明确提出这一概念。

柯林武德在1936年的历史哲学演讲之后,再一次转向别的主题(虽然1937年他的演讲又再开了一次),这次主要是民俗学和形而上学。但是,从1938年9月写《自传》开始,柯林武德又一次也是第三次回到历史哲学领域,这次他带来了写作《史学原理》的计划。尽管1939年2月,柯林武德待在荷属东印度时就开始着手这一计划,但是,正如我们已经知道的那样,这个计划未曾实现。(顺便应该提到的是,《形而上学论》写于柯林武德登船去东方期间。)

既然柯林武德写《史学原理》的目的是就该主题写一部全新的书,推测一下他可能会采纳的新途径,这会很有趣。这种推测非常冒险,因为除了在《历史的观念》中发表的少数选萃外,这本书只剩下了提纲。② 但是,有一些指示很值得注意。首先,引人注目的是,在1928年和1936年的演讲后,柯林武德的《史学原理》第三章(正如我们在前文所说,这部分手稿遗失了)包括了对重演论的第三次讨论。令人奇怪的是,柯林武德现在把重演论与"死的过去和完成性"相比照,而没有像以前那样,把重演论放在历史知识何以可能以及历史应当如何研究这

---

① Bodleian Library, Collingwood Papers, dep.13, pp.19-22.
② Ibid.

些问题的背景下来讨论。

确实有可能的是,柯林武德想在《史学原理》中强调重演论的某些更广泛的影响。有关历史编纂的预备性笔记的手稿给出了相关情境的一点迹象,柯林武德在其中说,过去是可以重演的,"它不是某种已经停止发生的事物",并且,以这种方式存在的过去实际上"是和从历史研究中得知的东西完全一致"。① 因此,我们可以假定,在《史学原理》遗失的部分中,柯林武德以过去在现在中的实在性这一观点(这种观点与那种死的、完成的过去的观念形成对照)为背景重新讨论了重演论。

《史学原理》的提纲不仅仅表明该书要在一个新的、更宽泛的情境下讨论重演论,而且也表明,柯林武德是想用他的一般性历史概念来讨论这一理论。比如,我们可以在《史学原理》第一部分的第四章中找到这种迹象,这一章被柯林武德称为"历史作为心灵的自我认识",诺克斯把它编在"历史和自由"标题下。在这篇短文中,柯林武德详细阐述了一个引人注目的论点,即关于客观性历史和主观性历史之间紧密关系的观点。文中认为,那种把历史当作一种自律的科学、不受自然科学支配的观点,与另一种认为"理性行为不受自然的支配,它依照自己的意志、按照自己的方法建立它自己的人类事务(即 *Res Gestae* [活动事迹])的世界"(第 318 页)的观点,不仅彼此之间紧密相连,而且实际上不可分割。柯林武德甚至认为,只有发展了把历史看作一门自律的科学的观点,人类自由的观点才能被完全领会。这种论断可以被看作《历史的观念》导论中所称的历史哲学的"第二阶段"的一个例子。柯林武德把该阶段与另一阶段相对照,在另一阶段中,历史哲学被理解成把历史当作一种特殊形式的知识而进行的分析,被他描述为"根据狭义的历史哲学所达到的结果而对一切哲学问题进行一次普遍的彻底检查"(第 6—7 页)。

从《史学原理》的提纲中,我们可以推断,柯林武德事实上计划在该书中发展一种"广义上的"历史哲学,也就是说,详细阐述他的历史

---

① Bodleian Library, Collingwood Papers, dep.13, p.19.

的观念对于某些普遍的哲学问题的含意。这一点柯林武断解释得很清楚,他在《史学原理》大纲的最后一部分说,"历史是对理论与实践之间的传统区分进行的否定",这种区分取决于把"对自然的沉思(在其中客体是预先被假定了的)"作为"我们的知识的典型例子",而在历史中"客体被重演,因此根本不是一个客体"。他补充说:"如果这个问题被认真地解决了,那么,自然而然紧接其后的应该是对历史道德和历史文明的描述,这种描述将与我们的'科学性'描述形成对照。"

柯林武德从未完成《史学原理》的这一部分,正如我们已经知道的,其主要原因是战争爆发时,他决定写《新利维坦》。但是,这一部分论证的某些方面在这本书得到阐述,而更明确的阐述是在他1940年所做的关于"善、正义和功利"的演讲中。① 在这些讲稿中,柯林武德把责任的概念与功利的概念和正义的概念相对立。后面两种概念包含了不同程度的多变性和不合理性,而责任是真实的自由和合理性的表现,因为建立在责任之上的行为确实是个人的,源自于一种对个人处境的自觉。行为者意识到其行为及处境是独特的,柯林武德把这一事实与历史等同了起来。因为历史也是涉及"人类在特有的处境中所进行的个体行为"。除此之外,柯林武德认为,在他作为历史学家的活动中,他知道有了关于过去的确切证据之后"作为一位历史学家他自己的处境",他也知道"他在那种处境中的行为就是他解释这一证据时的行为"。② 因此,正如在柯林武德的《历史与自由》一文中那样,我们看到他把历史学家的事业等同于对一个更广的哲学问题的某种洞察力,这回涉及的是道德规范,尤其是他对责任观念的看法。这确实可以看作是对《史学原理》提纲中提到的历史道德进行的详细描述的一部分,而一种历史文明将会在《新利维坦》中被详尽说明。

从前面的论述我们可以得出这样的结论:柯林武德在他生命的尽头,主要对发展一种广义的历史哲学感兴趣,这种哲学也就是"从历史

---

① 这些摘录收录在大卫·鲍彻编辑的《柯林武德政治哲学文集》(David Boucher ed., *R. G. Collingwood: Essays in Political Philosophy*, Oxford, 1989),第150—159页。讲稿全文发表在鲍彻修订版的《新利维坦》(*The New Leviathan*, Oxford, 1992),第391—479页。
② 大卫·鲍彻编:《柯林武德政治哲学文集》,第155页。

观点所构思的一套完整的哲学"(第 7 页)。但是,他没有把自己局限在这个方面,因为《史学原理》的第一章讨论的是证据的概念。可以充当例证的是,柯林武德在他论及历史的最后一本书中,再一次开篇就谈这个问题,因而,正是这一点曾证明了 20 世纪 20 年代他在历史哲学上的主要转向:我们已经看到,它是《历史知识的局限》一文的主题,而且也是 1926 年讲稿的起点。既然在《历史的想象》中,与证据的关系被称为历史学家在方法上的"最重要的"规则(第 246 页),我们因此看出,柯林武德在他的历史哲学发展的三个"阶段"之初,都特别重视证据这一概念。当然,这个概念应该被放在柯林武德的认识论这个更广泛的情境下去看。

在《历史的观念》一书中,《历史的想象》和《历史的证据》两文被放在了一起,这一事实可能暗示了它们构成一个单一的论证。但这样想是不对的,因为它们不仅写作时间上间隔四年——一篇写于 1935 年,另一篇写于 1939 年——而且,进一步思考的话,我们就可以看出它们包含不同的论证,并且在某些基本方面甚至是对立的。

在《历史的想象》一文中,柯林武德区别了三种历史观点,他把它们称为"常识性"理论、历史批判和构造性历史。在《历史的证据》一文中,他做了相似的区分。这一次,柯林武德区别了剪刀加浆糊的历史学、批判的历史学和科学历史学。虽然剪刀加浆糊的历史学等同于前文中的"常识"理论,但让人好奇的是,他对批判的历史学的评价却变了。因为在《历史的想象》中,批判的历史被抬高到"哥白尼革命"的一部分的地位,并与培根式的研究有关(第 236—237 页),而在《历史的证据》一文中,它被批为剪刀加浆糊历史学的一个阶段,虽然它"处在解体的前夕"(第 226 页)。后一文对批判的历史学和科学历史学所做的明显区分,当然与柯林武德惯常的观点不相符合。因为他过去经常强调说,证据不仅仅应该总是被看作是涉及某些问题的提出的,而且也应该被看作是涉及某些解释原则的。

柯林武德在《历史的证据》中阐述的观点与他在别处阐述的、更为深思熟虑的观点不一致,这一点也可以从对历史学的推论性质的讨论方式中看出来。在《史学原理》的这个第一章中,柯林武德把历史的推论与具有演绎性和归纳性的推论做了比较。但是,柯林武德并没有得出历史推论的特征。他就历史的推论所说的唯一的事就是,它像精确科学一样产生强制性。他甚至认为,历史论点可以像"数学中的论证一样地是结论性的"证明(第262页)。他所提的唯一限制条件是,这对科学历史学来说是正确的,而对于剪刀加浆糊历史学来说却并非如此。柯林武德对这一论点没有做论证,而把自己局限于历史科学的实践,甚至于说出"我不是在争论;我是在告诉你"(第263页)。

柯林武德未能证明历史中的结论可以像数学证明一样是结论性的,这当然是其脆弱之源,并且已经被恰当地批评了。显然,在《历史的证据》中,柯林武德没有用令人满意的方式处理好证据与历史知识之间关系的特性。然而,在《历史的想象》中,柯林武德虽然没有明确地讨论历史的推论,但是他对这个主题的处理要更恰当一些。因为,这篇文章中强调了历史思想的想象性质和构造性质,我们可以说,正是这一点在历史推论中起到了主要作用。与在《历史的证据》中所述形成对比的是,该文认为"在历史中正像在一切严肃的问题上一样,任何成就都不是最终的"(第248页)。

以上论述的结论是,《历史的证据》一章不能似乎是合理地被看作是柯林武德对这一主题的最后的、更不必说是他最为深思熟虑的观点。关于这一点,我们尤其要考虑的一个事实是,它仅仅只是《史学原理》第一章的第一稿。为了更令人满意地讨论同一主题,我们必须回到1926年和1928年柯林武德所讲授的历史哲学讲稿。

七 1926年和1928年的历史哲学讲稿

柯林武德习惯于把讲稿完整地写出来。但他有关历史哲学的讲稿,只有1926年和1928年的手稿完整地保留了下来。实际上,在我们缺少1936年原始讲稿的情况下,1926年和1928年的那些讲稿以及《历史的观念》的某些部分、《自传》和一些论文,是能够被确切看作是柯林武德历史哲学思想的仅有的主要文本。如果我们考虑到柯林武德出版著作的数量,考虑到他把历史哲学看作是他的主要爱好这一事实,以及他逝世后的声誉主要是建立在他对历史哲学的贡献的事实,上述言论就是非常奇怪的了。我们在前面已经解释过了可能产生这一点的种种情形的巧合。

1926年和1928年的讲稿尤其重要,它们包含了柯林武德对其历史哲学思想所做的首次全面阐述。因此,通过它们,柯林武德历史哲学的第一阶段得到了完好记录。他后期历史哲学的许多著名观点都是在这些讲稿中第一次被阐述,从而为更好地理解他的观点提供了一个非常珍贵的机会。但是有时候,这些讲稿显示出的某个论点或重点,有别于以前对柯林武德历史哲学的讨论中所强调的论点或重点。因此,它们或许也有助于对他思想的某些方面进行一次可能的再思考。

在阐释这些讲稿时,特别要注意到把讲稿放在它们恰当的视野和情境中的重要性。虽然它们的确阐明了柯林武德历史哲学的许多方面,但是不应该就此看作是他表达了关于这一主题的最终的观点。至少柯林武德本人会强烈反对这样一种解释。因为在他看来,心灵就其本性而言总是在发展的,不仅仅他本人的思想很好地体现了这种看法,而且他本人也用这些认识来看待它。例如,他经常重写有关伦理学的讲稿,历史哲学讲稿有1926年和1928年两个版本也证明他在这方面谨小慎微。在《哲学方法论》中,哲学被描述成"一种人类思维形式,它常会变化、易于犯错、能够进步"。柯林武德接着写道,"因此,哲学也像每个学生一样,如果想要继续进步,就必须不时总结他的进步,以系统的形式说明他的结论"(第180页)。但是,在1928年讲稿的前言中,柯林武德警告道,"任何体系都只不过是思想的暂时休息所"。他在同一次讲稿中和1926年的讲稿中谈到,每一次历史研究都是一次对研究中取得的进展所进行的"暂时性报告"。关于哲学,柯林武德在这种关联中喜欢提到黑格尔的那个短语"bis hierher ist das Bewusstsein gekommen"[意识已经到了这一点]。

柯林武德喜欢并经常引用的另一个短语是柏拉图把思维描述为一种"灵魂与它自身的对话"。他更喜欢自己通过写作来实践它,许多讲稿证明了这种做法。如在他的《形而上学札记》中,柯林武德甚至明确地谈到"纸上思维"的尝试。他的讲稿应当被看作同类尝试的产物,这一点可能就是他将讲稿全部写下来的原因。

在这些初步观察之后,1926 年和 1928 年的讲稿本身应该说明问题。因此,我们将限定在评论它们的背景,以便更好地理解它们。

1925 年 12 月,柯林武德开始讲授历史哲学的前两周,他写了一篇题为"关于时间的一些困惑:一种尝试性解决方案"的论文①,并于 1926 年 2 月在亚里士多德学会宣读了该文。这篇论文特别有趣,以至于我们可以把它当作柯林武德演讲的起点。柯林武德在讨论时间的概念时,在存在之中区分了实际的和理念的。他认为,唯一的实在是现在,但是,现在由两个观念性的因素组成,一个是过去(必然性),一个是未来(可能性)。虽然这样的过去和未来是观念性的,它们分别作为"活在现在"和"萌芽在现在",按照柯林武德的话说,它们是"完全真实的,并且实际上正是现在本身"。② 虽然论文论述的是时间概念,而不是论述有关过去的知识何以可能,但柯林武德顺便对后者做了一些评论。他说,"我认为,我们所知道的必定都是确实存在的",他又接着说:"如果真是这样的话,那么我们就无法真正知道过去或者未来……对于作为过去的过去和作为未来的未来,我们能够有的只能是推测,这些推测或有充分依据,或没有。"当然,他必须承认,对过去的推测和对未来的推测具有不同的性质,其结论是"因此,过去和未来都阻碍我们对它们进行了解,但是,它们采用的方式不同,理由也不同"。③

对历史知识的特征,柯林武德坦率承认的这种困惑,一方面清晰地表明了他的历史哲学思想还没有形成,另一方面也表明,他紧接该论文之后按时写就的这门课的讲稿,确实应该被看作一种与他本人"做个了结"的尝试,正如他在讲稿的导论中说的那样。

从 1926 年讲稿的开头部分就很明显的是,它们将被理解为稍早那篇论文的续篇,因为柯林武德在讲稿中讨论了时间的概念以及历史知识与记忆之间的区别。之后,他详尽论述了历史知识的特征,重点在史

---

① 载《亚里士多德学会学报》26,1925—1926,第 135—150 页。
② 同上书,第 149 页。
③ 同上书,第 146—147 页。

料及其解释的原则。在讲稿最后,柯林武德又准时回到他在论文中的结论上,他说,过去应该被看作现在的一种观念的成分,在这种意义上,过去确实也像现在那样存在。柯林武德依然坚持认为只有实际的才能被认识,这就暗含了一个关于过去知识之地位的严重问题。对此,柯林武德唯一说过的就是,作为现在之中的一种观念的成分,过去"因此能够以同样普遍的方式被研究,以任何抽象观念可以被研究的同样程度被研究"。

这根本不是对历史知识何以可能这个哲学基本问题的一个令人满意的回答。柯林武德自己似乎早已知道这一点,他显然并不把他 1926 年的讲稿看成是他对这一学科的定论。因为 1926 年 8 月 18 日,他给鲁吉罗写信说道:"至于我本人,我正尽力整理我的历史观,克罗齐和金蒂利(Gentile)都帮了大忙,但并没有令我完全信服,我还在进一步发展《知识的图式》中所表达的观点,并一直在继续历史学本身的研究。"①

在他的《自传》中,柯林武德介绍说,他的历史观念"向前迈进的另一步"是在 1928 年取得的,当时他正在靠近法国迪镇的马赫杜佟乡下寓所度假(第 107 页),正因为这段插曲在柯林武德思想发展中非常重要,它被收录在这本修订版的《历史的观念》中。

"迪手稿"是新写的一系列历史哲学手稿,其标题是"历史哲学纲要"。这一次,柯林武德从 1926 年讲稿结束的地方开始。还未解决的关于观念性的过去与事实上的现在之间的关系问题,将从另一个角度来研究,即,历史知识的可能性和合法性问题如何可以用哲学上令人满意的方式得到解决。正是在这种情境下,柯林武德首次阐述了众人皆知的过去思想之重演的观点和一切历史都是思想的历史的学说。

在讲稿的第一章里,这两种学说引发出大量争议的许多方面都有所讨论。虽然柯林武德并不是一直清晰明确地运用这些术语,但是,把过去的思想囊缩在现在的这种观念、间接性思想和直接性思想之间的

---

① 收录在 A. G. Olivetti, *Due saggi su R. G. Collingwood: Con un' appendice di lettere inedited di Collingwood a G. de Ruggiero*, Padova, 1977,第 99 页。

区别、思想的本质，以及过去的思想和现在的思想同一的问题等等，现在都能找到了。但是，令人惊奇的是，人们注意到，当柯林武德在他的《自传》中提到迪手稿的时候，他首先提到的是在严格意义上的历史和伪历史之间所做的区分，一切历史都是思想史这一学说就暗含了这一区分。

与1926年讲稿相比，柯林武德在迪手稿的第一章中阐述的观点最明显是些新成分。但是有的时候，迪手稿也以不同的视角讨论第一份讲稿中涉及的一些主题。这尤其表现在柯林武德把问题放在他所强调的客观性历史和主观性历史之间有着紧密关系这个背景下讨论时，第一章中新阐释的学说就暗示了这种紧密关系。

1926年和1928年的讲稿对于柯林武德历史哲学的起源都提供了独特的洞见。其中讨论的一些主题，甚至使用的一些术语，在《历史的观念》和《自传》的读者看来都很熟悉，比如权威的观念、剪刀加浆糊的历史学、历史学的历史、培根式研究、或者问答逻辑和证据的性质等等。但是，在有些问题上，柯林武德后来显然改变了观点。比如，在1928年讲稿中，柯林武德抛弃了历史的因果性观点，虽然他稍后就要阐释一种历史意义上的特定原因观；同样，在同一个讲稿中，他摒弃了知识片断之间的鸿沟将被想象所填补的观点，而在《历史的想象》中，这种填补被视为历史思维的一个基本特征。在诸如此类的例子中，告诫人们把柯林武德的历史哲学本身看作是有一段发展经历的，这尤为重要。

1926年和1928年讲稿也显示出某些与人们通常讨论柯林武德历史哲学的方式不相符的特征。比如，令人吃惊的是，讲稿中有多少精力是放在历史学的解释方面，以及解释实际上是如何以不同的方式在所有层面上——从对资料来源的检查到各种各样的叙事构造——进行的。比如，这就与历史哲学内部盛行了很长时间的强调解释主体的做法，形成了鲜明对照，柯林武德的观点在这种联系中也起了作用。我还要认为，柯林武德在1926年和1928年的讲稿中细加阐述的观点，并不是与当前的争论毫无关系的。对于如今争论颇多的历史叙事方面的话题，这一点当然是如此，但是，讲稿也与，比方说，证据的解释这一争论不多的话题有关。

读者或许印象最深的是,讲稿所展示出的作者在考古学和历史学实践中的广博经验,以及这给哲学论证带来内容和真实性的方式。此外,讲稿文体优美,论证简明扼要,尽管论证的有些方面无疑会成为争论的主题。1926年的讲稿在五天之内写就,而1928年讲稿完成于在法国度假期间,这当然是令人吃惊的,它表明柯林武德在生命鼎盛时期能够投身于工作的空前精力。

1926年的讲稿以一篇"绪论"为序,那是柯林武德1927年重讲前一年的历史哲学课时,作为新的导言加上去的。这篇"绪论"写于1927年4月的意大利之旅中,当时他住在鲁吉罗在罗马的家中。其副标题是"某某哲学、特别是历史哲学的观念"。柯林武德后来在迪镇时又加了一句:"1927年4月断续写于罗马。此后,我没有再读过,但是,根据我对当时写作此文的思想框架(或多个框架)的回忆,我怀疑它是混乱无序的,而且简直毫无价值。"但是,它对我们来说确实有价值的,因为它让我们了解了柯林武德当时对于历史哲学进行的考虑。更确切地说,它是有趣的,因为它一方面澄清了他关于历史哲学与一般哲学之间关系的观念,另一方面澄清了他关于历史哲学与历史学本身之间关系的观念。它作为一份"中期报告"也具有价值,它记录了柯林武德在写了《知识的图式》之后和在后来写《历史哲学》一文和《哲学方法论》一书之前这一期间,对于历史哲学这个主题的看法。

"绪论"具有浓厚的康德哲学的味道。柯林武德主张,哲学应该研究那些普遍的和必然的东西,也就是,应该研究先验性的概念。像诸如思想、行动、艺术和科学这样的概念一样,柯林武德认为历史在其哲学意义上是一个先验的概念。他主张,这种意义应该区别于我们关于历史的经验的概念,即历史学家们所实践的历史的概念。但是,经验的历史概念有其自己的先验性,后者被理解为历史学的普遍的和必然的特征。

柯林武德作为哲学家、考古学家和历史学家的生涯,极好地表达了他毕生的信念,即,历史研究在个体层面上对于人类精神、在集体层面上对于历史过程,都是最为重要的。因为这一点,他同样强调需要恰当地理解历史的特征以及历史学的原则。这就要对历史的普遍的和必然的方面进行严格检查。1926年和1928年的讲稿正是以一种独特的方式对这些方面进行了系统的研究,因此,随着我们逐渐从《历史的观念》中了解柯林武德的历史哲学,这些讲稿就是对他的历史哲学的一个非常有益的补充。

附:柯林武德哲学的研究文献举要

Boucher, D. (ed.), *R. G. Collingwood: Essays in Political Philosophy* (Oxford, 1989).
—— *The Social and Political Thought of R. G. Collingwood* (Cambridge, 1989).
Debbins, W. (ed.), *R. G. Collingwood: Essays in the Philosophy of History* (Austin, Tex., 1965) (an edition of Collingwood's articles on philosophy of history from 1921 to 1930).
Donagan, A., *The Later Philosophy of R. G. Collingwood* (Oxford, 1962; repr. Chicago, 1985).
Johnston, W. M., *The Formative Years of R. G. Collingwood* (The Hague, 1967).
Krausz, M. (ed.), *Critical Essays on the Philosophy of R. G. Collingwood* (Oxford, 1972).
Mink, L. O., *Mind, History, and Dialectic: The Philosophy of R. G. Collingwood* (Bloomington, Ind., 1969; repr. Middletown, Conn., 1987).
Patrick, J., *The Magdalen Metaphysicals: Idealism and Orthodoxy at Oxford, 1901–1945* (Macon, Ga., 1985).
Rubinoff, L., *Collingwood and the Reform of Metaphysics: A Study in the Philosophy of Mind* (Toronto, 1970).
Russell, A. F., *Logic, Philosophy and History: A Study in the Philosophy of History Based on the Work of R. G. Collingwood* (Lanham, Md., 1984).
Saari, H., *Re-enactment: A Study in R. G. Collingwood's Philosophy of History* (Åbo, 1984).
Shalom, A., *R. G. Collingwood, philosophe et historien* (Paris, 1967).
Skagestad, P., *Making Sense of History: The Philosophies of Popper and Collingwood* (Oslo, 1975).
Taylor, D. S., *R. G. Collingwood: A Bibliography. The Complete Manuscripts and Publications, Selected Secondary Writings, with Selective Annotation* (New York, 1988).
van der Dussen, W. J., *History as a Science: The Philosophy of R. G. Collingwood* (The Hague, 1981).

历史的观念

导　论

第一节　历史哲学

本书是历史哲学的一种尝试。"历史哲学"这一名称是伏尔泰在18世纪创造的,他的意思只不过是指批判的或科学的历史,是历史学家用以决定自己想法的一种历史思维的类型,而不是重复自己在古书中所找到的故事。黑格尔和18世纪末的其他作家也采用了这一名称;但是他们赋予它另一种不同的意义,把它看作仅仅是指通史或世界史。在19世纪的某些实证主义者那里可以找到这个词语的第三种用法;对他们来说,历史哲学乃是发现支配各种事件过程的一般规律,而历史学的职责则是复述这些事件。

伏尔泰和黑格尔所加之于历史"哲学"的任务,只可能由历史学本身来履行;而实证主义者却在试图从历史学里不是得出一种哲学,而是得出一种经验科学,就像气象学那样。在所有这些事例中,它都是一个支配着历史哲学概念的哲学概念;对伏尔泰,哲学意味着独立的和批判的思想;对黑格尔,哲学意味着把世界作为一个整体来思考;在19世纪的实证主义,哲学意味着发现统一的规律。

我使用的"历史哲学"一词和所有这些都不同;为了说明我对它的理解,我将首先谈谈我的哲学概念。

哲学是反思的。进行哲学思考的头脑,绝不是简单地思考一个对象而已;当它思考任何一个对象时,它同时总是思考着它自身对那个对象的思想。因此哲学也可以叫作第二级的思想,即对于思想的思想。例如,就天文学这一事例而言,发现地球到太阳的距离乃是第一级思想的任务;而发现当我们发现地球到太阳的距离时我们到底是在做什么,便是第二级思想的任务了,在这个例子中即逻辑和科学理论的任务。

这并不是说哲学就是心灵科学,或者心理学。心理学是第一级的思想;它正是用生物学探讨生命的同样方法探讨心灵的。它并不研究思想及其对象之间的关系,它直接把思想作为某种与其对象完全分离的东西来研究,作为世界上单纯发生的某种东西,作为一种特殊的现象——一种能就其本身加以讨论的东西——来研究。哲学从来不涉及思想本身;它涉及的总是它与它的对象的关系,因此它涉及对象正如它涉及思想是一样之多。

哲学与心理学之间的这一区别,可以由这些学科对历史思想所采取的不同态度来阐明;历史思想是有关一种特殊对象的一种特殊思想,这种对象我们暂且规定为"过去"。心理学家自己可能对历史思想感兴趣;他可能分析历史学家身上所进行的那种特殊的心灵事件;例如,他可以论证说,历史学家就像艺术家一样是建造起一个幻想世界的人,因为他们都太神经过敏了,因而不能有效地生活在这个现实世界之中;但是又与艺术家不同,历史学家把这个幻想世界的投影颠倒过去,因为他们把他们神经过敏的起源与过去自己童年时代的事件联系起来,而且总是追溯过去,枉然企图解决这些神经过敏症。这种分析可以深入钻研细节,而且表明历史学家对大人物(如恺撒)的兴趣是怎样表现了他对他父亲的幼稚态度的,等等。我并不提示这种分析是浪费时间。我只是描述它的一个典型事例,以便指出它把注意力全都集中在原来的主-客体关系中的主体项上。它只关心历史学家的思想,而并不关心它的对象,即过去。对历史思想的全部心理分析仍会是完全相同的,哪怕根本就没有所谓过去这样一种东西,哪怕恺撒是个虚构的人物,哪怕历史学并不是知识而纯粹是幻想。

对哲学家,需要注意的事实既不是过去本身(像是对历史学家那样),也不是历史学家关于过去本身的思想(像是对心理学家那样),而是这两者处于它们的相互关系之中。与对象有关的思想不仅仅是思想而且是知识;因此,对心理学来说是纯粹思想的理论,是从客体抽象出来的心灵事件的理论,对哲学来说就成了知识的理论。心理学家问自己:历史学家是怎么思想的?而哲学家则问自己:历史学家是怎么知道的？他们是如何领会过去的？反之，把过去作为事物本身来领会，例如说若干年以前确实发生过如此这般的事件，那却是历史学家的任务而不是哲学家的任务了。哲学家之所以关心这些事件并不是作为事物本身，而是作为历史学家所知道的事情；他要问的并不是它们是什么样的事件以及它们在什么时候、什么地方发生的，而是它们到底是什么才使得历史学家有可能知道它们。

于是哲学家就必须思考历史学家的心灵，但是他这样做并不是重复心理学家的工作；因为对于他，历史学家的思想并不是心灵现象的一个综合体，而是一个知识的体系。他也思考过去，但并不是以重复历史学家的工作的那种方式；因为过去对于他并不是一系列的事件，而是已知事物的一个体系。人们可以对于这一点说，哲学家就其思考历史的主观方面而言，就是一个认识论学家，就其思考历史的客观方面而言，就是一个形而上学家；但是这种说法，由于提示他的工作的认识论部分和形而上学部分是可以分别对待的，将是危险的，而且它也会是一个错误。哲学不能把认识过程的研究和被认识的事物的研究分别开来。这种不可能性直接来自哲学是第二级的思想这一观念。

如果这就是哲学思维的一般特征的话，那么当我在"哲学"一词之上再加一个"历史"时，我的意思又是什么呢？在什么意义上才有一种特殊的历史哲学，而与一般的哲学以及任何其他东西的哲学都不同呢？

一般都同意，在哲学的整体内也是有区别的，尽管有点不确定。大多数人都把逻辑学或知识论与伦理学或行为的理论区别开来；虽则作这种区分的人大多数也同意，认识在某种意义上也是一种行为，而且作为被伦理学所研究的那种行动也是（或者至少包括着）某种认识。逻辑学家所研究的思想，是一种目的在于发现真理的思想，因此也就是朝着一个目标而活动的例证；而这些都是伦理学的概念。道德哲学家所研究的行为乃是建立在什么是对的或错的知识或信仰的基础之上的行为，而知识或信仰则是认识论的概念。因此逻辑学与伦理学是联系在一起的，并且确实是不可分的，尽管它们各不相同。如果说有一种历史哲学的话，那么它和其他特殊的哲学学科的密切联系也并不亚于上述这两门科学之间的相互联系。

于是我们就必须问，历史哲学为什么应该成为一门特殊的研究课题而不应该归入一般的知识论。在整个欧洲文明史上，人们在某种意义上都是历史地在思想着的；但是我们很少去反思那些我们很容易就完成的活动。唯有我们遇到的困难，才把一种我们自己要努力克服困难的意识强加给我们。所以哲学——作为自我意识之有组织的和科学的发展——的题材，就往往取决于在某个特定时期里人们在其中发现了特殊困难的那些特殊问题。要考察任何一个特定的民族在其历史的任何特定时期中在哲学上的特别突出的论题，就要找出使他们感到正在唤起他们全部精力的那些特殊问题的征象。而边缘的或辅助性的论题则显示出他们并没有感到有什么特殊困难的那些东西。

现在我们的哲学传统是和公元前6世纪的希腊一脉相承的，那时思想的特殊问题乃是奠定数学的基础这一任务。因此希腊哲学把数学放在它配景的中心；当它讨论知识的理论时，它首先而且主要地是把它理解为数学知识的理论。

从那时起一直到一个世纪以前，欧洲历史曾有过两度伟大建设性的时代。在中世纪，思想的中心问题关注于神学，因此哲学问题产生于对神学的反思并且关注着上帝与人的关系。从16世纪到19世纪，思想的主要努力关注于奠定自然科学的基础，于是哲学就把这种关系作为自己的主题，即把人类心灵作为主体而把它周围空间中事物的自然世界作为客体这两者之间的关系。当然，在整个这一时期，人们也在历史地思想着，但是他们的历史思想总是比较简单的、甚而是起码的；它没有提出有什么是它发现不好解决的问题，而且从来没有被迫思考过历史思想本身。可是到了18世纪，当人们已经学会了批判地思考外部世界时，他们就开始批判地思考历史了，因为历史学已开始被当作思想的一种特殊形式，而又不大像数学或神学或科学。

这种反思的结果便是：根据数学或神学或科学或所有这三种合在一起便能穷尽一般的各种知识问题的这一假设而出发的知识理论，已不再能令人满意了。历史思想有其自己的特殊的对象。过去包括着空间和时间上不再发生的特殊事件，这是不能用数学思维来加以领会的，因此数学思维领会的是在空间和时间中没有特殊定位的对象，恰恰是这种缺乏特殊的时-空定位才使得它们成为可知。过去也不能为神学思维所领会，因为神学思维的对象是一种单一的、无限的对象，而历史事件则是有限的、多数的。过去也不能为科学思维所领会，因为科学所发现的真理都是通过观察和实验才被人知道是真的，观察和实验是由我们实际感知的东西提供例证的；但过去却已经消失，我们有关过去的观念绝不能像我们证实科学的假说那样来证实。因而各种打算说明数学的、神学的和科学的知识的知识理论，都没有触及历史知识的特殊问题；而如果它们自认为提供了对知识的完备解说，那实际上就蕴涵着历史知识是不可能存在的。

只要历史知识并没有遇到特殊困难并发明一种特殊的技术来解决它们从而把它自己强加于哲学家的意识时，那就不发生什么问题。但是当它发生时，像是大体说来在19世纪所发生的那样，情况却是：流行的各种知识理论都指向科学的特殊问题，并继承了建立在数学和神学研究基础之上的传统，而在各个方面都在勃兴的这种新的历史技巧却没有被人顾及。所以就需要有一种特殊的探讨，它的任务应当是研究这一新问题或这一组新问题，即由有组织的和系统化的历史研究之存在而造成的哲学问题。这种新探讨就可以正当地要求历史哲学的称号，而本书便是对于这种探讨的一项贡献。

这种探讨的进行可以期待着有两个阶段。首先，历史哲学确实必须不是在一个密封舱里设计出来的，因为在哲学上并不存在什么密封舱，而只是在一种相对孤立的条件下设计出来，被当作是对一个特殊问题的特殊研究。这个问题需要特殊的处理，正因为传统的哲学没有谈到它；而它需要被孤立出来则是因为有一条普遍的规律，即凡是一种哲学所没有肯定的东西都是它所否定的，以至于传统哲学就蕴涵着历史知识是不可能的。所以历史哲学就不得不对它们置之不理，直到它能对历史学是怎样成为可能的建立起一种独立的证明为止。

第二个阶段将是设计出这一哲学的新分支和旧的传统学说之间的联系。对于哲学思想的整体的任何补充，都在某种程度上改变了已经存在的一切；而一种新哲学科学的建立，就必然要修改所有的旧哲学。例如，现代自然科学的建立以及由对自然科学的反思而产生的哲学理论的建立,就由于对三段论逻辑产生普遍的不满并代之以笛卡儿和培根的新方法论而反作用于已经奠定的逻辑学;同样的东西也反作用于17世纪从中世纪所继承下来的神学的形而上学,并且产生了例如我们在笛卡儿和斯宾诺莎那里所发现的新的上帝概念。斯宾诺莎的上帝是根据17世纪科学加以修改过的中世纪神学的上帝。所以,在斯宾诺莎的时代,科学的哲学已不再是由其他哲学探讨中分化出来的一个特殊分支:它已渗透到一切哲学研究,并且产生了一套完全是以科学精神来构思的完整的哲学。在目前的情况,这就意味着要根据狭义的历史哲学所达到的结果而对一切哲学问题进行一次普遍的彻底检查;它将产生一种新的哲学,那将是一种广义的历史哲学,也就是从历史观点所构思的一套完整的哲学。

在这两个阶段中如果本书代表第一个阶段,我们就应该满足了。我在这里所努力做的就是对历史学的性质做一番哲学的探讨,把它看作是与一种特殊类型的对象有关的知识的一种特殊类型或形式,而暂时撇开更进一步的问题,即这一探讨将怎样影响到哲学研究的其他部门。

第二节 历史学的性质、对象、方法和价值

什么是历史学,它是讲什么的,它如何进行,它是做什么用的;这些在某种程度上都是不同的人会以不同的方式来回答的问题。尽管有不同,答案在很大程度上还是一致的。如果答案是着眼于抛开那些根据不合格的证据所得来的东西而加以查考,那么这种一致性就变得更紧密了。历史学,也像神学和自然科学一样,是思想的一种特殊形式。果真是这样,对这种思想形式的性质、对象、方法和价值的各种问题,就必须由具有两种资格的人来加以回答。

第一,他们必须具有那种思想形式的经验。他们必须是历史学家。在某种意义上,我们都是今天的历史学家。所有受过教育的人,都经历过一段包括有一定数量的历史思维在内的教育过程。但这并不能使他们都有资格对历史思维的性质、对象、方法和价值发表意见。因为首

先,他们这样所获得的有关历史思维的经验,也许很肤浅;所以建立在这一基础之上的见解,就不会比一个人建立在一次周末参观巴黎的基础之上的对法国人的见解更有根据。第二,通过同样肤浅的通常教育渠道所获得的无论什么经验,总归是过时的。这样获得的历史思维的经验是按教科书塑造的,而教科书总是描述那些并非现实生活着的历史学家现在正在思想着的东西,而是过去某个时候现实生活着的历史学家所已经思想过的东西,当时原始材料正在被加工创造,而教科书便是从那里面收集起来的。而且它还不仅仅是那种在收入教科书中之时就已经过了时的历史思想的结果。它也是历史思想的原则:即有关历史思维的性质、对象、方法和价值的观念。第三,与此有关的就是会出现由教育方法所获得的一切知识都会带有的那种特殊的错觉:即最终定论的错觉。当一个学生在无论哪个题目上是处于 statu pupillari[学生的地位]时,他就必须要相信事物都是解决了的,因为教科书和他的教师都把它们看作是解决了的。当他从那种状态中走出来并亲自继续研究这个题目时,他就会发现没有什么东西是解决了的。他会抛开教条主义的,教条主义总是不成熟性的永远不变的标志。他要用一种新眼光来观看所谓的事实。他要对自己说:"我的老师和教科书告诉我,如此这般都是真的;但那是真的吗?他们有什么理由认为那是真的,这些理由合适吗?"另一方面,如果他脱离学生的地位后就不再继续追索这个题目,那么他就永远不能使自己摆脱教条主义的态度。而这就使得他成为一个特别不适宜回答我所提出的问题的人。例如,对这些问题大概没有人能比一个在青年时读过牛津大学文学士学位考试课程的牛津哲学家回答得更坏了,他曾经是学历史的学生,并且认为那种幼稚的有关历史思维的经验就使他有资格说历史是什么,它是讲什么的,它是如何进行的,它是做什么用的。

　　回答这些问题的第二种资格是,一个人不仅应当具有关于历史思维的经验,而且还应当反思那种经验。他必须不仅是一位历史学家,而且还是一位哲学家;尤其是他的哲学思想必须包括特别注意历史思想的各种问题在内。不这样反思自己的历史思维的人,可能成为一个很好的历史学家(尽管不是最高一级的历史学家)。但没有这样的反思,要成为一个很好的历史教师甚至会更容易(尽管不是最好的那种教师)。但同时,重要的是要记住:首先出现的是经验,其次才是对那种经验的反思。即使最不肯反思的历史学家也具有第一种资格。他拥有要加以反思的经验;而当要求他加以反思时,他的反思有很好的机会可以很中肯。一个从来没有在哲学方面做过很多工作的历史学家,也许比一个在历史学方面没有做过很多工作的哲学家会以更明智和更有价值的方式来回答我们的四个问题。

因此我将对我的四个问题提出答案,我认为它是今天任何一个历史学家都会接受的。在这里,它们将是粗糙的和现成的答案,但它们将用来作为我们论题的暂行定义,而在论证进行的过程中它们将得到辩护和发挥。

(1)历史学的定义。我认为,每一个历史学家都会同意:历史学是一种研究或探讨。它是什么样的探讨,我暂不过问。问题在于,总地说来它属于我们所称的科学,也就是我们提出问题并试图做出答案所依靠的那种思想形式。重要之点在于认识,一般地说,科学并不在于把我们已经知道的东西收集起来并用这种或那种方式加以整理,而在于把握我们所不知道的某些东西,并努力去发现它。耐心地对待我们已经知道的事物,对于这一目的可能是一种有用的手段,但它并不是目的本身。它充其量也只不过是手段。它仅仅在新的整理对我们已经决定提出的问题能给我们以答案的限度内,才在科学上是有价值的。这就是为什么一切科学都是从知道我们自己的无知而开始的;不是我们对一切事物的无知,而是对某种确切事物的无知,——如国会的起源、癌症的原因、太阳的化学成分、不用人或马或某种其他家畜的体力而抽水的方法。科学是要把事物弄明白;在这种意义上,历史是一门科学。

(2)历史学的对象。一门科学与另一门之不同,在于它要把另一类不同的事物弄明白。历史学要弄明白的是哪一类事物呢?我的答案是 res gestae[活动事迹]:即人类在过去的所作所为。虽然这个答案提出了各种各样的进一步的问题,其中许多会引起争论;但不管对它们可能做出怎样的答案,这些答案都不会推翻这一命题,即历史学是关于 res gestae[活动事迹]的科学,即企图回答人类在过去的所作所为的问题。

(3) 历史学是如何进行的？历史学是通过对证据的解释而进行的；证据在这里是那些个别地就叫作文献的东西的总称；文献是此时此地存在的东西，它是那样一种东西，历史学家加以思维就能够得到对他有关过去事件所询问的问题的答案。这里，关于证据的特征是什么以及如何加以解释，又会有大量的困难问题提出来。但是在这个阶段，我们没有必要提这些问题。不管它们的答案如何，历史学家们都会同意历史学的程序或方法根本上就在于解释证据。

(4) 最后，历史学是作什么用的？这或许是比其他问题更困难的问题；回答这个问题的人要比回答我们已经回答过的那三个问题的人反思得更广一些。他必须不仅反思历史思维，而且也要反思其他事物；因为说某种东西是"为了"另外某种东西之用的，就蕴涵着 A 和 B 之间的一种区别，在这里 A 对于某种东西是有用的，而 B 则是某种东西对其有用的那种东西。但是我将提示一个答案并发表一种没有哪个历史学家会加以反驳的见解，虽然它会进一步引起许多困难的问题。

我的答案是：历史学是"为了"人类的自我认识。大家都认为对于人类至关重要的就是，他应该认识自己；这里，认识自己意味着不仅仅是认识个人的特点，他与其他人的区别所在，而且也要认识他之作为人的本性。认识你自己就意味着，第一，认识成其为一个人的是什么；第二，认识成为你那种人的是什么；第三，认识成为你这个人而不是别的人的是什么。认识你自己就意味着认识你能做什么；而且既然没有谁在尝试之前就知道他能做什么，所以人能做什么的唯一线索就是人已经做过什么。因而历史学的价值就在于，它告诉我们人已经做过什么，因此就告诉我们人是什么。

第三节　第一编至第四编的问题

我刚刚简略概括的历史的观念是属于近代的，在我于第五编中着手更加详尽地发挥和阐述这种观念之前，我打算先通过考察它的历史来作说明。今天的历史学家们都认为历史学应当是：(1) 一门科学，或者说回答问题；(2) 与人类过去的活动有关；(3) 通过解释证据来进行；

(4) 为了人类的自我认识。但这并不是人们对历史学的一贯想法。例如,有一位近代的作家①关于公元前 3000 年的苏美尔人写道:

> 历史编纂学表现为纪念建筑宫殿和神殿的官方铭刻。文体的神权风格把一切事物都归因于神意的活动,从下面的段落中就可以看到许多实例之一。
>
> 拉伽什(Lagash)的国王和乌玛(Umma)的国王之间关于他们各自领土的边界起了争端。这一争端要服从启什(Kish)国王美西里(Mesilim)的仲裁,并由神来解决,启什、拉伽什、乌玛的国王都仅仅是神的代理人或祭司:
>
> 听了疆域之王恩利尔(Enlil)神的真诚的言辞,宁吉尔苏(Ningirsu)神和萨拉(Shara)神就认真考虑。启什的国王美西里一经他的神顾-西里(Gu-Silim)训谕,……就在(这个)地方竖立一个石柱。乌玛的 *isag*,即乌什(Ush),就按照他的雄心勃勃的计划而行动。他移走美西里的石柱并来到拉伽什的平原。奉宁吉尔苏神的正义的命令,恩利尔神的战士与乌玛的一场战斗发生了。在恩利尔神的命令之下,巨大的神网笼罩了敌人,于是氏族公共墓地就被安放在平原上,取代了他们的地位。

应该注意,秦恩先生并不是说苏美尔人的历史编纂学就是这种东西,而是说在苏美尔的文献中历史编纂学就是由这种东西来表现的。我以为他的意思是,这种东西并不真正是历史学,而是在某种方式上有似于历史学的东西。我对于这一点评论如下。像这样一种铭文所表达的一种思想形式,是不会有任何一位近代历史学家称之为历史学的,因为首先它缺少科学的特征:它不是试图回答一个问题,对这个问题的回答作者是从无知而开始的;它不过是作者所知有关某一事实的某些东西的记录;其次,被记录的事实并不是人类方面的某些活动,它是神那

---

① 即秦恩先生(Monsieur Charles F. Jean),见艾尔《欧洲的文明》(Edward Eyre, *European Civilization*, London, 1935),第 1 卷,第 259 页。

方面的某些活动。无疑地,这些神意的活动导致了人类所进行的活动;但是它们在第一种情况下并不被认为是人类的活动而是神意的活动;就这方面而言,就表达的思想在它的对象上就不是历史的,因而在它的方法上也就不是历史的;因为这里面没有任何对于证据的解释,也没有对它的价值的解释,这里面没有任何提示可以表明它的目的是促进人类的自我认识的。由这样的记录所增进的知识并不是,或者无论如何主要地并不是人类对于人的知识,而是人类对于神的知识。

所以,从作者的观点来看,这不是我们所称为历史著作的东西。作者不是在写历史,他是在写宗教。从我们的观点来看,它可以用来作为历史的证据,因为一个用自己的目光注视着人类 res gestae[活动事迹]的近代历史学家可以把它解释为有关美西里和乌什及其臣民所进行的活动的证据。但是它仅仅仿佛是要靠我们自己对待它的历史态度,才获得它那身后作为历史证据的资格的;正如同史前的燧石或罗马的陶器获得身后的历史证据的资格一样,并不是因为制造它们的人想到它们会作为历史证据,而是因为我们想到它们作为历史证据。

古代苏美尔人丝毫没有留下什么我们可以称之为历史学的东西。如果他们有过任何作为历史意识的东西,他们也并没留下来对它的任何记录。我们可以说,他们必定有过这样一种东西;对我们来说,历史的意识乃是如此之真实而又如此之无孔不入的一种生命特征,以至于我们看不出任何一个人怎么可能没有它;但是我们这样论证是否正确,却是很值得怀疑的。如果我们坚持文献向我们所揭示的事实,我认为我们就必须说,古代苏美尔人的历史意识乃是科学家们所称之为宗教秘传体的那种东西,那是科学方法的准则根据奥康剃刀(Occam's Razor)①的原则——*entia non sunt multiplicanda praeter necessitatem*[不可多得超出必要之外]——所不允许我们加以肯定的那种东西。

然而四千年以前,我们文明的先驱者们并不具备我们所称为历史的观念的这种东西。就我们所能了解的而言,这不是因为他们具备了那种东西本身而没有加以反思。这是因为他们并不具有那种东西本

---

① 奥康(1300?—1349?),英国哲学家。——译者注

身。历史学在当时并不存在。反之,这里存在着某些在一定方式上类似我们所称之为历史学的东西;但就今天我们鉴定历史学时所存在的四个特征中的任何一个而言,那都与我们所称之为历史学的东西不同。

所以,像今天所存在的那种历史学,在西亚和欧洲是最近的四千年里形成的。它是怎样发生的?叫作历史学的那种东西,是经过哪些阶段形成的?这就是以下第一至第四编中将要提供一个有点枯燥而又概括的答案的问题了。

第一编　希腊罗马的历史编纂学

第一节　神权历史学和神话

近代欧洲的历史观念究竟是通过什么步骤和什么阶段开始产生的？因为我并不认为其中的任何阶段会发生在地中海地区以外,即发生在欧洲、在从地中海到美索不达米亚的近东和北非海岸之外的地方,所以关于中国的、或者关于除了我上面指出的地区以外的世界上任何其他部分的历史思想,我都无权说任何话。

我从大约是公元前 2500 年左右的文献中引用早期美索不达米亚历史学的一个例子。我说历史学,不如是说准历史学;因为正像我已经指出的那样,这种文献所表达的思想虽有似于我们所称为是陈述过去的那种历史学,但又与它不同:第一,这些陈述并不是对问题的答案,不是研究的成果,而仅仅是述说作者已经知道的东西;第二,所记录的事迹不是人类的活动,而是神明的活动(至少在第一个例子中是如此)。神是仿照人间的君主进行类推而设想出来的,神指挥着国王和领袖的行动,就像国王和领袖指挥他们的人间下属一样;政府的等级制度是以一种外化作用而朝上推的。这种顺序并不是:臣民、下级官吏、高级官吏、国王,而是:臣民、下级官吏、高级官吏、国王、神。无论国王和神是如何截然被区分开来,从而把神设想为社会的真正首脑,而国王则是他的仆人;或者国王和神多少是被等同起来,国王被设想为神的化身,或无论如何在某种程度上是神明的而不仅仅是人间的,——这是一个我们不需要讨论的问题,因为不管我们怎么回答,结果都将是政府是以神权来构思的。

这种历史学我建议称之为**神权历史学**;在这里,"历史学"一词不是指构成为科学的历史学的那种历史学本身,而是指对已知事实的一种陈述,以供那些不知道这些事实的人参考;但他们作为对于所谈的神的崇拜者,是应该知道神借之使自己得以显现的那类事迹的。

还有另外一种准历史学,我们在美索不达米亚的文献中也找到了它的例子,那就是神话。尽管神权历史学根本不是有关人类活动的历史学,然而就故事中神明人物是人类社会的超人统治者这个意义来说,它仍然与人类活动有关;因此他们的活动就部分地是向人类所做出的、而部分地则是通过人类而做出的活动。在神权历史学中,人类并不是所记载的活动的行动者,却部分地是一种工具,部分地又是一个被动者。而且,这些活动被想象为在时间序列上占有确定的位置,发生在过去的某些日期里。反之,神话则与人类的活动完全无关。人的因素完全被摈除了,故事中的人物仅仅是神。而且所记载的神明活动并不是有日期可稽的过去事件;它们被想象为在过去发生过,不过确实是在遥远得不可考的过去,以至于没有人知道究竟是在什么时候。它是在我们的一切时间记录之外的,叫作"万物之始"。因此,当神话被安放在一种看上去似乎是时间的外壳之中的时候,(因为它叙述的事件是按照一定的秩序一个随着一个相继出现的),这个外壳严格地说来并不是时间上的,它是半时间性的;叙述者是在使用时间上相续的语言作为一种隐喻,用以表达叙述者并不想象为是真正时间上的各种关系。因此以时间上相续的语言在神话上所表现的这种题材,就神话本身而言,便是各种神或神性的各种因素之间的关系。因此神话本身总是带有神谱的特性。

例如,让我们考虑一下巴比伦《创世诗》的主要轮廓。我们有一份它在公元前7世纪的原文,这个本子声称是、而且无疑地是许多更古老得多的原文本的一个抄本,或许可能追溯到我已经摘引过的那份文献的同一个时期。

"诗从万物的起源开始。那时候什么都还不存在,甚至于神也不存在。从这种虚无之中出现了宇宙的原则阿普苏(Apsu),即鲜水,和提阿玛特(Tiamat),即咸水。"神谱的第一步是阿普苏和提阿玛特的长子姆摩(Mummu)的诞生。"神增多了而且繁衍起来。于是他们开始反抗[这种原始的]神圣的三结合。阿普苏决心摧毁它们,……但是聪明的埃阿(Ea)运用了魔力而取胜。他用强有力的符咒摄住了水(阿普苏的成分),使他的祖先沉睡",并且俘虏了姆摩。提阿玛特这时"打算为被征服的人报仇。她嫁给了基恩古(Qingu),使他成为她的军队的领袖,并把命运簿交给他保管"。埃阿占卜她的计划时,把计划透露给了古老的神安沙(Anshar)。起初提阿玛特战胜了这个联盟,但现在又出现了马尔都克(Marduk),他向提阿玛特挑战,要求单人决斗;马尔都克杀死了她,把她的尸体"像一条鱼那样"切成两截,把一半变成了天空,他在天空上安置了群星,把另一半变成了大地。马尔都克所流的血就被造成为人。①

准历史学的这两种形式,即神权历史学和神话,统治了整个近东,直至希腊兴起为止。例如,摩押石碑(the Moabite Stone,公元前9世纪)就是神权历史学的一份完整的文献,它表明了公元前2000至前1000年期间那种思想的形式没有发生什么变化:

> 我是摩押国王科莫什(Kemosh)的儿子梅沙(Mesha)。我父亲是统治了摩押三十多年的国王,我继我父亲成为国王。我为他筑起这座高台,因为他拯救了我免于亡覆并使我战胜了我的敌人。
>
> 以色列的国王奥雷(Omri)长期以来是摩押的压迫者,因为科莫什对他的国家怀恨在心。他的儿子继承了他,而他的儿子也说"我要压迫摩押"。这是在我统治的时期他说的话。而我战胜了他和他的一家。以色列就永远消灭了。
>
> 并且奥雷占领了梅赫德巴(Mehedeba)的土地并在那里度过了他的一生和他儿子的半生,共四十年之久;但是科莫什在我在世的时候就把它给我们恢复了。

或者,这里再引一段叙述,这段话被置诸于公元前7世纪初期尼尼微国王埃萨-哈登(Esar-Haddon)之口,是有关他反抗杀死了他父亲西

---

① 秦恩,见前引《欧洲的文明》,第一卷,第271页以下。

拿基立(Sennacherib)的敌人的那场战役的：

> 对于伟大的神明——我的主——的敬畏战胜了他们。当他们看到我发动可怕的战斗冲击时,他们身魂无主。战争和斗争的女神伊世塔(Ishtar)喜欢我的祭祀,始终在我这一边并突破了他们的战线。她突破了他们的战线,而且,在他们的集会上,他们都说"这就是我们的国王"①。

希伯来的经文中包含有大量的神权历史学和神话这两种成分。从我现在考察这些古代文献的观点来看,旧约全书中的准历史学成分与美索不达米亚和埃及文献中相应的成分,并没有很大的不同。主要的区别就在于,神权成分在其他这些文献中大体上是特殊主义的(particularistic),而在希伯来的经文中它却倾向于普遍主义的(universalistic)。我的意思是说,其他这些文献中记载着其事迹的神明,大体上被看成是特殊社会的神圣首领。希伯来人的上帝无疑地在特殊的意义上被看作是希伯来社会的神圣首领的;但在"先知"运动的影响之下,即从大约公元前8世纪中叶起,他们越来越把上帝想象为全人类的神圣首领;所以不再期待他保护他们的利益不受其他特殊社会利益的侵犯,而是期待他按他们的功过来对待他们,并且以同样的方式对待其他的特殊社会。而这种脱离特殊主义而转向普遍主义的倾向,不仅影响着希伯来人的神权历史学,而且也影响着他们的神话学。与巴比伦的创世传说不同,希伯来的创世传说包括一种尝试,确实并不是一种深思熟虑的尝试(因为我认为每个儿童都曾向长辈提出过无法回答的问题,"谁是该隐②的妻子?"),但仍然是一种尝试,即不仅仅要叙述一般人的起源,而且还有人类——像传说的作者所知道的那样——之分化为各个民族的起源。的确,我们差不多可以说,与巴比伦的传说比起来,希伯来传说的特点就是它用人种学代替了神谱学。

---

① 秦恩,见前引《欧洲的文明》,第一卷,第364页。
② 见《旧约·创世记》。——译者注

第二节　希罗多德开创的科学历史学

与上述这一切比较起来,希腊历史学家的著作,例如我们所详尽占有的公元前5世纪的历史学家希罗多德和修昔底德的著作,就把我们带到了一个新的世界。希腊人非常清楚地并有意识地不仅认为历史学是(或者可能是)一门科学,而且认为它必须研究人类的活动。希腊的历史学不是传说,而是研究;它在试图对人们认识到自己所不知道的那些问题做出明确的答案。它不是神权主义的,而是人文主义的;所探究的问题并不是 τὰ θεῖα [神事],而是 τὰ ἀνθρώπινα [人事]。而且它也不是神话式的。所探究的事件不是万物之初、时间无考的过去的事件;它们是若干年之前、时间上可确定的过去的事件。

这并不是说,神权历史学形式的传说或神话形式的传说是和希腊思想无缘的东西。荷马的著作并不是研究,那是传说;而且在某种程度上,它是神权的传说。神在荷马的著作中,是以一种与他们在近东的神权历史学中所出现的方式并没有很大不同的方式在干预着人类的事务。赫西俄德①就同样地给我们树立了神话的榜样。也不是说,这类传说的成分,无论它可能是神权的还是神话的,在公元前5世纪历史学家的古典作品中是完全不存在的。康福德(F. M. Cornford)在他的《神话历史学家修昔底德》(*Thucydides Mythistoricus*, London, 1907)一书中就注意到了,甚至在头脑冷静的、科学的修昔底德的著作中也存在这些成分。当然,他是十分正确的;而类似的传说成分在希罗多德的著作中频繁出现也是引人瞩目的。但希腊人更值得注意的却并不在于他们的历史思想包括我们要称之为非历史的因素的某些残余,而在于和这些因素一起,它还包含着我们称之为历史学的因素。

我在导言中所列举的历史学的四个特点是:(1)它是科学的,或者说是由提问题而开始,而传说的作者则由知道某些事情而开始并且讲述他所知道的事情;(2)它是人文主义的,或者说提出有关人们在过去

---

① 赫西俄德(Hesiod),公元前8世纪希腊诗人。——译者注

的确切的时间里所做的事情的问题;(3)它是合理的,或者说对它的问题所做的回答是有根据的,也就是诉之于证据;(4)它是自我显示的,或者说它的存在是为了通过讲述人类已经做了什么而告诉人们人类是什么。第一、第二和第四个特征显然在希罗多德那里已经出现了:(a)历史学作为一门科学乃是希腊人的发明这一事实,直到今天还在以历史学这个名称①被记载着。历史学是一个希腊名词,原意只是调查和探究。希罗多德采用它作为自己著作的标题,从而"标志着一场文学革命"(正像一位希腊文学史家克罗瓦赛所说的②)。以前的作者都是 λογογράφοι,即流行故事的记录者;豪和威尔斯说"历史学家从事'发现'真理"。正是使用了这个名词及其含义,才使得希罗多德成为了历史学之父。传说的笔录之转化为历史科学,并不是希腊思想中所固有的;它是公元前5世纪的发明,而希罗多德则是它的发明人。(b)同样清楚的是,历史学对于希罗多德来说乃是人文主义的,而与神话的或神权的都不相同。正如他在他的序言中所说的,他的目的是要描写人们的事迹。(c)正像他自己所叙述的那样,他的目的是为了使这些事迹不致被后世所遗忘。这里我们有着我所说的关于历史学的第四个特点,就是它有助于人们有关人的知识。希罗多德特别指出,它揭示出人乃是一个有理性的行动者:也就是说,它的作用部分地是发现人做了什么事,而部分地是发现他们为什么这样做 δι ἥν αἰτίην ἐπολέμησαυ [因为什么原因而争斗]。希罗多德并没有把注意力限于单纯的事件;他以一种彻底的人文主义态度在考虑这些事件,把它们看作是有理由像他们所作所为那样在行动着的人们的行为;而历史学家则是要追究这些理由。

这三点再度出现于修昔底德的序言中,这篇序言显然是着眼于希罗多德的序言而写的。修昔底德写的是古希腊雅提加(Attic)文,而不

---

① 按,历史学(history)一词源出于希腊文ἰστοριη。——译者注
② 克罗瓦赛:《希腊文学史》(Croiset, *Histoire de la littérature grecque*),第二卷,第589页。据豪、威尔斯:《希罗多德评注》(How and Wells, *Commentary on Herodotus*, Oxford, 1912),第一卷,第53页。[克罗瓦赛(Croiset,1845—1923),法国古典学家。——译者注]

是爱奥尼亚(Ionic)文,所以当然不会使用ἱστορίη[历史]这个名词;但他用其他的词句说到它:为了表明他不是一个故事的笔录者,而是一位科学的研究者,所以他提出问题而不是重复传说;他辩护他所选定的题材说,比伯罗奔尼撒战争更早的事件是不可能精确肯定的——σαφῶς μὲν εὑρεῖν ἀδύνατα ἦν[不可能知道得很清楚]。他强调历史学的人文主义的目的和自我显示的作用,在用词上脱胎于他的前驱者。但在一个方面他对希罗多德有改进,因为希罗多德没有提到证据(即前面所提到的第三个特征),人们只好从他的整个著作中得出他关于证据的观念是什么;但是修昔底德则明确地说,历史的探讨依赖于证据,他说,ἐκ τεκμηρίων σκοποῦντί μοι,即"当我根据证据来考虑的时候"。他们有关证据的性质的想法和一个历史学家所解释它的方式,将是我在第五节还要谈到的题目。

第三节　希腊思想的反历史倾向

同时,我愿意指出希罗多德之创造科学的历史学是多么值得注意的一件事;因为他是一个古希腊人,而古希腊的思想整个说来有着一种十分明确的流行倾向,不仅与历史思想的成长格格不入,而且实际上我们可以说它是基于一种强烈的反历史的形而上学的。历史学是关于人类活动的一门科学:历史学家摆在自己面前的是人类在过去所做过的事,而这些都属于一个变化着的世界,——在这个世界之中事物不断地出现和消逝。这类事情,按照通行的希腊的形而上学观点,应该是不能认识的,所以历史学就应该是不可能的。

在希腊人看来,自然世界也发生同样的困难,因为它也是这种性质的一个世界。他们问道,如果世界上的万物都在变,那么在这样一个世界里还有什么东西需要人的思想去把握的呢?他们十分肯定,能够成为真正的知识的对象的任何事物都必须是永恒的;因为它必须具有它自己某些确切的特征,因此它本身之内就不能包含有使它自己消失的种子。如果它是可以认识的,它就必须是确定的;而如果它是确定的,它就必须是如此之完全而截然地是它自己,以至于没有任何内部的变化或外部的势力能够使得它变成另外的某种东西。希腊的思想，当其在数学知识的对象中发现了某些东西满足这些条件时，就获得了它的第一次胜利。一条直铁棒可以弯成曲线，一个水平面可以破裂成波浪；但是直线和平面，像数学家所思考的那种，却是其特征不可能改变的永恒对象。

随着争论线索这样展开，希腊思想就形成了两种思想类型之间的区别，即真知（επιστήμη）和我们所翻译为"意见"（δοξα）的东西。意见是我们关于事实问题所具有的经验性的半-知识，它总是在变化着的。它是我们关于世界的不断流变着的现实之不断流变着的认识，因而它只在此时此地在它自己本身的延续期内是有效的；并且它是瞬间的，没有道理的，又不可能被证明。反之，真正的知识不仅是此时此地而且在任何地方都永远是有效的，而且它根据可以证明的推理并且可能通过辩证批评的武器来找出错误和扬弃错误。

这样，对希腊人来说，过程就只有在它被知觉时才能被认识，而且有关它的知识是永远不可能证明的。对这一观点的一种夸张性的陈述，像我们在埃利亚学派那里所看到的，就是误用辩证的武器（而它只是针对在严格地所谓知识的范围内的错误才是确实有效的）来证明变化并不存在，而我们关于变化所具有的"意见"实际上甚至于不是意见而是纯粹的错觉。柏拉图反驳了这种学说，并且看到了变化的世界中有着某些东西确实不可理解，但在可知觉的范围内却是真实的，这是介乎埃利亚学派所指之为虚无性和永恒事物的完全现实性与可知性之间的某种中间性的东西。根据这样一种理论，历史学就应该是不可能产生的。因为历史学必须具有这样两个特征：第一，它必须是有关瞬时性的东西；第二，它必须是科学的或者可证明的。但是根据这种理论，瞬时性的东西乃是不能由证明来认识的；它不可能是科学的对象；它只能是一种 αἴσθησις（即知觉）的东西，是人类的感性在其还是飘忽的时候以知觉抓住了那流变着的瞬间。而对瞬息万变的事物之这一瞬时的感官知觉不可能成为科学或科学的基础，这一点乃是希腊人的观点中最本质的东西。

第四节　希腊人关于历史学的性质和价值的概念

　　希腊人追求永恒不变的知识对象这一理想所具有的热情,很容易使我们误解他们的历史兴趣。如果我们漫不经心地阅读他们,就很可能使我们认为他们对历史学不感兴趣,有点类似于柏拉图对诗人的攻击可以使一个无知的读者幻想着柏拉图不大关心诗歌。为了正确地解释这些东西,我们就必须记得:有能力的思想家或作家没有一个会浪费时间去攻击一个稻草人的。对某种学说进行激烈的论战,乃是争论中的学说在作者的环境中形象高大、甚至对他本人具有强大的吸引力的一个确实无误的标志。希腊人对永恒的追求是极其热烈的追求,正因为希腊人本身对于非永恒具有一种非凡的鲜明感。他们生活在一个历史以特别的速度运动着的时代里,生活在一个地震和侵蚀并以在其他地方罕见的暴力改变着大地面貌的国度里。他们看到的整个自然就是一场不断变化的场面,而人类生活又比任何其他事物都变得更为激烈。不像中国或欧洲的中世纪文明的有关人类社会的概念,是被系定在保持它的结构的主要面貌不变的这一希望之上,希腊人使自己的第一个目的面对着、并使自己协调于这样一个事实,即永久性乃是不可能的。这种承认人类事物中的变化的必然性,给了希腊人对历史以一种特殊的敏感。

　　认识到生活中没有什么东西是持续不变的,他们就习惯地问他们自己,他们知道是必然曾经出现过、从而使现在得以产生的那些变化到底是什么。因此,他们的历史意识并不是要把一代又一代的人的生活铸入一个相同的模式里去的那种传统悠久的意识;它是一种强烈的περιπέτειαι[突变],即从事物的一种状态突变性地转化为它的对立面的那种意识,从小到大、从骄傲到谦卑、从幸福到苦难的变化的那种意识。这就是他们怎样在他们的戏剧中解释人类生活的一般特性,这也是他们怎样在他们的历史学中叙述人生的那些特殊部分。一个像希罗多德那样精明而富有批评精神的希腊人会说的唯一有关规定历史过程的神力的事情,就是"它喜欢打翻和打乱一切事物"(φθονερόν καὶ ταραχῶδες)。他只是重复了每个希腊人都知道的事(i. 32):宙斯①的威力表现在雷霆中,波塞东②的威力表现在地震中,阿波罗③的威力表现在瘟疫中,阿芙罗狄特④的威力表现在一举而同时破坏了斐德拉的骄傲和希波里特的贞洁⑤的那种激情之中。

  对希腊人,成为历史学的正当题材的这些人生条件之下的灾变,确实是不可理解的。他们不可能有对它们的ἐπιστήμη[知识],根本没有可加以证明的科学知识。然而历史学同样地对希腊人有着一种确切的价值。柏拉图本人指出了,正确的意见⑥(那是知觉给我们的一种有关变化着的事物的假-知识)对生活的行为的用处并不下于科学知识,而诗人们则保持着他们在希腊生活中作为健全原则的教师的那种传统地位,他们教导说在这些变化的一般模式中,一定的前因通常会导致一定的后果。值得注目的是,在任何一个方向上的过度都会导向一场强烈的变化,把自己转化为自己的对立面。为什么如此,他们说不出来;但他们认为它之成为这样乃是一个观察到的事实;变得极其富有或极有权势的人,就会因而有被转化为极度贫困和软弱的境地的特别危险。这里并没有因果关系的理论;这种思想并不像是17世纪的归纳科学有着建立在因果公理之上的形而上学的基础;克罗苏斯⑦的财富并不是他倒台的原因,在明智的观察者看来,财富只不过是很可能导致他倒台的某种在生活节奏中行将发生的事情的征兆。在明智的道德意义上,对于任何可以称之为犯错误的事,倒台都不是惩罚。在希罗多德的书中(iii. 43),当阿马西斯⑧断绝了同波吕克里特⑨的联盟时,他简单地以波吕克里特太兴旺了为理由干下了这件事;摆朝着一边摆动得太远了,

---

① 宙斯(Zeus),希腊神话中的诸神之王。——译者注
② 波塞东(Poseidon),希腊神话中的海神。——译者注
③ 阿波罗(Apollo),希腊神话中的太阳神。——译者注
④ 阿芙罗狄特(Aphrodite),希腊神话中的爱神。——译者注
⑤ 斐德拉(Phaedra)为雅典王后,希波里特(Hippolytus)为雅典王子;参见欧里庇底《希波里特》。——译者注
⑥ 见《美诺篇》(Meno),97,a~b。
⑦ 克罗苏斯(Croesus),公元前6世纪吕底亚的国王,以富有著称。——译者注
⑧ 阿马西斯(Amasis,前568—前526),埃及国王。——译者注
⑨ 波吕克里特(Polycrates),萨摩斯的僭主(前530)。——译者注

所以就会朝着另一边摆得同样之远。这样的例子对一个能够运用它们的人来说,却有着它们的价值;因为他能运用自己的意志在它们达到危险点之前就阻止自己生活中的这些节奏,并能扼制对权力和财富的渴望而不允许它们驱使自己到过分的地步。因此,历史学就有价值;它的教导对人生是有用的,仅仅因为它那变化节奏很有可能重复,类似的前因会导致类似的后果;著名事件的历史是值得记取的,以便作为判断预兆的一个基础,它不是可证明的但却是可能的,它不是说明将要发生什么而是可能会发生什么,并指出节奏中现在正在行进着的危险之点。

这种历史观正是决定论历史观的对立面,因为希腊人把历史过程看作是灵活的,并可能接受教养良好的人类意志的改造。所发生的事,没有什么是不可避免的。行将卷入一场悲剧的人终于被悲剧所淹没,只是因为他太盲目了而看不到自己的危险。如果他看见了危险,他就能防范它。所以希腊人对于人类控制自己命运的力量有着一种轻快的而确实是天真的感觉,并且认为这种力量仅仅受他的知识的局限性所制约。从希腊人的观点看来,孕育着人生的那种命运之成为一种破坏性的力量,仅只因为人类茫然不了解它的作用。假如他不能理解这些作用的话,他仍然可能对它们具有正确的意见;而且只要他获得了这些意见,他就能把自己放在命运的打击打不到的一个位置上。

另一方面,尽管历史的教导是有价值的,它们的价值却为它的题材的不可理解性所限制;这就是为什么亚里士多德说诗歌要比历史学更科学的原因,因为历史学只不过是搜集经验的事实,而诗歌则从这些事实中抽出一套普遍的判断。历史学告诉我们说,克罗苏斯倒台了,波吕克里特倒台了;而按照亚里士多德的观念,诗歌并不做出这类单独的判断,而是做出像这类极富的人都要倒台的普遍判断。在亚里士多德看来,甚至于这也只部分地是科学的判断,因为没有一个人能明白为什么富人就要倒台;普遍的判断是不能用三段论式加以证明的;但它却趋向于一种真正普遍的地位,因为我们可以用它作为一个新三段论的大前提,把这种概括应用于新情况。因此,诗歌对亚里士多德来说,乃是历史教导所凝结的精髓。在诗歌中,历史的教训一点也没有变得更容易理解,它们始终是不可证明的,因而就仅仅是可能的;但它们却变得更为简明,所以就更加有用。

这就是希腊人用以设想历史学的性质和价值的方式。与他们总的哲学态度相一致,他们不可能把历史学看作是科学的。他们不得不把它看作根本上并不是一门科学而只是知觉的集合。那么他们有关历史证据的概念是怎样的呢? 与这种观点相一致,答案就是:他们认为历史证据就是这些事实的目击者所做出的事实记录。证据就在于目击者的叙述,而历史方法则在于得出这些叙述。

第五节　希腊的历史学方法及其局限性

十分明显,希罗多德就是以这种方式来设想证据和方法的。这并不意味着他毫无批判地相信目击者所告诉他的任何事情。相反地,他在实际上对他们的叙述是严加批判的。这里再次表现出他是一个典型的希腊人。希腊人整个说来是擅长法庭诉讼的,而一个希腊人会发现,把他所习惯在法庭上对付目击者的那种批评应用于历史的作证上并没有困难。希罗多德或者修昔底德的著作,大体上都有赖于历史学家与之有过个人接触的那些目击者的证词。而历史学家作为一个研究者的技巧就在于这一事实,即他必须反复追究过去事件的目击者,直到他在报道者本人的心目中能唤起一幅这些事件的历史图画,远比报道人能为自己所自动提供的任何历史图画更加完备、更为一贯为止。这一过程的结果是要在报道者的心目中第一次创造出有关过去事件的真正知识,而这些事件报道者虽然知觉到了,但迄今为止对它们却只有 δοξα[意见]而没有 ἐπιστήμη[知识]。

这种关于一个希腊历史学家用以搜集材料的方式的概念,使它成为一种与现代历史学家可能使用的印行出来的回忆录的方式大不相同的东西。不是轻易相信报道人方面的最初的回忆符合事实,而是在他的心目中逐渐形成一种经过推敲的和批判性的回忆,这种回忆要经受住下面这样一些问题的炮火,"你完全肯定你记得的就是原来那样的吗? 你现在和你昨天所说过的话不矛盾吗? 你怎样能使你自己对那件事的叙述同某某人所提供的大不相同的叙述一致起来呢?"这种采用目击者的证词的方法,无疑地是奠定了希罗多德和修昔底德最后能写出关于公元前 5 世纪希腊的记述那种非常的坚实性和一贯性的基础。

公元前 5 世纪的历史学家所能采用的,再没有别的方法是配得上"科学"这个名称的了,但它却也有三种局限:

第一,它不可避免地强加给它的使用者以一种历史眼光的短浅性。近代历史学家都知道,只要他有能力,他就能成为人类全部过去的解释者;但是无论希腊的历史学家们可能怎样在想柏拉图把哲学家描绘成一切时代的旁观者,他们却从来不敢声称柏拉图的话也是描写他们自己的。他们的方法把他们束缚在一截绳子上,它那长度也就是活的记忆的长度;他们可能加以批评的唯一来源,就是他们与之面对面进行交谈的那个目击者。的确,他们叙述了遥远过去的事件,但是一旦希腊的历史著作企图超出它那截绳子,它就变成一种非常软弱不定的东西。比如说,我们绝不能欺骗自己而认为希罗多德所告诉我们的关于公元前 6 世纪的事,或者修昔底德所告诉我们的关于本特康德提亚①之前的事,具有任何价值。从我们 20 世纪的观点来看,在希罗多德和修昔底德的著作中这些早期的故事是很有意思的,但它们不过是故事的记录而已,并不是科学。它们是传说,作者把它们传给我们而没有能够把它们提高到历史学的水平,因为他没有能够使它们经受他所知道的唯一的批评方法的考验。然而,希罗多德和修昔底德的著作中这种对远离活的回忆以前的每一桩事物的不可靠性与对话的回忆以内所呈现的批评的精确性二者之间的对比,却并非公元前 5 世纪历史编纂学失败的一个标志,而是它成功的一个标志。关于希罗多德和修昔底德,要点并不在于遥远的过去对他们来说是在科学的历史学范围之外,而是在于最近的过去乃是在它的范围之内。科学的历史学已经被创立了。它的领域仍然是狭隘的;但是在那个领域之内它却是可靠的。况且,这种领域的狭隘性对希腊人来说并没有多大关系,因为他们本身文明发展和变化之极端迅速,就在他们的方法所设定的范围以内提供了充分的

---

① 按,本特康德提亚(Pentecontaetia),希腊文原文意为"五十年间",指希波战争至伯罗奔尼撒战争之间的五十年。——译者注

第一等历史材料;并且由于同样的理由,他们就可能创做出第一流的历史著作而不必发展他们实际上所从来没有发展过的东西,即有关遥远过去的任何炽热的好奇心。

第二,希腊历史学家的方法妨碍了他选择他的题材。他不能像吉本那样,从希望写一部伟大的历史著作而开始,并且不断在问他自己他将写些什么。他所能写的唯一事情,就是发生在他能够与之有私人接触的那些人的记忆之中的事件。不是历史学家在选择题材,而是题材在选择历史学家;我的意思是说,写历史仅只是因为发生了值得纪念的事情,需要有一个同时代亲身目击其事的人来作为记录者。我们几乎可以说,在古希腊有艺术家和哲学家的那种意义上,古希腊并没有历史学家;他们没有把终生奉献给历史研究的人;历史学家只是他那一代人的自传的写作者,而写自传并不是一种职业。

第三,希腊的史学方法使得它不可能把各种特殊的历史集合成一种包罗万象的历史。我们今天把有关各种题材的专题文章看作是理想地形成了一部通史的组成部分,从而如果它们的题材经过精心选择,而它们的比例和论述又经过精心控制,那么它们就可以当作是一部单独历史著作的各个篇章;像格罗特①那样一位作家,实际上就是以这种方式看待希罗多德之叙述波斯战争和修昔底德之叙述伯罗奔尼撒战争的。但是如果任何特定的历史学都是一个世代的自传,那么当那个世代成为过去时,它就不能重写,因为它所依据的证据将会消失。因此一个同时代的人依据证据的那种著作,就永远不能加以修改或批评;而且它也永远不可能被纳入一个更大的整体之中,因为它就像一件艺术品一样,是某种具有一座雕像或一首诗歌的独特性或个性的东西。修昔底德的著作是一种 κτῆμα ἐς αἰεί [永恒的财富],希罗多德的著作则是写了出来为的是使光荣的业迹免得被时间所淹没,这恰恰是因为当他们那代人一旦死亡和过去时,这种著作就永远也不可能再写出来了。重写他们的历史著作,或者把它们归并到一部时期更长的历史书中去,在他们看来似乎都是荒唐的事。所以,对希腊历史学家来说,就永远不可能

---

① 格罗特(Grote,1794—1871),英国历史学家。——译者注

有任何像是一部希腊史这样的东西。可能有一部相当广泛的事件复合体的历史,例如波斯战争或伯罗奔尼撒战争;但只能是在下述两种情况之下。第一,这种事件的复合体必须其本身是完整的;它必须有一个开始,一个中间和一个结尾,就像亚里士多德的悲剧布局那样。第二,它还必须是 ευσυνπτος[目力所及],就像亚里士多德的城市国家那样。正像亚里士多德认为在一个单独政府之下的文明人的社会,其大小不能超过一个单独的传令官的声音所及的公民数目,政治体的范围就这样被纯粹的物理事实所限定①;同样,希腊的史学理论也蕴涵着任何历史叙述其跨度都不得超过一个人一生的年限,唯有在这个范围之内批评的方法才能够随意地加以运用。

第六节　希罗多德和修昔底德

当希罗多德作为历史学之父被放到一个包括希腊思想一般倾向的背景之下的时候,他的伟大是显得极为突出的。正像我已经论述过的,这些思想中占主导地位的乃是反历史的,因为它包含着只有成其为不变的东西才能被人认识的这一立场。所以历史学就是一种徒然的希望,是企图知道由于瞬息即逝而成为不可知的一切。但是我们已经看到,希罗多德由于善于提问,是能够从报道者的 δοξα[意见]中抽出 επιστήμη[知识]来的,因而也就能够在希腊人认为是不可能的领域中获得知识。

他的成功必然会使我们想起他的一位同时代的人,一位无论在战争中以及在哲学上都不怕从事于徒然的希望的人。苏格拉底坚持说他自己一无所知,并且创造了一种通过善于提问而在其他像他自己一样无知的人的头脑之中可能产生出知识来的技术,从而把哲学从天上带到地上。是什么知识呢?是有关人事的知识,特别是有关指导人类行为的道德观念的知识。

这两个人的工作并驾齐驱是如此之惊人,以至于我要把希罗多德

---

① 亚里士多德:《政治学》,1326,b2—26。

29 和苏格拉底并列作为公元前 5 世纪伟大的创新天才之一。但是他的成就又与希腊思想的潮流背道而驰得那么厉害,以至于它没有能在它的创造者的身后长存。苏格拉底毕竟与希腊思想的传统一脉相承,这就是何以他的著作为柏拉图和其他许多门徒所接受并发展的缘故。希罗多德却不是这样。希罗多德没有任何后继者。

即使我向反对者让步,承认修昔底德当之无愧地继承了希罗多德的传统,但问题却仍然存在:当修昔底德结束它的时候,又由谁来把它传下去呢?唯一的答案是:没有人把它传下去。这些公元前 5 世纪的巨匠们,并没有任何一个公元前 4 世纪的继承人能有哪一点和他们的高大形象相媲美。希腊的艺术从公元前 5 世纪末期起就已经衰落,这是无可否认的;但是它不包含希腊科学的衰落。希腊哲学仍然有柏拉图和亚里士多德出现。自然科学仍然还有一个悠久而光辉的生命。如果历史学是一门科学,为什么历史学就与艺术共命运,而不是与其他的科学共命运呢?为什么柏拉图写作起来就仿佛是希罗多德从来也没有存在过似的呢?

答案是:希腊的精神在其反历史的倾向上趋于僵化而束缚了它自己。希罗多德的天才战胜了这种倾向,然而在他以后对于知识的永恒不变的对象的追求却逐渐窒息了历史意识,并且迫使人们放弃了希罗多德式的对人类过去活动获得科学知识的希望。

这并不是纯属猜测。我们可以看到这种事情的发生。它就发生在修昔底德这个人的身上。

希罗多德的科学见解与修昔底德的科学见解之间的差别之引人注目,并不亚于两人文学风格之间的差别。希罗多德的风格是平易、流畅而有说服力的。修昔底德的风格是粗糙、造作而令人反感的。在阅读修昔底德的著作时,我就问自己:这个人是怎么回事,竟写得像那样子?我答道:他有一种内疚。他一直试图通过把历史写成某种不是历史的东西,来为自己终究是在写历史而辩护。柯克兰先生在其《修昔底德和历史科学》(C. N. Cochrane, *Thucydides and the Science of History*, London, 1929)一书中论证说,——我以为是正确的,——对修昔底德的主要影响是希波克拉底医学的影响。希波克拉底不仅是医学之父,而且也是心理学之父;他的影响之显著不仅表现在像是修昔底德对瘟疫的描写这样的事情上,而且也表现在像是对病态心理学这样的研究上,如描写一般的战争神经病及其表现在科尔西拉①革命和梅洛斯②对话中的那些特殊事例。希罗多德可以是历史之父,但修昔底德则是心理历史学之父。

然则,什么是心理历史学呢?它根本不是历史学,而是一种特殊的自然科学。它不是为叙述事实而叙述事实。它的主要目的是要证实规律,即心理学的规律。心理学的规律既不是事件,又不是事件的复合体;它是支配各个事件之间的关系的不变法则。当我谈到希罗多德感兴趣的主要是事件本身,而修昔底德感兴趣的主要是事件发生时所依据的规律时;我认为,凡是了解这两位作者的人都会同意我的见解的。但是这些规律恰恰是这样一些永恒不变的形式,它们按照希腊思想的主要趋向来说乃是唯一可认识的事物。

修昔底德在史学思想上并不是希罗多德的继承人,而是一个把希罗多德的历史思想掩盖并窒息在反历史的动机之下的人。这是只要指出修昔底德方法中一个人所熟知的特征就可以说明的一个论点。请看他那演说。习惯已经把我们的感受性弄得麻木了;但是让我们自问一下:一个具有真正历史头脑的正直的人,能允许自己使用那样一套程式吗?首先来考虑一下它们的文风。从历史上说,使所有那些非常之不同的人物都用同一种方式在讲话,这难道不是粗暴吗?在一次战斗之前对军队讲话时或者在为被征服者乞求活命时,没有任何人是能用那种方式来讲话的。这种文风暴露出对某某人在某某场合之下确实说过些什么话的这个问题缺乏兴趣,这难道不是很清楚的吗?第二,再考虑一下它们的内容。无论它们的文风是多么地非历史的,但它们的实质却是历史的,我们能这样说吗?这个问题可以有各种不同的答案。修昔底德确实说过(i.22):他"尽可能紧紧地"保持实际上所说过的话的

---

① 科尔西拉(Corcyra),古希腊的一部分,事见修昔底德《伯罗奔尼撒战争史》第三卷,第十章。——译者注
② 梅洛斯(Melos),古希腊一部分,事见修昔底德《伯罗奔尼撒战争史》第四卷,第十七章。——译者注

总的意义;但它有多么紧呢?他并没有自称它是非常之紧密的,因为他补充说,他已大致写出了说话的人适宜于那种场合所会说的话;而当我们就其行文来考虑演说本文时,却很难以反对如下这个结论,即"什么是适宜的"的审判官就是修昔底德本人。格罗特很久以前①就论证说,梅洛斯的对话包括有比历史更多的想象,而我看不到对他这个论证有任何有说服力的反驳。在我看来,这些演说似乎本质上并不是历史学而是修昔底德对演说人行动的评论,是修昔底德对演说人的动机和意图的重建。即使这一点被否定了的话,关于这个问题的争论本身也可以看作是修昔底德的演说在文风和内容上都具有它的作者所特有的一套程式的证据;——作者的头脑不能完全集中在事件本身上,而是不断在脱离事件并走到隐藏在它们背后的某种教训里去,走到某种永恒不变的真理里去,用柏拉图的说法,事件只不过是真理的 $παραδείγματα$[模型]或 $μιμήματα$[复制品]而已。

第七节 希腊化时期

公元前 5 世纪以后,历史学家的眼界及时得到了一次扩大。希腊思想在获得了对它自身和它自己的价值的意识之后,就着手征服世界。它从事一桩冒险行动,那种发展庞大得不能容纳在单纯一代人的观点之内,然而它对自身使命的意识又给了它以一种关于那种发展在本质上的统一性的信念。这帮助希腊人克服了在亚历山大大帝以前的时期浸透了他们所有的历史编纂学的那种特殊主义。在他们的眼里,历史在本质上始终都是一个特殊社会单位在一个特定时间里的历史:

(1)他们意识到这种特殊社会单位只不过是很多社会单位之中的一个;而且在一个给定的时间范围内,只要它和其他人,无论是友好的还是敌对的,有了交往,这些其他人就会出现在历史舞台上。但是尽管由于这种理由希罗多德就不得不谈到波斯人的某些事情,他对他们之感兴趣却不是为了他们自己的缘故而仅只是作为希腊人的敌人,——

---

① 格罗特:《希腊史》第五卷,伦敦,1862 年,第 95 页。

是有价值和可敬的敌人,但毕竟是敌人而不是别的什么。(2)在公元前 5 世纪,甚至于更早一些,他们就意识到存在着有像人类世界,即所有特殊社会单位的整体,这样一种东西;他们把它叫作 η οἰκουμενη[普世],它与 ὁ κόσμος[宇宙]即自然世界不同。但是这种人类世界的统一性,对他们来说,仅仅是一种地理的、而非历史的统一性。这种统一性的意识并不是一种历史的意识。普世历史、世界历史的观念,还是不存在的。(3)他们意识到,他们所感兴趣的特殊社会的历史已经继续了很长的时期了。但他们不想追溯得很远。这一点的理由我已经解说过了。迄今为止所发明的唯一真正的史学方法,乃是靠追问目击者;因而任何历史学家的领域的上限都是由人类记忆的界限所规定的。

这三种局限性在被称为希腊化的时期内都被克服了。

(1)公元前 5 世纪希腊人的狭隘观点的象征,是希腊人与野蛮人之间的语言区别。公元前 4 世纪并没有消灭这个区别,但却消除了它那种僵硬性。这不是一个理论问题,而是一个实践问题。野蛮人可以变成希腊人,这已经成为当时世界所熟悉的一种事实。这种野蛮人的希腊化在希腊就称为希腊主义(Hellenism,ἑλληνιζειν[希腊化]一词指说希腊话,而在一种更广泛的意义上则指采用希腊的风俗习惯);而希腊化时期就是野蛮人采用希腊风俗习惯的时期。于是对于希罗多德来说,主要是希腊人和野蛮人之间的敌对(波斯战争)意识的那种希腊的历史意识,就变成了希腊人和野蛮人之间进行合作的意识;在这场合作中希腊人带头,而野蛮人步他们的后尘也变成了希腊人,即希腊文化的继承者,因而也是希腊历史意识的继承者。

(2)由于亚历山大大帝的征服,οἰκουμένη[普世]或至少是其中很大的一部分(以及包括希腊人曾对之特别感兴趣的所有非希腊民族的一部分)就变成了一个单一的政治单位,"世界"就成为某种不止于是一个地理概念的东西。它变成了一个历史概念。整个的亚历山大帝国这时共享有一种希腊世界的单独历史。潜在地,则整个"普世"都共享着它。任何一个有见闻的普通人都知道这样一个事实:希腊历史是一部单一的历史,它适用于从亚得里亚海到印度河,从多瑙河到撒哈拉沙漠。一个思考到这一事实的哲学家,就有可能把这同一个观念扩展到整个的"普世":"诗人说:塞克洛普斯①的可爱的城市;难道你就不能说宙斯的可爱的城市了吗?"当然这话是从公元2世纪马可·奥勒留②那里③摘录的;但是把整个世界作为一个单一的历史单位的观念乃是典型的斯多噶派的观念,而斯多噶主义则是希腊化时期的典型产物。它是创造了普世历史观念的希腊主义。

(3)但是一部世界史是不能仅凭活着的目击者的证词写出来的,所以就需要有一种新的方法,即编纂。于是就有必要建立一种拼补的历史,它的材料得自"权威",也就是得自以前的历史学家在各个特殊时期写出来的各个特殊社会的历史著作。这就是我所称之为"剪刀加浆糊"的史学方法。它包括从那些已不能根据希罗多德的原则而加以核实的作家们的著作里摘录出来所需要的材料,因为在这种著作中参与合作的目击者已不在世了。作为一种方法,这远远不如公元前5世纪苏格拉底的方法。它并不全部都是非批判的方法,因为对于这位或那位权威所作的这种或那种陈述究竟是否真实,它仍可能而且必须进行判断。但是若不肯定这位或那位权威基本上是一位好历史学家,就完全不可能采用这一方法了。因此,希腊化时代(它包括罗马时代)的普世历史,乃是奠基于对希腊化时代那些特殊主义的历史学家们所做工作的高度评价。

特别是希罗多德和修昔底德所写的著作的生动性和卓越性,在后世人的心目中再创造出了对公元前5世纪的一种活生生的观念,并且扩大了历史思想的上限的范围。正如伟大艺术家的过去成就给了人们一种感觉,即与他们自己时代不同的艺术风格是有价值的,从而就出现了一代文学和艺术的学者以及艺术爱好者,对他们来说古典艺术的保存和欣赏其本身就是目的;同样地也就出现了一种新型的历史学家,他们能够以想象感觉到自己是希罗多德和修昔底德的同时代人,然而同时却始终是他们自己时代的人而且能够以他们自己的时代和过去相比

---

① 塞克洛普斯(Cecrops),希腊传说中雅典的第一个国王。——译者注
② 奥勒留(M. Aurelius),公元2世纪的罗马皇帝,斯多噶派哲学家。——译者注
③ 《沉思录》第四卷,第23页。

较。这种过去,希腊化的历史学家们能够作为他们自己的过去而加以感受;这样就有可能以任何规模的戏剧统一性来写出一种新历史,只要历史学家能搜集到它的材料并且能把它们融为一个单一的故事。

第八节　波里比乌斯

这种新型的历史观念在波里比乌斯①的著作里充分成熟了。像一切真正的历史学家一样,波里比乌斯有一个明确的主题;他有一个故事要讲,是一个值得注意的和值得纪念的故事,即罗马征服世界的故事;但是他这个故事的起点是在写作时间的一百五十多年之间,因此他的领域的范围就是五代人而不是一代人了。他从事这件工作的能力与他一直是在罗马工作的这一事实有关,罗马人有着一种与希腊人全然不同的历史意识。在罗马人看来,历史意味着连续性;即从过去继承了以他们所接受的那种形式而小心翼翼保存下来的各种制度,按照祖先的习惯来塑造生活。罗马人敏锐地意识到他们本身与他们的过去这二者之间的连续性,他们谨慎地保护过去的纪念物;他们不仅在家里保存祖先的肖像,作为他们的祖先不断在注意指导着他们自己的生活之所见的象征,而且他们保存自己集体历史的古老传统达到了希腊人所从不了解的程度。这些传统无疑地受到了要把晚期共和国罗马的特征投射到她的早期历史里去的那种不可避免的倾向的影响;但是波里比乌斯以其批判的和哲学的头脑防止了歪曲历史的危险,他仅仅从自己的意见认为是可信的那些权威出发而开始他的叙述;并且在使用这些材料时,他从不允许他的批判能力去睡大觉。罗马人总是在希腊化的精神教导之下行事的,在他们看来,我们有负于一种既是普世的、而又是民族的历史的观点,在这种历史中故事的英雄乃是一个民族的连续的共同精神,而故事的情节则是在那个民族领导之下的世界大一统。甚至在这里,我们也没有达到像我们所理解的那种民族史观,——可以这样说,民族史就是一个民族从它开始以来的完整的传记。在波里比乌斯

---

①　波里比乌斯(Polybius,约前205—前125),希腊历史学家。——译者注

看来,罗马的历史是从罗马已经充分形成、成熟并准备进行她的征服使命而开始的。一个民族的精神是怎样产生的,这个难题仍然没有被抓住。对波里比乌斯来说,给定的、现成的民族精神乃是历史的 ὑποκείμενον [基层],是成其为一切变化的基础之不变的本质。正像希腊人甚至于不会考虑到提出我们所称之为古希腊民族的起源问题的那种可能性一样,在波里比乌斯看来,甚至也就没有什么罗马民族的起源问题;如果他知道关于罗马建立的传说的话,正如他无疑会知道的那样,他就把它们悄悄地排除出他的视野,看作是远处于他所设想的历史科学所能够开始的那个起点的背后。

随着对历史学领域的这种更广泛的概念,就出现了关于历史学本身的更精确的概念。波里比乌斯使用 ἱστορία [历史学]这个词,不是在它原来的十分一般的意义上作为指任何一种的探讨,而是在历史学的现代意义上在使用它的;这种东西就被设想为一种特殊类型的研究,需要有它自己的名称。他是一个主张为这门科学本身而进行普遍研究的鼓吹者,他的著作的第一句话就指出:这是一桩迄今为止还没有做过的事;他认为自己是第一个把历史学设想为一种具有普遍价值的思想形式的人。但是他却以一种表明他已经屈服于反历史的或实质主义的倾向之下的方式表达了这种价值;我上面已经说过,这种倾向支配了希腊人的头脑。按照这种倾向,历史学不能成为一门科学,因为不可能有关于瞬息万变的事物的科学。它的价值不是一种理论的或科学的价值,它只能有一种实用的价值,——即柏拉图归之于 δόξα [意见]的那种价值,它不是有关永恒的和可理解的事物、而是有关暂时的和可感知的事物的准-知识。波里比乌斯接受并强调了这种思想。在他看来,历史之所以值得研究,并不是因为它在科学上是真确的或可证明的,而是因为它是政治生活的一所学校和训练场所。

但是一个在公元前 5 世纪就已经接受了这种思想的人(以前还没有人接受过,因为希罗多德仍然认为历史学是一门科学,而修昔底德,就我所知,则根本就没有提出过历史学的价值问题)会推论说,历史学的价值就在于它有能力训练出个别的政治家,像是伯里克利①之类的人,来熟练而成功地处理他们自己的社会事务。这种观点是公元前 4 世纪的伊索克拉底②所主张的,但是到了波里比乌斯的时代已经办不到了。希腊时代的天真的自信心已经随着城市国家的消失而消失了。波里比乌斯并不认为历史研究将能使人们避免他们的前人的错误,并且能在世俗的成功方面超越他们的前人;研究历史所能导致的成功,在他看来,乃是一种内心的成功,一种不是克服了环境而是克服了自身的胜利。我们从它的英雄的悲剧中所学习的,不是要避免我们生活中的这类悲剧,而是要在命运带来这类悲剧时能勇敢地承受它们。运气,即 τυχη 的观念,在这种历史观中显得非常重要,并把一种决定论的新要素注入其中。因为历史学家作画的那块画布变大了,所以分派给个人的力量就变小了。在人类努力所做的事情的成败与他本人智力的大小成比例的这种意义上说,人类发现自己不再是自己命运的主人了,而他的命运却是他的主人;他的意志自由不是表现为驾驭他生命的外界事件,而是表现为驾驭他面临这些事件时的那种内在的情绪。在这里,波里比乌斯把斯多噶派和伊壁鸠鲁派所运用于伦理学上的那同一种希腊化的概念运用于历史学。上述两个学派一致认为,道德生活的问题并不是要驾驭我们周围世界的各种事件,像是古典时代希腊道德学家所教导的那样,而是当已经放弃了要驾驭外界事件的努力时,如何保持精神的纯内心的正直和平衡。对希腊化思想来说,自我意识已不再像它对希腊思想那样,是一种征服世界的力量了;它成了一个堡垒,为从一个敌对的而又难以对付的世界撤退下来,提供了一个安全的隐蔽所。

第九节 李维和塔西佗

随着波里比乌斯历史思想的希腊化,传统就转移到了罗马手中。它在罗马所得到的唯一有独创性的发展来自李维,李维拟定了一部从

---

① 伯里克利(Pericles,前495?—前429),雅典政治家。——译者注
② 伊索克拉底(Isocrates,前436—前388),雅典雄辩家。——译者注

开头以来的完整的罗马历史的宏伟构思。波里比乌斯著作的大部分是按照公元前5世纪的方法,与他在西庇阿①圈子里的朋友们合作写成的,这些人在建立新的罗马世界这方面达到了登峰造极的阶段。只是波里比乌斯叙述的序论部分,不得不用剪刀加浆糊的方法而有赖于早期权威们的著作。到了李维那里,重心已经变了。用剪刀加浆糊所构成的,不仅仅是序论,而且是他著作的全体。李维的全部任务就是搜集早期罗马历史的传说纪录并把它们融为一篇单一的连贯的叙述,即罗马史。这是第一次所曾进行过的这类工作。罗马人严肃地相信他们自己对其他一切民族的优越性以及他们垄断着配得上称作唯一的德行,他们认为他们自己的历史是唯一值得叙述的;因此像李维所叙述的罗马史,在罗马人的心目中就不是许多种可能的特殊历史中的一种,而就是普遍的历史,就是唯一真正的历史现实的历史,即普世的历史,因为罗马这时就像亚历山大的帝国一样,已经就是全世界了。

李维是一位哲学的历史学家;他的哲学性无疑地不如波里比乌斯,但是远远超过了任何后代的罗马历史学家。因此他的序论值得极其细致地加以研究。我将简单地评论其中的几点。第一,他把他著作的科学主张的调子定得很低。他不要求有什么独创的研究或独创的方法。他进行写作,就仿佛他从一群历史学家之中脱颖而出的机缘主要地是靠了他的文采;而他的文采,正像所有他的读者都会同意的,确实是很突出的。我不需要引证像昆体良②那样有资格的批评家的称赞了。③第二,他强调他的道德目的。他说他的读者无疑宁愿听说有关最近过去的事,但是他要求他们去读遥远的过去;因为他希望在他们面前高举早期的道德典范,那时候罗马社会是纯朴的和清廉的,并且希望向他们证明罗马伟大的基础是怎样建立在这种原始道德之上的。第三,他很清楚历史学是人文主义的。他说,认为我们起源于神明可以阿谀我们的自高自大;但历史学家的事业不是要阿谀他的读者的自高自大,而是

---

① 西庇阿(Scipio Africanus,前237—前183,Scipio Aemilianus,前185—前129),两人均为罗马大将。——译者注
② 昆体良(Quintilian),公元1世纪罗马作家。——译者注
③ 见《讲演术原理》(*Inst. or. x. i.* 101)。

要描绘出人类的行为和风尚。

　　李维对他的权威们的态度有时被人误传了。像希罗多德一样，他常常被指责是极其粗率的轻信；但也像希罗多德一样，是错误地被指责的。他竭力采取批判态度；但是为每一个近代历史学家所运用的那种方法论上的批判当时还没有创立。这里只有一大堆传说；他对它们所能做的一切只是要尽可能地决定它们是否可靠。他的面前有三条路：重复它们，承认它们实质上的准确性；拒绝它们；重复它们，但谨慎地不肯定它们的真实性。这样，李维在他的历史的开头就说，关于罗马建立以前的种种事件的传说，或者不如说关于直接导致罗马建立的种种事件的传说，毋宁说是寓言而不是可靠的传说，它们既不能加以肯定也不能加以批判。所以他谨慎地重复它们，仅只是说它们通过神的力量和人的力量的混合表明了一种要美化这个城市的起源的倾向；但是只要他一谈到罗马的建立，他总是大量接受像所发现的传说。这里还只有历史批评方面的非常粗糙的尝试。这位历史学家提出了大量的传说资料并接受了它们全部的表面价值；他没有试图发现这种传说是怎样生长起来的并且通过什么样的歪曲媒介而传给了他；所以他就不可能重新解释一种传说，也就是说，不可能把它解释为意味着某种与它所明白表示的不同的东西。他只能是相信它或者抛弃它，而且大体上，李维的倾向是接受它并且诚心诚意地在重复它。

　　罗马帝国并不是一个朝气蓬勃的进步思想的时代。它简直没有做出什么来推进希腊人所已经开辟的各条道路上的知识。它曾有一个时期维持了斯多噶派和伊壁鸠鲁派的哲学但没有发展它们；只是在新柏拉图主义里它显示了某种哲学的独创性。在自然科学方面，它没有做出任何东西超过希腊化时代的成就。甚至在应用自然科学方面，它也是极端贫弱的。它采用了希腊化的筑城术、希腊化的火炮和部分是希腊化的、部分是凯尔特族的艺术和技术。在历史学方面，它的兴趣虽然保存着，但是没有生气。没有一个人再继续李维的事业并试图把它做得更好。在李维之后，历史学家们不是模仿他，就是退缩下来把自己限于叙述最近的过去。就方法论而言，塔西佗已经代表衰落了。

　　作为一个历史文献的贡献者，塔西佗是一个巨人；但是应该容许怀疑他究竟是不是一位历史学家。他仿效公元前5世纪希腊人的狭隘观点而不汲取他们的优点。他被罗马事件的历史迷住了,却忽略了帝国,或者只是通过足不出户的罗马人的眼光的折射来观察帝国;而他关于这些纯粹罗马事物的观点也是极端狭隘的。他公然偏袒元老院的反对派;他把对和平政府的轻蔑和对征服与军事荣誉的崇拜结合在一起,而这种崇拜又被他对战争现实的惊人无知所蒙蔽。所有这些缺点都使得他出奇地不适宜作一个帝政早期的历史学家,但它们在根本上只不过是一种更严重和更普遍的缺点的症候。塔西佗的真正错处是他从来也没有思索过他的事业的基本问题。他对历史的哲学规划,态度是轻率的,而他之接受那种流行的、有关历史学的目的的实用观点,与其说是一个严肃学者的精神,倒不如说是一个修辞学家的精神。

> 他标榜的写作目的是要为后代揭橥可憎恨的或可赞美的政治上的罪恶和美德的典范事例,哪怕是通过他唯恐由于其千篇一律的恐怖而会使得他的读者们感到厌倦的那种叙述来教导他的读者们:好的公民们可以在坏的统治者之下生活;不仅仅是命运或偶然事故的篇章,而是个人的品格和心性,庄严的节制和持重,——是这些东西在危险的时刻最能够保卫一个有地位的元老不受人伤害;在危险之中不仅是挑战者的一方,而且几乎往往还有阿谀奉承者的另一方,在事件的过程中乃至在君主可能的心血来潮时,都可以被击破。①

这种态度导致塔西佗系统地歪曲了历史,把它描述成本质上是被夸大了的好人与被夸大了的坏人之间的冲突。历史是不可能科学地被写出来的,除非是历史学家在他自己的心灵中能够重演他正在描述其行为的那些人的经验。塔西佗从来没有试图做这件工作;他的人物不是从内部以理解和同情来加以观察的,而是从外部仅仅作为是善或恶

---

① 傅尔诺(Furneaux):《塔西佗编年史,卷Ⅰ—Ⅳ》,教学使用,牛津版,1886年,第3—4页。

的表象。我们很难在读他对阿古利科拉①或图密善②的描写时,而不回想起苏格拉底对格劳孔所想象的十足好人和十足坏人的形象的嘲笑:"听我说,格劳孔,你是多么精力过人地把他们装饰成雕像那样去参加竞赛奖的!"③

塔西佗由于刻绘人物而为人赞扬;但他刻绘人物所依据的原则却是根本有害的,并使得他的人物刻绘损害了历史的真实。无疑地,他在当时的斯多噶派和伊辟鸠鲁派的哲学中找到了它的根据,这一点我已经谈过了;从好人不能征服或控制一个邪恶的世界这一假设出发,这些失败主义的哲学就教导他如何保全自己不受它那邪恶的玷污。个人的性格及其社会环境之间的这种虚假的对立,在某种意义上是要证明塔西佗的方法是正当的;这种方法展示一个历史人物的行动仅仅是出自他本身的个人性格,而不承认一个人的行动可能部分地被他的环境和仅只部分地被他的性格所决定的那种方式,也不承认性格本身可能由于环境使一个人屈服的种种势力塑造出来的那种方式。事实上,正如苏格拉底所反驳格劳孔的,个人性格孤立于环境之外而加以考察,就是一种抽象而不是一种实际存在的事物了。一个人的所作所为只是在有限的范围内取决于他是哪一种人。没有一个人能反抗他所身处环境的各种力量。不是他征服世界,就是世界将征服他。

于是,李维和塔西佗就并肩而立,成为了罗马历史思想荒原上的两大纪念碑。李维尝试一种确实伟大的事业,但是在这上面他失败了,因为他的方法太简单了而不能应付其材料的复杂性;而他关于罗马古代史的故事又过分渗透着寓言的成分而不能列入历史思想的最伟大的著作之中。塔西佗曾尝试一种新的探索,即心理说教式(psychological-didactic)的探索;但这并不是历史方法的一种丰富而实际上是一种贫困,并且标志着历史诚实性标准的衰落。后来罗马帝国的历史学家们并没有克服难倒了李维和塔西佗的那些障碍,甚至于从没有能匹敌他们的

---

① 阿古利科拉(Agricola,37—93),罗马大将。——译者注
② 图密善(Domitian,51—96),罗马皇帝,81—96 年在位。——译者注
③ 柏拉图:《国家篇》,第 361 页。

成就。随着帝国在继续下去,历史学家们开始越来越使自己满足于可怜无补的编辑工作,以一种毫无批判的精神来积累他们从早期的著作中所找到的材料并且毫无目的地加以排比,充其量也不过是着眼于启发或是其他某种宣传而已。

第十节 希腊罗马历史编纂学的特点

一 人文主义

希腊罗马历史编纂学作为一个整体,至少是紧紧掌握了以上《导言》中所列举的四个特征之一:它是人文主义的。它是人类历史的叙述,是人的事迹、人的目的、人的成功与失败的历史。毫无疑问,它承认有一种神的作用;但是这种作用的功能是严格受限制的。显示在历史中的神意是很少出现的;在最优秀的历史学家的笔下几乎是一点都没有出现,而且要出现也只是作为支持和赞助人类意志的一种意志,并使人能够在反之将会失败的地方得到成功。神明对于人事的发展并没有他们自己的计划;他们对于人类的计划只是赐予成功或者宣判失败。这就是何以对于人类行为本身的一种更为深入的分析,在人类的行为中发现他们成功或者失败的原因时,就倾向于完全取消神明并且倾向于用人类活动的纯粹人格化,如罗马皇帝的天才、罗马女神、或罗马帝国硬币上所铸的天使,来代替神明。这种倾向的最终的发展是要在人类行动者的人格之中,无论是个人的还是集体的,寻找出一切历史事件的原因。它所依据的哲学观念是,人类的意志可以自由地选择它自己的目的,并且它在它的事业中所取得的成功仅仅受到它自己的力量、以及受到能理解它们并能研究出获得成功的方法的那种智力的限制。这就蕴涵着历史上无论发生了什么事情,都是作为人类意志的直接结果而发生的,并且有某个人是要对它直接负责的,要看它是好事还是坏事而对他加以赞扬或谴责。

然而,希腊罗马的人文主义由于它那不适当的道德的或心理的见识而具有一种它自己的特殊弱点。它是以人在本质上是一个有理性的动物这一观念为基础的,我的意思是指每个个别的人都是有理性能力的动物的那种学说。只要任何特定的人发展那种能力,并且实际上而不是潜在地变成有理性的,他就会使得他的生活成功;按照希腊的观念,他就成为政治生活中的一种力量并成为历史的一个创造者;按照希腊化-罗马的观念,他就在一个野蛮而邪恶的世界里由于他自身理性的庇护而变成一个能够生活得很智慧的人。可是,每个行动者都对自己所做的每一件事负有全部的和直接的责任这一观念却是一种天真的观念,它没有能顾及道德经验中的某些重要的领域。一方面不能脱离这一事实,即人的性格是由他们的行为和经验所形成的,人本身随着自己活动的发展也在经历着变化。另一方面,还有一个事实,即人们在很大程度上并不知道自己在做什么,直到他们已经做完了——假如做完了的话——为止。人们在行动时对自己的目的所具有的明晰的观念的程度,即知道他们追求的是什么效果,是很容易被夸大的。大多数的人类行动都是尝试性的、试验性的,并不是被一种有关它将导致什么事情的知识、而毋宁说是被一种想要知道它将产生什么事情的愿望所指引的。回顾我们的行为,或回顾任何一段过去的历史,我们就会看到:当造成它的出现的行动开始时,随着那些肯定是我们心目中或者任何人的心目中所不曾出现的行为在不断进展,就有某种东西已经成形了。希腊罗马世界的伦理思想把原因太多地归之于行为者的有意的计划或政策,而太少归之于盲目活动的力量,——那种力量着手采取一个行动过程而并未预见到它的结局,并且还是通过那种过程本身的必然发展才被导向那种结局的。

二 实质主义

如果说希腊罗马历史编纂学的人文主义,不管是多么微弱,乃是它的主要优点;那么它的主要缺点就是实质主义(substantialism)。所谓实质主义,我是指它是建立在一种形而上学的体系的基础之上,这种体系的主要范畴就是实质这一范畴。实质并不是指物质或者物理的实质;确实,有很多希腊形而上学家都认为没有什么实质可能是物质的。对柏拉图来说,似乎实质是非物质的,虽然也不是精神的;它们是客观的形式。在亚里士多德看来,归根到底,唯一最终的真实的实质就是心灵。于是实质主义的形而上学就蕴涵着一种知识论,按照这种知识论只有不变的东西才是可知的。但是凡属不变的东西都不是历史的。成其为历史的东西都是瞬息变化的事件。产生了事件的那种实质,或者是从其本性中引出了事件的那种实质,对历史学家来说是不存在的。因此试图历史地进行思想和试图根据实质来进行思想,两者乃是不相容的。

在希罗多德那里,我们发现曾有一种要达到真正的历史观点的尝试。在他看来,事件本身是重要的并且可以就其本身而为人所知。但是早在修昔底德那里,历史观点就开始被实质主义弄得黯淡无光了。在修昔底德看来,事件的重要性主要是它们对永恒的和实质的整体投射了一道光明,而事件则只不过是它们的偶然表现。在希罗多德那里是如此自由自在地涌现出来的那股历史思想的潮流,就开始变得凝固了。

这一凝固化的过程随着时代的前进而继续着,到了李维的时代历史学就完全凝成僵硬的了。行动被看作是实质和偶然的一种特殊情况,它和行动者之间的区别,这时被认作是理所当然的。历史学家的本职工作就是研究在时间中产生、在时间中经历它们的各个阶段而发展并在时间中结束的那些行动;这也被认为是理所当然的。从他那里引出行动来的那个行动者乃是一种实质,因而是永恒不变的并且是站在历史之外的。为了使行动得以由他产生,行动者本身就必须经历一系列的行动而始终不变;因为他必须在一系列行动开始之前就存在,而在一系列行动进行时也不会发生任何事情可以给他添加一点什么或者是取走一点什么。历史学不能解释一个行动者是怎样产生的或经历过任何性质上的变化;因为行动者既然是一种实质,就永远不可能产生也永远不可能经历任何性质上的变化,这是形而上学的公理。我们已经看到这些观念是怎样影响了波里比乌斯的著作的。

有时候我们被教导以没有哲学头脑的罗马人和有哲学头脑的希腊人相对比,而这样做就会引导我们认为,如果罗马人真是那样没有哲学头脑,那么他们就不会允许形而上学的思考来影响他们的历史著作了。

第一编　希腊罗马的历史编纂学

然而,它却确实是影响了。而且注重实际的、头脑顽固的罗马人采用希腊人实质主义的形而上学时的那种完整性,并不仅仅出现在罗马历史学家的身上。它同样清晰地出现在罗马法学家的身上。罗马的法律从始至终都是建立在实质主义的形而上学的原则的结构之上的,这影响了它的每一个细节。

我将举两个例子来说明这种影响是如何表现在两位最伟大的罗马历史学家的身上的。

第一,对李维的影响。李维向自己提出写一部罗马史的任务。一个现代的历史学家会把这解释为意味着一部罗马如何变成了她所成为的那种样子的历史,一部产生了独特的罗马制度和形成了典型的罗马特点的过程的历史。但李维从来就没有想到过采纳任何这类的解释。罗马就是他叙述中的女英雄。罗马就是他在描述其行动的那个行动者。所以罗马就是一个实质,是不变的、永恒的。从叙述一开始,罗马就是现成的、完整的。直到叙述的结尾,她并没有经历过任何精神上的变化。李维所依赖的那些传说把诸如占卜、罗马军团、元老院这样一些制度都投射到那个城市的最初年代上去,并假定它们此后是始终不变的;因此,罗马的起源,照他描写的那样,就是一种奇迹式的一跃而成为了完整的城市,就像她后来所存在着的那样。作为一种对照,我们就得想象有一位英国历史学家会假定是亨季斯特①创立了英国的上议院和下议院。罗马被描述为"永恒之城"。为什么要这样称呼罗马呢?因为人们一直是这样认为罗马的,正如李维所认为她的那样:是实质主义的、非历史的。

第二,对塔西佗的影响。很久以前傅尔诺就指出②,当塔西佗描述像提比略③那样一个人物的个性在帝国的压力之下崩溃的那种方式时,他把那种过程写成并不是一个人格在结构或形成方面的变化,而是其中迄今为止一直在虚伪地隐蔽着的那种特性的显现。为什么塔西佗

---

① 亨季斯特(Hengist,? —488),入侵英国的丹麦首领,肯特王国的缔造者。——译者注
② 傅尔诺:《塔西佗编年史》第一卷,牛津,1886年,第158页。
③ 提比略(Tiberius,前42—公元37),罗马皇帝,公元14—37年在位。——译者注

这样误解事实呢？这仅仅是出于恶意，以便给那些他使之扮演恶棍角色的人们的性格抹黑吗？这是在追求修辞学上的目的，是要举出一些令人畏惧的例子来强调他的道德并修饰他的故事吗？一点都不是。那是因为一个性格的发展这一观念、这一对我们是如此之熟悉的观念，对他来说乃是一种形而上学上的不可能。一个"性格"是一个行动者，而不是一个行动；行动有来有去，但是"性格"（像我们所称呼的）和性格所由之而来的那个行动者却是实质，所以是永恒不变的。一个提贝留乌斯和一个尼禄①的性格中只是到了他们一生比较晚的时期才出现的那些特点，在这里却是必须始终出现的。一个好人不可能变坏。一个到了老年时表现自己是个坏人的，必须在年青时也同样地是坏人，他的邪恶是被虚伪所隐蔽着的。正像希腊人所指出的，ἀρχὴ ἄνδρα δείξει [权位暴露了一个人的本性]。② 权力并没有改变一个人的性格；它只不过表明他早就是那一种人。

因此希腊罗马历史编纂学从来没有能表明任何一件事情是如何产生的；历史舞台上所出现的一切行动因素都必须假定在历史开始以前就是现成的，它们与历史事件的关系就好像是机器与它自己的运动的关系那样。历史学的范围被限制在描述人们和事物都在做什么，而这些人和事物的性质则始终停留在它的视野之外。对这种实质主义的态度的报复就是历史的怀疑主义：即各种事件，作为纯粹瞬息万变的偶然事件，被认为是不可知的；而行动者作为一个实体，则确实是可知的，——但不是对于历史学家来说。那么，历史学的用处又是什么呢？对柏拉图主义来说，历史学可以有一种实用的价值；而把这一点作为历史学的唯一价值的那种观念，从伊索格拉底到塔西佗却被强化了。而随着这种过程在继续下去，它就产生了一种关于历史精确性的失败主义以及这样一种历史心灵的不诚恳性。

---

① 尼禄（Nero, 37—68），罗马皇帝，公元54—68年在位。——译者注
② 引自亚里士多德：《尼各马可伦理学》，I130, a1。

第二编　基督教的影响

第一节　基督教思想的潜移默化

欧洲的历史编纂学曾经出现过三次巨大的转折点。第一次是公元前5世纪时的那次转折点,那时作为一种科学、作为一种研究的形式、作为一种ἱστορίη[历史]的历史观念诞生了。第二次是公元后第四和第五世纪时的那次转折点,那时历史的观念由于基督教思想的革命性的影响而经过重新塑造。我现在就要描述这一过程,并指明基督教怎样扬弃了希腊-罗马历史编纂学中的两种主导观念,那就是:(1)对人性的乐观主义观念,(2)作为历史变化过程的基础的有关永恒实体的实质主义的观念。

(1)基督教所表现的道德经验包含有人类行动的一种盲目感作为它的最重要的因素之一:它不是出于个人之缺乏洞见的偶然盲目性,而是人类行动本身所固有的必然盲目性。根据基督教的教义,无可避免的是人要在黑暗中行动而不知道自己的行为会出现什么结果。那种无力达到事先明确设想好的目的,在希腊文中就称之为ἁμαρτία,即错过目标;它不再被看作是偶然的,而被看作是人性中的一种永恒因素,源出于人就是人的这一限制。这就是圣奥古斯丁所强调的原罪,而他又在心理上把这一原罪和自然欲望的力量联系在一起。根据这种见解,人的行动并不是根据智慧所预想的目标而设计出来的;它完全是被直接而又盲目的欲望 *a tergo*[在背后]所推动的。不仅仅是没有教养的俗人,而是作为一个人,其本身就会做出他所要做的事,而不是想出一套合理的行动路线来。欲望并不是柏拉图的隐喻中的那匹驯服的马,它是一匹脱缰之马。而那使我们陷于其中的"罪"(用神学的术语来说),并不是我们蓄意要犯的一种罪,它是一种我们的本性所固有的原罪。由此可见,人的成就并不是由于他自己的意志和才智的本身力量的缘故,而是由于并非他自身中的某种东西使得他渴望那些值得追求的目的。因此,他的作为,从历史学家的观点看来,就仿佛他是自己幸运的聪明建筑师那样;但是表现在他的行动中的智慧却不是他自己的智慧,那是上帝的智慧;都是由于上帝的恩惠,人的欲望才被导向有价值的目的。这样,通过人类行动而得以实现的那些计划(我是指像罗马征服世界之类的计划)之成为事实,并不是因为人们曾设想过这样的计划,根据它们的好处做出决定并规划出执行计划的方法;而是因为人们随时在做着他们当时想要做的事情时,便已经执行了上帝的目的了。这种神恩的概念是与原罪的概念互相联系着的。

(2)希腊罗马哲学中有关实质的形而上学学说,遇到了基督教创世说的挑战。根据这种创世说,除上帝以外,没有什么东西是永恒的,并且其他一切都是上帝创造的。人的灵魂不再被看作是过去 *ab aeterno*[在永恒中]的一种存在,而灵魂不灭在那种意义上便被否定了;每个灵魂都被认为是一种新的创造物。同样地,各个民族和国家从集体来考虑,便都不是永恒的实质而只是被上帝所创造出来的。而且凡是上帝所创造的,他都可以由于朝着新的目标对它们的性质重新定向而加以调整;于是通过神恩的作用,上帝便能使已经被创造出来的人或民族在性格上得以发展。即使是早期基督教思想还能容忍的所谓的实质,也不是真正像古代思想家所曾设想为实质那样的实质。人的灵魂这时依然被称为实质,但是它这时被设想为是上帝在某一个时期所创造的实质,而且是依赖于上帝才能继续存在。自然世界也是以同样的资格仍然被称为一种实质。上帝本身也仍然被称为一种实质,但是他作为实质的性质这时则被认为是不可知的:不仅仅是那孤立无援的人类理性所不可能发现的,而且甚至于是不可能被显示出来的。我们对上帝所能知道的一切,就只是他的活动。逐步地,随着基督教的潜移默化在起作用,甚至连这些类实质也消失了。到了13世纪,圣托马斯·阿奎那才抛掉了神性实质的概念而把上帝定义为 *actus purus*[纯行动]。及至18世纪,贝克莱抛弃了物质实质的概念,而休谟则抛弃了精神实质的概念。这时候就为欧洲历史编纂学史上的第三次转折点以及长期拖延下来的历史学之终于作为一种科学而登场,准备好了舞台。

基督教思想的引进,对于人们用以设想历史学的方式具有着三重影响。

(a) 一种对历史学的新看法发展起来了,按照这种新看法,历史的过程并不是人类的目的、而是上帝的目的的实践;因为上帝的目的就是一种对人类的目的,是一种要在人生之中并且通过人类意志的活动而体现的目的;在这一实践中,上帝这个角色仅限于预先确定目的并且时时在确定着人类所渴望的对象。这样,每个人世的行动者便知道他所想要的是什么,并去追求它,但是他并不知道他为什么想要它;他想要它的原因乃是上帝使他想要它,为的是推进上帝的目的的实现进程。在一种意义上,人是整个历史上的行动者,因为历史上所发生的每桩事件都是根据人的意志而发生的;而在另一种意义上,则上帝才是唯一的行动者,因为只有靠神意的作用,人的意志的活动在任何一个给定的时刻才能导致这一结果而不是另一种不同的结果。再有,在一种意义上,人就是历史事件所要发生的目的,因为上帝的目的就是人的福祉;而在另一种意义上,人的生存又仅仅是作为完成上帝的目的的一种手段,因为上帝创造了人,只不过是为了假手人的生命来实现他自己的目的而已。由于这种对人类行为的新态度,历史学就大有收获;因为承认在历史上所发生的事无须通过任何人有意希望它发生才会发生,这一点乃是理解任何历史过程的一个不可缺少的先决条件。

(b) 对历史的这种新观点,使人有可能不仅看到历史的行动者的行为,而且还有可能看到作为上帝目的的工具因而具有历史重要性的那些行动者本身的存在和性质。正有如个人的灵魂是一种在充分的时间里被创造的东西,它如果要完成上帝的目的,恰好具有着为当时所需要的那些特点;因此,像罗马这样一件事物,就不是一个永恒的实体,而只不过是一件转瞬即逝的事物,它在历史上适时出现,是来完成某种确定的任务的,在任务完成之后就要消失。这是历史学思想中一场深邃的革命;它意味着历史变化的过程不再被设想是——可以这样说,——在事物的表面上飘浮并且仅仅影响到它们的偶然性,而是被设想为还包含有它们的实质本身,因而就需要有真正的创造和真正的毁灭。这是把基督教的上帝概念应用到历史学上,即上帝不是从早已存在的物质之中塑造出世界来的一个单纯工匠,而是一个创世主,从无中把世界召唤出有。在这里,历史的收获也是极其巨大的,因为承认历史过程创造出它自己的工具,从而像罗马或英格兰这些实体便都不再是预先的假定而是那一过程的产物,——这一点乃是走向掌握历史学特性的第一步。

(c)在历史学概念上的这两种修改,正如我们所已经看到的,都是得自基督教的原罪、神恩和创世纪的教义。第三种修改则是基于基督教的普遍主义的态度。对基督教来说,在上帝的眼中人人平等:没有什么选民、没有什么特权种族或阶级,没有哪个集体的命运比其他集体的更重要。所有的人和所有的民族都包罗在上帝目的规划之中,因此历史过程在任何地方和一切时间都属于同样的性质,它的每一部分都是同一个整体的一部分。基督徒不能满足于罗马史或犹太史或任何其他局部的和特殊主义的历史:他要求一部世界史,一部其主题将是上帝对人生目的的普遍展开的通史。基督教思想的注入不仅仅克服了希腊-罗马历史学所特有的人文主义和实质主义,而且还有它的特殊主义。

第二节 基督教历史编纂学的特点

根据基督教的原理而写的任何历史,必然是普遍的、神意的、天启的和划分时期的。

(1)它是一部普遍的历史,或一部世界通史,一直追溯到人类的起源。它要描述人类不同的种族是怎样出现并栖息在大地上各个居住区域的。它要描述各种文明和各个政权的兴衰。在这种意义上,希腊-罗马的普世历史并不是普遍的历史,因为它有一种特殊主义的重心。希腊或罗马就是它环绕着旋转的中心。基督教的普遍历史经历了一场哥白尼式的革命,从此,这样一种重心的观念本身就被摧毁了。

(2)它要把种种事件不是归之于它们的那些人世执行者的智慧,

而是归之于预先确定着它们的行程的神意的作用。近东的神权历史学在这种意义上并不是神意的,因为它不是普遍性的而是特殊主义的。神权史学家感兴趣的是一个特殊社会的所作所为,而支配这些作为的上帝则是这样一个上帝,对于他,那个特殊社会就是他的选民。神意的历史,在另一方面,确实是把历史当作上帝所写的一个剧本,但是在这个剧本里并没有哪个人物是作者所偏爱的人物。

(3) 它要使自己从事于在事件的一般过程中探索一个可理解的模式,而且特殊地要把这个模式内的中心要点附着于基督的历史生命,这一点显然是这个模式主要的先定特征之一。它要使它的叙述环绕着那件事而结晶,并把以前的事件都看成是它的先导或者在为它作准备,而把以后的事件都看成是在展开它的后果。因此,它要以基督的诞生把历史划分为两部分,每一部分各有其自身特殊的、独一无二的性质:第一部分是前瞻的性质,包括对一件尚未显示出来的事件在进行盲目准备;第二部分是回顾的性质,取决于启示这时已告完成的这一事实。一部历史这样分为两个时期,一个黑暗时期和一个光明时期,我将称之为启示的历史。

(4) 把过去分成两个时期之后,它就自然而然地要再加以细分;从而就要划出其他一些事件,尽管不像基督的诞生那么重要,但作为它们自己的方式却是重要的,这就使得它们以后的每一件事在性质上都不同于以前发生过的事。于是,历史便分为一些时代,或一些时期,各有其自己的特点;而且每一个都由于一桩事件而与前一个相划分,用这种历史编纂的术语来说,就叫作划时代的。

所有这四种因素,事实上都是被早期的基督教徒们有意识地输入到历史学思想中来的。我们可以举出公元3世纪至公元4世纪初期赛瑟里亚的优昔比乌斯①为例。在他的《编年史》中,他从事于撰写一部普遍的历史,其中一切事件都被纳入一个单一的编年结构之中,而不是把希腊的事件以奥林匹克竞赛分期,也不是把罗马的事件以执政官分期,如此等等。这是编纂;但它是一种与晚期罗马帝国的异教学者们的

---

① 赛瑟里亚的优昔比乌斯(Eusebius of Caesarea, 260—340),早期基督历史学家。——译者注

编纂大不相同的东西,因为它为一种新的目的所鼓舞,这一目的是要表明这样加以编年的事件就形成了一种以基督诞生为中心的模式。正是怀着这一目的,优昔比乌斯撰写了另一部作品,即所谓《教会的准备》(*Praeparatio Evangelica*),在这部书里,他指明基督前的世界历史可以看作是以"道成肉身"①为其顶峰而设计的一个过程。犹太宗教、希腊哲学、罗马法律都结合在一起来建立一个模式,使得基督的启示有可能在其中植根并生长成熟;如果基督在任何其他的时间诞生到世界上来,这个世界就不可能接受他了。

优昔比乌斯只是大批努力为详尽地研究出基督教的人类概念的重要意义而奋斗的人们中间的一个;而且当我们发现有许多教父,像是哲罗姆②、安布罗斯③,甚至圣奥古斯丁,怀着鄙视和敌视谈到异教的学问和文献时,我们就必须提醒自己,这种鄙夷并不是出于缺乏教养或对这样的知识抱着一种野蛮的冷漠,而是出于这些人在追求一种新的知识理想时所具有的活力,他们为了人类思想整个结构的重新定向而在反对者的反噬之下努力工作着。就历史学的情况而论,——这是我们这里所涉及的唯一一件事,——这一重新定向不仅在当时成功了,而且还留下了它的遗产,成为历史学思想中一笔永久的财富。

在原则上是作为世界历史的历史概念,其中的斗争,像是希腊和波斯之间或罗马和迦太基之间的斗争,就被不偏不倚地来看待,不是着眼于战斗某一方的成功,而是着眼于从后世观点来看的这场斗争的结局;这种历史概念于是就变成了一种常识。这种普遍主义的象征,便是对一切历史事件都采用一种单一的编年结构。由赛维尔的伊西多尔④在7世纪所创立并在8世纪由可敬的比德⑤所普及的这种单一的普遍编年史,即由基督的诞生而向前和向后记录每件事的年代,至今仍可表明这种观念是从哪里来的。

---

① "道成肉身"指基督诞生。——译者注
② 哲罗姆(Jerome, 340—420),意大利修士、教会学者。——译者注
③ 安布罗斯(Ambrose, 340—397),意大利主教。——译者注
④ 赛维尔的伊西多尔(Isidore of Seville, 560—636)西班牙主教和学者。——译者注
⑤ 可敬的比德(the Venerable Bede, 673—735),英国历史学家和神学家。——译者注

神意的观念变成了一种司空见惯的事。例如,我们学校里的教科书这样教导我们说,英国人在 18 世纪,忽然一阵没头没脑地征服了一个帝国;那就是说,他们执行了在我们回顾这桩事的人看来好像是一项计划的东西,尽管在当时他们的头脑里并没有这样的计划存在。

启示录的观念变成了一种司空见惯的事,尽管历史学家们把他们的启示时刻放到各种各样的时代里:文艺复兴、印刷术的发明、17 世纪的科学运动、18 世纪的启蒙运动、法国大革命、19 世纪的自由运动,或者甚至还有像马克思主义的历史学家要把它放在未来。

划时代的事件这种观念,也变成一种司空见惯的事;于是历史随之就划分为各个时代,各有其自己的特点。

所有这些在近代史学思想中为人所如此之熟悉的成分,在希腊罗马的历史编纂学学中全都不存在,而是有意识地和辛勤地被早期的基督教徒们所创造出来的。

第三节　中世纪的历史编纂学

专门致力研究上述这些观念的中世纪历史编纂学,在某种方式上乃是希腊化的和罗马的历史编纂学的继续。这一方法始终没有改变。中世纪的历史学家仍然依靠传说来取得他的事实,而并没有有效的武器来批判那种传说。在这方面,他可以和李维等量齐观,而且保留了李维的弱点和强点。他没有办法研究流传给他的那些传说的成长过程,或者把它们分析成各个不同的组成部分。他唯一的批判乃是一种个人的、非科学性的、非系统化的批判,那往往暴露出他那在我们看来是愚昧的轻信的东西。但在其叙述的另一方面,他却往往显示出引人注目的优美文风和想象能力。例如,圣阿尔班斯(St. Albans)这位谦逊的修道士,他留下给我们一部归于威斯特敏斯特的马太名下的《历史之花》(*Flores Historiarum*),这部书讲述了一些有关亚勒弗烈大王[①]和饼、葛

---

① 亚勒弗烈大王(Alfred the Great, 849—900?),英国国王。——译者注

蒂娃夫人①、克努特王②在博山姆(Bosham)海滨等等的故事,它们可能都是寓言,但却是文学中不朽的瑰宝,而且应当得到不亚于修昔底德的历史那样的地位作为 κτήματα ἐs αἰεί[永恒的财富]为人们所珍惜。

但和李维不同,中世纪的历史学家是从一种普遍主义的观点来看待这种材料的。即使是在中世纪,民族主义也是一种真实的东西,但是一个为民族竞争和民族骄傲而捧场的历史学家却知道他自己是做错了事。他的本职不是要赞颂英格兰或法兰西,而是要叙述 gesta Dei[神的业迹]。他把历史看作不是人类目的的一幕单纯的演出,他在其中要站在自己朋友的一边;而是把历史看作是一个过程,有其自身的客观必然性,甚至于就连最明智和最有权力的人间执行者也发觉自己卷入其中,并非因为像在希罗多德的著作中所描绘的那样,上帝是毁灭性的和恶作剧的,而是因为上帝是有远见的和富于建设性的,有他自己的计划而绝不允许什么人来干涉他的计划。所以人间的执行者就发觉自己陷于神意目的的洪流之中,不管自己同意或不同意,都被卷入其中前进。历史作为上帝的意志,是在自行发号施令的;它那号令之秩序井然并不有赖于人间执行者的发号施令的意志。计划出现了,它使自己自行生效,它并不是人类所曾计划的;而且即使是那些自以为是在反抗这些计划而出现的人们,事实上也对它们在做出贡献。他们可以刺杀恺撒,但是他们却不能制止共和国的倾覆;这桩刺杀行为的本身就给那场倾覆增添了一种新的特色。因此历史事件的总历程就是一种准则,它是用以判断参与其中的每一个人的。③ 个人的责任就是要作一个推进历史客观目的的自愿工具。如果他自己立意反对它,他也不能制止它或者改变它;他所能做到的一切就是因此而获得自己的惩罚,挫败他自己并使自己的生命一事无成。这就是基督教教父的学说;魔鬼被基

---

① 葛蒂娃夫人(Lady Godiva),11 世纪时英国贵妇。——译者注
② 克努特王(King Canute, 994—1035?),英格兰的丹麦王。——译者注
③ 席勒著名的箴言"Die Weltgeschichte ist das Weltgericht"[世界历史就是世界法庭],乃是一句人所熟知的中世纪格言,而在 18 世纪末又复活了;它是典型的中世纪主义的,并在许多方面成为浪漫主义者的特征。

督教早期作家希波里特①定义为 ὁ ἀντιτάττων τοῖς κοσμικοῖς[世界的挑衅者]。

中世纪历史编纂学的伟大任务就是要发现和阐明这种客观的或神的计划这一任务。它是一项在时间之中发展的计划,因此就要经历一系列确切的阶段;正是出于对这一事实的考虑,才产生了每个历史时代都由一桩划时代的事件而开始的那种概念。这时,区别历史中的各个时期的企图乃是先进的和成熟的历史学思想的一个标志,它不怕解释事实,而不仅仅是肯定事实而已;但在这里也像在其他地方一样,中世纪的思想尽管从不缺乏勇气和创造性,却表明了它自己无力使自己的许诺生效。为了说明这一点,我将只举一个中世纪的历史分期为例。在 12 世纪时,佛罗里斯的约西姆②把历史分为三个时期:圣父或道尚未成肉身的上帝统治时期,也就是前基督时代;圣子统治时期或基督时代;而圣灵的统治时期则要在未来开始。这种提到未来的时代,就透露了中世纪历史编纂学的一个重要特点。如果中世纪的历史学家受到挑战,要他解释何以知道在历史中竟然有任何客观的计划;他就会回答说,他是由启示而知道的,这是基督向人类所显示的有关上帝的事情的一部分。这种启示不仅解答了上帝在过去所做的事,而且它也向我们指明了上帝在未来将要做的事。这样,基督教的启示便赋予我们一种对整个世界历史的观点,是上帝的无时间的和永恒的视野里所看到的那种从世界在过去的创造到它在未来的结局。因此中世纪的历史学家就期待着历史的结局,作为是上帝所前定的、并通过启示而为人类所预知的某种事情;因此它本身就包含着一种末世学。

末世学总是历史学中的一个从外面闯入的因素。历史学家的本职是要知道过去,而不是要知道未来;而且只要历史学家声称能够预先确定未来发生的事,我们就可以肯定地知道他们的基本历史概念出了某些毛病。再进一步,我们还可以准确地知道是什么东西出了毛病。这里所发生的情况是,他们把历史过程的单一的实在分裂成两个分离的

---

① 希波里特(Hippolytus),约死于 236 年,罗马神学家。——译者注
② 佛罗里斯的约西姆(Joachim of Floris,约 1130/35—1201/02),意大利教会作家。——译者注

东西,一个决定者和一个被决定者、抽象的规律和单纯的事实、普遍的东西和特殊的东西。他们把普遍当作一种虚假的特殊,它被假设为由于其自己而存在并且为了其自己而存在;然而在那种孤立状态中,他们却仍然设想它在决定着特殊事件的进程。普遍这样被从时间的过程中孤立出来之后便不在那个过程之中起作用了,而只是对那个过程在起作用。时间过程是一种消极的东西,是被一种无时间的、对它在起作用的外来力量所塑造的。因为这种力量在一切时间里都精确地是以同样的方式在起作用,所以有关它现在如何起作用的知识,也就是有关它未来如何起作用的知识;而且如果我们了解它在任何一个时间是如何决定事件流程的,我们也就从而了解它在任何其他时间是如何决定它的,因此之故我们便能够预告未来。这样,在中世纪的思想里,上帝的客观目的和人类的主观目的二者之间的全盘对立,——那被设想成是上帝的目的的就表现为把某种客观计划强加于历史,而不顾人类的主观目的如何,——就不可避免地导致一种观念,即人类的目的对历史的行程是不能左右的,而决定历史行程的唯一力量乃是神性。因此神性一旦被显示出来,那些由信仰而得到神性的启示的人便能够由信仰而看到未来必然是什么样子。这看来似乎与实质主义有着密切的关系,但它却是一种完全不同的东西,即超验性。上帝在中世纪的神学里并不是实质(实体),而是纯行动;而超验性则意味着神性活动并不被设想为在人类的活动之中并通过人类的活动在起作用的,而是被设想为在人类的活动之外起作用并主宰着它的,即并不是内在于人类行动的世界而是超越于那个世界的。

  这里所发生的情况是,思想之摆已经从希腊罗马历史编纂学的抽象和片面的人文主义摆到了同样抽象和片面的中世纪的神本观点了。神意在历史中的作用得到了承认,但它却是以一种再没有任何事情留给人类去做的方式而被承认的。其结果之一就是,正如我们所看到的,历史学家们就陷入了自以为能够预示未来的这一错误之中。另一个结果就是,他们焦急地要窥测历史的总计划并相信这个计划是上帝的而不是人类的,这时他们就倾向于在历史本身之外去寻求历史的本质,办法是使目光脱离人类的行为以便窥测上帝的计划;于是人类行为的具体细节对于他们就都变得比较不重要了,于是他们就忽视了历史学家的首要责任,——即心甘情愿地承受千辛万苦去发现实际所发生的事。这就是何以中世纪的历史编纂学在批判方法上是那么地软弱无力。那种软弱无力并不是偶然。它并非取决于学者们所能运用的来源和资料方面的限制。它并非取决于他们所能做的事的限制,而是他们所想做的事的限制。他们不想对历史的具体事实进行精确的和科学的研究;他们想要做的事乃是对神的属性进行精确的和科学的研究,它是一种稳固地奠立在信仰和理性的双重基础之上的神学,它使他们能 a priori [先验地]决定在历史过程中什么是已经必然发生的和什么是将要必然发生的。

  其结果便是,从一个纯学究式的历史学家——即除了事实的准确性而外并不关心任何事情的那类历史学家——的观点看来,中世纪的历史编纂学似乎非但是令人不能满意的,而且是有意地而又令人反感地满脑子谬见;一般说来19世纪的历史学家们确实对历史的性质采取了一种纯学究式的观点,所以就以极其缺乏同情的态度来看待它。今天,我们已不那么迷恋着要求考据的精确性了,而是对于解释事实更感兴趣,所以我们就能以更为友好的眼光来观察它。我们已经早已回到中世纪的历史观,使我们把各民族和文明想象为服从着一个规律而在兴衰,这个规律与构成各民族和文明的那些人的目的没有什么关系;而且我们也许与这样的一些学说并非完全格格不入,这些学说教导说,大规模的历史变化乃是由于某种辩证法客观在起作用的,并以一种不以人类意志为转移的必然性在塑造历史过程的。这就引导我们与中世纪的历史学家多少有了密切的接触了;而且如果我们想要避免他们那类观念所容易出的错误,那么对我们非常有用的就是去研究中世纪的历史编纂学,并且看看客观的必然和主观的意志之间的对立怎样会导致对历史精确性的忽视和诱使一些历史学家陷入一种非学者风度的轻信和盲目接受的传说里去。中世纪的历史学家对于那种意义上的非学者风度有种种借口;但当时还没有人发现怎样以学者的态度来考订资料和确定事实,因为这乃是继中世纪结束之后的几个世纪里史学思想的工作。但是对我们来说,既然这一工作已经完成了,所以就不能再有借口了。如果我们回到中世纪的历史观念及其全部的错误,我们就将是在证实并在促进某些历史学家(也许是过早地)所宣告的文明的灭亡。

第四节 文艺复兴时期的历史学家

中世纪结束时,欧洲思想的主要任务之一就是要对历史研究进行一番崭新的重行定向。为先天地决定着历史的普遍计划而提供基础的神学和哲学的伟大体系,已经不被人们所赞同了;于是随着文艺复兴,人们就又回到一种基于古人看法的人文主义历史观上面来。精确的学术研究变得重要起来,因为人类的作为不再使人感到与神的计划相比,被缩小得微不足道,史学思想又一次把人放到了它的画面上的中心地位。不过,尽管对希腊罗马思想有着这种新兴趣,但文艺复兴对人的观念却和希腊罗马的深为不同。当16世纪初像马基雅维里这样一位作家在以注释李维著作的前十卷的形式而表达他自己的历史思想时,他并不是在复原李维本人的历史观。对于文艺复兴时期的历史学家,人并不是像古代哲学所刻画的那样根据自己的智力作用在控制自己的行为和创造自己的命运,而是像基督教思想所刻画的人,是一种具有激情和冲动的生物。历史就这样变成了人类激情的历史,被看作是人性的一种必然体现。

这场新运动的积极成果,首先见之于大举清除中世纪历史编纂学中一切幻想的和毫无根据的东西。例如,让·鲍丹①在16世纪中叶时指出②,人们所接受的时代分期的方案,即四个帝国,并非是基于对事实的准确解释,而是基于从《但以理书》③中所假借来的一种武断的方

---

① 让·鲍丹(J. Bodin,1530—1596),法国作家。——译者注
② 见《历史研究法》(1566年)第七章:驳四个王国论者。
③ 18世纪晚期浪漫主义的中世纪主义倾向是意义深远的,这一点我已在论及席勒时提醒人们注意,黑格尔在他的《法哲学》(Philosophie des Rechts)结尾有关世界历史的段落中,重新肯定了那种早已被推翻了的四个帝国的方案。黑格尔的读者们都熟知他那把每个主题都按照他的辩证法模式分为三合一的那种根深蒂固的习惯,会惊讶地发现在那本书的结尾几页中,他的世界史纲要分为四节,题名为"东方帝国、希腊帝国、罗马帝国、日耳曼帝国"。这些读者很容易想到,事实对黑格尔的辩证法至少有一次是来得太强而有力了。但是,这里突破了辩证法方案的却不是事实,而是中世纪分期法的再现。

案。有数不清的学者——绝大多数是意大利出身——都从事于推翻那些各个国家都曾把他们对自己的起源的无知隐蔽在其内的传说;例如波利多尔·维吉尔①在16世纪初期就推翻了特罗伊人布鲁塔斯②建立不列颠的那个古老的故事,并奠定了英格兰考据历史学的基础。

到了17世纪开始时,培根就能总结这种形势,把他的知识画面划分为诗歌、历史学、哲学三大领域,由想象、记忆和理解这三种能力所驾驭。所谓记忆主宰着历史学,也就是说历史学的主要工作是以其具体事实(就像它们实际上所发生的那样)在追忆和记录过去。培根在这里所做的,是要坚持历史学首先应当为了其自身的缘故而对过去感兴趣。这是对历史学家能够预知未来这一说法的否定,而同时它也就否定了历史学家的主要职能是要窥测贯穿于事实之中的神的计划这一观念。他的兴趣在于事实本身。

但是这样来规定历史学的地位,却是靠不住的。它已经把自己从中世纪思想的错误之中解放出来,但它仍然必须去寻求自己的固有职能。它有着一种确切的纲领,即要重新发现过去,但是它却没有能够借以实现这套纲领的方法或原则。事实上,培根把历史学定义为记忆的领域乃是错误的,因为过去唯有就其不是被、而且不可能被记忆而言,才要求进行历史的调查研究。如果过去能够被人记忆,那就不需要有历史学家了。培根自己的同时代人卡姆丹③,已经根据最优秀的文艺复兴传统在研究不列颠的地形学和考古学了;他指出未经记忆的历史怎样能够根据多少有点像是同时代的自然科学家在使用数据作为科学理论的基础那样的数据而能够重行建立起来。历史学家的理解怎样能起到补充他记忆的缺欠的作用这一问题,是培根所从未曾问过的问题。

---

① 波利多尔·维吉尔(Polydore Virgil,1470? —1555?),意大利历史学家。——译者注
② 特罗伊人布鲁塔斯(Brutus the Trojan),传说中的古罗马英雄,曾至不列颠建立新特罗伊(伦敦)城。——译者注
③ 卡姆丹(Camden, 1551—1623),英国历史学家。——译者注

第五节　笛卡儿

17世纪思想的建设性运动集中在自然科学问题上,而把历史学问题抛在一旁。笛卡儿像培根一样,区分了诗歌、历史学和哲学,又增添了一个第四项,即神性学;但是在这四种之中,他把他的新方法只应用于哲学以及它的三个主要部分(即数学、物理学和形而上学)上,因为只有在这里,他才能希望获得确切可靠的知识。他说,诗歌更多地是一种天赋而不是一种学问;神性学有赖于对启示的信仰;历史学则不论是多么有趣和富有教育意义,不论对于生活中的实践态度的形成是多么有价值,却不能自命为真理;因为它所描述的事件从来都不是准确地像它所描写的那样发生的。这样,笛卡儿所展望的、而且事实上也确实出现了的那种知识的改造,就被设计得对于历史学思想毫无贡献可言,因为严格地说,他根本不相信历史学是知识的一个分支。

很值得我们更加仔细地看一看《方法论》第一部中论历史学的这一段话:

> 到目前为止,我认为我在研究古代的语文、了解古代的作家以及他们的历史和著述方面,已经付出了足够多的辛劳。和更早时代的人们生活在一起,就好像是在异域旅行。知道一些其他民族的风尚,以便更加不偏不倚地判断我们自己的,而不像是那些从未到过自己本国以外的人们会鄙视和嘲讽与自己不同的任何东西;——这是有用处的。但是那些旅行得为期太久的人,结果在他们自己的本乡倒变成了外人,而那些过分好奇地研究古代行为的人,却对我们自己中间今天所做出的事情懵然无知。何况,这些著述所说的事情是不可能像它们实际所发生的那样发生的,因而也就在怂恿着我们去尝试超乎我们能力之外的东西,或者去希求超乎我们命运之外的东西。即使历史书籍是真实的,既不夸张又没有改变事物的价值,也还是略去了较猥琐和很少尊严的那类情况,以便更值得读者去注意;因此,它们描述

的那些事情从来都不是恰好像它们所描述的那样,而那些想要以它们为自己榜样的人,就都倾向于浪漫的骑士狂并琢磨着铺张扬厉的业绩了。

笛卡儿在这里提出了四点是应该加以区分的:(1)历史的逃避主义:历史学家是一个远离故乡而生活着的旅客,对他自己的时代倒成了一个外人。(2)历史的怀疑主义:历史著述是对过去的不可靠的说明。(3)反功利的历史观念:不可靠的著述不能真正帮助我们了解什么是可能的事,因此也就不能真正帮助我们在目前有效地行动。(4)历史是幻想结构:历史学家——即使是在最好的时候——歪曲历史的方式就是使它显得比它的真实面目更加光彩。

(1)对"逃避主义"的历史观的一个答复就是要表明,历史学家只要坚定不拔地立足于现在就能真正窥见过去;那就是说,他的职责并不是干脆跳出他自己的历史时代,而是要在每一个方面都是他自己那个时代的一个人,并当过去呈现出来的时候,要从自己那个时代的立足点去观看过去。这实际上就是真正的答案;但是为了给出这个答案,知识论就有必要前进得比笛卡儿所设想的更远。一直要到康德的时候,哲学家们才把关于知识的观念设想为是针对着与认识者本身的观点有关的一种对象。康德的"哥白尼式的革命"隐然包含着——尽管康德本人并没有得出——历史知识怎样成为可能的这一理论,它不单是不需要历史学家放弃他自己时代的立足点,反而恰恰是因为历史学家并没有放弃那个立足点。

(2)说历史著述所讲的事情是不可能发生过的,就等于说我们现在,除了所得到的那些叙述而外,还有着某种准则是可以借之以判断什么事是可能发生过的。笛卡儿在这里暗示了历史学中真正批判的态度,如果它得到充分发挥的话,就会成为对他自己那种反对意见的一个答案了。

(3)文艺复兴时期的学者们在复活希腊罗马历史概念的许多要素中,曾经复活了这样一种观念:即历史的价值是一种实用的价值,是要在政治的艺术中和实际生活中教诲人们的。只要人们不能为选择另一种信仰(即它的价值是理论的并且是由真理组成的)找到理论根据的话,这种观念便是不可避免的。笛卡儿拒不接受这种观点是完全正确的;事实上他预感到了黑格尔在其《历史哲学》导言中的话,即历史的实际教训就是从来没有一个人从历史里面学到任何东西;但是他并没有看到,他自己当日的那些历史著作——像是在布坎南①和格老秀斯②这些人的手中的,还有更多的、刚刚开始的那一代其他人像是在提累蒙特和波兰狄③派学者手中的著作那样,——是被一种纯粹追求真理的愿望所驱使的,而他所正在批判的实用概念,到了他写作的时候,已经是死去了。

(4)在谈到历史的著述夸大了过去的伟大和光辉时,笛卡儿实际上是在发挥一条准则,借以批判那些历史著述,并借以重新发现被那些叙述所隐蔽了的或歪曲了的真理。如果他按这条路线继续走下去的话,他很可能会为历史批判奠定一种方法或一套规则;实际上,这就是下一个世纪之初由维柯所奠定的规则之一。但是笛卡儿并没有认识到这一点,因为他的知识兴趣是如此之确切地朝着数学和物理学定向,以至于当他论述历史学时,他可能把一项面向着历史方法的改进的丰富的建议,误认为证明这类的改进乃是不可能的。

这样,笛卡儿对历史学的态度就变得出奇地含混不清。就他的意向所及而论,他的著述倾向于对历史学的价值抱有怀疑;然而那种价值却是被想到了的,因为他想要指导人们脱离它而走向严格的科学。到了19世纪,科学就独立于哲学之外而走上它自己的路,因为后康德的唯心主义者对它采取了一种日益怀疑的态度;而这个缺口只是到了我们自己这个时代才开始被修复。这种分道扬镳恰好是和17世纪历史学和哲学的分道扬镳互相平行的,这种情况是出于一种平行的原因,即笛卡儿的历史怀疑主义。

---

① 布坎南(George Buchanan,1506—1582),英国教会学者。——译者注
② 格老秀斯(Grotius,1583—1645),荷兰法学家。——译者注
③ 波兰狄(Jean Bolland,1596—1665),比利时耶稣会史学家。——译者注

第六节　笛卡儿派的历史编纂学

从事实的观点来看,笛卡儿的怀疑主义一点也没有使得历史学家灰心丧气。倒不如说,他们的所作所为就好像是他们把怀疑主义当作一种挑战,它在请求他们离开并为他们自己研究出自己的方法来;他们使自己感到满意的是批判的历史学是可能的,随后就以他们手中掌握的知识新天地又回到哲学家这里来。在17世纪的下半叶,一个新的历史思想的学派兴起了,尽管在用词上包含着悖论,但是它可以称为笛卡儿派历史编纂学,多少有点像是同一个时期的法国古典戏剧曾被称为笛卡儿派诗歌那样。我称它为笛卡儿派历史编纂学,因为它像笛卡儿派哲学一样,是以系统的怀疑主义和彻底承认批判的原则为基础的。这个新学派的主要思想是,权威著作的验证不经历基于至少是如下三条方法的规则的批判过程,就绝不能接受:(1)笛卡儿本人所隐含的规则是,没有任何权威能必然诱导我们去相信,我们所知道的事物是不可能发生过的,(2)另一条规则是,不同的权威必须彼此互相对勘并协调一致,(3)再一条规则是,权威著作必须用非文献的证据加以核定。这样所设想的历史学仍然是以权威著作为基础,或者是培根会称之为记忆的东西;但历史学家正在学习着以一种彻底批判的精神来对待他们的权威著作。

作为这一学派的例子,我已经提到过提累蒙特和波兰狄派。提累蒙特的《罗马皇帝史》是系统地注意到调和不同权威的论述来写罗马史的第一次尝试;波兰狄派是本笃派学者中的一派,他们在批判的基础上使自己从事重写圣徒们的生平,清除了一切夸大的奇迹成分,而且比直迄当时任何人所曾做过的都更为深入地钻研了资料来源的问题和传说所经历的成长方式。正是由于这个时期,而特别是由于波兰狄派,我们才有了剖析某种传说的这一观念,同时又承认它传到我们手中是经过了媒介的歪曲的,从而就一劳永逸地消除了要么作为是真的而全盘接受它,要么作为是假的而摒弃它这两者之间的老大难题。与此同时,对钱币、铭文、文件以及其他非文献的资料的可能性也在进行细致的研究,用它们来核实和证明历史学作家们的著述和描写。举例来说,正是在这个时期,摩尔庇茨城的约翰·霍尔斯雷①在北安伯兰郡继意大利、法国和德国学者们的榜样之后,做出了第一次在不列颠的罗马铭文的系统收集。

这种运动很少为哲学家们所注意。唯一受到它影响的第一流人物是莱布尼茨,他把历史研究的新方法应用到哲学史上而获得了重大的成果。我们甚至可以把他称为近代这一研究的奠基人。他始终没有详细地论述过它,但是他的著作处处都浸透着古代的和中世纪的哲学思想的知识;而且我们正是有赖于他才把哲学概念当作一种连续不断的历史传统,其中新进展的出现并不是由于提出了全新的革命的思想,而是由于保存和发展了他所称之为 *philosophia perennis*[万古的哲学]的东西,即始终为人们所知道的那些永恒不变的真理。当然,这一概念过分强调了永久性的观念,而过分轻视了变化的观念;哲学的真理过多地被设想为是一种不变的储存,是一种外在的而又永恒为人所知的真理的储存,而过少地被设想为是需要靠超越过去之上的思想努力来经常进行再创造的某种东西。但这只不过是以某种方式在说,莱布尼茨的历史概念是典型地属于一个时期的,那时永恒的和变化的这两者间、理性的真实和事实的真实这两者间的关系,还没有清晰地被人想出来。莱布尼茨标志着哲学和历史学两个已经互相异化的领域之间的接近,但还不是二者之间的有效的接触。

尽管莱布尼茨具有这种强烈的历史倾向,而且尽管斯宾诺莎的辉煌著作使他成为圣经考据的奠基人;但笛卡儿学派的总趋势是尖锐地反历史的。而且恰恰是这一事实,导致了笛卡儿主义的整个垮台和声誉尽失。强大的史学思想的新运动仿佛是在笛卡儿哲学的禁令之下成长起来的,它以其自身的存在而成为对该学派的一场反驳;而且当对它的原则进行一场确切的攻击的时刻到来时,领导那场攻击的人十分自然地就是那些其主要的建设性兴趣是在历史学上面的人。我将叙述一下两次

---

① 摩尔庇茨城的约翰·霍尔斯雷(John Horsley of Morpeth, 1685—1732),英国考古学家。——译者注

这样的进攻。

第七节 反笛卡儿主义:(一)维柯

第一次是维柯的进攻,18世纪初期他在那不勒斯工作。维柯的研究兴趣有赖于这样一件事实:他首先是一个训练有素而又非常出色的历史学家,他以制定史学方法的原则为己任,正像培根制定了科学方法的原则那样;并且在这一建设性工作的过程中,他发觉自己面临着笛卡儿派的哲学,那是必须与之进行论战而加以反对的某种东西。他并不抨击数学知识的有效性,但是他的确抨击了笛卡儿派的知识论以及它关于没有任何其他知识是可能的这一含义。因此他攻击了笛卡儿派的原则,即真理的标准乃是清晰明白的观念。他指出这实际上只是一种主观的或心理的标准。我认为我的一些观念是清晰而明白的这一事实,仅仅证明我相信它们,而并不证明它们就是真实的。维柯这样说时,实质上是在同意休谟的观点,即信仰只不过是我们知觉的活跃性而已。维柯说,任何观念,不论它是多么错误,都可以由于它似乎是自明的而使我们相信;最轻而易举的事莫过于相信我们的信念是自明的了,而事实上,它们却是通过诡辩的论证而得出的毫无根据的虚构。这一次又是休谟式的观点。维柯辩论说,我们所需要的是一种原则,借以从不能认识的东西之中区别能认识的东西;——这是一种人类的认识必然有局限的学说。这当然就使维科和洛克走到一起,洛克的批判经验主义就为向笛卡儿主义发动另一场主要进攻提供了一个起点。

维柯在 *verum et factum convertuntur*[真理和事实互相转化]的学说里发现了这条原则:那就是,能够真正认识任何事物的条件、能够理解它而非仅仅知觉它的条件,乃是由认识者本人所应该做出来的。根据这一原则,大自然只对上帝才是可理解的,但数学则是人类可以理解的,因为数学思想的对象乃是数学家所构造出来的虚构或假说。任何一桩数学思维都由一项设定(fiat)而开始:设定 ABC 是一个三角形,设定 AB=AC。这是因为由于有这一意志行为,数学家就做出了这个三角形,因为它是他的 *factum*[事实],他便能够对它有真正的知识。这并不是在唯心主义这一名词的通常意义上的"唯心主义"。三角形的存在并不有赖于它之为人所知;认识事物并不是去创造它们;恰恰相反,没有什么事物是能够被认识的,除非它已经被创造了出来,而且某一个已知的头脑是否能够认识它,还要取决于它是如何被创造的。

根据 verum-factum[真理—事实]①的原则而来的就是,历史格外是人类头脑所创造的东西,所以是特别适于作为人类知识的一种对象。维柯把历史的过程看作是人类由以建立起语言、习俗、法律、政府等等体系的一个过程;也就是,他把历史看作是人类社会和他们的制度的发生和发展的历史。在这里,对于历史学的题材是什么,我们就第一次达到了一个完全近代的观念。这里没有像在中世纪所存在的人的孤立行为以及把它们结合在一起的神的计划这两者之间的对立;而且在另一方面,这里也并没有暗示说,原始人(维柯对他们特别感兴趣)预见到了自己正在开始着的发展将会成为什么样子。历史的计划乃是一幕纯属人类的计划,而并不是以尚未认识到其自身的逐步实现的那种意图的形式而预先存在的。人不是单纯的世界工匠,就像柏拉图的神根据一种理想的模式在塑造世界那样地在塑造人类社会;人像上帝本身一样,是一个真正的创造者,在他自身的历史发展的集体工作之中就实现了形式和质材两者一起存在。人类社会的组织是从无中而生有,而这一组织的每一个细节都因此是一件人类的 factum[事实],对这样的人类头脑也是显然可知的。

维柯在这里给了我们他那长期而丰硕的对诸如法律和语言之类事物的历史研究的成果。他发现了这类研究能够给人的知识,正有如笛卡儿所归之于数学和物理学的研究结果的知识是一样地确凿;而且事实上他表达这种知识所产生的方式是在说:历史学家能够在自己的头脑里重行构造出人们在过去所借之以创造这些事物的那个过程,在历史学家的头脑和他所着手要研究的对象二者之间存在着一种预定的和谐;但是这种预定的和谐不同于莱布尼茨的预定的和谐,它不是以一种奇迹为基础的,——它的基础是把历史学家和他正在研究他们的工作

---

① 按,此处"事实"一词系指人自身所创造的事物。——译者注

的那些人结合在一起的普通人性。

　　对于历史的这种新态度是深刻地反笛卡儿派的,因为笛卡儿体系的整个结构都是以在历史世界中并不发生的一个问题为其条件,即怀疑主义的问题,或观念和事物之间的关系问题。笛卡儿从当时在法国流行的怀疑观点出发,开始他对自然科学方法的研究;他必须从向他自己保证确实有着像是物质世界这样一种东西的存在而开始。而对历史学来说,就像维柯所设想的那样,这类问题是根本不可能存在的。怀疑的观点乃是不可能的。对维柯来说,历史学并不关心作为过去的那种过去。它所关心的首先是我们生活于其中的那个社会的具体结构,我们和我们周围的人所共享的那些风尚和习俗。为了研究这些,我们无须问它们是否真正存在。这个问题毫无意义。笛卡儿看到火,就问自己是否除了他本人对火的观念而外,也存在着真正的火。对维柯来说,观察他自己当时的意大利的语言这样一种东西,类似的问题是不可能发生的。在有关这样一桩历史实在的观念和实在本身这二者间进行区分,是没有意义的。意大利的语言恰好就是那些使用它的人们所认为它是的那种东西。对历史学家来说,人的观点就是最后的了。上帝怎样在想意大利语言,这是一个他既无须追问、而且他也知道他不能回答的问题。对他来说,探求事物的自身乃是同样地无的放矢而又徒劳无功。笛卡儿本人半心半意地承认这一点,他说①在道德问题上,他的规则是接受他所生活于其中的那个国度的法律和制度,而且要按照他发现自己周围所共同接受的最好意见来规定自己的行为;从而他就承认个人不可能为自己 a priori [先验的]构造出这些事物,而是必须承认它们是属于他自己生活于其中的那个社会的历史事实。笛卡儿确实是只不过暂时采用了这些观点,并希望着有朝一日他能在形而上学的基础之上建造起他自己的行为体系。但是这个时期却从未到来,并且就这一情况的性质而论,是永远也不可能真地到来的。笛卡儿的希望,只不过是他所主张的 a priori [先验的]思辨的可能性那种夸大的观点的一个例子罢了。历史学是一种知识,其中有关观念的问题和有关事实的

---

① 《方法论》第三部分。

问题乃是不可区分的；而笛卡儿哲学的全部要点则在于区别这两种类型的问题。

随着维柯的历史概念之作为一种哲学上可证明为正当的知识形式，就出现了一种能够更加广阔发展的历史知识的概念。一旦历史学家回答了一般历史知识如何可能这一问题，他便能够走向解决迄今尚未解决的那些历史问题了。这一点是由于形成了一种史学方法的明晰概念和研究出它所服从的规律而做到的。维柯特别感兴趣的是他所称之为远古和朦胧时期的历史，也就是，他感兴趣的是历史知识的扩大；而与此有关，他也就奠定了一些方法的规则。

首先，他主张历史的某些时期具有一种普遍性质，它浸染着每一个细节，并在其他的时期重行出现；因此，两个不同的时期可以具有同样的普遍性质，因而就有可能以类比的方式根据一个时期而论证另一个时期。他例举了希腊历史上的荷马时期和欧洲中世纪二者之间的普遍相似，他以英雄时期这一全称来称呼这两个时期。它们的共同特色乃是诸如此类的事：武士-贵族政体的政府、农业经济、歌谣文学、以个人的勇武和忠心的观念为基础的道德，等等。因此关于荷马时代，要想知道得比荷马所能告诉我们的更多，我们就应当研究中世纪，然后再看我们把我们从那里所学到的东西能应用于早期希腊到什么程度。

其次，他指明这些相似的时期倾向于以同样的次序重复出现。每一个英雄时期都继之以一个古典时期，这时思想压倒了想象，散文压倒了诗歌，工业压倒了农业，以及以和平为基础的道德压倒了以战争为基础的道德。这种情况继之又转而沦为一种新的野蛮主义，但它是一种与想象的英雄野蛮主义迥然不同的野蛮主义；这是他所称为的反思的野蛮主义，这时思想依然在统治着，但它是一种已经耗尽了它的创造力的思想，是仅仅在建造着以造作和迂腐为特征的毫无意义的结构的思想。维柯有时用以下的方式说明他的周期：首先是，历史的指导原则是兽性的力量；其次是英勇的或英雄的力量；再次是英勇的正义；接着是辉煌的创造力；再接着是建设性的反思；而最后是一场大肆挥霍和奢侈浪费，它毁掉了已往所建设的一切。但是他十分觉察到任何这类的格局都不能太僵硬，以致不容许有无数的例外。

第二编　基督教的影响

最后,这种周期性的运动并不是历史通过若干固定阶段周而复始的一种单纯的循环,它不是一个圆而是一个螺旋;因为历史绝不重演它自身,而是以一种有别于已成为过去的事情的形式而出现于每个新阶段。这样,中世纪基督教的野蛮主义,就显著地由于使它成为基督教思想的表现的一切东西,而有别于荷马时代的异教的野蛮主义。因为历史总是在创造着新事物,所以周期性的规律便不容许我们预示未来,这一点就显出维柯之使用它是不同于古老的希腊罗马对历史的严格的圆运动的观念的(例如见之于柏拉图、波利比乌斯和文艺复兴的历史学家如马基雅维里和康帕内拉①的),并且使得它和如下一条原则相一致,即真正的历史学家是从来不作预言的,关于这条原则的基本重要性我已经提到过了。

维柯随后就列举了历史学家一直都在防范着的某些偏见,就像培根《新工具》里的那些"偶像"那样。他区别了五种这类错误的根源:

一、有关古代辉煌的看法,也就是,偏爱夸大历史学家所研究的那个时期的富庶、威权和伟大等等。维柯在这里所表达的原则,从反面来说就是这样一条原则,那就是使过去的一段历史时期之成为值得研究的,并不是它成就了其自身的内在价值,而是它和历史的总进程的关系。这种偏见是一种很现实的东西;譬如,我发现对罗马的地区文明感兴趣的那些人,极不情愿相信(像我根据考古学的证据已经证明了的那样)罗马时代的伦敦只有大约一万至一万五千居民。他们宁愿相信它有五万至十万居民,因为他们对古代抱着一种宏伟的看法。

二、国家的自负感。每个国家在处理它自己过去的历史时总有一种偏见,喜欢以最偏爱的色彩来渲染它。由英国人为英国人所写的那些英国史,并不详谈英国军事的失败,以及诸如此类的事。

三、学者的自负感。这一点正像维柯所解释的那样,在历史学家方面采取了一种特殊的偏见形式,使得他认为他所思考的那些人也都像他自己一样是些学者和大学生以及一般都有着思辨的智力的人。有学术头脑的人幻想着,他们所感兴趣的人其本身也必然都是学术人士。

---

① 康帕内拉(Companella,1568—1639),意大利思想家。——译者注

维柯认为,实际上,历史上最有成绩的人都是些思想上最没有学术头脑的人。历史上的伟大与思辨的智力二者是极少结合在一起的。支配着历史学家自己生活的价值尺度,和支配着他的主要人物的生活的那种价值尺度是大不相同的。

四、史料来源的谬误,或维柯所称为的各国的经院式的继承。这种错误在于认为,当两个国家具有一种类似的观念或制度时,一个国家必定是从另一个国家学来的;而维柯则指出,那基于否定人类头脑的原始创造力,人类头脑能够为自己重新发现那些观念而不必从旁人那里学到它们。维柯提醒历史学家不要犯这种谬误,是十分正确的。事实上,即使确实是一个国家教过另一个国家,如中国教过日本、希腊教过罗马、罗马教过高卢等等,但是就在这里,学者也并不是照例不变地学另一个国家所要教的东西,而只是学它以往的历史发展为它所已经准备好了的那些课程。

五、还有一种偏见是认为,古人对与他们更接近的那些时代要比我们自己知道得更清楚。试举一个不属于维柯的例子,亚勒弗烈大王时代的学者们关于盎格鲁-撒克逊的起源,就要比我们知道的少得多。维柯之提醒要反对这种偏见是非常之重要的,因为当这种偏见从积极方面加以发展时,它就变成了这样一条原则,即历史学家并不有赖于从一种连续不断的传说来取得知识,而是可以用科学方法重新构造出一幅过去时代的图画,那是他并不曾从无论哪一种传说中得来的。这就明确地否认了历史学有赖于培根所称为记忆的东西,或者换句话说,即有赖于权威著作的论述。

维柯并不满足于消极的提醒;他积极地指出了某些方法是历史学家能够借之以超越单纯依赖权威著作的论述的。他这方面的言论对今天的历史学家而言都是些平淡无奇的东西了,但在他当时它们却是革命性的。

一、他指出语言学的研究怎样能够启示历史学。字源学可以表明,在一个民族的语言开始形成时,他们过的是什么样的生活。历史学家的目的在于重建他所正在研究的那个民族的精神生活和思想;他们的词汇储存表明了他们的思想储存都是些什么;还有,当他们想要表达一种新思想时,他们比喻式地以一种新的意义来使用一个旧词的那种方式,就表明了在那种新思想出现以前他们的思想储存都是些什么。这样,像 *intellegere*[理解]和 *disserere*[讨论]这样的拉丁词就表明,在罗马人需要有表示理解和讨论的词汇时,他们是怎样从农业词汇里借用了采集和播种的词汇的。

二、他同样利用了神话学。原始宗教的诸神表现了一种以半诗歌的方式来表达创造出他们来的那个民族的社会结构。因而,在希腊罗马的神话学里,维柯就看到了古人的家庭的、经济的和政治的生活的表现。这些神话乃是一种原始的、有想象力的头脑所采用的方式,来向自己表达一个更富于思辨的头脑会以法律和道德典范所陈述的东西。

三、他提出一种使用传说的新方法(尽管它那新颖性对我们会显得很奇怪):办法是并不把它当作逐字逐句都是真实的,而是当作对经过一种媒介而被歪曲了的事实之杂乱无章的回忆,而它们的折射指数我们在一定程度上是可以确定的。所有的传说都是真的,但其中没有一种是意味着它们所说的事情的;为了发现它们意味着什么,我们就必须知道是什么样的人创造了它们,而这样一种人说那样一种事又意味着什么。

四、为了找出对这种重新解释的关键,我们必须记得人类的思想在一定的发展阶段会倾向于创造出同类的产物来。野蛮人在一切时代和一切地方,心灵上都是野蛮人;借助于研究近代的野蛮人,我们就可以学到古代的野蛮人是什么样子,这样就会发现怎样能解释那些隐蔽着有最遥远古代历史事实的野蛮人的神话和传说。儿童是某种野蛮人,儿童的童话故事也可以在同一个方向上有所帮助。近代的农民是没有思考而有想象的人,他们的思想就启示了原始社会的思想,如此等等。

总起来说,维柯做了两件事。第一,他充分使用了17世纪晚期历史学家在批判方法上所做出的进步,并且把这一进程推向一个更高的阶段;指出了史学思想怎样能够既是建设性的而又是批判性的,割断了它对权威著作的依赖而使它成为真正有创造性的或依赖于其自身的,并能够对数据进行科学分析来恢复那些已经全然被忘记了的真实。第二,他发挥了一些哲学原则,——它们隐含在他的历史著作里,——达到能够对笛卡儿主义的科学的和形而上学的哲学发动反攻的程度,他要求给知识论以一种更广阔的基础,并批判了当时流行的哲学信条的狭隘性和抽象性。他确实是走在他时代的前面太远,而没有产生很大的直接影响。要直到两个世代以后,才在18世纪晚期的德国出现了历史研究的繁花盛开,这时德国的思想由于它自身的缘故而达到了非常有似于维柯的地步;只是到了这时候,维柯的工作的特殊功绩才为人所承认。当这种情况出现的时候,德国学者们重新发现了维柯,给他以高度的评价,从而也就证明了他自己的这一学说,即思想并不是由于"扩散"而传播的,像是商品那样,而是靠每一个国家在其自身发展中的任何一定阶段上独立地发现它所需要的东西。

第八节 反笛卡儿主义:(二)洛克、贝克莱和休谟

第二次——而且就其历史影响的所及而言,对笛卡儿主义是远为更加有效的攻击——是洛克学派所发动的攻击,它在休谟的身上达到登峰造极的地步。起初,这一学派的经验主义,尽管对笛卡儿已是有意识的对立,却和历史学思想的问题没有任何自觉的关系。但随着这一学派的发展,逐渐变得明显的是,这一派正在研究出来的那种观点能够用来为历史学服务,哪怕是仅仅在一种消极的意义上,——也就是为了要推翻曾经抹杀历史学在知识地图上的地位的笛卡儿主义。洛克和贝克莱在他们的哲学著作中并没表示出对历史学思想问题的特别关怀。(尽管洛克描述他自己的方法是"历史的平易的方法",这表明他并不是没有觉察到自己的反笛卡儿主义和历史研究二者之间的关系。在他的《人类悟性论》引言第二节中,他说他这一观点的意思是指他的目的在于提供一种有关"我们的悟性借以逐步获得我们对事物所具有的观念的那种方式的叙述"。我们对事物的观念就这样被洛克处理为恰恰像是维柯在处理风尚和习俗一样;而在这两种情况中,笛卡儿派关于观念和事物之间的关系问题都是作为根本并不发生的问题而被排除在外的。)但是在法国,启蒙运动的人士伏尔泰和百科全书派的兴趣都是确

定地朝向历史学的,他们渴望采纳洛克派哲学的心情表明了这派哲学在某方面特别适宜于作为历史学思想的一种武器,首先是用它来防卫,然后是用它反攻笛卡儿的传统。对笛卡儿主义的反叛,事实上是18世纪法国思想的主要的消极特色;它的主要的积极特色首先是它那不断增高的历史的调子,其次是它采纳一种洛克型的哲学;显然可见,这三种特色是彼此互相依赖的。

洛克哲学的要点是很容易列举的。在每种情况中,我认为明显的是,其要点在消极方面是反笛卡儿的,而在积极方面则是对哲学朝着历史学重新定向做出了贡献。

一、否定天赋观念而坚持知识来自经验,——天赋观念这一概念是一种反历史的概念。如果一切知识都在于使我们的天赋观念显示明白的话,而且如果所有这类观念都作为潜在性而存在于每个人的头脑之中的话;那么在理论上一切可能的知识便都能通过每个人靠其自身不假外力的努力而为自己重新产生出来,于是也就没有共同来建立起知识体的需要了,而这一点却正是历史的特殊工作。如果全部知识是建立在经验上,那么它就是一种历史产物;正如培根所重新论断的①,真理乃是时间的女儿;而最好的知识则是最成熟的和最丰富的经验的果实。这样,在洛克的《人类悟性论》第一卷里面,就已经隐含了一种对于知识的历史观点。

二、否定了有意沟通所谓的观念和事物二者间的鸿沟的任何论证。这种否定所根据的学说是:知识并不涉及与我们的观念截然不同的实在,而只涉及我们的观念自身之间的一致或不一致。——这种学说应用到物理科学上来,显然是悖论,因为在物理科学中,我们似乎把目标放在对不可能被还原为观念的某种东西的知识上;但是在应用到人类制度的历史知识上时,如道德、语言、法律和政治上时,它不但没有悖论,而且正如我们所已经看到的,它乃是观察这些事物的最自然的方式。

三、否定抽象观念并坚持一切观念都是具体的。——这一点贝克

---

① 《新工具》第一卷,第84节,引 Aulus Gellius, *Noctes Atticae*(《亚底迦之夜》), xii, 11。

莱指出了是隐含在洛克的思想里的,在把它应用到数学和物理学上面时,它就是悖论;然而它又一次地显然是思考历史的自然方式,在那里,知识不是由抽象的概括而是由具体的观念所组成的。

四、人类知识的概念尽管必然缺乏绝对的真理和确实性,却能够达到(用洛克的话来说)我们的情况所需要那种确实性;或者(像休谟所说的)理性是不能驱散怀疑的乌云的,但是大自然本身(我们的人性)却足以达到那个目的,并在我们的实际生活中给我们以一种绝对的必要性来像其他人一样地生活、言谈和行动。这对笛卡儿派对数学和物理学问题的意图,是一种冷淡的安慰,但它对历史知识却是一种坚固的基础;那恰恰与洛克所称之为我们的条件的那种东西,即人事的实际状态,或者说人们在其中生活、言谈和行动的方式,是联系在一起的。

这时英国学派正朝着历史学的方向在给哲学重新定向,虽然大体上说,它并没有清楚地觉察到自己正在这样做。然而,休谟对这种形势却不像他的前人那样盲目。就他那样坚定而深邃的一个思想家而言,事实上他在大约35岁时就抛弃了哲学研究而情愿进行历史研究;这就必然具有某种意义。如果我们从他后期的兴趣的角度检阅一下他的哲学著述,来探求他与历史学的联系,我们就发现有一些这类的联系;虽不是很多,但足以表明历史已经引起了他的兴趣,而且他是以哲学的态度在思索历史的,并且出奇地信任他自己的哲学理论有力量解释它们所引起的问题。

在这些意见之中,我将考虑两点。首先,我们发现休谟把他的哲学原则应用于历史知识,而这些历史知识是以17世纪晚期的学者们所得出的那些方法的精神来构思的:

> 我们相信恺撒是3月15日被杀害于元老院的;而我们相信是因为这一事实是根据历史学家全体一致的证词而确立的,他们一致同意对该事件确定这一精确的时间和地点。这里有某些符号和文字呈现于我们的记忆或感官之中,那些符号我们也同样记得曾经作为某些观念的标志而使用过;那些观念或则是存在于对那次行动直接在场的人的头脑里,他们从它的存在而直接接受了这些

观念;或者它们是得自其他的证词,而那些证词又得自另外的证词,通过显然可见的层层辗转,直到我们最后达到真正是该事件的目击者和旁观者为止。显然,全部这一串的论证或因果关系,最初是建立在这些被看到的或被记忆的符号或文字之上的;而没有记忆或感官的权威,我们的全部的推理就会成为幻想的和毫无根据的。①

在这里,历史学家的资料是通过直接的知觉而得到的,它们就是休谟所称为印象的东西;他确实是看见了某些文件在他面前。问题是,为什么那些印象使他相信恺撒是被杀害于某个确定的时间和地点的呢?休谟的答案是很容易的:那些可见的符号和某些观念的联结是一桩由我们的记忆所验证了的事实,这种联结是经常的,所以我们就相信最初把那些话写在纸上的人所指的,也就是我们自己所应该理解的东西;于是,我们便相信(假定他们有真实性),他们是相信他们所说的一切的,也就是他们确实是看到了恺撒是在那个时间、那个地点死掉的。对18世纪初的一个历史学家所呈现的那种历史学问题,这是一种十分令人满意的解决;如果他已经表明历史知识乃是以证据为基础的合理信念的一个体系,他就能够心满意足了。但是如果哲学家能够像休谟那样继续指明,任何其他一种知识也都不过是合理信念的一个体系,那么要求历史学在知识地图上占一席地位也就有了证据。

其次,休谟十分觉察到他当时的哲学思想已经对历史知识的有效性抱有怀疑,于是他就另辟蹊径来反驳那种陈腐的论证,特别是因为那种论证可能宣称(他以为是不公正的)得到他自己的原则的支持:

> 这一点是显然的:对古代史的任何一点,我们都没有任何把握,除非是经历过千百万次因果和经历过一大串长得几乎无法估计的论证过程。在有关事实的知识得以达到第一个历史学家手中之前,它必定要经过百口相传;在它被付之于写作之后,每一种新

---

① 《人性论》第一卷,第三编,第四节。

本子就都是一种新东西,它和此前的联系只是通过经验和观察而为人所知。因此根据先例来推理,或许可以得出这样的结论:随着各种原因的那条链条的加长而且长度越来越大,全部古代史的证据现在必定是都遗失了。

休谟进而论证说,这是违反常识的:古代史的证据并不会这样随着单纯的长度而毁灭。解决的办法是:

> 虽然环节是数不清的,……但它们都属于同一类,并且有赖于印刷者和抄写者的忠实性,……这在步骤上并没有什么变化。我们知道了一个,我们便知道了所有其他的;我们做出了一个之后,我们就对其余的毫不犹豫。①

于是,我们就看到早在他二十几岁写《人性论》时,休谟就已经思考史学思想的问题,已经认定了笛卡儿派对它的反对是无效的,并且已经达到了一个哲学体系,这个体系他以为是驳斥了那些反对意见,并把历史学置于一个和任何其他科学至少是同样坚实的立足点之上的。我不想走得太远,乃至把他的全部哲学都称为对历史学思想的一种深思熟虑的辩护,但是毫无疑问那是它隐然所做的事情之一。在我看来,当他完成了他的哲学著作并问他自己在其中都完成了什么成绩时;他很可以有理由说,无论如何,成绩之一是证明了历史学是一种合法的而有效的知识,事实上比大多数其他知识都更合法,因为它的允诺并不多于它所能做到的,而且它不依赖任何可疑的形而上学的假说。在他所陷入的那种普遍的怀疑主义中,受损害最严重的几门科学乃是其论断最教条、最绝对的那几门。他那哲学批判的旋风把一切思想都摆平在自然的而又合理的信念之上,并使历史学的机体得以完整无缺地作为唯一能够满足那种条件的思想类型。然而,休谟始终没有意识到他的哲学对历史学的那种充分的冲击力,而且作为一位历史作家,他的地位和

---

① 《人性论》第一卷,第三编,第四节,第十三章。

启蒙运动那些人并列,他像他们一样被一种实质主义的人性观阻拦在科学历史学的门外,这种人性观实际上确实是与他的哲学原则十分不协调的。

第九节 启蒙运动

休谟在他的历史著作里和稍长于他的同时代人伏尔泰,都站在史学思想的一个新学派的前列。他们的著作以及他们的追随者的著作,可以界定为启蒙运动的历史编纂学。启蒙运动,即 *Aufklärung*[启蒙运动],是指18世纪初所特有的那种企图,亦即要使人类生活和思想的每一个部门都世俗化。它不单是对有组织的宗教权力、而且也是对宗教本身的一种反抗。伏尔泰把自己看作是反基督教运动的领袖,在 *Écrasez l'infâme*[砸烂不名誉]的口号之下战斗,在这里,*l'infâme*[不名誉]即指迷信,宗教被认为是人类生活中一切落后的和野蛮的东西的一种职能。这一运动所依据的哲学理论是,某些精神活动的形式是原始的形式,注定了要在精神达到成熟期就会灭亡的。根据维柯的意见,诗歌是野蛮人的或儿童的精神表现它自己的自然形式;他认为,最崇高的诗歌乃是野蛮的或英雄时代的诗歌,即荷马的或但丁的诗歌。随着人类在发展,理智便压倒了想象和激情,于是诗歌就被散文所代替。介乎以诗歌的或纯想象的方式向自己表现自己的经验和以散文的或纯理性的表现方式这两者之间,维柯列入了一个第三种,即神话的或半想象的表现方式。这是发展的阶段,它把宗教性的解释加之于全部的经验。因此,维柯认为艺术、宗教和哲学是人类的精神向自己表现的或概括自己全部经验的三种不同的方式。它们不能和平地在一起生存;它们彼此之间的关系乃是一种以一定的次序辩证地相继承的关系。由此可见,对生活的宗教态度是注定了要被一种理智的或哲学的态度取而代之的。

无论是伏尔泰还是休谟,都没有有意识地概括过这样的理论。但假如这样一种理论曾提起过他们的注意,他们是会接受它的,并把他们自己和他们的同事们等同于实际上是在结束人类史上的宗教时代并开创一个非宗教的理性时代的活动。然而实际上,他们对宗教的论战态度却是太激烈而又太片面了,而不能从人类历史上任何具有它那种地位的这类理论得到支持。在他们看来,宗教是一种没有任何积极价值的东西,它纯属谬误,出自被称作是教士的这类人的肆无忌惮和老谋深算的虚伪;他们似乎认为这些人发明出它来,是用来作为一种支配人民群众的工具。像是宗教、教士、中世纪、野蛮主义这些名词对于这些人,并不像对维柯那样是具有一种确定的科学意义的历史学的或哲学的或社会学的名词,而只不过是谩骂的名词而已;它们具有一种感情的、而不是一种概念的意义。像"宗教"或"野蛮主义"等词一旦具有了一种概念的意义,以这种名称所进行的事情便必须看作是人类历史上具有积极作用的某种东西,因而也就不是一桩单纯的坏事或错误,而是在它自己固有的地位上具有其自身固有的价值的一种东西。对人类历史的真正历史观点,是把人类历史中的每一桩事物都看作具有其本身的 raison d'être [存在的理由],而且它的产生是为了以他们的精神共同创造出它来的那些人的需要而服务的,把历史的任何一个阶段都看作是全然非理性的,就不是作为一个历史学家在观察它,而是作为一个政论家、一个为当代写小册子的论战作家在观察它了。因而,启蒙运动的历史观便不是真正历史的;在它的主要动机上,它是论战性的和反历史的。

  因为这个缘故,像伏尔泰和休谟这样的作家们,对改进历史学研究的方法所做的是微不足道的。他们接收了前一代像马比雍①、提累蒙特和波兰狄派这些人所设计出来的方法,而且就连这些方法他们也并未以真正的学术精神加以使用。他们不是为着历史本身而对历史充分感到兴趣,以便坚持重建荒昧和遥远时代的历史这一工作。伏尔泰公开宣称,早于15世纪末以前的事件都是不可能得到可靠依据的历史知识的;直到他写到那同一个时期(即都铎王朝的时代)为止,休谟的《英国史》是一部轻率的和草草勾绘的著作。这种把兴趣限于近代的真正原因,乃是他们以其对理性的狭隘概念,对于从他们的观点看来这一切

---

① 马比雍(Mabillon,1652—1707),法国历史学家。——译者注

都是人类历史上非理性时代的东西没有同情,因此也就没有对它们的洞见。只是历史到了开始成为有似于他们自己的那样一种近代精神的、即一种科学精神的历史时刻,他们才开始对历史感兴趣。用经济术语来说,这就指近代工业和商业的精神。用政治的术语来说,它就指开明专制的精神。对于由一个民族的精神在其历史发展中所创造出来的制度,他们毫无概念,他们把制度设想为是有才能的思想家所设计的创造发明并把它们强加给人民群众的。他们把宗教看作是出自教士的手腕这一观念,仅仅是这同一个原则(即他们所理解的唯一原则)在它所并不适用的地方应用于历史的一个阶段而已。

启蒙运动在其较狭隘的意义上作为一种本质上是论战性的和否定性的运动、一场反宗教的十字军,从未上升到比它的起源更高,而伏尔泰则始终是它最好的和最有特色的表现。但是它向各个不同的方向发展,而并未丧失它本来的特性。既然它所根据的观念是,人生主要是并且一直都是一桩盲目的、非理性的事业,却又有可能被转变为理性的东西;所以它在其自身之中就含有两种直接发展的萌芽:一种是回顾性的或者更严格地说是历史性的发展,这种发展会把过去的历史展示为一幕非理性力量的戏剧;一种是前瞻式的或者说更实际的或政治性的发展,在预示着并且企求着实现一个千年福王国,那时将会确立理性的统治。

(1)作为第一种倾向的例子,我们可以引征孟德斯鸠和吉本。孟德斯鸠的功绩是了解到不同的国家和不同的文化之间的差异,但是他误解了这些差异的本质上的特性。他不是引用人类的理性来解说他们的历史,而是认为那是由于气候和地理方面的差异所致。换句话说,人类被看作是自然的一部分,而对历史事件的解释则要求之于自然世界的事实。历史这样加以设想后,就会成为一部人类的自然史或人类学,制度在这里就不是作为人类理性在其发展进程中的自由创造,而是作为自然原因的必然结果。孟德斯鸠事实上是把人类生活设想为地理和气候条件的反映,和植物的生活并无不同;而这一点就蕴涵着历史的变化只简单地是一些不同的方式,而那唯一不变的东西,即人性,就以这些不同的方式在对不同的刺激做出反应。这种对人性和人类行为的错误概念,乃是任何一种理论的真正瑕疵,它(像孟德斯鸠的那种)是企图引用地理的事实来解释一种文化的特征。可以肯定,任何一种文化和它的自然环境之间都存在着一种密切的关系;但是决定它的性质的东西并不是那种环境本身的事实,而是人能够从其中取得什么东西;而这一点又取决于他是什么样的人。作为一个历史学家,孟德斯鸠是极端非批判性的;但是他坚持人与其环境的关系(尽管他误解了那种关系的性质)以及他坚持经济因素,——在他的见解里,经济因素奠定了政治制度,——不仅就其本身而言是重要的,而且对未来历史学思想的发展也是重要的。

吉本是一位典型的启蒙运动的历史学家,他同意这一切到了这种地步,竟至于把历史设想为除了不是人类智慧的展示而外,它可以是任何东西;但是吉本并不在自然规律中去寻找它的积极原理,而那对于孟德斯鸠则仿佛竟代替了人的智慧并为人创造了人所不能为他自身创造出来的社会组织似的。反之,吉本在人类的非理性本身之中发现了历史的动力,而且他的叙述就显示出他所称之为野蛮主义和宗教的胜利的东西。但是为了有可能出现这样一场胜利,就必须首先有某种东西是能被这种非理性所战胜的;于是吉本就把他的叙述的开端置诸于一个黄金时代,那时候人类的理性在统治着一个幸福的世界,即安托尼时期。① 这种有关往昔黄金时代的概念,赋予吉本在启蒙运动的历史学家中以一种颇为特殊的地位,一方面使他同化于他的前辈,即文艺复兴时期的人文主义者,而另一方面又使他同化于他的后继者,即 18 世纪结束时的浪漫主义者。

(2) 在启蒙运动前瞻的那方面,这种黄金时代就被设想为处于不远的未来,它可以以孔多赛②为代表,他的《人类精神进步史表纲要》写于法国大革命期间,当时他正在狱中等待着被处决;这部书展望着一个乌托邦式的未来,在那里暴君们和他们的奴隶们、教士们以及他们的受骗者都会消失,而享受着生命、自由和追求幸福的人们则将会按理性

---

① 公元 2—3 世纪罗马帝国的安托尼王朝时期。——译者注
② 孔多赛(Condorcet,1743—1794),法国思想家。——译者注

行事。

根据所举的这些例子,显然可见启蒙运动的历史编纂学是启示性的而且达到了一种极端的程度;确实正如"启蒙"①这个名词本身所提示的那样,对这些作者来说,历史的中心点乃是近代科学精神的旭日东升。在那以前,一切都是迷信和黑暗、谬误和欺骗。对于这些东西是不可能有历史的,不仅仅因为它们不值得进行历史研究,而且因为在其中没有理性的或必然的发展;它们的故事乃是一个痴人所讲的童话,充满着叫喊和狂乱,毫无意义可言。

因此在这一关键的情况,即在近代科学精神的起源上,这些作家就不可能具有关于历史的起源或过程的概念。纯粹理性不可能从纯粹非理性之中出现。不可能有从这一个导向另一个的发展。科学精神的旭日东升,从启蒙运动的观点看来,纯粹是一场奇迹,是在以往事件的过程中毫无准备的,也不是适宜于得出这样一种结果来的任何原因所造成的。他们之无力从历史上解释或阐明被他们看作是历史上最重要的事件的那种东西,当然就是一种象征;它意味着他们总的说来并没有有关历史因果关系之令人满意的学说,他们也不能认真相信任何事物的起源和产生。因而在整个他们的历史著述中,他们关于各种原因的叙述都肤浅到了荒谬的程度。例如,就是这些历史学家们发明了这种荒诞的观念,认为欧洲的文艺复兴乃是由于君士坦丁堡的陷落和学者们随之被驱逐而另觅新居;而这种态度的一个典型表现则是帕斯卡尔的名言,假如克利奥巴特拉②的鼻子生得长一点的话,整个的世界历史就会不同了;——这是历史学方法的典型破产,它对真正的解释感到绝望,就默认用一些最细小的原因来解释最巨大的结果。这种无力发现真正的历史原因,无疑地是和休谟派的因果关系的理论相联系着的,依照这种理论,我们永远不可能觉察到任何两桩事件之间的任何联系。

或许描述启蒙运动的历史编纂学的最好的简捷方式就是这样说:

---

① 原文为 enlightenment,指照亮或启明。——译者注
② 克利奥巴特拉(Cleopatra,前69—前30),埃及女王,以美貌著称,与罗马大将安东尼结婚。——译者注

它接受了 17 世纪晚期教会的历史学家所设计出来的历史研究的概念，而又把它转过来反对它的作者，是以一种有意的反教会的精神而不是以一种有意的教会精神在运用它。他们并没有企图把历史学提到高出于宣传的水平之上；相反地，它的那个方面倒是被加强了，因为拥护理性的十字军运动仍然是一场圣战；而且当孟德斯鸠说到①伏尔泰在精神上是一个专为教士而写作的修道院历史学家时，他正好击中了要害。同时，这一时期的历史学家又确乎是做出了某些确切的进步。尽管他们是不宽容的和不理智的，他们却正在为宽容而战斗。尽管他们不能欣赏群众精神的创造力，他们却是从这个主题的观点而不是从政府的观点在写作的，因此他们就把艺术和科学、工业、贸易和一般的文化的历史带到了一个崭新的显赫地位。虽然他们在对原因的探索上是浮浅的，他们至少确实是在探索原因，这样就隐然把历史设想为（不管休谟如何）一个过程，在这一过程中一桩事件必然导致下一桩事件。这样，在他们自己的思想中就有一股潜移默化的力量在发挥作用，它倾向于打倒他们自己的教条，并超越他们自己的局限性。在他们著作的表面之下深深含有一种历史过程的概念，它之作为一个不断发展的过程既不是由于开明专制君主的意志，也不是由于一个超越的上帝的硬性计划，而是由于其自身的必然性，即一种内在的必然性；而非理性本身在其中，则只不过是理性的一种伪装的形式罢了。

第十节 人性的科学

在本编第一节里，我指出休谟对精神实体的攻击乃是科学历史学的哲学先驱，因为它摧毁了希腊罗马思想中实质主义的最后残余。在第八节中我表明洛克及其追随者是怎样把哲学朝着历史学重行定向的，尽管对于这一点他们并不全然自觉。由于收获哲学革命的丰硕成

---

① "伏尔泰……就像是教士，他并不是为他们所处理的题材而写作，而是为他们教派的光荣而写作。伏尔泰是为他的教堂而写作的。"（见《全集》，《思想篇》第二卷，巴黎，1866 年，第 427 页）

果而阻碍了 18 世纪的历史学之成为科学的,乃是启蒙运动探索人性科学时所隐含着的一种未为人所注意的实质主义的残遗。正如古代历史学家们把罗马人的性格设想为(举个例来说)一种从来未曾真正成为现实存在的东西,但又是一种始终存在着的、而且始终是同一个东西;同样地,18 世纪的历史学家们(他们认为一切真实的历史都是人类的历史)就假定,人性自从世界创造以来就一直存在着,恰好就像它存在于他们自己身上的那样。人性被实质主义地设想为某种稳定的和永久的东西,是一种在历史变化和一切人类活动进程之下的不变的底层。历史从来不重演其自身,但人性却始终是永恒不变的。

  这种假设,正如我们已经看到的,出现在孟德斯鸠的思想里,但它也隐藏在 18 世纪的一切哲学著作的背后,且不提更早的时期的。笛卡儿派的内在观念,乃是人的心灵所天然具有的、随时随地莫不皆然的思想方式。洛克派的人类的悟性,乃是被假定为到处全都是同样的某种东西,尽管在儿童、白痴和野蛮人的身上发展得不完善。康德派的心灵,作为直觉就是空间和时间的来源,作为悟性就是范畴的来源,而作为理性则是上帝、自由和不朽的观念的来源;康德的心灵乃是一种纯粹的人类心灵,但康德毫无疑问地假定它是现在存在着的或者一直都存在着的唯一的一种人类心灵。即使是像休谟那样怀疑主义的一位思想家,正像我已提示过的,也接受了这一假设,在他的《人性论》的引言里,他解释他著作的计划说,"所有的科学都或多或少和人性有着一种关系,而且其中任何一门不管看上去似乎离开人性多么遥远,它仍然会通过这条或那条路径走回去。甚至于数学、自然哲学以及自然宗教"(即笛卡儿派的三种科学:数学、物理学和形而上学),"都在某种程度上是依赖于人的科学,因为它们处于人的认知范围之内,而且是由他们的能力和才智来加以判断的"。因此,"人的科学",——即研究"我们推理能力的原则和作用","我们的鉴赏和情操",以及"结合在社会之中的人"的科学,——就是"所有其他各门科学的唯一坚实的基础"。

  在所有这一切里,休谟从未表示过丝毫怀疑,他在他的哲学著作中所分析的人性乃是 18 世纪初西欧人的人性,而那种同样的工作如果是在大为不同的时间或地点进行的话,就可能会产生大为不同的结果。

他总是假定，我们的推理能力、我们的鉴赏和情操以及诸如此类，都是全然一致的和不变的东西，是一切历史变化的基础和条件。正像我已经提示过的，他对精神实质的观念的攻击，假如成功的话，就会摧毁这种把人性当作是某种坚实、永久和一致的东西的概念了；但它一点也没有这样做，因为休谟以通过各种特殊的方式而把各种观念联合在一起的经常倾向这一观念取代了精神实质这一观念，而且这些联合的规律正像任何实质一样乃是一致的和不变的。

休谟之取消精神的实质等于是奠定了这一原则，即我们必须永远不把精神是什么和它做什么分割开来，而且因此之故心灵的性质就只不过是它所用以思想和行动的方式而已。心灵实质的概念就这样被溶解成为心灵过程的概念。但是这一点本身却不需要有对心灵的一种历史概念，因为所有的过程都不是历史的过程。一个过程只有在它创造它自己的规律时，才是历史的；而按照休谟的心灵理论，心灵过程的规律从其一开始就是现成的和不变的。他并不认为心灵是随着它的活动过程的发展在学习着、以新的方式在思想和行动着。他肯定认为他的有关人性的新科学如果大功告成，就会导致艺术和科学更前进一步；但那却并不是由于改变着人性本身，——这一点，他从未提示过是可能的，——而仅仅是由于改进着我们对它的理解。

在哲学上，这一概念是自相矛盾的。假如我们逐渐理解得更多的东西，乃是我们自身之外的东西，譬如说是物质的化学性质；那么我们改进对它的理解，就一点都不会改进这种东西的本身。另一方面，如果我们更好地加以理解的乃是我们自身的理解力，那么那门科学中的改进便不单是在其主体方面、而且也是在其客体方面的一种改进了。由于对人类理解力思考得更真确，我们便不断在改进我们自己的理解力。因此，人性科学的历史发展，就需要人性本身之中的一种历史发展。

这一点不曾见之于 18 世纪的哲学家们中间，因为他们把他们对心灵科学的规划奠定在与已经建立的各种自然科学的类比之上，而未能注意到这两种事例之间缺少完全的平行状态。像培根这些人曾经指出，改进了的自然知识会赋予我们改进了的力量去克服自然，这种说法是十分真确的。例如煤焦油，它的化学性质一旦被理解，便不再是垃圾而变成了颜料、树脂和其他产品的原料,但是做出了这些化学发现的事实并未以任何方式改变煤焦油或其副产品的性质。大自然始终摆在那里,而且无论我们理解它或不理解它,它都是同样的。用贝克莱的语言来说,使大自然之成其为大自然的乃是上帝的思想,而不是我们的思想;在逐渐认识自然之中,我们并不是在创造任何新事物,我们只不过是为我们自己而重行在思想上帝的思想而已。18 世纪的哲学家们认为,恰好是那些同样的原则之应用于对我们自己心灵的知识上面时,他们便称之为人性,以便表示他们对人性与确切地所谓自然①这二者间的相似性的概念。他们认为人性是始终摆在那里的某种东西,不管一个人对它认识得多么多或多么少,就恰好像大自然是始终摆在那里一样。毫无疑问,他们是假定了一个错误的原则,它可以纳入到一项比例计算的形式里,即,对自然的认识:自然=对心灵的认识:心灵。这一假定就以两种方式致命地歪曲了他们的历史概念。

(1)因为假定人性是永恒不变的,他们就使自己不可能达到人性本身的历史这一概念;因为这样一种概念蕴涵着人性并不是一个常数而是一个变数。18 世纪渴望着一部普遍的历史,一部人类的历史;但是一部真正的人类历史就必须是一部人类怎样变成为目前状态的历史,而这就蕴涵着把人性,即实际上存在于 18 世纪欧洲的人性,认为是一个历史过程的产物;然而,它却被看作是任何这类过程之永远不变的前提。

(2)这同一种错误给了他们一种不仅是对过去而且也是对未来的谬误见解,因为它使他们期望着一个乌托邦,在那里人类生活中一切问题都应该得到解决。因为如果人性当我们逐渐更多地理解它时,其本身并不经历任何改变,那么我们对它所做出的每一个新发现就会解决现在由于我们的无知而在困扰着我们的问题,而且还不会再制造出新的问题来。因此我们有关人性知识的进步,便将逐步解除我们那些现在使得我们在它们之下历尽艰苦的难题;并且人类的生活就会因而变得愈来愈美好,愈来愈幸福。而且如果人性科学的进步扩大到发现了

---

① 按,此处"人性"之"性"与"自然"两词在原文中均为 nature。——译者注

支配着它的表现的基本规律,——这一点,那个时代的思想家们根据对17世纪的科学家们曾经发现了物理学的基本定律的那种方式进行类比,认为是十分可能的,——那么就会达到千年福王国。这样,18世纪的进步概念就建立在对自然的知识和对心灵的知识二者间的同一个错误的类比之上。事实却是,如果人类的心灵逐渐理解其本身更多,它就会由此而逐渐以不同的新方式而活动。一种获得了18世纪的思想家们所追求的那种自我认识的目标的人们,就会以各种迄今为人所不知的方式而行动,而这些新的行动方式就会产生新的道德的、社会的以及政治的问题,但千年福王国却始终会像以往一样地遥远。

第三编 科学历史学的滥觞

第一节 浪漫主义

在历史学思想能做出更进一步的任何进展之前,有两件事是必要的:第一,历史学的视野必须放得开阔,以一种更同情的态度去研究被启蒙运动看作是未启蒙的或野蛮的并听任其默默无闻的那些过去的时代;第二,人性作为某种一致的和不变的东西这一概念,必须加以抨击。正是赫德尔首先在这两个方面做出了实质性的进步,但是就前一方面而言,他得力于卢梭的著作。

卢梭是启蒙运动的产儿,但是通过他对启蒙运动原则的重新解释,他却变成了浪漫主义运动之父。他认识到,统治者除了其人民自身所准备接受的东西而外,是不可能给他的人民以任何东西的;因而他论证说,伏尔泰概念中的开明专制的君主是软弱无力的,除非是有一种已经启蒙了的人民。对于专制君主的这一观念,——即强加给消极的人民以专制君主认为对他们是有好处的东西,——卢梭代之以人民自身方面的公意这一观念,亦即作为一个整体的人民去追求他们作为一个整体的利益的那种意志。

在实际的政治领域,这就包含着一种乐观主义或乌托邦主义,这和孔多塞那些人的差别不大,尽管它们的依据各不相同:启蒙运动把自己对乌托邦的期待建立在能有一个开明的统治者这一希望上,而浪漫主义者则把他们的期待建立在靠普及教育的方法而能有一种启蒙了的人民这一希望上。但是在历史学的领域,结果却大为不同,而且确实是革命性的。像卢梭所设想的那种公意,尽管它可以或多或少也要被启蒙,却始终是存在着并一直在发挥着作用的。与启蒙运动理论中的理性不同,它并不是到了较近的时期才在世界上出现的。因此,卢梭据之以解释历史的那个原则就是这样一个原则,即它不仅仅能够适用于文明世界的近期历史,而且也能够适用于一切民族和一切时代的历史。那些野蛮和迷信的时代,至少在原则上,就变成了可以理解的;同时也就有了可能来观看人类历史的整体,如果不是作为人类理性的历史的话,至少也是作为人类意志的历史。

再有,卢梭的教育概念依据的是这样一种学说,即儿童尽管可以没有得到发展,却有他自己的生命,有他自己的理性和概念;而教师则一定要了解和同情这种生活,以尊重的态度对待它,并以一种对其本身是适当的而又自然的方式帮助它发展。这种概念应用到历史学上就意味着,历史学家一定永远不要做启蒙运动历史学家所经常做的事,那就是以鄙视和厌恶的态度去看待以往的时代;历史学家必须以同情的态度看待它们,并在其中发现真正的而又可贵的人类成就的表现。卢梭是如此之陶醉于这种观念,乃至(在他的《论科学与艺术》中)肯定了原始的野蛮状态要优越于文明的生活;但是那种夸张的说法,他后来又撤销了。① 它那被浪漫主义学派保存下来作为一份永久财产的唯一部分,乃是这一习惯,即返观原始时代作为是代表着具有其自身价值的一种社会形式、具有一种已被文明的发展所丧失了的价值。例如,当我们以休谟所表现的那种对中世纪完全缺乏任何同情和在司各脱②爵士的著作里所看到的对中世纪的那种强烈的同情相比较时,我们就可以看出浪漫主义的这种倾向是怎样地丰富了它的历史观。

在它思想的这一方面,浪漫主义代表着一种新倾向,要在和它自己大为不同的各种文明中看出一种积极的价值和趣味来。这一点,就其本身说,可能发展成为一种毫无裨益的怀古之情,例如,一种要使中世纪复辟的愿望;但是实际上那种发展却被浪漫主义中所出现的另一种概念所制止了,那就是一种进步的历史观、一种人类理性的发展或人类教育的历史观。根据这种概念,过去的历史阶段必然导致现在的阶段;

---

① 例如在《社会契约论》第一卷第八章中所蕴涵的。
② 司各脱(Sir Walter Scott,1771—1832),苏格兰浪漫主义诗人及小说家。——译者注

一定的文明形式只能存在于时间对它已告成熟的时候,而且正因为这些是它存在的条件,它才具有它的价值;因此,如果我们能够使中世纪复辟的话,我们就唯有回到导致了目前阶段的那个过程的某一阶段去,于是这一过程就会一如既往地进行下去。因而,浪漫主义者们是以双重的方式在设想像中世纪那样一种过去的历史阶段的价值的:部分地是其本身具有永久价值的某种东西,作为人类精神的一种独一无二的成就;而部分地又是在导致了那些具有更大价值的事物的那一发展过程之中而出现的。

这样,浪漫主义者就倾向于以一种类似人文主义者对于希腊罗马的古代所感受的那种羡慕和同情在观看过去本身;但是,尽管有这种相似之处,差别还是很大的。① 这一差别在原则上是,人文学者鄙视过去本身,但是却把某些过去的事实——可以这样说——看作是由于它们自己的内在的优越性而从时间-历程之中提炼出来的,这样就变成了古典作品或者被模仿的永恒模式;而浪漫主义作家则羡慕和同情这些或另一些过去的成就,因为他们在其中认出了他们自己过去的精神,那对他们是宝贵的,因为那是他们自己的。

这种浪漫主义者对于过去的同情——可以(比如说)以帕尔西主教②及其所收藏的中世纪英国民谣文学为例——并未掩饰把过去同现在分割开来的那条鸿沟,而且实际上还假定了那条鸿沟存在,同时有意识地坚持今天的生活同过去的生活两者间的巨大的歧异。因而,启蒙运动仅仅关怀着现在和最近的过去的倾向就被它抵消了,于是人们就被引向认为过去全部都是值得研究的而且是一个整体。历史学思想的

---

① 由于这个缘故,就瓦尔特·佩德(Walter Pater,1839—1894,英国作家——译者注)方面来说,在他有关文艺复兴的著作里包括了论温克尔曼(Winckelmann,1717—1768,德国考古学家——译者注)的一章,就是一大错误了。温克尔曼对希腊艺术的研究和文艺复兴学者的研究毫无相似之处。他设想出一种深邃的创造性的观念,即有着一种艺术史存在的这一观念,这绝不能和艺术家们的传记混为一谈;它是艺术自身的历史,通过前后相继的艺术家们的作品在不断发展着,而他们却对任何这样的发展都没有有意识的察觉。就这种概念来说,艺术家仅只是艺术发展中某一特殊阶段的一种无意识的工具而已。类似的观念后来也被黑格尔和其他一些人应用到政治的、哲学的以及人类精神的其他成就的历史上。
② 帕尔西主教(Bishop Percy,1729—1811),英国文学家。——译者注

范围大为开阔了,于是历史学家就开始把人类的全部历史认为是从野蛮状态开始而以一个完全理性的和文明的社会告终的一场单一的发展过程。

第二节　赫德尔

第一次以这种新态度对待过去(而且在某些方式上还是最重要)的表现,乃是赫德尔所写的《人类历史哲学的观念》,四卷本,出版于1784—1791年。赫德尔把人类生命看作是与其在自然世界中的背景密切相联系着的。他所设想的这个世界的普遍性质,是一个有机体的性质,这个有机体被设计成要在其自身之内发展出更高的有机体来。物理的宇宙乃是一个母体,在其中的一个特别的优待区(根据这一观点可以把它看成是母体的中心)结晶出来了一种特殊的结构,即太阳系。这个太阳系又是一个母体,在其中,它自己的特殊条件就产生了地球。地球就我们所知,是行星中特别适宜于生命的一个舞台,而且在那种意义上就成为了演化中的下一阶段的场所,也就是太阳系的中心。在地球的物质结构里出现了特殊的矿物构成、特殊的地理有机组织(大陆)以及诸如此类的东西。生命,以其原始形态的植物生命,乃是一种更进一步高度复杂的精致化或结晶化。动物生命则是植物生命更进一步的特殊化,人类生命又是动物更进一步的特殊化。在每种情况,新的特殊化都存在于包括着未经特殊化的母体在内的一种环境里,特殊化过程就是从母体中出现的,而它本身只不过是这个母体的内在性质进行其完全的现实化的一个焦点而已。因此人类就是完美的或典型的动物;动物就是完美的植物,如此类推。以这种同样的方式,人性经过了两次升级以后,就成为植物性的完美化;因此赫德尔解释说,人间的两性爱实际上和植物的开花和结果是同样的事,只不过是提升为一种较高的力量罢了。

赫德尔总的自然观是坦率的目的论的。他认为演化过程的每一个阶段都是由自然设计好了准备着下一阶段的。并没有什么东西其本身就是目的。但到了人类,这个过程就达到了顶峰,因为人的本身就是目的:人在他的理性的和道德的生活中,证明了他自身的存在就是正当的。既然自然创造人的目的就是要创造一种理性的生命,人性就作为一种精神力量的体系而在不断发展着其自身,而它的充分发展则有待于未来。这样,人类便是两个世界之间的一个连锁,一个世界是人从其中成长起来的自然世界,另一个世界则是确乎并非通过人而成为现实存在的精神世界,因为它是以精神规律的状态而永恒存在着的,但又在地球上实现着它自身。

作为自然的生命,人便分为人类各种不同的种族,每一个种族都和它的地理环境密切相联系着,并具有由那个环境所塑造的它原来的体质的和精神的特征;但是每个种族一旦形成,就成为人性的一种特殊类型,它具有它自己的永恒特征,不以它和环境的直接关系为转移,而以它自身近亲繁殖的特点为转移(正像在一个环境里所形成的一种植物,在移植到另一个环境时仍保持相同不变一样)。不同种族的感受能力和想象能力因此就真正分化了;每个种族都有其自己的幸福观念和它自己的生活理想。但是这种在种族上分化了的人性又是一个母体,其中出现了一种更高类型的人类有机体,即历史的有机体;那就是说,一个种族的生命并不是静止不动的,而是在时间之中发展成为愈来愈高的形式。这种历史生活所出现的那个备受宠爱的中心就是欧洲,这是由于它的地理的和气候的特点所致;所以唯有在欧洲,人类的生命才是真正历史性的,而在中国或印度或美洲的土人中间,就没有真正历史的进展,而只有一种静止不变的文明,或者一系列的变化,其中旧的生活形式虽为新的形式所取代,但并没有成其为历史前进的特点的那种稳定的、积累的发展。因此,欧洲是人类生活一个得天独厚的区域,正如人在动物之中、动物在活的有机体之中和有机体在地球的存在物之中得天独厚一样。

赫德尔的书中包含着惊人之多的丰富的宝贵的思想。它是现存有关它那主题的最丰富和最发人深省的书籍之一。但是在这部书中,思想的发展往往是松散的和草率的。赫德尔不是一个谨慎的思想家:他根据类比方法不加验证就一下跳到了结论,而且他对自己的观念是不加批判的。例如,欧洲是唯一具有历史的国土这种说法,就是不真确的;尽管毫无疑问,它是赫德尔的时代欧洲人对它具有很多历史知识的唯一国土。而且他有关种族分化的学说,即他全部论证中最关重要的一步,也不应该未经细心考察就加以接受。

就我所知,赫德尔是第一个思想家,以系统的方式承认在不同人种之间存在着差别,而且承认人性并不是一致的而是分歧的。举例来说,他指出使中国文明之成为中国文明的,不可能是中国的地理和气候,而仅仅是中国人的特性。如果不同的人种被置于同样的环境中,他们就会以不同的方式开发那个环境的资源,从而就创造出不同的文明来。因此在历史中起决定作用的事实,并不是一般人的特点,而是这种人或那种人的特点。这些特点,赫德尔看作是种族的特点,亦即不同的人种所遗传下来的心理特征。因此,赫德尔就成为了人类学之父,所谓人类学是指这样一门科学:(1)它区别人类各种不同的体质类型,(2)对这些不同类型的风俗和习惯进行研究,作为是与体质的特点相并行的心理特点的表现。

这就在有关人性的概念中迈出了重要的新的一步,因为它承认人性不是一个给定的数据而是一个问题;不是到处都一致的某种东西,它的基本特征可以一劳永逸地被人发现,而是可变的某种东西,它的特征要求在特殊的事例中进行单独的调查研究。但是即使如此,这种概念也并不是一种真正的历史概念。每个种族的心理特点被看成是固定的和一致的,于是代替了启蒙运动的单一固定的人性的概念的,我们现在就有了好几种固定的人性这一概念。每一种人性都被看作并不是历史的产物,而是历史的前提。这时仍然还没有关于一个民族的性格乃是由于那个民族的历史经验所造成的这一概念;相反地,它的历史经验被看作单纯是它的固定性格的结果。

到目前为止,我们已经看到了这一理论的许多恶果,足以使我们要严加防范。文明种族的理论已经不再在科学上为人所推崇了。今天我们知道它只是民族骄傲和民族仇恨的一种诡辩的借口。认为有一个欧罗巴族,它的独特的优点使它适宜于支配世界的其他部分,或者有一个英吉利族,它的天生的品质使帝国主义成为它的一种责任,或者有一个北欧种族,它在美洲的优越地位乃是美国伟大的必要条件,而它的纯洁性在德国对于德国文化的纯洁性乃是不可缺少的;——这种观念,我们知道在科学上是毫无根据的,而且在政治上是灾难性的。我们现在知道体质人类学和文化人类学是迥然不同的两种学问,而且我们发现,很难看出任何人是怎么可能把它们混为一谈的。结果是,我们并不倾向于感激赫德尔曾经开创了如此之有害的一种学说。

或许可能为他辩护说,他的种族差异论其本身并没有给人提供任何根据,可以相信某一个种族有凌驾于另一个种族之上的优越性。我们可以论辩说,它仅仅蕴涵着每种类型的人都有其自己的生活方式、自己的幸福观念和自己的历史发展的节奏。根据这种说明,不同民族的社会制度和政治形式便可以不同,而并不内在地存在着谁优谁劣的情况;而且某种政治形式的完善从来都不是一种绝对的完善,只不过是相对于创造了它的那个民族的一种完善而已。

但这不会是对于赫德尔思想的一种合法的解释。对他整个观点最为根本的是,不同种族的社会政治制度之间的差异并不是来自每个种族的历史经验,而是来自它的天生的心理特点;而这一点对于真正理解历史却是关键性的。根据这类线索所能解释的不同文化之间的分化,就不是历史性的分化,比如说,像是中世纪的和文艺复兴的文化之间的分化那样,而是非历史性的分化,像是蜜蜂社会与蚂蚁社会之间的分化那样。人性是已经被区别了,但它仍然是人性,即仍然是天性而不是精神;用实际政治的术语来说,这意味着创造或改进一种文化的任务就被同化为创造或改良一种家畜的品种的任务。一旦赫德尔的种族理论为人采用,就逃不脱纳粹婚姻法的结局。

因此赫德尔遗留给他后继者的问题,就是要清晰地思想出来自然和人类之间的区别这个问题:自然作为一个过程或许多过程的总合,是被盲目在服从着的规律所支配的,而人类作为一个过程或许多过程的总合(像是康德所要说的)则不单纯是被规律所支配,而且是被对规律的意识所支配。必须说明的是,历史乃是这第二种类型的一个过程,那就是说,人类的生活是一种历史性的生活,因为它是一种心灵的或精神的生活。

第三节 康 德

赫德尔的书第一卷出版于 1784 年春季,这时他 40 岁。他曾经是康德的学生,康德显然在这部书一问世时就读过它了;而且尽管他对书中的许多学说持有不同意见,就像他一年以后的那些略带尖辛的评论所表明的那样,但这部书确实刺激了他自己去思考它所提出的问题,并且写出了他自己的一篇论文,这篇论文成为他有关历史哲学的主要著作。康德尽管受到他的弟子的影响,他读 Ideen[《观念》]①的第一编时已经 60 岁,他的头脑已经被启蒙运动定了型。启蒙运动是在腓德烈大王②和伏尔泰的庇护之下在德国扎根的,伏尔泰又是腓德烈请到普鲁士宫廷里来的。因此,康德比起赫德尔来就对反浪漫主义表现出一定程度的收敛的倾向。他以启蒙运动的真正风格,把以往的历史看作是人类之非理性的一幕并且期待着一种理性生活的乌托邦。在他的身上真正值得瞩目的是,他把启蒙运动的观点和浪漫主义的观点结合在一起的那种方式,很像是他在认识论中把理性主义和经验主义结合起来那样。

我所指的那篇论文发表于 1784 年 11 月,题名为"一个世界公民观点之下的普遍历史观念"。历史研究并不是康德的一个主要兴趣,但是他挑拣出哲学探讨的线索的超人本领,即使在他所知甚少的一个题目上,也能使他发挥出来像他在伏尔泰、卢梭和赫德尔这样的作家身上所发现的那些思想路线,并写出了一些新的和有价值的东西;正有如他对包姆加登③的研究使得他写出了一部有关美学的最重要的著作,尽管他的艺术修养是极其微不足道的。

康德的论文一开始就说,尽管作为本体(noumena)或物自身,人类的行为是被道德律所决定的,但是作为现象(phenomena),从一个旁观

---

① 即赫德尔的《人类历史哲学的观念》一书。——译者注
② 腓德烈大王(Frederick the Great,1712—1786),普鲁士国王。——译者注
③ 包姆加登(Baumgarten,1714—1762),德国哲学家。——译者注

者的观点看来,它们却是依照自然律作为原因的结果而被决定的。历史学叙述人类行动的过程时,是把它作为现象的,因此就把它看成是服从自然律的。要探测这些规律确实是很困难的,如果不是不可能的话;然而无论如何,值得思考的是,历史的总进程是不是可以在人类的身上显示出来一种发展,有似于传记在一个个人的身上所揭示出来的发展那样。这里,康德是在使用浪漫主义的人类教育的观念,但不是作为一种教条或已被接受的原则,而是作为他以他自己的专门用语所称之为"观念"(Idea)的东西,亦即一种进行解释的指导原则,我们根据它来观察事实以便看看它是否促进我们对事实的理解。作为他这种意思的一个例子,他指出,每一件婚姻的本身,就像它实际所发生的那样,就某些个人方面来说,完全是一种自由的道德行为;但婚姻统计则确实表明了一种惊人的一致性;因此,从历史学家的观点来看,这种统计就可以看成仿佛是有某种原因在自然律之下决定着每年将会有多少件婚事似的。正像统计学家处理这些自由行为,仿佛它们就是这样地被决定的,同样历史学家就可以把人类的历史看作仿佛是以同样的方式依照一种规律而被决定的一个过程。如果是这样的话,这会是一种什么样的规律呢?它肯定不会是出于人类的智慧;因为如果我们重温历史的话,我们就会发现它整个地说来并不是一部关于人类智慧的记录,倒更加像是一部关于人类的愚蠢、虚荣和罪恶的记录。康德说,甚至于一些哲学家们,尽管他们被人相信是有智慧的,也并不是智慧得足以规划他们自己的生活,并按照他们所曾为自己制定的准则去生活。因而,如果人类生活中有一个总的进步的话,那种进步肯定不是由于人类为了指导自己而做出的一个计划。然而,却可能有这样一种计划,那就是有一种大自然的计划,人类并不理解它却实现了它。要在人类历史中探测出这样一种计划将是一位新的开普勒的恰当的任务,而要解释它的必然性就需要有另一位牛顿了。

  康德并没有说他所谓的一幕大自然的计划指的是什么。为了解释这句话,我们必须转到《判断力批判》的下半部来,其中阐述了关于自然界中的目的论的概念。在这里我们发现,根据康德的意见,自然之具有目的这一观念乃是我们确实不能用科学的探讨来证实或证伪的一种观念;但它却是这样一种观念,没有它我们就全然不能理解自然。实际上,我们并非以我们相信一种科学定律的那种方式在相信它;但是作为一种观点我们在采用它,承认它是一种主观的观点,并且根据这一观点来观察自然的事实不仅是可能的而且是有益的,不仅是有益的而且是必要的。植物或动物的品种在我们看来好像是被巧妙地设计出来,在个体方面以营养和自卫来维持其自身,而在集体方面则以繁殖来维持其自身。例如,我们看到刺猬受惊时就自己滚成一个刺球。我们并不认为这是由于这只个别的刺猬的个体聪明;所有刺猬都是这样做的,而且是根据本性①这样做的;这好像是自然赋给了刺猬以那种特殊的自卫机制,以便保卫自己抵抗肉食者的敌人。我们是在使用比喻的语言把它称为一种自卫的机制;因为一种机制意味着一种设计,而一种设计则蕴涵着有一个发明者;但是康德的论点是,不使用这种类型的比喻,我们就一点也无法谈论或者思考自然。他同样地坚持,不使用类似的目的论的比喻,我们就无法思考历史。我们使用像是地中海世界被罗马所征服这类的语句,但是实际上我们所指的罗马仅仅是这个或那个个别的罗马人,我们所指的地中海世界被征服,仅仅是这些人所进行的这场或那场战争或政府的个别事件的总和。他们之中没有一个人实际上说:"我在这场大运动里,即在地中海世界被罗马征服之中,扮演了我的角色",但是他们的行动就仿佛是他们确实说出了这一点;而且我们观察他们的行动的历史时就发现,这些行动只能被视为好像它们是被要完成那场征服的目的所左右的,因为它确实不是这个或那个个别罗马人的目的,所以我们就比喻地把它描述为一种自然的目的。

还可以进一步指出,根据康德的观点,谈到历史学家在所研究的现象中揭示出来的自然计划,正像谈到科学家在所研究的现象中揭示出来自然规律一样,两者是同样合法的。自然规律之对于科学家,正有如自然计划之对于历史学家。当科学家描述他自己发现自然规律的时候,他的意思并不是指存在着一个叫作自然的立法者;他的意思是指现象表明了有一种规律性和秩序性,它不仅可以、而且必须以某种这类的

---

① 按,此处"本性"和以下"自然"在原文中均为 nature。——译者注

比喻加以描述。同样地,当历史学家谈到在历史中有一种自然的计划在发展其自己时,他的意思并不是指有一个事实上叫作自然的精神,有意识地在使一个计划在历史中得到实现;他的意思是指,历史的前进就仿佛是有着这样一个精神似的。然而,在自然的计划和自然的规律二者之间的这种平行所具有的某些含义,却透露了康德在历史哲学中的一个严重弱点。

我们已经看到,18世纪的哲学家们一般说来由于把精神同化于自然而错误地表现了精神。特别是他们谈论人性,就好像人性仅仅是一种特殊的自然;而这时他们所真正谈论的东西乃是精神,或某种与自然根本不同的东西。康德试图以他依据莱布尼茨而做出的现象与物自身二者之间的区分来回避这种错误。他认为,使自然之成其为自然的,赋予自然以特征使得我们借以把自然认为是自然的,乃是它成为了现象这一事实,也就是,它从一个观察者的观点可以由外部加以观察的这一事实。如果我们能够钻入现象内部,并且在我们的精神里重度它们的内在生活,他认为它们的那些自然特征便会消失;这时我们就应当把它们作为物自身来加以领会了,而这样做的时候,我们就会发现它们内在的真实乃是精神。每件事物事实上、而且就其本身而言就是精神;每件事物,从现象上或从观察者的观点来看,就是自然。因此,人类的行动,就我们自己的内在生活中所经验的而言,就是精神;那就是说,它是自由的、自我决定的道德活动;但是人类的行动从外部来看,像是历史学家所看到的那样,也正如任何事物一样乃是自然,并且是出于同样的原因(也就是说因为它是被观察到的),因而它也就被转为现象。

承认了这一原则,那么康德就确实有理由把历史的计划称之为自然的计划,因为科学中的自然规律和历史中的自然计划二者之间是完全平行的。但是这个原则本身却大有可怀疑的余地,因为它既歪曲了科学也歪曲了历史学。(1)它歪曲了科学,因为它蕴涵着在科学家所研究的自然现象的背后有着一种实在,即作为其自身而存在的自然,而它并不是什么别的东西,只不过是精神罢了。这就是18世纪末和19世纪初所风行的对自然的神秘观的基础,它不是把自然现象看作为了其自身的缘故而值得研究的东西,而是把它看作是被一层薄纱掩盖着的多少有似我们自身的那样一种精神实在。(2)它歪曲了历史,因为它蕴涵着历史学家是自己所描述的事件的一个单纯的旁观者。这种含义是休谟在他的《历史研究》这篇论文中所公开承认的:"观看整个的人类——从时间的开始起,就仿佛是——在我们的眼前走过,……还能想象有什么景象是如此壮观、如此气象万千、如此引人入胜的呢?"①康德认为这种历史观是理所当然的,而且对他来说,它只能有一种意义。如果历史是一种观赏的景象,它就是一种现象;而如果它是一种现象,它就是自然,因为自然对康德来说,乃是一个认识论上的名词,意思是指作为一种景观而被看到的事物。毫无疑问,康德只是重复了他那时代的一种老生常谈;然而他却是错误的,因为历史并不是一种景观。历史的事件并不是在历史学家的"眼前走过"的。在他开始思考它们之前,它们就已经完全出现了。他必须在他自己的心灵之中重新创造它们,就他所希望了解的,尽量为他自己重演那些参与其事的人们的经验。正是因为18世纪不懂得这一点而错误地把历史看作是一种景观,它才把历史归结为自然,使历史过程像在孟德斯鸠的思想里那样,服从于地理学和气象学的规律,或者像在赫德尔的思想里那样,服从于人类生物学。

因此,康德的自然规律和自然计划二者间的平行论,是植根于他那个时代特征的错误的历史观之中。不过,根据他关于什么是自然计划的特殊观念,他却朝着克服这种错误迈出了重要的一步。他自称自己的伦理著作其性质是"形而上学的"(在他自己使用这个名词的意义上),那就是说,它企图讨论精神,——不是就其在现象方面作为一种自然、而是就其作为一种物自身;而且他在这里把精神的本质等同于自由(freedom)(在他自己对"自由"一词的意义上),那不是单纯的选择的自由(liberty)而是作为自律,即为自己而制定法律的力量。这就使他能够对历史的观念提出一种新的解释,即作为人类种族的教育。在他看来,它意味着人道(humanity)充分发展成为精神的状态,那就是说充分地自由。所以,历史中的自然的计划就被康德理解为人类自由的

---

① 《哲学著作集》第四卷,爱丁堡,1826年,第531页。

发展的计划。在他的《道德形而上学探本》的第一节中,他问道:自然赋给人类以理性的目的是什么?接着他回答说,它不可能是要使人类幸福;它只能是给人以成为一个道德行动者的能力。因此,自然创造出人的目的就是要发展道德的自由;因此人类历史的历程就可以设想为是这一发展的实现。这样,正是康德对人性作为本质上是道德性或自由的这一分析,就给了他以通向他的历史观的最后钥匙。

我们现在可以回到总结康德的论证上来。自然创造出它的任何创造物的目的,当然就是为了那种创造物的生存、那种创造物的本质的实现。这种自然的目的论是一种内部的目的论,而不是一种外部的目的论:自然并不是制造出草来喂牛,而牛又用来给人吃;自然制造出草来为的是应当有草存在,如此等等。人的本质就是他的理性;因此自然创造了人就为的是他们应当成为有理性的。可是理性的一个特点就是它不可能在单独一个人的有生之年完全得到发展。例如,没有一个人能够在他自己的头脑里发明出全部的数学来。他必须利用别人所已经做出的成绩。人是一种动物,具有着特殊的能力能受益于别人的经验;而他具有这种能力乃是因为他是有理性的,因为理性就是使得这一点在其中成为了可能的一种经验。假如你要吃食,那么另一头牛已经吃掉某一片草的事实只能防止你去吃那片草;但是假如你要有知识,那么毕达哥拉斯已经发现了弦平方定理的事实所给你的那项知识,就比你能为自己去求得它更加容易。因此之故,自然关于人的理性发展的这一目的,就是一个只能在人类的历史之中而不是在一个个体的生活之中得到充分实现的目的。

康德在这里完成了一件丰功伟绩,他说明了为什么应该有像历史这样一种东西的存在;他说明,这是因为人是一种有理性的生物,因此他的潜能的充分发展就需要有一个历史过程。这是和柏拉图在《国家篇》第二卷中说明为什么必须有一个社会存在的论证相平行的一种论证。智者派认为国家是人为的;和智者派相反对,柏拉图说明,国家是自然的,因为它根据的事实是,个人并不是自我依存的,他需要有别人的经济服务以便满足他自身的愿望。作为一个经济生物,他必须有一个可以生活于其中的国家;同样地,康德说明,作为一个有理性的生物,他必须有一个可以生活于其中的历史过程。

于是,历史就是朝着合理性的一场进步,同时它也是在合理性之中的一场进步。这当然是康德时代启蒙运动和浪漫主义思想二者都有的一种老生常谈。我们必须小心谨慎,不要把它和那种表面上相似而实际上却极为不同的 19 世纪末叶的历史即进步的论点混淆起来。19 世纪末叶进化论的形而上学认为,一切时间过程其本身在性质上都是进步的,而且认为历史所以是一场进步仅仅因为它是在时间中的一系列事件;因而,按照这些思想家的见解,历史的进步性就只是进化的、或自然进步性的一个事例。但是 18 世纪把自然看作是非进步性的,而且认为历史的进步性是一种使历史区别于自然的东西。有人认为甚至可能存在着一种人类社会,其中并不存在着在合理性之中的进步;这就会是一个没有历史的社会,就像蜜蜂的和蚂蚁的非历史的或纯属自然的社会那样。然而在自然状态之外,康德认为还存在着进步,因此他问道:为什么人类社会是进步的而不是停滞不前的,而这种进步又是怎样实现的?

这个问题是一个迫切的问题,因为他认为一种非历史的或停滞不前的社会将会是最幸福的;人们在这样一种社会里是以一种友善的和悠然自得的风度和睦地生活着,就像是在洛克所描绘的自然状态之中,在那里人们"在自然法的界限之内,按照他们所认为适宜的而在规定着他们的行动和处理他们的财产并对待别人","它也是一个平等的状态,其中权力和司法权是相互的,没有一个人的所有多于另一个人",因为人人具有同等的权利来惩罚违犯自然法的行动,"从而就保全了无辜者和制止了破坏者"。① 正像洛克坦然承认的,在自然状态里,每个人都是他自己的利益的法官,从这一事实里就产生了种种不便;或者如康德所说的②,这样一种状态,一切人在其中都一任自己的才智闲置生锈,是不能被看作一种在道德上是可以愿望的(尽管它是可能的)并在许多方面是具有吸引力的状态。确实,不论是洛克还是康德,而且我

---

① 《政府论》第二卷,第二章。
② 《康德的伦理理论》,T. K. 艾波特译(伦敦,1923),第 40—41 页。

也不认为他们的时代里还有任何另一个人,都不把自然状态看作仅仅是一种抽象可能性,更不是一种彻底的虚构。当这个问题被提出时,霍布斯回答说①,首先是"在美洲许多地方的野蛮人,除了一些小家族的治理其协调有赖于自然的欲望而外,根本就没有政府";其次是,"在一切时代里,君王和拥有主权权威的人们"彼此之间的关系都是处于一种自然状态。洛克同样回答说,一切主权国家彼此之间都处于一种自然状态。关于这些哲学家所理解的自然状态,北欧史诗萨迦(sagas)中所描述的冰岛上的早期挪威殖民者的生活就提供了一个完美的典范。

因此康德的问题就是:既然这样一种自然状态是可能的,而且大体上是一种幸福的状态,——尽管从道德的和思想的发展的观点来看,乃是一种低级状态,——又是什么力量驱使人们把它抛在后面而登上那进步的艰辛旅程呢?对这个问题,直至那时为止曾有过两种答案供选择。按照那种曾被文艺复兴加以修改而又被启蒙运动所再度肯定的希腊—罗马的观点,促使人类历史进步的力量乃是人类的智慧、人类的美德以及一般的人类的优点。按照从罗马帝国末期直到中世纪结束时所流行的基督教观点,那是天意的智慧和上帝的眷顾在发挥作用,尽管存在着人类的愚蠢和邪恶。康德把这两种见解都远远抛在后面,以致他竟从未提到过其中的任何一种。

康德自己的回答是:这种力量不是什么别的,而只是人性中的邪恶,即傲慢、野心和贪婪这些非理性的和不道德的成分。人性中这些邪恶的成分使得一个停滞不前的而平静的社会的绵延成为了不可能。它们引起人与人之间的对抗,并支配着每个人的行为中那两种动机之间的冲突:一种是社会的动机,愿望着有一种和平友善的生活;另一种则是反社会的动机,是一种想控制和剥削他的邻人的愿望。结果形成的对他自己生活地位的不满,不论那地位可能是怎样的,就成为驱使人们要推翻自己所生活于其中的那个社会制度的根源,而这种动荡不安乃是自然要实现人类生活的前进所使用的手段。这种不满不是一种神圣的不满,即所以拒绝接受事物的现状乃是因为它不能满足善意的道德

---

① 《利维坦》第一编,第十三章。

要求;它不是社会慈善家或改革家的不满;它是一种纯粹自私自利的不满,这从一种停滞生活的幸福的观点看来,甚至于并不是奠立在个人自身利益的一种开明观点之上的。用康德的话来说[①]:"人类愿望和谐;但是大自然更加懂得什么才是对他那物种有益的"(不是把人作为一个个体人来观察,甚至也不是把人集体地作为一个社会或历史的总体来观察,而是把人集体地作为一个物种或生物学的抽象),"大自然愿望着不和谐。人类要求生活得安逸满意;但是大自然却迫使他把安逸和非积极性的满足抛在后面,而使自己投身于艰辛劳苦之中,为的是这些可以驱使人使用自己的聪明去发现把他们提高上去的方法"。那就是说,自然并不关心人的幸福;她已经在人的身上注入了各种癖好,既要牺牲他自己的幸福又要毁灭别人的幸福;而在盲目地追随这些癖好时,他就使得自己成为了自然执行她的计划的工具,以达到他那物种的道德的和思想的进步,而这种计划当然不是他个人的。

康德在这里全心全意地采纳的是这样一种观点———一种悲观的观点,假如你愿意这样称呼它的话——即人类历史的景象大体上就是一幅人类的愚蠢、野心、贪婪和邪恶的景象。而任何一个人要从它那里面找到智慧和美德的事例,都将会失望的。这就是伏尔泰的《天真汉》(Candide)的观点,而与莱布尼茨的信念——即一切都是可能最美好的世界里的最美好的——相对立。但是康德把这种观点提到一种哲学学说的高度,他论证说,如果历史就是人在其中变成为有理性的这一过程,那么他在那个过程的开始就不可能是有理性的;因此,成为那一过程的主要来源的力量便不可能是人类的理性而必定是理性的对立面,那就是激情、思想上的愚昧和道德上的卑鄙。在这里,康德的历史理论又一次是康德伦理学的应用,根据这种伦理学,意向、欲望、激情都是理性或善意的对立面,因此其本身就是邪恶的,善意必须为反对这种力量而斗争。

这种学说无愧于它那位伟大的作者。它像赫德尔的学说一样,是鼓舞人的和激发人的,而且思想得更为明晰得多。然而它的基础却没

[①]《一个世界公民观点之下的普遍历史观念》,命题四。

有打好。它奠基于一种有关成其为人类已往历史的特征的愚蠢、罪恶和不幸的修辞学式的悲观主义之上。这并不是对事实的一种公正的和健全的看法。在我们有所知道的一切过去的时代里,曾经有过一些场合,那时人们是智慧得足以成功地思索他们所必须思索的一切,英明得足以有效地去做他们所必须做的一切,并且幸福得足以发现生活不仅仅是可容忍的而且是有吸引力的。而假如任何人反驳说:"那些场合么,有是有的;但是太少了!"回答就是:"无论如何,也要比反面的场合更多;因为不是那样的话,全人类的生命早就会消灭了。"

这种关于过去的夸大其词的阴暗,其结果就见之于康德对于未来的夸大的希望。在他的论文最后一节中,他期望着一个时代,那时人们将会变成为有理性的,一直驱使着人们走上进步道路的那种盲目的邪恶力量将会被征服。于是就会出现一种太平之治,那时候研究出一种健全的和合理的政治体系的问题已经得到解决,而且政治上的千年福王国也通过创立有关国家生活和国际关系二者的一种理性体系而得到实现。他一半认识到,在人类事务中像这样一种千年福王国在用语上就是一个矛盾;但是这种预告还不单纯是他学说的一个赘疣,它还是他学说的逻辑结果,是一种夸大的乐观主义,在这一边平衡着(并且是出于)那另一边的夸大的悲观主义。这种把历史夸大地分成为一部完全非理性的过去和一部完全理性的未来的做法,乃是康德从启蒙运动所承袭下来的遗产。对历史的更深邃的知识或许会教导他,那使得进步出现的东西并非纯属愚昧无知或者纯属恶劣不堪,而是人类的努力本身具体的现实性,夹带着它全部的好的和坏的成分都在内。

尽管有着夸大其词的成分,康德仍对历史学思想做出了伟大的贡献。在他的论文结尾,他为一种历史探讨规划了一份纲目,他说这种探讨还不曾有人从事过,而且他谦逊地补充说,它不是像他自己那样一个对于历史知道得那么少的人所能从事的;那就是以一部普遍的历史来表明人类种族是怎样逐渐变得愈来愈有理性的,因此也就是变得愈来愈自由的,即一部人类精神自我发展的历史。他说,这样一桩重任将需要两种资格,即历史的学识和哲学的头脑,单纯有学力是做不到这一点的,单纯有哲学也是做不到这一点的;这两者必须结合成一种新的思想形式,其中的某些东西是要有赖于这两者的。与此类似,维柯在18世纪初就要求过他所描述的那种语言学与哲学的结合,即对细节在学术上的注意和对原则在哲学上的注意。我想我们可以说,在其后的几百年里也曾做出过严肃认真而坚持不懈的尝试,——当然并不总是成功的,——要实现康德的纲目,并把历史当作是人类精神在其中愈来愈加充分发展它原有的潜力的过程。

康德的"观念",像他所称它的那样,可以总结为四点:(1)普遍的历史是一种可行的理想,但却要求历史学思想和哲学思想的结合:事实必须加以叙述而同时又加以理解,要从内部而不是仅仅从外部来观看。(2)它预先假定有一个计划,也就是它展示为一场进步,或者说表明某种事物是在前进着不断地出现的。(3)那正在不断出现着的东西就是人类的合理性,也就是知识和道德的自由。(4)它之得以不断出现的手段就是人类的非理性,也就是激情、愚昧和自私。

我要用简单的几句评语论述上列各点,来概括我对康德的批评。这些评论的实质就是,正像在他的哲学著作中的其他部分一样,他整个地是过分僵硬地勾画了他的反题。

①(a) 普遍的历史和特殊的历史。这一反题是太僵硬了。如果普遍的历史意味着一部已经发生的一切事物的历史,那就是不可能的。如果特殊的历史意味着一种特殊的研究,而并不包含一种确定的自然观和整个历史的意义,那也是不可能的。特殊的历史仅仅是历史本身在其细节中的一个名称;普遍的历史则仅仅是历史学家的如此这般的历史观的一个名称。

①(b) 历史学思想和哲学思想。这一反题又是过分僵硬的。康德所认为需要二者的结合的,恰好就是历史学思想本身,即观看它所描写的事件不是单纯作为被观察的现象,而是要从内部来观看。

②(a) 整个的历史确实是表明了进步,也就是说,它是某种事物的发展;但是要把这种进步像康德那样称之为一项大自然的计划,那就是在使用神话学的语言了。

②(b) 这种进步的目标并不像康德所认为的那样在于未来。历史不是结束于未来而是结束于现在。历史学家的任务就是要表明现在是

怎样出现的;他不能表明未来将怎样出现,因为他不知道未来将是什么。

③ 正在要出现的,当然是人类的合理性;但这并不意味着人类的非理性的消失。这一反题又一次是过分僵硬的。

④ 激情和愚昧在过去的历史上确实是做过它们的工作,而且是重要的工作,但它们从来都不是单纯的激情和单纯的愚昧;倒不如说,它们一直是一种盲目的和犯了错误的求善的意志和一种朦胧的和误入歧途的智慧。

第四节 席 勒

在历史理论方面正如在艺术理论方面一样,康德最直接的追随者是诗人席勒。他是一个敏锐而有才华的思想家,在哲学方面是个出色的爱好者,而不像康德那样是个坚忍不拔的研究者;但他比康德高明的是,他自己是一个声名显赫的诗人,而且在耶拿大学担任历史讲座时又曾有一个时期是专业的历史学家。结果便是,正像他由于把诗人工作的经验带入了康德的艺术哲学而重新解释了康德的艺术哲学那样,同样地他也由于把历史学家工作的经验带入了康德的历史哲学而重新解释了康德的历史哲学。非常有趣的是看看1789年他在耶拿大学所作的就职演说中,这种经验是怎样使他能克服康德理论中的某些错误的。

这篇演说题名为"普遍历史的性质和价值"(Was heiβt undzu welchem Ende studiert man Universalgeschichte？[什么是普遍历史,人们研究它是为了什么目的?])。席勒追随着康德,提倡研究普遍的历史,并且承认要做到这一点就需要有哲学的头脑以及历史学的学识。他描绘了一幅两种历史学家对比的生动画面:一种是 *Brotgelehrte*,即混饭吃的学者(职业的研究者以其干枯如土的态度来对待那些成其为历史学的枯骨的赤裸裸的事实,这样一个人的雄心就只是要成为一名尽可能狭隘的专家而对越来越少的东西知道得越来越多),一种是哲学的历史学家,他们以全部的历史为其领域,并且把观察事实之间的联系和探测历史过程的大规模节奏作为自己的事业。哲学的历史学家获得这些成果,是由于以同情的态度进入了他所描述的行动之中;与研究自然界的科学家不同,他不是面对着那些仅仅是作为认识对象的事实;恰恰相反,他使自己投身于其中,并以想象去感觉它们,就像是他自己的经验一样。这真正是浪漫主义学派的历史学方法;而且席勒所做,事实上就是同意康德所要求的以一种与纯学究态度相反的哲学态度来对待历史,并主张这种哲学态度并不是别的,只不过是浪漫主义的态度而已;对此,同情便成为历史知识中的一个组成部分,它使历史学家能够进入他所研究的那些事实的内部。

这样所设想的普遍历史,就是从野蛮开始而进步到近代文明的历史。尽管席勒同意康德,但却有两点重要的区别:(i)康德把进步的目标置于一个未来的千年福王国,而席勒则把它置于现在,并且声称普遍历史的最终目的就是要表明现在,包括像近代的语言、近代的法律、近代的社会制度、近代的服装以及诸如此类东西,是怎样成为它现在这样的。在这里,席勒就确切地改进了康德,这无疑地是由于他在历史工作方面有实际经验的缘故,它向他表明了历史并没有照亮未来,而且历史的系列也不能被投射到现在之外去。(ii)康德把历史学的任务只限于政治演变的研究,而席勒却把艺术史、宗教史、经济史等等都包括在历史学之内,在这里他又改进了他的先行者。

第五节　费希特

康德的另一个学生费希特以一种丰富的方式发展了康德的历史观念,1806 年他发表了他的柏林讲稿《当代的特征》(*Grundzüge des gegenwärtigen Zeitalters*)。费希特在把现在设想为历史发展的各条线索所汇聚的焦点时,是同意席勒而不同意康德的;因此对他来说,历史学家的基本任务就是要了解他自己所生活于其中的那个历史时期。历史的每个时期各有其自己的特点渗透到它的生活的每个细节里面去;而在这些讲稿里费希特为自己所规定的任务就是要分析他自己的时代的特点,表明它的主要特征是什么,以及其他特点是怎样从它们里面得出来的。他提出这一点时说,每个时代都是一个单一的观念或概念的具体体现；而且在他确乎接受了康德的学说时——即历史作为一个整体乃是一项计划的展开，是某种类似于戏剧情节的东西的发展——他却主张各个相续的时代的一些基本观念或概念构成为一个序列，这个序列因为是观念的序列，所以就是一个逻辑的序列，一个概念必然要导致下一个概念。这样，费希特关于概念的逻辑结构理论，便提供给他一个历史分期的线索。

他认为每个概念都具有一个逻辑结构，包括三种形态在内：正题、反题、合题。概念最初体现为一种纯粹的或抽象的形式；然后它产生出它自己的对立面，并以一种在它自己和这个对立面二者之间的一组反题的形式而实现它自己；然后这个反题又被对对立面之否定所克服，而历史的基本概念(在这里，费希特又在追随着康德)乃是理性的自由；并且自由也像任何概念一样，一定要通过这几个必然的阶段而发展。因此历史的开端就是这样一个时代，理性的自由在其中示范为一种绝对单纯或直接的形式而没有任何对立；在这里，自由以盲目的本能形式而存在，亦即是为所欲为的自由，而且具体体现这种概念的社会便是自然状态、原始的社会，这里没有政府，没有权威，只要条件许可，似乎一切对人们都是友好的。然而根据费希特哲学的一般原理，一种这样粗糙的或直接的自由，只有产生出它自己的对立面来才能发展成为一种更真正的自由；于是根据逻辑的必然性，就有了第二个阶段的出现，在这个阶段里，个人的自由由于创造出来了一种凌驾于其自身之上的权力而自由地限制了它自己，即一个统治者的权威所强加给他的、而并非由他自己所制定的法律。这就是权威性政府的时期，在这里，自由本身似乎已经消失了；但是它并没有真正消失，它已经发展为一个新的阶段，在这个新阶段中它创造了它自己的对立面(就像霍布斯指出的，统治者是由人民的共同行动所自由创造出来的，人们就这样自愿地成为了他的臣民)，以便成为一种新的更美好的类型的自由，也就是成为卢梭所称为的有别于天然的自由的公民的自由。但是霍布斯认为，自由成长的过程就此结束的想法却是错误的。那种对立一定要被一个第三阶段所取消，它是一个革命的阶段，这时权力被否定并被摧毁了，并不是因为它是一种被滥用了的权威，而仅只是因为它是一种权威；臣民已经感觉到自己可以不要权威,并把政府的工作掌握在自己手里,从而自己就同时既是臣民又是君主。因此,被摧毁的就并不是权威;被摧毁的东西仅只是权威和被权威所驾驭的东西这两者之间的外部关系。革命不是无政府,它是由臣民接管政府。自此而后,统治和被统治之间的区别作为一种实际的区别依然存在着,但它是一种没有差异的区别;同样是那些人既在统治着又在被统治着。

但是费希特并没有到此止步。他并没有把他自己的时代等同为革命的时代。他认为他的同时代人已经超越了那一点。个人这一概念作为在他自己本身之内具有着一种凌驾于其本身之上的权威,在其最初的和最粗糙的形式上,就是革命的观念。但是这一概念也必须产生它自己的对立面,即一种客观实在的观念,一个成为思想的准则和行动的指南的真理的自在体,这一发展阶段就是科学,这时客观的真理就是与思想相对立的东西,而行为正当也就意味着是符合科学知识的行为。精神的科学结构(就仿佛)是反革命的:我们可以摧毁人类的暴君,但是我们却摧毁不了事实;事物是什么样子就是什么样子,而它们的后果将是什么样子,就将是什么样子;如果我们能嘲弄人类的法律的话,我们却嘲弄不了自然的法则。但是精神与自然之间的对抗又一次是能够并且一定要克服的,而它的克服便是一种新的理性自由(即艺术的自由)的兴起;这时精神和自然重新统一了,精神在自然中认识了它自己的对手,并且不是以服从的方式而是以同情和爱的方式和它联合在一起的。行动者把自己等同于自己为之而行动的那个对象,并且这样就达到了最高程度的自由。费希特把这一点看作是他自己时代的典型特征:即个人为了一个目的而自由地自我献身,这个目的尽管是客观的,他却把它看成是他自己的目的。

一个读者在研究费希特的历史观时所发现的主要困难就是,要耐心对待看来显得是那么糊涂的那些东西。特别是他的头脑里似乎有两种格外显眼的错误在起作用:(1)是这一观念:世界的现状是尽善尽美的,是全部历史所努力在实现的完全的和最终的成就,(2)是这一观念:历史各个时代的相续能够借助于抽象的逻辑思考而 *a priori*[先验地]加以确定。我认为这可以表明,尽管它们貌似糊涂,但是在这两种观念里面还是有某些真理的。

（1）历史学家（在这个问题上也还有哲学家）并不是上帝,高高在上或者是从外界来观看世界的。他是一个人,而且是一个他自己当时当地的人。他从现在的观点观看过去,他从他自己的观点观看其他的国家和文明。这种观点仅只对他以及处境和他类似的人们才是有效的,但是对他来说,它确是有效的。他必须坚持这一观点,因为这是他可以接受的唯一观点,而且除非他有着一种观点,否则他就什么都不能明白。举一个例子,对于中世纪的成就所下的判断,按照这位历史学家或是 18 世纪的、或是 19 世纪的或是 20 世纪的人而必然会有所不同。我们在 20 世纪知道 18 世纪和 19 世纪是怎样看待这些事物的,而且我们知道他们的观点不是我们所能分享的观点。我们把它们称之为历史的错误,而且我们能够指出要摒弃它们的理由。我们能够很容易设想,有关中世纪历史的著作写得要比它在 18 世纪里所写的更好;但是我们却不能设想它写得比它在我们自己的时代里所写的更好,因为如果我们对于它怎样才能写得更好具有一种明晰的观念的话,我们就应该处于一个能把它写得更好的地位,而这种能把它写得更好的办法就会是一桩既成的事实了。所谓现在,就是我们自己的活动;我们在进行这些活动,同时也知道怎样活动;因而,从现在的观点看来,在实然和当然、实际和理想二者之间必然有一种吻合。希腊人在努力要成其为希腊人;中世纪在努力要成其为中世纪;每个时代的目的都是要成其为它自己;因而,现在在它总是成功地成为了它在努力要成为的那种东西的意义上,便总是完美的。这并不蕴涵着历史的过程再也没有更多的事情可做了;它只是蕴涵着到目前为止,它已经做了它所想要做的事,而我们却无法说出它下一步要做什么。

（2）先验地构造历史,这一观念似乎是很愚蠢的;但是费希特在这里是在追随着康德的发现,即在一切知识里,不论是哪种知识,都有 a priori[先验的]成分。在知识的每一个领域里,都有某些基本概念或范畴,和与它们相应的某些基本原理或公理;它们都属于那种知识类型的形式或结构,而且(按照康德的哲学)并非得自经验的题材而是得自认知者的观点。所以在历史学中,知识的一般条件就是得自认知者被置于现在这个地位上这一基本原则,而且是正在以现在的观点观察过去。对历史的直觉的第一条公理(用康德的术语来说)就是,每一桩历史事件都被定位于过去时代的某个地方的。这并不是历史学家在他的研究过程中从经验里面所发现的一种普遍作用,它是历史知识的 *a priori*[先验的]条件。但是按照康德有关范畴格局的学说,时间—关系就是格局或概念关系的事实表象;因此,前后的时间—关系就是逻辑的前件与逻辑的后件的概念关系中的一种格局。在时间之中各种事件的整个世界,就是这样的逻辑关系或概念关系的世界的一种格局化的表象。费希特所试图探测作为各个历史时期在时间上相续的基础的概念格局,因此就是康德关于范畴格局的学说完全合法地应用到历史学上来。

毫无疑问,这是对费希特多少有点软弱无力的辩护。这等于说,如果他对历史学犯了一个愚蠢的错误的话,他也只不过是遵循康德所犯的一种更广泛的愚蠢的错误而已。但是把这些见解称之为愚蠢的错误的任何人,都自命对逻辑的序列和时间的序列二者之间的关系要比康德或费希特懂得更多。自从柏拉图在《蒂迈欧》篇中说过,时间就是永恒在移动着的形象,哲学家们大多同意在这两种东西之间有着某种关系,而一个事件借以在时间中导致另外一个事件的那种必然的序列,则是以某种方式在性质上与一种事物在一个非时间的逻辑序列中借以导致另一种事物的必然序列是同样的。假如这一点被否定了,又假如认为时间的序列和逻辑的内涵彼此之间毫无联系,那么历史的知识就成为不可能的了;因为随之而来就是,我们永远无法谈到任何事件"一定已经发生过";过去是永远不能作为一种逻辑推论的结论而出现的。如果时间的系列只是一堆毫不衔接的事件,我们就永远也不能从现在回过头去论证过去。但历史的思维恰恰在于是以这种方式回过头去论证;因此它根据的就是这一假定(或者,像康德和费希特所会说的,根据一个 *a priori*[先验的]原则),即在一个时间序列的各种事件之间有着一种内在的和必然的联系,从而一个事件便必然导致另一个事件,于是我们就能够从第二个事件回过头去论证第一个事件。根据这一原则,事物的现状就只能以唯一的一种方式产生,而历史学就是分析现在以便看出这个过程必然曾经是怎样的。我不是在为费希特用以重建他自己时代的过去历史的那种特殊方式而辩护;我认为它是非常错误的,而且它那些错误(就其是原则的错误而论)则是由于他遵循着康德,过分尖锐地划分了知识中 a priori[先验的]成分和经验的成分。这就使得他认为,历史根据一种纯粹先验的基础而不依靠文献的经验证据就可以重建起来。但是就他坚持一切历史知识都包含着先验的概念和原则而言,则他是正确的;而且他对历史的性质理解得要比那些嘲笑他的人们更好,因为他们认为历史纯粹是经验的。

有一个方面,费希特的历史哲学对康德的历史哲学做出了一个重要的进步。在康德的历史哲学中有两个概念是被历史本身所预先假定的:(1)自然的计划,它被设想为是在它的执行之前就已事先形成了的某种东西;(2)人性及其激情,它被设想为是这种形式在其中得以实现的材料。历史本身就是把这种预先存在的形式加之于这种预先存在的材料之上的结果。这样,历史的过程就不被设想为是真正创造性的,它仅仅是把两种抽象加在一起而已,而且也没有试图表明何以这两者就要合在一起,或者确实这二者中的任何一个(且不说两个)就应当存在。康德的理论,事实上是基于许多不相联系的假定的,而它却一个也不想要证明其为正当。费希特的理论则在逻辑上要简单得多,而且它受到不必要地增加各种实体的责难也要少得多。在历史开始以前,它所预先假定为必须的唯一东西,就是概念本身及其本身的适当逻辑结构和该结构中各种成分间的动力关系。历史的推动力恰恰就是概念的这种动力运动,因此在费希特这里并不是有两种东西:即一种计划和一种推动力,而是只有一种:计划既是一种动力计划(概念的逻辑结构),它就提供了它本身的推动力。这种费希特式的发现的成果,是在黑格尔的身上成熟的。

第六节 谢 林

谢林比黑格尔年轻,黑格尔和谢林所共有的那些学说究竟是通过独立思考、抑或是在谢林的影响之下而达到的,这一点是可以争论的。但是早在黑格尔在海德堡《大百科全书》上写出他的历史哲学的初步轮廓之前,谢林就发表过一套哲学体系(也许不只一套),包括他对历史的见解,所以先谈一下谢林的见解将是适当的。

谢林对康德和费希特的观念做出了更为体系化的发展,他的思想转移到了两条原则上:首先是,任何存在都是可知的这一观念,它就是合理性的体现,或者用他自己的语言来说,也就是"绝对"的表现;其次是,两项之间的关系这一观念,尽管两者是对立的,但在这方面却都是"绝对"的体现。因为"绝对"本身是一种同一性,两者的差别在其中也就消失了。这种两项的模式,反复出现在他的全部哲学里。

根据谢林的说法①,可知的事物有两大领域:"自然"和"历史"。每一种作为可理解的事物,都是"绝对"的一种表现,但是它们是以对立的方式体现它。自然包括分布在空间中的事物,它们的可理解性仅仅存在于它们被分布的方式之中,或者说存在于它们之间的有规则的和确定的关系之中。历史则包括精神的思想和活动,它们不仅是可理解的而且是有理解能力的,亦即能理解它们自身而不仅仅是它们自身之外的事物:因此它们就是"绝对"的一种更恰当的体现,因为它们在其自身之中就包含知识——关系的两方面,它们既是主体又是客体。作为客观上可理解的,历史中的精神活动就是必然的;作为主观上有理解能力的,它又是自由的。历史发展的过程因此就是精神的自我认知的全部创造过程,它同时既是自由的而又是服从法律的,也就是说在道德上和政治上是自律的(在这里,谢林追随着康德)。这一发展所经历的各个阶段是被概念本身的逻辑结构所决定的(在这里,他追随着费希特)。因此,它在它最大的特点上是一分为二的:首先的一个阶段是人类把"绝对"想象为自然,在这里实在是被设想分裂为各个单独的实在(多神论),而且在这里政治形式就像自然有机体那样地产生和消灭,没有留下来任何东西。其次的一个阶段是,"绝对"被设想为历史,也就是作为一种连续不断的发展,在这里人们自由地在实现着"绝对"的目的,与天意合作进行着它那发展人类合理性的计划。这就是近代,人

---

① 《先验唯心主义的体系》,1800 年。《全集》(斯图加特和奥格斯堡,1858 年版)第三卷,第一编,第 587—604 页。

类的生活在这里是被科学的、历史的和哲学的思想所支配的。

谢林在这里试图研究出来的最重要的概念就是这一概念:"绝对"本身要在历史中实现它充分的和完美的存在。就连费希特也认为,概念的逻辑结构在历史开始以前就是完美的,而且为那个过程提供了一个前题;但在谢林那里,"绝对"的动力结构并不是历史中动力成分的根据,它就是那种成分本身。物质的宇宙就其始终是"绝对"的一种表现而言,始终是可理解的,但是"绝对"却不能等同于仅仅是可理解的事物;因为单纯的可理解性只是一种纯粹的潜在性,它必须变得实际上被理解了才能被现实化。自然作为可理解的而言,就需要有一个认知者来理解它,并且只有在有一个精神认识它的时候,它才充分显示它的本质。于是才第一次有了一个实际的认知者和一个实际被认知的事物,而合理性——它就是"绝对"——也就前进到了它自身的一种更高的和更完备的表现。但是这时出现了一种新的可理解性:精神本身不单是一个认知者而且还是一个可知的东西;因而"绝对"就不能满足于精神认识自然的这种局面,而必须有一个更进一步地精神认识其自身的阶段。随着自我认识过程的前进,自我认识的新阶段便丰富了在认识着的精神,因而就创造出来了新事物给它去认识。历史是一个时间过程,在其中认识和可以认识的事物两者都在前进中出现;这就叫作历史是"绝对"的自我实现。在这里"绝对"既是指作为可认知的事物的理性,又是指作为认知者的理性。

第七节 黑格尔

由赫德尔于1784年所开始的历史学运动,到黑格尔而达到了高峰;黑格尔论历史哲学的那些讲演最初是在1822—1823年发表的。任何只读过他这部《历史哲学》本身的人,都不能不认为它是一部深刻的独创性和革命性的著作,在书中历史学第一次充分成熟地走上了哲学思想的舞台。但是当考虑到他的前人的著作时,他这部书就变得远远不是那么动人,也远远不是那么有独创性了。

他提出了一种新历史学,叫作历史哲学(这个提议和这个术语是早在伏尔泰就有了的);但是历史哲学对他来说并不是对历史的一种哲学的反思,而是历史把自身提升为一种更高的势力并使之变成为哲学的而有别于单纯经验的,也就是说,历史不仅仅是作为如此这般的事实而加以肯定,并且还由于领会那些事实何以是那样地发生的原因而加以了解。这种哲学性的历史将是一部人类的普遍的历史(这里黑格尔在追随着赫德尔),而且将显示出从原始时代直到今天的文明的进步。这一故事的情节就是自由的发展,它和显示在社会关系的外部体系中的人类道德理性是同一回事;所以哲学的历史所必须回答的问题就是国家是怎样成为现实存在的(这一切都来自康德)。但是历史学家对于未来却一无所知;历史的顶峰并不在一个未来的乌托邦里,而是就在现实的目前之中(这是席勒的思想)。人的自由和他对自己自由的意识乃是同一回事,所以自由的发展就是意识的发展,即思想或逻辑发展的一个过程,在这个过程中,概念之各种必然的形态或契机都一一相继地完成(这是费希特的思想)。最后,哲学的历史展示为不仅是人类的进程,而且是宇宙的过程,是世界在作为精神的自我意识之中逐步实现它自己的过程(这是谢林的思想)。这样,黑格尔的历史哲学特点中的每一种观点都是他从他的前人那里汲取来的;但是他以卓越的技巧把他们的观点结合成那么一贯而又那么统一的一种理论,以至于作为一个整体,它配得上称为是独立的思考。因此我要提醒人们注意它的某些突出的特点。

第一,黑格尔拒绝通过自然来研究历史。他坚持认为自然和历史是不同的东西。它们每一个都是一个过程或一群进程,但是自然的过程并不是历史性的;自然并没有历史。自然的各种过程都是循环的;自然是循环往复、周而复始的;没有什么东西是通过这种循环的重复而构造出来或建立起来的。每次日出、每个春季、每回潮涨都和上一次一样;因为循环在重复着它自身,所以支配着循环的规律就没有改变。自然是一个有着较高的和较低的有机体的体系。较高的有赖于较低的;在逻辑上,较高的有机体后于较低的有机体,但不是在时间上。黑格尔直截了当地否定了较高的在时间上是从较低的发展出来的那种进化理论,断言相信这种理论的人是错把逻辑上的继续当作了时间上的继续。

反之,历史绝不重演它自己;它的运动不是在循环中而是在螺旋中进行的,表面上的重复总是由于获得了某些新东西而有不同。因而战争在历史上时时重复出现,但是每次新战争在某种方式上都是一种新的类型的战争,这是由于人们在上一次的战争中学到了教训的缘故。

黑格尔说出了一个重要的区别,这一点是要归功于他的;但是他对它的说明却是错误的。他区别了自然的非历史过程和人类生活的历史过程,这是正确的;但是用否定进化的学说来强调这种区别,却是错误的。自从达尔文以来,我们已经发觉我们自己不得不接受那种学说,并把自然的过程设想为在某种方式上类似于历史的过程——亦即随着它的继续前进,它就不断地在增进其自身——而黑格尔却认为二者并不类似。但是这一点却仍然是真确的,即自然的过程是不同于历史的过程的——例如,地质学各个时期的继续就并不是一种真正历史的继续——因为历史学的特点是,历史学家在他自己的心灵里重演他所叙述的那些行动者的所作所为的思想和动机;而任何事件的继续却不是历史的继续,除非它所包括的行动其动机,至少在原则上,是能够这样加以重演的。地质学提供给我们一系列的事件,但是历史并不成为历史,除非它提供给我们一系列的行为。因此,黑格尔的结论就是正确的,即除了人类生活的历史而外,就不存在什么历史,——而且还不仅仅是作为生活,并且是作为理性的生活,是有思想的人们的生活。

第二,紧紧随着这一点而来的便是,一切历史都是思想的历史。就人类的行为仅仅是事件而言,历史学家并不能理解它们;严格地说,他甚至于不能肯定说它们曾经发生过。它们仅只是作为思想的外部表现对他才是可知的。举例来说,要重新构造出像是公元1世纪罗马皇帝和元老院反对派之间那样的政治斗争的历史,历史学家所必须做的就是要看出双方是怎样设想当时所存在的政治局势的,以及他们在怎样筹划去发展那种局势;他必须掌握他们有关目前实际的以及有关可能的未来的种种政治思想。在这里,黑格尔无疑地又一次是正确的;不是要知道人们都做了些什么,而是要了解他们都想了些什么,这才是对历史学家的任务所做的确切的规定。

第三,成为历史过程的泉源的那种力量(用康德的词句来说)乃是理性。这是一个很重要而又很困难的学说。黑格尔使用它的意思是指,在历史中所发生的每一件事都是由于人的意志而发生的,因为历史过程就是由人类的行为构成的;而人的意志并不是什么别的,只不过是人的思想把它自己向外表现为行为而已。如果有人说,人类的思想常常是、或一般是远离理性的,黑格尔将会回答说,这是一个错误,它是由于未能领会造成了某种特定思想的那种历史局势。思想永远不是 in vacuo [在真空中] 进行的;它总是由一个固定的人在一种固定的局势中进行的;而且每一个历史人物在每一种历史局势中的思想和行为,都正如那个人在那种局势中所能够思想和行动那样地合于理性,没有人能够做得更多。这是一条非常丰富可贵的原则,黑格尔研究出它来,有着重要的影响。他认为,启蒙运动所设想的那种抽象的理性人并不是真实的东西;真实的情况总是一个人既有理性又有热情,永远不是纯粹理性的或纯粹热情的,他的热情是一个有理性的人的热情,而他的思想则是一个有热情的人的思想;而且进一步说,没有热情就没有理性,也就没有行为。因此,证明某个人是以某种方式根据热情而行动的——例如一个法官在一阵盛怒之下判处了一个罪犯,或者一个政治家出自野心勃勃的动机制伏了对手——并不就证明他没有合理地行动;因为那个法官的判决或那个政治家的政策可能是公正的或明智的,尽管在执行中有着热情的成分。因此黑格尔坚持说,人类的历史展示出其自身为一幕热情的表演这一公认的事实,并不证明它不受理性所控制。可以这样说,他把热情认为是材料,历史就是由这些材料做成的;从一种观点看来,历史就是一幕热情的表演,而且仅此而已;但是同样地历史也是一幕理性的表演,因为理性在利用热情本身作为实现它的目的的工具。

　　这种理性的狡猾的概念、这种理性诱使热情沦为它的代理人的概念,乃是黑格尔理论中的一个有名的难题。他似乎是要把理性人格化成为外在于人类生活的某种东西;它通过人们的盲目而热情的代理作用而实现的目的,乃是它自己的目的而不是他们的目的。有时候,或许黑格尔陷入了类似中世纪神学观点的一种观点,在那里历史所实行的计划乃是上帝的计划,而在任何意义上都不是人的计划;或者说(如果可能区别这两者的话),它是启蒙运动的历史学家的和康德的那种隐蔽的神学观点,在那里历史所实行的计划并不是人的而是大自然的计划。整个说来,无论如何这一点是清楚的,黑格尔所要做的是要摆脱这种观点。在历史中实现它的计划的那个理性,对黑格尔来说,既不是一种抽象的自然理性,也不是一种超越的神明理性,而是人的理性、是有限的人的理性。而且他所说的理性和热情之间的关系,并不是作为有理性的上帝或自然和作为有热情的人之间的关系,而是人类的理性和人类的热情之间的关系。当我们说黑格尔的历史观点是一种理性主义的观点时,我们必须记得这一点,即他的理性主义是非常之奇怪的一种,因为它设想非理性的成分对于理性本身乃是带根本性的。关于这样的人类生活和精神中的理性和非理性之间的密切关系这一概念,的确在预示着一种有关人类的新概念、一种动态的而非静态的概念,并表明黑格尔正在摆脱18世纪所流行的那种抽象和静态的人性论。

第四,既然一切历史都是思想的历史而且展现为理性的自我发展,所以历史过程在根本上便是一个逻辑过程。可以说,历史的转化就是逻辑的转化被置之于一个时间的标尺上。历史只不过是一种逻辑,在这里逻辑的先后关系并不是被变成为一种时间的先后关系所取代,反而是被它所丰富和加强了。因此历史中所出现的那些发展从来都不是偶然的,它们都是必然的;而且我们对一个历史过程的知识不仅仅是经验的,它也是先验的,我们能够看出它的必然性。

在黑格尔的哲学中,最引起人们强烈的反对和敌视的,莫过于他把历史当作一种在时间中发展的逻辑过程以及把我们对历史的知识当作 *a priori*[先验的]这一观念了;但我在谈到费希特时曾经论证过,这种观念并不像它第一眼看上去所显得的那么荒谬,而且确实是大部分对它的反对意见纯属误解。费希特的错误,像我在第五节指出的,乃是认为历史可以不依赖经验的证据而在一种纯粹 *a priori*[先验的]基础之上重建起来。另一方面,黑格尔的批判者却常常陷入相反的错误,相信历史的知识是纯粹经验的;这一点是一个错误,我也在第五节中论证过了。黑格尔本人却避免了这两种错误。像康德一样,黑格尔把纯粹 *a priori*[先验的]知识和包含 *a priori*[先验的]成分的知识区别开来,而且他把历史学看作不是属于前者而是属于后者的一个例子。在他看来,历史包括经验的事件,这些事件是思想外在的表现,事件背后的那些思想——而不是事件的本身——就形成了逻辑上相联系着的概念的一条锁链。当你只观察事件而不观察它们背后的思想时,你就一点也看不见必然的联系。那些谴责黑格尔之认为在历史中存在着必然联系的人们,是从经验方面观看历史的,把它当作单纯外在的事实,并且十分正当地向我们保证说,他们以那种方式观看历史时,他们看不到有任何逻辑的联系。黑格尔会这样回答说,十分正确,在单纯的事件之间确实是没有任何联系的。但是历史包括着行为,而行为则有内在的一面和外在的一面。在外在的一面,它们只是单纯的事件,是在空间和时间上相关的,而不是其他方面;在内在的一面,它们就是思想,是由逻辑的联系而互相结合在一起的。黑格尔所做的就是要坚持历史学家必须首先研究文献和其他证据,从经验方面进行工作;只有以这种方式,他才能确定事实都是什么。但是然后他必须从内在方面去观察那些事实,并告诉我们从那种观点来看的事实都是什么样子。如果说它们看上去与从外在的方面不同,那对黑格尔就不成其为答案。

我认为这种反驳甚至适用于所有的黑格尔批判者之中最为严肃和最为系统的那个人,即克罗齐。克罗齐坚持,黑格尔全部的历史哲学是一种极大的错误,产生于混淆了两种十分不同的事物:即对立与差别。克罗齐说,概念是由对立而发生关系的:好和坏、真和假、自由和必然,以及诸如此类的关系;他承认有关它们的关系的理论,黑格尔在他的辩证法理论中已经做了很好的阐明,它描述了任何概念都与其自身的对立面处于一种必然的关系之中的那种方式,那首先是产生它,然后是否定它,因而概念所存在的方式也就是创造对立和克服对立。但是成其为概念的实例的那些个别事物,却永远都不是以对立的方式而仅仅是以差别的方式而在彼此联系着的;因此之故,它们之间的关系就不是辩证的,而且因此之故在历史中——历史就是各个行动和人物和文明的历史——就不存在着辩证法。而黑格尔的全部历史哲学却有赖于这一原则,即每个历史过程都是一个辩证的过程,其中一种生活形式,例如希腊,产生了它自己的对立面,在这一情形之下就是罗马,从这个正题和反题之中就产生出一个合题,在这一情形之下就是基督教世界。

尽管克罗齐的观点很值得称道,但它并没有真正触及问题的核心。它蕴涵着,我们在谈论历史时,永远不应当使用像对立或对抗以及合题或调和之类的字样;例如,我们不应该说专制主义和自由主义是对立的政治学说,我们只应该说它们是不同的;我们不应谈辉格党和保守党之间或天主教徒与新教徒之间的对立,而只应该谈是一种差别。确实,当我们在仅仅谈论历史的外表事件时,我们不需要使用像对立之类的名词(我姑且称它们为辩证法的名词);但是当我们谈论到这些事件之下的内心思想的时候,在我看来,我们就不能回避它们了。譬如说,我们可以描述新英格兰殖民化的那些纯属外表的事件而不使用任何辩证法的语言;但是当我们试图把这些事件看成是朝香的父老们①这方面有意企图在实践的形式上实现一种新教生活的观念时,我们就是在谈论着思想了,而且我们必须用辩证法的词句来描述它们。例如,我们必须谈到关于宗教机构的公会(congregational)观念和长老(episcopal)观念之间的对立,而且必须承认基于使徒继承的圣职观念和不基于使徒继承的圣职观念两者间的关系乃是一种辩证的关系。根据这一种观点,希腊的文明就是在实现希腊对人生的观念,也就是,希腊的人生观;罗马的文明就是在实现罗马的人生观;而这两种观念之间的关系,根据克罗齐自己的说明,乃是一种辩证的关系。但这正是黑格尔所一直坚持的全部内容。

第五点,也是黑格尔一直遭到猛烈批判的另一点,就是他的历史并不是结束于未来而是结束于现在的这一学说。例如,那位很能干又很同情的瑞士作家爱德华·傅特尔②就说,一部历史哲学探索着人类生活的历程,从它的开始直到世界的末日和最后的审判,就像中世纪的思想家们所做的那样,这是一件可敬的而又庄严的事③;但是黑格尔的历史哲学使得历史不是以最后的审判而是以今天而告结束,则只不过是

---

① 指17世纪移居北美新英格兰的英国清教徒。——译者注
② 傅特尔(Eduard Fueter,1876—1928),瑞士历史学家。——译者注
③ 《近代史学史》(慕尼黑和柏林,1911年),第433页。

以对现在的光荣化和理想化而告结束，否认了任何进一步的前进是可能的，并为一种僵硬的和不明智的保守主义的政策提供一种伪哲学的辩解而已。

但是在这里黑格尔又一次，像费希特一样，确实是正确的。根据他对历史哲学的观念，历史哲学乃是从哲学上加以考虑的历史本身，也就是说在从内部加以观察。但是历史学家并没有有关未来的知识；他有什么文献、什么证据能肯定尚未发生的事实呢？他愈是哲学地观察历史，就愈清楚地认识到，未来对于他是、而且必定永远是一部没有打开的书。历史必须以现在而告结束，因为此外再没有发生过其他的事。但这并不意味着在美化现在或认为将来的进步是不可能的。它仅仅意味着应该承认，现在乃是一件事实，并应该认识到我们并不知道将来的进步将是怎样的。就像黑格尔所说的，未来不是知识的对象，而是希望和恐惧的对象；而希望和恐惧并不是历史。如果黑格尔在他一生晚年的实际政治中是一个不明智的保守派，那乃是作为一个人的黑格尔的错误，并没有理由把它看作是他的历史哲学的错误。

但是尽管在这几点上黑格尔面对着他的批判者似乎是站在正确的方面，但是读他的《历史哲学》一书却不可能不感到，它虽然是一部辉煌的巨著，却有着重大的错误。我不是仅仅指黑格尔对自从他那时代以来所曾发现的许多的历史事实无知，我指的是他的著作的方法和结构本身中的某种更深层的东西。这是一件引人注目的事实，而且是许多读者都已注意到了的一件事实，即作为一位历史学家，黑格尔在他的哲学史讲演中表现得最好，那是历史方法的一场真正的胜利，而且成了以后一切思想史的典范。这意味着，由于他的方法是基于所有的历史都是思想史这一原则，所以当他所处理的题材是最纯粹状态的思想时，也就是哲学的思想时，他的方法就不仅是合法的而且取得了出色的成功；但是这却不是他的《历史哲学》一书的题材。

黑格尔本人坚持认为有许多种思想存在着，而且它们作为合理性的或多或少的完美的事例，在程度上是各不相同的。在底层出现的，他就称之为主观精神，即心理学所研究的那种思想；在这里，思想几乎不超出活的有机体对它自己感觉作用的意识。然后更高一层就出现了黑格尔所称为的客观精神,在这里,思想是通过在社会的和政治的体系中创造出其自身的外在显现而表现它自己的。然后在最顶层,绝对的精神就以其艺术、宗教和哲学的三种形式而出现。这些全都超越了社会的和政治的生活范围并且克服了主体和客体之间的对立,克服了思想者和他所发现存在着的、而又必须服从的那种制度或法律之间的对立:一件艺术品、一种宗教信仰或一个哲学体系,乃是设想出它来的那种精神之完全自由的而同时又完全客观的表现。

在《历史哲学》一书里,黑格尔把他的研究范围限于政治历史。这里他是在追随着康德;但是康德有着一个很好的理由这样做,而黑格尔却没有。根据他对现象和物自身之间的区别,我们已经看到康德把历史事件看作是现象,是时间系列中的事件,而历史学家则是它的旁观者。人类的行为作为物自身,在他看来,乃是道德的行为;而且他认为,同样那些行为作为物自身成其为道德行为的,作为现象就成其为政治行为。因此,历史就必定是而且只能是政治的历史。当黑格尔摒弃康德的现象和物自身之间的区别时,他就蕴涵地摒弃了康德的一切历史都是政治史以及历史乃是一种景观这些学说。因此,国家之在他的《历史哲学》里占据一个中心的地位,就是犯了时代的乖舛;而要自圆其说,他就应该坚持,历史学家的任务倒不是要大事研究客观精神的过程,反而是要研究绝对精神的历史,亦即艺术、宗教和哲学。而且事实上,黑格尔全部著作中大约将近半数是专门研究这三种东西的。《历史哲学》是黑格尔著作整体上的一个不合逻辑的赘疣。他在历史方法上的革命的合法成果——就那种成果见之于他自己的著述中的而论——乃是题名为《美学》、《宗教哲学》和《哲学史》的那八卷书。

因此,普通对黑格尔的批判都是错误的。从承认他的历史哲学多少是有点不能令人满意而开始(这一点也是每个人一定会承认的),这些批评就论证说:"这就是要把历史当作是合理的来加以对待的结果。那教训便是,历史并不是人类思想在不断发展其自身,它只是赤裸裸的事实。"但正确的批判则会这样说:"这就是把政治史本身作为仿佛它就是历史的全部来加以看待的结果。那教训便是,政治的发展应当被历史学家设想为是和经济的、艺术的、宗教的以及哲学的发展结合在一起的,而且历史学家不应该满足于一部人类的历史而缺少其任何具体的现实。"就事实来说,这第二种批评才似乎是有意或无意影响了某些19世纪历史学家们的那种批评。

第八节 黑格尔和马克思

19世纪的历史编纂学并没有放弃黑格尔的这一信念:历史是有理性的——放弃这种信念就会是放弃历史本身了——但是它那目标倒更加在于完成一部具体精神的历史,坚持黑格尔在他正式的《历史哲学》中所忽视的那些成分,并把它们组成一个坚固的整体。在他较直接的弟子里面,鲍尔专治基督教学说史,马克思专治经济活动史,而兰克①在后来则系统地应用他的历史运动概念或分期的概念作为是新教主义之类的概念或观念的实现。马克思的资本主义或兰克的新教主义乃是真正黑格尔意义上的一种"观念":即一种思想、一种由人类自身所掌握的人生观,因而就类似于一种康德的范畴,但它是一种受历史制约的范畴;它是一种人们到了某一个时期就会用以思想的方式,而且他们就按照这种方式组织他们的全部生活,但只不过是发现了观念由于它自己的辩证法而变为另一种不同的观念,而表现它的那种生活方式并不会结合在一起反而会分裂,并使自己转化为那取代了第一种观念的第二种观念的表现形式。

马克思的历史观点兼有黑格尔的强点和弱点:它的强点在于深入到事实背后的那些基础概念的逻辑结构里去;它的弱点在于选择了人类生活中的一个方面(在黑格尔是政治,在马克思是经济)——在其自身即是充分合理的这种意义上。马克思像黑格尔一样坚持说,人类的历史并不是若干不同而平行的历史,经济的、政治的、艺术的、宗教的等等的历史,而只是一部单一的历史。但又像黑格尔一样,他把这种统一不是设想为一种有机的统一体,其中发展过程的每一条线索都保持着它自己的连续性以及它和其他线索的密切联系,而是作为一种其中只

---

① 兰克(Ranke,1795—1886),德国历史学家。——译者注

存在着唯一一条连续线索的统一体(在黑格尔就是政治史的线索,在马克思就是经济史的线索),其他的因素都没有它们自身的连续性,而是(对马克思来说)在它们发展中的每一点上都仅仅是基本经济事实的反映。这就使马克思陷于一个悖论:如果某些人(譬如说)主张某些哲学观点,那么他们也并没有哲学上的理由要主张它们,而只有经济上的理由。建筑在这一原则上的有关政治的、艺术的、宗教的、哲学的那些历史研究,都不可能具有真正的历史价值;它们都仅只是在卖弄聪明,例如,要发现贵格派教义(Quakerism)和银行业之间的联系这一真正重要的问题,在这里就受到了压制而实际上被说成贵格派教义是银行家们对于银行业的唯一思想方式。然而,马克思的悖论只是象征着一种反历史的自然主义,那感染了他大部分的思想,并且从他对黑格尔的辩证法的态度最能得到说明。

马克思有过一句有名的自诩,说他接受了黑格尔的辩证法并"把它的头倒置过来";但是他并没有完全意味着他所说的话。黑格尔的辩证法从思想开始,进而至于自然,并以精神而告结束。马克思并没有颠倒过来这种次序。他只提到了第一项和第二项,没有提到第三项;他的意思是,黑格尔的辩证法从思想开始,进而至于自然,而他自己的辩证法则从自然开始,进而至于思想。

马克思并不是一个哲学上的无知者,他一刻也没有假设过,在黑格尔那里思想对自然的第一性就意味着黑格尔把自然看作是精神的一种产物。他知道黑格尔像他自己一样,把精神看作是自然的一种产物(一种辩证的产物)。他知道"思想"一词,在黑格尔把逻辑学叫作"思想的科学"那种意义上,所指的并非是什么在思想,而是它所思想的是什么。对黑格尔来说,逻辑学并不是一门"我们如何思想"的科学,它是一门有关柏拉图式的形式的,即有关抽象的实体或"理念"的科学;——假如我们还记得要认真看待黑格尔本人的警告,即我们一定不要假设观念仅只存在于人们的头脑里。那会是"主观唯心主义",是黑格尔所厌恶的东西。按照他的说法,它们进入人的头脑里,只是因为人是能够思想的;而且如果"观念"并不曾独立于人们对它们的思想之外的话,那么就不会有任何人、也确实不会有任何自然世界存在了;因为这些"观念"就是逻辑的架子,唯有在那里面,一个自然的和人的世界、不能思想的生物和能思想的生物的世界,才是可能的。

这些"观念"不仅为自然制定了一个架子,它们也为历史制定了一个架子。历史,作为人在其中表现了自己思想的行为,便由一些条件预先为它奠定了它那结构的一般轮廓,唯有在那些条件之下思维活动、精神才能够存在。在这些条件之中包括以下两条:第一,精神应该出现在一个自然世界之内,而且继续停留在其中;第二,它应当通过领会处于自然背后的那些必然性而工作。因而人类的历史活动,作为发生着的或进行着的活动,就是在一个自然的环境里发生着的或进行着的,而不能以其他的方式进行。但是它们的"内容",亦即人们具体所想的和人们所藉以表现这种思想具体所做的,却不是被自然、而是被"观念"即逻辑学所研究的必然性所决定的。因此,逻辑学在如下的意义上就是历史学的钥匙,即历史学所研究的那些人们的思想和行为都在遵循着一个模式,那个模式就是由逻辑学已经以黑白勾好了模式的一个彩色套版。

这就是当马克思说他已经把黑格尔的辩证法颠倒过来时,所想的东西。他在做出这一声明时,他心目之中的那种东西就是历史,也许历史是马克思所极感兴趣的唯一事物。他的话的要点就是:对于黑格尔来说,因为逻辑先于自然,所以就要由逻辑来决定历史所据以工作的那种模式,而自然则仅仅是决定历史在其中工作着的环境;而对于马克思本人来说,自然就不止是历史环境而已,它是得出历史模式来的根源。他认为从逻辑中为历史抽出模式来是无用的,如像著名的黑格尔关于自由的三个阶段的模式:"对东方世界来说,一个人是自由的;对希腊罗马世界来说,有些人是自由的;对近代世界来说,人人都是自由的。"更好的办法是从自然世界中抽出模式来,就像马克思所做的同样有名的模式:"原始共产主义、资本主义、社会主义";在这里,名词的意义据说不是来自"观念",而是来自自然的事实。

马克思所做的事乃是要重申 18 世纪历史自然主义的基本原则,即历史事件都有自然的原因这一原则。他无疑是以一种不同的态度重申了这一原则。他的思想谱系中那黑格尔的一面,使它有权在自己的怀抱里拥有"辩证"这个名词。他如此强烈地坚持的那种唯物主义并不是通常18世纪的唯物主义,它是"辩证唯物主义"。这种差别并非是不关重要的;但是它也一定不能加以夸大。辩证唯物主义仍然是唯物主义。因而马克思就是在变黑格尔辩证法的魔术,其全部的要点是这样的:黑格尔已经和18世纪的历史自然主义宣告决裂了,而且确乎是除了以部分的方式而外并不曾成就过、但是无论如何却曾要求过有一部自律的历史(因为一部除了逻辑必然性的权威而外不承认有任何权威的历史,便可以无愧于要求自律这一称号);而马克思却又回到这种要求上来,并且把黑格尔已经宣布从自然科学的管辖之下解放出来了的历史学,又一次隶属于自然科学的管辖之下。

马克思采取的步骤是一种倒退的步骤。但是也像其他许多的倒退步骤一样,它在表面上的倒退更甚于它在实际上的倒退;因为他所撤出的那个领域,乃是从未曾有效地加以占领过的领域。黑格尔曾经要求一部自律的历史,但事实上他并没有完成它。他已经看到——仿佛是预言般的——历史学在原则上应当从它对自然科学的学徒地位中解放出来;但是在他自己实际的历史学思想中,却从未充分达到那种解放。那就是说,就他通常所称之为历史的那种东西而言,亦即就政治史和经济史而言,它还没有达到;黑格尔在这方面并不是一位大师,而且在这方面他主要地是使自己满足于剪贴方法。然而在他的哲学史中,而且也只是在这里,他的确是对于一个历史的领域进行了有效的占领;而且正是在这里,他一定曾使他自己确信,正如他曾使许许多多的读者所确信的那样,他对于历史学思想的自律性这一要求在原则上是有道理的。那也就是何以辩证唯物主义一直总是在政治史和经济史方面得到它最大的成功、而在哲学史方面却得到它最大的失败的一个原因。

如果说马克思颠倒了黑格尔的辩证法是一个后退的步骤,那么它也是前进的一个序幕。这种前进奠基于黑格尔所留下来给他的弟子们的那种实际情况,特别是它导致在处理那种特殊的历史即经济史上的一场巨大的前进;在这方面黑格尔是软弱无力的,而在这方面马克思则是分外地强而有力的。如果说一切近代有关哲学史的研究都得回到黑格尔这位这一专题的近代大师那里去,那么一切近代有关经济史的研究在同样的意义上就都得回到马克思那里去。然而,今天的研究实践却不能再停留在黑格尔为哲学史所留下来的地方,或者是马克思为经济史所留下来的地方了;正如历史理论不能停留在黑格尔的《历史哲学》所留下来的地方,或马克思的"辩证唯物主义"所留下来的地方一样。这些都是权宜的手段,从而使尚未超出剪贴阶段的那种类型的历史学可以试图采用非历史的方法来掩饰那种阶段所固有的缺点。它们属于历史学思想的胚胎学。证明它们是有道理的、而且确乎是必不可少的条件,现在已经不复存在了。

第九节 实证主义

马克思和他的同事们的历史唯物主义,对于历史学的实践并没有起什么直接的影响,历史学的实践在19世纪里变得愈来愈加怀疑所有的历史哲学都是些毫无根据的臆测。这一点和那个世纪之普遍倾向于实证主义有关。实证主义可以定义为是为自然科学而服务的哲学,正如在中世纪,哲学是为神学而服务的一样。但是实证主义者有着他们自己的有关自然科学是什么的见解(是一种颇为浅薄的见解)。他们认为它包括两件事:首先是确定事实;其次是构成规律。事实是被感官知觉所直接确定的。规律是根据归纳法来概括这些事实而构成的。在这一影响之下就出现了一种新的历史编纂学,它可以称为实证主义的历史编纂学。

历史学家们满怀热情地投身于实证主义纲领的第一部分,从事研究他们所能确定的一切事实。结果是详尽的历史知识大量地增加,根据对证据的精确的和批判的考订而达到一种史无前例的程度。这是由于编纂大量精心筛选的材料而使得历史学丰富了起来的时代,诸如密封存档的年历、拉丁文铭刻集成、各种各样历史文件和资料的新版本以及考古研究的成套设备,等等。像蒙森或梅特兰[①]这些最优秀的历史学家们,成为了最著名的考据精详的大师。历史学的良心把自己认同

---

① 梅特兰(Maitland,1850—1906),英国历史学家。——译者注

于对每一桩孤立的事实都出之以一种无限谨慎的态度。普遍的历史这一理想被当作一种空幻的梦想而被扫到一边去了,于是历史文献的理想就成为了专题论文。

但是在整个这段时期里,对于这种绵密研究的最终目的却始终有着一种不安的心情。它是服从着实证主义的精神而在进行的;根据实证主义的精神,确定事实仅仅是全过程的第一阶段,它的第二阶段便是发现规律。历史学家们自己大多数都非常高兴去进行确定新的事实;可供发现的领域是无穷无尽的,而且他们所要求的,最多也无非就是去挖掘它们而已。但是了解实证主义纲领的哲学家们却怀着疑虑的心情在观察这种热情。他们问道,什么时候历史学家才踏上第二个阶段呢?同时,并非是历史学专家的普通人却变得厌烦了;他们看不出这桩或那桩事实究竟发现与否,到底有什么关系;于是历史学家和普通知识界人士之间的鸿沟就逐渐加宽了。实证主义哲学家抱怨说,只要历史学死抱住单纯的事实不放,它就不是科学的;普通人则抱怨说,它所揭明的那些事实引不起兴趣来。这两种抱怨大致是同一回事。每一种都蕴涵着,单纯为了事实而确定事实是无法令人满意的,它的合理性的证明是远在它自身以外的某种东西之中,那是这些已经被确定的事实所能够做到或者是应该做到的。

正是在这种情况下,孔德就要求历史事实应当作为比它们本身更为重要和更为真正有趣的某种东西的原材料而加以使用。实证主义者说,每种自然科学都从确定事实而开始,然后就进而发现它们的因果关系;孔德接受了这种说法,他提出应该有一门新科学,叫作社会学,从发现有关人类生活的事实(这是历史学家的工作)而开始,然后进而发现这些事实之间的因果关系。社会学家因此就是一种超级历史学家,他们由于科学地思考历史学家仅仅经验地加以考虑的那些同样的事实,便把历史学提高到一种科学的地位。

这一纲领很像是康德的和后康德学派的纲领之把大量储存的事实重新解释成一套庄严的历史哲学。唯一的区别是,对唯心主义者来说,这种被规划的超级历史要基于作为某种特殊的而有别于自然的东西的精神概念;而对实证主义来说,则它是基于与自然并没有根本不同的精神概念。历史的过程对于实证主义者来说,在性质上与自然的过程是一样的,而这就是为什么自然科学的方法可以应用于解释历史。

这个纲领,乍看上去好像是以一种简单草率的姿态,抛弃了18世纪在理解历史方面那样辛辛苦苦所做出的一切进步。但这实际上却不是实情。实证主义者对于自然和历史之间的基本区别的这一新否定,实际蕴涵的倒不是对18世纪历史观的摒弃,反而是对18世纪自然观的批评。这一点的标志就是,大体上19世纪的思想尽管对大部分黑格尔的历史哲学是敌视的,但对他的自然哲学基本上却更加敌视。我们已经看到,黑格尔把高级的和低级的有机体之间的区别看作是逻辑上的而非时间上的,这样他就摒弃了进化观念。但是在他死后的那个世代里,自然界的生活开始被认为是一种进步性的生活,而且就这方面而言,乃是有似于历史生活的一种生活。1859年,当达尔文出版《物种起源》一书时,这种观念并不是新观念。在科学界,把自然界作为一种静态体系的概念——即一切物种在其中(用旧话来说)都是特殊的创造物——早已经被把物种看作是在时间的过程之中产生的这一概念所取代了。达尔文的观念的新颖性并不是他相信进化,而是他坚持进化乃是由他所称为的自然选择而实现的,这一过程类似于人们采用人工选择来改进家畜的育种。但是在一般人的心目中,这一点并没有清楚地被认识到,于是达尔文便作为进化这一观念的战士、而且还确实是以它的发明人而出场了。在《物种起源》对思想的普遍影响方面,它就这样成为象征着第一次使人人都知道作为一种静态体系的旧自然观念已经被人们所放弃了的一部书。

这一发现的影响,势必大大增进历史学思想的声誉。直到这时,历史学思想和科学思想二者间的关系,也就是说对于历史的思想和对于自然的思想二者间的关系,一直是对抗的。历史为它自己所要求的题材在本质上是进步的;而科学则要求一种在本质上是静态的题材。到了达尔文,科学的观点就有条件地向历史的观点投降了,于是这时两者都同意把它们的题材设想为进步的。进化论这时就可以用来作为包括历史的进步和自然的进步两者都在内的一个普遍的术语了。进化论在科学界的胜利意味着,由于把自然部分地归结为历史,实证主义就有了资格把历史归结为自然。

这种**友好关系**(rapprochement)却有它的危险。它由于导致如下的假设而倾向于伤害自然科学,即自然的进化由于它自己能创造愈来愈好的生命形式,乃是自动进步的;它也可以由于如下的假设而伤害历史学,即历史的进步有赖于同样的所谓自然法则,而自然科学的方法则以其进化论的新形式是适宜于研究历史过程的。防止了对于历史学的这种伤害的却是这一事实,即历史学方法这时已经发现了它自己,并且比起半个世纪以前来,它已经变成为一种更加确定得多、系统得多和自觉得多的东西了。

19世纪初期和中期的历史学家已经研究出一种掌握材料的新方法,即语言学的考据方法,这种方法主要地包括两项操作:首先是把出处(这仍然是指文字的或记述的出处)分析为它们的各个组成部分,区别出它们当中早晚不同的成分,从而使历史学家能鉴别出其可靠性或多或少不同的各个部分;其次是,对于那些更可靠的部分进行内部考据,指明作者的观点是怎样影响了他对事实的陈述的,从而使历史学家能够对于由此而产生的歪曲加以考虑。这种方法的经典范例就是尼布尔[①]对李维的处理,他在处理时论证说,大部分通常被认为是早期罗马史的,都是更晚得多的时期的爱国热情所虚构的故事;而且就连那最早时期的老底层也不是严肃的历史事实,而是类似于民谣文学的一种东西,是一部远古罗马人民的民族史诗(他这样称它)。在那部史诗的背后,尼布尔发掘出早期罗马的历史现实乃是一个雇农—农民的社会。我无须在这里通过赫德尔直到维柯来追溯这种方法的历史;值得注意的要点是,到了19世纪的中叶,它已经变成了一切有才干的历史学家们的可靠财富,至少在德国是这样。

这时,掌握了这种方法的结果便是,历史学家懂得了怎样以他们自己的方式来进行他们自己的工作,而不必再冒由于企图把历史学方法同化为科学方法而被引入歧途的风险。这种新方法从德国逐步传播到法国和英国;凡是它传播所及的地方,它都教导历史学家们说,他们必

---

① 尼布尔(Niebuhr,1776—1831),德国历史学家。——译者注

须要实现一项十分特殊的任务,而有关这项任务实证主义并没有教给他们任何有用的东西。他们看出了他们的工作就是要使用这种考据方法来确定事实,并且还要拒绝实证主义送给他们的那份邀请书,那催促他们要面向假设中的第二个阶段,即发现普遍的规律。因此之故,孔德的社会学的主张就被更有才能的和更诚恳的历史学家们悄悄地抛弃到一旁;他们终于认为,发现和陈述事实本身对于他们来说就够了,用兰克的名言来说就是"wie es eigentlich gewesen"[正像它本来的面貌那样]。① 历史学作为若干个别事实的知识,就逐渐作为一项独立自主的研究而使自己脱离了作为普遍规律的知识的科学。

但是,尽管历史学思想的这种日益增长的独立自主性,使它能够在某种程度上抗拒实证主义精神的较极端的形式,然而它仍然深深受到那种精神的影响。像我已经说明过的,19世纪的历史编纂学接受了实证主义纲领的第一部分,即收集事实,尽管它排斥了第二部分,即发现规律。但是它依然以一种实证主义的方式来设想它的那些事实,亦即把它们当作分别独立的或者说原子式的。这一点便导致历史学家在他们处理事实时采用了两条方法上的准则:(1)每桩事实都被看作可以通过一项单独的认识行为或研究过程而被确定的事物;于是,历史可知的整个领域便被分割成无数细微的事实,每件事实都要单独予以考虑。(2)每件事实都要被思考为不仅独立于其他一切事实之外,而且也独立于认知者之外,因此历史学家观点中的一切主观成分(像是它们被人称为的)就必须一概删除。历史学家一定不要对事实作任何判断,他只应该说事实是什么。

这两条方法上的准则都有一定价值;第一条训练了历史学家们要精确地注意细节问题,第二条则训练了他们避免把他们的题材涂上他们自己感情反应的色彩。但是这两条在原则上却都是有害的。第一条导致的推论是,没有什么对于历史学来说是一个合法的问题,除非它要么是一个微观的问题,要么就是可以当作一组微观的问题。因此,蒙森

---

① 兰克:《罗马与日耳曼民族史》第一版序言,《全集》第三十四至三十五卷,莱比锡,1874年,第 vii 页。

这位实证主义时代遥遥领先的最伟大的历史学家,才能以几乎难以置信的精确性编纂出一部铭文大全或者一部罗马宪法手册,并且才能指明怎样使用这部集成,例如,以统计的方法处理军人的墓志铭,从而发现罗马军团在不同的时期里都是从哪里征集来的;但是他想写一部罗马史的企图,恰恰就在他自己对罗马史的贡献开始变得重要的那个时刻却破灭了。他终生致力于罗马帝国的研究,他的《罗马史》却结束于阿克提姆之役。① 因此,实证主义在它那工作的这一方面所留给近代历史编纂学的遗产,就是空前的掌握小型问题和空前的无力处理大型问题这二者的一种结合。

第二条规则,反对对事实进行判断,具有同样的损害作用。它不仅阻碍了历史学家们以一种恰当的和有条理的方式去讨论诸如下列的问题:这种或那种政策是一种明智的政策吗?这种或那种经济体系是健全的吗?科学或艺术或宗教的这种或那种运动是一种进步吗?如果是,又是为什么呢?它还阻碍了他们去分享或批评已往的人们对自己同时代的事件或制度所做的判断。举例来说,他们能够重述有关罗马世界的皇帝崇拜的全部事实,但是因为他们不容许自己对于它作为一种宗教的和精神的力量的价值和意义形成判断,所以他们就不能理解那些实行这种皇帝崇拜的人真正对它有什么感受。古人对奴隶制是怎么想的?中世纪时的普通人对于教会及其教律和教义的体系是什么态度?在一场像民族主义的兴起这样的运动中,有多大成分是由于群众的感情,有多大成分是由于经济的力量,有多大成分是由于深思熟虑的政策?像这些问题一直都是浪漫主义历史学家系统研究的对象,却被实证主义的方法当作不合法的而一笔勾销了。拒绝判断事实也就意味着,历史只能是外界事件的历史,而不是产生这些事件的思想的历史。这就是何以实证主义历史编纂学使自己又陷入了老错误,把历史等同于政治史(例如在兰克那里,而尤其是在弗里曼那里)而忽视了艺术、宗教、科学等等的历史,因为这些都是它所无力处理的课题。例如,哲

---

① 阿克提姆(Actium)之役,公元前 31 年,屋大维击败安东尼和克里奥巴特拉。事在罗马帝国成立之前。——译者注

学史在那个时期从未被人研究得像是黑格尔那么成功。于是，实际上就产生了一种理论（它对于一个浪漫主义历史学家或者对我们今天来说，会显得简直是滑稽可笑），认为哲学或艺术严格地说根本就没有历史。

所有这些后果都源出于历史理论中的某种错误。把历史学当作是处理事实而且仅仅是事实的这一观念，看来似乎是全然无伤的；但是什么是事实呢？按照实证主义的知识论，事实就是某种在知觉中直接被给定的东西。当我们说科学在于首先是确定事实，然后是发现规律时，这里的事实便是科学家所直接观察到的事实：例如，这只豚鼠在注射了这样一种培养基之后就得了强直性的痉挛这一事实。如果任何人怀疑这一事实，他可以用另一只豚鼠重做这一实验，它将会照样如此，因此之故，对于科学家来说，事实是否真正像人们所说它们的那样，这一问题永远都不是一个至关重要的问题，因为他总是能够在他自己的眼前重行制造那些事实。因此在科学里，事实乃是经验的事实，是在它们发生时被知觉到的事实。

在历史学中，"事实"一词就赋有非常之不同的意义了。公元 2 世纪罗马军团开始完全从意大利以外征集的这一事实，并不是直接给定的。它是由于按照一种复杂的准则和假设的体系来解释资料的过程而推论出来的。历史知识的理论就会发现这些准则和假设都是什么，并且会问它们之成为必要的和合法的都到什么程度。所有这一切都被实证主义的历史学家们所全然忽略了，因此他们从不向他们自己问一下这个难题：历史知识是怎样成为可能的？历史学家怎样而且在什么条件之下才能够知道，现在已超出回忆或复述之外，所以对他就不能成其为知觉对象的那些事实呢？他们以他们对科学事实和历史事实之间的错误类比，就排除了提出这个问题。由于这一错误的类比，他们就认为这样一个问题可以无须回答。但是，由于这同一个错误的类比，他们便总是在误解历史事实的性质，从而就以我已经描述过的那些方式在歪曲历史研究的实际工作。

第四编 科学历史学

第一节 英　国

一　布莱德雷①

欧洲的哲学到了19世纪末叶,继黑格尔死后而到来的那个严冬之后,又出现了一个新的生长的春天。在它的消极方面,这场新的思想运动表明它自己主要是对实证主义的反抗。但是实证主义,尽管它实际上是一个哲学体系,却拒绝承认这个称号。它只是声称要成为科学的。实际上,它只不过是把自然科学的方法论提高到一种普遍的方法论的水平之上而已,即自然科学把自己等同于知识。因而对实证主义的攻击就必然除了表现为对科学的反抗而外,同时也表现为对理智本身的反抗。但确切地加以理解,它却并不是这二者。它并不反抗科学,它只反抗那种声称科学是已经存在着的或者曾经可能存在着的唯一的一种知识的哲学。它并不反抗理智,它只是反对把理智限于自然科学所特有的那种思想的理论。但是对某一件事物的每一次反抗,都是有利于另一件事物的一次反抗。而在它的积极方面,这场新思想运动(随着它走向成熟而变得越来越清楚)也是一种尝试,证明历史学作为一种知识形式是不同于自然科学的,而且它本身有权成为有效的。

然而,这些新观念的早期倡议者是在实证主义的阴影之下工作着的,他们要使自己摆脱实证主义的观点有着很大的困难。如果他们在他们思想的某些点上成功地克服了这种困难,他们又会在其他方面重

---

① 布莱德雷(Bradley,1846—1924),英国哲学家。——译者注

新陷入实证主义。所以当我们现在回顾这场运动时,我们就看到它是实证主义与各种反实证主义动机的一种杂糅的混合物;而当我们试图批判它的种种结果并整理出它们的秩序的时候,我们很快就会认识到,做到这一点的最容易的方法就是剔除其反实证主义的成分并把它当作实证主义的一种不能自圆其说的陈述。当然,这会是一种错误的解释;它会包括着把新的成长的激荡误认为是一种虚弱的和不连贯的思想摇摆,并且在恰好是错误的方向上发展了这些新哲学家们的观念,取消了他们所提出的困难,而不是面向着并且克服着这些困难。在分析一个哲学家的思想时,正像在分析——比如说——一种政治形势时一样,我们总会发现有不连贯和矛盾之处;这些矛盾总是出现在后退的和前进的成分之间;假如我们要做任何分析工作的话,那么最重要的就是要正确地区分哪些是前进的成分和哪些是后退的成分。对我们的题目历史地进行研究的重大优点,就是它能使我们确切做出这种区别。

在英国,我们所谈到的这一新运动的领导者是 F. H. 布莱德雷,他出版的第一部著作特别涉及历史学的问题。这就是写于 1874 年的《批判历史学的前提假设》一书。此书所由以出现的形势,就是由图宾根学派、特别是由 F. C. 鲍尔[①]和 D. 施特劳斯[②]所发展起来的《圣经》批评的这一情况。这些德国的神学家们已经使用新的历史考据的方法来叙述《新约全书》,其结果对于信仰那些叙述的可靠性乃是毁灭性的。然而,这种结果的毁灭性却不是简单地由于使用考据方法,而是由于使用这种方法的实证主义精神。考据的历史学家是这样一个人,他不再满足于说:"权威材料是说发生过如此这般的一件事,所以我相信它发生过。"他说:"权威材料说它发生过,现在就要由我来决定究竟它们所谈的是否真实。"因此,考据的历史学家就必然要问,《新约全书》的叙述在这一点或那一点上是否报道了历史事实,还只是作为一个新宗教派别的传说的组成部分而产生的虚构。然而二者中的任何一种在理论上都是可能的。例如,我们以耶稣复活的故事为例。曾任牛津大学历史

---

① 鲍尔(Baur,1792—1860),德国神学家。——译者注
② 施特劳斯(David Strauss,1808—1874),德国神学家、著作家。——译者注

学教授和拉格比(Rugby)校长的托马斯·阿诺尔德①就说,这件事是历史上验证得最好的事实。但是,考据家回答说,它验证得很好只是证明了有很多人相信它,而不是它曾经发生过。尽管他们的论证有着健全的根据,但是当他们声称能够证明:(1)它不可能发生过;(2)相信它的那些人很有理由相信它,哪怕它并没有发生过;这时候他们的实证主义的假设就开始变得明显了。他们论证说,它不可能已经发生过,因为它是一桩奇迹,而奇迹是违反自然法则的;自然法则是由科学发现的,因此科学的全部威望和权威就都被投到天平上的否定耶稣复活确实发生过的那一边。但是早期基督教会的成员并不是有科学头脑的人;他们生活在区别什么可能发生和什么不可能发生乃是毫无意义的事那样一种气氛里;在那种岁月里每个人都相信奇迹;因此十分自然地他们的想象力就应当创造这样的奇迹,那对他们自己的教会是如此之可信并且反映出它的创立者是如此之光荣。

  结果便是,这些考据家们并没有最小的一点点反宗教或反基督教的偏见,而是相反地希望把他们自己的基督教信仰仅仅建立在经过考据所确定的历史事实的坚固的基石之上;于是他们就从事重写《新约全书》的叙述,而撇开了奇迹的成分。起初他们并没有认识到,这一点在多大程度上使得他们对基督教的起源产生怀疑,但是不久问题就出现了。如果奇迹以及用同样的画笔所涂绘的其他一切一起都被勾销的话,那么还有什么剩了下来呢?按照这种考据的理论,早期的基督教徒渗入了奇迹,只是因为他们是些不科学的、富于想象力的、轻信的人;但是这一事实却不仅使得他们对奇迹的见证无效,而且也使得他们对所有其他的见证一律无效了。那么,我们为什么应该相信耶稣竟然活过呢?更极端的考据家们就论证说:的确,《新约全书》所能够确实告诉给我们的一切就是,写它的人们是活过的而且他们是他们自己著作中所表明的那种人,他们是具有奇怪的信仰的一个犹太教派,各种情况的结合逐渐地把他们培养成为罗马世界的宗教主宰。于是一种激进的历史怀疑主义便不是从运用考据方法之中,而是从把那些方法与未经考

---

① 阿诺尔德(1795—1842),英国历史学家。——译者注

据的和未为人注意的实证主义的假设相结合之中产生出来了。

这就是布莱德雷著作的背景。他不是在围绕着他们的结论的激烈论战中拥护或者反对批评家们的哪一方,他为自己所规定的任务是从哲学上调查研究他们的方法以及他们所依据的原则。他从这样一个事实出发:考据历史学是存在的,而且一切历史学在某种程度上都是考据的,因为没有一个历史学家抄录他那权威出处的陈述恰如他所发现它们的那样。于是,"考据的历史学就必定有一个标准";而且很清楚,这个标准只能是历史学家本人。他处理他的权威的那种方式,将要而且必定要取决于他所带给对它们的研究的都是什么。既然历史学家是一个具有他自身经验的人,他经历了他所生活于其中的世界;所以他自己带来用以解释历史证据的就正是这种经验。他不可能简单地仅仅是反映那个证据都告诉了他什么事的一面平静的镜子;在他自己努力去解释它之前,它什么也没有告诉他,因为它本身只不过"是一群争吵着的见证人,是一堆支离破碎的混乱叙述"而已。他从这种杂乱无章的材料中得出来什么,要取决于他本人是什么;也就是说,取决于他所带给这项工作的那种经验整体。但是他所必须据之以进行工作的那种证据其本身已经是由见证所构成的,也就是说是由各个不同的人所做的陈述所构成的;并且因为它们想要成为客观事实的陈述,而不是单纯主观感觉的记录,所以它们就包含着有判断和推论,而且还很容易有错误。考据的历史学家所必须做的事就是要决定,他正在使用其证据的那些人在这种或那种场合究竟是在做出正确的还是错误的判断。这种决定必须建立在他自身经验的基础之上。这种经验告诉他哪种事物可能发生,而这就是他用以评判证词的准则。

当我们的见证人肯定了一件事实,而在我们的经验中又完全缺乏类比时,难题就出现了。我们能够相信他吗,还是我们必须拒绝他的那部分证词呢?布莱德雷的回答是:如果在我们自己的经验中我们遇到了一个事实,不像我们以前所遇到的任何事物时,我们就只有在通过"经常重复最仔细的核实工作"验证了它的时候,才可以认为我们自己有权相信它的真实性。因而这些就是我们能够相信这样一桩事实或证词的唯一条件:我必须有保证,见证人是一个像我自己一样诚恳的观察者,而且他也已经用同样的方式证实了他的观察,在这种情况下"他的判断对于我来说就恰恰像我自己的判断一样"。换句话说,他必须不是这样一种人,竟让自己对于已经发生的事情的信念受到我所并未分享的那种宗教的或者其他的世界观所影响;因为如果那样的话,他的判断在我看来就不可能和我自己的一样了。他必须正像我自己一样不辞辛苦地确定事实。但是在历史学中,这些条件却是不可能实现的;因为见证人总是他那时代的一个产儿,单单人类知识的进步就使得他的观点和准确性的标准与我自己的一样成为了不可能的事。因而,就没有任何历史见证能确定那些与我们当前的经验无从类比的事实的真实性。在它试图做到、而并未能做到这一点的情况下,我们所能做的一切就是结论说,见证人已经犯了错误,并且把这个错误本身当作一桩不得不加以说明的历史事实。有时候我们能推论出他所如此错误地加以报道的那个事实是什么,有时候却不可能做到这一点;于是我们只好说,见证是存在的,但是我们却没有重建事实的资料。

布莱德雷的论点大体上就是这样。它是如此丰富而又如此深入到它的主题中去,以至于一个简短的评论是不可能对它做到公正的。但是我将努力分辨出其中似乎令人满意的观点和那些不大令人满意的观点。

在这一论述的积极方面,布莱德雷是绝对正确地主张着,历史知识绝不是单纯消极地接受证词,而是对证词的一种批判的解释;这种批判就蕴涵着一种标准,而这个标准就是历史学家带到他的解释工作中来的某种东西,也就是说,这个标准就是历史学家自身。他很正确地主张,接受证词就意味着使见证人的思想成为历史学家自己本人的思想,亦即在历史学家自己的心灵里重演那种思想。例如,如果有一个见证人说恺撒是被谋杀的,而我接受了他的陈述;那么我自己关于"这个人说恺撒是被谋杀的,他是正确的"这一陈述,就蕴涵着我自己的陈述"恺撒是被谋杀的",而这也就是见证人原来的陈述。可是,布莱德雷却突然中止去采取下一个步骤,并承认历史学家在自己的心灵中所重演的不仅是见证人的思想,而且还有见证人在报道其行动的那个行动者的思想。

我认为,他错误的地方就在于他关于历史学家的标准和他所运用那个标准的对象二者之间的关系的概念。他的观点是,历史学家把一个现成的经验整体带入他的工作之中,他以此来判断他那权威出处中所包含的陈述。因为这套经验整体被设想为是现成的,所以它不可能由历史学家自己作为一位历史学家的工作来加以更改;在他开始他的历史学工作之前,它必须是就在那里了,而且还是完整的。所以这种经验就被看作不是由历史知识而是由其他某种知识所构成的,而实际上布莱德雷则把它设想为科学的知识,即关于自然规律的知识。这就是他那个时代的实证主义开始感染了他的思想之所在。他把历史学家的科学知识看作是给了他用以区别可能发生的事和不可能发生的事的一种手段。他以实证主义者的方式在设想这种科学知识是建立在对被观察到的事实的归纳法的基础之上的,所根据的原则是,将来会类似于过去以及未知类似于已知。

　　约翰·斯图亚特·穆勒的归纳逻辑是笼罩着布莱德雷论文的整个这一部分的阴影。但是在这种逻辑本身之中有着一种内在的不一致。一方面,它声称科学思想向我们揭示了不可能有任何例外的自然规律;另一方面,它又主张这种揭示是建立在来自经验的归纳法的基础之上的,所以就绝不可能给我们以比或然性更多的普遍性知识。于是,企图把历史学建立在科学基础之上的最后一着就破灭了;因为虽然也许有些事实与我们所设想它们的那些自然规律不一致(也就是说,奇迹可能发生);但是这些事实的出现却是如此之未必或然,以至于没有任何可能的见证会使我们相信它。这种绝境确实是破坏了这一整个的理论;因为在奇迹的极端例子中是真确的,原则上就无论在什么事件中也都是真确的。而且无疑地,正是布莱德雷意识到了这一点,使他在写作了这篇论文之后就致力于仔细研究穆勒的《逻辑学》,结果就是九年之后他出版了他的《逻辑原理》。

　　布莱德雷正确地看出了,历史学家的标准是他自己带给研究证据的某种东西,同时这个某种东西就仅只是他自己;但是那却不是作为科学家的他自己,像是布莱德雷所认为的,而是作为历史学家的他自己。只是由于实际运用着历史思想,他才学会了历史地去思想。所以,他的标准绝不是现成的;它来自经验,而那经验就是他进行历史思想的经验,它随着他的历史知识的增长而在增长。历史乃是它自身的标准;它并不为了它的有效性而有赖于它自身以外的某种东西,它是思想的一种自律形式,它有着它自身的原则和它自身的方法。它的原则就是历史精神的规律,而不是别的;而历史精神则在历史探讨的工作中创造其自身。在自然科学成为了知识界的绝对统治者的一个时代,任何人要为历史学提出这样一种要求,都是太大胆了;但它是布莱德雷的思想在逻辑上所蕴涵的要求,而且总有一天可以看到它是一种必然的而又正当的要求。

虽然这一要求并不是由布莱德雷本人所明确提出来的,虽然在他后期的哲学事业里他并没有明显地再回到历史学的问题上来;但事实上他确实首先是着手建立一种面向历史学认识论的逻辑学(尽管读者很少认识到这一点),其次是建立一种形而上学,在那里面实在是以一种彻底的历史观点来构思的。我不能在这里详细地论证这一点,但我将简略他说明它。在《逻辑原理》一书中,布莱德雷对实证主义逻辑学的持续论战、在它持续诉之于历史知识并分析历史知识之中,有着一个建设性的方面。例如,在论述判断的量时,他主张并不存在抽象的一般和抽象的特殊:"具体的特殊和具体的一般都具有实在性,而它们都是个体的不同名称。①凡是实在的都是个体;而这种个体,虽然是同一个样,却有着内部的不同。因此你可以以两种对立的方式去看待它。只要它是一个与其他个体不同的个体,它就是特殊的。只要它透过它的全部差异性仍是同一个,它就是一般的。"布莱德雷在这里陈述的是一般判断和个别判断的同一性,它——正如克罗齐在二十年后所要解说的那样——就是对历史知识的定义。为了表明历史就是他在思考着的东西,布莱德雷继续阐明他的论点说:"因此一个人由于他对所有其他现象的限定的和排他的关系的缘故,就是特殊的。他是一般的,因为他在他全部不同的属性中都是同一个。你可以称他为特殊,或者也可以称他为一般,因为他既是个别的,就实际上两者都是的……个体既是一个具体的特殊,又是一个具体的一般。"

没有什么能够更清晰地叙述这一学说了:实在所包括的既不是孤

---

① 《逻辑原理》,第一卷,第二版,牛津,1922年,第188页。

立的特殊也不是抽象的一般,而是个别的事实,这些个别事实的存在乃是历史性的。而这一学说就是布莱德雷《逻辑原理》的基本论纲。当我们转到《现象与实在》一书时,我们就发现同样的思想被推到了一个更远的阶段。这里基本的论纲是,实在并不是在它的现象之外的、隐藏在现象背后的某种东西,而就是这些现象本身在形成着一个整体;关于这个整体我们可以说它形成为一个由经验组成的单一体系,而且我们所有的经验都构成它的一部分。这样被规定的实在,就只能是精神生活本身,也就是历史。甚至于布莱德雷留下来没有解决的最终问题,也同时暴露了历史乃是他所力图加以理解的东西这一事实以及他突然中止去理解它的确切方式。这个问题的提法如下。实在不仅仅是经验,它还是直接经验,它具有感觉的直接性。但是思想却在进行分化、区别和传达;因此恰好只要是在我们思考实在时,我们就由于损坏了它的直接性而歪曲了它,因此思想就绝不可能把握住实在。在我们心灵生活的直接流动中我们享受着实在,但当我们思想时,我们就不再享受它了,因为它就不再是直接的了;我们把它破碎成支离零散的各个部分,而这种分崩离析就破坏了它的直接性,因而也就破坏了它自身。布莱德雷就这样留下给他的后继者一个二难推论。要么实在就是主观生命的直接流动,在这种情况下它就是主观的而不是客观的,它被人享受但不能被人认识;要么它就是我们所知道的那种东西,在那种情况下它就是客观的而不是主观的,它就是一个在我们精神的主观生活之外的(而且是彼此相外的)各种现实事物的世界。布莱德雷本人钻进了这个二难推论的第一个牛角尖;但是钻进哪一个牛角尖都必定要犯这一根本性的错误,即把精神生活设想为单纯是感受和感觉的直接流动,缺乏一切反思和自我知识。这样加以设想,精神就是它自身,但它并不了解它自身;这样的精神存在就使得自我知识成为了不可能。

二 布莱德雷的后继者

布莱德雷的著作对以后英国哲学的影响,大体上是引导着它把这种错误当作公理式的真理来接受,而且钻进了形成这一二难推论结局的第二个牛角尖。在牛津,其结果就是 C. 威尔逊和牛津的实在主义;

在剑桥,它就是 B. 罗素和剑桥的实在主义。实在主义在这两种情况下都指的是这样一种学说,即精神所认识的东西是它自身之外的某种东西,而精神本身、认识的活动则是直接经验,因此是不可知的。当亚历山大提出①知识是两种事物——精神及其客体——之间的关系,所以精神并不认识它自身,它仅仅是享受它自身;这时亚历山大就以可赞美的明晰性表达了布莱德雷的二难推论。我们所认识的每件事物因而都是处于精神之外的,它们构成为包含许多事物的一个整体,其恰当的集体名字就叫作自然;而成其为精神对其自身的知识的历史,则作为不可能的事被排除在外。这一论据事实上无疑地是得自英国思想的经验主义传统,但并非直接地。它不是根据洛克和休谟而来的,因为他们的主要目的是要丰富和发展精神对它自身的知识;它是建立在 19 世纪自然主义的经验主义基础之上的,在这里(忠于实证主义的原则)知识就指的是自然科学。对布莱德雷的反对意见——它归根到底要归咎于布莱德雷自己的错误——则加强了并巩固了这一传统,从而英国最后一代的哲学便有意地使自己朝着自然科学定向,并以一种本能的反感回避了历史学的问题。它的中心问题一直都是我们有关在知觉中被给定的、而且是由科学思想所构思的那个外在世界的知识。当人们为了对历史问题进行任何讨论(不管是多么细微)而研究它那文献时,其结果的贫乏性都是惊人的。在这个题目上,似乎大体上有着一种保持缄默的阴谋。

为解决历史哲学问题,罗伯特·弗林特②在 1874 年和 1893 年之间的多卷本著作里做出了认真的努力;但是这些却只限于搜集和讨论别的作家们所提出的观点。尽管它们是博学的和用功的著作,但是它们并没有对这个题目投出什么光亮;因为弗林特从来没有好好地想出来他自己的观点,因而他对其他人的批判都是肤浅的和缺乏同情的。

从布莱德雷以来少数几个论述过历史学问题的其他英国哲学家,一直到前几年,都没有做出什么有价值的贡献。鲍桑葵③是和布莱德

---

① 《空间、时间和神性》,第一卷,伦敦,1920 年,第 11—13 页。
② 弗林特(Robert Flint,1838—1910),苏格兰神学家和历史哲学家。——译者注
③ 鲍桑葵(Bosanquet,1848—1923),英国哲学家。——译者注

雷本人有密切联系的,他带着公开的蔑视把历史学看成是一种虚假的思想形式,是"各种连续事件的可疑的故事"①。这就是说,他假定实证主义把历史题材看作是由在时间上彼此独立的孤立事实所组成的这一观点是正确的;而且他看到,如果这是它们的本性,那么历史知识就是不可能的。在他的《逻辑学》中,极大的注意力是放在科学研究的方法上的,而关于历史学的方法却什么也没有说。在其他地方,他把历史学描写为是"一种经验的混血形式,不可能有任何可观程度的'存在性或真实性'"②,在这里实在就由于被看作偶然而被想错了。

这种对历史的完全误解,到了后来又被印泽博士③所复述和强调过,他追随着鲍桑葵把知识的确切对象柏拉图式地设想为是一个无时间性的纯粹普遍性的世界。它也反映在像是库克·威尔逊和约瑟夫等人的逻辑学论文中,在那里面历史思想的特殊问题都在缄默之中被忽略过去了。更近的时期,那类号称是最新的逻辑学都是受了斯台宾(L. Susan Stebbing)小姐的一本教科书(《近代逻辑学入门》,第二版,伦敦,1933年)的鼓舞。这本书有一章论历史学方法的(第十九章,特别是第382—388页)。它的主旨完全来自一本众所周知的朗格卢瓦④和瑟诺博司⑤所写的法文本手册(《历史研究法导论》,巴黎,1898年),它阐述了历史学的前科学形式,即我称之为的"剪刀加浆糊的历史学";所以它对近代读者的用处大致就像是一次物理学的讨论会而其中并没有提到相对论一样。

三 19世纪晚期的历史编纂

在19世纪晚期从事历史研究的那些人,对于他们所做的研究的理论很少有什么兴趣。成为实证主义时代特点的是,历史学家们或多或少地由于职业的传统所使然而一般地公开蔑视哲学问题,特殊地则蔑

---

① 鲍桑葵:《个性及价值之原理》,伦敦,1912年,第79页。
② 同上书,第78—79页。
③ 印泽(Inge,1860—1954),英国牧师和作家。——译者注
④ 朗格卢瓦(Langlois,1863—1929),法国历史学家。——译者注
⑤ 瑟诺博司(Seignobos,1854—1942),法国历史学家。——译者注

视历史哲学。他们对哲学的轻蔑态度部分地是重复着通常对实证主义的鹦鹉学舌,说是自然科学已经最终把哲学思想推翻了;但是他们却部分地也在反抗着实证主义,因为实证主义本身就是一种哲学,它在主张着自然科学就是知识的完美类型这样一种学说。甚至于最不爱思索的历史学家都能看出,盲目崇拜自然科学就必定会对历史研究抱有敌意。他们对历史哲学的轻蔑态度与黑格尔的或任何其他真正的历史哲学无关,他们对于这些一无所知;那针对着的是实证主义的各种伪造,诸如巴克尔①之试图发现历史规律或赫伯特·斯宾塞之以历史等同自然界的进化,等等。大体上,19世纪晚期的英国历史学家就是这样继续走着他们自己的路,而不大停留下来对他们的工作表现出什么一般的反思;在罕见的场合,当他们这样做的时候,例如像在弗里曼(Freeman)的《历史研究方法》(伦敦,1886年)一书中的,或者零星见之于就职演说中的,也并没有出现什么值得注意的东西。

尽管英国历史学家有着脱离哲学思想的总趋势,但他们还是确切地受到了他们的思想环境的影响。19世纪的后期,进步的观念几乎变成了一种信条。这一概念是一种十足的形而上学,它得自进化的自然主义,并被时代的倾向所强加给了历史学。它无疑地在18世纪把历史作为人类在合理性之中前进并朝着合理性前进的这一概念之中有着它的根源;但是在19世纪,理论的理性已经是指掌握自然(认为知识就等于自然科学,而自然科学按流行的观点则等于技术),而实践的理性则已经是指追求快乐(认为道德等于促进最大多数的最大幸福,而幸福则等于快乐的数量)。从19世纪的观点看来,人道的进步就意味着变得越来越富足和享受越来越美好。而且斯宾塞的进化哲学似乎是在证明这样一个过程必然会要继续下去,而且无限地继续下去;而当时的英国经济状况似乎也证实了那种学说,至少是在一个极其有趣的事例中。

为了认识这一进步教条被推进到什么限度,就有必要看一下第三流历史学著作中最乏味的一些残余。有一个叫作罗伯特·麦肯齐的

---

① 巴克尔(Buckle,1821—1862),英国历史学家。——译者注

人，在1880年出版了一本书叫作《十九世纪史》①，把那个世纪描绘成一个进步的时代，一个从一种几乎无法再加以夸张的野蛮、无知和兽性的状态进步到科学、启蒙和民主统治的时代。大革命以前的法国是一个自由已经完全熄灭了的国家，国王是人类之中最庸俗、最卑鄙的一个人，贵族有无限压迫的权力并无情地在运用他们的权力。不列颠（不是英格兰，因为作者是一个苏格兰人）除了那种野蛮的刑法以及残暴的工业状况起着较大的作用而外，也呈现出一幅以同样色彩所绘出的画面。随着议会选举改革法案的通过，一道阳光就悄悄射到了舞台上，这是英国历史上最仁慈的事件，它迎来了一个新时代，这时立法的目的就不一律是自私的，而是一律针对着要废除不公正的特权了。当所有的错误都尽可能快地得到纠正时，一个光辉的时代就随之而到来了；每个人都很快地变得越来越幸福，直到在克里米亚战争的光彩夺目的胜利中达到了欢乐的顶点。但是和平的胜利也同样地是令人眼花缭乱；它们包括着棉织品贸易的繁荣、蒸汽动力的宏伟概念，它唤醒了沉睡之中的旅游爱好并教导在地球各个遥远地方的人们彼此相爱而不是像从前那样彼此为敌；在大西洋底铺设电缆的大胆想法给予每个村庄与有人居住的地球各部分间能瞬息通信这一不可估计的好处；报纸每天早晨把同一个题目呈现给所有的心灵，他们一般都是有智力的和有节制的人并往往有熟练的技能；后膛来复枪、装甲舰、重炮和鱼雷（这些也都属于和平的赐福）；茶、糖和酒的大量增加；安全火柴以及其他等等。我免掉了向读者叙述有关法国、普鲁士、奥地利、意大利、俄罗斯、土耳其、美国和教廷的那些章节，而直接过渡到作者的结论：

> 人类历史是一部进步的记录，——是积累知识和增长智慧的记录，是智力和福祉从低级到高级阶段不断前进的记录。每一代都把它所继承的财富传给下一代，那是它以自己的经验进行了有益的修改并通过它本身所赢得的一切胜利而加以扩大的。这种进步的速度……是不规则的，甚至于是间歇性的，……但停滞仅仅是

---

① 麦肯齐（Robert Mackenzie），旧译马垦西，《十九世纪史》旧译《泰西新史揽要》。——译者注

在表面上。19世纪已经证明了的迅速进步超过了一切先例,它证明阻碍进步的屏障已经被推翻了。……专制政治挫败了和阻挠了天意为人类的进步所提供的力量;而自由却保障了这些力量的天然范围和运用。……从恣意肆虐的君主们之下被解救出来以后,人类福祉的增长,现在就留待伟大的天意法则的仁慈来驾驭了。

这些狂想曲,如果不是在它们第一次出版就过了时,那么十年之后在仍然被重印的时候也必定是陈腐了。斯宾塞的进化主义及其对于后天获得性的遗传和自然规律的仁慈性的信仰,到这时已经被一种新的、色调更阴暗的自然主义所代替了。1893年赫胥黎发表了他的名为《进化与伦理》①的罗曼尼斯讲演(Romanes lecture),讲演中他主张社会的进步只有是在自然规律的面前翱翔时,才是可能的:亦即它要在"每一步都核对宇宙的过程并且用可以叫作伦理过程的另一种过程来代替它"。人的生活,只要它遵循着自然的规律,就是一种兽性的生活;与其他兽性不同的只在于它有着更多的智力而已。他结论说,进化的理论并没有为千年福王国的希望提供任何基础。这种反思的结果,就使得历史学家能以一种新的超然精神研究过去。他们开始把它认为是一个不带感情的、因而是真正的科学研究的固有的领域,党派精神无论是褒是贬,都应该从其中驱除出去。他们开始批判吉本,不是因为他特别站在反基督教的一边,而是因为他完全是站在了一边;他们批判麦考莱,不是因为他是个辉格党的历史学家,而是因为他是一个有党派的历史学家。这是斯塔布斯和梅特兰的时代,是英国历史学家第一次掌握了伟大的德国人的客观科学的批判方法并学会了以适当的学术装备就其全部的细节来研究事实的时代。

四 伯 里

这个时期里有一位历史学家突出地与其他的人都不同,而且配备有十分不平凡的哲学训练。J. B. 伯里不是一个有很强的哲学智力的

---

① 赫胥黎(1825—1895),英国生物学家;《进化与伦理》旧译《天演论》(严复译)。——译者注

人,但他读过一定数量的哲学著作,而且他认识到有许多哲学问题是与历史研究有关的。因此,他的著作带有某种自我意识的气味。在他的《希腊史》的序言中,他很不平凡地承认这部书是根据他自己的观点写成的;在他编订的吉本著作的序言中,他解释了他编订吉本所依据的原则,而且他在许多散篇论文中讨论了历史理论的要点。他也从事于这类半哲学性的著作,像是《进步的观念》这样一部历史书以及一部短一些的书叫作《思想自由史》。

这些写作表明,伯里在历史理论上是一个实证主义者,但他是一个感到惶惑的和前后不一的实证主义者。历史在他看来,在真正实证主义的意义上,就是由一大堆孤立的事实所组成的,每桩事实都可以不要其他的事实就被确定或者被查明。这样他就能够完成非常之奇妙的功绩,——即用脚注的办法把吉本带到了现代,同时对已经包含在吉本书中的知识积累补充了许多已经被确定的事实;他毫不担心这些事实的真正发现是根据一种与吉本本人如此之不同的历史心理状态,以至于结果就有点像是给一曲伊丽莎白时代的小调加上了一只萨克斯管伴奏的样子。他从来也没有看出,一项新事实加入了一堆旧事实之内就包括着旧事实的完全改变。这种把历史看作是由各个分别独立的部分所组成的观点,对英国的公众来说,就在剑桥近代、中世纪和古代史中达到了它的经典表现形式;它们是大部头的编纂合集,其中各个章节,有时候甚至是一章中的各个分节,都是由不同的人写成的,编者则负有把这种大规模生产的成果集合成一个单一的整体的责任。伯里就是编辑之一,虽说最初的方案是出于更早一代的阿克顿勋爵。

如果我们探索伯里关于历史学的原则和方法的思想①的发展,我们就会发现他在 1900 年仍然满足于按照严格的实证主义的公式来处理东罗马帝国的残存问题:即对一个事件的处理不是作为独一无二的、而是作为某种类型的一个例子,是靠发现一种不仅适用于它、而且也适用于同样一般类型的每一桩事件的原因来解释它。这里的方法恰恰就

---

① 我在这里引用了我对他的遗著《选集》(H. W. V. Temperley 编,剑桥,1930 年)的评论,载《英国历史评论》1931 年,第 461 页。

是被实证主义的逻辑所分析过的那种经验自然科学的方法。到1903年,当他发表他的剑桥就职演说时,伯里开始反对这种方法。在那次讲演中,他宣布像我们现在所理解的历史学思想,乃是世界上的一项新事物,还只不过一个世纪之久;它一点也不是和自然科学一样的东西,而是有着它自己的独特性,向人类提供着一种新的世界观和一座新的思想武器库。他问道:当我们认识到以这种新的思想态度对待它的可能性的时候,对于这个我们所生活于其中的人类世界,我们还有什么做不到的事呢?在这里,他清楚地看到了历史学思想的独特性并且做了动人的叙述;但是当伯里继续问这种新东西是什么时,他却回答说:"历史学不过是科学而已,不多也不少。"这次讲演显示了一颗心灵在两种概念之间被撕裂了:一种是历史学和科学之间的不同概念,它是模糊的然而是有力的;另一种是两者之间无法分辨的同一性的概念,它是清晰的然而是无力。伯里做了巨大的努力来使自己摆脱这后一种概念,但是失败了。

第二年,意识到他的失败,在一次论《从知识的角度看近代史的地位》的讲演中,他又回到了进攻方面来。他问道:历史仅仅是供社会学家和人类学家使用的一个堆积事实的贮藏所呢?还是,它是为了它自己的缘故而要加以研究的一门独立的学科呢?他不能回答这个问题,因为他看出这是一个哲学问题,他认识到它因此而超出了他的能力范围之外。但是他要在假设的范围之内回答它。如果我们采取一种自然主义的哲学,

> 那么我认为我们就必须做出结论说,在这样一种体系的结构之内,历史学的地位就是附属于社会学或人类学的。……但是根据理想主义的知识解说,它就不同了。……如果思想并不是自然过程的结果,而是自然过程的前提,那么就可以推论说,历史——思想就是它的特有的指导力量——是属于与自然的王国不同的另一个思想层次的,因此就要求有另一种不同的解释。

他把问题留在了这里。这个时刻是他思想发展的一个戏剧性的时刻。

他对历史学思想的尊严和价值的信念已经和他自己的实证主义的训练和原则发生了公开冲突。既然他投身于为历史学而服务,他就接受了它的后果。

1909 年他发表了一篇论《达尔文主义和历史学》的论文,蓄意攻击了历史事件可以用一般规律来加以解说的这一观念。说一致性,是对的;说规律,则根本不对。真正决定了它们的,乃是"机缘的偶合"。例子是"一个领袖的突然死亡,结婚而无后嗣",以及一般说来,个人的决定作用;社会学虚假地勾销了这些,为的是好促进它那把历史学融化于科学的一致性之中的任务。"偶然事件的篇章"处处都作为一种干扰性的因素而进入到历史的过程里面来。在一篇题名为《克利奥巴特拉的鼻子》①(1916)的论文中,他重复了同样的观念。历史并不是由像成其为科学主题的那种因果序列所决定的,而是由偶然的"两个或更多的原因的独立链索的冲突"所决定的。在这里伯里论证的用语本身,似乎是重复库尔诺②在他的《近代思想与事件进程论》(巴黎,1872)一书中的话,在这本书中库尔诺根据"一般原因"和"特殊原因"的区别阐明了一种偶然概念:偶然被规定为"*l'indépendance mutuelle de plusieurs séries de causes et d'dffets qui concourent accidentellement*"[互相独立的许多因果系列偶然会合在一起](着重点是原有的;前引书 i, I)。把伯里的《进步的观念》(伦敦,1920 年,第 368 页)中的一条注释和《达尔文主义和历史学》中的一个脚注合起来读,就会提示我们,他可能是从库尔诺那里得出他自己的学说的;然而他却发展了这个学说,指出了只要任何事物纯粹是偶然的,就不可能有它的历史。他认为,历史学的真正职能就是把必然的和纯属偶然的区别开来。伯里一直在发展着或者不如说在拆散着这个理论,为它补充了这样一个学说,即只要历史是个别的,那么其中的每一件事就都是偶然的,而没有任何事物是必然的;但是在说明了他的意思之后,他结束他的文章时却提示说:"随着时间的

---

① 克利奥巴特拉见前第二编第八节译者注。帕斯卡《思想录》,第 162 节:"假如克利奥巴特拉的鼻子生得短了一些,全世界的历史都要为之改观。"——译者注
② 库尔诺(Cournot,1801—1877),法国哲学家。——译者注

进步,偶然性在人类进化中将会越来越不重要,而机缘对于事件过程的力量也就越来越小。"

这篇文章的最后一段给读者留下的印象,是一种痛苦的印象。伯里在此前的十二年里以极大的艰辛达到了历史就是有关个体的知识这一概念。在这个过程的初期,他就认识到这个概念对于历史学思想的尊严和价值乃是本质性的。但是到了1916年他对他所发现的东西却是如此之不满,竟至准备放弃它了;他在这种个体性的本身之中看出了在世界上有一种无理的(因为它是偶然的)成分,并且希望它随着科学的进展而终有一天可以被消除。如果他坚定地掌握了他自己的观念,他就会认识到这种希望是徒劳的(因为他在前几页中确实已经证明,偶然在他的用语的意义上是必然要发生的),也会认识到由于接受了它,他就变成了他自己那历史天职的背叛者。

这一灾难性的结论后来他就从没有背离过,这是由于这一事实,即他不是把个体性设想为历史过程的真正本质,所以他从来都认为它只不过是对在其总的结构上乃是因果序列的那个序列之一种局部的和偶然的干扰而已。个体性在他看来不过是意味着非常的、例外的东西,意味着事件的通常过程的中断,在这里事件的通常过程是指一种由因果所决定的、并在科学上可以理解的事件过程。但是伯里自己知道,或者早在1904年就已知道,历史并不是由因果所决定的和在科学上可以理解的事件所组成的;这些观念适合于解释自然,而历史学则正像他当时正确地指出的,"需要有另一种不同的解释"。如果他能逻辑地发展他的早期论文中的观念,那么他就会得出结论说,个体性并不只是时而在历史中以偶然和意外的形式而出现的,它恰恰就是历史所由之以形成的东西。妨碍了他前进到这一结论的则是他的实证主义的偏见,即认为这样的一种个体性是不可理解的,因此科学的一般化就是知识唯一可能的形式。

这样,在认识到"唯心主义的"哲学是唯一能说明历史知识的可能性的哲学之后,伯里就又回到他曾经试图否定的那种"自然主义的"哲学上去。"历史的偶然性"这一用语,表明他思想的最后崩溃。偶然性意味着不可理解性;而历史的偶然性则只不过是通过实证主义的眼镜所看到的"个人作用"的别名,对于实证主义来说除了是一般的而外就都是不可理解的。伯里的继承人、作为我们有关罗马晚期和拜占庭历史的大师贝恩斯教授曾经悲痛地谈到过,"历史偶然性这一灾难的学说"在伯里的生命行将结束时把他的历史眼光弄模糊了。这个批评是恰当的。伯里在信仰历史学思想的自律和尊严的鼓舞下,做出了他最优越的工作;但他的精神在其中成型的那种实证主义的气氛却破坏了这种信仰,而且把历史知识的固有对象降低到某种事物的水平,这种事物恰恰因为它不是科学思想的对象,所以是不可理解的。

五　奥克肖特

无论如何,伯里确实为历史学家们树立了力图思索自己工作的哲学含义的一个榜样,而这个榜样并没有被抛弃。在剑桥,至少有一位下一代的历史学家在追随它,这位历史学家在哲学研究方面是以一种比伯里高明得多的配备所武装起来的。我指的是该乌斯(Caius)学院的奥克肖特①;他出版了一本书,题名为《经验及其模式》(剑桥,1933年)。在书中他详细地并且熟练地论述了历史学的哲学问题。这本书总的论点是,经验是一个"具体的整体,分析则把它分成为经验着的和被经验的";而且经验并不是(像它对布莱德雷那样)直接的意识,不是单纯的感觉和感情之流,它也是并且总是对于实在的思想、判断、陈述。不存在没有思想的感觉,也不存在没有判断的直觉和没有认识的意志。这些区别,正如主体和客体之间的区别一样,在任何意义上都不是任意的和不真实的;它们并不表示对经验本身的虚假的剖析,它们就是经验的组成部分;但它们是区别而不是划分,而且首先它们是经验内部的区别,而不是经验中的要素和它以外的某种东西之间的区别。因此思想本身就不是,像在布莱德雷那里那样,伪造经验从而破坏了它的直接性。思想就是经验本身;而且思想,作为"没有保留或阻碍、没有前提或公设、没有界限或范畴的经验",就是哲学。

这里就超越了布莱德雷的二难推论。因为经验不再被设想为直接

---

① 奥克肖特(Oakeshott,1901—1990),英国政治哲学家。——译者注

的,而被设想为在其本身之中就包含着传递或思想;现实的不再被分成为"认知"的但又不可能被认知(说"认知",是因为认知者永远不能说"我认知"的那种知识根本就不是知识)和"被认知"的但又不可能认知。精神认识它自己的权利,就又重新被建立了起来。

现在问题就出现了:像历史学和科学这类思想形式之间的不同是什么?它们各自都试图从一种特殊的观点、以一种特殊的范畴来想象实在(即经验)。历史学就是我们 *sub specie praeteritorum*[以过去的观点]构思世界的方式;它的特性就是企图以过去事件的形式组织起整个经验的世界。科学则是我们 *sub specie quantitatis*[以量的观点]构思世界;它的特点就是企图把经验世界组织成一个计量的体系。这类企图与哲学的企图根本不同,因为哲学里面并没有这类原始的和不可违反的公设。如果我们要求有一种适用于哲学的类似公式,并问道:"那么哲学又以什么方式力求构思经验的世界呢?"对这个问题并没有答案。哲学就是企图不以任何特殊的方式来构想实在,而仅只是在构想它。

奥克肖特陈述这种观念说,哲学就是经验本身,而历史学和科学等等则是经验的"形式"(modes)。经验之被"定型"(这个概念当然是来自笛卡儿和斯宾诺莎)是靠在某一点上捕捉住了它,就在这里用这个捕捉点作为一个固定的公设或范畴,并以那种公设来构造出一个"观念的世界"。这样一种观念的世界并不是经验本身的组成成分,而且也不是(像看起来那样)它那河流的一段流程,而是一股逆流,是它那直泄奔流的一种泛滥。然而,它却不是一个"纯观念的世界"。它不仅仅本身是一贯的,而且还把经验表现为一个整体的方式。它不是一个世界、一个单纯的经验领域,在其中某一类特殊的事物是以一种特殊方式来加以认识的;它就是从那个经验中的固定点所见(所以就要服从那种制约,当所见是正确的话)的这个世界。

于是,历史就是经验作为一个整体,被设想为是过去事件的一个体系。奥克肖特从这种观点出发,对历史学思想的目标及其对象的特点发挥出一套光辉而深刻的论述。他从表明历史是一个整体或者说是一个世界而开始。它并不是由孤立的事件组成的。这使他卷入了一场对实证主义的历史理论的猛烈的和胜利的抨击,实证主义把历史看作一系列彼此相外的事件,每个事件都要孤立于其余的事件之外而被领会(如果确实有什么事物可以这样被领会的话)。他结论说:"历史的系列是一个怪物。"①历史并不是一个系列而是一个世界;这就是说,它的各个部分是互相关联的、互相批判的、使互相成为可以理解的。其次,他又表明,它不仅仅是一个世界,而且是一个观念的世界。它不是一个客观事件的世界,而历史学家多少总可以把它从过去里面挖掘出来并使之成为目前认识的对象。它是历史学家的观念世界。"作为已经发生(即事件的过程)的历史和作为被思考的历史二者之间的区别、历史本身和纯属被经验到的历史二者之间的区别,必须退位;那不仅纯粹是虚假的,而且是毫无意义的。"②当历史学家幻想着他只是认识到过去的事件,有如它们实际上所发生的那样,这时候他所正在做着的事情实际上乃是在组织他现在的意识;当我们想到不可能把"我们所遇到的事"和"我们对它的解释"分开来的时候,就可以看出这一点了③。这并不意味着它是一个纯观念的世界;纯观念乃是抽象,在经验中是哪里都找不到的。历史学家的观念同所有真实的观念一样,乃是批判的观念,是真正的观念,是思想。

　　此外,历史也像经验的每一种形式一样,是从一个给定的观念世界开始的,并以把那个世界融为一贯而告结束。历史学家所由以出发的数据和材料不能独立于他的经验之外,它们就是他的历史经验本身处于其最初的形式;它们是已经按照他自己的历史公设所构想的观念,而且对于历史知识的批判主要地并不在于发现迄今尚未知的材料,而在于对这些最初公设的修正。因而,历史知识的增长并不是得自对那些已知的事实补充了新事实,而是得自以新的观念来改造旧的观念。"历史思维的过程从来都不是一个兼容并蓄的过程;它总是一个把某种给定的观念世界改造成为一个远比一个世界更多的世界的过程。"④

---

① 《经验及其模式》,剑桥,1933 年,第 92 页。
② 同上书,第 93 页。
③ 同上书,第 94 页。
④ 同上书,第 99 页。

第四编　科学历史学

关于一般性已经谈得很多了。但是特殊地说,使历史的经验之所以成其为历史学而不是笼统的其他某种特殊形式的经验的那些公设又都是什么呢？第一条公设就是对过去的观念。但是历史并不是过去本身。历史的过去乃是一种特殊的过去；它不是仅仅回忆过去,也不是仅仅幻想过去；它不是仅仅可能存在过的或者仅仅必定存在过的过去；它不是全部的过去,因为虽然历史的过去和非历史的过去之间的区别常常被错误地和任意地加以划分,但这一区别却是一个真实的区别；它不是实际的过去,即我们亲身所依附的那个过去,如像对我们国家的过去成就的那种爱国热情或者我们对我们自己的信条是诞生于其中的那种环境所赋予的宗教价值。历史的过去乃是"为了它自己的那种过去"①,是正好由于它是过去而与现在不同并独立于现在之外的那种过去,它是一种固定的和完结了的过去,是一种死去的过去。或者不如说,这便是历史学家怎样在想到的过去。但是这样来想它,就要忘掉历史是经验；一种固定的和完结了的过去乃是一种脱离了现在经验的过去,因而也就脱离了证据(因为证据总是现在的)并且因而就是不可知的。"确实发生了的事"仅仅是"证据迫使我们相信的事"。② 因此,历史学的事实就是现在的事实。历史的过去就是现在的证据在现在所创造的那个观念世界。在历史的推论中,我们并没有从我们现在的世界转移到一个过去的世界里去；经验中的运动总是在现在的观念世界之内的运动。

这一悖论式的结果就是,历史的过去根本就不是过去；它是现在。它不是存留在现在之中的过去；它必须就是现在。但它不是现在本身,不是单纯的当代。它是现在,因为一切经验——无论是什么经验——都是现在的；但又不单纯是现在的。它也是过去,而这种过去性就包含着对它作为经验的特征的一种改定。历史的过去并不与现在的经验世界相对立而作为某种与它不同的东西；它就是那个世界 *sub specie praeteritorum*[在过去的观点之下]的一种特殊组织。"历史,因为它是经验,所以是现在的……；但因为它是历史,是*sub specie praeteritorum*[在

---

① 《经验及其模式》,第106页
② 同上书,第107页。

过去的观点之下]把经验作为一个整体来总结,所以它是对不是过去的过去和不是现在的现在的一种连续不断的论述。"①我想,这意思是说,历史学家的思想是一种完全真正的经验,但是他所正在经验着的东西却是现在在他的心灵里正在进行着的东西;而且好像是只要他把它放到离他一尺远的过去,他就会在错误地设想它了;他安排在想象中的过去时代的鸽子笼里的,实际上全都是现在的而一点也不是过去的东西。而且这并不蕴涵着他对于过去犯了历史错误。这里并没有过去,除了有一个人卷入了经验的历史模式之中;而对他来说,过去就是他仔细地和批判地把它想成的那种东西。他作为一个历史学家并没有犯错误;他所犯的唯一错误是哲学上的错误,即把实际上完全是现在经验的东西安置到过去里面。

我不想分析奥克肖特的全部论点。我已经说过了很多,指出它的一般方向和特点了。对此要说的第一件事就是,它完全维护历史学思想的自律性。历史学家是他自己家里的主人;他并没有任何东西是有负于科学家或其他什么人的。而这栋房屋并不是由他自己的纯观念而建造和布置起来的。这些观念与其他历史学家的观念或者与他们大家都同样在力图知道的那种真实的过去,也许符合、也许不符合;它是一栋由所有的历史学家们都来居住的房屋,它不是由对于历史的观念、而是由历史本身所组成的。根据这种双重观点——即历史学思想的自律性和客观性,而它们只不过是它的合理性的两个名称或者它作为一种真正形式的经验的特点——奥克肖特就能够毫无困难地批评历史实证主义的每一种形式;无论是像他经常而深入地提到的伯里所教导的那种,还是像自然主义的人类学家及其领袖 J. 弗雷泽爵士②所实践的那种。况且,虽说他实际上并没有做到这一点,但他却有能力写出短篇哲学的著作来反驳像是鲍桑葵和印泽博士等作家所提供的那类的历史观念本身。

这构成对英国思想的一种新的而有价值的成就。但是还有另一个问题,就我所了解的而言,奥克肖特却未能解决。在他看来,在经验本

---

① 《经验及其模式》,第 111 页。
② 弗雷泽(James Frazer,1854—1941),英国人类学家。——译者注

身之中,历史并不是一种必要的形态或成分;相反地,由于在某一点上捕捉住了经验的缘故,它却成为思想的一个逆流。如果我们要问为什么会有这样一种捕捉,那是没有答案的。如果我们要问是否已经证明这种捕捉是正当的,亦即经验本身是否被它所丰富了,那么回答就是否定的。唯有不曾被任何这类捕捉所歪曲的真正经验,才能成为哲学。历史学家乃是脱离了哲学思想的道路转而去玩一种游戏的哲学家,然而这种游戏由于只是潜在着有无数的这类游戏之中的一种,所以就不过是一种随意的,而其他的则是科学的和实际生活的游戏。奥克肖特所没有能解决的那个问题就是,为什么居然有、或者是应该有像是历史这样一种东西。毫无疑问,他会用另一种不同的方式来陈述这个问题:我所称为未能回答这个问题的,他会说成是发现了这个问题是没有答案的。在他看来,经验在那一点上被捕捉住,只是一个单纯的事实。但是我认为,这种信仰和他自己的哲学原则是不一致的。一件脱离了其他事实的单纯事实,对他来说(正像对我自己来说一样)是一件怪事;用他自己的话来说,那不是真实的东西,而只是抽象。如果哲学是具体的经验,它就不能容忍这样的东西;它不能把是什么与为什么分开来。因此,下面这一双重的问题就是合法的和不可避免的:第一,在经验中它在那上面捕捉住自己而变成为历史的那一点究竟是什么,而这一点在经验本身的发展中是怎样达到的? 第二,当达到这一点时,常常就会在那里出现一次捕捉;这又是怎样和为什么发生的? 这些问题奥克肖特都没有回答;他只能是以他所没有做的事来回答它们,换言之,即对经验本身给予这样一种叙述,给予经验的河流这样一张地图,从而可以表明捕捉得以出现的这一点和另外之点的位置。

  我不得不认为,他之所以没有做到这一点的原因是由于,尽管他坚持经验的概念不是单纯的直接性而是其本身包括着对实在的思想、判断、论述,但是他却没有得出这一概念的含义。它蕴涵着,经验并不是观念的单纯而又毫无特色的流动,而是在了解着它自身,也就是,经验具有其特点并且能把握住这些特点。它蕴涵着,经验的形式是由这些特点之中产生的,因此就多少不是偶然的而是必然的,不是脱离主流的逆流,而是主流本身的支流、潮流或涡流,是它那川流的组成部分。它蕴涵着,像是历史这类的经验特殊形式,必须是以某种方式被设想为组成在经验的总体之中。

无法解释历史怎样而又为什么在经验之中作为它的结果的一种必然方式而发生——除非是我错了——就无法澄清历史本身的一个特点。我们已经看到奥克肖特陈述了一个二难推论:历史学思想的对象不是现在就是过去,历史学家认为它是过去,但那正是他错误的所在;事实上正是这种哲学的错误使他成为了一位历史学家;历史学思想的对象实际上乃是现在。而这一点与他在他的全部论证的开头所陈述的另一个二难推论有关:即,要么我们必须从内部来思考历史经验,像是它呈现于历史学家面前的那样,要么就从外部,像是它呈现于哲学家面前的那样;但显然我们的探讨是一种哲学的探讨,所以我们就必须完全摒弃历史学家的观点。到后来,在我看来,他并没有坚持这个纲领,而是通过阐明呈现在同时既是历史学家又是哲学家的那样一个人的面前的那种历史经验的性质,而逃避到这第二个二难推论的两个牛角尖中间去了。我说这一点是因为他对历史性质的阐述,随着它的进展就澄清了一些原则观点,而那些方面的混乱和错误则会阻碍、而且确实已经阻碍了历史学家本身的工作。除非是我错了,奥克肖特自己在澄清这些观点方面乃是一位更有威力的历史学家。他的哲学已经进入了他的历史学。结果并不是造成一种局势,使历史的经验(仍然简单地保持着它原来的样子)成功地被完全不同的某种东西——即被哲学思想——所研究;而是历史经验的本身已经被那种思想复活了并且照亮了。

现在让我们再回到第一个二难推论:不是过去就是现在,但并不是这两者。按照奥克肖特的说法,历史学家之所以是一个历史学家、正因为他犯了哲学错误,认为现在是过去。但是他自己已经驳倒了那种错误。一种被驳倒了的错误,如果对它的反驳真正被人掌握的话,就不再对思想有威力了。所以,破除这种错误就会使得历史作为一种经验形式简单地消失。但是它并没有消失;对于奥克肖特,历史仍然是思想的真正而合法的活动。这是为什么呢?我只能假设它是因为那所谓的错误根本就不是错误。这再一次是逃避于这一二难推论的两个牛角尖之间。历史学家如果认为他的过去是死去了的过去,就一定会犯错误;但奥克肖特却假定对于这一选言判断并没有第三种选择：要么过去是死去了的过去，要么就完全不是过去而仅只是现在。而第三种选择却是：它应当是一种活着的过去，这种过去因为它是思想而不是单纯的自然事件，所以现在可以被重演而且在那种重演之中可以作为过去而被认知。如果这第三种选择能够被接受，那么我们就会得到一个结果，即历史并不是建立在一种哲学的错误的基础之上，因此就不是在他那种意义上的一种经验的形式，而是经验本身的一个组成部分。

奥克肖特之所以排除了这第三种选择的原因（他没有做任何讨论，甚至也没有提到它），我认为与他未能掌握承认经验本身之中就包含有对实在的传递、思想、或陈述的成分在内的这种后果有关。一种纯属直接的经验，如像纯然的感觉经验（如果有这种东西的话），确实是凡在它的内部的就不可能也在它的外部。主观的就仅仅是主观的，而不可能同时又是客观的。但是在成其为传递或思想的一种经验中，凡是被经验的都是真实的，并且是作为真实的而被经验的。所以，只要历史的经验是思想，它所作为过去而加以经验的或思考的东西就真正是过去。它同时又是现在这一事实，并不会阻碍它也是过去，正如同当我发觉有一个遥远的目标时，这时的发觉不仅是感觉而且还是思想，我在这里发觉它这一事实，并不会阻碍它在那里。如果我看太阳眩眼，我感到眩眼仅仅是在这里，是在我而不在太阳；但只要是我发觉了太阳，想着"眩我眼的东西是在天上那里"，我就发觉它是在那里的，是远离我之外的。同样地，历史学家认为他的对象是在那里，或者不如说是在那时，在时间上是远离他之外的；而且，因为历史是知识而不是单纯的直接经验，所以他可以既作为那时又作为现在而经验它：现在是在历史经验的直接性之中，而那时则是在它的传递性之中。

尽管有这种局限，奥克肖特的工作不仅代表英国有关历史学思想的高水平，而且它也表明完全超越了至少是半个世纪以来历史学思想陷入其中并且枉然努力要使自己从其中摆脱出来的那种实证主义。因此它就对英国历史编纂学的未来充满着希望。确实，它未能表明历史是经验的一种必然形式；它只是说明了人有自由可以成为历史学家，而不是他们有任何义务要成为历史学家；但是假定他们选择了要成为历史学家,它就证明了:他们不容取消的权利和他们绝对的义务就是要按照它自己的规则来进行他们的游戏,即不容许任何外界的干涉,不听从任何来自外界的类比。

六　汤因比

奥克肖特的著作,代表着历史学思想通过从内部来对它的原则进行哲学批判而由实证主义阶段转变到一个新的阶段,我也许可以称之为理想主义的阶段;与奥克肖特著作相对照,我在这里可以提到阿诺尔德·汤因比教授的巨著《历史研究》①,它代表着重申实证主义的观点本身。汤因比已经给了我们一部规划更大的著作的头三卷;无论以后各卷中可能出现什么,这三卷无疑地给出了他的方法的充分样板并表明了他的目的。他的著作在细节方面给人以极深刻的印像,这是由于其中包含着几乎难以置信的博学;但是这里我要涉及的并不是细节而是原则。主要的原则看来似乎是:历史的主题乃是人类某些单元(汤因比称之为社会)的划分。其中之一就是我们自己的社会,汤因比称之为西方基督教世界。另一个是东方的或拜占庭的基督教世界。第三个是伊斯兰教社会;第四个是印度社会;第五个是远东社会。所有这些在今天都还作为文明而存在,但是我们也可以探测那些现在已经灭绝了的社会并已成为化石的遗迹;这些遗迹有一组包括东方的一性论者②和聂斯托里③派基督徒以及犹太教和印度祆教徒,另一组包括印度的佛教和耆那教的各个分支。这些社会之间的区别与关系,他称之为普世的;而一个单一社会内部的区别和关系,诸如雅典和斯巴达或法国和德国之间,他认为那在性质上是全然不同的,他就称之为局部的。历史学家研究的范围向他提出了无限之多的任务,但其中最重要的则是涉及识别和区分这些叫作社会的实体并研究它们之间的关系。

进行这种研究要借助于某些一般的概念和范畴。其中一个范畴就

---

① 《历史研究》,一至三卷,伦敦,1934年。(柯林武德写这段话是在1936年,之后他并没有进一步修订。《历史研究》的四至六卷在1939年印行。)
② 一性论者(Monophysite)认为基督为神人同体。——译者注
③ 聂斯托里(Nestorius,约死于451年),君士坦丁堡大主教,聂斯托里派即景教。——译者注

是渊源(affiliation)以及与之相关的显扬(apparentation),例如体现于我们自己的社会和它在历史上所导源的希腊社会之间的那种关系。有些社会——可以这样说——是麦弃洗德(Melchizedek)①社会,即和任何其他社会毫无渊源;有些则没有其他社会和它们自己的有渊源;有些则通过和同一母体社会的渊源而相互联系,如此等等。于是就可能按照渊源的概念而把社会分为各类,它们各以不同方式展示着这一概念。另一个范畴是有别于原始社会的文明这一范畴。每个社会不是原始的就是文明化了的。绝大多数是原始的,一般说来这些社会在地理范围和人口数量上都较小并较为短命,通常是遇到暴力——或者是在一个文明化了的社会的手下,或者是通过另一个没有文明化的社会的摧残——而告消灭。各个文明在数量上较少,而每一个在规模上则都较大;重要之点是要记得,它们所形成的统一性不是个体的而是品种的统一性。除了在属于许多种不同文明的"文明化了"的共同特点这种意义上而外,并没有一种东西叫作文明。文明的统一性乃是由于我们自己的文明已经把所有其他文明都卷入它自己的经济体系的网络之中的那种特殊方式而培育出来的一种错觉;而且如果我们不是查阅世界的经济地图而是观看它的文化地图,文明的统一性立刻就会消失了。另一个范畴是间歇期(interregnum)或动乱时代的范畴,即一个社会衰亡和另一个渊源于它的社会兴起之间的混乱时期,如像希腊文明的灭亡和西方基督教世界兴起之间的欧洲黑暗时代。另一个范畴是内部无产者的范畴,内部无产者是一个社会内部的一群人,他们除了自己的肉体生命而外对那个社会毫无依恃,虽然他们很可能在渊源于它的那个社会里变成为占统治地位的分子,例如到了希腊化社会结束时的基督教徒。再一个范畴是外部无产者这一范畴,或者说是包围着某个社会的野蛮人世界;他们同内部无产者携起手来,在这个社会的创造力衰竭的时候就把它砸烂。其他范畴是普遍国家和普遍教会,这种组织分别地把它们从其中兴起的那个社会的全部政治生活和宗教生活都集中于自己身上。根据这些范畴来研究历史记录,我们就能够探测许多现在已

---

① 见《创世记》。——译者注

经消失了的社会,而在当时它们都是文明化了的:叙利亚的,米诺的,苏美尔的,赫梯的,巴比伦的,安第斯的,尤卡坦的,墨西哥的,玛雅的和埃及的,这最后一个是所有这些之中生存得最悠久的一个,因为它从公元前 4000 年持续到公元 1 世纪。

汤因比用这些导论来从事他的主要工作,那就是对各种文明的比较研究。他的第一个主要问题是,各种文明是怎样和为什么兴起的;第二个是,它们是怎样和为什么生长的;第三个是,它们是怎样和为什么破灭的。按照他第一卷前面的总计划,他然后还要研究普遍国家和普遍教会的性质、英雄时代,以及各种文明在空间和时间上的接触;整个著作将以论述西方文明的前景和"历史学家的灵感"的章节而告结束。

我要从说明汤因比的著作代表着重申历史的实证主义而开始讨论他的著作。我的意思是说,构成它那种个性的原则是从自然科学方法论里得来的原则。这些原则根据的是外部关系的概念。自然科学家发现自己面对着一些分离的、毫无联系的事实,它们是可数的,或者换句话说,他把他所面临的现象割裂成为这类可数的、毫无联系的事实。然后他着手确定它们之间的关系,这些关系总是把一个事实同另一个在它外部的事实联结起来的链索。一组这样联结起来的事实就又形成为一个单一的事实,它与同一层次的其他事实之间的关系也是属于同样的外部性质。如果科学家的方法终究能发挥作用,那么第一件必要的事情就是在一个事实和另一个事实之间划清一条界线。这里一定不能有重叠。

这些就是汤因比据之以处理历史的原则。他所做的第一件事就是把历史研究的领域分割为许多可列举的而又各不相同的部分,每一部分就叫作社会。每个社会完全是自我包蕴的。究竟西方基督教世界是希腊社会的一个继续,还是通过渊源的方式而与之有关系的另一个不同的社会,这对于汤因比是一个非常重要的问题。按照汤因比的说法,正确的答案是后者。任何做出第一种回答的人,或者混淆了两种回答之间的绝对差别的人,都是不可宽恕地破坏了他所设想的历史研究方法的第一条教诫。我们不许说,希腊文明是通过一个发展过程转变为西方基督教世界的,这一过程包括着强调它的某些成分,其余成分的消失，在它内部出现了某些新的成分，并且从外部的来源中借取了另外的成分，等等。这样说时所包含的哲学原则应当是这一原则，即一个文明可以发展成为新的形式而同时仍然是它自己；但汤因比的原则却是，如果一种文明改变了的话，那么它就不再是它自己而另一种新文明就产生了。这一有关时间中的发展的二难推论，对于有关空间上的接触也同样有效。这种接触是一个社会与另一个社会之间的外部接触；因此它们预先假设在一个社会和它相邻社会之间有一条清晰的界线。我们必须能够精确说出是在什么地方一个社会停止了而另一个社会开始了。我们不许说一个社会隐没到了另一个里面去。

这就是实证主义的个性概念，按照这种概念，个体之所以构成为这样的个体，乃是由于它被一道鲜明的界线把它自身之内的和它自身以外的清楚地区别开来而与其他一切事物相割裂的缘故。内和外是互相排斥的。然而这是一块石头或任何其他的物体所具有的那种个性。它是自然世界的主要特性，并把自然世界和精神世界区别开来；但在精神世界里，个性并不是由与环境的分离性所组成的，而是由把环境吸收到它自身之中来的能力所组成的。所以它就不是历史学中所指的那种个性，——就历史世界是一个精神世界而言。研究与自己的文明不同的另一种文明的历史学家，只能是通过为自己重演它那经验而领会那种文明的精神生活。如果今天的西欧人历史地研究希腊文明，他就能掌握那种文明的精神财富并使之成为他自己文明的一个组成部分。事实上，西方文明正是由于这样做而形成了其自身的，是由于在它自己的精神里重建希腊世界的精神，并且朝着新的方向发展那种精神财富而形成了其自身的。因此西方文明就不是以任何单纯的外部方式而与希腊文明相联系的。它们的关系是一种内部的关系。西方文明表现了并且确实成就了其个性，但并不是由于把自己与希腊文明区别开来，而是由于使自己与它合一。

汤因比没有能看到这一点，因为他的总的历史观归根到底乃是自然主义的；他把一个社会生命看作一种自然生命而不是一种精神生命，根本上是某种纯属生物学的东西并且最好是根据生物学的类比来加以理解。而这一点则与他从来没有达到过把历史知识看作是过去在历学家心灵中的重演的概念这一事实有关。他把历史看成是一幕纯粹的景象,是由历史学家所观察和记录的事实而组成的某种东西,是在外部呈现于他视野之前的现象,而不是他必须入乎其内并必须使之转化为属于他自身的那些经验。这只不过是以一种方式在说明,他对他所用以获得历史知识的方式并没有进行任何哲学分析。他拥有大量的历史知识,但是他对待它们就仿佛它们是某种他在书本里所找到的现成的东西,而他所感兴趣的问题就只是搜集到了以后如何加以安排的问题而已。他的整个规划实际上是一个精心安排并贴上标签的鸽子笼规划,好把现成的历史事实纳入其中。这些规划其本身并非是有害的;但是它们总包括着某种危险,突出的危险是忘记了这样被纳入鸽子笼的事实必须用一种分割的办法使它们和它们的脉络结构相脱离。这种办法变得习以为常之后,就造成一种固执观念;人们忘记了历史事实(正如它实际所存在的那样,并且正如历史学家实际所了解的那样)始终是一个过程,在这个过程中某些东西不断地变成为其他的某些东西。过程这一要素乃是历史的生命。为了要把历史事实纳入鸽子笼,就必须首先扼杀活生生的历史机体(也就是必须否定其作为过程的基本特征),从而才可能加以分割。

因此,对汤因比的原则必须进行的批判是双重的。第一,他把历史本身,即历史过程,看作被明显的界线分割成互相排斥的各个部分,并且否认各个部分借以互相重叠和互相渗透的那个过程的连续性。他对各个社会或各个文明的区别,实际上乃是过程中各种焦点之间的区别;他却把它误解为是过程所分成为各堆或各群事实之间的区别。第二,他错误地设想了历史过程和认识历史过程的历史学家二者之间的关系。他认为历史学家乃是历史的明智的旁观者,正有如科学家是自然界的明智的旁观者;他没有能看到历史学家是历史过程本身的一个组成分子,在他自身里面复活着他对之获得历史知识的那些经验。正如这个过程的各个部分被错误地设想成为彼此相外的,同样地作为一个整体的过程和历史学家也是彼此相外的。这两种批判最后都会合到同一点:即历史被转化成为了自然,而过去并不是活在现在之中,像是它在历史中那样,而是被想象成为一种死掉的过去,就像它在自然界中那样。但同时我必须补充说,这种批判仅仅涉及基本原则。在他著作的细节方面,汤因比显示出一种非常良好的历史感,只是在很少的地方才让他在原则上的错误伪造出了他实际的历史判断。发生这种情况的一个地方,就是他关于罗马帝国的判断,他认为这仅仅是希腊化衰落的一种形态。那就是说,因为它和希腊的关系太密切了,所以不能把它看作另一个不同的文明;而且因为这是他可以承认它是它自身的一场真正成就的唯一条件,所以他的二难推论就迫使他忽视了它所确实成就的一切,而做把它看作只是一种单纯的衰颓现象。但是正像实际上所发生的那样,历史上是没有单纯的衰颓现象的:每次的衰落也是一次兴起;只是历史学家个人的缺乏知识或同情心——部分地是由于纯粹的无知,部分地则是由于他自己实际生活中的成见——才阻碍了他看到无论任何历史过程都有的这一双重特征,即它同时既是创造性的而又是破坏性的。

第二节 德　国

一　文德尔班

在历史批判的故乡德国,到了 19 世纪末,对历史理论、而特别是对历史学与科学之间的区别的性质,产生了浓厚的兴趣并且此后日益增长。"自然"和"历史"在某种意义上是各有其自己的特征的两个截然不同的世界,这一观念是德国从她伟大的哲学时代——康德和黑格尔的时代——继承下来的传家宝。19 世纪的哲学家们常常重复这种区别作为是一种老生常谈,它从手到口流传得太多了,以至于它的重要性在这个过程之中竟被磨平了。例如,洛采①在他 1856 年出版的《微观世界》中论断,"自然"是必然的王国,而"历史"是自由的王国;这是后康德派唯心主义的回声,它在洛采那里意味着没有什么东西是确定的,就像他那部书中关于历史学的含糊而空洞的章节所太清楚地证明了的那样。洛采从德国唯心主义者那里、特别是从康德那里,继承了人具有两重性的观念;他的早期训练是一位生理学家,他坚持说人体只不过是

---

① 洛采(Lotze,1817—1881),德国哲学家。——译者注

一堆机械结构,但同时他又认为人的精神是自由的;因此,人作为一个躯体就栖居于自然世界,但作为精神就栖居于历史世界。然而洛采并没有解决这两者之间的关系,就像是伟大的唯心主义者所做过的那样,他留下了整个的问题悬而未决,而且他从来一点也没有试图去思考它。他的著作反映了模糊而感情含混的特征,这在德国是随着唯心主义学派的解体而来的。

其他德国作家们使用了其他的公式来表示这种同样为人熟知的对立项的特点。著名的历史学家德罗伊森①在他的《史学大纲》(*Grundriss der Historik*, 耶拿, 1858 年)中曾把自然定义为"有"(being)的共存(das Nebeneinander des Seienden),把历史定义为"变"的相续(das Nacheinander des Gewordenen);这纯粹是修辞学上的对立,它所可能具有的任何可取之处都是由于忽视了如下的这一事实,即在自然世界中也有以确定的顺序——相续的事件和过程,而在历史世界中也有些事物,如自由主义和资本主义,是共存的,而它们的共存乃是历史学思想的问题。这些公式之浅薄,表明了人们只是预先假设了自然和历史之间的差别,而并不想要理解它。

第一次真正想要理解它的尝试,是随着 19 世纪末新康德学派的出现而到来的。它出自这一学派的普遍原则,即要理解自然和历史之间的不同,人们就必须从主观方面探讨这种区别;那就是,我们必须区别科学家和历史学家进行思考的方式。有名的哲学史家文德尔班于 1894 年在斯特拉斯堡发表的校长就职演说②中,就是从这一观点来探讨这个课题的,因此它马上就出了名。

在这里,他提出历史学和科学是两种不同的东西,各有其自己的方法。他解释说,科学以总结普遍规律为其目的,而历史学则以描述个别事实为其目的。他夸张地为这种差别取了个名字,说是有两种科学(Wissenschaft):即规范(nomothetic)科学,那就是通常意义上的科学这个名词,和描述(idiographic)科学,那就是历史学。作为对一般事物的

---

① 德罗伊森(Droysen,1808—1884),德国历史学家。——译者注
② 《历史学与自然科学》,Präludien 重印本,第二卷(第五版,图宾根,1913 年),第 136—160 页。

知识的科学和作为对个别事物的知识的历史学之间的这种差别,其本身并没有很大价值。它作为对表面不同的一种陈述,甚至于是不精确的;因为"这是一个伤寒病例"这一判断并不是历史学而是科学,虽说它是对个别事实的描述,而"所有 3 世纪的罗马银币都贬了值"这一陈述却不是科学而是历史学,虽说它是一种概括。当然,还有一种意义是可以辩护文德尔班的区分而反对这种批评的:有关 3 世纪铸币的概括确实是关于一件个别事实的叙述,即罗马帝国后期的金融政策;而这种病是伤寒的诊断,倒不那么是一个个别判断,而更加是把某一事实归之于一个一般的公式之下。这样的科学家的职务并不是诊断一个特殊病案的伤寒(虽然这种附带的方式也是他的业务),除非是以其一般性质在规定它;而这样的历史学家的职务则是要探索个别历史事件的个别特征,而不是要构造各种概括,虽然那也作为一种从属的特征而属于他的工作之内。但是在谈到这一点的时候必须承认,总结规律和描述个体并不是两种相互排斥的思想形式,在这二者之间整个实在的领域可以被一项友好的协定所瓜分,正像文德尔班所认为的那样。

  文德尔班在他讨论科学和历史学之间的关系时,实际上所做的一切就是向历史学家们提出一种主张,要他们以自己的方式去做他们自己的工作而不要受到干扰;这代表着历史学家们要脱离在自然科学束缚之下的文明总体的那种分裂主义运动。但是文德尔班却不能告诉我们,这种工作是什么,能够或者应该做这种工作的方式又是什么。他也没有意识到这是办不到的。当他谈到"描述科学"时,他的观点就在蕴涵着有关个体的科学的(即理性的或非经验的)知识是可能存在的;尽管在如此一位博学的思想史家的身上看来似乎奇怪,但是他竟没有认识到欧洲哲学从早期希腊到他自己当时的整个传统都异口同声宣称这种知识是不可能的;个体,作为一种流驶的和转瞬即逝的存在,只能是在它出现时被知觉或被经验,而绝不可能成为稳定的并按逻辑构造的那种叫作科学知识的东西的对象。这一点叔本华已经提得非常清楚了[1]:

---

[1] 《作为意志与表象的世界》第二卷,1859 年,第 3 版,第 499—509 页,"论历史"。

> 历史学缺少科学的基本特征,亦即对意识对象进行从属作用;它所能做的一切只是对它所记录的事实进行简单的协调作用。因此,历史学中就没有像在其他科学中所有的那种体系。……科学是认识作用的体系,所以总是谈论着种类;而历史学则总是谈论个体。因此,历史学就是一门关于个体的科学,这就蕴涵着一种自相矛盾。

对于这种自相矛盾,文德尔班表现得出奇的盲目,尤其是当他向他现代的同胞们推荐用新的和更好的 Kulturwissenschaft(即文化科学)一词来代替旧式的 Geschichte(历史)一词时。实际上,使用这个名词所带来的唯一变化就在于它与自然科学的名称在言语上是相似的这一事实,也就是说,采用它的唯一理由就是它使人们忘记历史学和自然科学之间有多么深的不同,并由于把历史学同化于科学的一般类型而以实证主义的态度忽略了其间的差别。

就文德尔班毕竟论述了如何可能有一种关于个体的科学这个问题而言,他的回答是说,历史学家对历史事件的知识是由价值判断——也就是,对它所研究的那些行动的精神价值的看法——组成的。因此,历史学家的思想乃是伦理的思想,而历史学则是伦理学的一个分支。但这却是以说它不是一门科学,来回答历史学如何可能成为一门科学的这个问题。在他的《哲学概论》①一书中,文德尔班把全部的题材分成为两部分:知识理论和价值理论,而历史学则归入第二部分。这样,历史学就以全盘被驱逐出知识的领域而告结束,而留下给我们的结论便是,历史学家对个体所做的工作并不是要了解它或思考它,而是以某种方式来直观它的价值;这种活动大体上有似于一个艺术家的活动。但是,历史学与艺术之间的关系却又一次并没有被系统地加以思考。

---

① 英译本,伦敦,1921年。

二 李凯尔特

和文德尔班的思想紧密相联系着但更加有系统得多的是李凯尔特①的思想,他的第一部论述这个题目的著作于 1896 年在弗赖堡出版。李凯尔特实际上坚持认为文德尔班确实是陈述了科学与历史学之间的两种区别而不是一种。第一种是一般化与个体化思想之间的区别;第二种是价值判断与非价值判断思想之间的区别。他组合这两种而得出科学的四种类型:(1)非价值判断的和一般化的,或纯粹自然科学;(2)非价值判断的和个体化的,或半历史性的自然科学,如地质学、进化生物学等等;(3)价值判断的和一般化的,或半科学性的历史科学,如社会学、经济学、理论法理学等等;(4)价值判断的和个体化的,或严格的历史学。此外,他看出了文德尔班企图把实在分成为自然和历史两个互相排斥的领域是无法辩解的。自然如它实际上所存在的那样,并不包括规律在内;它正像历史一样,只包括个体的事实。因而李凯尔特达到了一个公式:实在作为一个整体,实际上就是历史。自然科学是一个由人类的理智所建立起来的概括和公式的网络;归根到底是一个随意的理智构造而并不符合任何的实在。这就是在他题名为《自然科学概念构成的界限》一书中所表示的观念。于是,他的四种类型的科学就一起形成了一个天平,在一端是随意的和抽象的思想的极端状况,是单纯对人为概念的处理;而在另一端则是具体的和真正的知识的极端状况,是对在其个体存在之中的实在的知识。

乍看起来,这似乎是对实证主义的一次决定性的反击。自然科学已经从被高举为唯一类型的真正知识被贬低到随意玩弄抽象作用的地位,它是空中楼阁,并且只有在它脱离具体事实的实际真相时才达到它的尽善尽美;历史学则被看作不仅是知识的一种可能的和合法的形式,而且还是现存的或可能存在的唯一的真正知识。但是这种 *revanche* [报复]不仅没有能对自然科学做到公正,它也误解了历史。李凯尔特追随着实证主义的办法,把自然看作是分割成各个独立的事实的;他接

---

① 李凯尔特(Rickert,1863—1936),德国哲学家。——译者注

着以同样的方式歪曲了历史,把历史看作是个体事实的堆集,它们被假设为与自然事实之不同仅仅在于它们是价值的载体。但历史的本质并不在于它是由个体事实所组成的,不管这些事实可能多么有价值,而是在于从一个事实导致另一个事实的那种过程或发展。李凯尔特没有能看到,历史思想的独特性乃是历史学家的心灵作为今天的心灵,在领会这个心灵本身是怎样通过过去的精神发展而得以产生的过程的那种方式。他没有能看到,赋予过去事实以价值的乃是这一事实,即它们不是单纯的过去事实,它们不是死去的过去而是活着的过去,是历史学家对于通过自己的历史意识的工作而使之成为自己的思想的那种过去的思想的继承。与现在相割裂的过去被转化为一种单纯的景观之后,就可能一点价值也没有了;它就成了被转化为自然的历史。这样,实证主义就终究向李凯尔特也进行了报复;历史事实就变成了不相关联的偶然事件,而如此这般的历史事实就像自然的事实一样,可以是彼此间仅处于同样的时间和空间、偶然性、相似性和因果作用的那种外部关系之中。

三 齐美尔

在同一个时期形成着的历史哲学上的第三种尝试,是齐美尔[①]的历史哲学;他第一篇论述这个题目的论文[②]的发表时间是1892年。齐美尔拥有一颗活跃的和多才多艺的心灵,赋有大量的独创性和洞察力,但在严谨的思想方面有缺陷;他的历史学著作充满着很好的观察,但作为对于问题的系统研究则价值不大。他鲜明地认识到,对历史学家来说,在"知道"这个名词的经验主义的意义上,是不可能有知道事实这个问题的;历史学家永远对它的对象是不得而知的,正因为这个对象乃是过去,它所包括的事件已经终止出现,而并不再在那里被我们所观察到了。因此就并不发生像文德尔班和李凯尔特所陈述的那种要把历史学和科学区别开来的问题。自然的事实和历史的事实二者并不是在事

---

① 齐美尔(Simmel,1858—1918),德国社会学家。——译者注
② 《历史哲学问题》(莱比锡)。

实这个名词的同一个意义上的事实。自然的事实是科学家在实验室里在自己的眼前所能知觉或产生出来的事实;历史的事实却根本不在"这里";历史学家面前所有的一切只是文献和遗迹,他必须想方设法从其中重行构造出事实来。此外,他还看出历史是一种精神的东西,是一种人的个性的东西,而且使历史学家能以重行构造它的唯一东西就只有这一事实,即历史学家本人就是一种精神和一种个性。所有这些都是十分出色的。但现在却出现了齐美尔的问题。历史学家从文献着手,在自己的心灵中构造出号称是过去的写照的东西。这幅写照只是在他的心灵里,而不在任何其他地方;它是一种主观的精神构造。但是他却声称这种主观的构造具有着客观的真理。这是怎样可能的呢?在历史学家心灵中所构造出来的纯属主观的写照,怎么可能投射到过去,并被说成就是实际上所发生过的某种事物呢?

齐美尔看出了这个问题,这再一次是他的一大功绩。但是他没有能解决它。他只能说,历史学家觉得自己在信服他主观构造的客观实在性;他认为它们是某种真实的东西,而与他当时对它们的思考无关,但是显然地,这并不是什么解答。问题并不是历史学家究竟是否感到了这种信念,而是他有什么权利感到它。它是一种错觉呢,还是它有什么坚实的根据呢?齐美尔不能回答这个问题。原因似乎是,他对历史事实这一概念的批评走得还不够远。他正确地看出了,过去的事实作为过去,并不呈现于历史学家的知觉之中;但因为他没有充分把握住历史过程的性质,所以他没有能认识到历史学家自己的心灵就是过去的继承人,它通过由过去到现在的发展而变成了它现在的样子,从而在他身上过去就活在现在之中。他认为历史的过去是死掉的过去,于是当他询问历史学家怎样能在自己的心灵中复活它时,他就自然不能得出答案了。他混淆了历史的过程(在那里面,过去继续活在现在之中)与自然的过程(在那里面,当现在诞生时,过去就死掉了)。这种把历史过程之归结为自然过程,乃是实证主义遗产的一部分,从而在这里齐美尔想构造历史哲学的失败,就再一次是由于他没能完全避免实证主义的观点。

四 狄尔泰

这个时期在这一题材方面的最好的著作是那位孤独的、被人忽视了的天才狄尔泰[①]的著作,他的第一部而且是唯一一部论述这个题材的书早在1883年就出版了,叫作《精神科学导言》。可是直到1910年,他陆续发表过一些零散的论文,都是有趣的而又重要的,部分地是论思想史的,特别是关于文艺复兴和宗教改革以来近代精神形成方面的一系列才华出众的研究,部分地是论历史理论的。他的意图是根据康德批判的模式来写一部《历史理性批判》的巨著,但这个意图一直没有实现。

在《精神科学导言》中,早在文德尔班以前十一年,他所采取的立场就是,历史学论述具体的个体,而自然科学则论述抽象的一般。但是这从来也没有引导他达到一种满意的历史哲学,因为他一直在思考着的个体被设想为是孤立的过去事实,而没有被组成一个历史发展的真正过程。我们已经看到(第三编第九节),这种构思历史的方式乃是那个时期历史学思想本身所特有的弱点;我们也看到,在文德尔班和李凯尔特那里,同样的概念堵塞了通往真正理解历史的哲学问题之路。

但是狄尔泰并不满足于这种见解。在后来的论文里[②],他提出了历史学家实际上是在怎样完成理解过去的这一工作的问题,因为历史学家只是简单地从文献和资料出发,而这些本身并不显示过去。他回答道,这些资料只是为他在自己的心灵中复活原来所产生出它们来的那些精神活动提供机缘。正是由于他自己的精神生命,并且与那种生命的内在丰富性成比例,他才能从而赋予他所发现自己所面临的死材料以生命。因此,真正的历史知识乃是对其自己的对象的一种内在体验(Erlebnis),而科学知识则是试图理解(begreifen)在他面前出现的现象作为一种外部的景观。历史学家就活在他的对象之中,或者不如说,是使他的对象活在他的心中;这一概念对狄尔泰同时代的任何德国人

---

① 狄尔泰(Dilthey,1833—1911),德国哲学家。——译者注
② 《全集》第七卷。

所成就的任何事物来说,都是一个巨大的前进。但是问题却仍然存在,因为生活对狄尔泰意味着与反思或知识不同的直接经验;而且历史学家就是成为了尤里乌斯·恺撒或拿破仑也还是不够的,因为那并不构成一种有关尤里乌斯·恺撒或拿破仑的知识,正有如他是他自己并不就构成一种有关他自己的知识这一明显的事实一样。

狄尔泰试图求助于心理学来解决这个问题。由于我毕竟是存在着,所以我就是我自己;但是却只有靠心理学的分析我才逐渐地认识我自己,也就是说,才逐渐理解我自己个性的结构。同样地,在自己的心灵之中复活着过去的历史学家,如果要成为一个历史学家的话,就必须理解他所正在复活着的过去。单单是复活过去,他就同时是把过去其他人的经验归并到他自己的经验之中,而在发展着和扩大着他自己的个性了。但是这样被归并的无论是什么东西,就都变成了他个性结构的一部分;于是这项规则,即这一结构只有用心理学的方式才能加以理解,就仍然有效。这一点在实践上意味着什么,可以从狄尔泰最后的著作之一里面看出来;在那里他按照自己的公式论述了哲学史,他根据心灵结构有着某些基本类型而每一种类型对世界都有某种必然的态度和概念这一原则,把哲学史归结为对哲学家的心理的研究。① 于是不同的哲学之间的不同,也就被归结为单纯是心理结构造成了心理倾向方面不同的结果。但是这种处理主题的方式,却使得它没有任何意义了。与哲学有关的唯一问题就是,它究竟是正确的还是错误的。如果某一个哲学家之所以像他思想的那样在思想,只因为他是那样的一种人,所以就不得不那样地在思想,那么这个问题也就不会发生了。从这种心理学的观点加以处理的哲学,就根本不再是哲学了。

这表明狄尔泰的论证有某种东西是错了,并且不难看出那种东西是什么。心理学不是历史学,而是科学,是一门根据自然主义的原则建立起来的科学。说历史只有在以心理学的方式来构思时才成为可理解的,也就是说历史知识是不可能的,而唯一的一种知识就只是科学的知识;历史本身仅只是生活、是直接的经验,所以如此的历史学家就仅仅

---

① 《哲学的本质》,《全集》第 5 卷。

经验着一种只有如此的心理学家才理解的生活。狄尔泰触及了文德尔班和其他人所没有透彻认识到的那个问题：即怎样才可能有一种与直接经验不同的、有关个体的知识的问题。他回答这个问题是承认不可能有这样的一种知识，并又回到了实证主义的观点上去，他认为"一般"（知识的固有对象）能被认识的唯一方法就是要靠自然科学或建立在自然主义原则之上的科学。这样，他就终于像他那一代的其他人一样，也向实证主义投降了。

　　狄尔泰的论证所犯错误之点也并不更容易认出。正如我已经解说过的，狄尔泰论证说，要成为自己是一回事，那是直接经验；要了解自己却是另一回事。那是心理科学。他假定心灵的自我知识和心理学是一回事。但是根据他自己的说明，历史学却也有很好的理由要求享有这种资格。我现在可能正经验着一种直接的不安感情，我可以问我自己，为什么我有这种感情。我可以回想到今天早晨我收到一封信批评我的行为，那态度在我看来似乎是有效的而又无法回答的；于是我就回答了这个问题。在这里我并没有使用心理学的概括；我在它的细节中认识到某种个别事件或一系列的事件，它们已经作为我对自己的一种不安或不满的感情而呈现于我的意识。要理解那种感情，也就是要承认它是某种历史过程的结果。这里，我的心灵的自我理解无非就是历史知识而已。把这种情况再推进一步。作为一个历史学家，当我在我自己的心灵中复活尤里乌斯·恺撒的某种经验时，我并不是简单地成为了尤里乌斯·恺撒；相反地，我是我自己，并且知道我是我自己；我把尤里乌斯·恺撒的经验归并到我自己的个性中来的那种方式并不是靠把我自己和他混为一谈，而是靠把我自己和他区别开来，同时把他的经验变成为我自己的。历史的那种活着的过去就活在现在之中；但它不是活在现在的直接经验之中，而仅只是活在现在的自我知识之中。这一点狄尔泰却忽略了；他认为它活在现在对它本身的直接经验之中，但是那种直接经验却不是历史思想。

　　狄尔泰和齐美尔事实上是选择了同一个虚假的二难推论中的两个相反的牛角尖。他们两人每一个都认识到，历史的过去——也就是历史学家正在研究其行为的那些行为者的经验和思想——必须成为历史学家自己个人经验的一部分。他们每一个人都论证说,这种经验因为是他自己的,所以纯粹是他私人的和个人的,是他自己心灵之中一种直接的经验而不是什么客观的东西。他们每一个人都看出,如果它要成为历史知识的对象,它就必须是某种客观的东西。但是当它是纯粹主观的东西的时候,它又怎么能成为客观的呢?而如果它仅仅是他自己心灵的一种状态,它又怎么能是某种可知的东西呢?齐美尔说,那就要靠把它投射到过去里去;结果是历史就纯粹变成了我们自己的心灵状态在不可知的过去的空白屏幕之上的虚幻投影。狄尔泰说,那就要靠它变成为心理分析的对象;结果是历史学就完全消失了,而被心理学所取而代之。对这两种学说的回答都是,因为过去并不是死去的过去而是活在现在之中,所以历史学家的知识就根本没有面临着这种二难推论;它既不是有关过去的知识,因而也就不是有关现在的知识,又不是有关现在的知识,因而也就不是有关过去的知识;它是有关在现在之中的过去的知识,是历史学家自己心灵的自我知识之作为过去的经验而在现在的复活和再生。

这四个人在他们中间,在德国发动了一场研究历史哲学的朝气蓬勃的运动。鲍威尔在其《历史研究绪论》①一书中甚至说,在他自己那个时代从事历史哲学研究要比从事历史本身研究更活跃得多。但是虽然论述这个题材的书籍和小册子源源不断地出版,但真正的新观念却是罕见的。我已经分析过的这些作家所留给后代的总问题可以表述为:它涉及的是历史学与自然科学之间的区别,或者说历史过程与自然过程之间的区别。从实证主义的原则出发,自然科学是唯一真确的知识形式,它蕴涵着一切过程都是自然过程;问题是怎样摆脱这个原则。我们已经看到,这个原则曾经一再地被否定,但是否定它的人们却从来没有能使自己的头脑完全摆脱它的影响。不管他们如何强烈地坚持说,历史是一种发展并且是一种精神的发展;他们都未能实现这些词句的含义,并且到头来都一致又陷入了把历史认为仿佛就是自然。一种历史过程或精神过程的特点是,既然心灵是认识它自身的那种东西,所

---

① Wilhelm Bauer, *Einführung in das Stadium der Geschichte*(图宾根,1921)。

以成为心灵生命的历史过程也就是一个自我认知的过程,是一个理解它自身、批判它自身、评价它自身等等的过程。Geschichtsphilosophie[历史哲学]的德国学派从来没有把握住这一点。它总是把历史看作历史学家是以科学家面对着自然界的那种同样方式所面对着的一种对象;理解、评价或批判它的任务并不是由它自己为自己来做出的,而是由站在它外边的历史学家来对它做出的。这样做的结果就是,本来是属于心灵本身历史生活的精神性和主观性,就从它那里被取走转而赋给了历史学家。这就把历史过程转化为一个自然过程,——即对一个明智的旁观者可以理解、而对它自身却不可理解的一个过程。这样被设想的心灵生活仍然是一种生活,但却不再成其为一种心灵的生活;它变成了一种纯粹生理的生活,或者充其量也只不过是一种无理性的本能的生活:一种无论怎样被强调称为一种精神生活、却仍被设想为是一种自然生活的生活。因此我正在谈论的这场德国的运动,就绝不会成功地避免自然主义,也就是避免把心灵转化为自然。

五 迈 耶①

19世纪结束时,这种自然主义的极端形式可以在实证主义的历史学家们,如 K. 兰普雷希特②、P. 巴尔特③、E. 伯伦汉④,一本著名的史学方法论手册的作者 K. 布莱齐希⑤以及其他作家的身上看到;他们都把历史学的真正的或最高的任务设想为在于发现联结着历史现象的某些永恒类型的因果律。在这些方面,历史学上的颠倒混乱都具有着一个共同的特征,即对两种历史学的区别:经验的历史学和哲学的或科学的历史学,前者执行的仅只是要确定事实这一卑微的任务,而后者则负有要发现联结着各种事实的规律这一更崇高的事业。无论什么地方只要发觉有这种区分,自然主义的马脚就会暴露出来。像经验的历史学这

---

① 迈耶(Meyer,1855—1930),德国历史学家。——译者注
② 兰普雷希特(K.Lamprecht,1856—1915),德国历史学家。——译者注
③ 巴尔特(P.Barth,1858—1922),德国哲学家。——译者注
④ 伯伦汉(E.Bernheim,1850—1942),德国历史学家。——译者注
⑤ 布莱齐希(K.Breysig,1866—1940),德国历史哲学家。——译者注

样的一种东西是没有的,因为各种事实并不是经验地呈现在历史学家的心灵之中的;它们是过去的事件,不能靠经验,而是要按照理性原则、靠通过一个推理的过程、根据所给定的资料(或者不如说是用这些原则所发现的资料)而加以领会。像是假设中的更进一步的哲学的或科学的历史学阶段这样一种东西,也是没有的,——这种历史学要发现它们的原因或规律或者一般地解释它们;——因为一桩历史事实一旦真正加以确定,被历史学家在他自己的心灵中重演行动者的思想而加以掌握之后,它就已经被解释了。对于历史学家,在发现发生了什么和发现它为什么会发生,这二者之间是并没有不同的。

最好的历史学家们无论是哪个国度的,都在他们自己的实际工作中意识到了这一点;德国的许多历史学家,部分地通过他们实际研究的经验,部分地通过上面已经讨论过的哲学家们的影响,现在已经有足够的认识能够抵制实证主义的主张了,至少是它那更为极端的形式。但是他们对它的认识,一般说来直到现在为止,充其量也只是片面的;因此就连实证主义最强的对手也都大受其影响,而且在理论和方法问题上都采取了有些混乱的立场。

这一点 E. 迈耶提供了一个很好的例子,迈耶是近代德国最杰出的历史学家之一,他的论文《历史学的理论和方法论》1902 年在哈勒出版,后来修订再版[①],表明了一位有着长期经验的第一流历史学家在 20 世纪初对他自己工作的原则是怎样在思想的。在这里,正像在伯里那里一样但却思想得更加清楚,我们发现有一种要把历史学从自然科学的影响所造成的错误和谬见之下清理出来的努力,但它那工作的反实证主义观点却终于未能决定性地超出实证主义的气氛。

迈耶从详尽而透彻地批评实证主义的倾向而开始,这一倾向流行于 19 世纪 90 年代,我刚刚已经谈到过了。如果历史学的任务被设想为在于确定支配着历史事件进程的一般规律,那么它就要删除三个实际上是非常之重要的因素:机遇或偶然,自由意志,以及对人的观念或要求和概念。于是在历史上具有重要性的东西就被等同于典型的或反

---

① 《短篇著作集》(哈勒,1910),第 3—67 页。

复出现的东西;因而历史就变成了种群的或社会的历史,个体就从历史中消失了,除非是在普遍规律的一个单纯实例的借口之下。这样加以设想的历史学的任务,乃是要建立某些社会的和心理的生活类型,它们以固定的顺序一一相续。迈耶引用兰普雷希特作为这种观念的领袖代言人。① 兰普雷希特把德意志民族生活中的这种类型区别为六种形态②,并且把这一结果加以概括而应用到各个民族的历史。但是迈耶说,由于这样的分析,历史中活的形象就被破坏了,他们的地位就被一些模糊的概括性和不真实的幻影所代替。结果就成为一种空洞口号的统治。迈耶反对这一切并且争辩说,历史学思想的固有对象乃是存在于个体性之中的历史事实,机遇和自由意志都是决定性的原因,从历史中加以删除之后就不能不破坏历史的真正本质。不仅是历史学家本人对于这种伪科学所谓的规律不感兴趣,而且根本就不存在什么历史的规律。布莱齐希曾试图陈述过二十四条规律③,但是每一条不是错误的就是空洞的,以至于历史学在其中并没有发现有任何价值。它们可以充当研究历史事实的线索,但它们全都没有必然性。历史学家之未能建立规律,不是由于资料的贫乏和智力的弱点,而是由于历史知识本身的性质所造成的;历史知识的职责是在它们的个体性之中发现和解释各种事件。

当迈耶脱离论战而进行阐明历史学思想的积极原则时,他首先提出的它的第一原则是,它的对象乃是过去的事件,或者不如说是过去的变化。所以在理论上它就要论述每一桩变化,但是在习惯上它却只论述人类事务中的变化。然而,他并没有说明或辩护这种局限性。但这一点却是极关重要的,他之未能解释它,成了他的理论中的一个严重弱点。它那真正的理由则是,历史学家所关心的并不是事件本身而是行动,亦即由意志所实现的、并表现着一个自由的和明智的行动者的思想的那些事件,而历史学家则由于在自己的心灵中重行思想它而发现了

---

① 载《未来》(*Zukunft*),1897 年 1 月 2 日。
② 《德意志史》,柏林,1892 年。
③ 《世界历史的阶段和规律》,柏林,1905 年。

这种思想；但是这一点迈耶却未能看到，他从来也没有进一步去回答这个问题："什么是历史事实？"他的答案从来也没有超出过这种说法："历史事实就是过去的事件。"

这种失败的第一个结果便是，在实际上所已经发生的各种事件无限繁多和历史学家所能够或渴望进行研究的事件为数甚少这二者之间的区别上感到为难。迈耶把这种区别的基础放在这一事实上，即历史学家只能认识他所掌握有证据的那些事件；但是即使如此，可知事件的数目也远远超过了在历史学上有趣味的那些事件的数目。许多事件都是可知的而且是已知的，但是没有一个历史学家认为它们都是历史事件。那么构成为一个事件的历史性的又是什么呢？在迈耶看来，只有那些曾经是起作用的(wirksam)、即已经产生了后果的事件，才是历史性的。例如，斯宾诺莎的哲学很长一个时期是没有影响的，但是后来人们对它变得有兴趣了，于是它就开始影响他们的思想。因此，它就从一桩非历史性的事实变成了一桩历史性的事实；它对于17世纪的历史学家是非历史性的，但对于18世纪的历史学家则变成了历史性的。这当然是一种十分武断的而又反常的区别。对于17世纪的历史学家，斯宾诺莎是一个非常有趣的现象，无论他是否作为一位思想的领袖而被人阅读和接受；因为斯宾诺莎哲学的形成其本身就是17世纪精神的一种值得注意的成就。使得这种哲学成为我们历史研究的对象的，并不是诺瓦利斯①或黑格尔研究了它这一事实，而是我们能够研究它，能够在我们自己的心灵中重建它，因而能够欣赏它的哲学价值这一事实。

迈耶在这里的错误立场，乃是由于在他自己思想里有着他所一直在反对的实证主义精神的残余。他看出了，孤立地加以引用的单纯过去的事件是不可能成为历史知识的对象的，但是他认为它借助于它与其他事件的联系就成为了历史知识的对象，而这些联系则被他以实证主义的方式设想为是外部的因果联系。然而，这却是在以未经证明的假定进行辩论。如果一桩事件的历史重要性被规定为它产生的对其他事件的作用，那么构成为其他事件的历史重要性的又是什么呢？因为

---

① 诺瓦利斯(Novalis，1772—1801)，德国作家。——译者注

他恐怕很难主张,一个事件在历史上之变得重要,乃是由于它产生了那些其本身并没有历史重要性的结果。可是,如果斯宾诺莎的历史重要性在于他影响了德国的浪漫主义,那么德国浪漫主义的历史重要性又在哪里呢?追循着这条探讨线索,我们就终将到达今天并得出结论说,斯宾诺莎的历史重要性就是他对于我们此时此地的重要性。我们无法再进一步了;正如迈耶所指出的,要判断现在的任何事情的历史重要性都是不可能的,因为我们还不能说它将要得出什么结果。

这种思考就剥夺了迈耶的大量有关历史学方法的积极理论的价值。那种理论的根本之点就在于,把历史上的过去看作是在一个因果系列之中被联系在一起的事件这一整个概念。迈耶有关历史研究乃是对原因的探究这一概念就有赖于此;还有他那有关历史必然性乃是被这些原因所决定的事件这一概念;他那有关历史的偶然性或机遇作为两个或更多的因果系列的交叉点这一概念;他那有关历史重要性作为系列中的其他事件的成因这一概念,等等。所有这些概念都受到实证主义的感染,因而都是谬误的。

迈耶理论的有价值的方面在于他关于历史兴趣的学说。唯有在这里,他表明真正掌握了关于原则的真理。由于他已经认识到,即使我们把自己限于上述规定意义上的重要事件时,我们仍然要遇到令人为难的大量事件,于是他就以诉之于一种新的选择原则来减少这个数目;选择就建立在历史学家的兴趣以及以历史学家为其代表的当代生活的兴趣的基础之上。正是历史学家作为一个活着的行动者,才由他自己提出了种种问题,他渴望找到它们的解答并从而构造出他用以处理他的材料的线索。这种主观的成分,乃是一切历史知识的一个根本性的因素。然而即使在这里,迈耶也没有掌握他自己学说的全部含义。他仍然为这一事实所困惑,即我们关于一个特定的时期无论取得多少情报,我们仍可以获得更多的情报,而这种更多的部分就可以修改已经被认为是可靠的种种结果。因此,他论证说,一切历史知识都是不确定的。他没有能看出,历史学家的问题是一个现在的问题,而不是一个未来的问题;它是要解说现在可以获得的材料,而不是预期将来的发现。再引一次奥克肖特的话,"真理"这个词对于历史学家并没有意义,除非它意味着"证据迫使我们要相信的东西"。

迈耶伟大的功绩在于,他对当时流行的实证主义社会学的公开的伪历史进行了有效的批判。在细节上,他的文章也经常显示出对历史现实的生活感。但是他的理论的失败之处在于他未能把他对实证主义的攻击推向它的逻辑结论。他满足于默认一种天真的实在主义,把历史事实当作一种东西而把历史学家对它的知识当作另一种东西。于是归根到底,他就把历史设想为一种从外部所看到的纯粹景象,而不是一种过程,亦即,历史学家本人既是其中的一个组成部分同时又是对它的自我意识。历史学家与他的题材之间的密切无间的全部关系就消失了,历史重要性的概念就变得没有意义了;因此迈耶的有赖于选择重要事件的历史学方法这一原则,也就消逝为一缕轻烟。

六 斯宾格勒

和迈耶的著作以及20世纪较好的德国历史学家的著作形成了鲜明对照的是,奥斯瓦尔德·斯宾格勒①又沉没到实证主义的自然主义里去了。《西方的没落》②一书在英国和美国也像在德国一样,是那么地风行,所以也许在这里值得再次指出我有理由认为它根本是不健全的。

按照斯宾格勒的观点,历史是他称之为文化的各个自给自足的个体单位之一一相继。每个文化各有其自己的特性;每个文化的存在都是为了把这种特性表现在它的生命和发展的每个细节之中。每个文化都和所有其他的文化类似,具有着相同的生命周期,类似于有机体的生命。它以原始社会的野蛮状态开始;接着发展出来政治组织、艺术和科学,等等,起先是一种生硬的古代形式,然后怒放为古典时期,再后冷凝为衰落,最后沦入一种新型的野蛮状态,这时一切事物都被商品化了和庸俗化了,而它的生命便就此结束。从这种衰落的状况中,再没有任何

---

① 斯宾格勒(Spengler,1880—1936),德国历史学家。——译者注
② 英译本《西方的没落》两卷,伦敦,1926—1928年。关于本书更详尽的评论,请参阅我在《古代》(*Antiquity*)上的论文,第1卷,1927年,第311—325页。

新事物诞生出来;那种文化是死去了,它的创造力是耗竭了。此外,不仅形态的循环是固定的,而且它所需的时间也是固定的;因此,如果我们现在,比如说,能够测出我们在我们自己的文化周期上是站在哪一点,我们就能准确地预告它的将来形态将会是什么。

这种概念是公开的实证主义。因为历史本身被一种历史形态学所代替了,那是一种自然主义的科学,它的价值就在于外部的分析、建立一般规律以及(非历史性思想的决定性的标志)自称根据科学的原则预言未来。各种事实被实证主义地设想为彼此孤立的,而不是彼此有机地相互成长的;但是事实在这里就成为了大块头的事实——更大更好的事实,每一个都具有一种固定的内部结构,而且每一个都非历史性地与其他相联系着。它们唯一的相互关系只是:(1)时间上的和空间上的,(2)形态学上的,即结构上的相似关系。这种反历史的和单纯自然主义的历史观点,甚至感染了斯宾格勒关于每种文化本身所采取的内部细节的概念;因为一个文化内部各个形态的相续,像他所设想的那样,并不比一个昆虫的生命中的各个不同形态,如卵、幼虫、蛹和成虫的相续更有历史性。因此在每一点上,历史过程之作为一种精神过程的观念——在这里,过去是被保存在现在之中的——就都被刻意地否定了。一个文化中的每一个形态在它的时间成熟时,都自动地转入下一个,不管生活于其中的个别的人可能做什么。此外,标志着一种文化与其他文化有别,并且渗透着它的全部细节的唯一特征(希腊文化的希腊性,西欧文化的西欧性,等等),并不是被设想为由那种文化的人们通过精神的努力,无论是有意的或无意的,所创造和成就的一种生活理想;它是作为一种自然的财富而属于他们的,正好是以黑色的皮肤色素之属于黑人或蓝色的眼睛之属于斯堪的纳维亚人那种同样的方式。因此,这种理论的全部基础都是以要把一切使历史成其为历史性的东西从历史之中排斥出去的一种有意的和艰苦的努力为其根据的,而且是要在每一点上都用一种自然主义的原则概念来代替相应的历史概念。

斯宾格勒的书装满了一大堆历史知识,但就连这些也不断地受到歪曲和颠倒以适应他的论点。从许多论点里面可以举这样一个例子,他坚持说,作为其基本特性的一部分,古典的或希腊—罗马的文化是缺乏一切时间感的,一点都不关心过去或未来,所以他们(不像具有敏锐的时间感的埃及人那样)就没有为他们的死者修建坟墓。他似乎已经忘记了罗马管弦乐演奏会是每个星期都要在奥古斯都①的陵前举行的;哈德良②的墓多少世纪以来都是教皇的堡垒;而且在罗马城外多少里的古代道路上布满了全世界最大量的墓群。甚至于19世纪的实证主义思想家们,在他们错误地试图把历史转化为一门科学时,也没有更进一步不顾一切地和肆无忌惮地篡改事实。

在斯宾格勒和汤因比之间有着明显的类似之处。主要的不同则是,在斯宾格勒这里各个文化的孤立性完整得就像莱布尼茨的单子一样。它们之间的时间、地点和类似性的关系,只有从历史学家的超然观点来看,才是可知觉的。而对于汤因比,则这些关系虽然是外部的,却形成了文明本身经验的一部分。某些社会之应当渊源于其他的社会,这对汤因比的观点是本质性的;因此历史的连续性就被保住了,尽管只是在一种剥夺了它的充分意义的形式之中;而按斯宾格勒的观点,则像渊源之类的东西是不可能有的。一种文化和另一种文化之间没有任何积极的关系。因此,自然主义的凯歌,在汤因比那里只是影响到了一般原则,而在斯宾格勒这里则贯穿到一切细节之中。

第三节 法 国

一 拉韦松③的精神主义

说法国这个实证主义的发源地也是实证主义受到最坚强和最出色的批判的国家,那是太正确了。在19世纪末和20世纪初,法国思想把它最好的精力都用之于对实证主义进行攻击;它正像在这个国家里那么多的批判的和革命的运动一样,事实上只是法兰西精神不屈不挠的

---

① 奥古斯都(Augustus,前27—公元14),罗马皇帝。——译者注
② 哈德良(Hadriau,117—138),罗马皇帝。——译者注
③ 拉韦松(Ravaisson,1813—1900),法国哲学家。——译者注

一贯性的另一个证据。18世纪对已经确立的宗教堡垒进行攻击的启蒙运动,本质上是人的理性和人的自由之反对教义和迷信的一次自我肯定。实证主义则把自然科学又转化为教义和迷信的一种新体系;法国哲学的复苏并对这个新堡垒进行攻击,可以再一次地把古老的口号 Écrasez l'infâme[砸烂不名誉]写在它的旗帜上。

法兰西思想的这场新运动不像德国的新运动,它不是有意识地和公然地朝着历史学定向的。但是对它主要特征的详细检验却表明,历史的观念仍是它的指导概念之一。如果我们把历史的观念等同于精神生活或精神过程的观念,那么联系的紧密性就变得十分明显了;因为关于精神过程的观念,一直突出地成为近代法国哲学的指导观念。尽管它在某种方式上看来仿佛是自相矛盾,但法国思想的这场运动却比德国的类似运动在历史学的问题上有着更坚强的据点。因为德国的运动,不管大肆谈论了多少历史学,却总是从认识论的角度来思考它:它的真正兴趣在于历史学家主观的心灵过程;并且由于它对形而上学的普遍偏见(部分地是新康德主义的偏见,部分地是实证主义的偏见),它回避了钻研历史过程本身的客观性质这一任务。结果就像我们已经看到的,它把这个过程设想为历史学家心灵的一种单纯的景观,因而就把它转化为一种自然的过程。但是法国的心灵在其思想传统中却坚定地是形而上学的,它集中精力于把握精神过程本身的特点,结果是它从来没有提及历史这个名词,却对解决历史哲学问题有了长足的进步。

我这里所要做的一切只不过是在这一异常之丰富和多变的运动中挑选出少数几点,并指明它们对我们的主要问题有什么影响。有两个主题经常反复出现于它的全部结构中:一个是消极的,即对自然科学的批判;另一个是积极的,即对精神生活或精神过程的概念的阐述。它们是一个单一观念的正反两个方面。被实证主义提到形而上学高度的自然科学,把实在设想为是一个处处都被因果律所支配的各种过程的一个体系。一切事物之所以如此,都是因为它是由另外的某种事物所决定的。精神生活乃是一个它那实在就是它的自由或者自发性的世界;它不是一个无规律的或混乱的世界,而是这样一个世界,它那规律是由自由地在服从着这种规律的那同一个精神所自由地造成的。如果这样一个世界毕竟是存在的话,实证主义的形而上学就必定是错误的。因此之故,就必须证明这种形而上学是不健全的,并且就必须从它自身的基础上攻击它,就在这里驳倒它。换言之,必须证明,不管自然科学的方法在它们自己的领域里可能证明是多么有道理,这个领域却缺少着作为一个整体的实在的某些东西;它是一种有限的和依赖性的实在,它那存在的本身依赖于被实证主义所否定的自由和自发性。

拉韦松在19世纪60年代对这样一种论证所采取的第一个步骤,就是提出了实在作为机械的或由有效因所支配的那种概念,作为一种形而上学的学说是不能成立的,因为它对这些原因在其中活动着的那个整体没有能做出任何阐述。① 为了使这个整体得以存在并且维持它自身,其中就必须不仅有联结各个部分的有效因的原则,而且还有把各个部分组织成一个整体的目的论的或最终因的原则。这是莱布尼茨的有效因和最终因的综合概念,以及也是源出于莱布尼茨的更进一步的学说,即我们关于目的论的原则的知识来源于我们关于它作为我们自己心灵的工作原则的意识。我们关于我们自身作为精神、作为一种自我创造和自我调节的生命的知识,就能使我们窥测在自然界中有一种类似的生命;而且(尽管实证主义未能看到这一点)它的各部分之间有因果关系仅只是因为大自然在目的论上是一个活着的有机体。我们在这里看到了通过把自然的实在其本身溶解为精神、从而确立精神的实在这一企图;但是从我们对后来德国思想的分析中已经知道,这样一种解决,由于否认有任何事物是真正自然的,不仅没有能公正地对待自然科学,而且由于把它等同于自然界中某种有待发现的东西还危害了关于精神的概念。危险就在于有一个既不是单纯的自然也不是真正的精神的第三者,它倾向于代替这两者。这第三者就是生命,它被设想为不是精神生活或心灵的过程,而是生物的或生理的生命,这是柏格森著作里的一个基本概念。

---

① 《19世纪法国哲学年报》(巴黎,1867)。

二 拉希利埃的唯心主义

为了避免这种危险,就有必要坚持说精神的生命不是单纯的生命而是合理性,也就是思维的活动。看出了这一点的是拉希利埃①,他是现代法国最伟大的哲学家之一。在他长期的教师生活期间,法国思想之受惠于他的那种身份是无可估量的;拉希利埃出版的著作很少,但是他所出版的确实是思想深刻和表达清晰的典范。他那篇《心理学和形而上学》②的简短论文就是这一论题的匠心表述:心理学作为一种自然主义的科学不可能如实地把握心灵;它只能研究意识、我们的感觉和情感的直接资料;但心灵的本质乃是它能够知道,也就是说,它不是以它本身的单纯状态而是以一个真实的世界作为它的对象。使得它能够知道的,乃是它在进行思想这一事实;而思想的活动乃是一种自由的或自我创造的过程,它之得以存在除了它本身而外并不有赖于任何别的东西。那么如果我们问思想为什么存在,唯一可能的回答就是,存在本身(无论它还可能是别的什么)就是思维的活动。这里拉希利埃的论证的中心之点乃是知识本身就是自由的一种功能这一观念;知识是可能的,只是因为精神的活动是绝对自发的。因此,自然科学并不由于未能在自然界中发现精神的实在就对它表示怀疑,或者是由于发现它在那里(这是永远做不到的)就证实它;而是以一种完全不同的方式,由于它本身就是科学家精神活动的产物,而证实了它。把精神生命作为既是自由又是知识(并且也是关于它自己的自由的知识)的一种生命,乃是一种没有任何科学思想能够以心理学的术语加以窥测或分析的生命,——这种明晰的概念恰恰是我们发现在德国学派那里所缺乏的。它还不是一种历史理论,但它是这样一种理论的基础。

如果其他法国思想家们曾经把握住了拉希利埃的概念的话,他们就不需要追求在19世纪末和20世纪初的法国哲学中占有那么大的地位的对于自然科学的批评了。拉希利埃的论证,实际上已经砍

---

① 拉希利埃(Lachelier,1832—1918),法国哲学家。——译者注
② 《全集》第一卷,巴黎,1933年,第169—219页。

掉了他们一直在攻击其代表性的著作的那座结构的基础：那并不是科学本身，而是企图证明科学乃是知识唯一可能的形式，因而也就蕴涵着要把心灵归结为自然的那种哲学。所以我不需要描述布特鲁①和他的学派所做的工作，他们企图以怀疑科学知识的坚实性来证实精神生命的实在性。但是为了表明当这些批评被推进到底，并且被树立为一种建设性的哲学时，它们会变成什么样子，我就必须谈谈柏格森的著作。

三　柏格森的演化主义

柏格森头脑中最本质的建设性的特征表现为这一事实，即他的第一部书强调了我所描述的近代法国思想特征的双重主题的积极的那方面。他的《论意识的直接资料》（1913 年译成英文，题名为《时间与自由意志》），是对呈现于实际经验中的我们自己心灵生活的特征的一篇阐述。这种生活是各种心灵状态的一一相续，但它是在相续这一名词的一种非常特殊意义上的相续。一种状态并不是跟随着另一种状态而来，因为当下一个状态开始时这种状态并非就不再存在了；它们是互相渗透的，过去继续活在现在之中，和现在融合在一起，并且在它赋予现在以一种从这一融合的事实所得到的特殊性质那种意义上而呈现出来。例如，在听一首曲调时，我们并不是分别地经验着不同的音调；我们在听每个音调的方式以及成其为聆听那种音调的精神状态，都是受到我们在听最后一个（以及确实所有此前的）音调的那种方式所影响的。听一首曲调的整个经验，因此就是一系列前进着的和不可逆转的经验，它们彼此渗透；所以那并不是许多的经验，而只是一个以一种特殊方式组织起来的经验。组织起它来的方式就是时间，而事实上这就恰好是时间之所以为时间；它们和空间不一样，乃是互相渗透的许多部分，现在就包含着过去。这种时间性的组织是意识所特有的，并且是自由的基础：因为现在在它自身之中就包含着过去，所以现在就不是被过去作为它外部的某种东西（即成为某种结果的原因）所决定的；现在是

---

① 布特鲁（Boutroux，1845—1921），法国哲学家。——译者注

一种自由的和活着的活动，它由于它自己的行动而包括着和继续着它自己的过去。

就此而言，柏格森对意识的分析就为历史理论提供了一种有价值的贡献，尽管他没有以这种方式运用过它。我们已经看到，在任何这种理论中的一个本质的成分都必定是心灵生活作为过程的这一概念，在这个过程中过去并不是现在的一个单纯的景观，而是实际上就活在现在之中。但是柏格森所描述的过程，虽则是一个心灵的过程，却不是一个理性的过程。它不是各种思想的相续，它只是直接的感觉和感知的相续。这些感觉和感知并不是知识，我们对它们的感受纯粹是主观的而不是客观的；我们在经验它们的时候并不知道任何独立于经验之外的东西。要获得知识，我们就必须观察到我们自己以外；而当我们这样做的时候，我们就发现我们自己是在观察着一个各种事物在空间之中彼此互相分离的世界，甚至在它们的时间方面也并不互相渗透，因为它们在其中发生着变化的那种时间与内部意识之互相渗透的那种时间二者是全然不同的；它是外部世界的钟表时间（clock-time），是一种空间化了的时间，不同的时间在其中互相排斥着，正像是空间的各个部分一样。因此，科学乃是我们对于外部世界的知识，是智力的产物，它与我们的内部经验形成一幅完全的对照；智力是一项把各种事物分割成个别的和自足的单元的能力。为什么我们会具有做出一种如此之奇妙的事情来的能力呢？柏格森所做的回答是，我们为了行动的缘故而需要它。因此，自然科学并不是认识真实世界的一种方式；它的价值并不在于它的真实性而在于它的实用性；靠着科学思想我们并没有认识自然界，我们是在肢解它，为的是掌握它。

柏格森在他全部晚期的著作中从没有超出过这种最初的二元论，尽管它不断地采取新的形式。意识的生活对于他始终是一种直接经验的生活，而没有任何思想、任何反思、任何合理性。它的意识仅仅是对它自身状态的直觉。所以它的过程，虽然就其在它的现在之中保存着它的过去而言有似于一个历史过程，却并没有能成为一种真正的历史过程，因为被保存在现在之中的过去并不是一种已知的过去；它只是这样的一种过去，它那在现在的回响是随着现在本身之被直接经验到而被直接经验到的。这些回响终于要消逝的；而当它们恰恰因为它们不再直接被经验到而且也不可能以其他的方法被经验到而消逝了的时候，它们就不可能复活。因此就不可能有历史学；因为历史学并不是直接的自我享受，它是反思，是传递，是思想。它是一种智力的劳动，其目的在于去思想心灵的生活而不是单纯地享受它而已。但是按照柏格森的哲学，这却是不可能的：凡是内部的东西都只能被享受而不能被思想；凡是思想的东西总是外部的，而外部的东西都是不真实的，都是为了行动的缘故而编造出来的。

四 近代法国的历史编纂

因为柏格森已经享有、并且仍然享有表现出他对他那民族的心灵的分析本质上是正确的那种声誉，所以沿着这条路线进行的近代法国思想，对它本身之作为一种活着的和积极的过程就具有特别鲜明的意识，而且有着一种奇异的能力可以复活凡是吸收到那个过程之中的任何东西。凡是没有被这样吸收进来的东西，法国的心灵就把它设想为某种全然不同类型的东西，即一种单纯的机械作用，要看它是一种易于驾驭的和有用的机械作用还是一种难于驾驭的和敌对的机械作用而在行动中加以估计，但却永远都不能作为一种与它自身相似的精神生活而加以钻研或感受。这就是法国怎样在国际政治中也是以一种十足的柏格森式的方式在表明它自己的态度的。而近代法国的历史编纂学的精神也以同样的方式在工作着。法国的历史学家遵循着柏格森那条著名的法则，*s'installer dans le mouvement*[立足于运动中]，极力使自己钻进他正在研究着的历史运动里面去，而且要感受那种运动之作为是在他自身之内所进行着的某种东西。他以一种想象的同情重行捕获这一运动的节奏之后，又能以特殊的光彩和忠实来表现它。例如，我只消提到一两部晚近法国历史著作的杰作，如迦米意·于利昂[1]的《高卢史》或者艾利·阿累维[2]先生的《哲学激进主义》或《英国人民史》等著作。

---

[1] 于利昂（Gamille Jullian，1859—1933），法国历史学家。——译者注
[2] 阿累维（Élie Halévy，1870—1937），法国历史学家。——译者注

一旦达到了这种同情的洞见,就很容易用短短的几页来表述这个过程的基本线索了;这就是何以法国的历史学家在写言简意赅的著作方面要胜过所有其他的人,在受人欢迎(popular)这个词汇的最好意义上,向一般读者传达了对一个时期或一场运动的特征的鲜明感受;这一点恰好是在其与事实进行斗争中肌肉紧张的德国历史学家们所做不到的事。但是法国人所做不到的事,德国人却做得如此之好;亦即以科学的精确性和超然态度来处理孤立的事实。最近法国学术界的大丑闻,即格罗泽(Glozel)的伪造事件为人广泛接受,即表明了近代法国学者们在科学技术方面的弱点,又表明了本来应该是一个纯粹技术问题的问题在他们的心目中变成了一个民族荣誉的问题的那种方式。格罗泽论战是十分荒唐的,它导致成立了一个国际委员会来解决它;当然这个委员会的调查结果并没有被人接受。

　　这样,近代法国的运动就发现它自己归根到底也陷入了和德国人一样的错误。他们各自最后都把心灵和自然混为一谈,而且未能区分历史的过程与自然的过程。但是当德国的运动试图发现历史过程是客观地存在于思想家的心灵之外时,却正因为它不在其外而未能在那里发现它;这时法国的运动则试图发现它是主观地存在于思想家的心灵之内,但也未能发见它,因为它被这样地封闭在思想家的主观性之内,就不再成为一种知识的过程而变成了一种直接经验的过程;它变成了一种纯心理的过程,一种感觉、情感和情绪的过程。在两种情况中,错误的根源是相同的。主观的和客观的被看作是两种不同的东西,它们在本质上是相异的,不管是多么密切相关。这种概念对自然科学的情况是正确的,在那里科学思想的过程就是以自然过程为其对象的一种精神的或历史的过程;但是对历史学的情况则它是错误的,在这里历史思想的过程与历史过程本身乃是相同的,两者都是思想的过程。紧紧掌握住历史思想的这种特性并把它作为一种系统的原理而加以应用的唯一的哲学运动,是由克罗齐在意大利创始的。

第四节　意大利

一　克罗齐1893年的论文

　　近代意大利哲学在富于才干的作家和观点的多样化方面,比起法国哲学和德国哲学都要相形见绌;而具体到历史理论本身方面的著作,虽然比法国更为可观,但比起德国来就显得很少了。但是就历史学这个主题而言,它比法国哲学更加重要,因为它直接探讨了这个主题并把这个主题放在它的问题的中心。在德国,历史著作的传统很难上溯到18世纪以前,而在意大利则可以上溯到马基雅维里甚至于彼特拉克①;这个事实是它的出发点优于德国的地方。从19世纪以来,意大利思想的领袖们已经建立起一种严肃而持久的历史研究的传统;而这一传统的悠久、多样化和丰富性给予了近代意大利关于这个题目的言论以一种特殊的分量,它使自己成为渗入到意大利文明的骨髓深处的一个题目。

　　1893年,贝尼狄托·克罗齐27岁的时候写出了他的第一篇关于历史理论的论文,这时不仅他个人已成为一位颇有名望的历史学家,而且他的背后还有着一定数量的论述这同一个题目的近期的意大利的哲学思想。然而他把这种思想那么完整地吸收到他自己的著作里面来,以至于就我们的目的而言竟可以把它略过不谈。

　　这篇论文题名为"纳入艺术普遍概念之下的历史学"。② 历史学是一种科学还是一种艺术这个问题,不久刚被讨论过,特别是在德国,而大部分答案都认为它是一种科学。我们还记得,直到1894年文德尔班还没有对这个答案发动攻击。所以拿克罗齐的论文和文德尔班的论文加以比较是有益的;他们在很多方面都是相同的,可是即使是在他事业的这一早期阶段里,克罗齐的哲学智慧就显然高出于文德尔班,并对当

---

①　彼特拉克(Petrarch,1304—1374),意大利诗人。——译者注
②　《纳入艺术普遍概念之下的历史学》,重刊于 Primi Saggi(巴里,1919年)。

前的真正问题看得更深。

他从清理艺术的概念开始。他指出,艺术既不是给予和接受感官愉悦的一种手段,也不是自然事实的一种表象,又不是对纯形式关系的体系的一种构造和享受(这三种艺术理论是当时最流行的),而是个性的直观洞见。艺术家看到了并表现出这种个性;他的观众是按他所表现它那样子来观看它的。因此艺术并不是一种情绪的活动,而是一种认识活动;它是有关个体的知识。相反地,科学则是有关一般的知识;科学的工作是要构造一般概念并解决它们之间的关系。而历史学则只涉及具体的个别事实。克罗齐说:"历史学只有一个责任,即叙述事实。"所谓寻求这些事实的原因,只不过是更仔细地观察各种事实本身并领会它们之间的个别关系而已。把历史学称为"描述性的科学"是无用的,因为那是没有意义的,它是描述性的这一事实就使得它不再是一门科学了。在这里,克罗齐事先就对文德尔班做出了正确的答案。"描述"一词无疑地可以用来作为经验科学所给予它的对象的那种分析的和概括化的叙述的一个名字;但是如果它在历史学中也意味着它所意味的东西,那么"描述性的科学"这个词句就是一种 contradictio in adjecto[形容词上的自相矛盾]。科学家的目的是在识别各种事实作为一般规律的事例那种意义上来理解各种事实的;但是在这种意义上,历史学却并不理解它的对象。历史学在观赏它,而这就是全部。这就正好是艺术家所做的事;因而已经由狄尔泰在 1883 年和齐美尔在 1892 年所做过的历史学与艺术之间的比较(克罗齐对他们两人都引用过),就是完全正当的。但是对于他,这种关系却比单纯的比较走得更远;那乃是一种同一。它们每一种都恰好是同一回事,即对个体的直觉和表象。

显然,问题不能就停留在这里。如果历史学是艺术,它至少是一种很特殊的艺术。艺术家所做的一切就是陈述他所看到的;历史学家则必须既做到这一点,而又向自己保证他所看到的是真相。克罗齐之处理这一点是说,艺术一般地在广义上是表现或叙述可能的事;而历史学则是表现或叙述实际上已经发生的事。已经发生的事当然不是不可能的;如果它是不可能的,它就不会发生了;于是真实的事物就落在了可能的事物的范围之内,而不是在它之外,于是历史学作为对现实的叙述就落在了艺术作为对可能的叙述之内。

这就是克罗齐这篇论文的论证。它引起了极大的注意并在许多方面受到批判,但是今天重读这些批判时,我们却看到克罗齐的答复大体上证明了是正确的;他比他的任何一个批评者都更能深入到这个主题里面去。他的论证的真正弱点是,他在 26 年以后重印它时他自己在序言里所注意到的那个弱点。他写道:

> 我没有察觉,由于把历史学作为是对实在的艺术表象这一概念所引起的新问题。我没有看出,把实在的与可能的辩证地区别开来的那种表象,是某种不止于是单纯的艺术表现或直觉的东西;它要借助于概念而产生;那确实并不是经验的或抽象的科学概念,而是成其为哲学的、并且因此也就既是表象又是判断的那种概念,是普遍与个别合而为一的概念。

换句话说:这样的艺术乃是纯粹的直觉而并不包含思想;但是为了区别实在和单纯的可能,人们却必须思想;所以把历史学规定为对实在的直觉,同时也就是在说它是艺术但又不止是艺术。如果"描述性的科学"这一词句是一种 contradictio in adjecto〔形容词上的自相矛盾〕,那么"对实在的直觉"也同样是如此;因为直觉恰恰因为它是直觉而不是思想,就对于实在和想象之间的任何区别一无所知。

即使有这个弱点,克罗齐早期的理论已经标志着对德国观点(那和它是那么地相似)的一大进步。它们都抓住个别与普遍之间的区别,作为解开历史学和科学之间区别的一把钥匙。它们都把它本身以及许多未解决的问题留在了它的手中。但不同的是,德国人满足于继续把历史学称为科学,而并不回答关于个体的科学是如何可能的问题;而结果就是他们把历史科学和自然科学设想为两种科学,这一概念就向自然主义敞开了大门,并使它自己沿着"科学"一词的传统联系而重行钻入到历史学的观念里面来。克罗齐由于根本否定了历史学是一门科学,就一举而使他自己割断了自然主义,使自己面对着一种把历史作为是某种与自然根本不同的东西的观念。我们已经看到,哲学问题在19世纪末到处都是要使它自己从自然科学的暴政之下解放出来的问题;所以克罗齐的勇敢行动正是这种局势所需要的。正是他1893年在历史的观念和科学的观念之间所做的这一廓清,使得他能够比他那一代的任何哲学家都更加大大地发展了历史的概念。

他经历了相当的时间之后,才看到他早期理论的缺陷何在。在他的第一部哲学巨作1902年的《美学》中,他仍然重复了他早先的历史观,他说,它并不寻求规律,也不制定概念,它并不使用归纳法或演绎法,它并不证明,它只是叙述。就它的任务是要呈现一幅完全确定的个体的景观而言,它和艺术是同一的。而当他继续提出历史学是怎样与艺术的纯粹想象不同的问题时,他就以一种旧的方式来回答它说,历史学区别真实与不真实,而艺术并不区别它们。

二 克罗齐的第二立场:《逻辑学》

只是到了1909年出版的《逻辑学》一书中,他才面临着这一区别是如何可能的这个问题。逻辑学是关于思想的理论,而只有思想才能区别真理和谬误,这就在严格的(和唯一真正的,像克罗齐这时所承认的)意义上把历史学和艺术分别开来。思想就是做出判断,逻辑学在传统上区别了两种判断:普遍的和个别的。普遍的判断规定了一个概念的内容,像是我们说任何一个三角形的三个角之和等于两个直角的和。个别判断则陈述一桩个别的事实,像是我们说这个三角形包括有如此等等的性质。这是两种认识,曾被人称之为先验的和经验的(康德),*vérités de raison*[理性的真理]和 *véritésde fait*[事实的真理](莱布尼茨),观念与事实之间的关系(休谟),等等。

克罗齐论证说,传统上把真理分为这两类是错误的。要区别出个体的存在作为一项纯粹的事实,作为一种 *vérité de fait*[事实的真理]而与 *vérités de raison*[理性的真理]不同,就蕴涵着个体的存在是非理性的。但这是荒谬的。如果没有理由,一件个别的事实就不会是它那样子了。而另一方面,要区别出一个普遍的真理作为一种 *vérité de raison*[理性的真理]而与 *vérites de fait*[事实的真理]不同,就蕴涵着普遍的真理并没有在事实之中得到实现。但除非它对它所适用的各种事实都是普遍真确的,否则什么是普遍的真理呢?

他结论说,必然的或普遍的真理与偶然的或个别的真理并不是两种不同的认识,而是每一种真正的认识中的不可分割的成分。普遍的真理只有在特殊的例子中被实现时才是真的;普遍——用他的话来说——就必须体现于个别之中。他继续说明、甚至于乍看上去好像是在全然抽象的普遍的、纯粹的定义的那些判断中,也确实有着他所称之为历史成分的东西在内,即一种此一、此时、此地的成分在内;这是由于这个定义是由要解决思想史上的一个特殊的时间里以一种特殊的方式而出现的问题的一位个别历史思想家所做出的。另一方面,个别的或历史的判断并不是对一个给定事实的单纯直觉或对一种感觉材料的领会;它是一个有谓语的判断;这个谓语就是一个概念;而这个概念就呈现在做出这个判断的人的心灵之中作为一种普遍的观念,对于这一观念他如果理解他自己的思想的话,就必定能够下一个定义。因此,就只有一种判断,它既是个别的而又是普遍的;个别的是就其描述事物的个别状态而言,而普遍的则是就其以各种普遍的概念来思考它、从而描述了它而言。

现在就来说明这一双重的论证。首先,普遍的判断实际上乃是个别的。约翰·斯图亚特·穆勒把正确的行动定义为获致最大多数的最大幸福的行动。这乍看起来好像是一个完全非历史性的判断,在一切时间和一切地点都是真确的,——假如它确实终究是真确的。但是当穆勒做出这种判断的时候,他所做的乃是在描述当我们称一种行动为"正确"时,我们的意思是指什么;在这里,我们一词的意思并不随处总是在指全人类,而是指具有他那时代的道德和政治观念的19世纪的英国人。穆勒描写的,不管是好是坏,乃是人类道德史上的一种特殊形态。他或许不知道他是在这样做,但这就是他所做的。

其次,对历史的个别判断在下述意义上是普遍的,即它的谓语是一个概念而这个概念的定义可以是、而且应当是现成的。我随手翻开一本历史书,就读到如下的句子:"一定不要忘记,路易十一①和天主教徒斐迪南②这样的君主,尽管他们有罪恶,但还是完成了使法国和西班牙成为两个强大国家的民族大业。"这个句子蕴涵着作者和读者都要理解"罪恶""国家""强大"等等术语,并且是以同样的意义在理解它们的;它蕴涵着作者和读者共同具有某种伦理和政治观念的体系。这个语句作为一个历史判断,就假定了这些观念是一贯的,在逻辑上是可辩护的;那就是说,它是以一种伦理的和政治的哲学为前提的。正是借助于这一伦理的和政治的哲学,我们才掌握了有关路易十一的历史现实;并且反过来,正因为我们发现在路易十一身上实现了这种哲学的概念,我们才掌握了这些概念都是什么。

这就是克罗齐关于普遍的、或规定性的判断与个别的、或历史性的判断相互蕴涵的学说,也是他关于哲学(即普遍判断)如何与历史学相联系这一问题的解答。他不是试图把哲学和历史学放在彼此相外的两个互不相容的领域里,因而使得恰当的历史学理论成为了不可能;而是把它们合成为一个单一的整体,成为一个判断,——这一判断的主语就是个体,而它那谓语就是普遍。因此历史学就不再被设想为对于个体的单纯直觉;它并不是单单在领会个体,——在那种情况,它就会是艺术了。它是在对个体做出判断;因此无可辩驳地是属于一切思想的那种普遍性,亦即先天的特性,就以历史判断的谓语的形式而呈现在历史学之中。使得历史学家成为一个思想家的事实是,他思索出这些谓语的意义,并且发现这些意义就体现在他所思考的个体之中。但是这种思索出来一个概念的意义也就是哲学;因此哲学就是历史思维本身的一个组成部分;对历史的个别判断之所以是判断,就只因为它自身中包含有哲学思维作为它的成分之一。

三　历史学与哲学

这里面包含有对哲学和历史学之间的关系的一种值得注意的而又

---

① 路易十一(1423—1483),法国国王。——译者注
② 天主教徒斐迪南(Ferdinand the Catholic, 1452—1516),西班牙的卡斯提与阿拉贡国王。——译者注

有创造性的观点。人们迄今通常都假定哲学是科学的女王,而历史学则在她的臣属中占有某一个微不足道的地位,或者说是在她的领域的荒外。但是对于克罗齐,在他思想的这一顶峰状态时,哲学的任务就限于思索各种概念的意义,这些概念作为思想的实际功能,就仅只是作为历史判断的谓语而存在。仅只有一种判断,那就是对历史的个别判断。换言之,一切实在都是历史,而一切知识都是历史的知识。哲学仅仅是历史学之内的一个组成成分;它是那种思想——那种思想的具体的存在乃是个别的存在——之中的普遍的成分。

这可以和一切实在都是历史这一德国观点加以比较,例如在李凯尔特那里所看到的。但李凯尔特达到他的学说是通过唯名论的原则,即一切概念都只不过是智力的虚构;这就蕴涵着,"路易十一犯了罪"这个判断是一个纯粹语词上的命题,意思是指"罪这个字是我用到路易十一的行为上的一个字"。对于克罗齐,"罪"并不是一个字而是一个概念,因此路易十一犯了罪这一陈述并不是关于历史学家随意使用的文字的一个陈述,而是关于路易十一的行为的一个陈述。李凯尔特和克罗齐可以都同意历史的事实是唯一的实在;但是他们所赋予这些文字的意义却完全不同。李凯尔特的意思会说,实在是由孤立的、独一无二的事件所构成的,它们被设想为赤裸裸的个体,正如(例如)穆勒的逻辑学所设想的个体那样;这些个体中没有普遍性的成分;按照这种观点,普遍乃是由心灵的随意行动所加之于个体之上的。克罗齐的意思则会说,实在乃是由体现在个别的事实之中的概念或共相所组成的,个体只不过是共相的化身而已。

四 历史与自然

但是在这段时期里,自然科学又变成了什么样子呢?并且自然过程对克罗齐的历史过程的观点又是怎样联系着的呢?回答是,对于克罗齐,自然科学根本就不是知识,而是行动。他在科学的概念和哲学的概念之间划出了一道鲜明的界线。哲学的概念是思想的功能,是普遍的和必然的;要确定它们,思想只消思考它自己。例如,我们不可能思想而没有想到我们的思想是真的;因此确定着思想本身的这一思想行动,也就确定了真理与谬误之间的区别。相反地,科学的概念乃是随意的构造;它们中间没有任何一个是需要被思想的。它们有两种:即经验的(像猫或玫瑰这样的概念)和抽象的(像三角形或等速运动这样的概念)。在前一种情况中,概念只是一种选来对某些事实进行归类的一种方式,我们也可以用别的方式同样真实地进行归类。在后一种情况中,概念根本就没有实例;它不可能是真的,因为它并不对任何事物成其为真;我们所能做的一切就是从假设方面来论断它并推论它的含义。因此,这些随意的构造实际上并不是概念,而是(我们可以称它们为)概念的虚构。克罗齐也把它们称为伪概念。而整个的自然科学就是由关于伪概念的思想所组成的。但是构造伪概念的论点是什么呢?这些伪概念是什么呢?他坚持说,它们并不是错误,正有如它们并不是真理。它们的价值是一种实践的价值。由于制造了它们,我们就以对我们有用的各种方式在播弄现实;我们并没有因之就更好地理解现实,但现实却因之而变得更能顺从我们的目的。我们在这里发现克罗齐是在采用实用主义的自然科学理论,而这种理论我们在柏格森那里已经发见过了。但是这里却有着这样一个重要的不同:对于柏格森,我们这样在加以摆布的实在其本身只不过是直接的内在经验,这就使得我们的或任何别人的任何行动怎样能把它转变为客观的空间中的事实,成了不可理解的;而对于克罗齐,则我们通过把伪概念应用在它身上而使之转化为自然的那种实在,其本身就是历史,是确实发生的事实序列,它们能像是它们实际的真相那样地为我们的历史思想所知。我们观察到一只猫扑杀一只鸟,这是一个历史事实;像所有的历史事实一样,这是一个概念在一个特殊地点和时间里的体现;认识它的真正的和唯一可能的方式,就是把它作为一件历史事实来认识它。这样加以认识之后,它就出现在历史知识的整体之中。但是我们也可以不像它实际的那样来认识它,而是为了我们自己的目的而虚构猫和鸟的伪概念,于是就会得出不要把猫和金丝雀放在一起的一般规律。

因此,对于克罗齐,自然就在一种意义上是真实的,而在另一种意义上又是不真实的。如果自然是指个别事件,像它们所发生的而且被人观察到是在发生的那样,那么它就是真实的;但是在上述意义上,自然就仅仅是历史的一部分。如果自然是指抽象的一般规律的体系,那么它就是不真实的;因为这些规律仅仅是我们用以整理我们所观察和记忆和期待的那些历史事实的伪概念。

根据这种观点,我在以前各篇里所划出的自然过程与历史过程之间的那种区别就不见了。历史学在任何特殊的意义上,都不再是有关与自然世界相对立的人类世界的知识了。它只是有关在其具体的个体性之中确实发生的那些事实和事件的知识。区别仍然存在,但那并不是人或精神与自然之间的区别。它是由于把自己想入事物之中、使事物的生命成为自己的生命而领会事物的个体性,与从外部的观点来分析它或进行分类之间的区别。要做到前一点,就要把它作为一件历史事实来掌握;要做到第二点,就要使它成为科学的题材。很容易看出,对待人类及其活动应该在这两种态度之中采取哪一种。例如,以这样一种方式研究一位过去哲学家的思想,使之成为研究者自己的思想,像他所活过的那样来复活它,作为是从某种特定的问题和情况而产生的思想,并且探索就到此为止而不再进一步;这便是在历史地对待它。如果一个思想家不能做到这一点,而只能分析它的各个部分并把它分为属于这种或那种类型(像狄尔泰在其思想的最后阶段处理哲学史那样),那么他就是在把它当作科学的题材并使它变成了单纯的自然。用克罗齐自己的话来说①:

> 你想要理解新石器时代的利古里亚人(Ligurian)或西西里人的真实历史吗?那你就试着(如果你能够的话)在你的心灵里变成一个新石器时代的利古里人或西西里人吧。如果你不能做到或者不肯做到这一点,那么你就使自己满足于描述和编排已经发现属于这些新石器时代的人的头盖骨、工具和绘画吧。你想要理解一根草的真实历史吗?那你就试着变成一根草吧;而如果你不能做到这一点,那么你就使自己满足于分析它的各个部分,甚至于把

---

① *Teoria e Storia della Storiografia*,巴里,1917 年,第 119 页;英译本,伦敦,1921 年,第 134—135 页。

它们整理成一种理想的或幻想的历史吧。

关于新石器时期的人,这种劝告显然是很好的。如果你能钻进他的心灵里去并把他的思想变成你自己的思想,那么你就能写他的历史,否则就不能;如果你不能,那么你所能做的一切就是把他的遗迹整理得井然有序,而那结果便是人种学或考古学,但并不是历史学。然而,新石器时代的人这一实在乃是一种历史的实在。当他制造某种工具时,他的心中就有一个目的;产生了工具乃是他的精神的一种表现,而如果你把它当作是非精神的,那只是由于你缺乏历史的洞察力。但是这一点对于一根草也是真确的吗?一根草的成形和生长也是它本身精神生活的一种表现吗?我并不那么很肯定。而当我们接触到一块水晶或者一块钟乳石的时候,我的怀疑就达到反抗的地步了。这些东西自身形成的过程在我看来就是一个过程,但我们要在这个过程中——并非是由于我们自己缺乏历史同情心——寻找出任何的思想表现来都是枉然的。它是一桩事件;它有个性;但是它似乎缺少那种内在性,按照克罗齐上面的那段话,那种内在性是被当成(而且我认为是正确地被当成)历史性的标准的。自然之溶解于精神,在我看来似乎是不完备的,而且一点也没有被相反的事实——即精神被科学地、而不是历史地加以掌握时,也能溶解于自然——所证明。

但是这就提出了一个超出我目前的题目之外的问题。因此我将不去探讨它,除非是试图把自然溶解于精神会影响到精神的(也就是历史的)概念本身。而我在克罗齐的著作中并没有发现有任何这样的特性。这是因为,不管有没有像自然这样一种与精神截然不同的东西,至少它不能够作为一种因素而进入精神世界。当人们认为它确实是能够,并且谈到(例如,我们看到孟德斯鸠就谈过)地理和气候对历史的影响时,他们是把某个人的或者人们的自然概念对他们行动的影响,误认为是自然本身的影响了。例如,某种人是生活在海岛上的这一事实,对于他们的历史并没有影响;有影响的乃是他们在设想着那种岛国地位的方式;例如他们是把海看作一道屏障呢,还是一条交通大道呢?如果情形是另一样的话,那么他们的岛国地位作为一桩永恒的事实,就会对于他们的历史生活产生永恒的影响了;如果他们不曾掌握航海的艺术,就会产生一种影响;如果他们比他们的邻居掌握得更好,就会产生另一种不同的影响;如果他们比他们的邻居掌握得更坏,就会有第三种影响;如果人人都使用飞机,就会有第四种影响。它本身无非是历史活动的一种原材料,而历史生活的特点则有赖于如何运用这种原材料。

五 克罗齐的最后立场:历史学的自律

克罗齐就是这样地在为历史学的自律而辩护,辩护它以自己的方式来进行自己事业的权利,既反对哲学又反对科学。哲学是不能按照黑格尔把一种哲学的历史学强加在通常历史学的头上的公式来干预历史学的,因为那种区别是毫无意义的。通常的历史学已经就是哲学的历史学了;它以对它的判断的谓语的形式而把哲学包括在它本身之中。哲学的历史学是历史学的一个同义词。在成其为历史知识的具体总体之中,哲学知识乃是一个组成部分;它是各种谓语——概念之在进行思索。克罗齐指出这一点,是由于把哲学规定为历史学的方法论。

与科学相对照,这种辩护是沿着相反的路线在进行的。历史学所以能不受科学的侵犯,并不是因为它已经包括科学作为它自身之内的一个因素,而是因为它必须是在科学开始之前就是完成了的。科学是对从一开始就必须给定的各种材料进行剪裁和重新安排;而这些材料就是各种历史事实。当科学家告诉我们他的各种理论是建立在事实——即观察和实验——的基础之上时,他的意思是说它们是建立在历史的基础之上的,因为事实的观念和历史的观念乃是同义语。某一只豚鼠以某种方式加以注射,然后就发展出某种症状,这是一个历史问题。病理学家则是一个收集这一或某些类似的事实,并以一定的方式对它们进行整理的人。因此,历史学就必须不受科学方面的任何干扰,因为除非它首先由于它自己的独立工作而建立起来各种事实,否则科学家就不会有任何材料可以处理。

这些思想是在克罗齐1912年和1913年①的著作中充分形成的。在这部著作中,我们发现不仅有对历史学的自律的完整表述,而且还有关于它的必然性的双重证明:相对于哲学而言是它作为具体思想的必然性,而哲学仅仅是那种具体思想的方法论上的契机;相对于科学而言则是它作为一切"科学的事实"的来源的必然性,——"科学的事实"这一用语仅仅意味着科学家整理成为各个类别的那些历史事实。

现在让我们更仔细地看一下从这种观点②所产生的历史概念。一切历史都是当代史;但并非是在这个词的通常意义上,即当代史意味着为期较近的过去的历史,而是在严格的意义上,即人们实际上在完成某种活动时对自己的活动的意识。因此,历史就是活着的心灵的自我认识。因为即使历史学家所研究的事件是发生在遥远的过去的事件,但对它们历史地加以认识的条件也还是它们应该在"历史学家的心灵中荡漾",那就是说,它们的证据应该是此时此地就在他的面前而且对他是可理解的。因为历史并不是包含在书本或文献之中;当历史学家批评和解释这些文献时,历史仅仅是作为一种现在的兴趣和研究而活在历史学家的心灵之中,并且由于这样做便为他自己复活了他所探讨的那些心灵的状态。

由此可见,历史学的题材并不是过去本身,而是我们对它掌握着历史证据的那种过去。在我们没有文献可以重建它的那种意义上,大部分的过去是已经湮灭了。例如,根据单纯证词的力量,我们相信在古希腊人中间有过伟大的画家;但是这一信念却不是历史知识,因为他们的作品既然已经泯灭了,所以我们就没有在我们的心灵中复活他们的艺术经验的办法。他们也还有伟大的雕刻家,但是这一点我们却不是单单相信,我们还知道它;因为我们掌握有他们的作品,并能使它们成为我们自己现在审美生活的一部分。我们的希腊雕刻史就是我们现在对于这些作品的审美经验。

---

① 这是那些论文发表的日期;它们于1915年形成 *Zur Theorie und Geschichte der Historiographie* 一书(图宾根),1917年以 *Teoria e storia della Storiografia* 的书名出版于巴里。
② 关于克罗齐的这一节写于1936年,并没有考虑到他随后的 *La Storia come Pensiero e come Azione*(巴里,1938),英译本《作为自由的故事的历史》(伦敦,1941),再加以发挥。——编者注

这个区别足以划分两种非常之不同的东西,即历史与编年史。流传下来给我们的伟大的希腊画家们的名字,并不构成一部希腊绘画史;它们只构成一部希腊绘画的编年史。因而,编年史乃是仅仅根据证词而被相信的过去,但不是历史地被认识到的过去。这种信念是一种纯属意志的行为,它是那种要保存我们所并不理解的某些陈述的意志。如果我们确实理解它们,它们就会是历史了。任何一部历史,当它由不能复活它那些人物的经验的人来叙述时,就变成了编年史:例如,由不理解所谈论的哲学家的思想的人来写出或者阅读的哲学史。要有编年史,首先就必须有历史;因为编年史就是精神已经从其中消逝了的历史躯体,它是历史的残骸。

因此,历史学远非依赖于证词,它和证词毫无关系。证词只不过是编年史而已。就人们在谈论权威的根据或接受各种陈述等等而言,他们都是在谈编年史而不是在谈历史。历史以两种东西的综合为基础,这两种东西只存在于那种综合之中,——即证据和批评。证据只有在它作为证据来使用,换言之,根据批判的原则来解释时,才是证据;而原则也只有在它解释证据的工作中付诸实践时,才是原则。

但是过去留下来了它自己的遗迹,哪怕这些遗迹并没有被任何人当作它的历史材料而加以使用;而这些遗迹是各种各样的,也包括历史思想本身的遗迹,即编年史。我们保存着这些遗迹,希望将来它们可以变成为它们现在还不是的那种东西,即历史的证据。我们现在通过历史思想所回忆的是过去的哪些个别部分和方面,取决于我们现在对生活的兴趣和态度;可是我们总是觉察到,还有其他的部分和方面是我们现在不需要回忆的;但是只要我们承认总有一天它们将使我们感到兴趣,那么我们的任务就应该是不要丢失或毁坏它们的记录。为了它们将来会变成历史资料而保存起来这些遗迹的工作,乃是纯学者、档案学家和古物学家的工作。正像古物学家在他的博物馆里保存着各种工具和罐子而并不必然根据它们来重建历史,正像档案学家也以同样的方式在保存公共文献,同样地纯学者们就在编纂、校订和重印(例如)古代哲学的本文而并不必然理解它们所表达的哲学思想,因此也就不能够重建哲学史。

这种学术工作常常被当作是历史学本身；这样一来，它就变成了一种特殊类型的伪历史，即克罗齐所称为的语言学的历史。这样加以误解之后，历史学就在于接受并保存证词，而历史学著作就在于抄录、翻译和编辑了。这类工作是有用的，但它却不是历史学；这里在人们自己的心灵之中并没有批判，并没有解释，并没有复活过去的经验。它是单纯的学问或动力。但是反对把学问视为和历史学是同一回事的这种反弹加以夸大之后，就有可能走向另一个极端。单纯的学者所缺少的是活经验。这种活经验的本身仅仅是感情或热情；而片面地坚持感情或热情就产生了第二种类型的伪历史，即浪漫的或诗意的历史，它的真正的目的并不是要发现有关过去的真理，而是要表现作者对它的感情：如爱国的历史、党派的历史、为自由主义的或人道主义的或社会主义的理想所激发的历史；总之，包括一切其作用不是表现历史学家对他的主题的热爱和赞美，就是表现他对它的憎恨和轻蔑的历史：对它不是"捧场"就是"揭穿"。关于这一点，克罗齐指出：只要是历史学家沉湎于猜测或者允许自己肯定纯粹的可能性，事实上他们就是屈服于诗意化的或浪漫化的历史学的诱惑了；他们超出了证据所证明的之外，并且由于允许他们自己相信他们所愿意相信的东西而表达了他们自己个人的感情。真正的历史对纯属或然的、或者纯属可能的东西是不留余地的；它允许历史学家所肯定的一切，就只是他面前的证据所责成他去肯定的东西。

第五编 后 论

第一节 人性和人类历史 [1936][1]

一 人性的科学

人希望认识一切,也希望认识他自己。而且他并不是在他所希望认识的事物之中唯一的一种(哪怕那对他自己来说,也许是最有兴趣的)。没有关于他自己的某种知识,他关于其他事物的知识就是不完备的;因为要认识某种事物而并不认识自己在认识,就仅仅是半-认识,而要认识自己在认识也就是要认识自己。自我-认识对于人类是可愿望的而又是重要的,这不仅仅是为了他自己的缘故,而且是作为一种条件,没有这个条件就没有其他的知识能够批判地被证明是正确的并且牢固地被建立起来。

在这里,自我-认识不是指关于人的身体的性质的,即关于他的解剖学和生理学的知识;甚至也不是关于他的心灵的知识(就其包括感觉、知觉和情绪而言);而是指关于他的认识能力、他的思想或理解力或理性的知识。这样的知识怎样才能获得呢?在我们没有认真地加以思考之前,它似乎是一件很容易的事;然而等到我们认真思考之后,它却似乎是如此之困难,以至于要引得我们认为它是不可能的。有人甚至于用论证来加强这种引诱,他们强调说心灵的任务是要认识其他的事物;而正是由于那个原因,心灵就没有认识它自身的能力。但这是赤

---

[1] 本节曾作为单篇论文印行(伦敦,1936年),后收入 *Proceedings of the British Academy*, 22 (1937),第97—127页。——译者注

裸裸的诡辩：你首先说心灵的性质如何如何，然后你又说正因为它有这种性质，所以就没有一个人能知道它有这种性质。实际上，这种论证是一种绝望的议论，所根据的是承认某种试图研究心灵的方法已告失败，而又看不出有任何其他的可能性来。

在着手理解我们自己心灵的性质时，我们应当用我们试图理解我们周围世界的同样方式来进行；——这看来似乎是个很好的建议。在理解自然世界时，我们是从认知现在存在的和继续存在的特殊事物和特殊事件而开始的；然后我们通过看出它们是怎样属于一般典型以及这些一般典型是怎样相互联系的，进而理解它们。这些相互联系我们称之为自然规律；正是由于确定了这样的规律，我们就理解了它们所适用的各种事物和事件。同样的方法看来似乎也适用于理解心灵的问题。让我们从尽可能仔细地观察我们自己的心灵和别人的心灵在特定环境之下的行为方式开始，然后在熟悉了精神世界的这些事实之后，再试图确立支配它们的规律。

这里就提出了一种"人性的科学"的建议，它的原则和方法是根据与自然科学所使用的原则和方法的类比而构思的。这是一个古老的建议，特别是在17世纪和18世纪当自然科学的原则和方法刚刚被完善并正在成功地应用于研究物理世界的时候被提出来的。当洛克从事研究那种理解能力时——那种理解力"把人类置于其他有知觉的生物之上，而且赋给他以统治其他一切的便利和权力"——他那计划的新颖性并不在于他希望获得有关人类心灵的知识，而在于企图靠类似于自然科学方法的方法来获得它：收集被观察到的各种事实，并按分类的规划整理它们。他自己把他的方法之描述为一种"历史的、朴素的方法"，也许是含混不清的；但是他的继承者休谟则努力要想说清楚，人性科学所遵循的方法与他所理解的物理科学的方法是同一的。他写道，它的"唯一的坚实基础，必须置诸于经验和观察的基础之上"。里德[①]在其《人类心灵研究》一书中，(如有可能的话)甚至于更加明确："我们所知道的有关人体的一切都是由于解剖学的分析和观察，而且

---

① 里德(Reid,1710—1796)，苏格兰哲学家。——译者注

必定也须通过对心灵的解剖我们才能发现心灵的能力和原则。"从这些先驱者那里便得出了全部英格兰和苏格兰的关于"人类心灵哲学"的传统。

甚至于康德也并没有采取一种本质上不同的观点。他的确声称,他自己对理解力的研究是超出经验的某种东西;它要成为一门纯论证的科学;但是这时他却对于自然科学抱着同样观点,因为按照他的说法,自然科学中也有一种先验的或者论证的成分,而不是仅只以经验为基础。

显然,这样的一种人性科学,如果它可能达到哪怕是说得过去的接近真理的程度,就可以有希望得出极其重要的结果来。例如,当运用于道德生活和政治生活的问题时,它那结果的壮观就一定会不亚于17世纪的物理学的成果之运用于18世纪的机械技术那样。这一点就充分地由它的促进者们实现了。洛克认为,靠这种手段他就能"说服人类繁忙的心灵在干预超出其理解能力之外的那些事物时会更加谨慎,在达到它的限度时会停止;而对那些经过考察后被发现是我们的能力所达不到的事情,就会安于默默的无知"。同时他也确信,我们的理解能力"在这种状态中"足以满足我们的需要,并且能够给我们一切我们所必需的知识,使"今生的供应舒适并导向一条更美好的生命的道路"。他下结论说:"如果我们能够找出那些办法,从而使一个被置之于人类在这个世界之中的那种状态的有理性的被创造物可以、而且应该支配他有赖于这种状态的见解和行动;那么我们就无须担心会有某些别的事物能逃过我们的知识了。"

休谟甚至于更加大胆。他写道:"显然的是,一切科学都或多或少与人性有关,……因为它们属于人们的认识之内,并且是由他们的能力和才能来做判断的。如果我们充分知道了人类理解力的范围和力量的话,简直无法说我们能在这些科学中做出来什么样的改变和改进。"在直接与人性有关的科学中,如在道德和政治中,他对一场仁慈的革命的希望也就成比例地提得更高了。"所以想要解释人性的原则的话,我们实际上就得提出一种建立在几乎是全新的基础之上的完整的科学体系,而且那是他们以任何的可靠性所能依持的唯一基础。"康德尽管一向总是谨慎的,但是当他说他的新科学应当结束各种哲学流派的一切争论,并且使得一劳永逸地解决所有的形而上学问题成为了可能的时候,他也是在这样主张的。

如果说我们承认这些希望大体上并没有实现,而且从洛克到今天的人性科学都没有能解决对理解力是什么的理解问题,从而给予人类的心灵以它对自身的知识;这并不就必然蕴涵着低估这些人的实际成就。像 J. 格罗特那样一个有见识的批评家就发觉自己不得不把"关于人类心灵的哲学"当作一条死胡同,而思想的责任就是要从其中逃脱出来;这并不是出于对它的对象缺少任何同情的缘故。

这个失败的理由是什么呢?有人可能说,那是因为这项工作在原则上就是一个错误:心灵并不能认识它自己。这种反对意见我们已经考虑过了。另外一些人、特别是心理学的代表们会说,这些思想家们的科学还不够科学,心理学当时仍然处于它的襁褓状态。而如果我们要求这些人在此时此地就得出来那些早期学者们所希望的实际结果,那么他们就会说心理学目前仍然处于襁褓状态来原谅他们自己。我认为他们在这里冤枉了他们自己和他们的科学。由于为它要求一个它所不可能有效加以占有的领域,他们就忽视了在它固有的领域里所已经做的和正在做着的工作。这个领域是什么,我在后面将要提到。

这里还有第三种解释:"人性科学"失败了是因为它的方法被自然科学的类比所歪曲。我相信这才是正确的解释。

毫无疑问这一点是不可避免的:到了 17、18 世纪,由于自然科学被新生的物理科学所支配,所以自我-认识这个永恒的问题就应该采取新形式而成为建立一种人性科学的问题。对任何一个检阅人类研究领域的人来说,显然的是,物理学突出地成为已经发现了研究其固有对象的正确方法的一种探讨类型了;于是应当把这种方法扩展到每一种问题上来进行实验,就是完全正确的。但是自从那时以来,一场巨大的变化已经改变了我们文明的思想气氛。这场变化中占统治地位的因素,并不是其他自然科学如化学和生物学的发展,或自从电开始更多地为人所了解以来物理学本身的变化,或把所有这些新观念逐步应用到制造业和工业上,尽管这些都是重要的;因为它们在原则上并没有做出任何事情是 17 世纪物理学本身所不曾隐然预见到的。与三个世纪以前的思想相比较,今天思想中真正的新要素乃是历史学的兴起。的确是在 17 世纪结束以前,曾经为物理学做出了那么多的工作的同一个笛卡儿精神已经奠定了历史学批判方法的基础。① 但是作为既是批判性的又是建设性的一种研究的这一近代历史学概念——它的领域是人类过去的整体,它的方法是根据已写出来的和未写出来的文献批判地进行分析和解释而重建人类的过去——却直到 19 世纪还没有建立起来,甚至于它的全部含义也还没充分展开。因此,历史学在今天世界中就占有一个位置,类似于物理学在洛克时代所占有的位置:它被人承认是思想的一种特殊的和自律的形式,它刚刚被确立,它的可能性还不曾完全加以探索。正像 17 世纪和 18 世纪有些唯物主义者根据物理学在它自己领域的成功而论证了一切实在都是物理的一样;在我们自己当中,历史学的成功也引得某些人提示说,它的方法适用于一切知识问题,也就是说,一切实在都是历史的。

我相信这是一个错误。我认为,那些断言这一点的人正犯了唯物主义者在 17 世纪所犯的同样错误。但是我相信,而且在本文中我将试图证明,他们所说的至少有着一种重要的真理成分。我将坚持的论题是,人性科学乃是想要理解心灵本身的一种虚假的企图——是被与自然科学的类比所伪造出来的——并且研究自然的正确道路是要靠那些叫作科学的方法,而研究心灵的正确道路则是要靠历史学的方法。我将争辩说,要由人性科学来做的工作,实际上是要由、而且只能由历史学来做的;历史学就是人性科学所自命的那种东西,而当洛克说(不管他是多么不理解他所说的话)这样一种探讨的正确方法是历史的、朴素的方法时,他的话是对的。

---

① "历史批评主义和笛卡儿的哲学都是从 17 世纪同一个思想运动中诞生的。"E. 布勒伊埃,《哲学与历史:纪念 E. 卡西勒论文集》(牛津,1936 年),第 160 页。

二　历史思想的范围①

那些主张一切事物都有历史性的人,会把一切知识都溶解为历史知识;与他们相反,我必须从试图划定历史知识的固有范围而开始。他们的论证,其方式大致如下。

历史学研究的方法,无疑地是在应用到人类事务的历史上而得到发展的;但那就是它们应用性的极限了吗?在现在以前,它们已经经历了重要的扩展:例如,有一个时期历史学家们曾经研究出来了他们那仅仅应用于(包括着叙述材料的)书面材料的考据解释的方法,而当他们学会把它们应用到考古学所提供的非书面的材料时,那就是一桩新事物了。难道一场类似的、而且甚至于是更革命的扩展,就不能把整个的自然界都纳入到历史学家的网络里面来吗?换句话说,难道自然的过程不确实就是历史的过程,而自然的存在不就是历史的存在吗?

自从赫拉克利特和柏拉图的时代以来,自然的事物也和人类的事物一样,是处于经常的变化之中的,整个自然世界就是一个"过程"或者"变"的世界,——这一点已经成为了老生常谈。但是这并不是事物的历史性的意义所在;因为变化和历史完全不是一回事。按照这一古老的既定概念,自然事物的特殊形式就构成各种固定类型的一座永不变化的储存库,而自然过程就是这些形式的各个例证(或者是它们的准-例证,即近似于是它们所体现的那些事物)在其中产生、又从其中消逝的一个过程。可是在人类事务中,正如 18 世纪的历史研究清楚地证明了的,并没有这种特殊形式的固定储存库。在这里,变的过程到了那个时代已经被承认包含着不仅是那些形式的事例或准-事例,而且也还有形式本身。柏拉图和亚里士多德的政治哲学事实上讲的是城市-国家的兴亡,但是城市-国家的观念却永远是人类的智力(就其真

---

① 在本节的论证中,我大大有负于亚历山大先生那篇可钦佩的论文:《事物的历史性》,刊载于我已引用过的《哲学与历史》一书中。如果我仿佛是在争论他的主要论点,那不是因为我不同意他的论证或其中的任何一部分,而只是因为我用"历史性"一词比他的意思更多。在他看来,说这个世界是"一个各种事件的世界"也就是说"这个世界和其中的一切事物都是历史的"。在我看来,这两种东西根本不一样。

正是明智的而言)在力求实现的一种社会的和政治的形式。按照近代的观念,城市-国家本身也是像米利都或息巴利斯①一样短暂的东西。它并不是一种永恒的理想,它仅仅是古希腊人的一种政治理想。在他们以前,其他的文明已经有过其他的政治理想,而人类历史则表明了不仅是这些理想在其中实现或部分实现的个别情况有变化,而且这些理想本身也有变化。人类组织的特殊类型:城市-国家、封建制度、代议政府、资本主义工业,都是表现一定历史时代的特征。

首先,特殊形式的短暂性被想象为人类生活的一种特色。当黑格尔说自然界没有历史时,他的意思是说当人类组织的特殊形式随着时间的前进在变化时,自然界的组织形式却不变化。他承认,自然界的特定形式有高低之别,而较高形式是较低形式的一种发展;但这种发展仅仅是逻辑的发展而不是时间的发展,而自然界的一切"层次"在时间中都是同时存在的。② 但是这种自然观已经为进化论的学说所推翻了。生物学已经认定,活着的有机体并不是分成为每一种都永远与其他不同的品种,而是通过在时间中的进化过程发展成为它们现有的特殊形式的。这种概念也并不限于生物领域。它也出现于地质学中,这两种应用是通过对化石的研究而紧密联系在一起的。今天甚至于星体也被分为各个种类,它们可以被描述为较老的和更年轻的;而物质的各种特定形式也不再在道尔顿的意义上被设想为永远与前达尔文生物学的活物种迥然有别的各种元素,而被认为是服从同样的变化的,从而我们今天世界的化学构成仅仅是从一种非常不同的过去引向一种非常不同的将来的过程之中的一种形态而已。

这种自然进化观的含义已经被柏格森先生、亚历山大先生和怀特海先生等哲学家们提了出来,给人留下了深刻的印象;这一概念乍看起来似乎已经消除了自然过程和历史过程之间的不同,并且已经把自然溶化于历史。如果这种溶化还需要更进一步,则它似乎可以由怀特海的学说——即自然事物之真正享有它的属性是需要时间的——来提

---

① 米利都(Miletus)、息巴利斯(Sybaris)为古希腊的两个城市国家。——译者注
② 《自然哲学》序言"哲学的体系"第249节附录(格罗克纳编《全集》第九卷,第59页)。

供。正像亚里士多德论证说，一个人不可能只在一瞬间幸福，而是享有幸福需要终生的时间；同样地怀特海先生就主张，要成为一个氢原子也需要时间，——即为了建立把它和其他原子区分开来的那种特殊的运动节奏所必需的时间；——所以就没有像"瞬间的自然"这样的东西。

毫无疑问，这些近代的自然观点都是在"认真地对待时间的"。但是正如历史与变化并不是同一个东西，它与"充满时间性"也不是同一个东西，无论那是指进化还是指一种需要时间的存在。这些观点肯定地缩小了19世纪初期的思想家们所意识到的那种自然与历史之间的鸿沟；它们使得以黑格尔所陈述它的方式来陈述那种区别，已经不再成为可能了；但是为了断定鸿沟是否确实已经合拢、区别已经消除，我们就必须转向历史的概念，并且看看它是否在根本之点上与这种近代的自然观相吻合。

如果我们向通常的历史学家提出这个问题，他的回答将是否定的。根据他的观点，一切确切说来所谓的历史，都是人事的历史。他的特殊技巧确实是有赖于对过去的人类所已经表达了或暴露了他们的思想的那些文献的解释，所以就不能正好像是它对于自然过程的研究那样加以运用；这种技巧在其细节上被弄得越精确，它就越不能这样加以应用。在考古学家对分层遗址的解释和地质学家以与他们有关的化石对岩石层的解释之间，有着某种类比；但是不同之点并不比相同之点更不明确。考古学家对其分层遗迹的运用，有赖于他把它们设想为是为了人类的目的而服务的制成品，因而表达了人类思考他们自己生活的一种特殊方式；而古生物学家从他的观点出发，则把他的化石整理成一个时间的系列，所以他并不像历史学家那样在工作，而仅仅是像一个科学家（至多只可以说是用一种半历史的方式在思考）那样在工作。

我们所考察的这一学说的拥护者将会说，历史学家在这里是在确实相同的事物之间做出了随心所欲的区别，他的历史观是一种非哲学的狭隘的历史观，是受着他的技巧发展得不完备的限制的；很像是有些历史学家们，因为他们的配备不适于研究艺术史或者科学史或者经济生活史，就错误地把历史思想的领域仅限于政治史。因此就必须提出一个问题，为什么历史学家习惯于把历史等同于人事的历史？为了回答这个问题,仅仅考虑实际存在的历史方法的特点是不够的,因为争论的问题乃是它(像它实际上所存在的那样)究竟是否包括那确切说来是归属于它的全部领域都在内。我们必须问,这种方法所打算解决的那些问题的一般性质是什么?当我们这样做时,看来历史学家的特殊问题就似乎是在自然科学中所没有出现的问题。

研究过去任何事件的历史学家,就在可以称之为一个事件的外部和内部之间划出了一条界线。所谓事件的外部,我是指属于可以用身体和它们的运动来加以描述的一切事物;如恺撒带着某些人在某个时刻渡过了一条叫作卢比康的河流①,或者恺撒的血在另一个时刻流在了元老院的地面上②。所谓事件的内部,我是指其中只能用思想来加以描述的东西;如恺撒对共和国法律的蔑视,或者他本人和他的谋杀者之间有关宪法政策的冲突。历史学家绝不会只关心这两个之中的任何一个,而把另一个排除在外。他进行研究的不是单纯的事件(在这里所谓单纯的事件,我是指一个事件仅只有外部而没有内部),而是行动;而一个行动则是一个事件的外部和内部的统一体。他对渡过卢比康河感兴趣仅仅在于这件事和共和国法律的关系,他对恺撒的流血感兴趣仅仅在于这件事与一场宪法冲突的关系。他的工作可以由发现一个事件的外部而开始,但绝不能在那里结束;他必须经常牢记事件就是行动,而他的主要任务就是要把自己放到这个行动中去思想,去辨识出其行动者的思想。

就自然界来说,一个事件并不发生内部和外部之间的区别。自然界的事件都是单纯的事件,而不是科学家们努力要探索其思想的那些行动者们的行动。的确,科学家也像历史学家一样,必须要超越于单纯地发现事件之外;但是他所前进的方向却是大不相同的。科学家绝不把一个事件设想为一种行动,并试图重新发现它那行动者的思想,从事件的外部钻入它的内部去;而是要超出事件之外,观察它与另外事件的关系,从而把它纳入一般的公式或自然规律。对科学家来说,自然界总

---

① 恺撒于公元前 49 年率军渡卢比康河,回军罗马。——译者注
② 恺撒于公元前 44 年被刺于罗马元老院。——译者注

是、并且仅仅是"现象",——并不是在它的实在性方面有什么缺陷的那种意义上,而只是在它呈现于他的智力观察面前成为一种景观的那种意义上。但历史事件却绝不是单纯的现象,绝不是单纯被人观赏的景观,而是这样的事物:历史学家不是在看着它们而是要看透它们,以便识别其中的思想。

在这样渗透到事件内部并探测着它们所表达的思想时,历史学家就在做着科学家所不需要做、而且也不可能做的事。在这方面,历史学家的任务就比科学家的任务更为复杂。在另一方面,它却又更简单:历史学家不需要也不可能(除非他不再是一位历史学家)在寻找事件的原因和规律方面与科学家竞赛。对科学来说,事件是由于知觉到了它而被发现的,而进一步研究其原因则是通过把它加以归类并决定这一类与其他类之间的关系来进行的。对历史学来说,所要发现的对象并不是单纯的事件,而是其中所表现的思想。发现了那种思想就已经是理解它了。在历史学家已经确定了事实之后,并不存在再进一步去探讨它们的原因的这一过程。当他知道发生了什么的时候,他就已经知道它何以要发生了。

这并不意味着,像"原因"之类的字样对于历史学必然派不上用场;它仅仅意味着它们在这里是在一种特殊的意义上加以使用的。当一个科学家问道:"为什么那张石蕊试纸变成了粉红色?"他的意思是指"石蕊试纸在什么样的情况下变成了粉红色?"当一位历史学家问道:"为什么布鲁图斯①刺死了恺撒?"他的意思是指"布鲁图斯在想着什么,使得他决心要去刺死恺撒?"这个事件的原因,在他看来,指的是其行动产生了这一事件的那个人的心灵中的思想;而这并不是这一事件之外的某种东西,它就是事件的内部本身。

因此,自然的过程可以确切地被描述为单纯事件的序列,而历史的过程则不能。历史的过程不是单纯事件的过程而是行动的过程,它有一个由思想的过程所构成的内在方面;而历史学家所要寻求的正是这些思想过程。一切历史都是思想史。

---

① 布鲁图斯(Brutus,公元前85—前42年),于公元前44年刺死恺撒。——译者注

但是历史学家怎样识别他所努力要去发现的那些思想呢？只有一种方法可以做到,那就是在他自己的心灵中重行思想它们。一个阅读柏拉图的哲学史家是在试图了解,当柏拉图用某些字句来表达他自己时,柏拉图想的是什么。他能做到这一点的唯一方法就是由他自己来思想它。事实上,这就是当我们说"理解"了这些字句时,我们的意思之所在。因此,面前呈现着有关尤里乌斯·恺撒所采取的某些行动的叙述的政治史家和战争史家,乃是在试图理解这些行动,那就是说,在试图发现在恺撒的心中是什么思想决定了他要做出这些行动的。这就蕴涵着他要为自己想象恺撒所处的局势,要为自己思想恺撒是怎样思想那种局势和对付它的可能办法的。思想史、并且因此一切的历史,都是在历史学家自己的心灵中重演过去的思想。

只有在历史学家以他自己心灵的全部能力和他全部的哲学和政治的知识都用之于——就柏拉图和恺撒的情况分别来说——这个问题时,这种重演才告完成。它并不是消极屈服于别人心灵的魅力之下;它是积极的,因而也就是批判的思维的一种努力。历史学家不仅是重演过去的思想,而且是在他自己的知识结构之中重演它;因此在重演它时,也就批判了它,并形成了他自己对它的价值的判断,纠正了他在其中所能识别的任何错误。这种对他正在探索其历史的那种思想的批判,对于探索它的历史来说绝不是某种次要的东西。它是历史知识本身所必不可少的一种条件。对于思想史来说,最完全的错误莫过于假定,历史学家之作为历史学家仅只是确定"某某人思想着什么",而把决定"它是否真确"留给另外的人。一切思维都是批判的思维;因此那种在重演过去思想的思想,也就是在重演它们之中批判了它们。

现在就很清楚,为什么历史学家习惯于把历史知识的领域限于人事了。一个自然过程是各种事件的过程,一个历史过程则是各种思想的过程。人被认为是历史过程的唯一主体,因为人被认为是在想(或者说充分地在想、而且是充分明确地在想)使自己的行动成为自己思想的表现的唯一动物。人类是唯一终究能思想的动物这一信仰,无疑地是一种迷信;但是,人比任何其他的动物思想得更多、更连续而更有效，而且他的行为在任何较大的程度上都是由思想而不是由单纯的冲动和嗜欲所决定的唯一动物，——这一信仰或许是很有根据的，足以证明历史学家的这条单凭经验行事的办法是正当的。

不能由此推论说，一切人类的行动都是历史学的题材；而且历史学家们也确实同意它们并不都是。但是，当他们被问到，历史的和非历史的人类行动之间的区别是怎样加以划分时，他们就有点茫然无措不知怎样来回答了。从我们现在的观点看来，我们可以提出一个答案：只要人的行为是由可以称之为他的动物本性、他的冲动和嗜欲所决定的，它就是非历史的；这些活动的过程就是一种自然过程。因此，历史学家对于人们的吃和睡、恋爱，因而也就是满足他们的自然嗜欲的事实并不感兴趣；但是他感兴趣的是人们用自己的思想所创立的社会习惯，作为使这些嗜欲在其中以习俗和道德所认可的方式而得到满足的一种结构。

所以，虽然进化的概念已经由于以一种新的自然过程的概念代替了旧的自然过程的概念——即在各种特殊形式的一个固定不变的体系限度之内的那种变化，被一种包括着这些形式本身在内的变化所代替——而彻底变革了我们的自然观，它也决没有使自然过程的观念与历史过程的观念合而为一。不久前还流行着的在历史的结构中使用"进化"一词、并大谈其国会之类的东西的进化的那种风尚，尽管在自然科学被看作是知识唯一真确的形式、而知识的其他形式为了要证明它们自身存在的理由就必须使自己同化于那个模式的那样一个时代里，乃是十分自然的；但它却是思维混乱的结果和更加混乱的根源。

把自然过程看作最终是历史的，只有一种可能根据的假说，那就是这些自然过程实际上乃是由成其为它们自身内部的一种思想所决定的行动过程。这就蕴涵着，自然事件乃是思想的表现，无论是上帝的思想，还是天使的或魔鬼的有限智力的思想，或者是栖居于自然界——就像我们的心灵栖居于我们的身体之内那样——的有机体或无机体身上的（多少有点像我们自己的）思想。撇开纯属驰骋形而上学的幻想不谈，这样一种假说唯有在如果它能导致更好地理解自然时,才能要求我们认真注意。可是,事实上科学家却可以很有道理地说,"*je n'ai pas eu besoin de cette hypothese*"[我不需要那种假说]①,而神学家则会在任何暗示着上帝在自然世界中的活动竟然有似于有限的人类心灵在历史生活条件下的行动的那种意见面前退缩下来。至少这一点是无疑的:就我们的科学知识和历史知识而言,组成自然世界的事件的过程在性质上和组成历史世界的思想的过程是不同的。

三 作为心灵的知识的历史学

因此,历史学就并不像它常常被错误地描写成的那样,是连续事件的一篇故事或是对变化的一种说明。与自然科学家不同,历史学家一点也不关心各种事件本身。他仅仅关心成其为思想的外部表现的那些事件,而且是仅仅就它们表现思想而言才关心着那些事件。归根到底,他仅只关心着思想;仅仅是就这些事件向他展示了他所正在研究的思想而言,他才顺便关心着思想的外部之表现为事件。

在某种意义上,这些思想无疑地其本身就是在时间中发生着的事件;但是既然历史学家用以辨别它们的唯一方式就是为他自己来重行思想它们,于是这里就有了另外一种意义,并且对于历史学家是一种非常重要的意义,而在这种意义上它们却根本就不在时间之中。如果说毕达哥拉斯关于斜边平方的发现,是我们今天可以为自己而加以思想的一种思想,是一种构成为永远增长了我们数学知识的思想;那么奥古斯都的发现,即一个君主政体可以通过发展 *proconsulare imperium* [执政官管辖权]和 *tribunicia potestas* [护民官权力]的含义而被嫁接到罗马共和国的宪法上,同样地也是罗马史的学者可以为自己而加以思想的一种思想,是永远增长了我们的政治观念。如果怀特海先生完全有理由把直角三角形叫作永恒的对象,那么同样的用语也适用于罗马的宪法和奥古斯都对它的修改。这是一种永恒的对象,因为它在任何时候都可以被历史的思想所领会;在这方面,时间对它并没有不同,正像对三角形并没有不同一样。使它成为了历史的那种特性,并不是它是在时

---

① 按,为法国科学家拉普拉斯(1749—1827)语。——译者注

间之中发生的这一事实,而是由于这一事实,——即我们只是重新思想创造出了我们正在研究的那种局势的那个思想,因而它才为我们所知,所以我们就能理解那种局势。

历史的知识是关于心灵在过去曾经做过什么事的知识,同时它也是在重做这件事;过去的永存性就活动在现在之中。因此,它的对象就不是一种单纯的对象,不是在认识它的那个心灵之外的某种东西;它是思想的一种活动,这种活动只有在认识者的心灵重演它并且在这样做之中认识它的时候,才能被人认识。对于历史学家来说,他所正在研究其历史的那些活动并不是要加以观看的景象,而是要通过他自己的心灵去生活的那些经验;它们是客观的,或者说是为他所认识的,仅仅因为它们也是主观的,或者说也是他自己的活动。

可以这样说,历史的探讨向历史学家展示了他自己心灵的力量。既然他能够历史地加以认识的一切,都是他能为他自己重行思想的那些思想,所以他之得以认识它们这一事实就向他表明了,他的心灵是能够(或者说是由于研究它们的这种努力本身,才变得能够)以这些方式进行思想的。反之,只要他一发现某些历史问题难以理解时,他也就发现了他自己心灵的局限性;他也就发现了有某些他所不能、或不再能、或尚未能进行思想的方式。某些历史学家,有时候是整代的历史学家,发现某些时期竟然没有东西是可以理解的,便称之为黑暗时代;但是这样的用语并没有告诉我们关于这些时代本身的任何事,尽管它们告诉了我们很多有关使用它们的人的情况,即他们不能够重行思想成为他们生活的基础的那些思想。有人说过,"die Weltgeschichte ist das Weltgericht"[世界历史就是世界法庭];这是真确的,但这种意义并不总是为人所认识。它是历史学家自己站在审判台上,在这里展示出他自己心灵的强或弱、善或恶来。

但是历史知识不仅仅与遥远的过去有关。如果说我们重行思想并且从而重新发现了汉谟拉比①或者梭伦②的思想,是通过历史的思维;

---

① 汉谟拉比(前 1728—前 1686),古巴比伦国王。——译者注
② 梭伦,公元前 594 年任雅典执政官。——译者注

那么我们发现一个朋友给我们写信的思想,或者是一个穿行街道的陌生人的思想,也是通过同样的方式。而且也没有必要历史学家是一个人,而他所探讨的主体又是另一个人。都是由于历史的思维,我才能够靠阅读我当时所写的东西而发现十年前我在想什么,靠回想我当时所进行的活动而发现在五分钟前我在想什么;——而当我认识到我已经做了什么,那会使得我感到惊奇的。在这种意义上,一切关于心灵的知识都是历史的。我能够认识我自己心灵的唯一方式就是通过完成这样的或那样的一些心灵活动,然后考虑我已经完成的是什么行动。如果我想认识关于某个问题我是怎么想的,我就要整理出我对它的观念,或用书面或用其他形式;这样对它们加以编排和总结之后,我就可以作为一个历史文献来研究那个结果了,并且可以看出我在进行那项思维时我的观念都是什么。如果我对它们不满意,我可以重新进行。如果我想知道我的心灵还具有什么不曾挖掘出来的力量,例如,我能不能写诗;我就必须努力写几首诗,看看它们是否能作为真正的诗篇而打动我或其他人。如果我想知道我是不是像我所希望的那样一个好人,或者像我所担心的那样一个坏人,我就必须检查我所做出的行动,并且理解它们确实都是什么;或者是去进行某些新活动,然后检查这些活动。所有这些探讨都是历史的。它们都是通过研究已完成的事实、我已经思想过并表达出来了的那些观念、我已经做过的那些活动来进行的。对于我刚刚开始和正在做着的事,还不能下任何判断。

同样的历史方法是我能用以认识别人的心灵或者一个团体或者一个时代的集体心灵(不管这个用语确切的意思是什么)的唯一方法。研究维多利亚时代的心灵或英国的政治精神,无非就是在研究维多利亚时代的思想或英国政治活动的历史而已。在这里,我们就回到了洛克及其"历史的、朴素的方法"。心灵不仅在宣示而且在享受或享有既作为一般的心灵的、又作为具有这些特殊意向和能力的这种特殊心灵的性质,这都是以思维和行动在做出来表现个别思想的个别行动。如果历史思维是一种可以探测表现于这些行动之中的这些思想的方式,那么看来洛克的话就击中了真理,历史知识就是人类心灵关于它自己所能有的唯一知识。所谓人性科学或人类心灵的科学,就把它自己溶解在历史学里面了。

肯定会有人认为(如果这样想的人已经耐心地一直跟着我走到这么远的话),在谈到这一点时我对历史学的要求超出了它所能给予的。把历史看作连续事件的一篇故事或各种变化的一种景观这一谬误的观点,近年来是如此经常地而又如此权威地被人教导着,特别是在我们这个国家里;以至于这个词的真正意义已经由于历史过程之同化于自然过程而被败坏了。我一定要反对由于这种原因所引起的种种误解,哪怕我的反对是枉然的。但是在有一种意义上,我却应该同意心灵科学之溶解为历史学就意味着放弃了心灵科学通常所要求的一部分,并且我认为这种要求是错误的;心灵科学家相信他的结论是普遍的、因而是不可更改的真理,所以就认为他关于心灵的阐述适用于心灵历史的一切未来阶段;他认为他的科学表明了心灵将总是会怎样的,而不仅它在过去和现在是怎样的。历史学家却没有能做预言的天赋,而且他了解这一点;所以对心灵的历史研究既不能预言人类思想的未来发展,也不能为它立法,除了他们必须是以现在作为他们的出发点而开始前进,——尽管我们无法说是在什么方向上。人性科学之要求建立起一个一切未来的历史都必须与之相符合的框架,之要求关闭通向未来的大门并把后世封锁在不是由于事物的性质所形成的界限(这种界限是真实的,而且是很容易被接受的)、而是由于人们假设心灵本身的规律所形成的界限之内;——这里面就包含着很不小的错误。

另一种类型的反驳就值得更多的考虑了。我们可以假定心灵是历史知识所固有的和唯一的对象,但是仍然可以争辩说,历史知识并不是用以认识心灵的唯一方式。也许存在着有两种认识心灵的方式之间的区别。历史思想把心灵作为是在某些特定局势下的某些特定方式的行动来研究。难道就没有另一种研究心灵的方式,是从特殊的局势或特殊的行动抽象地来研究它的一般特点了吗?果真有的话,这将是与历史知识相反的一种有关心灵的科学知识;它不是历史学,而是心灵科学、心理学或心灵哲学。

如果把这种心灵科学与历史学区分开来,那么应该怎样来设想两者之间的关系呢?在我看来,对这种关系可能有两种供选择的观点。

第五编 后 论

　　有一种设想它的方式,是区别开心灵是什么和它做什么;把研究它在做什么,即它的特殊的行动,交给历史学,而把研究它是什么留给心灵科学。用一种为人所熟悉的区别来说,它的功能有赖于它的结构,而在它那显现于历史中的功能或特殊行动的背后的,则是决定着这些功能的一种结构;它必须不是由历史学而是由另外的一种思想来进行研究。

　　然而,这个概念却是非常之混乱的。就一架机器来说,我们区别开结构和功能,而且我们认为后者是依赖于前者的。但我们能做到这一点,只是因为机器在运动中或在静止时都是同样为我们所能察觉的,因此无论在哪一种情况下我们都能不偏不倚地研究它。但是对心灵的任何研究都是对它的活动的研究;如果我们试图认为一个心灵是绝对静止的,那么我们就不得不承认,要是这种情况确实存在的话(这一点远远不止于是可疑的而已),我们至少是完全不可能研究它。心理学家们谈到心灵的机制;但是他们所谈的不是结构而是功能。当它们的功能不起作用时,他们并不自命有能力来观察这些所谓的机制。而且如果我们更加仔细地审视一下原来的差别,我们就会看到它所指的并不是它似乎要指的东西。就一架机器而言,我们所称之为功能的,实际上只是那架机器整个功能中为它的制造者或使用者的目的而服务的那一部分。自行车被制造出来,不是为了要有自行车,而是为了人们可以以某种方式旅行。相对于这个目的而言,一辆自行车之发挥功能只是在有人骑它的时候。但是一辆自行车放在车库里静止不动,也并没有停止它的功能;它的各个部分并不是不活动的,它们把自己结合在一种特殊的秩序之中;而我们称为掌握了它的结构的,无非就是这样把它自己结合在一起的这一功能。在这种意义上,凡是被称为结构的,实际上都是功能的一种方式。在任何另外的意义上,心灵都根本没有功能;除非是成为一个心灵来完成构成其为心灵的那些活动,否则无论对它自身或对别的什么,它都没有价值。所以休谟之主张并没有"精神实体"这样一种东西,就是正确的;一种与它在做什么不同、而又成为它在做什么的基础的心灵,是没有的。

　　这种关于心灵科学的观念,借用孔德著名的区分来说,就是"形而上学的",它有赖于以神秘的实体来构成历史活动各种事实的基础这一概念;而另一种观念则会是"实证的",它有赖于那些事实本身之间的类似性或一致性的这一概念。按照这种观念,心灵科学的任务就是探测在历史本身之中反复重演的各种活动的类型或模式。

这样一种科学是可能的,这是不成问题的,但是对它必须提到两点。

第一,根据自然科学的类比而对这种科学的价值所做的任何评价,都完全会被引入歧途。自然科学中的概括化的价值,取决于物理科学的数据乃是由知觉所给定的这一事实,而知觉并不就是理解。所以自然科学的被观察到的、而不是被理解了的(并且就其被知觉的个体性而言是不可理解的)原料,就是"单纯的个体"。所以在它们的一般类型之间的关系中能发现某些可以理解的东西,便是知识的一种真正的进步。它们本身是什么,就像科学家们从不疲倦地在提醒我们的那样,仍然是未知的;但是我们至少能够知道有关它们被纳入其中的那种事实模式的某些东西。

根据历史事实进行概括的那种科学,则是处于一种非常之不同的地位。在这里,各种事实为了作为数据之用,就必须首先是历史上已知的;而且历史的知识却不是知觉,它乃是辨析成其为事件的内在方面的那种思想。当历史学家准备把这样一桩事实交给心灵科学家作为进行概括化的数据时,他已经是以这种方式从内部在理解它了。如果他还没有这样做的话,那么事实就是在还没有被恰当地加以"确定"之前就被用来作为进行概括化的数据的。但是如果他已经这样做了的话,那么就没有有价值的东西是要留给概括化来做的了。如果我们通过历史思维已经理解了拿破仑怎样和为什么在革命的法国建立他的威势,那么我们靠对其他地方已经发生过类似事情的陈述(不管是多么真实),对于我们之理解那个过程就不会增加任何东西。只有在特殊的事实不能就其本身加以理解时,这样的陈述才是有价值的。

因此,这样一种科学是有价值的这一观念,就有赖于一种默契的、而又错误的假定,即它所依据的那些"历史数据""意识的现象"之类,都仅仅是被知觉到的、而不是历史地已知的。认为它们仅仅能这样地被知觉，就是认为它们并不是心灵而是自然；因此这种类型的科学就系统地倾向于把心灵非心灵化而使之转化为自然。近代的例子便是斯宾格勒的伪史学，在他那里他所称之为"文化"的那些个别历史事实，都被径直设想为是自然的产物，"是以田野里的花朵那种同样超级的毫无目的性"在生长和死亡；还有现在风行的许多种心理学理论，也都是以同样的方式在设想善与恶、知识与幻觉的。

第二，如果我们问一下这样一种科学的概括化适用到什么程度，我们将会看到，它之要求超出历史的范围之外乃是毫无根据的。无疑地，只要把同类的心灵放在同样的境况之下，各种类型的行为就会重复出现。具有封建男爵特征的行为模式，只要有封建男爵生活在封建社会里，无疑地就会是相当常见的。但是在一个其社会结构是属于另一种类型的世界里，要寻找它们就会是徒然的了（除非是一个探讨者满足于最松散的和最离奇的类比）。为了使行为-模式可以成为经常的，就必须有一种社会秩序存在，它经常反复地产生着某种特定的境况。但是各种社会秩序都是历史事实，都服从着或快或慢的不可避免的变化。一种有关心灵的实证哲学无疑地将能建立起一致性和重复性，但是它却不能保证它所建立的规律超出了它从其中抽出它的事实来的那个历史时期之外仍将有效。这样一种科学（像是我们近来被教导的有关被称为古典经济学的那种东西）所能够做的，只不过是以一般的方式描述它在其中得以被创立的那个历史时代所具有的某些特征而已。如果它试图凭借古代史、近代人类学等等而引入一个更广泛的领域来克服这种局限性的话，那么纵使有更广泛的事实基础，它仍然始终不外是对人类历史中的某些形态的一般描述。它永远不会成为一门非历史性的心灵科学。

因此，把这样一种实证的心灵科学看作是超出于历史学的范围之上并且建立了永恒不变的人性规律，就只有对于把某一特定历史时代的暂时状况误认为是人类生活的永恒状况的人才是有可能的。对18世纪的人来说，犯这种错误是很容易的，因为他们的历史目光是如此之短浅，他们对与他们自己不同的文化的知识又是如此之有限，以至于他们可以欣然把他们自己那个时代一个西欧人的智力习惯地等同于上帝所赐给亚当及其一切后裔的智力才能。休谟在他阐述人性时,从来没有试图超出于说在事实问题上"我们"是以某些方式在思想的,而他用"我们"这个词意思是指什么这一问题,则留了下来未加讨论。甚至于康德在他企图超出"事实问题"而解决"当然问题"时,也只表明如果我们要具有我们实际上所具有的那种科学,我们就必须以这些方式来思想。当他问经验是怎样才可能的时候,他所说的经验乃是指他自己那个时代文明的人们所享有的那种经验。当然他并没有觉察到这一点。在他那时代,还没有一个人在思想史方面做过足够的工作可以使人认识到,18世纪欧洲人的科学和经验都是有高度特殊性的历史事实,而与其他民族和其他时代的科学和经验是大为不同的。而且人们也还没有认识到,即使撇开历史的证据不谈,人在几乎还没有脱离类人猿时,就必定是以非常之不同的方式在思想了。像18世纪所持有的那样一种人性科学的观念,乃是属于那样一个时代的,当时人们相信人类像所有其他的物种一样,乃是一种具有不变特征的特殊创造物。

人性,像每一种自然现象一样,必须按照近代思想的原则被设想为是服从于进化论的;但是指出这一点并未能排除人性科学观念本身中固有的谬误。的确,对这一观念的这样一种修改只会导致更坏的结果。进化毕竟是一种自然的过程,是一种变化的过程;并且作为这样一种过程,它就在创造另一种特殊形式时消灭了某一种特殊形式。志留纪的三叶虫可以是今天哺乳动物(包括我们自己)的祖先;但是人类并不是一种土鳖。在自然过程中,过去乃是一种被取代的和死去了的过去。让我们假设,人类思想的历史过程就是一个在这种意义上的进化的过程。由此而来的就是,任何一个给定的历史时期所特有的思想方式就是当时人们所必须用以进行思想的方式,但是其他在不同的时代以不同的心灵模型而铸就的人,就完全不可能用它来思想了。如果情况是这样,那么就不会有真理这种东西了。按照赫伯特·斯宾塞所正确引出的推论,我们当成是知识的,仅只是今天思想的风尚;它并不是真确的,但在我们的生存竞争中却是最有用的。桑塔亚纳[1]先生也蕴涵有

---

[1] 桑塔亚纳(Santayana, 1863—1952),美国哲学家。——译者注

同样的对思想史的进化观点,他把历史学贬斥为培养"重新过死人生活的那种学究气的幻觉",是只适合于"根本没有忠诚可言而且不能或者害怕认识自己的那些心灵"的一门学科;人们并不是对"再发现以前所发现的或所珍视的那种本质"感兴趣,而仅仅是对"从前人们曾一度抱有过某种这样的观念这一事实"感兴趣。①

这些观点的共同谬误就在于混淆了自然过程和历史过程;在自然过程中,过去在它被现在所替代时就消逝了,而在历史过程之中,过去只要它在历史上是已知的,就存活在现在之中。奥斯瓦尔德·斯宾格勒鲜明地认识到近代数学和古希腊人的数学之间的区别,并了解它们每一种都是自己的历史时代的功能;他根据错误地把历史过程认同为自然过程,却正确地论证说,希腊数学对我们必定不仅是奇怪的,而且是不可理解的。但事实上,非但我们很容易理解希腊数学,而且实际上它还是我们自己的数学的基础。它并不是我们能够指出他们的名字和年代来的那些人所曾一度具有的数学思想的死去了的过去,它是我们现在数学研究的活着的过去,是一种(只要我们对数学有兴趣的话)我们仍然作为一种实际的财富而在享受着的过去。因为历史的过去并不像是自然的过去,它是一种活着的过去,是历史思维活动的本身使之活着的过去;从一种思想方式到另一种的历史变化并不是前一种的死亡,而是它的存活被结合到一种新的、包括它自己的观念的发展和批评也在内的脉络之中。像那么多的其他人一样,桑塔亚纳先生首先是错误地把历史过程等同于自然过程,然后又谴责历史学乃是被他所错误地认为就是历史学的那种东西。斯宾塞关于人类观念进化的理论,把这一错误体现为其最粗糙的形式。

人类曾被定义为能够利用别人经验的动物。在他的肉体生活方面,这一点完全是不真确的:他并不因为别人吃过饭就得到了营养,或者因为别人睡过觉了就得到了恢复。但就其心灵的生命而言,则这一点是真确的;获得这种效益的办法就是靠历史知识。人类思想或心灵活动的整体乃是一种集体的财富,几乎我们心灵所完成的一

---

① 桑塔亚纳:《本质的领域》,第69页。

切行动都是我们从已经完成过它们的其他人那里学着完成的。既然心灵就是心灵所做的事,而人性(如果它是任何真实事物的一个名字的话)就只是人类活动的一个名字;所以获得完成特定行动的能力也就是获得特定的人性。因此历史过程也就是人类由于在自己的思想里重行创造他是其继承人的那种过去,而在为自己创造着这种或那种人性的过程。

这种继承性不是由任何自然过程所传递下来的。要能占有它,就必须由占有它的那个心灵来掌握它;而历史知识就是我们进行占有它的那种方式。首先,并没有一种特殊的过程叫作历史过程,然后也没有认识这一点的一种特殊的方式叫作历史思想。历史过程本身就是一种思想过程,而且它只是作为各种心灵而存在,——这些心灵是它的组成部分,并且认识自己是它的组成部分。由于历史思维,心灵——它的自我认识就是历史——不仅在它自身之内发现了历史思想所显示其拥有的那些力量,并且实际上把这些力量从一种潜在的状态发展成一种现实的状态,使它们成为有效的存在。

因此,如果论证说,既然历史过程就是一个思想过程,所以在它一开始时就必须已经存在有思想作为它的先决条件;而且一种关于思想是什么的阐述,其本身原来就必定是一种非历史的阐述;——这种论证就是一种诡辩了,历史并不以心灵为先决条件;它就是心灵生活的本身,心灵除非是生活在历史过程之中而又认识它自己是这样生活着的,否则它就不是心灵。

人脱离了他的自我-意识的历史生活,仍然是一种理性动物而与其他的生物不同,——这种观念纯粹是一种迷信。人终究是理性的,但这只不过是阵发性地而且是以一种闪烁不定的、模糊的姿态。在质上和量上,他们的合理性都是一个程度的问题:有的人比其他人更经常有理性,有的人有理性是以一种更强烈的方式。但是的确不能否认,人类以外的其他动物也有闪烁不定的和模糊的理性。动物的心灵在范围和能力上,可能比最低级的野蛮人的心灵还要低下;但是用同一个标准来衡量,最低级的野蛮人就比文明人低下,而我们称之为文明化了的那些人本身之间的差别也很难说就更小。甚至于在非人类的动物中间也有历史生活的端倪:例如,猫科动物就不是由本能而是由它们的母亲教着洗脸的。这种初步的教育与一种历史文化在本质上并没有什么不同。

历史性也是一个程度问题。非常原始的社会的历史性,与合理性在其中濒临灭绝的那些社会的单纯本能生活是不容易加以区别的。当进行思维的场合和被思维的各种事物对社会生活变得更常见和更必要的时候,对思想的历史继承——那种思想是历史知识所保存下来的、以前曾被人思想过的东西——就变得更为重要了,于是随着它的发展便开始了一种特殊的理性生活的发展。

所以,思想并不是历史过程的前提而它又反过来成为历史知识的前提。只有在历史过程、亦即思想过程之中,思想本身才存在;并且只有在这个过程被认识到是一个思想的过程时,它才是思想。理性的自我-知识并不是一种偶然;那就属于它的本质。这就是为什么历史知识并不是奢侈,也不是心灵在紧张的工作之余的一种单纯享乐:它是一项首要的任务,履行这种任务不仅对于维护理性的任何特殊形式或类型而且对于维护理性本身,都是至关重要的。

四 结 论

从我所试图维护的论题中,仍然有待得出少数儿条结论来。

第一,有关历史学本身的。近代历史学的各种研究方法是在它们的长姊自然科学的方法的荫蔽之下成长起来的;在某些方面得到了自然科学范例的帮助,而在别的方面又受到了妨碍。本文始终有必要对于可以称之为实证主义的历史概念,或者不如说是错误的概念,进行不断的斗争。这种概念把历史学当作是对于埋在死掉了的过去里面的各种连续事件的研究,要理解这些事件就应该像是科学家理解自然事件那样,把它们加以分类并确立这样加以规定的各个类别之间的关系。这种误解在近代有关历史的哲学思想中不仅是一种瘟疫性的错误,而且对历史思想本身也是一种经常的危险。只要历史学家屈服于它,他们就会忽视他们的本职工作乃是要深入到他们正在研究其行动的那些行动者们的思想里面去,而使自己只满足于决定这些行动的外部情况,——即它们那些能够从统计学上加以研究的事物。统计学研究对于历史学家来说是一个好仆人,但却是一个坏主人。进行统计学上的概括对于他并没有好处,除非他能由此而探测他所进行概括的那些事实背后的思想。在今天,历史思想几乎到处都在使自己挣脱实证主义的谬误的罗网,并且认识到历史学本身只不过是在历史学家的心灵之中重演过去的思想而已;但是如果要收获这种认识的全部成果,却仍需要做更多的工作。各种各样的历史学谬误现在还在流行着,这都是由于混淆了历史过程和自然过程这两者的缘故;不仅有较粗糙的谬误把文化上的和传统上的各种历史事实误认为像是种族和血统那样的生物学事实,而且还有更精致的谬误影响了历史探讨的研究和组织的方法,这里要一一列举它们就会太冗长了。但只有到了这些谬误被根除时,我们才能看到历史思想是怎样终于能达到其固有的形式和高度,并能使长期以来为人性科学所提出的那些主张成为有效。

第二,有关过去曾企图建立这样一门科学的努力。

所谓有关人类心灵的各种科学的积极功能,无论是整体的还是部分的(我指的是这样一些研究,诸如对知识、道德、政治学、经济学等等理论的研究),总是倾向于被人误解的。从理想上说,它们被规划为是对一种不变的题材的阐述,这一题材即人类的心灵,就像它过去一直是而且将来会永远是的那样。根本用不着熟悉它们就可以看出,它们绝不是那么一回事,而只是人类心灵在其历史的一定阶段上所获得的财富的一份清单。柏拉图的《国家篇》不是对政治生活中不变的理想的一种阐述,而是对柏拉图所接受并重行加以解释的希腊理想的一种阐述。亚里士多德的《伦理学》所描述的并不是一种永恒的道德而是希腊绅士的道德。霍布斯的《利维坦》发挥了 17 世纪英国形式的专制主义的政治观念。康德的伦理学理论表达了德国虔诚主义的道德信念;他的《纯粹理性批判》则就其对当时哲学问题的关系分析了牛顿科学的概念和原理。这些局限性常常被人认为是缺点,仿佛一位比柏拉图更强的思想家就会把自己提高到能清除希腊政治学的气氛,或者仿佛亚里士多德应该预料到基督教或近代世界的道德概念。但它们远远不是一种缺点,反而是优点的标志;它们可以从质量最优秀的那些作品中最清楚地看出来。原因就是,作者们当努力在建立一种关于人类心灵的科学时,他们是在这些作品中尽力做着所能做的唯一事情。他们是在阐述人类心灵在其历史的发展中直迄他们自己的时代所达到的那种境地。

当他们试图证明这种境地正确时,他们所能做的一切就是展示它是逻辑的,是各种观念的一个一贯的整体。如果他们认识到任何这类的证明都是循环的,并试图使那个整体有赖于它本身之外的某种东西,那么他们就失败了,正如他们确实一定要失败那样;因为既然历史的现在其本身之中就包括着它自己的过去,所以那个整体所依靠的真实基础,亦即它由其中所成长出来的那个过去,就不是在它之外、而是被包含在它之内的。

如果这些体系对后代仍然有价值,那并不是不顾、反而正是由于它们的严格的历史特点。对我们来说,在它们身上所表现的各种观念乃是属于过去的观念;但是那不是死掉了的过去;通过历史地理解它,我们就把它合并到我们现在的思想里面来,并且使我们自己能够通过发展它和批判它而用这种遗产来促进我们自己的进步。

但是单单是我们今天智力财富的一张清单,绝不能表明我们有什么权利来享有它们。要做到这一点只有一种办法,那就是靠分析它们而不是单纯描述它们,并表明它们在思想的历史发展中是怎样建立起来的。例如,当康德着手证明我们使用一个范畴,例如因果关系,是正当的时候,他所要做的在某种意义上是能够做到的;但是它不能按照康德的方法做到,康德的方法会造成一种纯循环式的论证,它证明如果我们要有牛顿的科学,这样一种范畴就是能够使用的而且是必须使用的;它可以通过研究科学思想的历史而做到。康德所能表明的一切只是,18世纪的科学家们确实是以那种范畴在思想的;至于他们为什么那样思想这一问题,就可以由研究因果观念的历史来加以回答。如果所需要的比这一点更多;如果所需要的证明是,那种观念是真确的,并且人们以那种方式思想也是正确的;那么这就是提出了就事物的性质而言是永远不可能被满足的一个要求。我们又怎么能使自己满足于我们进行思想所依据的原则是真确的呢?——除非是靠继续按照这些原则来思想，并且看看在我们工作时，那些有关它们的无法解答的批评究竟是否出现。对科学的概念进行批评乃是科学本身在进展中的工作；而要求这样的批评应当由知识的理论来加以预告，也就是要求这样一种理论应当预告思想的历史了。

最后，还有一个应该派给心理学科学以什么样的功能的问题。乍看起来，它的地位似乎是模棱两可的。一方面，它自称是一门心灵的科学；但是果真如此，它那科学方法的装备就只不过是一种错误的类比的结果，而且它必定要过渡到历史学里面去，并且因此之故而告消失。只要心理学自命要处理理性本身的功能，这一点就肯定是要发生的。侈谈推理的心理学或道德自我的心理学（这里引用两本为人熟知的书名），乃是误用了这些名词并且混淆了问题，把一种它那存在和发展并不是自然的而是历史的题材归之于一种准-自然主义的科学。但是如果心理学避免了这个危险并放弃干预严格说来是历史学的题材的那种东西，它就很可能退回到纯粹自然科学里面去，而变成为研究肌肉运动和神经运动的生理学的一个单纯的分支。

但是还有第三种选择。在认识到它自身的合理性时，心灵也就认识到它本身之中有着各种不是理性的成分。它们不是肉体；它们是心灵，但不是理性的心灵或思想。借用一种古老的区分，它们乃是与精神不同的心灵（psyche）或灵魂。这些非理性的成分都是心理学的题材。它们是在我们身中的盲目力量和活动，而它们是人生的一部分，因为人生是在有意识地经历着它自己的；但它们却不是历史过程的一部分，而是与思想不同的感知、与概念不同的感受、与意志不同的嗜欲。它们对我们的重要性在于，它们形成了我们的理性生活于其中的那个最贴近的环境这一事实，正如我们的生理有机体乃是它们生活于其中的那个最贴近的环境一样。它们是我们的理性生活的基础，尽管并不是它的一部分。我们的理性发现了它们，但在研究它们时，理性却不是在研究它自己。在学会认识它们时，它就发现它能怎样地帮助它们生活得健康；从而在它追求它自己所固有的任务（即对它自己的历史生活的自觉的创造）时，它们就可以馈养它和支持它。

第二节　历史的想象[1935]①

对历史思维性质的探讨,是属于哲学可以合法从事的任务之一;而在我看来,现在②有理由认为,对这种探讨进行思维不仅是合法的而且是必要的。因为它的意义就在于,在历史的特别时期,某些特殊的哲学问题仿佛是最合时宜的,并且仿佛在要求着一个渴望为自己的时代服务的哲学家的特别注意。哲学问题部分地是不变的;部分地则随当时人类生活和思想的特点而从一个时代到一个时代在变更着。在每个时代最优秀的哲学家的身上,这两部分都是如此之相互交织着,以至于永久性的问题呈现 sub speciesaeculi[在一代的观点之下],而当代的特殊问题则呈现 subspecie aeternitatis[在永恒的观点之下]。每当人类的思想受到某种特殊的兴趣所支配时,那个时代最富有成果的哲学就反映出来这种支配;——不是消极地通过单纯服从于它的影响,而是积极地通过特殊的努力来理解它并且把它置于哲学探讨的焦点上。

在中世纪,以这种方式成为聚集了哲学思辨的焦点的兴趣的就是神学;在17世纪,则是物理科学。今天,当我们习惯上确定近代哲学的开端是17世纪时,我认为我们的意思是指,当时开始支配人类生活的那种科学兴趣,现在仍然在支配着它。但是如果我们把17世纪的心灵在其总的定向上和今天的心灵加以比较,比较一下它们的文献中所处理的题材,我们就很难不为一种重要的不同所触动。自从笛卡儿的时代,哪怕自从康德的时代以来,人类就获得了一种历史地进行思想的新习惯。我并不是说,直到一个半世纪以前,并没有名副其实的历史学家;那样说是不真确的。我甚至也不是说,自从那时以来历史知识的总量和历史书籍的问世已经极大地增多了;虽则那样说是真确的,但相对地却不重要。我的意思是说,在这段时期里历史思想研制出了它自己的一种技术,它那特点之明确和它那结果之确凿,绝不亚于它的长姊自

---

① 本节为1935年10月28日柯林武德就任温弗莱特形而上学讲座教授的就职演讲。——译者注
② 即1935年。——编者注

然科学的方法；而且在这样进入了 sichere Gang einer Wissenschaft[科学的可靠进程]时，它在人类生活中就取得了一席地位，它的影响从人类的生活已经渗入到、并且在某种程度上已经改变了思想和行动的每一个部门。

其中，它也深深地影响了哲学；但是从整体上说，哲学对这种影响的态度却是被动更甚于主动。有的哲学家倾向于欢迎它，有的埋怨它；而比较少数的则已经从哲学上思考它。主要是在德国和意大利，人们曾试图回答这些问题：什么是历史的思维？它对传统的哲学问题有什么启发？由于回答这些问题，他们就对今天的历史意识的问题，做出了康德的先验分析对 18 世纪的科学意识所做过的事。但是就大部分情况说，特别是在我们这个国家里，通常都是忽视所有这些问题的，并且通常都是似乎并没有察觉到有历史学这样一种东西的存在而在讨论着知识问题的。当然，这种习惯是可以加以辩护的。可以论证说，历史学根本就不是知识而只是见解，是配不上哲学研究的。或者可以论证说，只要它是知识，它的问题就是一般的知识问题，并不要求有什么特殊的处理办法。就我自己来说，我不能接受这两种辩解中的任何一种。如果历史学是意见，哲学为什么因此就应当忽视它呢？如果历史学是知识，为什么哲学家就应该不以他们对科学的那些非常之不同方法所给予的同样注意，来研究历史学的方法呢？而甚至当我阅读同代的人和最近的最伟大的英国哲学家们的著作时，我都深深敬仰他们，从他们那里学到了比我所能期望承认的更多的东西；但是我发现我自己却经常为一种思想所纠缠着，即他们对知识的阐述（看来他们根据的似乎主要是对知觉和对科学思维的研究）不仅忽视了历史的思维，而且实际上是和有这样一种东西的存在相抵牾的。

无疑地，历史的思想在某种方式上很像知觉。两者都以某种个体事物作为自己的固有对象。我所知觉的是这间房屋、这张桌子、这张纸。历史学家所思考着的是伊丽莎白①或马尔堡罗②和伯罗奔尼撒战

---

① 伊丽莎白(Elizabeth, 1533—1603)，英国女王。——译者注
② 马尔堡罗(Marlborough, 1650—1722)，英国将领。——译者注

争①或斐迪南和伊萨贝拉②的政策。但是我们所知觉的,总是这个、此地、此时。甚至当我们听到远方的爆炸,或是在一颗恒星爆发很久之后才看它时;就在这个新星、这个爆炸时,仍然有一瞬间它是在此地此时可知觉的。而与历史思想有关的某种东西,却绝不是一个"这个",因为它绝不是一种此时、此地。它的对象乃是已经结束其出现的事件和已经不复存在的条件。只有在它们不再是可知觉的时候,它们才真正变成了历史思想的对象。因此把它设想为主客体两者都实际存在而且相互对立和共存的一种事情或关系的一切知识理论,即把认识作为是知识的本质的一切理论,就使得历史学成为了不可能。

历史学又以另一种方式而有似于科学:因为在二者之中,知识都是推论的或推理的。但是科学是生存在一个抽象的共相世界里,它在某种意义上是无所不在的,而在另一种意义上又不在任何地方,在某种意义上是始终存在的,而在另一种意义上又不存在于任何时间之中;而历史学家所进行推理的事物却不是抽象的而是具体的,不是一般的而是个别的,对空间和时间并不是漠然无关的而是有它自己的地点和时间,虽则那地点并不必须是此处,而那时间也不可能是此时。所以,我们就不可能使历史学和这些理论相一致了;按照这些理论,知识的对象是抽象的、没有变化的,是心灵可以采取各种不同的态度来对待的一个逻辑实体。

把这两种类型的理论结合起来用以阐明知识,也还是不可能的。目前的哲学就充满了这类的结合。认知的知识和描述的知识;永恒的对象和构成其组成部分的那种短暂的情况;本质的领域和物质的领域;——在这些和其他这类的二分法中,也像事实的问题和各种观念之间的关系、或事实的真理和理性的真理那种较老的二分法一样,就提供了不仅有掌握着此时此地的那种知觉的特性,而且还有领会着无处不在和无时不在的那种抽象思想的特性,亦即传统哲学上的 αἴσθησις[知觉]和 νόησις[思想]。但是正像历史学既不是αἴσθησις[知觉]又不

---

① 伯罗奔尼撒战争,公元前460—前446年希腊各邦间的战争。——译者注
② 斐迪南(Ferdinand,1452—1516),伊萨贝拉(Isabella,1451—1504),西班牙国王。——译者注

是 νόησις[思想]，同样地它也不是两者的结合。它是第三种东西，具有着这两种每一种的某种特征，但是以一种这两者都不可能做到的方式，而把它们两者结合起来。它并不是部分是对暂时情况的认知，部分是对抽象实体的推理知识。它完全是对暂时的、具体的事物的推理知识。

我这里的目的是对那第三种东西提出一种简短的阐述，那第三种东西就是历史学；我将从叙述可以叫作它的常识性的理论的而开始，大多数人最初思索这个问题时，都是相信或者想象他们自己是相信这种理论的。

按照这种理论，历史学中最本质的东西就是记忆和权威。如果一个事件或一种事物状态要历史地成为已知，首先就必须有某个人是知道它的；其次他必须记得它；然后他必须以别人所能理解的词句来陈述他对它的回忆；最后别人必须接受那种陈述当作是真确的。因此，历史学也就是相信某一个别人，——当这个人说到他记起了某件事的时候。那个相信的人就是历史学家；而这个被相信的人就被称之为他的权威。

这个学说就蕴涵着，历史真理只要它终究能为历史学家所接受，就仅仅因为它是以现成的方式存在于他的权威的现成陈述之中而被历史学家所接受的。这些陈述对于他乃是一种神圣的条文，它那价值完全有赖于它们所描述的那个传说的颠扑不破性。因此，他绝不能以任何借口窜改它们。他绝不能删改它们；他绝不能对它们有所增添；而最重要的是，他绝不能与它们相矛盾。因为如果他要自己着手来采撷和挑选，来决定他的权威的陈述中哪些是重要的、哪些是不重要的；那么他就要到他的权威背后去求助于某种其他的标准了。而按照这种理论，这一点恰恰是他所不能做的。如果他对它们有所增添，在其中插入了他自己所设计的构造，并承认这些构造是对他的知识的补充；那么他就是根据他的权威所说的事实之外的理由在相信某些东西了；然而他却无权这样做。最坏的是，如果他与它们相矛盾，并擅自断定是他的权威歪曲了事实，他把权威的陈述当作是不能置信的而加以驳斥，那么他就是在相信自己所被告知的那些东西的反面，并且可能是最坏地违反了自己的职业准则。权威也许是喋喋不休的、东拉西扯的，是一个喜欢流言飞语和造谣中伤的人;他可能忽略了或忘记了或隐蔽了一些事实;他也可能无知地或故意地在错误地陈述它们;但是对这些缺陷,历史学家却没有补救的办法。按照那种理论,对于他来说他的权威所告诉他的就是真理,是全部可以接受的真理,而且全都是真理。

这种常识性理论的后果只要一经陈述,就可以加以否定了。每个历史学家都知道,有时候他确实是在使用所有这三种方法来窜改他在他的权威那里所找到的东西的。他从其中挑选出来他认为是重要的,而抹掉其余的;他在其中插入了一些他们确实是没有明确说过的东西;他由于抛弃或者修订他认为是出自讹传或谎言的东西而批评了它们。但是我不能肯定,我们历史学家们是不是总能认识到我们正在做着的事情的后果。一般说来,当我们在思索我们自己的工作时,我们似乎是接受我所称之为常识性的理论的东西,同时又声称我们自己有选择、构造和批评的权利。无疑地,这些权利与那种理论是不一致的;然而我们却试图把它们的运用范围缩到最小来缓和这种矛盾,同时又认为它们是应急的措施,是由于他的权威们格外无能而使得历史学家有时候也可能被迫反抗;但是这却基本上并没有扰乱正常的和平的体制,他在这种体制之中心安理得地相信人们告诉他的话,因为人们告诉他要相信它。然而这些东西(无论做得多么少),不是成为历史的罪过就是成为对那种理论的致命事实;因为根据这种理论它们应该不是做得很少,而是从来都不能做。而事实上,它们却既没有犯罪,也不是例外。历史学家贯穿在他的工作过程之中的,一直都是选择、构造和批评;只有这样做他才能维护他的思想在一个 sichere Gang einer Wissenschaft[科学的可靠进程]的基础上。由于明确地认识到这一事实,才有可能实现(再次借用康德的用语)我们可以称之为史学理论中的哥白尼式的革命:那就是发现历史学家远不是依赖自身以外的权威,使他的思想必须符合于权威的陈述,而是历史学家就是他自身的权威;并且他的思想是自律的、自我-授权的,享有一种他所谓的权威们必须与之相符的并且据之而受到批判的标准。

在进行选择的工作中,可以看到历史思想的自律性最简单的形式。历史学家试图按照着常识性的理论进行工作,并精确地重现他在他的权威那里所找到的东西，正有似于一个风景画家试图按照那种要求艺术家要模仿自然的艺术理论在进行工作一样。他可以幻想他正在用他自己的手段重现自然事物的真实形象和颜色；但是不管他多么努力在做这个工作，他总是在选择、简化、系统化，撇开他认为是不重要的东西而把他以为是精华的放进去。对进入画面的东西要负责的，乃是艺术家而不是自然界。同样地，也没有哪一个历史学家，哪怕是最坏的，仅仅是在抄袭他的权威而已；即使他没有把自己的任何东西加进去（这实际上是绝不可能的），他也总是撇掉了一些东西，这些东西由于这种或那种理由，是他决定自己的工作所不需要的或者是不能采用的。所以对于加入什么东西要负责的就是他自己而不是他的权威。在这个问题上，他是他自己的主人；他的思想在这种限度上乃是自律的。

比这种自律甚至更为清楚的表现，就见之于我所称为的历史构造之中。历史学家的权威们告诉了他一个过程的这种或那种形态，却留下了中间的形态没有加以描述；于是他就为他自己插进了这些形态。他关于他的主题的图画，虽则可能部分地是直接由他的权威们那里所引征的陈述组成的，但也是由（并且随着他作为历史学家的能力的每一度增长而日益由）那些按照他自己的标准、他自己方法的准则和他自己对于相关性的信条里面推论出来的陈述所组成的。在他工作的这一部分里面，在重复着权威向他所说的话的这种意义上，他从来也不是依赖他的权威的；他一直是依靠他自己的能力并以自己为自己的权威的；这时他所谓的权威一点也不是权威，而仅仅是证据。

然而，历史学家自律性的最清楚的证明，则是由历史批判所提供的。正如自然科学找到了它的适当方法，是在科学家（用培根的比喻来说）质问大自然，用实验来折磨她，以便向她索取他自己的问题的答案的时候；同样地，历史学找到了它的适当方法，也是在历史学家把他的权威放在证人席上的时候，他通过反复盘问而从他们那里榨取出来了在他们的原始陈述中所隐瞒了的情报，——或是因为他们不愿拿出它来，或是因为他们并没有掌握它。因此，一个司令官的公报或许会声称是一场胜利；而一个历史学家以批评的精神来阅读它时，却要问："如果它真是一场胜利，为什么它不以这种或那种方式继续下去？"这样就可以判定作者有隐瞒真相之罪。或者使用同样的方法,他也可以判定一个缺少批判精神的前人——此人接受了同样那个公报所给他的有关那场战役的文字——犯有无知之罪。

　　历史学家的自律性在这里表现为其最极端的形式;因为在这里显然的是,他以一个历史学家的活动的资格,多少是有力量拒绝他的权威所明白告诉过他的某些东西,而代之以另外的一些东西。如果这是可能的,那么历史真理的标准就不是一个权威做出了一种陈述的这一事实了。这就是我们所讨论的所谓权威的真理性和报道了;这个问题是历史学家必须独自根据他自己的权威来回答的。所以,哪怕他接受了他的权威们所告诉他的话,他也不是根据他们的权威而是根据他自己的权威来接受它的;不是因为他们说过它,而是因为它满足了他那历史真理的标准。

　　把历史学建立在记忆和权威依据的基础之上的这种常识性的理论,不需要再进一步地驳斥了。它的破产是明显的。对于历史学家是永远不可能有权威的,因为所谓的权威们也要接受只有历史学家才能做出来的定谳。然而常识性的理论却可以自称是一种有条件的和相对的真理。一般说来,历史学家从事的是别人在他以前已经研究过的题目。他越是一个新手——无论是在这个特殊的题目上,还是在整个历史学上——则他的先行者们,相对于他的不能胜任而言,也就成比例地越发具有权威性;而在他的不能胜任和无知到了绝对地步的极端情况下,他们就可以毫无保留地被称为是权威。但随着他越来越变成为他的职业和他的题目的主人,他们也就变得越来越不是他的权威,而越来越是他的同行学者,对待他们是尊敬还是蔑视要视他们的功过而定。

　　正如历史学并不依赖权威一样,它也不依赖记忆。在没有有关的陈述是得自目击者的始终未中断的传说那种意义上,历史学家是能够重新发现已经被完全忘记的东西的。他甚至于能够发现直到他发现以前根本就没有一个人知道是曾经发生过的事。他做到这一点,部分地是靠批判地对待包含在他的来源中的陈述,部分地是靠利用被称为是未成文的来源的那些东西,——当历史学越来越确信它自己的固有方法和它自己的固有标准的时候,这后一点也就越来越被采用。

我已经谈到历史真理的标准。这个标准是什么呢?按照常识性的理论,它就是历史学家所做的陈述和他在他的权威们那里所找到的陈述二者的一致性。这个回答我们现在知道是错误的,所以我们必须另找答案。我们不能够放弃这一研究。必须有对这个问题的某种答案,因为没有一个标准就不可能有任何批判。对这个问题的一种回答,是由我们当代最伟大的英国哲学家在他的一本小册子《批判历史学的前提》里提了出来的。布莱德雷的这篇论文是一篇早期的著作,到了他的成熟期他对它感到不满意;尽管它必定是不能令人满意的,但它还是带有他那天才的标志。其中布莱德雷面临的问题是,历史学家怎么可能蔑视常识性的理论而扭转局势,向他的所谓权威说:"这就是我的权威所记载的,但真正发生的事却必定不是这样而是另一样。"

他对这个问题的回答是,我们关于这个世界的经验教导我们说某些种类的事情会发生,而其他的则不会发生;于是这种经验就成为历史学家所用于对待他的权威们的陈述的标准。如果他们告诉他说,有一种按照他的经验是并不会发生的事却发生了,那么他就只好不相信他们;如果他们报道的事是那类按照他的经验是确实会发生的,那么他就可以自由地接受他们的陈述。

对这种观念有许多明显的反驳,我并不坚持这种观念。它带有布莱德雷不久就极力反抗的那种经验主义哲学的浓郁气息。但是除了这一点之外,还有某些特殊论点据我看来是有缺陷的。

第一,被提出来的标准,不是确实产生了什么这一标准而是可能产生出什么这一标准。实际上,它只不过是亚里士多德有关什么是诗歌中可以允许的这一标准;因此它就不能用来分辨历史学与虚构。它无疑地会被历史学家的陈述所满足,但是它也会同样恰当地被历史小说家的陈述所满足。所以它就不可能成为批评历史学的标准。

第二,因为它永远不能告诉我们确实发生了什么事,所以我们对此就只好单纯指望着我们的报告者的权威了。当我们运用它时,我们就得同意相信我们的报告者所告诉我们的每一件事情,只要它能满足有此可能这一纯属消极的标准。这并不是要使我们的权威们反败为胜;它乃是盲目地在接受他们所告诉我们的东西。这里还没有达到批判的态度。

第三，历史学家有关自己生活于其中的世界的经验，只能帮助他检验、甚至只是消极地检验他的权威们的陈述，看看这些陈述是否并不是与历史、而只是与其本身并无历史可言的自然有关。自然的规律总是同样的，现在与自然对立的东西两千年以前也是与自然对立的；但是作为与人类生活的自然条件有别的历史条件，在不同的时代却是如此之不同，以至于根据类比而得到的任何论证都是不能成立的。希腊人和罗马人之遗弃他们的新生婴儿以便控制他们的人口数目，并不由于它和在《剑桥古代史》的撰稿人的经验中所发生的任何事情不同而减少其真实性。事实上，布莱德雷对这个题目的论述，并不是由通常历史研究的过程而产生的，而是由他对于《新约全书》叙述的可信性、特别是对于它们的超自然的成分的兴趣而产生的；但是一个只是在发生了奇迹时才适用的标准，对于正规的历史学家的用途就少得可怜了。

布莱德雷的论文尽管不是定论，却由于这一事实而始终是值得纪念的，即在它那里历史知识的理论中的哥白尼式的革命在原则上已经完成了。就常识性的理论来说，历史的真理就在于历史学家的信仰符合他的权威们的陈述；布莱德雷却看出了，历史学家对于研究他的权威们带进来了他自己的标准，权威们本身是要参照这个标准来加以判断的。这个标准是什么，布莱德雷并没能发现。60年之后，仍然要有待于看他的问题——我相信在此期间没有一个说英语的哲学家在出版物中讨论过它——是否能被推进到他所留下来的那一点之外。

我已经说过，除了从他的权威们的陈述中选择他所认为是重要的东西而外，历史学家必须在两个方面超过他的权威们所告诉给他的。一个是在批判的方面，而这是布莱德雷已经试图分析过的。另一个是在构造的方面。关于这一方面他没有说什么，而我现在就建议回到这上面来。我把构造性的历史学描述作在我们从权威们那里所引用来的陈述之间插入了另一些为它们所蕴涵着的陈述。这样，我们的权威们告诉我们说，有一天恺撒在罗马，后来又有一天在高卢，而关于他从一个地方到另一个地方的旅行，他们却什么也没告诉我们；但是我们却以完美的良知而插入了这一点。

这种插入的办法有两个意义深远的特征。首先，它绝不是任意的或纯属幻想的；它是必然的，或用康德的话来说，是先验的。如果我们是用幻想出来的细节（例如，他在路上遇到那些人的名字以及他对他们所说过的话，）来填补对恺撒的行动的叙述，那么这种构造就是任意的；事实上它就会是一种由历史小说家所完成的构造了。但是如果我们的构造并不包含有任何不为证据所必需的东西，那么它就是一种合法的历史结构，没有它就根本不可能有历史学。

其次，以这种方式推论出来的东西，本质上是某种想象出来的东西。如果我们眺望大海，看见有一艘船，五分钟之后再望过去，又看见它在另一个不同的地方；那么当我们不曾眺望的时候，我们就会发觉自己不得不想象它曾经占据过各个中间的位置。这已经是历史思维的一个例子了；而当我们被告知恺撒在这些连续的时间里是在这些不同的地方时，我们就发现自己不得不想象恺撒曾经从罗马旅行到高卢；——这情形并无不同。

这种具有这一双重特点的活动，我将称之为 a priori［先验的］想象。后面我还必须更多地谈到它，但是目前我将满足于说明，不管我们可以是多么没有意识到它的作用，但却正是这种活动沟通了我们的权威们所告诉我们的东西之间的裂隙，赋给了历史的叙述或描写以它的连续性。历史学家必须运用他的想象，这是常谈；用麦考莱《论历史》的话来说："一个完美的历史学家必须具有一种充分有力的想象力，使他的叙述动人而又形象化"；但这却是低估了历史想象力所起的作用，而历史想象力严格说来并不是装饰性的而是结构性的。没有它，历史学家也就没有什么叙述要装饰了。想象力这种"盲目的但不可缺少的能力"，没有了它（就像康德所表明的）我们就永远不可能知觉我们周围的世界，它也同样是历史学所不可缺少的；这就是历史的构造的全部工作所进行的活动，它不是作为幻想在随心所欲地活动着，而是以其先验的形式在活动着。

有两种误解在这里可以预先加以防止。第一，有人可以认为，我们通过想象所能够向自己呈现的，只有在成其为虚构的或不真实的那种意义上才是想象的。这种偏见只要一提到就可以消除了。如果我想象一个朋友刚离开我的房子不久,现在正走进他自己的房子,我在想象这个事件的这一事实并没有给我任何理由要相信它不真实。想象的东西,单纯地作为想象,既不是不真实的、也不是真实的。

第二,谈论 a priori［先验的］想象可能看起来像是一个悖论,因为有人可能认为想象力本质上是随心所欲的、任意的、纯属幻想的。但是除了它那历史的功能而外,a priori［先验的］想象力还有两种功能是、或者应该是大家所熟悉的。一种就是艺术家的纯粹的或自由的想象,但那绝不是任意的想象。一个写小说的人写出了一篇由各种人物扮演各种角色的故事。人物和情节全都是想象的;然而小说家的全部目的乃是要表明,人物的行动和情节的发展在某种意义上都是由它们本身的内在必然性所决定的。这个故事,如果它是一个好故事,就不可能不是像它所发展的那样在发展;小说家在想象它时,除了像它那样在发展而外,就不可能想象它的发展。在这里,也同样地像在其他一切的艺术里一样,是 a priori［先验的］想象在起作用的。它的另一种为人所熟知的功能就是可以称之为知觉的想象的那种东西,它在补充着和巩固着知觉的数据;那种方式康德曾经分析得那么好,他向我们提出了可能知觉的而实际并没有被知觉到的客体;如在这张桌子的下面,在没有敲开的鸡蛋的里面,在月球的背面,等等。在这里,想象又是 a priori［先验的］:我们不能不想象那不能不存在的东西。历史的想象之与这些想象所不同的,并不在于它是 a priori［先验的］,而在于它以想象过去为其特殊的任务:那不是一种可能的知觉的对象(因为它现在并不存在),而是通过这一活动可能变成为我们的思想的一种对象。

因而,历史学家关于他的题材的图画——无论那题材是各种事件的一个系列,还是各种事物的过去状态——就都表现为一幅想象构造的网,它是在他的权威们的陈述所提供的某些固定点之间展开的。如果这些点出现得足够频繁,而且从一个点到下一个点的线索都是小心翼翼地由先验的想象、而从不是由纯属任意的幻想所织就的;那么整个图像就经常可以由诉之于这些数据而加以证实,并且不会冒与它所表现的现实有脱离联系的危险。

实际上,当常识理论不再能使我们满足,而我们已经察觉到在历史学的工作中构造性的想象所起的作用时,那就大致确实是我们在思想着历史的工作了。但是这样一种概念在某种方式上却是严重错误的:它忽视了批评所起的同样重要的作用。我们认为我们所构造的网可以说是拴在权威们所陈述的事实之上的,我们把这些事实看作是构造工作的数据或固定点。但是这样想的时候,我们就又倒退滑进了我们现在知道它是错误的那种理论里面去了,即真理就是这些陈述所给予我们的现成的东西。我们知道,要获得真理并不是靠生吞活剥我们的权威们所告诉我们的东西,而是要靠批判它;因此,历史的想象在其间结网的那些假定的固定点就不是现成地赐给我们的,它们必须是靠批判的思维来获得的。

除了历史思想本身之外,并没有任何东西是可以用来证实它的结论的。一部侦探小说中的英雄就正像一个历史学家那样在思想,他要从各种各样的迹象中对于罪行是怎样犯的和是谁犯的,构造出一幅想象的画面。最初,这只不过是一种有待于证实的理论,证实必须是来自外部。对侦探来说,幸亏有那种文学形式的习惯要求,当他的构造完成的时候,它还要清清楚楚地被罪犯的口供所约束;在这样的情形下就可以假定它的真实性是不成问题的。历史学家却不那么幸运了。如果由于研究已有的证据而使他自己相信培根写了莎士比亚的剧本,或者亨利第七在伦敦塔谋杀了王子之后,他居然又找到了供认那件事实的一份亲笔文件,那么他也绝不会就证实了他的结论;新的文件远没有结束那种探讨,却只是由于提出了新问题,即它自身的可靠性的问题,而变得复杂化了。

我要从考虑这样的一种理论而开始,按照这种理论,每件事物都是给定的;亦即按照这种理论,一切真理,只要是历史学家可以得到的任何真理,都是在他的权威们的现成陈述中所提供给他的。然后我又看出,有很多他认为是真确的东西都不是以这种方式给定的,而是由他的先验的想象所构造的;但是我却仍然幻想着,这种想象是根据同样意义所给定的固定点而推论出来的。我现在就只好被迫承认,对于历史思想并没有什么这样给定的固定点;换言之,在历史学中正像严格说来并没什么权威一样,严格说来也并没有什么数据。

第五编　后　论

历史学家们一定认为他们自己是在根据数据进行工作的;在这里他们所说的数据,就是指出某项历史研究工作一开始时由他们所现成占有的历史事实。这样一种数据,如果涉及伯罗奔尼撒战争,就会把例如修昔底德的某种陈述当作实质上是真实的而加以接受。但是当我们问是什么给了历史思想这种数据时,回答是明显的:是历史思想把它给了自己,因此就历史思想整个而论,它就不是一种数据而是一种结果或成就。只有我们的历史知识才告诉我们,纸上这些稀奇古怪的符号是希腊字母;它们所形成的文字在雅典的方言中有着某种意义;这一节是修昔底德的原文,而不是一种羼入或窜改;在这个场合修昔底德知道他正在谈的是什么,并且在力图述说真相。脱离了这一切,这一节就只不过是白纸黑字的一张模板;它根本就不是什么历史事实,而只是此时此地存在着的某种东西,被历史学家所知觉而已。当历史学家把某些历史事实描述为他的数据的时候,他所指的一切就只是:对于某一项特殊的工作,就有某些与之相关的历史问题是他目前准备看作是已经确定了的;尽管如果这些问题是已经确定了的,那也只是因为历史思维在过去已经确定了它们,并且它们就始终是这样被确定的,直到他或某个别人决定重新提出它们为止。

所以,他的想象所构造的那张网,就不可能是由于被约束在某些给定的事实上(正像我起初描写它的那样)而得出它的有效性的。这种说法表现了一种要免除他对他的织造品的关节点负责的企图,同时却承认他要对他在那些关节点之间所构造出来的东西负责。而在事实上,他对这一个要负责,就正像他对那一个要负责一样。无论他接受还是拒绝、修改还是重新解释他的所谓权威们所告诉他的东西,终究还是他要对他在恰当地批评了它们之后所做的陈述负责。证明他有理由做出那一陈述的标准,绝不可能因为那是由一个权威所给予他的这一事实。

这就使我回到了这个问题:这一标准是什么? 在这一点上,可以给出一种片面的暂时性的回答。想象的构造的那张网,乃是比我们迄今所认识到的要坚固得多、有力得多的某种东西。远不是它的有效性要靠给定事实来支持,它实际上是充当了我们用以决定所声称的事实是

245 否真实的试金石。苏埃托尼乌斯①告诉我,尼禄曾打算撤离不列颠。我拒绝他的陈述,并不是因为有任何更好的权威断然与它相矛盾,当然也并没有人这样做;而是因为我根据塔西佗而重行构造出来的尼禄的政策,不能允许我认为苏埃托尼乌斯是正确的。如果有人向我说,这只不过是说我偏爱塔西佗有甚于苏埃托尼乌斯而已,那么我承认我是这样;但我之所以是这样,正因为我发现我自己能把塔西佗告诉我的东西纳入我自己的一幅连续一贯的图画里,而对苏埃托尼乌斯却做不到这一点。

因此,证明它那构造中所使用的资料的合理性的,就必须是历史学家对过去的图画,亦即他自己的 a priori[先验的]想象的产物,这些资料成为资料,也就是说它们得到信任,就只因为它们是以这种方式被证明是正确的。因为任何资料都有可能受到损害:这个作者有偏见,那个作者的信息错误;这块铭文被一个拙劣的碑铭研究者读错了,那一块被一个粗心的石匠刻错了;这一块陶片被一个无能的发掘者、那一块又被一只无可谴责的野兔弄错了位置。批判的历史学家必须发现并纠正这一切以及许多其他的作伪。他是通过考虑证据所引导他得出那幅过去的图画究竟是不是一幅连续一贯的图画、一幅有意义的图画而在这样做的,并且只能是这样做。进行历史构造工作的那种 a priori[先验的]想象,就提供了历史批评的手段。

摆脱了它对于外部所提供的那些固定点的依赖之后,历史学家对过去的图画因而在每个细节上就都是一幅想象的图画,而其必然性在每一点上就都是一种先验的想象的必然性。凡是进入其中的任何东西之所以进入其中,都不是因为他的想象消极地接受它,而是因为他的想象积极地需要它。

我已经谈到过的历史学家和小说家之间的相似性,在这里就达到了它的高峰。他们各自都把构造出一幅图画当作是自己的事业,这幅图画部分地是叙述事件,部分地是描写情境、展示动机、分析人物。他们各自的目的都是要使自己的画面成为一个一贯的整体,在那里面每

---

① 苏埃托尼乌斯(Suetonius,公元 2 世纪),罗马历史学家。——译者注

个人物和每种情境都和其余的是那么紧密地结合在一起,以至于在这种情况下的这个人物就不能不以这种方式而行动,而且我们也不可能想象他是以别的方式而行动。小说和历史学两者都必须是有意义的;除了必然的东西而外,两者都不能容许有任何别的东西,而对这种必然性的判断者在两种情况下都是想象。小说和历史学这二者都是自我-解释的、自我证明为合理的,是一种自律的或自我-授权的活动的产物;在两种情况下这种活动都是 a priori [先验的] 想象。

作为想象的作品,历史学家的作品和小说家的作品并没有不同。它们的不同之处是,历史学家的画面要力求真实。小说家只有单纯的一项任务:要构造一幅一贯的画面、一幅有意义的画面。历史学家则有双重的任务:他不仅必须做到这一点,而且还必须构造一幅事物的画面(像是它们实际存在的那样)和事件的画面(像是它们实际发生的那样)。这种更进一步的必要性就迫使他要服从三种方法的规则,而小说家或艺术家一般说来却不受它们的约束。

第一,他的画面必须在空间和时间中定位。艺术家的画面则并不需要;本质上,艺术家所想象的事物是被想象为不是在某个地点或某个日期发生的。关于《呼啸山庄》①人们说得好,说它那背景是在地狱里,尽管地名都是英国;为了避免在应该成为一个纯粹想象的世界中存在地志学事实方面的不协调,就有一种确切的本能引导着另一位大小说家用基督大教堂来代替牛津,用阿尔弗雷德斯顿来代替万蒂奇,用马利亚教堂来代替福莱。

第二,一切历史都必须与它自己相一致。纯粹想象的各种世界是不可能有冲突的,也不需要一致;它们各自都是一个自己的世界。但却只有一个历史的世界,而且其中每一件事物都必定和其他每一件事物处于某种关系之中,哪怕这种关系仅仅是地志学上的和年代学上的。

第三,也是最重要的,历史学家的图画与叫作证据的某种东西处于一种特殊的关系之中。历史学家或其他任何人所能借以判断(哪怕是尝试着)其真理的唯一方式,就是要靠考虑这种关系;实际上,我们问

---

① 《呼啸山庄》为英国小说家艾米莉·勃朗特(1818—1848)所作的小说。——译者注

一项历史陈述是否真实,也就是指它能否诉之于证据来加以证明。因为一个不能这样加以证明的真理,对于历史学家就是一桩毫无兴趣的事。这种叫作证据的东西是什么呢,它和已经写成的历史著作又是什么关系呢?

我们已经知道了证据不是什么。它不是被历史学家的心灵所吞噬和反刍的现成历史知识。每件事物都是证据,是历史学家能够用来作为证据的。但什么是他能够这样加以使用的呢?它就必须是此时此地他可以知觉到的某种东西:这页写着的字、这段说过的话、这座建筑、这个指纹,等等。而在所有他可以知觉到的事物之中,没有一种是他不能设想用来作为某个问题的证据的,——如果他心中是带着正确的问题接触到它的话。历史知识的扩大,主要就是通过寻求如何使用迄今被历史学家们一直认为是无用的这种或那种可知觉的事实作为证据而实现的。

因此,整个可知觉的世界就都潜在地和在原则上,是历史学家的证据。只要他能利用它,它就变成了实际的证据。而且除非他以正确的那种历史知识去接触它,否则他就不可能利用它。我们占有的历史知识越多,我们从任何一件给定的证据中所能学到的也就越多;如果我们没有历史知识,我们就什么也学不到。只是到了有人历史地思索它时,证据才成为证据。否则它就仅仅是被知觉到的事实而已,而在历史上却是沉默无言的。由此可见,历史知识只能由历史知识产生;换句话说,历史思维是人类心灵创造性的基本活动,或者像笛卡儿可能会说的那样,对过去的观念乃是一种"内在的"的观念。

历史的思维是一种想象的活动,我们力图通过它来向这种内在的观念提供详细的内容。我们是用现在作为它自己过去的证据而做到这一点的。每个现在都有它自己的过去,而任何对过去在想象中的重建,其目的都在于重建这个现在的过去——即正在其中进行着想象的活动的这个现在的过去——正像这个现在在此时此地被知觉到的那样。在原则上,任何这种活动的目的都是要把全部此时此地可知觉的东西用来作为全部过去的证据,只有通过这一过程它才得以出现。在实践上,则这个目的是永远不可能达到的。此时此地所可知觉的,就它的全体而言是永远不可能被知觉的,更不可能被解释;而且过去的时间的无限过程也绝不可能作为一个整体来观察。但是在原则上所企图的和在实践上所成就的二者之间的这种分离乃是人类的命运,而不是历史思维的一种特色。它在这里之被发现的这一事实,只是表明了这里面也有着历史学,正如同这里面有着艺术、科学、哲学、对善的追求和对幸福的寻求等等一样。

  由于同样的理由,在历史学中正像在一切严肃的问题上一样,任何成就都不是最终的。可以用来解决任何给定问题的证据,都是随着历史方法的每一个变化和历史学家们的能力的每一种变动而在改变着的。用以解释这种证据的原则也在变化着;因为对证据进行解释乃是一个人必须运用他所知道的全部事物的一项工作,包括历史知识、对于自然和人的知识、数学知识、哲学知识等等;并且不仅要有知识,而且还要有所有各种心灵的习惯和财富;而其中没有一样是不变化的。因为有这些永不停止的变化(无论在那些目光短浅的观察者们看来可能是多么缓慢),所以每个新的一代都必须以其自己的方式重写历史;每一位新的历史学家不满足于对老的问题做出新的回答,就必须修改这些问题本身;而且——既然历史的思想是一条没有人能两次踏进去的河流,——甚至于一位从事一般特定时期的一个单独题目的历史学家,在其试图重新考虑一个老问题时,也会发现那个问题已经改变了。

  这并非是一种拥护历史怀疑论的论证。它只不过是发现了历史思想的第二维,即历史学的历史;亦即发现了历史学家本身以及形成了他可以运用的证据总体的那个此时此地,都是他正在研究的那个过程的一部分,他在那种过程中有他自己的地位,而且只有从他在目前这个时刻在其中所享有的那种观点才能观察它。

  但无论是有关历史知识的原始材料,即在知觉中向他给定的此时此地的细节,还是可以帮助他解释这种证据的各种才能,都不能向历史学家提供他的有关历史真理的标准。那个标准乃是历史观念本身,即关于过去的一幅想象的画面这一观念。这种观念用笛卡儿的语言说,就是内在的;用康德的语言说,就是 *a priori*[先验的]。它不是心理原因的一种偶然的产物:它是每个人作为自己心灵装备的一部分都会具有的观念,而且是只要他意识到什么是具有一个心灵,就会发现为他自己所具有的那种观念。正像其他同类的观念一样,它是一个并没有任何经验的事实恰好与之相符合的观念。历史学家,不管他是怎样长期而忠实地工作着,都永远不能说自己的工作,哪怕是在最粗糙的轮廓上和在这种或那种最小的细节上,是一劳永逸地完成了。他永远不能说,他关于过去的图画在任何一点上都是适合于他关于它应当是个什么样子的观念的。但是,不管他的工作结果可能是多么支离破碎和错误,支配它那进程的观念却是清楚的、合理的和普遍的。它乃是历史想象之作为自我-依赖的、自我-决定的和自我-证实的思想形式的一种观念。

第三节 历史的证据[1939]①

导 言

伯里说:"历史学是一门科学,不多也不少。"

也许它不少;这取决于你所指的科学是什么。有一种习俗的用法,像是"厅"就指音乐厅,或者"影"就指电影等等,因之"科学"也就指自然科学。然而,历史学在这个名词的上述意义上究竟是不是科学,是用不着问的;因为在欧洲语言的传统里——那可以上溯到拉丁语的演说家们用他们自己的文字 scientia[科学]来翻译希腊语 ἐπιστήμη[知识]的那个时代,而且一直延续到今天——"科学"这个词的意思都是指任何有组织的知识总体。如果这就是那个词的意思的话,那么伯里就无可辩驳地是非常正确的,历史学就是一门科学,一点也不少。

但是如果说它不少的话,它却确实是更多。因为任何终究是一门科学的东西,就必定比单纯的科学要多,它必定是某种特殊类别的科学。知识的总体绝不单单是有组织的,它还总是以某种特殊的方式而组织的。某些知识的总体,如气象学,是由搜集与某一类事件有关的观测资料组织起来的,这些事件当其发生时是科学家所能观察到的,尽管他不

---

① 本节为《史学原理》手稿之第一章,作于 1939 年。——译者注

能任意制造它们。其他的,像化学,则不仅是由观察那些发生了的事件,而且还是由在严格受控的条件下使之发生而组织起来的。还有的则根本不是由观察事件,而是由做出某些假设并以极端的严谨性来推论它的结果而组织起来的。

历史学却不是以任何这类方式而组织的。战争与革命以及它所论述的其他事件,都不是历史学家在实验室里为了进行研究而以科学的精确性有意地制造出来的。它们甚至于也不是在事件之被自然科学家所观察到的那种意义上而被历史学家所观察到的。气象学家们和天文学家们要进行艰苦而花费昂贵的旅行,以便亲身观测他们所感兴趣的那种事件,因为他们的观测标准使得他们不能满足于外行的目击者的描述;但是历史学家却没有配备一支到正在进行战争和革命的国家里去的考察队。而这并不是因为历史学家比自然科学家更缺少精力和勇气,或更少能得到这类远征所要花的钱。而是因为通过这些考察队所可以学到的事实,就像通过在家里有意在酝酿着一场战争或革命所可以学到的事实一样,是不会教给历史学家们以任何他们所想要了解的东西的。

各种观察和实验的科学在这一点上都是相同的,即它们的目的都是要在某一种类的所有事件中探测出永恒的或反复出现的特征。一个气象学家研究一种旋风是为了和其他的旋风进行比较;而且他希望通过研究其中的许多种来发现它们之中有什么特征是永恒的,也就是,发现这类旋风有哪些是相同的。但是历史学家并没有这种目的。如果你发现他在某个时候正在研究百年战争①或 1688 年的革命②,你不可能推论说,他正处在一个其最终的目的是要达到有关战争或革命本身的结论的那种探讨的预备阶段。如果他是处在任何探讨的预备阶段,那么它更可能是对中世纪或 17 世纪的一般研究。这是因为观察和实验的科学是用一种方式组织起来的,而历史学则是用另一种方式组织起来的。在气象学的组织中,对于一种旋风所观察到的东西,其最终价值是由它与有关其

---

① 百年战争为 1337—1453 年间英法之间的战争。——译者注
② 1688 年的革命即英国的"光荣革命"。——译者注

他旋风所已经观察到的东西的关系来决定的。在历史学的组织中,有关百年战争所知道的东西,其最终价值并不是由它和有关其他战争所已知的东西的关系来决定的,而是由他和已知的关于中世纪人们所做过的其他事情的关系来决定的。

历史学的组织与"精确的"科学的组织之间的不同,是同样明显的。这一点是真确的:在历史学中,正像在精确科学中一样,思想的正常过程是推理的;那就是说,它是从肯定这一点或那一点而开始,并继续追问它证明了什么。但它们的出发点却是属于非常之不同的两种。在精确科学中,出发点是假设,而表达它们的传统方式则是以命令词而开始的语句,它规定要做出某种假设:"设 ABC 为三角形,并设 AB = AC"。在历史学中,则出发点并不是假设,它们乃是事实,乃是呈现于历史学家观察之前的事实,例如,在他面前打开着的书页上印着声称某个国王把某些土地赐给某个修道院的特许状。它们的结论也是属于非常之不同的两种。在精确科学中,它们是一些关于在空间或时间中没有特殊定位的那些东西的结论:如果它们是在任何地方,那么它们就无地不然;如果它们是在任何时间,它们就无时不然。而在历史学中,则它们是对于事件的结论,每个事件都有其自己的地点和时日。为历史学家所了解的地点和时日的精确性是可变的;但是历史学家总归知道既有一个地点又有一个时日,并且在一定限度内他总归知道它们是什么;这种知识是他根据他面前的事实进行论证而得出的结论的一部分。

在出发点和结论方面的这些不同,就蕴涵着各种相应的科学的整个组织上的不同。当一位数学家已经决定了他想要解决的问题是什么时,他面临的下一步就是要做出使他能解决问题的假设;而这就包括着要诉之于他的创造力。当一个历史学家同样地做出了决定时,他的下一步任务就是要把自己放在这样一个地位上,使自己能说:"我现在所观察的各种事实,是我能从其中推论出关于我的问题的答案的那些事实。"他的任务并不是创造任何事物,而是要发现某种事物。而成果也是以不同的方式组织起来的。精确科学传统上所被安排的图式,是根据逻辑先后的关系:如果为了理解第二个命题有必要理解第一个命题的话,第一个命题就被置于第二个命题之前;在历史学的安排中,传统图式是一种编年的图式,在其中一个事件如果在时间上发生得更早,就被置于第二个事件之前。

因而历史学就是一种科学,但却是一种特殊的科学。它是一种科学,其任务乃是要研究为我们的观察所达不到的那些事件,而且是要从推理来研究这些事件;它根据的是另外某种为我们的观察所及的事物来论证它们,而这某种事物,历史学家就称之为他所感兴趣的那些事件的"证据"。

一 作为推论的历史学

历史学与其他各门科学在这一点上是共同的:历史学家无权宣称有任何一点知识,除非是当他能够首先是向他自己、其次是向其他任何一个既能够、而又乐意追随他的论证的人证明它所依据的基础。这就是上面所谓的作为推论的历史学的意思所在。一个人之成为一个历史学家所凭借的知识,就是由他所支配的证据对于某些事件都证明了什么的知识。如果他或什么别的人凭着回忆或第二视觉或某种韦尔斯①式的透过时间向后看的机器等方式,对于完全相同的事件能有完全相同的知识,那么这就不会是历史知识;那证明便是他并没有能向他自己或任何其他批评他的主张的人,提供他从其中得出了他的知识来的那种证据。批评家不是怀疑论者;因为一个批评家是一个能够而且乐意为自己接受别人思想的人,为的是要看看别人究竟做得是不是好;而一个怀疑论者却是一个不愿意做这种事的人;因为你不可能使一个人思想,像是你可以让一匹马饮水那样,所以也就没有什么办法可以向一个怀疑论者来证明某一项思维是健全的,也没理由要为他的否认而耿耿于怀。对任何一个自称有知识的人,就只有由他同类的人来进行判断。

靠显示它所依赖的基础来证明对知识的任何主张的正当性,这种必要性乃是科学的一种普遍的特征,因为它出自科学是一种有组织的知识总体这一事实。说知识是推理的,只是以另一种方式在说它是有组织的。记忆是什么以及它是不是一种知识,这是一本有关历史学的

---

① 韦尔斯(1866—1946),英国小说家,此处指其所著科学幻想小说《时间机器》。——译者注

书籍中所不需要考虑的问题;因为至少这一点是清楚的,不管培根和其他人说过什么,记忆并不是历史学,因为历史学是某种有组织的或推理的知识,而记忆却根本不是有组织的,不是推理的。如果我说"我记得在上星期给某某人写了一封信",那么这是关于记忆的一个陈述,但它并不是一个历史陈述。但是如果我补充说:"我的记忆并没有欺骗我,因为这里有他的回信";那么我就是把一个有关过去的陈述建立在证据之上,我就是在谈历史了。由于同样的理由,在像这样的一篇论文里也不需要考虑那些人的要求,他们说当他们处在一件事曾反复发生的那个地方时,他们就能以某种方式看到那件事在他们眼前进行。在这样的场合所实际发生的事,以及对他们发生了这种事的人是不是就由此获得了有关过去的知识,肯定都是有兴趣的问题,但这里并不是讨论它们的恰当地方;因为哪怕这些人们确实获得了有关过去的知识,那也不是有组织的或推理的知识,不是科学的知识,不是历史学。

二 不同种类的推论

不同种类的科学是以不同的方式组织起来的;由此应该得出(的确,这似乎仅仅是用不同的文字在说同一件事),不同种类的科学是以不同种类的推论为其特征的。知识与它所依赖的根据发生联系的那种方式,对各种的知识来说,事实上并不都是一个样。这一点之所以如此,以及因此一个研究推理本身性质的人——让我们称他为一个逻辑学家——之所以能通过纯粹注意它的形式就正确地判断一个推理的有效性(虽则他对于他那题材并没有专门的知识)这些都是亚里士多德的学说;但它却是一种幻觉,尽管它仍然为许多有才能的、在亚里士多德逻辑学和根据它而建立其主要学说的其他逻辑学[1]方面受过过分排

---

[1] 读者也许会原谅我在这里做一番个人回忆。当我还是一个青年的时候,有一位很有名望的来客向一个学术团体做了一次有关考古学问题的讲演,那恰好属于我的专门研究领域。他的立论是新颖的和革命性的,而对我来说,很容易看出他已经完全证明了它。我非常愚蠢地想象,一种如此清晰而无懈可击的推理一定会使任何听众信服的,甚至于以前对这个题材一无所知的人。由于发现这个论证完全未能使听众中的(非常有学问的和敏锐的)逻辑学家们信服,使我最初感到非常不安。但以后却长期大大地教育了我。

他性的训练的人所信仰。

古希腊人的主要科学成就在于数学;所以他们有关推论逻辑方面的主要著作,自然地是专心致力于在精确科学中所出现的推论形式。当中世纪末期,观察与实验的近代自然科学开始成形的时候,对亚里士多德逻辑学的反叛就成为不可避免的了,尤其是对亚里士多德关于证明的理论,那是绝不可能用来包罗新科学中所实际使用的技术的。于是就渐渐地出现了以分析新的自然科学中所使用的程序为基础的一种新的推论逻辑。今天通行的逻辑学教科书在其划清"演绎的"和"归纳的"两种推论的界线上,仍带有这种反叛的痕迹。直到19世纪末,历史思想所达到的发展阶段才可以和17世纪初自然科学所达到的发展阶段相比拟;但这件事却还没有开始引起那些写逻辑学教科书的哲学家们的兴趣。

精确科学中的推理的主要特点,亦即希腊逻辑学家们在总结三段论式的规则时所试图给出理论上的说明的那种特点,乃是一种逻辑的强制,——一个做出了某些假设的人就凭这种强制,并仅仅靠这样做,就会被迫做出其他的假设来。他有选择两种方式的自由:他并不被迫必须做出最初的假设(这个事实在技术上就表述为"证明性的推论的出发点,其本身是不可证明的"),以及当他这样做出了的时候,他仍然可以有自由随时停止思维。他所不能做的就是:做出了最初的假设,继续思维,却达到与科学上正确的结论不同的结论。

在被称为"归纳的思维"中,则没有这样的强制。在这里,过程的本质就是把某些观察放在一起,并发现它们构成为一种模式;我们并不确切地推断这种模式,正像是一个在方纸上标出几个点并向自己说"我标出的点提示着一条抛物线"的人,着手在任何方向上尽量画他所喜欢画的抛物线一样。这在技术上被说成是"从已知到未知",或叫作"从特殊到一般"。这对于"归纳的"思维乃是本质性的东西,虽然试图创立有关这种思维的理论的逻辑学家们,并不总是认识到这样一点,即上述的步骤绝不是在任何一种逻辑的强制之下而采取的。采取它的思想家是高兴采取、还是不高兴采取它,在逻辑上是自由的。在由他或别人实际上所做的观察而形成的模式中,并没有任何东西能迫使他以那种特殊的方式,或者确实是以任何方式,进行推断。这个非常之明显的真理为什么如此经常被人忽视的原因就是,人们已经被亚里士多德逻辑学的威望所迷惑了,竟致认为他们看出了在"演绎的"和"归纳的"思维之间,也就是在精确科学和观察与实验的科学之间,有着一种比实际上存在的更为密切的相类似性。在这两种情况中,对任何一项给定的思维来说,都有某些出发点,传统上就称之为前提,和某个终点,传统上就称之为结论;而在这两种情况中,前提都"证明"结论。但是在精确科学中,这意味着它们强制得出结论,或者说使它在逻辑上成为必需的;而在观察和实验科学中,那却仅只意味着它们之论证它是正确的,也就是说,准许任何希望如此做的人去思想它。当说它们"证明"某个结论时,它们所提供的并不是强制人们去接受它,而只是允许人们去接受它;这就是"证明"(approuver[证明], probare[证明]①)这个词的完全合法的意义,正如并不需要加以说明的那样。

　　如果实际上这种允许,像是许多其他的允许一样,等于是事实上的强制,那只是因为使用它的那个思想家并没有把他自己看作是可以随自己的意而有进行或不进行外推的自由。他认为自己有义务这样做,并且是以某些方式在这样做;当我们探讨它们的历史时,我们就会发现这些义务是植根于某些对自然及其创造者上帝的宗教信仰之中的。更充分地发挥这种说法,在这里是不适宜的;但是补充下面一点也许并不是不适宜的,即如果它今天似乎对于某些读者是悖论,那只是因为事实已经被宣传作品的烟幕所蒙蔽了,这种作品以18世纪的"启明主义(illuminist)"运动而开始,被19世纪的"宗教与科学的冲突"所延续,其目的是以假想的"科学的世界观"的利益来攻击基督教神学,——其实这种"科学的世界观"却是以基督教神学为基础的,而且不可能在基督教神学毁灭之后再多活一刻钟。取消了基督教神学,科学家也就再不会有任何动机去做归纳的思想所允许他去做的事了。如果他终究这样继续做了下去的话,那只是因为他盲目地在遵循着他所属的那个职业团体的习惯。

----

① 前一个词为法文,后一个词为拉丁文。——译者注

三 证 词

　　在试图积极地描述历史推论的特点之前,我们将发现消极地描述它们也是有用的;亦即描述一下时常地但却错误地被认为就是它的那些东西。像各门科学一样,历史学是自律的。历史学家有权利并且有义务,以他自己的科学所固有的方法来下决心去追求在那门科学的过程中向他所呈现的各个问题的正确答案。他绝没有任何义务或任何权利,让别人来为他下决心。如果任何另外一个人——不管是谁,甚至于是很有学问的历史学家,或者是一个目击者,或者是一个对于做出了他正在探讨的那件事的人很有信心的人,或者甚至于是做出那件事的本人——对他的问题给了他一份现成的答案,那么他所能做的一切就是拒绝它;这倒不是因为他认为他的资料提供者想要欺骗他,或是他本人受了欺骗,而是因为如果他接受了它,他就放弃了他作为一个历史学家的自律性,而允许另外的某个人去为他做(如果他是一个科学的思想家的话),只能是由他自己去做的事情。不需要我向读者提供有关这一陈述的任何证据了。如果他知道有关历史著作的任何东西,他就已经根据他自己的经验而知道这是真确的。如果他还不知道它是真确的,那么他所知道的历史学就还不够使他读这篇论文而获益,而他所能做的最好事情就是到此时此地止步。

　　当历史学家接受由另外的人对他所询问的某个问题给他提供的现成答案的时候,这个另外的人就被称为他的"权威";而由这样的一个权威所做出的、并为历史学家所接受的陈述,就被称为"证词"。只要一个历史学家接受一个权威的证词并且把它当作历史的真理,那么他就显然丧失了历史学家称号的荣誉;但是我们却没有别的名字用来称呼他。

　　现在,我并没有片刻提示:那个证词是绝不应当被接受的。在日常的实际生活中,我们经常地和正确地接受别人所提供给我们的报道,同时相信他们既是消息灵通的而又是真实可信的,而且有时候这种信心是有根据的。我甚至并不否认(虽则我不肯定它),可能在有一些情况下,像是或许在记忆的某些情况下,我们之接受这种证词可以超出单纯的信心之外并配得上知识这个名称。我所断定的乃是,它绝不可能是历史知识,因为它绝不可能是科学知识。它不是科学知识,因为它不可能由于诉之于他所依靠的那种根据而得到证实。只要一有了这样的根据,情况就不再是一个证词的问题了。当证词被证据所加强的时候,我们之接受它就不再是接受证词本身了;它就肯定了基于证据的某种东西,那也就是历史知识。

四　剪刀加浆糊

有一种历史学是完全依赖权威们的证词的。正像我已经说过的那样,它实际上根本就不是历史学,但是我们对它又没有别的名称。它所赖以进行的方法,首先就是决定我们想要知道什么,然后就着手寻找有关它的陈述(口头的或书面的),这种陈述号称是由与那些事件有关的行动者、或是由它们的目击者、或者是由那些在复述着行动者或目击者所告诉他们(或告诉他们的消息报道者)的事情的人、或者是由那些向他们的报道者报道了消息的人等等,做出来的。在这种陈述中找到了与他的目的有关的某些东西之后,历史学家就摘抄它,编排它,必要的话加以翻译,并在他自己的历史著作中重行铸成他认为是合适的样式。一般说来,在他有很多陈述可以引用的地方,他将会发现其中之一会告诉他其他的所不会告诉他的那些东西;于是它们两者或其他所有的都将被采纳。有时,他会发现它们的一个和另一个相抵触,那么,除非他能找到使它们相调和的方法,否则他就必须决定删去一个;而且如果他是认真的,这就会使他卷入对互相矛盾的权威们的相对可靠程度进行批判的考虑。而有时,其中之一、或者可能甚至是所有的,会告诉他一个他简直不能相信的故事、一个也许代表着作者的时代或他所生活于其中的那个圈子所特有的迷信和偏见的故事,可是对一个更开明的时代却是不可置信的,因而就要被删掉。

由摘录和拼凑各种不同的权威们的证词而建立的历史学,我就称之为剪刀加浆糊的历史学。我再说一遍,它实际上根本就不是历史学,因为它并没有满足科学的必要条件;但是直到最近,它还是唯一存在的一种历史学,而人们今天还在读着的、甚至于人们还在写着的大量的历史书,就都是属于这种类型的历史学。因此之故,不了解历史学的人(其中有些人,不顾我最近的告诫,可能还在阅读着这些书)就会有点不耐烦地说:"为什么你说不是历史学的这种东西,恰恰就是历史学本身;剪刀加浆糊,那就是历史学之成其为历史学的东西;而这就是为什么历史学并不是一门科学,这是人人都了解的一个事实,尽管专业的历史学家们在夸大他们的职能时,有着各种毫无根据的自诩。"因此,关于剪刀加浆糊的历史学的兴衰,我将要多说一点。

剪刀加浆糊乃是晚期希腊-罗马世界或中世纪所知道的唯一的历史学方法。它曾以其最简单的形式存在过。一位历史学家搜集证词(口头的或书写的),对于其可靠性使用他自己的判断,并把它放在一起出版;他对它所做的工作部分是文学的——他的材料表现为一种有联系的、一致的和令人信服的叙述——而部分则是修辞学的,如果我可以用这个词来指明下述事实的话,即大多数古代的和中世纪的历史学家们的目的就在于证明一个论题,特别是某种哲学的或政治的或神学的论题。

只是到了17世纪,当自然科学的后-中世纪的改革获得完成的时候,历史学家们才开始认为他们的家园也需要加以整顿。这时,历史方法上的两种新运动就开始了。一种是对权威们进行有系统的检验,以便确定他们相对的可靠性,而特别是要建立进行这种鉴定所依据的原则。另一种运动则是通过使用非文字的材料,例如迄今一直不是历史学家而仅仅是古董搜集者所感兴趣的古代的货币、碑文以及这类遗物,来开拓历史学的基础。

这第一种运动并没有逾越剪刀加浆糊的历史学的界限,但它却永远改变了它的特性。一旦人们理解到由一个特定的作者所做的特定陈述——直到一般地说是作者的可靠性和特殊地说是这一陈述的可靠性,已经被系统地加以探索为止——是绝不能作为历史的真理加以接受的;"权威"这个词就会从历史学方法的词汇中消失,除非是作为一个古词残留着;因为做出这一陈述的人从此就不被看作他的话必须是被当作有关他所说的事物的真理的一个人(这正是称他为权威的意思),而是被看作自愿把自己放到受审问的证人席上的一个人。于是,迄今被称为权威的文献就获得了一种新的地位，可以恰如其分地称之为"资料"，这个词只是表明它包含着陈述，而并不蕴涵有它的任何价值。它是 sub judice［受审判的］；而进行审判的则是历史学家。

这就是自17世纪以来被创造出来的、并在19世纪被正式欢呼为历史意识的登峰造极的那种"批判的历史学"。对于它，有两件事是要提到的：即它仍然只是剪刀加浆糊的一种形式；并且它在原则上已经被某种非常之不同的东西所代替了。

（1）历史批评所提供了解答的问题，乃是一个除了从事剪刀加浆糊的历史学的人之外不会使任何人感兴趣的问题。这个问题的先决条件是，在某种材料里我们已经找到了与我们的主题有关的某种陈述。问题是：我们要不要把这个陈述纳入我们自己的叙述之中？历史批评的方法是想用两种方式中的这一种或另一种来解决这个问题：即肯定或否定。在第一种情况下，摘录对于剪贴簿来说就被通过，作为是合格的；在第二种情况下，它就被丢进了废纸篓。

（2）但是在19世纪，甚至于在18世纪，都有许多历史学家察觉到了这种二难推论是荒谬的。这时候已经成为常识的是：如果在某项资料里你发现一个陈述由于某种原因不能被认作是确实真确的而加以接受，那么你也不必为了那个缘故就把它作为毫无价值的东西而加以拒绝。按照它当时的写作习惯，谈到某种你由于对那种习惯无知而不能认识其意义的事物，那就可以是一种（而且或许是牢固地确立了的一种）述说某种事物的方式。

提出了这一点的第一个人是18世纪初的维柯。确实，在德国这个18世纪晚期和19世纪早期"批判历史学"的故乡，维柯著作的重要性并没有像它所应有的那样得到广泛承认，反而是他在那里完全不为人所知；的确，某些非常著名的德国学者，如 F. A. 沃尔夫①，确实借用了维柯的某些观念。现在，任何一个读过维柯著作的人，或者哪怕是转手了解到他的著作中某些观点的人，必定都认识到：关于包含在一种资料里的任何陈述的重要问题并不是它究竟是真是假，而是它意味着什么。

---

① 沃尔夫（F.A.Wolf, 1759—1824），德国古典学者。——译者注

询问它意味着什么,就是走出了剪刀加浆糊的历史学的世界之外而步入了另一个世界,在那里历史学不是靠抄录最好的资料的证词,而是靠得出你自己的结论而写出来的。

今天的历史学方法的学者对于批判历史学之感兴趣,仅只是作为剪刀加浆糊的历史学在其解体的前夕所采取的最后形式。我不想贸然点任何一位历史学家的名,或者甚至于任何一部历史著作的名,作为它那最后的痕迹已经消失的一个代表。但是我敢说,任何始终一贯在实践它的历史学家(如果真有这样的历史学家的话),或任何完全用这种方法来写成的历史著作,至少是过时了一个世纪。

这两种运动之一赋给了17世纪的历史学以新的生命,这一点已经谈得很多了。另一种,即考古学的运动,则是完全与剪刀加浆糊的历史学原则相敌对的,而且只是在这些原则垂死的时候才可能出现。为了了解到它们所做出的论述绝不是一贯可靠的、而且确实更应该评价为是宣传而不是事实的陈述,并不需要对于货币和碑文有什么很深刻的知识。然而这却也给予它们以一种它们自身的历史价值;因为宣传也有它的历史。

如果哪个读者仍然认为今天所奉行的历史学就是一种剪刀加浆糊的事情,而且乐意为解决那个问题而承担一点麻烦;那么就让他读一读直迄伯罗奔尼撒战争结束为止的希腊史——我提到它作为对他本人是特别有好处的一个例子,因为希罗多德和修昔底德在非常特殊的程度上在这里保持着"权威"的地位——并且让他把格罗特所做的说明详细地和《牛津古代史》中所做的说明进行一下对比。让他在每一部书中标出他在希罗多德或修昔底德的原文中所能找到的每一句话;到他完成了这件工作时,他就会学到有关历史学方法在最近一百年中是起了怎样变化的某些东西。

五 历史的推论

第二小节("不同种类的推论")中已经指出,证明可以是强制性的,像在精确科学中那样,在那里推论的性质是这样的,即没有人能肯定前提而同时又不被迫也肯定结论的;或则可以是许可性的,像在"归纳"科学中那样,在那里一个证明所能做的一切就是要证明思想家有理由肯定其结论,假定他愿意这样做的话。一种具有否定结论的归纳论证则是强制性的,也就是说,它绝对禁止思想家肯定他所希望肯定的东西;但它以其积极的结论是绝不能超出于许可性的。

如果历史学就是指剪刀加浆糊的历史学,那么历史学家所知道的唯一的一种证明就是这后一种。对于剪刀加浆糊的历史学家来说,只有一种问题是可以被任何一种论证来加以解决的。那就是究竟是接受还是拒绝与他感兴趣的那个问题有关的某项证词。他解决一个这种问题所根据的那种论证,当然就是历史的批评。如果批评把他引到一个否定的结论,即那个陈述或者它的作者是靠不住的;那么这就禁止他去接受它,正像是在一种"归纳"论证中一个否定的结果(例如,一个结果表明他所感兴趣的那类事件是发生在缺乏他所希望证实成为它们的原因的那种事件的时候)就禁止归纳的科学家去肯定他所希望加以肯定的观点一样。如果批评把他引到一个肯定的结论,那么它所给他的绝大部分东西就是一种 *Nihil obstat*[通行无阻]。因为肯定的结论实际上乃是,做出这一陈述的那个人并不以愚昧无知或以爱扯谎而为人所知,而且这一陈述本身也并不具备任何可以识别的不真实的迹象。但尽管如此,它还可以是不真实的;而做出这一陈述的人,虽然一般说来享有一种信息灵通和诚实的好名声,但这一次也许会沦为他对事实的误传、对它们的错误理解或者是扣压或歪曲他所知道是或者相信是真理的东西的愿望的牺牲品。

为了防止可能的误解,这里可以补充说:我们可以认为,对于剪刀加浆糊的历史学家来说,除了究竟是接受还是拒绝一项给定的证词那个问题而外,还有另一个问题,因此它就必须用历史批评的方法之外的其他方法来解决;那就是,从他所已经接受的那项证词中,会得出什么(或者说如果他真的接受了,就会得出什么)蕴涵关系的问题。但这不是一个专门属于剪刀加浆糊的历史学的问题;它是一个在历史学中或任何一种伪历史学中、而且确实也是在任何一种科学或伪科学中所出现的问题。它只是有关蕴涵关系的一般问题。然而当它出现在剪刀加浆糊的历史学中的时候,它却呈现出一种特征。如果历史学家通过证词的方式而得到的某种陈述有着某种蕴涵关系,而且如果这种蕴涵性的关系是一种强制性的关系,然而如果把他引向接受那种证词的推论却仅仅是许可性的;那么同样的许可性的特点也就附着在他对它那蕴涵关系的肯定上。如果他只是借了他的邻居的乳牛,而在他的田里它生了一头小牛犊;那么他就不能声称那头牛犊是他自己的财产。对剪刀加浆糊的历史学家是不是被迫、还是只被许可接受某种证词这一问题的任何答案,都伴随着有一个相应的对他是不是被迫、还是只被许可接受关于那个证词的蕴涵关系这一问题的答案。

我们听人说,历史学"不是一门精确的科学"。我把这话的意义认作是没有任何历史的论证曾经以精确科学所特有的那种强制性的力量证明了它的结论。这种说法似乎是指,历史推论从来都不是强制性的,它至多只是许可性的;或者像人们有时相当含糊地说的,它绝不能导致确凿性,而只能导致或然性。目前这一代作家中,有很多历史学家都是在这个谚语被当作是有知识的人的普遍见解而被接受的那个时代里培养出来的(我不谈在他们的时代之前整整一代的那少数人),他们必定能回想起他们最初发现它完全不真实时的那种激动,而且他们手中确实掌握着有一种历史的论证,它没有给人留下胡思乱想的余地,也不容许有任何可供选择的其他结论,而是证明了它的论点就像数学中的论证一样地是结论性的。他们之中很多人一定能够回想起,发现了这个谚语严格说来并不是有关历史学——作为他们一直在实践着的那种历史学,即历史科学——的错误,反而是有关别的某种东西——即有关剪刀加浆糊的历史学——的真理的那种反思时的震动。

如果任何读者希望提出一个次序问题,并提议说一个哲学问题(因此就应当由推理来解决)在这里是非法地由于参照了历史学家们的权威而加以处理的,而且引用那个说过"我不是在争论,我是在告诉你"①的人的那个很好的老故事来反对我;那么我只能承认这顶帽子是合适的。我不是在争论;我是在告诉他。

这一点是我错了吗?我要解决的问题乃是与剪刀加浆糊的历史学

---

① 按,此为伏尔泰语。——译者注

有别的科学历史学中所使用的那种推论,它究竟是造成了强制呢,还是仅仅是许可接受它的结论呢?让我们假设这个问题不是关于历史学的,而是关于数学的。假定有人想要知道,欧几里得关于被称为毕达哥拉斯定理的证明,究竟是强迫、还只是许可一个人采纳弦的平方等于其他两边的平方之和的观点。我是谦逊地在谈论它;但是就我来说,我只能想到有一件事是一个聪明人在那种情况下所会做出的。他应当去找一个其数学教育已经达到了欧几里得第一卷第四十六节的人,并且去问问他。而如果他并不喜欢他的答案,他就该去找别的同样有资格做出答案的人,并去问问他们。如果所有其他的人都不能使他信服,那么他就不得不认真地对待它,并且亲自研究平面几何学的各种原理了。

如果他是一个有智慧的人,他所不会做的有一件事情就是说:"这是一个哲学问题,而我会感到满意的唯一答案就是一种哲学的答案。"他可以把它叫作他所喜欢的某种东西;但他却不能改变这一事实,即认识一种给定的论证类型是否有说服力的唯一方式,就是学会怎样与那种方式争论,并且要弄个明白。同时,第二件最好的事,就是听取已经亲自这样做过了的人的话。

六　鸽子笼方式

剪刀加浆糊的历史学家们已经厌烦于抄录别人的陈述的工作了,并且意识到自己有头脑,感觉到有一种值得称道的愿望要运用它们;他们常常发现创造出一种鸽子笼的体系把他们的学问安排在其中,就可以满足这种愿望了。这就是所有那些图式和模式的来源,历史就以惊人的驯服性一次又一次地被这些人把它自己强行纳入其中;像是维柯以他的基于希腊-罗马的思辨的历史周期的模式;康德以他提议的"世界的观点之下的普遍历史"[①];黑格尔追随康德之后把通史设想为人类自由的逐步实现;孔德和马克思这两个非常伟大的人物各以其自己的方式跟随着黑格尔;这样一直到当代的弗林德尔斯·比德里[②]、奥斯瓦

---

① 按此处原文应作《一个世界公民观点之下的普遍历史观念》。——译者注
② 比德里(Flinders Petrie,1854—1942),英国埃及学家。——译者注

尔德·斯宾格勒以及阿诺尔德·汤因比,但他们与黑格尔的关系不如与维柯的关系密切。

虽然我们迟至 20 世纪和早在 18 世纪就发现了它,还不用提更早一些的孤立出现的事例;但是把整个历史安排成一个单一的图式的这种冲动(不单纯是一种年代学的图式,而且是一种定性的图式,在这个图式中"各个时期"各以其自己的渗透一切的特性,按照一个模式在时间之中一一相续;这根据逻辑的理由可以是 a priori [先验的]必然的,也可以是由于它那频繁地重复这一事实而强加于我们的心灵的,或许可能两者都有一点),大体上是一种 19 世纪的现象。它属于剪刀加浆糊的历史学的垂死时期;这时人们已经变得对它不满,但还没有和它决裂。这就是为什么沉溺于其中的人,一般说来都是对历史学具有高度智力和真正才干的人,但是这种才干在某种程度上总是被剪刀加浆糊的局限性所阻挠和挫败。

这种情况的典型表现就是,他们之中有些人把他们的鸽子笼化的事业描写成是"把历史学提高到科学的地位"。历史学,照他们所发现它的那样,就意味着剪刀加浆糊的历史学;显然,那并不是科学,因为它并没有任何东西是自律的,是创造性的;它只不过是把现成的情报从一个心灵转运到了另一个心灵里。他们意识到,历史学可能是某种比这更多的东西。它可以具有而且也应当具有科学的特征。但是这一点怎样实现呢?他们认为,在这一点上和自然科学的类比就会帮助他们。从培根以来就已成为常谈的是,自然科学是由搜集事实而开始,然后进行建立理论,也就是在已经搜集到的事实里外推出可以分辨的模式来。很好,就让我们把历史学家所知道的一切事实都放在一起,在它们之中寻找模式,然后把这些模式外推成为一种有关普遍历史的理论。

对任何一个具有活跃的心灵而又爱好艰难工作的人,这证明完全不是什么困难的任务。因为这不需要搜集历史学家所知道的一切事实。人们发现,任何大量的搜集事实都会丰富地显示出各种模式来;而把这些模式推到遥远的过去(关于它并没有什么情报),并推到未来(关于它根本就没有任何情报),就恰好赋给了"科学的"历史学家以剪刀加浆糊的历史学所拒绝给他的那种意义上的能力。他在被教导着要相信,作为一个历史学家除了他的权威们所告诉他的而外,就绝不可能知道任何事物,他却发觉自己发现了,有如他幻想的那样,这种教训乃是一种欺骗;并且通过把历史学转变成为一种科学,他就完全能向自己肯定他的权威们所向他隐瞒的或者所不知道的事情。

这是一种错觉。这些鸽子笼化的图式的每一种,其价值——如果那意味着,它们作为发现历史真理的工具的价值,是不可能由对证据的解释加以肯定的——都恰好等于零。而事实上,它们之中根本就没有一种是具有科学价值的,因为它不单是要使科学成为自律的或有创造性的,而且它还必须是使人信服的或客观的;它必须使得任何能够并愿意考虑它所依赖的基础而且亲自去思想它们所指向的结论是什么的人,都感到它本身是不可避免的。那正是这些图式中没有一种能够做得到的。它们都是胡思乱想的产儿。如果它们之中有任何一种曾经为它的发明人身旁的任何一群值得注意的人所接受的话,那并不是因为它作为科学上令人信服的东西打动了他们,而是因为它已经变成了一种事实上(尽管并不必然在名义上)成其为宗教团体的正统。这一点在某种程度上是由孔德主义完成的,而在更大程度上则是由马克思主义完成的。在这些情况下——或者无论如何是在马克思主义的情况下——所讨论的这种历史图式就证明了有着一种重要的魔术价值,它为情绪提供了一个焦点,因而也就为行动提供了一种刺激。在其他的情况下,它们也具有一种娱乐的价值,在精疲力竭的剪刀加浆糊的人们生活中倒不是没有它的功用的。

但这种错觉并不是完整的。剪刀加浆糊的历史学总有一天会被一种新的、应当真正成为科学的历史学所代替,这种希望是一种充分有根据的希望;它在事实上已经实现了。这种新的历史学能够使得历史学家知道他的权威们所不可能或不会告诉他的事物,这一希望也是充分有根据的,而且也已经完成了。这些事情是怎样发生的,我们很快就将会看到。

七 是谁杀死了约翰·道埃?

一个星期天的清晨,约翰·道埃被人发现躺在他的书桌旁,一把匕首刺进了他的后背;这时没有一个人指望着,是谁干了这件事的这个问题,会靠着证词来解决。不大可能有任何人看到进行谋杀事件的过程。更不可能的是,谋杀者所信任的某个人会把他泄露出去。而最不可能的则是,谋杀者会走进乡村警察局去自首。尽管如此,公众要求把他缉拿归案,警方也希望这样做;虽然唯一的线索就是匕首的柄上有一点新鲜的绿漆,像是约翰·道埃的花园和修道院长的花园之间那座铁门上的那种新鲜的绿漆。

这并不是因为他们希望着证词到时候会唾手可得。相反地,当证词确实来到的时候,它表现的形式却是有一位年纪很大的邻家老处女来访,声称是她自己亲手杀死了约翰·道埃的,因为他卑鄙地企图破坏她的贞操;甚至于乡村的警官(并不是一个格外能干的小伙子,但很和善)也劝她回家去吃点阿斯匹林。当天晚些时候,村庄的偷猎者来了,说他曾看见乡绅的猎场看守人攀登约翰·道埃书房的窗户;这个证词就更不被重视了。最后院长的女儿极其激动不安地跑了进来,说这件事是她本人干的;它唯一的效果就是使得乡村警官打电话给当地的检察官,并且使他想起了这个姑娘的男朋友理查德·罗埃是一个医科学生,大概还知道哪儿能找到人的心脏;并且星期六夜里他是在修道院里度过的,距死者的家不到一箭之远。

那天夜里曾有一场大雷雨,在 12 点和次日 1 点之间是暴雨;当检察官询问院长家的客厅女佣人时(因为那家人生活是很优裕的),他听说罗埃先生的鞋子那天早晨很湿。在盘问之下,理查德承认半夜时曾经出去过,但是拒绝说明去哪里和为什么。

约翰·道埃是一个敲诈犯。多年以来他一直在敲诈院长,威胁着要公布他的死去的妻子年轻时的某些越轨行为。关于这种越轨行为,婚后六个月出生的孩子被认为是院长的女儿就是其结果;而约翰·道埃手中掌握有一些信件可以证明它。这时他已经把院长的全部私人财产弄到手了;而在那个致命的星期六的早上,他还勒索他妻子的那份定期存款,那是她托付给他照管她的孩子的。院长下了决心要结束它。他知道约翰·道埃坐在他的书桌旁一直到深夜;他知道在约翰·道埃坐着时,他的背后左面有一个法国式的窗户,右面有一件东方武器的战利品；而且在炎热的夜晚，窗户一直要开到他上床睡觉。半夜里他戴上手套溜出去；但是理查德却注意到了他的精神状态并且为此担心，他碰巧把身子探出窗外看见了院长经过花园。他赶忙穿上了衣服跟随着院长；但是他到了花园的时候，院长已经走了。这时雷雨突然袭来。同时院长的计划已经完全成功了。约翰·道埃已经睡着了，他的头向前倒在一堆旧信件上。只是在匕首已经穿进了他的心脏之后，院长才看到它们，而且看见了他妻子的笔迹。信封上写的是给"约翰·道埃先生"。在此之前，他从来不知道他妻子被谁勾引了。

苏格兰场①的侦探长詹金斯在他老朋友的小女儿的恳求之下被警察局长请了来，他在修道院的垃圾箱里发现了大量纸灰，大部分是字纸烧的，但也包括一些皮革，或许是一副手套。约翰·道埃花园的大门上油漆未干——那天是他在午茶后亲自去油漆的——这就说明了手套为什么要被毁掉；在灰烬之中还有一些金属纽扣，刻有牛津街上著名的手套制造商的名字，这个制造商经常受到院长的赞助。在一件外衣的右袖口上发现有约翰·道埃的更多的油漆，但样子被一片新的湿迹弄坏了，星期一院长把它给了一个值得表扬的教区居民。后来，侦探长受到了严厉谴责，因为他让院长看出了他的询问正朝着哪个方向在进行，从而给了院长一个机会服用了氰化物并瞒过了行刑人。

刑事侦察的方法并不是在每一点上都和科学历史学的方法一样，因为它们最终的目的并不相同。一个刑事法庭手里掌握着一个公民的生命和自由，因此在公民被认为享有权利的国家里，法庭就必须做出某种事情来而且要做得快。做出判决所用的时间，就是判决本身的价值（即司法）的一个因素。如果任何一个陪审员说："我觉得可以肯定，再过一年之后，当我们都能从容地回想那种证据时，我们就会处于一个更好的地位来看它意味着什么"；那么答案将是："你说的有点道理，但是你提议的事是不可能的。你的任务并不光是要做出裁决；而是要现在就做出裁决；你就得留在这里直到你做出了裁决为止。"这就是何以一个陪审团不得不使自己满足于比科学的（历史的）证明更少一些东西，

---

① 苏格兰场为英国警察局所在地。——译者注

也就是满足于在任何日常生活的实际事务中就可以满足它的那种程度上的把握和信心。

因此历史方法的学者很难发现值得他去仔细探索那些证据的规则,就像它们在法庭中被人认可的那样。因为历史学家没有义务在任何规定的时间之内做出他的决定。对他来说,除了他的定案(当他达到这一点时)必须是正确的而外,就再没有别的问题了;这对于他就意味着,它将不可避免地要跟着证据而来。

然而,只要把这一点牢记在心里,法理方法和历史方法之间的类比对于理解历史学就有某些价值;并且我认为有充分的价值证明我有理由在读者面前提出上述有文学风味的一个样品的轮廓,当然缺乏了任何这样的动机,它就不配受人注意了。

八 问 题

法律学家兼哲学家的弗兰西斯·培根,在他的一句值得记忆的话里提出,自然科学家必须要"质问大自然"。当他写这句话时,他所要否认的是,科学家对待自然的态度应当是毕恭毕敬的态度,等待着她发言并把他的理论建立在她所决定赐给他的那种东西的基础之上。他所主张的同时有着两件东西:第一,科学家必须采取主动,为自己决定他想要知道什么,并在他自己的心灵中以问题的形式总结出这一点;第二,他必须找到迫使自然做出答案的手段,设计出各种刑罚,使她不能再保持缄默。这里,就在一句简短的警语中,培根就一举而永远奠定了实验科学的真确理论。

这也是历史学方法的真确理论,尽管培根并不知道这一点。在剪刀加浆糊的历史学中,历史学家采取了一种前-培根的哲学的立场。他对待他的权威们的态度,正像权威那个词本身所表明的,乃是一种毕恭毕敬的态度。他期待着听取他们选定要告诉他的东西,而且让他们以他们自己的方式并在他们自己的时间里把它告诉他。甚至当他创立了历史批判,而他的权威们变成了单纯的资料时;这种态度在根本上也并没有变化。确实是有了一种变化,但那仅只是表面上的。它只不过是采用了把见证人分成为好人和坏人的那种手法。这一类人被取消了做出证词的资格；而另一类人则完全被当作老办法之下的那些权威们来看待。但是在科学历史学中，或者说在严格的历史学中，培根式的革命却已经完成了。科学的历史学家无疑地花费了大量时间来阅读剪刀加浆糊的历史学家所一直在阅读着的同样书籍——希罗多德、修昔底德、李维、塔西佗等等——但是他是以一种完全不同的精神在阅读他们的，事实上是一种培根式的精神。剪刀加浆糊的历史学家则是以一种简单的接受性的精神来阅读他们，要找出他们都说过些什么。科学的历史学家在自己的心灵中带着问题去阅读他们；由于为自己决定了他想要从其中发现什么，他就采取了主动。再者，剪刀加浆糊的历史学家是根据这种理解来阅读他们的，即凡是他们用那么多的话所没有告诉他的东西，他就永远也不会从他们那里面找到；科学的历史学家则在拷问他们，要从一段话里公然提炼出某种完全不同的东西来构成对他已经决定要询问的那个问题的答案。凡在剪刀加浆糊的历史学家十分自信地说"在某些作者那里并没有关于某个主题的东西"的地方，科学的或培根式的历史学家却回答说："噢，那不就是吗？在这一段有关另一个完全不同的问题的话里，就蕴涵有那个作者对于你说在他的原文中什么也没有说的那个主题采取了如此这般的一种观点；难道你没有看见吗？"

　　再用我的故事来加以说明。那个乡村警官并没有逮捕院长的女儿，也没有用橡皮警棍不时拷打她，直到她告诉他，她认为是理查德进行了谋杀为止。他拷问的不是她的身体，而是她说她杀死了约翰·道埃的这一陈述。他是从采用批判历史学的方法而着手的。他对自己说："谋杀是一个很有力气并有某些解剖学的知识的人干的。这个姑娘并不具备第一点，而且也许并不具备第二点；无论如何，我是知道她从没有进过救护训练班的。而且，如果她做了这件事，她就不会这样急急忙忙来自首了。这个故事是谎话。"

　　在这一点上，批判的历史学家就会对这个故事失去兴趣，并把它扔进字纸篓里；而科学的历史学家却对它开始感到兴趣，并且对它进行化学反应的试验。这一点他能够做到，因为他是一个科学的思想家，知道要问什么问题。"她为什么要撒谎呢？因为她要包庇某个人。她要包庇谁呢？不是她的父亲就是她的男朋友。是她的父亲吗？不是的；想不到是院长！所以那就是她的男朋友了。她对他的怀疑是很有根据的吗？也许是的；他一直呆在这里；他是够有力气的；而且他也懂得足够多的解剖学。"读者可以回想到，在刑事侦查中或然性是需要有的，其程度以日常生活的行为为限；而在历史学中我们则要求确实性。除此之外，类似之处就是完全的了。那个乡村警官（不是个聪明的小伙子，像我已说过的那样；但一个科学的思想家并不必须是很聪明的，他却必须懂得他的工作，即懂得问什么问题）受过警察工作的基础训练，而且这种训练使他懂得要问什么问题，因而就能把她亲自做出了它的这一不真实的陈述，解释成她怀疑理查德·罗埃这一真确结论的证据。

那个警官的唯一错误就是，在回答"这个姑娘怀疑谁？"这个问题的激动之中，他没有看到"是谁杀死了约翰·道埃？"这个问题。这就是詹金斯侦探长比他高明的地方了，与其说是因为他是一个更聪明的人，倒不如说是因为他更透彻地学会了这种工作。我所看到的侦探长进行工作的方式就是这样。

"为什么院长的女儿怀疑理查德·罗埃呢？或许是因为她知道他卷入了那天夜里在院长住宅里所发生的那件奇怪的事情。我们知道在院长的住宅中发生了一桩奇怪的事情：理查德在暴风雨中走出去了，而这就足以使那个姑娘产生怀疑。但是我们想知道的事情是，是他杀死了约翰·道埃吗？如果是他，那么他是什么时候干的呢？是大雷雨暴发之后，还是之前？不是在那之前，因为在院长花园小路的泥淖里留下了两行往返的足迹，离开花园大门几码你就可以看到这些从家里走出去的足迹；所以那就是他所到的地方，那就是他倾盆大雨开始的时候走去的方向。那么，他是带着泥浆进了约翰·道埃的书房吗？不是，那里一点泥都没有。他是在进去以前脱了他的鞋吗？想一想，约翰·道埃在他被刺时是在一个什么位置上？他在他的椅子上是向后仰着还是笔直地坐着？都不是；因为那把椅子就会保护住他的后背了。他必须是向右前方斜靠着。可能是，或许确实是，他在他仍然倒着的那个位置上睡着了。谋杀者是怎样确切地动手的呢？如果道埃睡着了，就再也容易不过了：静悄悄地走进去，拿着匕首，刺了进去。如果道埃醒着，只不过是向前靠着，同样也可以干，但就不那么容易了。那么，是谋杀者停留在外面脱掉了他的鞋吗？不可能。无论是哪种情况，迅速都是头一桩必要的事；这件事必须在他向后仰或者醒来之前就干。因此，书房里没有泥浆就把理查德排除在外了。"

"那就再问一下，他为什么到花园里去呢？是散步吗？不会在那种雷雨的轰鸣声中散步的。去吸烟吗？他们家里是到处都可以吸烟的。去会见姑娘吗？没有她在花园里的任何形迹；究竟他为什么去呢？他们晚饭之后一直都有他们自己的休息室，而且院长并不是一个把青年人赶去睡觉的人。他是那种大度量的人。是出了麻烦，我并不奇怪。那么，年轻的理查德为什么走进那座花园去呢？是有事必须要在那里进行。是件很奇怪的事。那天晚上在院长住宅里第二件奇怪的事，是我们并不知道的。"

"它可能是什么呢？如果杀人犯是从院长住宅里来的，而那种油漆也提示了他确实如此；如果理查德从他的窗户里看见了他；那么情形就可能是，因为杀人犯是在开始下雨之前到达道埃家的，而理查德却在离开花园大门十码远的地方碰上了雨。恰恰是这个时间了。让我们看接着发生的事吧，假如杀人犯确实是来自院长住宅的话。或许他后来又回去了。但在泥淖中没有任何足迹；为什么？因为他充分知道这个花园，尽可以踏着草地走所有的路，哪怕在那漆黑的夜里。如果是这样，那么他就非常了解院长的住宅，还在那里过的夜。那么，是院长本人吗？"

"可是，为什么理查德拒绝说出是什么使得他要到花园里去呢？那必定是免得给某个人惹麻烦；几乎肯定是有关谋杀案的麻烦。不是他自己，因为我已经告诉他，我们知道他没有干这件事。是另一个人。是谁呢？也许是院长。不能想到他可能是另一个什么人了。假定那是院长；他是怎么干的呢？很容易。半夜里走出去，穿上网球鞋，戴上手套。院长家的小路上非常寂静，——路上没有砂砾。到了小铁门，进入约翰·道埃的花园。他不知道门上的油漆未干吗？或许不知道；那只是在午茶以后才涂上的。因此他抓住它。手套上就粘了漆。或许外衣上也粘上了漆。从草地上走向道埃书房的窗户。道埃在他的椅子上向前靠着,或者更像是睡着了。这时做一点敏捷的工作,对一个优秀的网球运动员是很容易的。左脚进去,右脚向右,抓住那个匕首,左脚向前,它就刺进去了。"

"但是约翰·道埃在那个书桌旁在做什么呢?桌上什么也没有,你是知道的。奇怪。一个人坐在一张空书桌旁边过夜吗?那里一定有什么东西。我们在苏格兰场对于那个家伙都知道些什么呢?敲诈犯,就是他。他敲诈过院长吗?而且整个晚上贪婪地注视着那些信,或者是其他什么?而如果那是院长,院长是发现他倒在那些信上睡着了吗?好了,那不是我们的事。不管它的价值如何,我们将把它移交给被告一方,我宁愿不像起诉书中那样地引用一种动机。"

"好,乔纳森,不要说得太快。你已经谈到他进来了,你还得谈到他出去。他确实是在做什么呢?大约那时开始下起了倾盆大雨。他干了事就回去。从门上粘了更多的漆。走在草地上,没有粘上泥。回到屋里。浑身湿透了,手套也粘上了漆。擦去了门把手上的油漆。上了锁。把那些信(如果是信的话),还有手套,放进了热水锅炉里,——那些灰烬说不定现在还在垃圾箱里。把所有的衣服都放进洗澡间的小橱里;到了早晨它们就会干的。它们就是这样了;但是那件外衣将会是毫无希望地变了样。那么他把那件外衣怎么办呢?首先,他会寻找那上面的油漆。如果他找到了,他就必须把那东西销毁掉;我要可怜一个男人试图在一所被女人扰乱了的家里销毁掉一件外衣!如果他没找到什么,他就肯定会把它暗地里送给一个穷人的。"

"是的,是的;这对你真是一篇很好故事;但是我们怎么能说它究竟是不是真的呢?有两个问题是我们必须要问的。第一,我们能够找到那副手套的灰烬吗?还有那些金属纽扣呢?是不是它们也像他大部分的手套呢?如果我们能找到,这个故事就是真实的。而如果我们也能找到一大堆字纸灰,那么敲诈这一点就也是真实的。第二,那件外衣在什么地方?因为如果我们能够在那上面找到约翰·道埃的一点点油漆,那么它就是我们说的情形。"

我相当详尽地进行了这种分析,因为我希望使读者熟悉下述有关提问题的活动的论点。它们在历史学中乃是主导的因素,正像它在一切科学工作中一样。

（1）论证中的每一步都有赖于提出一个问题。问题就是在汽缸盖里面爆炸的那种充气，它是每一次活塞冲程的动力。但是这种比喻并不恰当；因为每一次活塞冲程都不是由充满相同的旧混合气的引爆而产生的，而是由充满一种新的混合气的引爆而产生的。凡是对方法有所掌握的人，没有人会始终在问同一个问题"是谁杀死了约翰·道埃"？每一次他都问一个新问题。准备一份包括必须要提问的全部问题的目录，而且或早或迟地要问它们之中的每一个问题。这样来包罗所有的根据仍是不够的；它们还必须是以正当的次序来提问。笛卡儿，这位提问逻辑的三位大师之一（其他两位是苏格拉底和培根），坚持认为这一点乃是科学方法中的主要之点；但是就有关近代逻辑学的工作而言，笛卡儿则可能从来也没有经历过。近代逻辑学家们在合谋着伪称一个科学家的职责就是"做出判断"或"断言某些命题"或"领会事实"以及"断言"或"领会"它们之间的关系；这就说明了他们对于科学思维并没有任何一种经验，却希望把有关他们自己的杂乱无章的、无系统的、不科学的意识的阐述硬充是科学的阐述。

（2）这些问题并不是一个人向另外一个人提出的，期待着这第二个人由于回答它们而能开启第一个人的无知。它们像一切科学的问题一样，都是由科学家自己向自己提出来的。这就是苏格拉底的观念，这一点由柏拉图把思想规定为"灵魂与自己的对话"而表达了出来；在这里柏拉图自己的文学实践使得他的对话乃是指问答过程就更加清楚了。当苏格拉底以向他们提问题来教导他的青年学生们时，他是在教导他们怎样提自己的问题，并且以例证向他们表明，最模糊的问题是多么惊人地可以由于向自己提有关它们的明智的问题而得到阐明；而不是，按我们近代反科学的认识论者的指示那样，简单地对着它们目瞪口呆，期望着当我们使我们的心灵变成一张完全的白纸的时候，我们就能"领会那些事实"了。

九　陈述和证据

成其为剪刀加浆糊的历史学的特征的——从它最没有批评性的形

式直到它最富有批判性的形式——就是它必须对付现成的陈述,以及对于这些陈述中的任何一个,历史学家都有一个他究竟是不是接受它的问题;这里的接受它,意思是指重行肯定它作为他自己历史知识的一部分。在本质上,历史学对于剪刀加浆糊的历史学家来说,就意味着重复别人在他以前所已经做过的陈述。因此就只有在向他提供了有关他要思想、写作等等的主题的各种现成陈述时,他才能从事工作。正是这些陈述必须被他在他的资料里发现是现成的这一事实,才使得剪刀加浆糊的历史学家不可能要求科学的思想家的称号;因为这一事实使得我们不可能把对于科学思想无处不是最本质的那种自律性分派给他;在这里我所说的自律性是指成为其自己的权威的那种条件,根据其自己的首创性来做出陈述或采取行动,并非因为这些陈述或行动是由任何别人所批准的或规定的。

由此可见,科学历史学根本就不包括任何现成的陈述。把一种现成的陈述纳入自己的历史知识的整体之内的行动,对于一个科学的历史学家来说乃是一种不可能的行动。面对着他所正在研究的那个主题的一种现成陈述,科学的历史学家从来都不问他自己:"这个陈述是真是假?"或者说"我是不是要把它纳入我的有关那个主题的历史学之中"?他问他自己的问题乃是:"这个陈述意味着什么?"而这并不等于下面的问题:"做出这种陈述的人的意思是指什么?"尽管那无疑地也是历史学家所必须问的而且是一定能够回答的一个问题。倒不如说,它等于这样一个问题,"这个人做出了这种陈述的这一事实,对于我所感兴趣的那个主题投射了什么光明呢?也就是说,他的意思是什么呢?"这可以换一种说法,即科学的历史学家并不把陈述当作陈述而是当作证据:亦即不是作为对它们所号称是在叙述着的那些事实的或真或假的叙述,而是作为另外的事实,——如果他懂得对它们提问正当的问题的话,那就可能对这些事实投射一道光明。于是在我的故事中,院长的女儿就告诉警官说是她杀死了约翰·道埃。作为一个科学的历史学家,在他不再把它当作是一种陈述的那一点上,他就开始了认真地注意着这种陈述;那就是说,不再把它当作是关于她进行了谋杀的叙述是真是假的一种叙述,而是开始把她做出了这一叙述的事实当作是可能对他有用的一种事实。它之所以对他有用,是因为他懂得要对它问什么问题,而从这个问题开始:"她为什么要讲这个故事呢?"剪刀加浆糊的历史学家对于陈述的"内容"——像它所被称呼的那样——有兴趣;他对它们所陈述的东西有兴趣。科学的历史学家则是对做出了陈述的这一事实有兴趣。

一位历史学家所听到的一个陈述,或者说他所读到的一个陈述,对于他乃是一种现成的陈述。但是正在做出这样一个陈述的那一陈述,却不是一种现成的陈述。如果他向他自己说"我现在正在读或听一个陈述,大意是如此如此",那么他就是自己正在做出一个陈述;但它并不是一种第二手的陈述,它是自律的。他是根据他自己的权威做出这个陈述的。而正是这种自律的陈述,就成为科学的历史学家的出发点。那个警官推论院长的女儿怀疑理查德·罗埃所根据的证据,并不是她的这一陈述"我杀死了约翰·道埃",而是他自己的这一陈述"院长的女儿告诉我说,她杀死了约翰·道埃"。

如果科学的历史学家不是从他所发现是现成的那种陈述之中,而是从他自己关于有人做出了这类陈述的这一事实的自律的陈述之中得出了他的结论;那么即使是没有向他做出任何陈述的时候,他也能得出结论。他的论证的前提乃是他自己的自律的陈述;并不需要这些自律的陈述本身成为有关其他陈述的陈述。让我们再一次用约翰·道埃的故事来说明。侦探长所据以论证理查德·罗埃无罪的前提,都是侦探长自己的陈述的前提,都是除了他自己而外并不依靠任何权威的、自律的陈述;它们里面没有一个是有关别人所做的陈述的陈述。根本的论点是,理查德·罗埃在离开院长住宅时把他的鞋弄上了泥;而在约翰·道埃的书房里并没有看见泥;并且谋杀的环境是这样的,使他不会停下来擦干净或者脱掉他的鞋。这三点的每一点依次都是一种推论的结论,而且它们各自所依靠的陈述,与这三个论点本身一样,都不是有关别人陈述的陈述。再一次:最后控告院长一案,在逻辑上并不依赖于任何由侦探长关于别人所做的陈述而做出的陈述。它依赖于在某个垃圾箱里的某些东西的存在,以及在以传统的牧师体裁所做的、但由于弄湿而皱缩了的那件外衣袖子上某些油漆污迹的存在;而这些事实都是由

第五编 后 论

他自己的观察所证实的。我的意思并不是说,科学的历史学家当有关他正在进行研究的那些主题并没有人向他做出任何陈述的时候,就可以工作得更好。要回避这种可能成为对更软弱的人的陷阱的场合,就会是回避剪刀加浆糊的历史学的一种迂腐的方式了。我的意思只是说,他并不有赖于要做出这类的陈述。

这一点是重要的,因为它靠诉之原则而解决了一种争论,这种争论即使现在不再像过去那样紧迫了,却并没有停止它在历史学家们的心灵中的反响。这是坚持历史学最终有赖于"书面资料"的那些人和坚持历史学也可以从"非书面的资料"中构造出来的那些人之间的争论。这些术语被选择是很不幸的。"书面资料"并不被人设想为排除口述的资料,或者与书写有特殊的联系而与刻在石头之类上面的有别。事实上,"书面资料"是指包含着现成陈述的那些资料,它们肯定了或者蕴涵着号称属于历史学家所感兴趣的那个主题的那些事实。"非书面的资料"是指与同一个主题有关的考古学的材料、陶瓷碎片,等等。当然,"资料"一词在任何意义上对这些都是不适用的,因为"资料"(source,来源)一词是指从其中现成汲引出水一类东西来的那种东西。就历史学来说,它指从其中现成汲引出历史学家的陈述的那种东西;而把陶瓷瓦片描述为"非书面资料"的论点,乃是表示它们并不是文件,不包含着任何现成的陈述,所以就不是书面资料(有字的陶瓷瓦片或"贝壳"[ostraka]当然是"书面资料")。

实际上,在相信剪刀加浆糊的历史学乃是唯一一种可能的历史学的人,与虽不非难剪刀加浆糊的方法的有效性但主张还可能有不需要它的历史学的人,二者之间有着一种争论。按照我自己的回忆,这个争论,尽管在三十年前这个国家的学术界里就给人以一种过时的印象,却仍然在活着;有关这个问题的全部陈述,就我所能记忆的而言,都是极其混乱的;而当时的哲学家们,虽然这给他们一个极好的机会能对一个有高度哲学趣味的题目做出有益的工作来,却对这些事物毫不关心。我的印象是,这场争论终于在最软弱的妥协中失败了,剪刀加浆糊的历史学的拥护者们接受了"非书面资料"可以得出有效的结果来这一原则,但是坚持这只有在很小的规模上并且是在它们用来作为"书面资料"的辅助手段时才会出现,而且只是在有关工业和商业这类低级的问题上才会出现,而那是一个具有绅士本性的历史学家所不会探讨的问题。这等于说,历史学家们原来是被培养把历史学当作一种剪刀加浆糊的事情的,正在怯生生地开始认识到了某些完全不同的东西的可能性;但是当他们试图把这种可能性转化为一种现实性的时候,他们除了尝试某些短途的飞翔而外,仍嫌羽毛太不够丰满了。

十　问题和证据

如果历史学就是指剪刀加浆糊的历史学,历史学家对于有关他的主题的全部知识都要依靠现成的陈述,而他在其中找到这些陈述的原文就叫作他的资料;那么就很容易以一种具有某种实际效用的方式来为资料下定义了。一种资料就是包含着有关那个主题的一种陈述或许多陈述在内的一份原文;这种定义有着某种实际的效用,因为它有助于历史学家在一旦确定了他的主题之后,就把全部现存的文献分成为可以作为他的资料之用、因此是必须查看的原文,和不能作为资料之用、因此是可以忽略的原文。他所必须做的就是浏览一下他图书馆的书架,或有关那个时期的书目,对每个标题都问一下他自己:"这可能包含与我的主题有关的任何东西吗?"假如他自己的头脑不能做出回答的话,人们也提供了几种帮助:特别是索引和分门别类的目录学。甚至于就有了所有这些帮助,他仍然可能找不到一项重要的证词,可以供他朋友们消遣;但是在任何一个给定的问题上所存在的证词数量总是一个有限的数量、而且在理论上总是有可能穷尽的。

在理论上,但并不总是在实践上,因为这个数量可能太大而其中某些部分又太难得到,以至于没有一个历史学家能希望看到它的全部。而且人们有时听见有人抱怨说,现在历史学的原始材料是保存得那么多,以至于使用它的任务正在变得不可能;并惋惜着那种旧时代的好日子,书籍很少,图书室很小,从而使一个历史学家有希望可以掌握他的主题。这些埋怨所意味着的就是,剪刀加浆糊的历史学家正处在一个二难推论的牛角尖之中。如果他关于他的主题只占有数量很少的证词,他就希望能有更多的;因为对它的任何一项新证词(如果确实是新的),都会对它投射出新的光明,而且可能使他实际上所提出的观点站不住脚。因此,无论他有多么多的证词,他那作为一个历史学家的热情却使他希望还能有更多的。但是如果他有了很大数量的证词,它就变得如此之难以驾驭并做出令人信服的叙述,以至于单纯作为一个软弱的凡人,他倒希望有更少一些。

  这种二难推论的意识,往往把人们驱入对历史知识的可能性本身的怀疑主义里面去。这诚然是很正当的,——如果知识就是指科学的知识,而历史学就是指剪刀加浆糊的历史学。剪刀加浆糊的历史学家们用"吹毛求疵的批评"这种赐福的字样就把这个二难推论撇在了一旁,他们只承认在他们自己的职业实践中并没有发现它使他们为难;因为他们所追求的是对科学说服力的如此之低的一种标准,以至于他们的良心已变得麻木不仁了。当代生活中的这些情况是非常之有趣的,因为在科学史上我们常常会碰到它们,而且会奇怪如此之不平凡的盲目性是怎么可能的。答案就是,表现出它来的那些人是从事于一桩不可能的任务,而在目前情况下便是剪刀加浆糊的历史学的任务;而且既然他们由于实践的理由而不可能取消它,他们就只好使自己对于它的不可能性视而不见了。剪刀加浆糊的历史学家由于仔细地选择他所能"侥幸成功"的主题而保住他自己免得看见他自己的方法的真相,恰好像是19世纪的风景画家由于选择他称之为可画的主题而保住自己免得看见他那关于风景画的理论是全都错了一样。那些主题必须是那样的一些主题,关于它们有一定数量的证词是可以得到的,不太多也不太少;它们不是那么一致,竟致使历史学家无事可做,也不是那么分歧,竟致阻碍了他的努力。按照这些原则去实践,历史学最坏便是一种空谈的游戏,最好则是一种雅致的事业。这里我使用的是过去式;我留给那些能做自我批评的历史学家们的良心去决定,我在什么程度上可以正当地使用现在式。

  如果历史学意味着科学历史学,我们就必须把"资料"读作"证据"。而当我们试图用我们规定"资料"的同样精神去规定"证据"时,我们就发现那是非常困难的。并没有任何简易的测验,是我们可以用来决定一本给定的书能否提供有关一个给定主题的证据的;而且确实并没有任何理由,我们应当把我们的研究限于书本。各种资料的索引和书目对一个科学的历史学家是完全没有用的。这并不是说,他不能使用索引和书目;他能够而且确实是在使用着;但是它们并不是有关资料的而是有关论文之类的东西的索引和书目;它们不是有关证据的、而是有关此前的讨论的索引和书目(这些以前的讨论他可以用来作为他自己的出发点)。因此之故,供一个剪刀加浆糊的历史学家所使用的书目中所提到的书籍,其价值大体上与它们的古老性成正比;而供一个科学的历史学家所使用的书目中所提到的书籍,则其价值大体上与它们的新鲜性成正比。

在我的故事中,只有一个显著的特点是那个侦探长在他的论证中所使用的各项证据所共有的:即它们都是他自己所观察到的事情。如果我们问这都是些什么样的事情,那就不容易给出一个答案了。它们包括像是在某些泥淖中有某些足迹的存在,它们的数量、位置和方向,它们与某双鞋所造成的痕迹的相似性,同时又没有其他的足迹;在某个房间的地板上没有泥痕;尸体的位置,匕首在他背上的位置,以及所坐的那把椅子的形状;以及如此等等各色各样的材料积累。我认为我们可以有把握这样说它:直到他对他所有的问题得到了不仅仅是概括而且是答案为止,没有一个人可能知道有什么东西在其中可能、或者不可能占有一个位置。在科学历史学中,任何东西都是证据,都是用来作为证据的;而且没有一个人在他有机会使用它之前,就能知道有什么东西作为证据将会是有用的。

让我们这样来说明这一点,在剪刀加浆糊的历史学中,如果我们允许自己以证据这个名字来描述证词(我承认,这是很不确切的);那么就既有潜在的证据,又有现实的证据。有关一个主题的潜在的证据,就是现存有关它的一切陈述。现实的证据则是我们决定加以接受的那部分陈述。但是在科学历史学中,潜在的证据的观念消失了;或者,如果我们愿意用另外的话来说这同一个事实的话,则世界上的每一件事物对于无论任何一种主题都是潜在的证据。这对于任何一个把自己对历史学方法的见解固定在剪刀加浆糊的模式中的人,都会是一个令人苦恼的观念;因为他要问,除非我们首先把那些可能对我们有用的事实都搜罗在一起,否则我们怎么能发现有什么事实确实是对我们有用的呢?对一个理解科学(无论是历史学的还是任何其他的)思维的性质的人,这并没有什么困难。他将认识到,每一次历史学家问一个问题,他之所以问它都是因为他认为他能回答它;也就是说,他在自己的心灵中对于他将可能使用的证据已经有一个初步的和尝试性的观念了:不是有关潜在的证据的一种明确的观念,而是有关现实的证据的一种不明确的观念。要提问你看不出有回答指望的问题,乃是科学上的大罪过,就正像是在政治上下达你认为不会被人服从的命令,或者是在宗教上祈求你认为上帝所不会给你的东西。问题和证据,在历史学中是互相关联的。任何事物都是能使你回答你的那个问题的证据,——即你现在正在问的问题的证据。一个明智的问题(即一个有科学能力的人将会问的唯一的那个问题),就是一个你认为你必须有、或者将要有做出回答的证据的问题。如果你认为你此时此地就有它,则那个问题就是一个现实问题,像是这个问题:"当约翰·道埃被刺的时候,他是在一个什么位置上?"如果你认为你将要有它的证据,则问题就是一个被推延了的问题,正像是"谁杀死了约翰·道埃"这个问题那样。

正是对于这一真理的正确理解,奠定了阿克顿勋爵的伟大教诫:"要研究问题,不要研究时代。"剪刀加浆糊的历史学家们全都是在研究时代;他们对于某类一定范围的事件收集了全部现存的证词,并枉然希望着从其中会产生出某些东西来。科学历史学家则研究问题:他们提出问题,而且如果他们是好的历史学家,他们就会提出他们懂得他们做出回答的方式的那些问题。正是对于这同一个真理的正确理解,才引得赫居里·波瓦若先生对于那些满地爬着力图收集各种(不管是什么可能被设想成为线索的)事物的"人类的侦探"表示了他的蔑视,并且坚持说,侦探的秘密就在于(可能反复申说是令人讨厌的)运用他所称之为"灰色小细胞"的东西。在你开始思想之前,你不可能收集你的证据;他那意思是说:因为思维意味着提问题(逻辑学家们,请注意),而且任何事物除了与某个确切的问题有关之外,就不是什么证据。在这方面波瓦若和福尔摩斯的不同,对于最近四十年在历史方法的理解上所发生的变化是意义深长的。阿克顿勋爵1895年在他剑桥的就职演说中,还在歇洛克·福尔摩斯的极盛时期,就宣扬了他的学说;但那是曲高和寡的东西。在波瓦若先生的时代,从他的销路来判断,人们也不可能懂得太多。推翻剪刀加浆糊的历史学的原则、而代之以科学历史学的原则的这场革命,已经变成为公共的财富了。

第四节 作为过去经验之重演的历史学[1936]①

历史学家怎样、或者根据什么条件才能够知道过去呢? 在考虑这个问题时,第一点要注意的就是,过去绝不是一件历史学家通过知觉就可以从经验上加以领会的给定事实。*Ex hypothesi*[根据假设],历史学家就不是他所希望知道的那些事实的目击者。历史学家也并不幻想着自己就是一个目击者。他十分清楚地知道,他对过去唯一可能的知识乃是转手的或推论的或间接的,绝不是经验的。第二点就是,这种转手性并不能由验证来实现。历史学家知道过去,并不是由于单纯地相信有一个目击者看到了所讨论的那些事件,并把他的见证留在记录上。那种转手的东西充其量也只是给人以信念而不是知识,而且是根据极其不足而又非常靠不住的信念。于是历史学家又一次清楚地知道,这并不就是他前进的道路;他察觉到,他对他的那些所谓权威们要做的事,并不是要相信他们,而是要批判他们。如果这时历史学家对他的事实既没有直接的或经验的知识,又没有传递下来的或可验证的知识;那么他还有什么知识呢? 换句话说,历史学家为了知道它们,必须去做些什么呢?

我对历史的观念所做的历史评论,已经得出了对这个问题的一种答案:那就是,历史学家必须在他自己的心灵中重演过去。现在我们所必须做的,就是要更仔细地观察这种观念,明了它本身意味着什么,以及它所蕴涵的进一步后果是什么。

就一般方式而论,这个概念的意义是很容易理解的。当一个人历

---

① 本节出自柯林武德1936年历史哲学讲稿的第二部分"形而上学后论"。——译者注

史地思想时,他在他的面前有着某些过去的文件或遗物。他的职责就是要发现遗留下来了这些遗物的那个过去是什么。举例说,遗物是某些写下来的文字,在那种情况,他就必须发现写那些文字的人用它们所要表示的意思是什么。这就意味着要去发见他用它们所表达的思想(就这个词的最广泛的意义而言;我们将在第五节里研究它更精确的意义)。要发现这种思想是什么,历史学家就必须为自己重行思想它。

举例说,假设他正在阅读狄奥多修斯①法典,而且在他面前有着皇帝的某一敕令。仅仅阅读这些文字并且能翻译它们,并不等于懂得了它们的历史意义。为了做到这一点,他就必须看清楚这位皇帝正在企图对付的那种局势,而且他必须看它就像这位皇帝看它那样。然后他必须为他自己看出这样一种局势如何加以对付,正好像那个皇帝所处的局势就是他自己所处的一样;他必须看到各种可能的选择,以及选定这一种而不是另一种的理由;这样,他就必须经历皇帝在决定这一特殊办法时所经历的过程。因此,他就是在他自己的心灵中重演那个皇帝的经验;而且只有在他做到了这一点的时候,他才对那个敕令的意义具有真正的历史知识,而不同于单纯的语言学知识。

或者再假设他正在阅读一位古代哲学家的一段文章。他再一次地必须在一种语言学的意义上懂得那些词句,而且必须能够进行语法分析;但是这样做,他还是不曾像一位哲学史家理解那段文字那样地理解它。为了做到那一点,他就必须明了它的作者在这里陈述了他所解答的那个哲学问题是什么。他必须为他自己思想出那个问题来,必须明了对它可能提供的各种可能解答都是些什么,而且必须明了这位个别的哲学家为什么选择了那种解答而不是另一种。这就意味着要为他自己重行思想他的作者的思想;而缺少了这一点,就没有任何东西能使他成为有关那位作者的哲学史家。

我以为任何人都不能否认,这些描述不管有着怎样的含混和缺点,实际上确乎是唤起了我们对一切历史思维的中心特点的注意。作为对那种经验的描述,它们的一般正确性是不成问题的。但是它们仍然需

---

① 狄奥多修斯(346?—395),罗马皇帝。——译者注

要有大量的发挥和解说；或许着手这样做的最好的方式，就是把它们暴露在一个假想的反驳者的批判之下。

这样一个反驳者可能一开始就说，整个概念都是含糊不清的。它蕴涵得不是太少了就是太多了。他可能论证说，要重演一种经验或者重行思想一种思想，就可能意味着这样的两种事物之一：或则它意味着扮演一种经验或是完成一种思想的行动，有似于前一次的；或则它意味着扮演一种经验或是完成一种思想的行动，严格地与前一次雷同。但是没有一种经验可能与另一种严格雷同，因此可以推断，所指的那种关系只是一种相似的关系。但在那种情形下，我们由于重演过去而了解过去的这一学说，就只是为人熟知的而并不为人相信的知识的摹本-理论的一种翻版而已，它枉自声称能解释一件事物（在本事例中，就是一种经验或思想行动）是怎样为人所知的，据说是知者在自己的心灵里具有着它的一份摹本。其次，假定我们承认一种经验能够雷同地加以重复，那么仅就有关那种经验而言，结果就将只是历史学家和他所要努力理解的那个人之间的一种直接的同一性。客体（在这一事例中就是过去）就会简单地被并入主体（在这一事例中就是现在，即历史学家自己的思想）；我们不应该回答过去是怎样地为人所知这个问题，却应该主张过去并不为人所知，只有现在才为人所知。不过，有人可以问道，克罗齐本人不是已经以他的关于历史的同时代性的学说承认了这一点吗？

这里我们就有了两种反对的意见，我们必须依次加以考虑。我假定支持第一种反对意见的人，会蕴涵着类似这样一种对经验的观点。在每种经验中，无论如何只要它是认识性的，就存在着一种行动和一个客体；而且两种不同的行动可以具有同一个客体。如果我读欧几里得，发现其中有这样的陈述，一个等腰三角形的两个底角相等，而且我理解它的意思是什么，并承认它是真确的；那么我所承认的那个真理或者我所论断的那个命题，就是欧几里得所承认的那同一个真理和他所论断的那同一个命题。但是我在论断它这一行动，却和他的并不是同一个行动。这一点，根据它们是由两个不同的人所做出（而且是在不同的时代里所做出）这两件事实中的每一件，就可以充分得到证明。我之领会这两个角相等的这一行动,并不因此就是他的行动的复活,而是另一次同样的行动的完成;并且我由于完成那一行动所知道的,并不是欧几里得知道一个等腰三角形的两个底角相等,而是等腰三角形的两个底角自身是相等的。为了知道欧几里得知道它们是相等的这一历史事实,我将不必模仿他的行动(那就是说,完成一个像它一样的行动),而是要完成另一种完全不同的行动,即思想欧几里得知道它们是相等的那一行动。但我怎样设法成就这一行动,却一点也不能只靠说我在自己的心灵里重复欧几里得的认识行动而得到启示。因为如果重复他的行动,意思是指领会或论断欧几里得所领会的那同一个真理或所论断的那同一个命题,那么这一陈述便是不真确的,因为欧几里得的命题"两个角相等"和我的命题"欧几里得知道这两个角相等"是不同的;但如果重复他的行动意思是指再一次完成同一个行动,那么它就是胡说了,因为一种行动是不可能重复的。

根据这种观点,我现在思想"这两个角相等"这一行动和我在5分钟以前思想它这一行动,二者之间的关系乃是数值不同而品种同一的一种关系。这两个行动是不同的行动,但是属于同类的行动。因此它们是彼此相似的,而且这两种行动的每一种都以同样的方式有似于欧几里得的行动;所以结论就是,我们现在正在考虑的学说乃是知识的摹本-理论的一种情况。

但是,这是不是对这两种行动之间的关系的一种真实的叙述呢?情形是不是,当我们说到两个人在完成同一个思想行动,或者说到一个人在两个不同的时间里完成同一个行动时,我们是指他们是在完成同一种类的不同行动呢?我认为十分清楚的是,我们的意思并不是指任何这类的东西;而且任何人之所以会幻想我们的意思是这样,其唯一的原因就是因为他已经接收了一个教条:只要我们区别两件事物,然而又说它们是相同的(正如大家都公认的,我们常常在这样做),我们的意思就是指它们是同类之中的异种,是同一个共相的不同事例或同一类别中的不同成员。这个教条并不是说没有异中有同这样的事(没有人相信这一点),而是说它仅只有一种,亦即数值不同之中的品种同一性。因此对这一教条的批判,不是要证明这种异中有同并不存在,而是要证明其他的类别也存在,而我们所考虑的情况就是其中之一。

我们假定的反驳者争辩说,欧几里得的思想行动和我的思想行动不是一件事而是两件事:数值上是两件,尽管品种上是一件。还争辩说,我现在思想"两个角相等"的这一行动,和我在 5 分钟以前思想"两个角相等"的这一行动,也处于同样的关系。为什么这一点对于那位反驳者似乎是十分肯定的呢,我认为其原因就在于他把思想行动设想为在意识之流中占有其地位的某种东西,它的存在简单地只是它在那个意识之流中的呈现。它一旦出现,意识之流就把它带入到过去之中,而没有任何东西能把它召回来。另一件同类的事可能发生,但却不再是那一件了。

然而以上这番话的确切意思是指什么呢?假定一个人连续思想"两个角相等"长达一段可估计的时间,比如说 5 秒钟。是他完成一种思想行动持续了那 5 秒钟呢;还是他在完成 5 件或 10 件或 20 件数值不同而品种同一的思想行动呢?如果是后者,5 秒钟进行多少次呢?反驳者是不能不回答这个问题的,因为他的观点的本质就是,思想行动在数值上是不同的因而是可以计数的。他也不能推迟回答,等到他诉之于进一步的研究再说,例如心理学实验室里的研究;如果他还没有知道是什么构成了思想行动的多元性,那么心理学实验室就永远也不能够告诉他。但他所做的任何答案,必定既是随意武断的而又是自相矛盾的。把单一一项思想行动的单元和 1 秒钟或 1/4 秒钟的时间推移联系起来,并不比把它和其他任何东西联系起来更有道理。唯一可能的答案就是,思想行动是持续了 5 秒钟的行动;而那个反驳者,如果他愿意的话,可以承认这一点说,这种在一项持续的思想行动之中的同一性乃是"一种连续体的同一性"。

但是一种连续体在这里蕴涵着连续性吗?假设思想了"两个角相等" 5 秒钟以后,那个思想者又让自己的注意力漫想了 3 秒钟,然后又回到同一个题目上来,又去思想"两个角相等"。这里因为有一段时间在其间消逝了,是不是我们就有了两个而不是一个思想行动呢?显然不是的;这里只有一个单一的行动,这时它不仅仅是持续着,而且是在一次间隔之后又复活了。因为在这种情况里,并不存在着任何不同是不曾出现在另一种情况之中的。当一个行动持续了5秒钟以上,那第五秒钟内的活动和第一秒钟内的活动之被一段时间间隔所分开,就恰好等于中间的几秒钟被另一种不同的活动所占据,或者(如果那是可能的话)未被任何活动所占据。

因而这种论辩——即一种行动不可能出现两次,因为意识之流把它席卷走了——就是虚假的。它的虚假性来自一种 ignoratio elenchi [对批评的无知],只要经验是由单纯的意识、即由纯粹而简单的感知和感觉所组成,它就是真实的。但是一种思想行动却不是单纯的感知或感觉。它是知识,而知识这种东西却不止是当前的意识而已。因此认识过程就不是仅仅一种意识之流。一个人的意识如果是各种状态的单纯相续,那么不管这些状态叫作什么,他是不可能有任何知识的。他不能回忆他自己过去的状态,因为(即使承认他的各种状态是由某些 ex hypothesi [根据假设] 对他是不可知的心理学定律联系在一起的),他不会回忆被烧伤,而只会怕火。他也不能知觉他周围的世界;他会害怕,但是他不会认识他所怕的是火。他或任何其他人所最不会知道的就是,他的意识乃是被人断言为各种状态的单纯相续。

所以,如果单纯的意识乃是各种状态的相续,那么思想就是一种活动,可以使得那种相续以某种方式被人把握,从而就其普遍的结构而为人所领会;它是那种东西,过去对于它不是已经死去和消逝了,而是能够和现在放在一起加以想象并加以比较的。思想本身并没有被卷入当前的意识之流;在某种意义上,它是站在那个意识之流以外的。思想行动确实是发生在确定的时间里;阿基米德发现比重的观念是在他洗澡的时候;但它们并不是以感知和感觉那种同样的方式与时间相关联着的。不仅是思想的对象以某种方式处于时间之外,思想的行动也是如此;至少在这种意义上,同一个思想行动就可以经历时间的流逝,并且在搁置了一段时间之后又能复活。

现在再谈第三种情况,这里的这段时间包括从欧几里得到我本人的全部时间间隔。如果他思想过"两个角相等",我现在也在思想"两个角相等";假定时间间隔并不成为否定这两个行动就是同一个行动的原因,是不是欧几里得与我本人之间的不同就成为否定它的根据呢?

现在还没有关于个人同一性的可靠理论,可以证明这样一种学说。欧几里得和我并不(就好像)是两台不同的打字机,正因为他们不是同一台打字机,所以就永远也不能完成同一个行动,而只能完成同类的行动。心灵并不是一架具有各种功能的机器,而是各种活动的一个复合体;但要论证欧几里得的一个行动不可能和我自己的一个行动一样,因为它构成另一个不同的活动复合体的一部分;那么这种论证就仅只是在用未经证明的假定来论辩而已。假设同一个行动在我自己活动的复合体中,在不同组合中可以出现两次;那么为什么在两种不同的复合体中,它就不可以出现两次呢?

反驳者尽管公开否认这种情形可能出现两次,却又暗地里认定它可能而且确实出现两次。他认为两个人的思想行动的对象可以是同一个,而行动本身却是不同的。但是为了可以这样说,就有必要了解"另外一个人所思想的是什么",不单单是在了解他所了解的同一个对象这种意义上,而且是在更进一步了解他之了解它的那种行动的意义上;因为这一陈述奠基于要求不仅是了解我自己的认识行动,而且还有另一个人的认识行动,并对它们进行比较。然而是什么使得这种比较成为可能的呢?任何一个能够进行这种比较的人,必须能够反思:"我的认识行为是这样的"——然后他又重复它:"根据他谈话的方式,我可以看出他的行动是这样的"——然后他又重复它。除非能够做到这一点,否则就永远不可能进行比较。但是要做到这一点,就包括着一个心灵重复另一个心灵的思想行动:不是一种与它相像的行动(那就会是彻底的知识的摹本-理论了),而是那个行动本身。

思想永远不可能是单纯的客体。要了解另一个人的思维活动,只有根据这同一个活动在一个人自己的心灵里可以重演这一假定,才是可能的。在这种意义上,要了解"某个人在思想(或者'已经思想')什么",就包括着自己要思想它。拒绝这一结论,就意味着根本否认我们有任何权利来谈论思想行动(除了是在我们自己的心灵中所出现的那些);并且还意味着接受我的心灵乃是唯一存在着的心灵这种学说。对于任何接受这种形式的唯我主义的人,我不想停下来进行论辩。我是在考虑历史学作为对过去的思想(思想的行动)的知识是怎样可能的;而且我仅仅关心着表明,除非所根据的观点是:了解另一个人的思想行动就包括着向自己重复它,否则那就是不可能的。如果一个拒不接受这种观点的人,结果被驱入到这种唯我主义里面来,我的论点就得到了证明。

我们现在就来谈第二种反对意见。有人要说:"这种论证是不是已经证明得太过分了呢?它已经表明,一种思想行动不仅仅可以在一瞬间完成,而且还可以持续一段时间;不仅仅是持续,而且还可以复活;不仅仅是在同一个心灵的经验之中复活,而且(使唯我主义为难的是)还可以在另一个人的心灵里重演。但是这并不就证明历史学的可能性。要做到那一点,我们必须能够不仅仅重演另一个人的思想,而且还要了解我们所重演的思想乃是他的思想。但是只要我们重演它,它就变成了我们自己的;它只有作为是我们自己的,我们才完成它,而且在完成之中察觉到它;它已经变成了主观的,而正是为了这个缘故,它就不再是客观的;它变成了现在的,因此就不再是过去的。这的确正好是奥克肖特在他的学说中所公开主张的东西,即历史学家只是 *sub specie praeteritorum*〔在过去的观点下〕安排实际上乃是他自己现在的经验的东西,以及事实上克罗齐在说一切历史都是当代史时所承认的东西。"

反驳者这里是在说着两种不同的东西。首先,他是在说,单纯重演另一个人的思想并不成为历史知识;我们还必须知道我们是在重演它。其次,他是在论证,这种附加条件,即我们是在重演过去的思想的这一认识,就这种情形的本质来说乃是不可能的;因为被重演的思想现在就是我们自己的思想,而我们对它的知识则只限于我们自己现在察觉它是我们自己经验中的一个成分。

第一点显然是正确的。某一个人完成了在他之前的另一个人已经完成了的思想行动这一事实,并不就使他成为一个历史学家。在这样一种情形中,不能说他是一个历史学家而自己并不知道;除非他知道他是在历史地进行思想,否则他就不是在历史地进行思想。历史思维是一种活动(而且不是唯一的活动,除非其他活动也以某种方式成为它的一部分),它是自我意识的一种功能,是只对一个知道它自己是以那种方式在思想的心灵才可能有的一种思想形式。

第二点则是,为第一点所需要的 *condicio sine qua non*[绝不可少的条件]是永远不可能实现的。为证明这一点所引证的论证是重要的,但是让我们首先看看已经证明之点。那就是,虽然我们能够在我们自己的心灵中重演另一个心灵的思想行动,我们却永远不可能知道我们是在重演它。但这却是一桩明显的自相矛盾。反驳者承认有一种发生了某种事情的知识,而同时却又否认这种知识是可能的。他可能试图解决这个悖论说:"我的意思并不是说它确实发生了;我的意思只是说就我所知道的一切而言,它是可能发生的。我所主张的是,如果它发生过了,我们也无从知道它是发生了的。"他还可以作为一种平行的事例而引证:我们不可能知道任何两个人在观看同一片草叶时,是在经验着无法区分地同样的颜色感。但是这种平行事例并不确切,实际上他所说的乃是十分不同的东西。他并不是在说:如果它发生了,某种其他的情况就会阻止我们认识它;而是在说:如果它确实发生了,它发生了的这一事实本身就会使得我们不能知道它曾发生过。而这就使它成为一种非常特殊的事件了。

只有一种事物可能在心灵里发生,关于它可以说它曾发生过的这一事实本身就会使它不可能被我们知道它曾发生过:亦即它是处在一种幻觉或错误之下。因此,反驳者所说的就是,历史知识的两个必不可少的条件中的第一个,在它恰好需要有知识的那一点上,乃是一种幻觉或错误。毫无疑问,这本身并不会使得历史知识成为不可能。因为某种事物存在的条件,可能是以如下两种方式之一与这种事物相联系着:这种条件或者是某种必须首先存在的东西,但当该事物一旦存在时便停止存在了;或者是某种必须存在得像该事物存在得一样之久的东西。如果争论的是,历史知识只能作为取代历史错误才能存在,那么无论如何这会是值得考虑的。但是过去思想的重演并不是历史知识的一个先决条件,而只是其中的一个组成成分;因此这一争论的作用就是使得这种知识成为不可能。

我们必须再转过来看这一争论所依靠的那种论证。有人论证说,思想行动由于变成了主观的,就不再是客观的了,并且因此由于变成了现在的,就不再是过去的了;我只能察觉它作为我此时此地正在完成的行动,而不是作为什么别人在另一个时间所已经完成的行动。

这里又有各个不同之点是要加以区别的。或许第一点就是"察觉到它"一语的意义。"察觉"一词往往是以一种模棱两可的态度在使用的。察觉到一种疼痛,只不过是用于泛指感觉到了疼痛而并不知道它是牙痛、还是头痛或者甚至到底是否疼痛;这个词只是指有着或者经受着疼痛的直接的经验。有些哲学家会用"知悉"(acquaintance)这个名称来称呼这种最直接的经验;但是那对于它却是一个最能把人引入歧途的名词了,因为它是一个常用的英文字,表示这样一种方式,我们用以认识在我们的经验过程中作为永久的、可以辨认地与其自身同一的客体而反复出现的个别人物或地方或其他事物:那是一种远离当前感觉的东西。但是"察觉"(awareness)一词也是以另外两种方式在使用着的。它被用来作为自我-意识的一种名称,像是人们说一个人察觉到在发脾气;这里的意思是说,不仅他直接经验到一种事实上在不断增长着的愤怒感觉,而且他知道这种感觉就是他自己的感觉,并且是不断增长着的一种感觉;与这种情况截然有别的情况是,例如,他经验着这种感觉,但却像一般人常常所做的那样,把它归咎到邻人的身上。而第三点则是把它用来当作知觉,像是当人们说一个人感觉到一个桌子的时候,而且特别是在知觉多少有些模糊不定的时候。最好就是以规定如何使用这些字样来澄清这种含混:而最好的英语习惯用法则会提示把它限于第二种意义,而为第一种意义保留着感觉一词,为第三意义保留着知觉一词。

这就要求对这个论点予以重新考虑了。它的意思是说,我仅仅感觉到这种行动正在继续着,作为当前经验之流中的一种成分呢,还是说,我认识它是我心灵生活中具有一种确定地位的行动呢? 显然它是第二种,虽说这并不排斥第一种。我察觉到我的行动,不只是作为一种经验而且是作为我的经验,并且还是一种确定类型的经验;它是一种行为,并且是一种以一定方式出现的、并具有某种认识特性以及诸如此类的思想行动。

如果它是这样,那么就不能再说因为行动是主观的,所以就不可能是客观的。这样说确实就会自相矛盾。说一种思想行为不可能是客观的,也就是说它不可能被人认识;但是任何一个这样说的人就因此会是要求陈述他的有关这种行为的认识。因此,他就必须对它加以修改;并且或许要说一种思想行动可以成为另一种行动的客体,但却不是它自己的客体。然而这一点又需要加以修改,因为任何一个客体严格说来都不是一种行动的、而是一个行动者的客体,亦即完成那种行动的心灵的客体。确实,心灵除了它自身的活动而外就不是什么别的;但它是所有这些活动的总和,而非分别地是任何一种。于是,问题便是,是否一个人完成一个认识行动,便也能认识他是在完成着或者已完成了那个行动呢?大家公认他是能够的,否则就没有人会知道曾经有过这样的行动,于是也就没有人能够把它们称为主观的;但是仅仅称它们是主观的而并不同时也称之为客观的,便是在继续假定它那真理的时候却又要否定那种认可了。

于是,思维的行动便不仅仅是主观的,而且也是客观的。它不仅是一种思维,而且也是某种可以被思维的事物。但是因为(正如我已经试图表明)它绝不仅仅是客观的,所以它便要求以一种特殊的方式、以一种仅只适合于它自身的方式而被人思维。它不能被置于思维着的心灵之前作为一种现成的客体,被认作是独立于那种心灵之外并且能就它的自身、就它的那种独立性而加以研究的某种东西。就"客观地"便排斥"主观地"这种意义而言,它永远也不可能被"客观地"加以研究。它必须像它所实际存在的那样,也就是说作为一种行动,而加以研究。而且因为这种行动乃是主观性(尽管不单纯是主观性)或者经验,它就只能以其自身的主观存在而加以研究,也就是说只能被思想者加以研究,而它就是思想者的活动或经验。这种研究不是单纯经验或意识,也甚至不是单纯自我意识;它乃是自我认识。因此,思想行动之变成为主观的,并不就中止其为客观的;它是自我-认识的客体,而与成为自我意识或察觉时的单纯意识不同,并且也与成为自我认识时的单纯成为自我意识不同;它是对一个人自己的思想的批判研究,而不是单纯察觉到作为自己的思想的那种思想。

这里就有可能回答一个默认的问题,——这个问题,在我说一个人完成一桩认识行动也就能够认识他"是正在完成、或者已经完成"那个行动时,就已经被公开了。这是什么问题呢? 显然,第一个就是:思想行动必须像它实际存在的那样,也就是作为一种行动,来加以研究。但是这并不排斥第二个。我们已经看到,如果单纯的经验被设想为一种各个相续状态之流,那么思想就必须被设想为能够领会这一洪流的结构和它所显示的各种相续形式的某种东西;那就是说,思想是能够思想过去、也能思想现在的。因此,凡在思想研究思维本身的活动时,它就能够同样地研究思维过去的行动,而且把它们和现在的行动加以比较。但在这两种情形之间却有着一种不同。如果我现在思想到我过去有过的一种感觉,那么很可能真的是,思想着它就造成了那种感觉在现在的一种回声,或者不然的话也是它那可能性有赖于那感觉在现在的回声的独立出现。例如,我不能思想我曾一度感到的那种愤怒,除非是我目前在我的心灵里至少经验着一种愤怒的微弱震颤。但是无论这一点真确与否,我在思想着的那种实际上的过去愤怒却是过去了并且消逝了;它并没有重行出现,那直接经验的长河已经把它永远席卷走了;至多也只是重行出现了某种与它相像的东西而已。在我现在的思想和它过去的客体之间的这一时间间隙,并不是被客体的存留或者客体的复活所接连起来的,而只是由于思想有跨过这一间隙的能力;而做出这件事的思想就是记忆。

反之,如果我所思想着的是思想的一种过去的活动,例如我自己过去的一种哲学探索;那么这个间隙就是由双方来接连的。要终究思想到思想的那种过去的活动,我就必须在我的心灵里复活它;因为思维行动只有作为一个行动才能加以研究。但是这样被复活的东西,并不是老一套活动的单纯回声,不是属于同一种类的另一个活动;它是再度从事并重演那同样的活动,或许是为了在我自己批判的检验之下把它重做一遍,我就可以在其中探测出批评者所曾谴责过我的那些虚假的步骤了。在这样重行思想我的过去的思想时,我不是单纯在回忆它。我是在构造我的生活中某个阶段的历史;记忆和历史学之间的不同是,在记忆之中过去单纯是一种景观,但在历史学中它却是在现在的思想之中被重演。只要这一思想是单纯的思想,过去就只是单纯地被重演的;只要它是对于思想的思想,过去就是作为被重演而被思想着的,而我对我自己的知识也就是历史知识。

因此我自己的历史并不是记忆本身,而是记忆的一种特例。当然,一个心灵不能回忆,也就不能有历史知识。但是记忆本身仅仅是关于过去经验本身的现在的思想,无论那种经验可能是什么;历史知识乃是记忆的那样一种特例,其中现在思想的客体乃是过去的思想,现在和过去之间的间隙之被连接,并不只是由于现在的思想有能力思想过去,而且也由于过去的思想有能力在现在之中重新唤醒它自己。

再回到我们所假设的那个反驳者。为什么他认为思想行动变成为主观的,就不再是客观的了呢?答案现在就应该清楚了。那是因为他理解的主观性并不是思想行动,而简单地只是作为各种当前状态之流的意识。主观性对他来说,并不意味着思想的主观性,而只是感觉的或当前经验的主观性。即使是当前的经验也有一个客体,因为在每种感觉中总有某种东西被感觉到,在每种感知中总有某种东西被感知到;但是在看见一种颜色时,我们所看见的乃是颜色,而不是我们之看见了颜色的这一行动,而且在感觉到冷时,我们是感觉到冷(无论冷确切说来可能是什么)而不是感觉到在感觉着它的这一活动。因此,直接经验的这种主观性,乃是一种纯粹的或者单纯的主观性;它对其自身永远不是客观的,经验活动绝不会经验到它自身是在经验着。因而,如果有一种经验能把一切思想都排除在外的话(不论这样一种经验真正存在与否,这与所要探讨之点无关),那么那种经验中的主动的或主观的成分就永远不可能成为它自己的客体;而如果一切经验都是属于同一类的,那么它就根本永远也不能成为客体。因此反驳者所做的就是假定一切经验都是直接的,即仅只是意识而没有思想。如果他否认这一点,并且说他充分承认思想作为经验中的一种成分而存在;那么我们就必须回答说,他可能在名义上承认了它,但在事实上并没有承认它。他只是用权宜的办法在意识之流中挑选出一些项目并授予它们以思想这一称号,并给思想找到了一席地位,而不问它所蕴涵的是什么;所以,他所称为思想的,事实上就只不过是一种直接的经验,而思想之不同于感知或感觉恰恰就在于它绝不是一种直接的经验。在视觉的直接的经验中,我们看见一种颜色;只有由于思想我们才能认识到自己是在看见它,而

第五编　后　论

且也认识到我们所看见的乃是我们并没有看到它的未来,例如,原来它是我们从前所看见过的、距离我们之外的一种客体。即使是他进而承认了这一点,他也还是未能再前进一步,并体会到我们只是由于思维才认识到我们自己是在思维着。

在反驳之中,还有一点是尚未曾得到澄清的。假定心灵由于把记忆的普遍行动扩展到这一特例(在那里面,被回忆的东西乃是一种思维行动),就有可能重行构造一个人自己心灵的历史;是不是就可以得出:那种能够这样为人所认识而被重演的过去,就是除我自己的而外的任何过去呢?是否它看来似乎更像是,既然历史被描述为记忆的一个特例,所以我们每个人便只能是一个有关其自己的思想的历史学家呢?

为了回答这个问题,我们就必须进一步探讨这二者之间的关系,即记忆和有别于记忆的、我将称之为自传的那种东西之间关系,自传这个名称是用之于对我自己的过去的严格历史性的叙述。如果我们任何人要从事撰写这样一种叙述,他就会面临着两种任务,其中一种必定要先于另一种。我的意思并不是说,一种必须先完成,然后另一种才开始;而只是说,在这项工作的每一部分中,在它的另一个方面能够实现之前,必须先把它的一个方面掌握到手。第一件任务是追忆;他必须搜索他的记忆得出过去经验的一幅景象,并且使用各种不同的方法来激发它,例如阅读他曾经写过的信件和书籍,重访和他心灵里的某些事件相联系着的地方等等。在做到这一点时,他就在自己的心灵之前有了与他自己过去生活有关部分的一个景象;他看到了有一个青年人在经历着如此这般的经验,而且知道这个青年人就是他自己。但是现在就开始了第二件任务。他必须不是仅仅知道这个青年人就是他自己,他必须还试图重新发现那个青年人的思想。不过在这里,追忆却是一个靠不住的向导了。他回忆起他是怎样夜晚在花园里散步,纠缠于一种思想;他回忆起那些花卉的芬芳和拂着他头发的微风;但是如果他依靠这些联想来告诉他那种思想是什么,那么他就很可能不止于是被引入歧途而已。他也许会陷入错误,以他后来的另一种思想取代了原来的思想。因此,政治家们在写他们的自传时,对某一次危机的冲击和感情记得很清楚;但在描述当时他们所主张的政策时,却易于用那些事实上是属于他们事业的后来阶段的观念来渲染它。但这是自然的；因为思想并没有全部都被卷入经验之流，所以我们就在经常重新解释我们过去的思想，并把它们吸收到我们现在所思想的那些思想里面来。

只有一种方法可以制止这种倾向。如果我要肯定二十年前我的心灵里确实有某种思想，那么我就必须有关于它的证据。那个证据必须是我当时所写的一本书或者一封信或者诸如此类的东西，或者是我所画的一张画，或者（我自己的或其他人的）关于我所说过的某种东西或者我所做过的一种行为的一篇回忆，清楚地显示出我那时心灵里面有着些什么。只有通过我面前有着某种这样的证据，而且通过公正地解释它，我才能向自己证明我确实是这样思想过。这样做了之后，我就重新发现了我过去的自己，并且作为我的思想而重演它们；这时就可以希望，判断它们的优缺点要比我过去做得更好。

现在这一点肯定是真实的，即除非一个人能够为他自己做到它，否则他就不可能为任何别人做到它。但是自传作者在他的任务的第二部分里所做的，并没有什么东西是历史学家所不能为另一个人做出的。如果那位自传作者——尽管根据简单回忆的观点来看，他过去的思想是和他现在的思想乱成一团的——还是能够借助于证据而把它们解开，而且断定他一定曾经以某些方式思想过，虽说最初他并没有回想起来这样做过；那么历史学家利用同样这种一般的证据，也能够恢复别人的思想；——而且现在就能思想它们，哪怕是以前他从未思想过它们，并且还能知道这种活动就是在重演那些人曾一度思想过的东西。我们永远也不会知道在伊壁鸠鲁的花园里的花卉气味如何，或尼采在山中散步时风吹拂他的头发，他的感觉如何；我们不能重新复活阿基米德的胜利或马略①的辛酸；但是这些人思想过什么的证据，却在我们的手里；而且凭借解释那些证据而在我们自己的心灵中重行创造这些思想时，我们便能够知道（只要有任何知识的话），我们所创造的思想就是他们的思想。

我们把这一陈述放在反驳者的嘴里：如果经验能够被重复，那么结

---

① 马略（前155—前86），罗马将军兼政治家。——译者注

果就会是历史学家和他的客体之间的直接的同一性了。这一点值得进一步讨论。因为如果一个心灵只不过是它自己的活动,而且如果要认识一个人过去的心灵,——比如说托马斯·贝克特①的——就是要重演他的思想;那么确实只要我这个历史学家这样做,我就径直变成了贝克特,而这似乎是荒谬的。

为什么这是荒谬的呢?可以这样说,因为要成为贝克特是一回事,要认识贝克特又是另一回事;而历史学家的目标则在于后者。可是,这种反对意见已经被解答过了。它有赖于对主观性和客观性二者间的区别的一种虚假的解说。就贝克特而言,只要他是一个思想着的心灵,作一个贝克特也就是认识到他就是贝克特;就我自己而言,根据同样的证明,作一个贝克特也就是认识到我就是贝克特,那就是说,认识到我现在的自身是在重演贝克特的思想,我自己在那种意义上也就是贝克特。我并没有"简单地"变成为贝克特,因为一个思想着的心灵永远也不"简单地"是任何东西;它是它自己的思想活动,而且它并不"简单地"(如果这个词意味着什么,它就意味着"直接")就是这些,因为思想并不是单纯直接的经验,而总是反思或自我-认识,即对一个其自身就是活在这些活动之中的人的认识。

很可以再补充一下这一点。一种思想行动确实是思想者的经验的一部分。它出现在某个一定的时间,而且出现在思想、感情、感知和诸如此类的其他行动的某种普遍联系之中。它在这种普遍联系中的呈现,我就称之为它的直接性;因为虽说思想并不是单纯的直接性,但它却并不缺乏直接性。思想的特点就是,除了在这种普遍联系之中出现于此时此地之外,它还能维持它自己经历这种普遍联系的变化,而且在不同的另一种思想之中复活它自己。这种维持并复活自己的能力,就是使得一个思想行动不止于是(例如,用怀特海所曾说它的话)一个单纯的"事件"或"局势"的那种东西。那是因为——而且只要是——思想行动是被错误地设想为是一个事件,所以重演它这一观念就似乎是

---

① 托马斯·贝克特(Thomas Becket,1188?—1170),英国坎特伯雷大主教,因反对英王亨利七世而被暗杀。——译者注

悖论了，而且还是描述另一个类似事件出现的颠倒方式。当前的东西其本身并不能被重演。因此之故，在经验中凡是其存在恰恰只是它们的当前性的那些成分（感知、感觉等等本身），就都不能被重演；不仅如此，而且思想本身也永远不可能在它们的直接性之中被重演。例如，初次发现一个真理之不同于任何尔后对它的思考，并不在于所思考的真理是一种不同的真理，也不在于思考它这一行动是一种不同的行动；而在于那第一次情况的直接性是永远不可能再度被经验的：诸如对于它那新奇性的震惊，从令人困惑问题中获得解放，达到了一种迫切希望着的结果的胜利，也许是一番战胜了反对者们并取得声誉的感受，以及如此等等。

而且还有：思想的直接性不仅仅在于它那感情的（当然还有感知的，像是阿基米德的身体在浴盆里的浮力）普遍联系，而且还在于它和其他思想的普遍联系。两个角相等这一思维行动的自我同一性，不仅仅与这样一些事情无关，诸如一个正在进行它的人是饥寒交迫的，或觉得他的椅子硬梆梆的，或为他的功课而烦恼等等；它也与更进一步的思想无关，像是书上说两个角相等或者老师相信它们是相等的；或者甚至于也和与手头这个问题更为密切相关的思想无关，像是它们的和再加上顶角是180度。

有时候有人否认这一点。有人说，凡是与它的普遍联系割裂开的任何事物就因而都是残缺的和伪造的；于是结果就是，要认识任何一件事物，我们都必须认识它们的普遍联系，而这就蕴涵着要认识全宇宙。我并不准备就其全部的含义来讨论这种学说，只不过提醒读者它和现实就是当前的经验这一观点的联系，以及和它那系论的联系，即思想不可避免地要把事物从它们的普遍联系之中割裂开来，所以就永远不可能是真确的。根据这样一种学说，欧几里得在一个给定场合认为两个角相等的这一思想行动，只有就它与他当时经验的普遍联系的关系才会成其为这一思想行动，这包括着像他的心情愉快，有一个奴仆站在他右肩后面之类的事情；不认识所有这一切，我们就不能认识他的意思是什么。如果（而那是这个学说以其严谨的形式所不容许的）除了他那几何思想的普遍联系之外，我们把其他一切都当作无关的东西而撇开到一旁去,即使是这样我们也不免于荒谬;因为在给这条定理做出证明时,他可能思想过"这条定理能使我证明一个半圆的内接角是一个直角"以及上百种其他的东西,这些都恰好是我们所不可能认识的。很可能没有某种这类的普遍联系,他就永远也思想不出他的第五条定理;但是要说因为这条定理作为一个思想行动仅仅存在于它的普遍联系之中,所以除了在他实际上思想它的那种普遍联系之中,我们便无法认识它;那便是把思想的存在限于它自己的直接性,把它归结为单纯的当前经验的一个事例,从而就否定它是思想了。还没有一个企图坚持这样一种学说的人,是把它坚持到底的。举例说,他企图表明一种敌对的学说是不真确的,但是他所批判的这种学说却是另一个人所教导的学说(或者甚而是他自己在冥顽不化的日子里所接受的学说)。根据他自己的说明,这一学说只有在那种不可能被重复、又不可能被认识的普遍联系的总体中,才成其为这一学说。这种思想的普遍联系——其中也有他的对手的学说的存在,——永远不可能是那种在他的批判者的经验中所有的普遍联系;而且如果一种思想行动只有在与它的普遍联系的关系中才能成其为那种思想行动,那么他所批判的学说便永远不可能是他的反对者所教导的那种学说了。而这一点并不是由于阐释方面或领悟方面的任何缺陷,而是由于企图理解别人的思想——或者确乎是进行任何思想——的那种自我-挫败的性质。

另一些人接受了这些后果的警告,便接受了相反的学说,即一切思想行动彼此在每一点上都是互不相同的。这就使得把它们从它们的普遍联系之中割离出来既很容易而又合法;因为并不存在着什么普遍联系,而只存在着各种事务的并列,它们彼此处于纯属外部的关系。根据这种观点,知识体的统一性就只是属于一种集合体的那种统一性;这一点无论对于科学或已知事物的体系,还是对于心灵或认识行动的体系,都是真实的。我再次不去管这样一种学说的全部含义,而仅仅是指出,它由于以逻辑分析代替了对经验的注意(经常诉之于经验,乃是它那反对学说的力量之所在),便忽视了思想的直接性,并把思维行动从主观的经验转化为客观的景象。欧几里得完成了思想的某项操作这一事实,就变成只不过是一个事实,就像这张纸放在这张桌子上的这个事实一样；心灵则仅仅是这些事实的一个集合名词而已。

历史学根据这种观点并不比根据其他观点就更加成为可能。欧几里得完成了思想的某项操作，可以称之为一个事实；但它是一个不可知的事实。我们不可能知道它，我们至多只能根据证件而相信它。只有是对于紧抱着误认历史学是克罗齐所称之为"语言学的历史"的那种伪历史学形式的根本错误的那些人，这一点才表现为对历史思想的一种令人满意的阐述。那些人认为历史学只不过是博学或者学问，并且会把发现（例如）"柏拉图思想的是什么"而不去追问"它是否真实"这种自相矛盾的任务分派给历史学家。

要使我们自己摆脱上述这样两种相辅相成的错误，我们就必须攻击这两者所由以发生的那种虚伪的二难推论。那种二难推论基于这样一种选言判断：即思想要么是纯粹的直接性，在这种情况中它就无可摆脱地卷入了意识之流；要么就是纯粹的转手性，而在这种情况中它就全然脱离了那个意识之流。但实际上，它却既是直接性而又是转手性。每个思想行动，像它实际上所发生的那样，都是发生在一种普遍的联系之中，它从其中产生并在其中生存，也像任何其他经验一样，是思想者的生活的一个有机部分。它和它那普遍联系的关系，并不是一个单项在一个集合体中的关系，而是一种特殊功能在一个有机体的整个活动中的关系。至此为止，不单是那些所谓理想主义者的学说是正确的，甚至于把它的那个方面发展到极端的那些实用主义者的学说也是正确的。但是一种思想行动，除了实际上的发生而外，还能够维持其自身并能够被复活或被重复而不失其同一性。至此为止，那些曾反对这些"理想主义者"的人是在正确的方面的，他们主张，我们所思想的东西并不因我们在其中思想着它的那种普遍联系的改变而改变。但是它不能 in vacuo [在真空里] 重复自己，好像是过去经验的一个脱离了躯壳的幽灵那样。无论它多么经常地出现，它必定总是出现在某种普遍的联系之中的，而且那种新的普遍联系必定是像旧的一样地适合于它。因此，某个人已在著作中表达了他的思想而且我们也掌握有他的作品这一单纯的事实，并不能使我们就理解他的思想。为了使我们能够这样做，我们就必须在着手阅读它们时，具备有一种充分像他自己一样的经验,使得那些思想对它成为有机的。

　　思想的这种双重性质,就为与史学理论有着密切联系的这个逻辑难题提供了一个解答。如果我现在重新思想柏拉图的一个思想,是否我的思想行动与柏拉图的是同一个呢,还是与之不同呢?除非它是同一个,否则我所声称关于柏拉图的哲学的知识便是彻底错误的。但是除非它是不同的,否则我对柏拉图的哲学的知识便蕴涵着我自己的哲学的泯没。如果我一定要知道柏拉图的哲学,那么所需要的就是既要在我自己的心灵里重新思想它,又要从我能对它进行判断的角度思想其他事物。有些哲学家试图解决这个难题而诉之于一种朦胧的"异中有同的原则";他们论证说从柏拉图到我自己存在着有一种思想发展,而且任何发展着的东西始终都是与其自身同一的,尽管它变得不同了。另一些人曾公正地回答说,问题恰好是这两种东西是如何相同而又如何不同的。答案是,在它们的直接性之中——正像实际的经验和它们所由以产生的那种经验整体是有机地结合在一起的那样——柏拉图的思想和我的就是不同的。但是在他们的转手性之中,它们却是相同的。这一点或许要求有更进一步的解释。当我阅读柏拉图在《泰阿泰德》篇中的论证,反对知识单纯是感知的那种观点时,我并不知道他是在攻击什么哲学学说;我无法阐述这些学说并详细说出是谁在主张它们,以及根据什么论证。在其直接性之中,作为他自己的一种实际经验,柏拉图的论证必定毫无疑问地是从某种讨论之中产生出来的(虽然我并不知道它是什么),而且是和这样一种讨论紧密联系在一起的。然而如果我不仅仅阅读他的论证,而且理解它,在我自己的心灵之中由于与我自己而又向我自己重新论证它而在追循着它;那么我所经历的论证过程就不是一个类似于柏拉图的过程了,那实际上就是柏拉图的过程,只要我把他理解得正确。这一论证单纯地作为它本身,就从这些前提出发,经过这一过程而引到了这一结论;这种论证因为它既能在柏拉图的心灵里、又能在我的或任何其他人的心灵里得到发展,所以也就是我称之为在其转手性之中的思想。在柏拉图的心灵里,它就存在于讨论和理论的某种普遍联系之中;而在我的心灵里,因为我不知道那种普遍联系,所以它就存在于另一种不同的普遍联系之中,也就是从近代的感知主义(sensationalism)所产生的那种讨论的普遍联系之中。因为它是一种思想而不是一种单纯的感觉或感知,所以它便能存在于这两种普遍联系之中而不失其同一性,尽管没有某种适当的普遍联系,它就永远也不可能存在。它存在于我的心灵之中的那种普遍联系,有一部分(假如它是一种谬误的论证的话)就由于包括知道怎样去批驳它而可能成为思想的其他活动;但是即使我批驳了它,它依然会是同样的论证,而遵循它的逻辑结构的行动也依然会是同样的行动。

第五节　历史学的题材[1936]①

如果我们提出这一问题:对于什么东西才能有历史知识? 答案就是:对于那种能够在历史学家的心灵里加以重演的东西。首先是,这必须是经验。对于那不是经验而只是经验的单纯对象的东西,就不可能有历史。因此,就没有、而且也不可能有自然界的历史,——不论是科学家所知觉的还是所思想的自然界的历史。毫无疑问,自然界包括着和经历过各种过程,甚至于就是由各种过程所组成的;它在时间中的变化对它是根本性的,而这些变化甚至于(像有些人认为的)可能是它所具有的一切、或者就是它的一切;而且这些变化可能是真正创造性的,即不是固定的循环形态的单纯重复,而是自然存在的新秩序的发展。但是所有这些都不能导向证明大自然的生命就是一种历史的生命,或我们对它的知识就是历史的知识。能够存在有一部自然史的唯一条件就是,自然界的事件乃是某个或某些在思维着的人或人们的行为,而且我们由于研究这些行为就能够发现它们所表达的思想是什么,并为我们自己思想这些思想。这是一个或许没有人会声称已经得到了满足的条件。因此之故,自然界的过程就不是历史的过程,而我们对自然界的知识——虽则它可以在某些表面的方式上有似于历史,例如都是纪年的——就不是历史的知识。

第二,甚至经验本身也并不是历史知识的对象。只要它是单纯的

---

①　本节出自柯林武德1936年历史哲学讲稿的第二部分"形而上学后论"。——译者注

直接经验,是包括感知、感觉等等之类的单纯的意识之流,它的过程就不是一种历史的过程。毫无疑问,那种过程不仅能够以它的直接性为人所直接经验,而且还能够被人认识;它的特殊细节和它的普遍特点都能够被思想加以研究;但研究这种过程的思想,在其中所找到的只是一种单纯的研究对象,为了对这个对象加以研究,并不需要、而且确实也不可能在思想中对它加以重演。只要我们思想着有关它的特殊细节,我们就是在回忆着我们自己的经验,或者是带着同情和想象而进入了别人的经验。但在这类情况中,我们并没有重演我们所记忆的或我们所同情的那些经验;我们只不过是在思索它们作为是我们目前自身之外的对象,或许还求助于我们自身之内所呈现的(像是它们那样的)经验。只要我们思考的是它的一般特点,我们就是从事于心理科学。在这两种情况中,我们都不是历史地在思想。

　　第三,甚至于思想本身——在它以其在一位个别思想家的生活中的独一无二的普遍联系而作为独一无二的思想行动的那种直接性之中——也不是历史知识的对象。它不能够被重演;如果它能够的话,时间本身就会被一笔勾销,而历史学家也就会是他所思想的那个人一模一样地在各个方面都复活着了。历史学家不可能就思想的个别性而领会个别的思想行动,就像是它所实际发生的那样。他对那种个体所领会的,仅仅是可能和别的思想行动所共有的、而且实际上是和他自己的思想行动所共有的某种东西。但是这个某种东西并不是在如下这种意义上的抽象,即它是不同的个体所共有的一种共同性质,而且可以脱离共同享有它的那些个体而加以考虑。它是思想本身的行动,是在不同的时代里和在不同人的身上的存留和复活:一度是在历史学家自己的生活里,另一度是在他所叙述其历史的那个人的生活里。

　　因此,历史学是对个体的知识这样一句含混的话,就要求有一片过分广阔而同时又过分狭小的领域;过分广阔是因为被知觉的对象和自然的事实以及当前的经验的个体性都落在它的范围之外,而尤其是因为即使是历史事件和人物的个体性(假如这意味着他们的独一无二性的话)也同样落在它的范围之外;过分狭小则是因为它会排除普遍性,而恰好是一个事件或人物的普遍性才使之成为历史研究的一种恰当的和可能的对象,——假如我们说的普遍性是指越出了单纯的区域的和时间的存在而具有一种对一切时代的一切人都有效的意义那种东西的话。毫无疑问,这些也都是含糊的话,但是它们却企图描述某种真实的东西;那就是思想超越它自身的直接性而存留在和复活在其他的普遍联系之中的那种方式。它们也企图表示这个真理,即个别行动和人物出现于历史上并不是以它们的个体性本身的资格,而是因为那种个体性乃是一种思想的工具,——那种思想因为实际上是他们的,所以潜在地也就是人人都有的。

除了思想之外,任何事物都不可能有历史。因此,比如说一部传记,不管它包含着有多么多的历史,都是根据那些不仅是非历史的而且是反历史的原则所构成的。它的范围是生物学的事件,是一个人的有机体的诞生和死亡;它的构架因此就不是思想的构架而是自然过程的构架。对这种构架——那个人的肉体生活、他的童年、成年和衰老、他的疾病和动物生存中的全部偶然事件——思想的各种浪潮(他自己的和别人的)就不顾它的结构而在交叉冲刷着,像是海水冲刷着一只搁浅了的废船。许多人类的感情都是和处在它那涡流之中的这种肉体生活的景象联系在一起的;而作为一种文学形式的传记,则哺育着这类感情并可能供应它们以优质的粮食;但这并不是历史。再有,在日记里忠实保存下来的或在回忆录里追忆的那种直接经验及其感觉和感情的洪流的记录,也不是历史。它那最好的就是诗歌,它那最坏的就是一种突出的自我中心主义;但它永远不可能是历史。

但是还存在着另一个条件,没有它一件事物就永远也不可能成为历史知识的对象。历史学家和他的对象之间的时间鸿沟,像我说过的那样,必须从两端来加以衔接。对象必须是属于这样的一种,它自身能够在历史学家的心灵里复活;历史学家的心灵则必须是可以为那种复活提供一所住宅的心灵。这并不是指他的心灵必须是某种具有历史气质的,也不是指他必须在历史技术的特殊规则方面受过训练。它指的是,他必须是研究那个对象的适当人选。他所研究的是某种思想,而要研究它就包括要在他自己身上重演它;并且为了使它得以出现在他自己思想的直接性之中,他的思想就必须仿佛是预先就已经适合于成为它的主人。这并不蕴涵着历史学家的心灵和它的对象两者间有一种预定的调和(在这个词句的技术性的意义上);它并不是,例如认可柯勒律治①的说法:人或生而为柏拉图主义者或生而为亚里士多德主义者;因为它并没有预先判断这个问题,一个柏拉图主义者或一个亚里士多德主义者究竟是天生的还是被造就的。一个人在生活中的这一段时期发现某些历史研究是毫无裨益的,因为他不能够使自己进入他所思想着的那些人的思想里面去;却会在另一段时期发现他自己变得有能力这样做了,也许是作为有意的自我训练的结果。但是在他生活中的任何一个固定阶段,历史学家所处的地位肯定地(不管由于什么原因)对某些思想方式要比对其他的更容易感到同情。这部分地是因为某些思想方式整个地或相对地对他很陌生;部分地是因为它们是太常见了,于是他感到有必要为了他自己心灵的和伦理的利益而摆脱它们。

如果一个历史学家所研究的东西与他自己的心灵格格不入,因为它所要求于他的是他应当去研究那些不合心意的主题,或者因为它们是"属于这样一个时期",他自己那被引入歧途的良知在幻想着他应当对它面面俱到地加以处理;如果他试图掌握他本人所无法钻进去的那种思想的历史;那么他就不是在写它的历史,而是仅仅在重复着那些记录了其发展的外部事实的陈述了:姓名和日期,以及现成的描述性的词句。这样的重复或许可以很有用,但却并非因为它们是历史。它们都是些枯骨,但也可能有朝一日会成为历史的,——当什么人有能力把它们用既是他自己的、而又是它们的思想的血肉装饰起来的时候。这只是在以一种方式说,历史学家的思想必须渊源于他全部经验的有机统一体,而且必须是他整个的人格及其实践的和理论的兴趣的一种功能。几乎没有必要补充说,因为历史学家是他那时代的产儿,所以便存在着一种普遍的可能性,即凡是使他感兴趣的东西也会使他同时代的人感兴趣的。这是为人熟知的事实,每一代都发现自己对于其祖先来说只是枯骨、毫无意义的东西的那些领域和方面感到兴趣,因此才能够历史地加以研究。

---

① 柯勒律治(Coleridge,1772—1834),英国诗人、评论家。——译者注

因此，历史知识就是以思想作为其固定的对象的，那不是被思想的事物，而是思维这一行动的本身。这一原则已经供我们在一方面区别了历史学和自然科学的不同，作为是对一个给定的或客观的世界的研究之不同于思想着它的这一行动；而另一方面又区别了历史学和心理学的不同，心理学是对直接的经验、感知和感觉的研究，那尽管是心灵的活动，却不是思维的活动。但是这一原则的积极意义，还需要更进一步确定。要包括在"思想"这个名词之下的，究竟意味着有多少内容？

"思想"这个名词，就像它迄今为止用在本节和以前各节中的，一直代表着经验或心灵活动的某种特定的形式；它的特点可以消极地被描述为：它不仅仅是当前的，所以也就并不被意识之流所席卷而去。而它那区别思想与单纯意识的积极特点则是，它有能力认识，自己的活动乃是贯彻于它自己各种行动的分歧性之中的一种单一的活动。如果我感觉冷，而后又感觉暖；就单纯的感觉来说，这两种经验之间并没有连续性。确实，像是柏格森指出的，冷的感觉"渗透"到了随后的暖的感觉里面去，并赋给它以一种通过别的方式所不会具有的性质；但是这种感觉暖，尽管它的那种性质有负于此前的感觉冷，却并不承认这笔账。单纯感觉和思想之间的区别，就可以用简单地感觉冷和能够说"我感觉冷"这二者间的区别来加以说明。要说那句话，我就必须察觉我自己不止于是对于冷只有直接经验的某种东西；就必须察觉我自己就是感觉的一种活动，它以往曾有过其他的经验，而且贯穿在这些不同的经验之中始终是那同一个。我即使不需要记得这些经验都是什么；但是我必须知道它们存在过，而且还是我的经验。

因此，思想的特点就是，它不是单纯的意识，而是自我-意识。自我，作为单纯的意识就是一股意识之流，是当前感知和感觉的一个系列；但是作为单纯的意识，它并没有察觉到它自己是那样一股意识之流；它不知道它自己的连续性贯彻在各种经验的前后相续之中。察觉到了这种连续性的活动，就是我们所称之为的思维。

但是这一有关我自己的思想，作为一种感觉活动（它始终是贯穿着它的各种不同的行动的同一个活动）仅仅是思想最萌芽的形式。它由于从这个出发点向外朝着各个不同的方向活动而发展为其他各种形式。有一件它可以做的事就是,要逐渐更清楚地察觉这种连续性的确切性质;不是仅仅把"我自己"设想为以往曾有过若干经验但不能明确它们的性质,而是考虑这些经验具体地都是些什么,即记忆它们并以它们和当下的现在进行比较。另一件它可以做的事就是分析现在的经验本身,在其中区别出感觉的行动和被感觉到的东西之不同,并且设想出被感觉到的乃是某种东西,它那实在性(像是我自己作为感觉者的实在性一样)并不是它那对我感觉的当前存在所能穷尽的。沿着这两条路线前进,思想就变成了记忆,即有关我自己的经验之流的思想,而知觉就变成了关于我所经验的东西之作为某种真实的东西的思想。

它所发展的第三条途径就是,认识我自己不仅仅是一个有感知的人而且还是一个在思想着的人。在记忆和知觉中,我所做的已经不止于是享受当前经验之流而已,我还在思想着;但我并没有(简单地在记忆或知觉本身之中)察觉到我自己是在思想着。我仅仅察觉到我自己是在感觉着。这种察觉已经是自我-意识或思想了,但它是一种不完全的自我-意识,因为我在具有它时,只是在完成我所没有意识到的某种心灵活动,亦即思维。所以我们在记忆或感知本身之中所做的思维,就可以称之为无意识的思维;那并不是因为没有意识我们也能做到它(因为要能做到它,我们就必须不仅仅是有意识的,而且是自我意识的),而是因为我们做到它而无须意识到我们正在做它。意识到我正在思维,也就是以一种新的方式在思想,我们可以称它为反思。

历史思维总是反思;因为反思就是在思维着思维的行动,而且我们已经看到一切历史思维都是属于这一类的。但是哪一类的思维才能是它的对象呢?有没有可能研究我们刚刚所称为的无意识的思维的历史呢,还是历史研究的思维必须是有意识的或反思的思维呢?

这等于是在问,究竟能不能有一种记忆的或知觉的历史。而显然的是,那是不可能有的。一个人要坐下来写记忆的历史或知觉的历史,就会发现没有什么东西可写。可以设想,人类不同的种族(而且因此,不同的人们)曾经有过不同的记忆或知觉的方式;而且还可能,这些不同有时并不是由于生理的差别(例如不发达的颜色感,这一点根据很可疑的理由而被说成是希腊人所特有的),而是由于不同的思想习惯。

但是如果存在着不同的知觉方式,它们由于这种原因在过去曾经到处流行过,而现在却没有被我们所采用,那么我们就不能重行构造它们的历史了,因为我们不能随意地重演那些恰当的经验;而这又是因为它们所由以形成的那种思想习惯乃是"无意识的",因此就不能有意地加以复活。例如,可能真的是,我们自己以外的一些文明曾经享有过第二视觉的能力和看得见鬼的本领,作为它们正常性能的一部分。也可能是,在他们当中,这些事都出自思维的某些习惯方式,因此就是为大家所熟知的并理解的一种表达真正的知识或很有根据的信仰的方式。确实,在北欧史诗萨迦中,在伯恩特·扎尔使用他的第二视觉作为向他的朋友们进忠告的一种手段时,他们是由于世界上一位健全的律师和一个精明能干的人的智慧而受益的。但是,假设这一切都是真的,我们还是不可能写出一部关于第二视觉的历史来;我们所能做的一切就只是收集那些断言过它的事例,并且相信有关它的陈述都是事实的陈述。但是这至多只不过是在信仰证词而已;而我们知道,这种信仰是就在历史学所开始的地方止步的。

因此,为了使任何一种个别的思想行动成为历史学的题材,它就必须不仅仅是思想的一种行动,而且还必须是反思思想的一种行动;那也就是,它是一种在它被完成的意识之中被完成的思想,而且是被那种意识构成了它之所以为它。做出这件事的努力,必然不止于是一种单纯的意识的努力而已。它绝不是要做出我们自己也不知道要做什么的那种盲目的努力,就像是努力去追忆一个已经忘记的名字或是去知觉一种混乱不堪的对象那样;它必须是一种反思的努力,是那种要做出我们在做它之前就对它有了一个概念的某种事物的努力。反思的活动就是我们知道在其中我们想要做的是什么事的一种活动,所以在它完成时,我们就由于看到它符合了成其为我们对它的最初概念的那种标准或规范而知道它是完成了。因此,它就是我们由于预先知道如何完成它,便得以完成的一种行动。

并非一切的行动都属于这一类。撒末尔·巴特勒①说一个婴儿必

---

① 撒末尔·巴特勒(Samuel Butler,1835—1902),英国社会批评家、哲学家和小说家。——译者注

定知道怎样吮奶,否则婴儿就不会吮奶了,这时他就从单方面混淆了这个问题;又有人从相反的方面混淆了这个问题,主张我们永远也不知道我们所要做的是什么,除非我们已经把它完成了。巴特勒是企图证明那些非反思的行动实际上是反思的,他夸大了生活中理性的地位,为的是反对当时流行的唯物主义;而其他那些人则争辩说,反思的行动实际上乃是非反思的,因为他们把一切经验都设想为直接的。就其直接性作为一种独一无二的个体而言——以其全部完整的细节、而且处于唯有在其中它才可能有直接的存在的那种充分的普遍联系之中——则我们未来的行动肯定是绝不可能预先被计划出来的;不管我们把它想得多么仔细,它总会包含有许多东西是没有预见到的和令人惊讶的。但要推论说因此它根本就不可能有计划,便暴露出它的当前存在乃是它所具有的唯一存在这一假设了。一种行动不止于是一个单纯的独一无二的个体,它还是某种具有普遍性质的东西;而且在一种反思的或有意的行动(这种行动我们不仅是在做,而且是在做出以前就有意要做了)的情况中,这种普遍的性质也就是在做出这一行动本身之前我们在思想里所设想的这一行动的计划或观念;并且也就是在我们做出了它时,对我们赖以知道我们已经做出了我们所想要做的事的衡量标准。

有某几种行动除非是根据这些条件便不可能做到:那就是说,除非是由这样一个人来做到,他反思地知道他是在试图做什么,并且因此在他已经做出它时,就能够根据他的意图来判断他自己的行为。这些行动的特点是,它们应当像我们所说的,是"有目的地"做出来的;也就是应当有一个目的作基础,行动的结构就建立在那上面,而且还必须与之相符合。反思的行动可以大致描述为是我们根据目的所做出的行动,而且这些行动是可以成为历史学的题材的唯一的行动。

根据这种观点,我们就能够看出何以某些形式的活动就是、而其他一些形式的活动则不是历史知识的素材。一般会公认,政治是可以历史地加以研究的一种东西。原因是政治提供了有目的的行为的一种清楚的例证。政治家是一个有政策的人,他的政策是在行为完成之前预先设想的一种计划;而他作为一个政治家的成功是与贯彻他的政策的成功成比例的。毫无疑问,他的政策并不是在他的行为开始之前就一劳永逸地确定了下来这种意义上先于他的行为的;随着他的行为在发展,政策也在发展着;但是在他的行为的每一阶段,政策总是领先于它本身的实现。假如有可能说一个人在行动着,而对于那会产生什么结果却没有任何观念,他做的只是最先出现在他头脑里的那件事,而等着看它的后果如何;那么就可以结论说,这样一个人绝不是政治家,他的行为仅只是闯入到政治生活里的一种盲目的和非理性的力量而已。但是如果一定要说某一个人毫无疑问地有着一个政策,而我们却无法发现它是什么(有时候一个人会感到倾向于,例如对早期的罗马皇帝,说这样的话);这就等于说自己要重行建造他的行为的政治史的企图已经失败了。

　　由于同样的原因,也可以有一部战争史。一般说来,一个军事司令官的意图是容易理解的。如果他率领大军进入某一个国家,并攻击对方的武力,我们就可以明白他的意思是要打败它,并且根据有关他的行动的记述,我们就能在我们自己的心灵里重行建造他所试图实现的那个作战计划。这又一次有赖于他的行动是有目的地做出来的这一假定。如果它们不是这样,那么它们就不可能有历史;如果它们是根据我们所无法探测的目的而做出来的,那么我们至少就无法重建它们的历史。

　　经济活动也可以有一部历史。一个人建立一座工厂或者开办一家银行,是根据一个我们所能理解的目的在行动的;同样,还有那些从他那里领取工资,购买他的货物或他的股份,或者存款和取款的人。如果有人告诉我们工厂发生罢工或者银行发生挤兑,我们就能够在我们自己的心灵里重行建造其集体行动采取了那些形式的人们的目的。

　　还有,也可以有一部伦理史;因为在伦理行为中我们是有目的地在做着某些事情的,为的是使我们的实践生活能与它所当然应该成为的理想相谐调。这种理想既是我们自己的人生观,像它所应该的那样,或是像我们想塑造它成为什么样子的那种意图,同时又是对我们所做的事究竟做得是好是坏的一个标准。在这里,也像在其他的情况里一样,我们的目的是随着我们活动的发展而在改变,但是目的总是要领先于行动的。伦理行动是不可能的,除非在、并且只有在一个人是有目的地在行动的时候;责任是不能通过偶然或漫不经心而完成的;没有一个人能够尽到他的责任,除非是他有意要尽他的责任。

在这些情况中,我们有着实践活动的事例,它们不仅是有目的地加以追求的事实,而且除非是它们被这样加以追求,否则它们就不可能成为它们那样。现在就可以认为,一切有目的的行为都必定是实践的行为,因为其中有两个阶段:首先是设想这个目的,这是一种理论活动或纯粹思想的行动;然后是执行这个目的,这是伴随理论活动的实践活动。根据这种分析就可以得出,行动就这个词的狭隘的或实践的意义而言,乃是有目的地所能够做出的唯一的事。但是有人可以论证说,——你并不能够有目的地去思想;既然是如果你在执行你自己思想的行动之前就先设想了它,你就会是已经执行它了。由此可以得出,理论活动是不可能有目的的;它们仿佛必须是在暗中完成的,而对于从事这些活动会出现什么结果却是毫无概念。

这是一个错误,但它是一个对历史学理论有点兴趣的错误,因为它实际上已经影响了历史编纂学的理论和实践达到了一种程度,竟使得人认为历史学唯一可能的题材就是人类的实践生活。历史学只关注着而且只能关注着仅仅像是政治、战争、经济以及一般说来属于实践世界的东西;这种观点现在仍然广泛流行,而且在过去曾经几乎一度是普遍的。我们已经看到,甚至于曾经那么高明地表明了哲学史应如何写作的黑格尔,也在他的论历史哲学的讲演里委身于这种见解,认为历史的固有题材就是社会和国家,是实践的生活,或者(用他自己的技术语言来说)就是客观精神,即把自己外在地表现为行为和制度的精神。

今天,再没有必要来论证艺术、科学、宗教、哲学以及诸如此类都是历史研究的固有题材了;它们之被人历史地加以研究的这一事实是太为人所熟知了,但是鉴于上面所叙述的相反的论证,却有必要问一问为什么会是如此。

首先是,一个从事纯粹理论思维的人是没有目的地在行动着,这一点并不是真实的。一个人在进行某项科学工作时,如探索疟疾的原因时,他在心灵里总有着一个十分明确的目的:即要发现疟疾的原因。确实,他并不知道这个原因是什么;但是他知道在他找到它时,他就由于把从一开始就在他面前的某些测验或标准应用到他的发现上面而会知道他已经找到了它。于是,他那发现的计划便是将会满足这些标准的一种理论的计划。对历史学家或哲学家来说,情形也一样。他从来也不是航行在一片未标出航线的海洋上;他的航行图不管内容是多么不详尽,却是标志着有经纬线的,而他的目的则是要发现在图上那些经纬线之间要注上些什么东西。换句话说,每项实际的探索都是从某个确定的问题出发,而探索的目的则是要解决那个问题;因此进行发现的计划就是已知的,而且是被如下的说法所规定的,即无论这一发现可能是什么,但它必须是能够满足这一问题的条件。正像在实践活动的情况中那样,这一计划当然也要随着思想活动的前进而改变;有些计划因为行不通而被放弃了并代之以其他的计划,有些计划则成功地得到实现并被发现导致了新问题。

其次,设想一个目的和执行一个目的之间的不同,并没有正确地被描述为是理论行动和实践行动之间的不同。设想一个目的或者形成一种意图,已经就是一种实践活动了。它并不是构成为行动的先行站的思想;它本身就是行为的开始阶段。如果这一点不能马上为人承认,那么还可以通过考虑一下它的含义而为人承认。思想作为理论活动,不可能是道德的或不道德的;它只可能是真的或假的。成为道德的或不道德的,必须是行为。现在假定有一个人形成了要谋杀或奸淫的意图,然后又决定不去实现他的意图;那么这种意图本身已经暴露出他应根据道德的理由而受到谴责。这并不是要说他:"他精确地设想了谋杀或奸淫的性质,所以他的思想就是真的,因而是值得钦佩的";而是要说他:"他无疑地还没有坏到像已经把他的意念贯彻到底的地步;但是谋划着这种行为总归是罪恶的。"

因此,科学家、历史学家和哲学家并不亚于实际生活中的人,也是按照计划在进行他们的活动的,是有目的地在思维的,因而达到的结果是可以按照从计划本身之中所得出的标准来加以判断的。因此之故,就可能有有关这些事物的历史。所需要的一切只是,应当有着关于这类思维是怎样完成的证据,还有历史学家应当能够解释它,也就是应当能够在他自己的心灵里重演他所研究着的思维,想象它所由以出发的那个问题,并且重建那些企图解决它的步骤。在实践上,通常对于历史学家的难题乃是能认出这个问题是什么;因为思想者一般都是谨慎小心在阐述他自己思想的步骤的,所以他照例是在向他同时代的人发言的,而他们已经知道问题是什么了,并且他或许根本就不叙述它。而且除非是历史学家知道他所研究的问题是什么,否则他便没有借以判断他的工作是否成功的标准。历史学家的努力就在于去发现赋予对"影响"的研究以重要意义这个问题;而当影响被设想成是把现成的思想从一个心灵灌注到另一个心灵里的时候,那就会是枉然的。明智地探讨苏格拉底对柏拉图的影响,或笛卡儿对牛顿的影响,并不是要发现那些一致之点,而是要发现一个思想家所达到结论给下一个思想家所造成的问题的那种方式。

关于艺术的情况,似乎有着一种特殊的困难。艺术家,即使他的作品多少能够被称为反思的,似乎也远远不如科学家或哲学家那么反思。他看来并不像是带着一个明确规定了的问题去从事某一件特殊的作品,并参照问题的条件来判断他的结果。他仿佛是在一个纯粹想象的世界里工作着;在这里,他的思想是绝对地创造性的,在任何种意义上都绝不知道自己所要做的是什么,直到他做完了它为止。如果思维是指反思和判断,那么就仿佛真正的艺术家的是根本就不思想的;他的心灵劳动似乎是一种纯粹直觉的劳动,在这里没有任何概念是领先于或者是支持着或者是判断着直觉本身的。

但是艺术家并不是无中生有创造出他的作品来的。在任何一种情况中,他都是从他面前的一个问题而开始。而这个问题,只要他是一个艺术家,就不是装饰某个房间或者设计一所符合某些给定的实用要求的住宅这类的问题;这些都是应用艺术的特殊问题,而在艺术本身之中并不发生这些问题。它也不是用颜料或声音或大理石制造出来某种东西的问题;只有在这些问题丝毫不再成为问题而且他的技巧的材料已经成为他的想象的驯服的仆人时,他才开始成为一位艺术家。他开始创造一件艺术品的起点,就是那件作品被嫁接到他的非反思的经验整体之上的那一点;亦即他当前的感性的和感情的生活,及其通过记忆和知觉的合理性的、但无意识的发展。他所面临的问题乃是把这种经验馈入一件艺术品里面去的问题。他遇到过某种经验,其意义之深长或感人超过了其他的经验;它那没有表达出来的意义像是一副重担压在他的心灵上,鞭策着他要找出某种表达它的方式;他创造一件艺术品的劳动,就是他对那种鞭策的反应。在这种意义上,艺术家很知道他在做什么和他在企图做什么。他之已经正当地完成了它的那种标准,就是当它被完成时,它应该被人看作是表达了他所想要表达的东西。他的全部特殊性就在于这样一个事实,即他不能制定他的问题;如果他能制定它,他就会已经表现了它,而艺术品也就会已经完成了。但是尽管他不能够在这件作品本身之前预先说出问题是什么,他却知道有一个问题,而且他还察觉到它的特性:只不过并不是反思地察觉到,直到作品已告完成为止。

这的确似乎是艺术的特殊性格,而且是它对思想生活的特殊重要意义。它是实际所发生的从非反思的转化为反思的思想的那种生活形态。因此,就有一部艺术史,但不是一部艺术的问题的历史,像是有一部科学或哲学的问题的历史那样。有的只是一部艺术成就的历史。

也有一部宗教史;因为宗教也是反思思想的一种功能,并不亚于艺术或哲学或政治。在宗教中,人对自身所具有的概念是把自己作为一种思维的和主动的生物,他以这种概念来与对上帝的概念相对立,——在对上帝的概念中,他关于思想和行动、知识和力量的想法都被提到无限的高度。宗教思想和宗教实践的任务(因为在宗教中,理论的和实践的活动是合而为一的),乃是要找出作为有限的自我和作为无限的上帝这两种互相对立的概念之间的关系。缺乏任何明确的关系,单只有两者之间的不同,这就成为了宗教心灵的问题和苦恼。发现了这种关系,同时也就是发现了我的思想通向了上帝和上帝的思想通向了我;而和这一点分不开的便是我的一个行动的完成(我由之而建立了与上帝的一种关系),和上帝的一个行动的完成(他由之而建立了与我的一种关系)。幻想着宗教是生存在反思思想的界限之下或之上,乃是致命地在要么是错误地设想了宗教的性质,要么是错误地设想了反思思想的性质。更近于真理的说法倒是,在宗教中,反思的生活被集中为它最强烈的形式,而理论的和实践的生活中的一些特殊问题则由于与宗教意识的整体分离而一概采取它们的特殊形式,并且仅仅是在它们保持着它们与它的联系以及它们彼此在其中的联系的时候,才保持着它们的生命力。

第六节 历史和自由[1939]①

我已经提出过,我们研究历史乃是为了获得自我-认识。借着说明这个论点,我将试图表明我们关于人类的活动是自由的这种知识,是怎样只是通过我们之发现历史才被取得的。

在我对历史的观念的历史概述中,我曾试图表明历史学最后是怎样逃出了对自然科学的学徒状态的。可是,历史自然主义的消失却包含着更进一步的结论,即人所赖以建筑起来他自己那经常变动着的历史世界的这种活动乃是一种自由的活动。除了这种活动而外,再没有别的力量能控制它或改变它,或迫使它以这样的和那样的方式来行事,以建立起某一种而不是另一种世界。

这并不意味着一个人永远可以自由做他所高兴做的事。所有的人在他们一生中的某些时刻,是可以自由做他们所想要做的事情的:例如,饿了要吃或累了要睡。但是这和我所提到的问题毫无关系。吃和睡是动物的活动,是在动物的嗜欲的强迫之下进行的。历史学并不涉及动物的嗜欲以及它们的满足或挫折。对于一个历史学家作为历史学家来说,一个穷人的家里没有东西吃,这并不关重要;——尽管对于他作为一个对他的同胞具有感情的人来说,这可以是而且必然是至关重要的;并且尽管作为一个历史学家,他可能强烈地关切着有些人策划了这些变动从而造成了这种事态,以便使自己致富而使那些从他们那里领取工资的人变得贫困;他也同样地关怀着穷人所可能被导致的行为,——不是被他的孩子们的饥饿未得到解决的这一事实所导致的,即腹内空虚和四肢萎缩这一事实、这一生理的事实,而是被他对于这一事实的思想所导致的。

---

① 本节为《史学原理》手稿之第四章,原题"论历史作为心灵的自我认识"。——译者注

这也并不意味着一个人可以自由做他所选择的事情；在历史学本身固有的领域中，与动物嗜欲的领域不同，人们可以自由计划他们所认为是适当的行为和执行他们自己的计划，每个人都在做他所规划去做的事，而且每个人要为它们的后果承担充分的责任，每个人都是自己灵魂的指挥者，等等。没有什么能比这一点更加虚假的了。亨利①的韵诗所表达的只不过是一个病儿的幻想，这个病儿发现，由于自己相信自己已经得到了月亮，便能使自己不再哭着要月亮了。一个健康的人知道在他面前的空虚的空间——他准备用一些活动把它填充起来，因而他现在就开始制订这些活动的计划——当他步入其中时，它就远不是空虚的了。它会挤满了其他的人，他们都在追求着自己的活动。就是现在，它也不像它看来那么空虚。它充满着活动的饱和溶液，正处在开始要结晶的关头。那里并没有他自己活动的余地，除非是他能如此设计这一点，使得它能适合其余的空隙。

历史学家所必须研究的那种理性活动，永远也不可能摆脱强迫，即必须面对着自己的局势中的各种事实的那种强迫。它越是有理性，就越发完全地经受着这种强迫。要有理性，也就是要去思想；而对一个打算要行动的人，要加以思想的最重要的事便是他所处的局势。就这个局势而言，则他是一点也不自由的。这就是它的实际情况，而无论是他、还是其他任何人都永远不能改变这种情况。因为尽管局势完全是由思想——他自己的或别人的思想——所组成的；它却不能由于他自己的或别人方面的心灵的改变而改变。如果他们的心灵确实是改变了，这只不过是意味着随着时间的推移，已经出现了一种新局势。对一个要采取行动的人来说，这种局势就是他的主宰、他的神谕、他的上帝。他的行为将证明成功与否，就取决于他是否正确地把握了这种局势。如果他是一个聪明人，非到他请教过了他的神谕，做出了力所能及的每一件事来发现这种局势是什么，他甚至于是不会做出最微小的计划来的。但是如果他忽视了这种局势，这种局势却不会忽视他。它可不是那样一位神明，会放过一种侮辱而不施以惩罚的。

---

① 亨利(Henley, 1849—1903)，英国诗人。——译者注

历史中所存在的自由就在于这一事实,即那种强迫并不是由其他任何东西而是由人类理性自身所强加给它自身的活动的。这种局势,即他的主人、神谕和上帝,乃是一种它自己所创造的局势。我这样说的时候,我的意思并不是说一个人发见自己所处于其中的那种局势,其存在只是因为一些其他人通过一种理性的活动已经创造了它(这种理性活动在性质上和他们的后继者发现自己是处于其中、并在其中依照他自己的想法而行动的那种并没有不同);我的意思也不是说,因为人类的理性总是人类的理性,不论它在其身上发生作用的那个人的名字叫什么,所以历史学家便可以忽视这些个人之间的区别,不是说人类理性已经创造了它发现自己是处于其中的那种局势。我的意思是指与这种见解颇为不同的某种东西。一切历史都是思想的历史;而当一个历史学家说一个人处于某种局势之中时,这就等于是说他想他是处于这种局势之中的。这种局势中的各种困难事实——那对他来说是太重要了而不能不正视——也就是他对这种局势的设想方式中的各种困难事实。

如果对于一个人,翻山越岭之所以困难的原因,是因为他害怕山里有鬼;那么对于一个历史学家要跨过若干世纪的鸿沟而向此人说教:"这纯粹是迷信。根本就没有鬼。要面对事实,要知道山里并没有危险,除了有乱石、流水和积雪,或者还有狼,也或者有坏人;但是并没有鬼",——那便是愚蠢的事了。历史学家说,这些都是事实;因为他就是被教导以这种方式进行思想的。但是那个怕鬼的人却说,有鬼出现乃是一件事实;因为他就是被教导以那种方式进行思想的。历史学家认为那是一种错误的方式;但是错误的思维方式正如正确的方式同样地都是历史事实,而且也和它们一样地在决定着具有这种思想方式的人被置身于其中的那种局势(它总是一种思想-局势)。这一事实的困难性就在于,人没有能力以别的方式去思想他的局势。山上有鬼出没对于想翻山越岭的人所起的强迫作用,就在于他无法不相信有鬼这一事实。毫无疑问,这纯粹是迷信;但是这种迷信却是一件事实,而且是我们所考虑这一局势中的关键事实。为这种迷信所苦的人,在他企图翻山越岭时,并不单纯是在为教导了他相信有鬼的他那些祖先们的罪过而受苦受难(如果说那是一种罪过的话),他在受苦受难是因为他已经接受了这种信仰,是因为他已经分担了这种罪过。如果近代历史学家相信山里并没有鬼,那也仅只是他以恰好同样的方式所接受的一种信仰。

他所研究其行为的那些人,在这种意义上就是自由的;这一发现是每个历史学家一旦对他自己的课题达到了一种科学性的掌握时,马上就会做出的发现。在这种情形出现时,历史学家也就发现了他自己的自由;那就是,他发现了历史思想的那种自律性格,即它以自己的方法为它自己解决自己的问题的力量。他发现,对于作为历史学家的他来说,把这些问题交给自然科学去解决,是何等地不必要而又是何等地不可能;他发现了以他作为历史学家的资格,他既有可能而又有必要为他自己解决这些问题。正是与他作为历史学家发现了他自己的自由的同时,他就发现了人作为历史的代理人的自由。历史思想,即关于理性活动的思想,是不受自然科学的统治的;并且理性的活动也是不受自然界的统治的。

这两种发现之间的联系的密切性,可以用这种说法来表示,即它们是以不同的言辞在说着同一个的东西。可以这样说,把一个历史的代理人的理性活动描述为是自由的,只是以一种转弯抹角的和伪装的方式在说,历史学乃是一种自律的科学。或者也可以这样说,把历史学描述为是一种自律的科学,只不过是以一种伪装的方式在说,它是研究自由活动的科学。对我本人来说,我应当欢迎这两种说法的任何一种,因为它提供了证据,表明那样说的人目光之深远足以看透历史学的本性并发现:(1)历史思想是不受自然科学的统治的,并且是一种自律的科学;(2)理性的行为是不受自然的统治的,并且根据它自己的命令和以它自己的方式在建筑起它自己有关人类事务、Res Gestae[事迹]的世界;(3)这两个命题之间有着一种密切的联系。

但在同时,我也应该发现在这两种陈述中都有证据表明,做出这种陈述的那个人不能(或者为着别有目的而决定承认他自己不能)区别一个人所说的东西和他所说的东西里蕴涵着的东西;那就是说,他不能区别语言的理论(或美学)和思想的理论(或逻辑);因此,至少是在目前，就靠玩弄文字的逻辑，把两种互相蕴涵的思想之间的逻辑联系，和"代表同一个事物"的那两组文字之间的语言学联系，混为一谈。

我也应该看到，他之企图取消逻辑的问题而代之以语言学的问题，并不是根据对语言性质的任何公正的欣赏；因为我应该看到在两种同义语的文字表达中，他是在假定其中之一是真正地而恰当地指"它所代表"的事物，而那另一种在指这一点的则只不过是因为这一不充分的理由，即使用它的人是用它在指这一点的。所有这一切都是很可争论的。我不想赞同这类的错误，而宁愿把问题留在我原来留下来的地方，并且宁愿说这两种陈述(即历史学是一种自律的科学这一陈述，和理性的活动在上述的意义上是自由的这一陈述)并不是文字上的同义语的形式，而是表达了两种发现中的任何一种在没有得出另一种发现时，它本身就不可能得出来。由这一点而来的，我就要指出在17世纪曾经是那么突出的"自由意志的论战"乃是与下列事实有密切联系的，即17世纪乃是剪刀加浆糊的历史学以其较简单的形式开始令人感到不满的时代，这时历史学家们正开始看到他们自己的家园需要整理得秩序井然，或者说历史研究应当从自然研究那里借取典型，并把它们自己提升到一种科学的高度。把人类行为看成是自由的这一愿望，是和作为对人类行为的研究的历史学要达到自律性的这一愿望结合在一起的。

但是我并不把问题就留在这里，因为我希望指出我现在所考虑的这两种陈述中，有一种必然要先于另一种。只有使用历史方法，我们才能够发现有关历史研究的对象的任何事物。没有人可以断言，自己比那些声称掌握着有关过去所做过的某些行为的知识的历史学家们知道得更多；而且他还是以这样一种方式知道这一点的，以至于他竟能使自己和别人都满足于那种毫无根据的声明。结果就是，我们在能够把握人类活动是自由的这一事实以前，就必须首先在历史研究中达到一种真正科学的、因而也就是自律的方法。

这一点可能看来是违反事实的；因为确实有人会说，早在历史学借以把自己提升到一种科学高度的那场革命以前，很多人就已经察觉到人类的行为是自由的了。对于这一反驳，我将提出两点答案，它们并不互相排斥，但是有一点是比较浮浅的，而另一点则我希望是更深刻一些的。

(1) 或许他们察觉到了人类的自由,但是他们掌握了它吗?他们这种察觉是一种配得上科学这一称号的知识吗?当然不是;因为在那种情况下,他们就会不仅仅是相信它,他们还会以一种系统的方式认识它,于是对它就不会有争论的余地,——因为那些相信它的人会理解他们信念的根据,而且还能够令人信服地陈述它们。

(2) 即使是历史学借以成为了一种科学的那场革命只不过大约有半个世纪之久,我们却绝不可被"革命"一词所欺骗。早在培根和笛卡儿由于公开阐明自然科学方法所根据的那些原则,从而进行了自然科学的革命以前,人们就到处在使用这些同样的方法了,有些人用得比较经常,另有些人则用得比较稀少。正如培根和笛卡儿所如此之公正地指出的,他们自己著作的作用就是要把这些同样的方法置之于十分平凡的知识分子的掌握中。当人们说,历史学方法已在最近半个世纪里经历了革命,它那意思所指的也就是这一点。它的意思并不是指,在那个时期以前要寻找出科学历史学的事例将会是徒劳的。它的意思是指,虽然较早的科学历史学是一种罕见的东西,除了在突出人物的作品中而外,几乎是很难发见的,而且即使在它们里面也不过是标志着一瞬间的灵感而不是均衡的研究动向;但它现在却是所有的人知识范围之内的东西,是我们要求每一个在写历史的人的一件事,而且它是充分广泛地为人所理解的,甚至于在那些没有学问的人中间,从而足以使得那些写侦探小说(其情节就是根据它的方法)的作家们谋得一条生路。人类自由这一真理在 17 世纪被人所掌握的那种偶发的和间断的方式,至少可以这样说,可能就是这种偶发的和间断的对科学历史学方法的掌握的一个后果。

第七节 历史思维所创造的进步[1936][①]

"进步"这个名词,像它在 19 世纪那样脍炙人口地被人所使用时,包括着两种应该很好地加以区别的事物:即在历史中的进步,和在自然

---

① 本节出自柯林武德 1936 年历史哲学讲稿的第二部分"形而上学后论"。——译者注

中的进步。对于在自然中的进步,"进化"一词已经是那么广泛为人应用,以至可以接受它当作是它确定的意义。而且为了不至于混淆这两种事物起见,我把我使用"进化"一词仅限于那种意义上,而以"历史的进步"这个名称来区别另一种意义。

"进化"是一个用于自然变化过程的名词,只要是它们被设想为是把新的物种形式带进了自然。作为进化的自然概念,绝不可和作为过程的自然概念相混淆。即使就后一个概念而论,关于自然过程也仍然可能有两种见解:或则是,自然界中的各种事件在品种上是彼此重复的,而物种的形式则贯穿着它们个别事例的分歧性而始终保持不变,"所以自然的过程乃是同一的",而且"未来将有似过去";或则是,物种形式本身也经历着变化,而新的形式就通过改造旧的形式而产生。这第二种概念就是"进化"所意味的东西。

在一种意义上,把自然过程称为进化的和称它为发展的,是同一回事。因为如果任何一种给定的物种形式,仅仅是作为对已经确立的形式的改造才能够产生;那么任何给定形式的确立也就预先假定有另一种形式,它就是那另一种形式的一种改造,如此类推。如果形式 b 是 a 的一种改造,而 c 是 b 的改造,d 又是 c 的改造;那么 a、b、c、d 这些形式就只能以那种次序而产生。那是一系列的项目,它们只能以那种次序产生;在这种意义上,那个秩序就是进步的。当然,这样说并不蕴涵着任何与改造何以出现、或改造是大是小有关的东西。就"进步"一词的这种意义而言,进步的意思只是指有次序的,也就是说显示出次序来。

但是自然界中的进步或进化,常常被人用来表示比这更多的意思;那就是这一学说:即每种新形式不仅是前一种的改造,而且还是对它的一种进步。说到进步,就蕴涵着有一个评价的标准。这一点在繁殖家畜或植物的新形式的情况中是明白易晓的;其所蕴涵的价值,就是这种新形式对于人类目的的效用。但没有人假设自然的进化也是被设计来要产生这种效用的;因此其所蕴涵的标准就不可能是效用。那么,它又是什么呢?

康德主张价值有一种形式(而且是唯一的一种)是独立于人类的目的之外的,那就是善意的道德价值。他论证说,所有其他种类的善都仅仅对于某种所要求的目的才是善,但是道德的善则并不有赖于任何所要求的目的;因此,他就提出道德的善其自身就是一种目的。根据这种见解,进化的过程就是真正进步的,因为它通过一系列明确的形式而导致了人类的存在,即一种有可能做出道德的善的生物的存在。

如果这种见解被驳斥了,那么就很可怀疑是否还可以找到任何其他的评价标准,使我们有权把进化称为是进步的了,除非仅仅在它是有次序的这种意义上而言。这倒并不是因为价值观念在我们的自然观中找不到一席地位,——那是因为除了是作为努力要维持它自身的生存而外,我们就很难想象任何有机体的缘故;而这种努力就蕴涵着,至少是对它自身来说,它的生存就不是一个单纯的事实问题,而且还是一种有其价值的东西;——而是因为一切的价值似乎都只是相对的。始祖鸟可能事实上原是鸟类的祖先,但是是什么东西授权我们把鸟类称为是始祖鸟的一种进步呢?一只鸟并不是一只更好的始祖鸟,而是由它所衍生出来的另一种不同的东西。每一种都力图成为它自己。

但是人性是进化过程的最崇高的结果这一观点,毫无疑问地构成为被自然规律所保证的19世纪那种历史进步概念的基础。事实上,那个概念有赖于两种假设或两组假设。首先是,人乃是、或者在他自身之内包含着某种具有绝对价值的东西;所以自然过程在其进化之中,只要是导致人类存在的一种有次序的过程,就是一场进步。从这一点就可以得出,既然人显然并未控制着导致他自己生存的那个过程,所以在自然本身之中就有着一种内在的倾向要实现这种绝对的价值;换句话说,"进步乃是一项自然规律"。其次是这一假设,即人作为自然的产儿是服从于自然规律的,而历史过程的规律和进化规律乃是同一回事;亦即历史过程是属于自然过程的同一类的。由此就得出,人类历史是服从于进步的必然规律的;换句话说,它所创造的社会组织、艺术和科学以及诸如此类的新品种的形式,每一种都必然是对前一种的一项改进。

"进步的规律"这一观念,可以由于否定这两种假设中的任何一种而受到攻击。人们可以否定人自身之中具有任何有绝对价值的东西。人们可以说,人的理性只是做到了使他成为最凶恶的和最有破坏性的动物,那倒不如说是大自然的一桩错误或者一种残酷的开心,而并不是什么她的最崇高的杰作;人的道德性仅仅是(像近代的行话所说的)他设计出来为了自己遮蔽起他那兽性的粗暴事实的一种合理化或者思想意识而已。从这种观点来看,导致他的存在的那种自然过程,就不能再被看成是一种进步了。但是更进一步,如果历史过程的概念作为自然过程的单纯的扩大而被否定了,正如它所必定要被任何健全的历史理论所否定的那样;那么就可以得出,在历史之中并不存在着自然的(而且在那种意义上也就是必然的)进步规律。任何特殊的历史变化是否就成为一场改进的这个问题,因此之故就必须成为要根据它在每一种特殊情况中的成效来加以回答的一个问题了。

"进步的规律"这一概念——即历史的进程是这样地被它所支配着,以至于人类活动前后相续的各种形式的每一种都显示出是对于前一种的一次改进——因此就是纯属一种思想混乱,是由人类对自己超过自然的优越性的信念和自己只不过是自然的一部分的信念这二者间的一种不自然的结合而哺育出来的。如果其中一种信念是真的,另一种便是假的;它们不可能被结合在一起而产生出逻辑的结果来。

而且在一种给定的情况中,一场历史变化究竟是不是进步的这个问题,也是得不到答案的,直到我们能肯定这类问题有一种意义为止。在它们被提出之前,我们必须询问历史进步的意义是指什么,既然它已经和自然的进步区别了开来;而且如果它意味着什么东西,那么这种意义是否可以适用于我们所考虑的那种给定情况。说因为历史进步听命于自然规律的这种概念是毫无意义的,所以历史的进步这一概念本身也就是毫无意义的;——这样做出假定,就未免太草率了。

那么,假定"历史的进步"这个说法仍然可能具有一种意义,我们就必须询问它是什么意义。由于进化观点的污染已经把它弄得混乱不堪的这一事实,并不就证明它毫无意义;相反地,它却提示着它在历史经验中有着某种基础。

作为初步企图规定它的意义,我们可以这样提出,历史的进步只不过是人类活动本身的别名,它们是各种行动的相续,其中每一种都是从前面一种产生的。每种行动我们都可以研究其历史,不管它是属于哪一类;每种行动在一系列的行动中都具有它的地位,并在其中创造出一种下一个行动所必须加以应付的局势。已经完成的行动就引起了新的问题;总是这个新问题、而不又是那个老问题,才是新行动所必须加以解决的。如果一个人发现了怎样能弄到一顿饭,下次他饿了,他就必须发现怎样能弄到另一顿;而弄到这另一顿就是从老行动中产生出来的新行动。他的形势总是在变化着,他用以解决它所提出的各种问题的思想行动也就总是在变化着。

这一点无疑是真的,但是它并未解决我们的目的。每一顿饭必然都是另一顿饭,这对于一只狗正像对于一个人同样地是真的。同样真的是,每一次蜜蜂飞到一朵花上采蜜,那必定是另一朵不同的花;同样真的是,每一次一个物体以直线或以开张曲线而运动到空间中的一部分,那必定是另一个不同的部分。但是这些过程都不是历史过程,而引用它们来说明历史过程就会犯自然主义的那种老错误。还有,新局面和新行动的新颖性并不是品种上的新颖性,因为新行动可能是恰恰同类的一个新行动(例如把同一张罗网又放在同一地方);所以我们甚至于并不是在讨论自然进程的进化方面了,而这却是那种过程似乎与历史进程最相似之点。寻找一顿新饭,甚至于也发生在最为完全停顿的或非进步的社会里。

历史进步的观念,如果说它是指什么东西的话,那么它指的就不仅仅是产生了属于同样品种类型的、而且是产生了属于新的品种类型的那些新行为或新思想或新局势。所以它就预先假定了这种品类的新颖性,并且就作为改进而存在于这些概念之中。例如,假设一个人或一个群体原来是靠吃鱼而生活,在鱼的供应不敷时,就以一种新的方式靠挖掘根茎觅食,这就会引起局势和活动在类型上的一种改变;但这不能看成是一种进步,——因为这种改变并不蕴涵着这种新类型是对于旧的一项改进。但是,如果食鱼者的群体把他们的捕鱼方法从一种较无效的改变成为一种较有效的方法,一个通常的渔人平均每天能用它捉到十条鱼,代之以原来的五条,这就可以称为是进步的一个例子了。

但是根据谁的观点来看,它才是一项改进呢?这个问题必须提出来,因为从一种观点看来成为一项改进的,可能从另一种观点看来却相反;如果还有第三种观点能对这种冲突做出不偏不倚的判断,那么这种不偏不倚的判断的资格就必须加以确定。

让我们首先根据与它有关的人们的观点来考虑这种改变:老的一代仍然在使用老方法,年青的一代则已采用了新方法。在这样一种情况中,老的一代会看不出有改变的必要,他们确实知道生活可以按照老方法过下去。而且老一代也会想,老方法要比新方法好;这并非出于不合理的偏见,而是因为它所知道的和所重视的那种生活方式是环绕着老方法而建立的,因此它肯定会有着各种社会的和宗教的关联,表示它与这种生活方式密切联系成为一个整体。一个老一代的人只要求一天有他的五条鱼,他并不要求有半天闲暇;他所要求的是像他曾经生活过的那样去生活。因此,对他来说,这种改变并不是进步,而是一种堕落。

似乎显然的是,那年青一代的反对派则把那种改变设想为一种进步。他们已经放弃了他们父辈的生活,并为自己选择了一种新生活;要不是比较这两者并认定还是新的更好,他们就不会这样做了(我们可以这样假定)。但是情况并不必然就是这样。除非是对一个知道他所要做出选择的这两种东西都是什么的人,否则就没有选择可言。要在两种生活方式之间做出选择是不可能的,除非一个人知道它们都是什么;而这就意味着不仅仅是把一种生活方式当作一种景象来看,并在实践着另一种,或者是实践着一种并把另一种设想为是一种未经实现的可能性;而且意味着要以各种生活方式都能够为人所知的那种唯一的方式来知道这两者;那就要靠实际经验,或者是靠为这样一种目的而可能出现的那种同情的洞见。但是经验表明,最困难的事莫过于要使在一个变动着的社会中正以自己的新方式生活着的某一代人,同情地进入前一代人的生活里面去了。他们把那种生活看成仅仅是一种不可理解的景象,并且似乎是被逼得要避免同情它,以一种本能的努力来使自己摆脱父母的影响,并要把他们盲目决定的改变付诸实现。在这里并不存在两种生活方式之间的真正比较,所以也就不存在一种生活方式优越于另一种生活方式的判断,也就不存在变化之作为一种进步的概念。

因为这个缘故,在一个社会的生活方式中的历史变化,即使是造就了它们的那一代人,也极少是把它们设想为进步的。这就使他们服从于一种盲目的冲动,要把他们所不理解的东西当作是坏的而毁掉,并代之以其他某种被当作是好的东西。但是进步并不是以好的代替坏的,而是以更好的代替好的。于是,为了要把一种变化设想为一种进步,那个造成了变化的人就必须想到他已经废除了的东西是好的,而且在某些确定的方式上是好的。他只能根据下述的条件做到这一点:即他知道旧的生活方式是什么样子,那也就是,在他实际上生活于他所创造的现在之中的同时,他还对他那社会的过去具有历史知识,——因为历史知识仅仅是过去的经验在现在的思想家心灵之中的重演。唯有如此,这两种生活方式才能在同一个心灵里放在一起而对它们的优点进行比较;所以一个人由于选择了这一种而抛弃了另一种,也才可以知道他得到了什么和失去了什么,并断定他已经选择了那更好的。总之,革命者只有在他同时也是一个历史学家、在他自己的历史思想里真正重演那种虽则已被他扬弃了的生活时,才能把他的革命看作是一种进步。

现在让我们来考虑正在讨论的这种变化,但不再是从那些与它有关的人们的立场来考虑,而是从置身于其外的一个历史学家的立场来考虑。我们可以希望,根据他那置身局外的和不偏不倚的观点,他有可能以某种程度的公正性来判断它是不是一种进步。但这却是一件难事。如果他紧紧抓住在先前捉五条鱼的地方现在捉了十条鱼这个事实,并且用这一点来作为进步的一个标准,那么他就只是受骗而已。他必须顾及那种变化的条件和结果。他必须问用那些额外的鱼或额外的闲暇都做了什么事。他必须问,什么价值是隶属于那些为了它们而被牺牲了的社会制度和宗教制度的。总之,他必须把两种不同的生活方式当作两个整体来判断它们相对的价值。而为了做到这一点,他就必须能够以同等的同情感钻入到每种生活方式的主要特征和价值里面去;他必须在他自己的心灵里重行经验它们两者,作为是历史知识的对象。因此,使他成为一位合格的裁判官的那种东西,就恰好是他并非从一种置身局外的观点来观看他的对象,而是在他自身之中重行生活它的这一事实。

我们后面将要看到,就其全体来判断某一种生活方式的价值这一任务,乃是一桩不可能的任务,因为从没有这类的事物是以其全体而成为历史知识的一种可能的对象的。企图知道我们所无法知道的事物,乃是产生错觉的一种可靠的方式。要判断一个历史时期或人类生活的一种形态作为整体而言,是不是比起它的前人来表现了进步,——这种企图就造成了一种很容易识别的类型的错觉。它们的特点是把某些历史时期贴上美好的时期、或历史的伟大时代的标签,而把另一些时期贴上恶劣的时期、或历史衰颓或贫困的时代的标签。那些所谓的美好时期,就是历史学家深入到它们的精神里面去的那些时期,——或则是由于有大量证据的存在,或则是由于他自己有能力来重行生活它们所享有的那种经验。而那所谓的恶劣时期,则要么是有关的证据是相对地稀少的时期,要么是它们那生活,由于他自己的经验和他的时代所产生的原因,是他无法在他自身之中重行建造的那些时期。

  在今天,我们经常遇到一种历史观点是以这种方式包括着美好的和恶劣的时期的,而恶劣的时期之被区分为原始的时期和衰颓的时期,则视其先于还是后于那些美好的时期而定。这种原始时期、伟大时期和衰颓时期之间的区分,并不是、而且永远不可能是历史的真相。它告诉了我们许多有关研究那些事实的历史学家们的事,但却没有一点是有关他们所研究的事实的。它就像我们自己这样的一个时代所具有的特点,在这里历史受到广泛地、成功地但是折中地研究。每一个我们对其具有胜任的知识的时期(说胜任的知识,我的意思是指对它那思想具有洞见,而不是单单是熟悉它的遗文遗物),在时间的透视中看过去,都是一个辉煌的时代;这种辉煌乃是我们自己的历史洞见的光辉。相形之下,那些介乎其间的时期,相对他说来而且在不同的程度上,就被人看作是"黑暗时代"了;我们知道这些时代曾经存在过,因为在我们的编年史中它们也占有着一段时间间距,而且关于它们的著作和思想我们可能有大量的遗物,但是在其中我们却不能发现真正的生活,因为我们不能在我们自己的心灵里重演那种思想。这种光明与黑暗的模型,是由历史学家的知识和无知的分配所形成的视觉上的错觉;这从不同的历史学家和不同世代的历史思想来勾绘它的不同方式,是显而易见的。

  就是这种视觉上的错觉,以一种较简单的形式影响了18世纪的历史思想,并且奠定了为19世纪所接受的那种进步教条的基础。当伏尔泰提出"一切历史都是近代史"①,以及关于15世纪末叶以前没有任何事物是真正能够为人所知时;他就一举而说出了两件事:即早于近代的事都是不可知的,以及更早的事都是不值得知道的。这两件事是同一件事。他之无力根据古代世界的和中世纪的文献来重建真正的历史,乃是他之所以相信那些时代是黑暗的和野蛮的根源。从原始时代直到今天,作为进步的历史观念,对于那些相信它的人来说,都是他们的历史视野只局限于最近的过去这一事实的一个简单的结果。

因此,关于有一种单一的历史进步导致了今天那一古老的教条和关于历史周期(即一种多重的进步导致了"伟大的时代",而后又导致衰颓)这一近代的教条,就都仅仅是历史学家的愚昧无知在过去的屏幕之上的投影罢了。但是,若把这些教条撇在一旁,是不是进步的观念就除此以外再没有其他的基础了呢?我们已经看到,有一种条件是观念可以据之以表现一种真正的思想的,而不是一种盲目的感情或一种单纯的愚昧状态。这种条件就是,使用进步这个名词的人应当把它用之于比较两种历史时期或两种生活方式,而这两者他都能历史地加以理解,那就是说能以足够的同情和洞见为自己重建它们的经验。他必须使他自己和他的读者都满意于,在他自己的心灵里没有任何死角、在他的学识装备中没有任何缺陷,足以妨碍他进入这一种经验之中,就像他进入另一种之中同样地那么充分。满足了这种条件之后,他就有资格提问从第一种到第二种的变化是不是一个进步了。

但是在他问这个问题时,他确切地是在问什么呢?显然地,他并不是在询问第二种是不是更接近于他作为自己的生活方式而接受的那种生活方式。由于在他自己的心灵里重演了两种之中的每一种经验,他便接受了它作为一种要根据其自身的标准而加以判断的事物,即具有其自己的问题的一种生活形式;那是要根据它解决那些问题成功与否、而不是根据什么别的来加以判断的。他也并不假定,两种不同的生活方式都是企图要做同一件事情;而且并不问第二种是不是比第一种做

---

① 《哲学辞典》,"历史学"条;《全集》第四十一卷(1784),第45页。

得更好。巴赫①并不打算像贝多芬那样作曲,却失败了;雅典并不是要产生出罗马来的一种相对的不成功的企图;柏拉图就是他本人,而不是一个半发展了的亚里士多德。

这个问题只有一种真正的意义。如果思想在其最初阶段,在解决了那一阶段的最初问题之后,就由于解决这些问题而带来了另一些使它遭遇挫败的问题;并且如果这第二种思想解决了这另一些问题而并未丧失其解决第一种的据点,从而就有所得而并没有任何相应的所失;那么就存在着进步。并且也不可能再存在有什么根据任何其他条件的进步。但如果有任何所失的话,那么得失相权衡的这个问题就是无法解决的。

按照这个定义,要问任何一个历史时期作为一个整体而言,是不是表明了自己超越其前人的进步,这种提问就是废话了。因为历史学家永远也不可能把任何一个时期当作一个整体。关于它的生活,必然有大片地带要么是他并没有掌握材料的,要么是没有材料是他所处的地位能够加以解释的。例如,我们无从知道希腊人以音乐经验的方式都享受过些什么,虽然我们知道他们高度评价音乐,但我们现在没有足够的资料。而在另一方面,虽然我们并不缺乏有关罗马宗教的材料,我们自己的宗教经验却并不属于那样的一种,可以使我们有资格在我们自己的心灵里重建它对他们所意味着的东西。我们必须选定经验的某些方面,并把我们对进步的探索限定在这些方面。

我们能够谈论幸福、或舒适、或满足的进步吗?显然不能。不同的生活方式之间的分化,最明显的莫过于它们由于人们所习惯享受的各种事物之间的、他们所感到舒适的那些条件之间的和他们所认为满意的那些成就之间的不同而分化了。在一个中世纪的茅舍里感到舒适的问题和在一个近代的贫民窟里感到舒适的问题,是那样地不同,以至于并不存在对它们进行什么比较;一个农民的幸福是不会被包含在一个百万富豪的幸福之中的。

要问在艺术中是否存在着任何进步,也是毫无意义的事。艺术家

---

① 巴赫(Bach,1685—1750),德国作曲家。——译者注

的问题(只要他是一位艺术家),并不是要做他的前人所做过的事、并继续去做他的前人所未能做到的某些事的问题。在艺术中存在着发展,但不存在着进步;因为尽管在艺术的技巧过程中,一个人向另一个人学习,提香①向贝里尼②学习,贝多芬向莫扎特学习等等,但艺术本身的问题并不在于掌握这些技术过程,而在于使用它们来表达艺术家的经验并赋给它以反思的形式;因此之故,每一件新的艺术品就都是解决一个新问题,这个新问题不是出自一件以往的艺术品,而是出自艺术家的未经反思的经验。艺术家作品的好坏,要视它们解决这些问题的优劣而定;但是艺术好坏之间的关系并不是一种历史关系,因为它们的问题是出自未经反思的经验之流,而这一经验之流并不是一种历史过程。

在一种意义上,在道德中也不存在进步。道德生活并不在于道德法典的发展,而在于把它们应用到行为的各种个别问题上;并且在很大程度上,这些问题和艺术的那些问题一样,都是来自未经反思的经验。我们道德生活的进程,是受着我们各种欲望的相续所制约的;而且尽管我们的欲望改变了,它们却不是在历史地改变着的。它们来自我们的动物性,尽管那从青年到老年可以改变,或者随不同的民族和气候而变异,但那些不同乃是自然过程的、而不是历史过程的一部分。

然而在另一种意义上,却存在着、或可能存在着道德的进步。我们道德生活有一部分包括应付那些并非出自我们的动物性、而是出自我们的社会制度的问题,而这些却是历史的事物,它们只有在已经成为道德理想的表现时,才创造出道德问题。一个人问自己是不是应当志愿地参加他的国家的战争,那并非是在向个人的恐惧进行斗争,而是他卷入了体现为国家制度的道德力量,和体现为不仅是国际和平与交往的理想、而且也同等地是国际和平与交往的当前现实的道德力量,这两者之间的一场冲突。同样地,离婚问题并不是出自性欲的狂想,而是出自一夫一妻制的道德理想与硬性地实施那种理想而带来的一连串道德罪恶这两者之间的一场未解决的冲突。解决战争或离婚的问题,只有靠

---

① 提香(Titian,1477—1576),威尼斯画家。——译者注
② 贝里尼(Bellini,1430—1516),威尼斯画家。——译者注

设计一些新制度才有可能,这些新制度将充分承认被国家或被一夫一妻制所承认的那些道德要求,而且将满足这些要求,并不把在历史事实中由旧的制度所造成的各种更进一步的要求遗留下来而得不到满足。

同样的这两个方面也出现在经济生活中。只要它时时刻刻是在寻求可以满足的各种要求——不是出自我们的历史环境,而是出自我们作为具有某些欲望的动物的天性——的办法,其中就不可能存在着进步;那会是一场在幸福、或舒适、或满足上的进步,而我们已经看到这是不可能的。但是并非我们所有的要求都是为了满足动物的欲望。要求投资,我可以把我的储蓄放在投资里面以备养老,就不是一种动物欲望;它出自于一种个人主义的经济体系,在那种体系之中老年人得到赡养既不是靠国家规定,也不是习惯地靠他们的家庭,而是靠他们自己的劳动成果,在那种体系中资本是要有一定的利率的。那种体系解决了很多问题,因而其中就有着它的经济价值;但是它也造成了其他大量的问题是它目前尚未能解决的。一种更好的经济体系——即对这种体系的取代将会成为一场进步的那个体系——将会继续解决那些由个人主义的资本主义所解决的同样问题,而且也解决那些其他的问题。

同样的考虑也适用于政治和法律,我无须再详细阐述这种运用。在科学、哲学和宗教中,情况就颇为不同了。在这里——除非是我错了——并不出现应付我们的动物天性和满足它那需要的问题。这个问题是单一的而不是双重的。

科学的进步就在于一种理论被另一种所取代,这另一种既可以解释前一种理论所已经解释的一切,又可以解释前一种理论所应该解释、但却未能解释的各种类型或类别的事物或"现象"。我认为达尔文的物种起源的理论就是一个例子。物种固定的理论解释了在人类有记录的记忆范围之内自然界品种的相对永久性,但是它还应当对延续得更长的地质时代有效;而且它对人工驯化之下选择繁殖动植物的情况,也不能成立。于是,达尔文提出了一种理论,它所具有的优点是它把这三种都带到了一个观念之下。我几乎不必再引现在更为人所熟知的牛顿的引力定律和爱因斯坦定律二者之间的关系,或狭义相对论和广义相对论二者之间的关系了。就有关进步的概念而言,科学的兴趣似乎是,这就是进步存在并可以证实的最简单而又最明显的情况了。由于这个原因，那些极其坚定地信仰进步的人，一直是非常之习惯于诉之科学的进步，作为进步这样一种东西存在的最明白的证据，并且往往还把他们对其他领域进步的希望都寄托在使科学成为人类生活的绝对女主人的希望之上。但是科学却只有在她自己的家园里才是（而且才能是）女主人，而那些不可能有进步的活动形式（像艺术）就不能由于它们隶属于科学的规律而使它们做到进步，假如那种词句意味着什么东西的话；同时，那些能够进步的，则必须为自己发现怎样通过改进自己的工作而取得进步。

哲学，只要它在其发展中的一个阶段解决了上一个阶段曾挫败过它的一些问题，而又不丧失其对已经成就了的解决方法的把握，就取得了进步。当然，这一点与两个阶段是否是一个单独的哲学家一生中的两个阶段，还是由不同的人所代表的两个阶段无关。因此，假设真的是柏拉图把握了一种永恒客体的必然性，即理念的世界或善的理念，而且还把握了一种永恒主体的必然性，即灵魂具有认识者和运动者的双重功能，作为是对他的前人的工作所遗留给他面临着的那些问题的解决方法；但是又犹疑着不能肯定这两者是否有关系；而且假设亚里士多德看出了，两者之间的关系问题——像是柏拉图所陈述的，或者不如说像是他本人在对柏拉图的教诲的长期学徒状态之中所看到的，——是能够凭着把它们两者想象为同一个，即纯理智与其客体是同一的，而且它关于那个客体的知识也就是它对于其自身的知识，从而得到解决的；那么亚里士多德的哲学（尽管可以设想不是在其他方面）就会标志着对柏拉图哲学的一个进步，只要是亚里士多德迈出那新的一步并未牺牲柏拉图用他的理念理论和他的灵魂理论所成就了的任何东西。

在宗教中，进步根据这些同样条件也是可能的。如果基督教丝毫没有减少犹太教以它的上帝作为唯一的上帝的概念——既公正而又可怕，相对于人类的无限渺小乃是无限伟大，并且在他对人类的要求上又是无限严格的，——所获得的一切东西，而又能通过上帝之变成人乃是为了使我们可以变成上帝的这种概念来沟通上帝与人之间的那道鸿沟；那就是宗教意识史上的一个进步，而且是一个了不起的进步。

第五编　后　论

　　在这类的意义上和在这类的情形中，进步就是可能的。它是否在实际上已经出现，在何时、何地并以何种方式出现，则是历史思想所要回答的问题。但是还有另一件事是要历史思想来做的，那就是要创造这种进步本身。因为进步不仅仅是一件要由历史思维来发现的事实，而且还是只有通过历史思维才能完全出现的。

　　这样说的理由是，在它出现的那些（无论是常见的或是罕见的）情况中，进步仅只是以一种方式出现的：即心灵在一个阶段里保留着前一阶段所成就的一切。这两个阶段是相联系着的，不仅仅是通过一一相继的方式，而且还是通过连续性的方式，——并且是一种特殊的连续性。如果爱因斯坦在牛顿的基础上做出了前进，他是由于知道牛顿的思想并把它保留在他自己的思想中而做出了前进的；那是在这种意义上，即他知道牛顿的问题是些什么和他怎样解决了它们；并且把这些解决办法中的真理从任何阻止了牛顿再向前进的错误之中清理出来，从而就这样在自己的理论中进行清理这些解决办法。毫无疑问，他可以做到这一点而自己并不必读过牛顿的原著；但他却不能不从某个人那里接受过牛顿的学说。因此，牛顿在这样一种普遍联系之中就不是代表一个人，而是代表一种理论，它支配着某个一定时期的科学思想。只有在爱因斯坦知道那种理论作为科学史上的一件事实，他才可能在这个理论上做出一种前进。因此，牛顿就是以任何过去的经验都活在历史学家的心灵之中的那种方式而活在爱因斯坦之中，正如过去的经验是作为过去——即作为与他有关的那种发展的出发点——而为人所知，但它却又是在此时此地和它自身的发展一起被重演；那种发展部分地是建设性的或积极的，而部分地则是批判性的或消极的。

　　其他的任何进步也都是同样的。如果我们想要消灭资本主义或战争，而且在这样做时，不仅是要摧毁它们，并且还要创造出更美好的东西来；那么我们就必须从理解它们而开始；要看出我们的经济体系或国际体系所成功解决了的问题都是些什么，而且这些问题的解决又是怎样和它所未能解决的其他问题相联系着的。这种对于我们准备要取而代之的体系的理解，乃是我们必须在取而代之的工作之中始终保留着的一种东西，作为制约着我们创造未来的一种有关过去的知识。也许要做到这一点是不可能的;我们对我们所要摧毁的东西的那种憎恨也许会妨碍我们去理解它,而且我们又可能是那么热爱它,以至于我们不可能毁掉它,除非是我们被那种憎恨所蒙蔽。但如果是那样的话,就会又一次像在过去常常发生的那样出现一种变化,但并不是一种进步;我们在急于要解决下一组问题时,就会丧失对于这一组问题的掌握。而我们到了现在就应该认识到,并没有什么自然界的仁慈的法律可以挽救我们脱离我们愚昧无知的结果。

增补部分

绪论：某某哲学、特别是历史哲学的观念 [1927]①

当我们说某某事物的哲学(如艺术哲学、宗教哲学、历史哲学)时，我们想要指的是那种源于我们思考这某某事物时的一套想法。这些想法必定是哲学的，也就是说，它们必定是普遍的和必然的。各种观念偶然地联系起来，例如，框定的讨论与艺术思想联系在一起，便不是哲学；若非在思考某主题的每个人心中都引发一种普遍的和必然的意识，便没有什么思想可以声称是该主题的哲学。

有鉴于此，从该主题的哲学中，我们必须不仅把意外的联系排除在外，而且，在科学思想不同于哲学思想的这种意义上，还要把被称之为科学的那种特殊类别的思想排除在外。一种科学思想只是在普遍适用于有限范围的意义上才是普遍的；它是一种经验上的普遍，而不是绝对普遍；它适用于构成某个研究领域的所有事实，而相反地并不是适用于所有事实，假如它们可以适用于所有的事实，它就不是一种科学定律，而是一种哲学的定律；在数理逻辑学家看来，这正是数学遇到的事情。他们错误地认为，数学对任何事物都适用。

---

① 手稿原文见牛津大学 Bodleian Library, Collingwood Papers, dep. 14。在标题之下，柯林武德写有"1927 年 4 月补充"字样。柯林武德是在与他的朋友意大利哲学家鲁吉罗(de Ruggiero)一同住在罗马时写下此文的。这是意图对 1926 年写的历史哲学讲稿所作的一个补充介绍。在扉页上后来加了一个注释："1927 年 4 月断续写于罗马。此后，我没有再读过它，但是，根据我对当时写作此文的思想框架(或多个框架)的回忆，我怀疑它是混乱无序的，而且简直毫不价值。迪(Die)镇，1928 年 4 月。"

1928 年 4 月间，柯林武德在法国迪镇的马赫杜俊(Le Martouret)乡村别墅度假时加了这条注释。正是在那里，他写下了《历史哲学纲要》(在《自传》第 107 页曾提到)。尽管柯林武德自己对这样的"绪论"持一种否定的评价，但是，作为他这一时期有关历史哲学性质的思想说明，它还是很有价值的因此，某种主题的哲学必须不包括任意的或假想的东西。它不能由该主题的诸种分类所组成，甚至不能包含它们在内；因为每一种分类都是那么任意的，既然它不过是一种分类，就能被取缔，或者被另一种替代。从而，把艺术分成视觉艺术和听觉艺术，或者分成空间中的艺术和时间中的艺术，在艺术哲学中是站不住脚的；在历史哲学中，把文献分成为书面的和非书面的是没有地位的。如果能够证明这些分类不只是分类而已，即如果能够证明它们是普遍的和必然的思想，是任何思考艺术和历史的人心中都必不可免所产生的思想，它们在该主题的哲学中也仅仅能要求有一席之地。它们若只是单纯的分类，即划分研究领域的简便易行的方式，那么它们就不是哲学的。

同样地，哲学研究中不可能存在任何假想的东西。在这类研究中，我们不能想象有某种主题的完美典范存在，例如一幅完美的绘画或一部绝对真实或详尽无遗的历史。其原因就在于艺术哲学或历史哲学所关注的是研究艺术或历史完美形态的观念，包括尝试阐明或界定这种观念；因此，先假定我们已经明白这种完美形态是什么或者会是什么，再着手研究就不合理了。例如，柏拉图以勾画出一幅理想国的假想图画来对政治学进行哲学研究。这在方法上就是错误的。在特殊政治制度存在的特定历史条件下进行抽象而得出的这种完美的 πόλις[城邦] 观念，就篡改了政治生活的现实，留给我们一种政治理论，其价值（因为它具有极高的价值）就在于柏拉图没有严格实践自己的计划，它描述的不是国家的抽象观念，而是实际的希腊城邦，并导入一些大胆的、或许算是鲁莽的改革来修正它。真正的哲学研究乃是对实际事实的研究，而不是对假说的研究。政治哲学家理应描述的并不是最完美的可能国家，而是实际的国家的现实生活；并且，如果他忠实地做到这一点，就会发现在各种处境中，现状乃是最佳的可能。这样就区别了政治哲学与社会学。后者不属于哲学而属于科学，社会学与假想实体的关系有如医学与伤寒病的标准典型病例这种假想的实体之间的关系，或有如几何学与严格直线这种假想实体之间的关系。

于是，历史哲学就要包含每一个思考着历史的人的心中所普遍地和必然地产生的思想；并且，这些思想不涉及分类或假想的实体，而是

绪论:某某哲学、特别是历史哲学的观念 [1927]

与以历史作为其集合名称的那些实际具体事实有关。这些事实必须存在,从而历史哲学才得以产生;而且在我们哲学研究中的每一步,我们都要关注它们;可以肯定,若是我们让眼前的景象越来越模糊,我们的哲学研究便会化为乌有。

种种事实的集体名称便是历史,它包含着某种类型的人类行为,它们可以简便地称之为历史研究。这些研究以一种专门形式,被称之为历史学家的专门人员在进行着。而历史就以这种形式构成为一种活动,它有别于其他事物用的分类学逻辑,就像区别哺乳动物与爬行动物的逻辑。我们已经知道,这种加以区别的分类方式是与哲学思考的本质不相容的。哲学的逻辑是进行区别但不加以分类:它所认可的区别并不是分类上的区别,而是另一种不同类型的区别。这种类型是什么呢?

如果我们想想形式逻辑所说的肯定判断与否定判断之间的区别,我们就会看到,它本身首先表现为一种分类上的区别:某些判断是肯定的,其他是否定的。但进一步细看,它就显得全然不同了。这时我们便发现,一个被认为是纯粹肯定的判断,其意义都是不确定的或模糊不清的:只有当我们在其肯定要素上添加了某种否定要素,它才变得准确了。从而,某人说"我是一个自由主义者",并且这一陈述仅只传达了一种准确的意义(如果它真的完全做到了的话),因为我们理解这句话表达了他不仅接受了某些原则,而且还拒绝了其他原则;如果我们不了解他拒绝了什么,我们就不可能真正知道他自称是一个自由主义者是什么意思。同样地,如果有人告诉我们,二乘二得四,直到我们可以说:"我明白了,二乘二不可能得三、或者得五、得六,或其他什么,只能得四",这时我们才能理解这个陈述。否定提供了一种背景,由此肯定才鲜明地凸显出来;而没有这个背景,它就只不过是一种可能判断的轮廓,而不是真正被掌握和确定了的判断。此外,我们甚至更容易看出,一个单纯的否定并没有真正的意义,除非在做出否定时我们也做出肯定。当然,它没有必要在词语中表达,作为背景,它能在否定中找到。

肯定与否定因而不是判断的类别,而是某一种或同一种判断中可以加以区别的要素。每一种判断都应当具有这两个方面的要素;并且,无论我们什么时候思考判断,心中产生的肯定与否定的概念都是普遍的和必然的。这就是说,它们属于判断的哲学,或者属于被认为是一门哲学科学的逻辑学。这就给了我们一个范例,即某一种主题的哲学是通过什么方式使得它自己与其他哲学区别开来。它的做法是,把它正在研究的事实分解成它们的普遍性和必然性要素,并且,这样查明的每一种要素将必然地出现在该主题研究的全部实例中。

但是,我们怎么会知道,在这个特殊的事实中发现的那些要素会在其他事实中再次出现呢?我们怎么知道我们分析的结果具有普遍的有效性呢?

我们考虑一下,在数学中,我们对于同样的问题所熟悉的解法,或许就能找到答案。我们提出定理:直角三角形斜边的平方等于另外两条边的平方之和。然后,我们举例证明,在纸上用铅笔画出一个特殊的三角形,它的三条边好比说是3英寸、4英寸和5英寸。现在,假定我们的证明对这个例子有效,我们又怎么知道它对于每一个其他的例子都有效呢?回答是:在证明我们的定理时,我们诉诸的是我们的三角形的那些特征,并且仅仅是使其构成为直角三角形的那些特征。所有其他的特征我们一概忽略了,因此,那些其他特征中的变量不会影响到我们的证明。这样,同样地,如果并且只要我们只限于使判断成其为判断的那些特征,我们对于判断的分析就会是普遍有效的;我们对于历史的分析,如果只限于使历史成其为历史的那些特征,其结果也是一样的。

但是,我们怎么知道那些特征是什么呢?难道判断、历史等等事物的本质属性对我们没有完全隐蔽起来吗?并且,我细加解说的观点难道不是基于一种荒谬的(或者至少是太过鲁莽的)主张,即我们实际上知道,使任何给定的事物成其为所是的是什么。

确实,它是以这样一种主张作为基础的。正如数学家为了在数学中迈出一步,他必须毫不含糊地宣称自己知道使三角形成其为三角形的特征,即它有三条直边;而哲学家则必须表态,主张他了解判断、历史、道德行为等等的本质。现在,我们通常会承认数学家的主张有其合理性,那么,我们有什么理由认为哲学家的这种主张更为鲁莽呢?

如果说哲学像数学那样都是有前提假设的,那么就没有那样的理由。数学家声称自己了解三角形的本质,而我们不觉得有疑惑,原因就在于我们承认,数学家只是在告诉我们,如果有一个象三角形那样的东西存在,它本质上会是什么样的;并且,三角形是一个纯粹假设性实体这一事实证明他提出那条定理是有道理的。实际上,他要说的是,我们假设各种三角形,按照我的意思,我们假设三条边都是直线所构成的图形,看看发生了什么。在此,与随后出现的特性不同,三角形的本质被最初的假定行为确定了,并且,该行为并没有声称会是或者包含某种对于事物性质的深刻洞见。

但是,当哲学家声称知道使判断成为判断的东西时,他也就在假定判断确实存在,并且,它们的真实性质正是那种他称之为它们的本质的东西,而这正是对于我们了解它们来说最重要的东西。这显然是一种大胆而荒谬的主张,以至于它使得所有的思想派别都畏缩不前,并且试图创立一种哲学方法的理论以避免必然得出这种主张。这些思想流派广义上就是各种经验主义学派,它们企图像对待科学那样来对待哲学,并且把哲学的逻辑解释成一种假定的和分类的逻辑。所有这样的企图归于失败是不可避免的,因为事实上,它们的真正存在就是对其自身教条的一种永久的驳斥。由于它们包含了种种判断,无论这是些直言判断还是假言判断,它们都是实际得出的判断;所以,是不是存在任何判断可不是一个有待解决的问题。

几何学研究三角形的特征,并且把它们当成假定的实体。几何学能相当好地做到这一点,因为它自身不是一个三角形。如果几何学是一个三角形,那么只要几何学存在,三角形的存在就毋庸置疑了。然而,逻辑研究的是判断的特征,并且,逻辑本身就是一个判断或多个判断的集合;因此,逻辑的存在保证了它自身的题材在事实上的真实性,因为它就是它本身的题材。

我们扼要重述一下。我们的困难在于:我们怎么能够声称自己对于实际事物的根本性质所具有的这种洞见,是与我们说自己知道是什么构成了一个判断的本质相关联的呢?模仿数学家的做法是无法解决这个难题的,因为这种做法是以数学家的对象的非实在性作为基础的;然而,我们的对象却是真实的,因为我们在思考这个对象的时候,就在创造该对象的一个实例。创造实例这一事实是整个困难的根源,最奇怪的是,它也是解决这个难题的关键。如果我们仅仅发现了某个确定类别的对象,例如在外部世界存在着的一头大象,我们是不可能知道它的真实本质的;可是,一个我们创造的事物必定是其本质为我们所理解的事物,这至少是必须的,以便不管如何都可以确定,我们所创造的事物的确就是我们所认为的事物。这样,假如我说,我构建了一种理论,我便是在这个声明中断言我知道一种理论是指什么;这不仅仅是在指我看见一种理论(就像看见一头大象)时便能够识别出它来的意义上是如此,在更深远的意义上也是如此,即当我构建该理论时,我了解它应当是怎样的,并且我也努力使得它更像理所应当的那样;也就是说,我是在宣称自己对于理论的真实本质富有洞见,也理解使理论成为理论的东西是什么。因此,当我辨认出一头大象是通过某些可能完全偶然的和表面的记号时,我识别出一种理论却是通过自己对于理论的本质所具有的洞见;并且,这种做法是可以适用于经过我有意识的和理性的努力,以及根据标准来操作的行为所创造出来的任何事物的。

于是,假定历史学家的工作可以被描述为构成了一个叙事(在此,叙事一词并非指的是虚构性叙事,而是指真实的叙事;或者不如说,不是指一种倾向成为虚构的叙事,而是指意在成为真实的叙事),由此而得出的结论便是,一切历史叙事的本质,同样也是历史学家在开展其工作的整个过程中,作为一种准则或观念在他的心灵之中呈现的本质。他知道自己正在努力做什么,明白他的叙事理应满足何种渴求,并且就其成功地被写成历史而言,叙事实际上满足了什么渴求;这正是他用来判断叙事是否成功的东西。很明显,他必须有能力做出判断,倘若历史学家不能告诉人们良史与莠史之间的区别,便没有人能够做到这一点了。如果的确是如此,也就没有谁有能力判断某个特定的历史学家的作品是写得好还是写得糟糕;这也就是说,不可能会有史学批评这样的东西。由于史学批评实际上是存在的,以此为业的人必定有一些标准使他们能够区别良史和莠史;但这就意味着将那种真正是历史的,即具有历史的本质属性的历史,与仅仅具有历史的次要属性,因而本质上根本不是历史的"历史"区分开来。

绪论：某某哲学、特别是历史哲学的观念 [1927]

现在，问题或许就产生了。已经证实为批评家所具备的种种标准没有可能是错误的吗？确实，众所周知，批评家们常常用错误的标准进行评判，召唤那种满足了某些非历史的检验的良史，因为在那个时候，他们习惯性地以此来替代真正的史学评判标准。这完全是真实的。但是，如果有人说这位或那位批评家正在用一种错误的标准进行判断，他事实上就是在说他自己具备了正确的，或至少也是一种更好的标准。这样说有时候也遭人否认。人们有时会指出，我有可能知道关于某个事件的某一种记述是错误的，却不知道正确的是什么。例如，我知道培根没有写过《朱尼厄斯通信》①，可我不知道是谁写的。所以，他们会争辩说，我可能知道某种批评标准是错误的，可是我却没有一种我认为是正确的标准。

这种争辩虽然看上去有道理，却是一种糊涂的思想。恰恰是因为我对朱尼厄斯信件的文风和内容具有确定的知识，我才没有把它们说成是培根写的；也就是说，正是因为我知道它们是什么，我才明白他们不是什么。同样地，使我能够拒绝有关历史的本质的那些错误说明的，并且说它既非此、亦非彼的，只能是我对于历史是什么的知识。此外，像历史批评家那样掌握一种标准，相比像哲学家做的那样用理论的语言表述这种标准，这之间也存在一种混乱状态。同样地，历史批评家无须进行哲学推理；对各种原则进行理论陈述不是他的工作；如果有人要求他表述，他用不着害羞说自己做不到。可是，他绝对必须掌握这些原则，并在实际工作中运用它们。这些原则必须调控着他的工作，就好像我们的骨骼控制我们的肢体运动那样；它们必定内在于他的批判性思考之中，纵使他还不能在具体的批评中理清它们，还不能把它们看作独立的或自足的实体。倘若他老老实实地承认，即使是在这种内在的意义上承认自己没有掌握确定的标准，这也只能证明他不能进行那种特殊的批评工作。

因此，每一位史学批评家都或对或错地相信，自己把握住了历史的

---

① 朱尼厄斯（Junius），笔名，1769 年至 1772 年间在一家伦敦报纸上撰写了一系列抨击英国内阁的信件，真实作者未知。——译者注

本质，并将其理解为日常研究中的一种内在标准，在这种意义上，历史的本质乃是一个公开的秘密。于是，这样说来，史学批评家和历史学家这两个词便是同义词。既然史学批评家一词指的只是能够区分良史与莠史的人，要是说到历史学家克制住不提出一种新版本的叙述，或者认为另一种叙述更切合历史，因而提出来替代原来的，那么，每一位历史学家都具有这种区别良史与莠史的能力。

然而，这使我们仍然面临问题。我们在相信自己的标准是正确的时候，我们又是怎么知道自己这样是对是错呢？假定某些人相信了某些错误的标准和准则，那么，依据什么样的标准能指出这些标准的错误呢？这是一个很重要的问题，因为，如果无法回答它，那么，我对历史做的哲学说明就将成为一种单纯的说明，涉及的是一些我本人在自己称之为历史的东西中进行工作的原则；这样，所有的普遍性和必然性便消失了。我们也不能要求人们太宽泛地就什么应当被称为历史而达成一致，借此回答这个问题，因为，这种一致意见，就如同对橄榄球联合会的规则所达成的普遍一致，是对某种本质上乃是任意性的东西的默许，这一事实在前提假设的基础上是可以说明的。

照说这个问题无法解释，因为它预先假定了一种可能性，即两个人有可能遵照不同的原则都在诚心工作，他们依据根本上不相容的标准，可是认为大家正在努力做同一件事。也就是说，它预设了他们彼此交流的不可能性，或者预设了研究他们彼此的行为的不可能性，这样就承认了他们的标准存在本质差异，进而承认他们的工作也存在本质差异。这是一种唯我论。尽管说唯我论是无法辩驳的这全然不对，但是，在认识到它为何物，并揭示出它的潜在原则之前，人们不可能回答它却是不错的。

在这种特殊情况下，唯我论存在于两人之间的一种必然的、不可化解的误会中；他们每个人都认为，因为他正在做某件事，所以另一个人也在这样做，其实后者并没有这样做。于是，如果 A 误解了 B 的行为，A 对于 B 的行为来说就是一名低水平的历史学家；而如果他的史学原则造成了他的误解，这种原则便是真正反历史的原则，不是与历史的真实相关的原则，而是与历史的谬误相关的原则。因而，在说明我们的困

绪论:某某哲学、特别是历史哲学的观念[1927]

难时,我们默认 A 和 B 都处于一种不仅是错误的而且是难以克服的错误情形下;的确,如果他们犯了难以克服的错误的话,他们就确实犯了这种错误;如果我们一开始便这样假设它,那么,它的结果若是必然得自于该假设,我们就不必感到惊讶了。

相反,假定他们的错误并不是不可克服的,得出的结论便是:当 A 在对 B 进行研究时运用了一个错误的(即非历史的)标准,结果认定 B 或许合理的历史思想是错误的,他就没有必要坚持用"历史的"这个词来形容自己的思想;A 若是认识到在他的思想与 B 的思想之间存在着不同类别,他有可能明智地在一种不同的术语体系的基础上与 B 达成一致,并且为那种导致这个结果的原则找个新的名字,而该原则带来的尽管是莠史,却有可能是优秀的艺术、心理学或诸如此类的东西。

在说这些的时候,我们就在假定导致莠史的原则不仅仅是非历史的原则,也不仅仅是与历史的谬误相关的原则,它还有一种与思想的一些其他领域相关的积极价值。这种假定非常合理。任何原则必定具有某些肯定的或建设性的方面;它不可能单纯是否定的,它必定按某种方式看也会是正面的。这种情况可以用一个道德方面的实例来证明。能骗就骗的原则不是道德原则;它是不道德原则。但认为它不道德正是在说它不是什么,而非它是什么;并且,它除去作为一种对于健全的道德极具危险的原则而具有的否定性或破坏性特征之外,作为稳定的自我强化原则,自身具有一种肯定性的或建设性的特征。这并非该原则的特性或任何特殊类别的原则的特性,它是一般的逻辑的问题,即一种否定必定有其肯定的一面,并且,它对每一种否定都是真实的。因此,历史中那些坏的或错误的标准,如果它们确实是标准而不是彻底的思想紊乱,那么它们在别的地方必定是好的和正确的;另外,相信不同历史标准的那两人之间的误解总是可以消除的,其做法就是,他们发现双方总是有着相反的意图,即说对方不是什么的每一种断言实际上都与否定有关。

很明显,像我们开始说的,如果历史哲学是由有关历史的普遍的和必然的思想组成,情形必定如此。因为这个陈述意味着,没有任何思考该主题的人会完全察觉不到真实,这样,哲学的谬误并不在于相信什么东西纯粹地或绝对地错了,而是在于原则的运用上,即将在原则的合法范围内运用的该原则,用到了它在那儿便是非法原则的其他范围内。这是对各式各样的错误所做的正确说明。事实上,我们若是仔细想想,正如某种罪行必定存在某种所谓的"动机",某个错误也因此必定存在某种"理由",我们便能够明白它一定是正确的。罪行的"动机"是一项肯定性原则,比如说自我满足、自我充实、维系自身或者依赖于自身的人的生活;根据这些原则,罪行不单单被看作是一种恶行,还被看作是一种善行,并且这种善赋予它一种动机。某个错误的"理由"在于犯错误的人在运用一种肯定性原则这一事实,对正进行着的事情来说,他欣赏这种原则的价值。并且,重要的是要认识到,使他的错误成为错误的不是他运用了这种肯定性原则,而是他还未能运用其他更精深的原则。这种罪行将使我充实,这并非不真实,而是极其真实;但我不应该只想到这些,我还应当用政治的和伦理的行为标准来判断它。同样的,科学方法能够适用于哲学问题的主题并非不真实,它完全真实;但是,主张运用这种方法的人所犯的错误就是,他们忘记了只要正被考虑的问题是一个哲学的问题,那么,除非依靠严格的哲学的原则和方法,否则该问题不可能获得解决。

正是在这一点上,历史哲学的必要性显现出来。如果 A 和 B 两个人在其批评的或建构性的历史学工作中运用不同的或不可调和的原则,那么,退一步说,两人中的一人正在得出莠史,他正严重地受到错误原则的误导,这就像一位不讲道德的人为了满足一己之欲而不务正业时那样,受到了错误原则的误导。现在,依靠 A 要求他的历史呈现出不同于 B 的历史这一事实,可能使 A 无法认识到一种原则上的根本错误;相反,他可能将此看成一个优点,而 B 反倒会在他的应该是不同于 A 的历史中将此看成一个优点。例如,假设 A 是马克思学派的一位历史唯物主义者,他相信最终决定所有历史事件的力量是经济力量。这样,结果便是,就像 A 写的那样,历史叙述将是一种对于经济事件的叙述,一种唯物主义的叙述。但是,你对 A 说"看看以你的观点是怎样写出唯物主义的历史的",这无法让他从其原则中转变过来。他会回答说"这正是我希望它所是"。如果 B 喜爱一种对立的思想派别,他会认

绪论:某某哲学、特别是历史哲学的观念 [1927]

为自己的历史中很少提到经济是一个优点,而这正是 A 认为 B 作为一位历史学家的缺点。

遇到这种事情,人们要做的是什么呢?只有两种解决办法可行。要么,我们可能借助于盲目的胡猜乱想来解决一个问题,而我们已经放弃了给予它合理的解答,并且说,有的人喜欢他们的历史是唯物主义,有的人不喜欢;要么,我们可能用一种哲学的形式陈述那些成问题的原则,并使它们经受哲学的批评,以此决定构想出一个真正的解决方案。我所说的以一种哲学的形式陈述它们,意思仅仅是指把它们陈述为一般原则,而不是满足于在历史思想的实际工作中接受它们的指导。这样,唯物主义历史学家将所有非经济的、或者明显是非经济的事实,分解成经济力量的结果;这种思维习惯所暗含的原则一经表述,就呈现出唯物主义哲学的样子;于是,将任何事物都转化成经济学术语是一种良史还是一种莠史这个问题,只有通过阐明和评论这种唯物主义哲学才能得到解答。

这样理解的话,历史哲学便意味着揭示历史思维中运用的原则,并且加以批评;其功能在于批评和调节这些原则,目的是使历史更真实、更成其为历史。这样,由于一种绝对的必要性,历史哲学产生于历史思维的实践之中,而只要历史学家能够令自己避免卷入方法论的问题中,也就是说,避免卷入他应当如何处理历史材料,以及他应当旨在得出什么种类的结果这样的问题中,他就能够避免必然卷入到历史哲学中去。(这种哲学研究的观念具有一种超越其本身的效用,有助于本身不是哲学的事物的发展。那些企图在密不透风的隔间中维护人类生活的不同利益的人,他们坚持认为哲学除了为学术问题提供学术解答之外,没有别的用处,对他们而言,这种哲学研究的观念无异于是对他们的一种羞辱;然而,人类生活并非真的是划分成了这样的小隔间,并且,说功利主义只在其中看到了效用的事物实际上没有任何用处,以此来对抗功利主义,这实在是一种非常愚蠢的方法。)

这样理解的话,历史哲学便是历史学方法论。它以一种不是很系统的形式从实际的历史学工作中自然而然地产生,而绝不能用完全封闭的教条形式来表述它;它必定包含一些话题,这些话题以其产生的特定环境所赋予它们的形式而得以凸显并获得讨论,并且,处理历史哲学的正常方法是进行分别而独立的讨论。作为以这种方式来讨论的主题的例子,人们可能提到以下这样的问题。历史学应当特别注意人类生活中的某一个方面吗?例如,经济方面(按马克思的说法)或政治方面(按时下钦定讲座教授的说法)?分别撰写艺术史、宗教史、战争史、宪法史等等诸如此类的历史有可能吗?值得吗?或者说,由于这些艺术、宗教之类的事情被历史学家从其历史环境中分离出来了,它们的发展难道不会变得难以理解吗?理想的历史是一种单一的普遍史、世界史,还是许多分散的历史?如果是后者,它们该如何分割呢?像剑桥史那样,将某个主题的几个不同部分分给不同的作者,这样能写出好的历史来吗?如果不能,为什么不能呢?历史学应该追求传记形式,为读者呈现个体的描述;还是应该抑制传记的要素,描写重要性远胜于个体的各种运动呢?在证据不足以说明发生过什么时,历史学应当容许想象的成分,以及对本来会发生什么所做的推测吗?或者它只是应当陈述有证据确证的东西,除此之外便不再言语?历史学家的写作应当考虑到他自己的时代吗?也就是说像格罗特那样以 19 世纪激进主义的眼光来看待雅典民主政治,通过现在来看过去?或者说他在进入克里奥的殿堂时,应当将现在的一切兴趣当作亵渎之物抛弃在外?历史学家应当对他描述的角色进行道德判断吗?他应当在叙述他们在历史中的冲突时置身一旁吗?他应当将他们的问题归因于必然性,偶然性,还是人的意志作用?像这样的问题都涉及历史学家的职责,至少从表面上看,他可以做出选择。但是,还有一些同样急迫的疑问,它们不是以应当一词而是以可能一词来问。例如,缺少书面记录的历史可能存在吗?又例如,是不是可能存在一部关于青铜时代的严格意义上的历史?历史学家能够确定事情为什么发生,抑或只是能够确定发生的是什么?他能够赞赏他描述的人物的动机吗?或者对他而言,这些人物的行为有必要保留的只是全然暧昧不清的事实?历史学家能够在何种限度内,如果有限度的话,来探究他的原始资料,并且对它们进行批判和纠正?果真如此的话,批判和纠正的原则又是什么?

列举这些问题目的在于指出问题的数量是无限的;并且,当某人在

绪论:某某哲学、特别是历史哲学的观念[1927]

他的心灵中反复思考它们时,他逐渐认识到有两个事实越来越清晰地凸显出来。第一个便是,所有这些问题都围绕着一个核心的问题,即围绕着历史学的基本性质、意义、目的和价值的问题。这个问题就是:历史是什么?它是一种真正的知识形式,还是一种幻象?它真的能够理直气壮地宣称是一门精神的学科和一种对实在的研究吗?或者它是一种令人困惑的异类的或尚未成熟的思潮的集合?如果历史是一种真正的知识形式,那么,在知识整体中,它处于什么位置?它与知识的其他形式如何联系?虽然这些看起来像是许多问题,我却认为这是一个问题;但说它是一个问题是在这样的意义上,即对这许多问题中的任意一个问题所做的任何回答,都是对其他所有问题的回答,而对其中某个问题的回答的任何更改,都牵涉到对所有问题的回答的更改。但是,更进一步,对于"历史是什么?"这一核心问题经过深思熟虑所做的适当回答提供了一种观点,据此,我提到的各种方法论上的问题都能够加以处理并解决。由于这无穷多的方法论问题都牵涉到在某些特定场合或某些类型的场合运用历史的概念,因而它们都共同分享了这种观点,所以,有着这样一种经过深思熟虑的恰当的历史的概念,是解决它们必不可少的条件。

所凸显的第二个事实是,这些不同的问题将我们带进了与哲学的每一个部分中所出现的问题面对面的状态中。例如,我们若不能以最佳方式提出或解决人的自由意志与决定论的问题,就不能确定历史学家是否应当把历史事件归因于必然性、偶然性,或是人的意志。若没有探讨在何种意义上,艺术是一个个别的事物,是人类生活中的一种独立部分这个问题,我们就不能说最好是写一部单独的艺术史,还是把它包括在一部普遍的文明史中。这样,历史的方法论问题不只是将我们领入一种专门的历史哲学,而是领入了一种完全一般的或普遍的哲学,领入了作为整体的哲学。

这样,历史哲学存在三种层面。首先,作为一种综合的历史哲学,它直接由历史思维中产生的特殊方法论问题综合而来。其次,作为回答"历史是什么"这个问题的尝试的历史哲学。最后,与一般而言的哲学同一的历史哲学。很显然,这三个层面决非同一主题的三个截然不同的部分,他们以互为依存的方式捆在了一起。第一层面是历史哲学的内容;第二、第三层面一同构成了它的形式。内容是特殊的哲学问题的一种纯粹的多元状态,这些问题本身是杂乱的、不成形的和可以无限列举的;形式则是统一的,它的根据即是形式本身的整体将其各部分彼此联系起来,由此将统一带入这种内容中。一旦我知道了历史是什么,也只有在这时,我能够认识到一种理性的必然,以及一种针对我努力写作时困扰我的各种方法论问题所做的合理的回答;另一方面,也正是在这种历史工作的具体经验及其困难中,才可以说我知道历史究竟是什么。抽走了内容,形式便成了虚空和毫无价值的空架子。形式使内容变得可以理解,内容使形式变得实际。

此时,形式具有两种要素或层面,对应于历史哲学这个术语中的两种要素。第一,按照它的逻辑顺序,历史哲学必须是哲学;而称它为哲学意味着它是普遍的和必然的,并且它不是哲学的一部分,而是哲学的整体。在这个整体中,每个部分都是整体,因为每个部分都是整体所必需的,并且,若不是依据每一个它者,没有哪个部分能够得到理解。第二,历史哲学必须是与历史有关的。这意味着我们涉及的不是纯粹的哲学(如果可以想象有一种纯粹的哲学的话),而是由某个角度进行研究、在一个特殊的层面获得理解的哲学,即哲学及其问题集中在一个特殊的点上,那就是历史的概念。这样,历史的概念构成了我们进行哲学反思的直接对象,而其他组成哲学整体的概念都被设想成要以此为中介的间接对象;迄今为止,我们思考它们,并且是以说明历史的概念这种方式,而不是以别的方式来思考它们。

这样,历史哲学意指从历史的观点来看的一般哲学,即前景是历史的概念,其他概念都在背景中的一般哲学。另外,值得注意的是,无论什么时候我们思考任何综合的整体,我们往往看到它有这样的一种前景和一种背景。如果我说 X = Y,在我前面,我可能看上去有一个由两个部分——X 和 Y 组成的整体,它们之间有一种交互的关系,(可以说)距离和我一样远,并且完全平等;但是,这并不是真的如此。当我说 X = Y 时,实际上,我总是把一项加到我正在进行比较的另一项上,以便人们将它描绘成一种比较的稳定的背景、一种比较的标准,此时,再将另一项叠加在这种背景上,来和它进行比较。X 和 Y 的交互作用只是一种潜在的交互作用,产生于我们认可的事实,即当我们说 X = Y 时,我们也可以正当地说 Y = X。命题 X = Y 与 Y = X 同义,这并不比命题"格伦迪博士同意修昔底德"和"修昔底德同意格伦迪博士"的同义更强一些,尽管也不是更弱一些。同样地,我们称之为哲学的相互联系的种种概念,它们的集合一定在什么地方已经被理解了;在我们的思想对它们同时具有相同程度的直观性或直接性之前,我们不可能拥有哲学的所有部分。这样,我们必定有必要将它的某些方面个别加以考虑,即将其视为当前正在研究的问题;同时,将它的其他方面保留为背景或参考框架,一个我们不是已经得到就是希望得到的种种概念的主体,并且,我们因此能够在当前的研究中为了实际的或是可能的解答,提到一些特殊的要点。这样,在讨论伦理问题时,我们碰到了形而上学的难题。我们要么说:"从形而上学的研究中,我们知道这个问题的回答是这样那样,因此,我们可以稍作说明,然后继续";否则便说:"这个形而上学的难题还没有解决,所以我们必须暂时将这一点搁置一下"。

不管哲学的概念在思想中是不是呈现为一个整体,它必定呈现在某些特别的地方,自身的一些部分在思想的前景中,其余的部分在思想的背景中。作为一个组装的整体的哲学的概念是唯一的,它能够同时解释哲学的统一性及其内部不同的哲学学科或科学,例如逻辑学、伦理学等等之间的差异。但是,人们必须记住,为了从不同的角度来思考作为一个完整的整体的哲学的观念,人们迟疑不决,以至于它一直容易被误解成是决非完整的。我们迟疑不决,不是为了思忖一篇已完成的文章是不是尽善尽美,而是为了继续促成它产生的工作。我们正思考的这个方面正是我们积极构造的方面;并且,当我们构造某个方面时,其他方面则呈现在我们的思想中,不过它们只是作为原则,在我们时下思考的对象中充当例证,而不是作为独立的对象。

这样,受到这种限制后,我们有可能继续把哲学说成是部分构成的整体,每一个部分都是一个概念,并且每一个概念都有能力成为哲学思想直接的中心或焦点,而其余的便作为背景使之更加清晰。于是问题立即出现了。是每一个概念都形成了哲学主体的一部分,还是有的做到了,有的没做到?若是前者,便存在一种茶杯的哲学和秃头火车站站长的哲学;它们都是概念,因而有权和其他概念一样拥有它们自己的哲学。若是后者,我们如何知道,历史就不是那种必须从哲学主体中剔除出去的概念呢?我们要靠什么原则来决定呢?

对这个问题的回答自然是从我们最初将哲学视为普遍的和必然的这种描述中得出来的。正如我们所说,一个哲学的概念是普遍的是指,无论何时,任何人思索某个主题,这个概念都必然产生。但是,主题一词在此指的是概念,这样,我们的话若被视为一种定义,便是一种循环定义。为了避免这个循环,我们必须强调主题自身必须是一种哲学的或普遍的概念。这样只能意味着,一个概念可以适用于存在的任何事物。在哲学中,这是人们熟知的观点,即存在着这样的概念。在学术术语中,它们被称为先验的观念。以斯宾诺莎为例,*ens*[存在]、*res*[实体]和 *unum*[一]被定为先验观念的范例。正是这种先验的概念提出了问题,并且创造了康德哲学的术语。先验感性论便是 *ubi*[无论在哪里], *quando*[无论何地]这些先验概念的理论,它适用于 *qua*[作为]感觉对象的任何事物。先验逻辑学是统一体、实体等等这些先验观念的理论,它适用于作为思想对象的任何事物;先验唯心论意指先验观念的唯心论,即先验观念在精神之外不存在的理论。这样,我要提出的观点是,组成哲学主体的概念都是先验的。哲学与茶杯毫无关系,因为存在不是茶杯的事物。茶杯的概念是一种经验的而非先验的概念,是一种只能适用于某类事物而不能适用于其他事物的概念。但是,哲学与思想有关,因为根本上能够被我们谈论的任何事物,只要我们谈论它,它便是思想的一个对象;哲学与行为也有关,因为任何事物都为行为提供了场所和时机;哲学与艺术有关,因为任何事物都是审美静观的一个合法对象;哲学与科学相关,因为任何事物都是科学研究的合法对象;哲学也与历史相关,因为存在的任何事物都是一个历史的事实。

在这种情况下,康德发现的是这些先验观念构成了一个单一的整体,例如,虽然它们之间存在明显的对立,但彼此都是相互需要的。这样,单一与多元看上去相互矛盾,然而任何存在的事物都既是一也是多,而且,这一点也不是非理性的或不明智的;相反,我们完全都能够理

绪论:某某哲学、特别是历史哲学的观念[1927]

解,没有任何事物是一,除非它同时也是多;没有任何事物是多,除非它是一种多、一个多,即一个统一体。类似地,有关事物的艺术态度不仅仅与科学的态度不同,而且与之对立;因此,如果世界就像成为一个审美静观的合理对象那样被构成的,人们便会假定它不可能也是一个科学研究的合理对象。我们的确经常真心实意地这样假定,并且使自己陷入钻牛角尖的两难之中,论证要么艺术对于实在的态度是对的,科学的是错的;要么科学的是对的,艺术的是错的。对或者错意味着运用实在本身不可更改的特性做出合理的或者不合理的证明。但是,对这种两难的回答是,它们都是对的,并且,若是任何一个想要排除或者取代另一个,它便是错的。因为二者之间的对立就像一与多的对立,是每一项对另一项都是必须的那种对立。就像一与多都是纯粹逻辑的范畴或先验观念,即指任何逻辑思考的对象肯定有必要既当成一又当成多来思考,因此,艺术与科学都是精神的范畴和先验观念,它意味着任何精神的活动或行为必定具有艺术的特征,也具有科学的特征。

这样,只要生命是精神的,而不仅仅是生理学的,我们所有人便都是艺术家和科学家,不是说转变或交替为艺术家或科学家,而是在我们整个的生命中都是如此。职业艺术家不是仅有的艺术家;他的职业生涯在于对人类共有的功能做出专业化的表现,这正是为什么他的作品不只是吸引一个观众。对于哲学家和艺术家之间进行的几乎所有与艺术相关的讨论中明显存在的目的不一致的倾向,这里有一种解释。对于哲学家来说,艺术是一种先验的观念;他在艺术的名下研究的内容,正是在精神的每一次活动中同样明显的东西。对于艺术家而言,艺术是一种经验的概念,他以艺术为名考察的东西,可以说就是呈现在布莱尼姆宫的设计和伦道夫旅馆的设计中所缺少的东西;因为在努力成为一名艺术家时,他也在努力创作出艺术杰作而避免出现败笔,并且,在他看来,艺术作品和艺术杰作必定是同义的,而低劣的作品只要是低劣的,便不是艺术作品了。哲学家只好回答说,伦道夫旅馆的设计至少在试图成为一件艺术作品,这种尝试不可能被认为是一种彻底的失败;所以,像这种似是而非的陈述就有可能出现,例如,伦道夫旅馆在某种限度之内,一定既是一项艺术作品也是一项艺术杰作。在讨论中谈到这一点时，艺术家或许会摔门而出，而出于道义的讨论是，艺术必定不可能像称它为先验观念时所表现的那样，仅仅被视作漠不关心地在精神的每一次活动或创造中展示出来的一种观念，也不能仅仅被视为在某些事物而非其他事物中呈现的一种经验性观念，而是必须被看成是一种事实上无处不在的观念。但是，它只是在一些特定的情形下，向能够在它出现在这种特殊场合时辨别出它的那种特殊的和独特的形式的精神显露自身。普遍性并非漠然地、同一地呈现在特殊事物中，这些特殊事物彼此区别仅仅是因为质料和数量上的不同，其实并不仅仅是质料或数量的不同；我们所说的这种不同只是因为我们刻意忽视了它们的本质特征。普遍性本身在不同的特殊事物中是有区别的：不同的艺术作品体现的不是某物的不同的化身和同一种美，它们体现的是不同的美、成为美的不同方式。几乎可以说（虽然我不这样说，因为它暗示了一种错误的反题），有多少种美的事物，美这个词就有多少种不同的意思。但是，这并不正确，因为它暗示了这些各不相同的意思之间的联系仅仅是字面上的，尽管在事实上，这是真实的和必然的，并且对此也不值得大惊小怪。各种事物之间的差别，例如我在此所说的美这个词的各种意思之间的差别，确实是精神对于艺术活动的阐述，在一切艺术的统一性必须与某种多样性相联系的意义上，这是一种必要的阐述。这样，如果一切艺术是统一的话，艺术的每一种形式必定也是唯一的，并且与每一个它者都不同。

　　由此可见，正如精神的每一次活动肯定显示出艺术和科学这两者的特征一样，每一件艺术作品（即作为艺术作品的每一次精神活动）必定显示出许多不同的特征，它们都是艺术的先验观念或范畴。此刻，我就不停下来一一列举了；我只是想指出，它们之间的不同表现在这些观念分歧的根源上，而这些观念的分歧导致了不同艺术流派之间的争论，譬如说自然主义的与形式主义的、古典的和浪漫的等等诸如此类的争论。另外，我也想指出，在个性一词的美学意义上，艺术作品的个性并不在于它与其他作品纯粹在质料上的不同，而在于它体现了自身的某个观念，即一种美的形式，这种形式从来没有被认识到是一种有意识的和特意挑选的结果。这种新的美的形式一定已经作为一种要素呈现在以前的艺术作品中,事实上是以前所有的艺术作品中。可是,使新的作品具有原创性的因素在于,过去存在的只是作为一种暗含的、局部的或从属的要素,如今已走上前台,并且决定着整体的外在特征,成了艺术家的思想中的核心基调。这种核心基调被称为艺术作品的主题;而有个性的艺术作品有可能被定义为一种被提升到美的层次的特殊主题,或者说,美,即世界中一切的美,以一种特殊主题的形式表达它自身。这样,特殊的艺术作品与一般的艺术之间的关系与特殊的哲学如历史的哲学与一般哲学之间的关系是相似的。

因此,我们现在必须考虑的问题是,历史是一种先验的概念还是经验的概念?也就是说,到底是不是可能存在一种历史哲学?由于我们已经考虑过先验的概念的一般本质,我们现在准备提出这个问题。

历史是一种探询,即一种精神的活动;但问题是,它是否只是活动的一个种类,就如长除法(long division)或读一部小说,还是一种活动的必然的或普遍的形式,这种形式明显地或隐含地表现在任何种类的精神活动存在的任何地方。

很清楚,如果历史指的是那种将被称为历史学家的人与其他被称为科学家、长号手、眼外科大夫的人加以区分的那种活动,那么,它便是一种经验的概念。在这种意义上,历史作为一种经验的概念意味着,它是对某种任意界定的问题所做的研究,这些问题往往被认为是历史的问题。例如,想想一本350页厚、可能是称作《英格兰史》的书会涉及些什么。它要么暗指英格兰曾经发生的任何事情都可以在这350页中讨论,这很可笑;要么作者所知道的英格兰发生的每件事都可以写在这350页中,这同样可笑;再要么就是指对于什么应该、什么不应该包括在这个题目之下,存在着某些完全是任意的规则。这只是一个例子,人人都知道的;并且,人人都知道规则是变化的,尽管以前认为,国王和战斗的名字、日期构成了英格兰历史的重要部分,如今,这种重要位置却有赖于对社会和经济情形的描述。所以,如果你与专业历史学家们探讨历史书中应当包含些什么内容,你将发现他们会给出各式各样的答案。正因为他们纯粹是经验性的,他们的答案也不可能达成一致,这非常像艺术家因为艺术表现的主题不同而无法达成一致。他们都同意,历史学家理应选择多少是重要的内容进行叙述,但这种重要性的观念必然是难以确定的,因为他们对于组成重要性的性质的看法正好互有出入。另外,选择的观念的确透露出整个学说的经验特征,因为选择意味着从大量材料中挑选出什么。既然被选择出来的 *ex hypothesi*[据推测]是历史,但它从中进行选择的材料恰恰是作为整体的历史,这样的话,选择的观念便暗示着历史学家必定首先知道整个的历史,随后才从中选择一些来叙述。那么,他是如何知道整个的历史,或者是它的任何部分呢? *ex hypothesi*[据推测],他作为一位历史学家的工作只是从他已经知道每一件事情开始的,因此,获取知识、历史研究或者考察也就失去了用武之地。

另一方面,如果历史指的是获取或据有历史知识,而不仅仅是向其他人贩卖其中的某些部分,那么,历史必定是一个先验的概念。鉴于这种知识的对象不是英格兰史或者这样那样的特殊经验事物的历史,而是像这样的历史,即无论存在什么样的历史,任何事物都是历史地是可知的;这是一种不折不扣的普遍性概念。此外,在历史作为一切精神活动中的一种条件而隐含着的意义上说,它还是一种必然的概念。科学家在其研究过程中运用了观察和实验,在科学家为了科学目的而运用它们的那一刻,它们就被历史地证明为历史事实了。艺术家在创作一件艺术作品时,就是往艺术史中添加一件新的事实,该事实与艺术史中在它之前的东西有着一种必然的联系。因而,当历史被视为一种纯粹的活动形式时,它是一种先验的概念,就像艺术和科学一样。可是,当它被专横地限制在这种形式的某种专门化的体现中时,它也像艺术和科学一样成了一种经验的观念。如果有人说,"那不是历史,因为在这家图书馆的史学类中没有一本与它有关的书,或者因为历史教授不会劳神就它去开讲座,或者因为不曾有与之相关的人称它为历史",他正是在用一种非常正统的标准将它从经验意义上的历史中清除出去;但是,此人未曾尝试否认它是在先验的意义上的历史;这也就是说,它包含了那样一些特征,它们在一种更加显著的程度或形式上,将历史之名授予通常这样指定的事物。至于经验的概念,它只是先验的概念的 *prima facie*[初步]运用。就连傻瓜都能看出来,我们说的历史书都是

绪论:某某哲学、特别是历史哲学的观念[1927]

历史的实例,但是,要弄明白科学家所用的统计数字也是历史却要进行更多的分析;这种显著的程度正是在前一种情况下赋予其历史之名,而在后一种情况下却是拒绝这样做的唯一理由。

因此,历史哲学是对历史的先验概念所做的说明,是对作为一种精神活动的普遍的和必要的形式的历史所做的研究。没有理解先验概念的思想的人可能认为,要求这种研究从历史的定义开始是合理的,但是,这样做将表露出先验的和经验的概念之间的混乱。经验的概念必须定义,因为它既不是普遍的,也不是必然的。因此,在我们能继续讨论它之前,必须了解它是如何构成的。但是,先验的概念不需要定义,因为只要我们一思考,就全都已经拥有了它;它也不能定义,因为,它要对所有思想来说都是必然的,那么,它就有必要在自己的定义中进行假设,而定义由此就成了循环定义。假设有人试图定义我从斯宾诺莎那里引用的先验观念(*ens*, *res*, *unum*),他就会看到,不仅它不能定义,而且,它为什么不能定义的原因并非他不懂它们的含义,而是他承认它们的含义是那种使定义不可能的东西。简而言之,定义是经验的概念特有的行为。因此,如果有人因为我现在或以后没有给历史做出任何定义而反对我的做法,我不会表示歉意;如果这种省略真的令他困惑不解,我的回答是,只可能有两个原因造成了他的困惑:要么是他缺少足够的历史研究经验,把我的评论与他的个人经验联系在一起了,因而完全误解了我,认为我是在讨论一个经验的概念而不是先验的概念;要么是他不懂英语,不过是在语言上遇到了困难。

历史哲学讲稿[1926]①

以下演讲旨在尽我所能提出并回答一些问题,它们涉及历史研究,也涉及我们在研究中考察的称之为历史的这一对象。最根本的问题是,我们研究历史时做了些什么?由此又牵扯出三个问题:(1)我们为什么研究历史?换句话说,这样的研究何以能切合我们通常看待的人类生活的一般目的与意图?(2)研究历史的最佳途径是什么?也就是说,指导或理应指导历史研究的方法原则是什么?(3)我们研究的是什么?亦即,我们称之为过去而历史思想将其当作对象的事物,其真正本质是什么?

我打算从提出后一个问题开始,这将有助于我们就历史试图要做的形成一种一般观念。随后,我将继续询问历史是怎样运作的,这意味着要讨论有关历史思想的资料,以及用来解释这些资料的方法。最后,在历史完成解释它的资料之后,我将把它当作一种制成品,并且探询这种制成品的价值何在。

在牛津大学,我们的传统是将历史研究和哲学研究结合在一起。在我自己的研究中,这种结合导致我对历史研究的正确方法和最终价值有着一种经常而难以遏制的反省。后面我会向你们展示诸种观念,在彻底思考这些观念时,我唯一的目的是要使自己弄明白,为什么我要研究历史,我怎样才能做得更聪明些。在某种程度上,我已经就此得到了解答;并且,我发表这些演讲也是希望,你们中那些像我那样遇到了

---

① 手稿原文见牛津大学 Bodleian Library, Collingwood Papers, dep.14。柯林武德在标题之后补写"为1926年春季学期写于1926年1月9日至13日"。

同样的困难而目前还可能迷惑不解的人，或许能从我自己思想的闪光中得到某种帮助。你将这种闪光当作进入港口的信号还是前面存在暗礁的信号，这都由你决定。

目 录

一、导论：历史的一般观念

1. 历史与时间 [363]
2. 时间作为运动 [363]
3. 事件作为时间中的运动 [363]
4. 时间作为一条线 [363]
5. 过去与未来的观念性 [364]
6. 记忆 [365]
7. 主观的、直接的记忆 [366]
8. 客观的、间接的历史 [367]
9. 历史和它的根据 [367]

二、历史的原始资料

10. 原始资料 [368]
11. 原始资料的解释 [368]
12. 原始资料的收集 [369]
13. 原始资料的多样性 [369]
14. 原始资料的无限和有限 [370]
15. 学问及它与历史的混淆 [370]
16. 对历史和史前史的错误区分 [372]
17. 这种区分的积极价值 [372]
18. 与艺术的类似 [373]
19. 现成叙述的使用 [374]
20. 批判的萌芽 [374]
21. 怀疑主义 [375]

三、对原始资料的解释

22. 教条式历史的瓦解 [377]
23. 历史解释 [377]
24. 对原始资料的反复质疑 [378]
25. 例证 [378]
26. 史学史 [379]
27. 这本质上依然是历史 [380]
28. 但却是更简单的、更容易的历史 [381]
29. 这样对待的话,"权威文献"就变成了"原始资料" [382]
30. 解释的原则 [383]
31. 对它们的起源进行的经验主义记述 [383]
32. 主观主义的记述 [384]
33. 它们的先验特征 [385]
34. 它们在叙述中的运用 [387]
35. 纯粹的方法论 [388]
36. 对它的原则的主观主义记述 [389]
37. 批评 [389]
38. 它的哲学特征 [390]

四、叙 述

39. 叙述 [390]
40. 没有叙述是最终真实的 [391]
41. 但有一种叙述会比另一种更真实 [391]
42. 历史学家永无止境的任务 [392]
43. 过去无法获知 [393]
44. 历史学家是要努力去了解过去吗? [394]
45. 这样的观点站不住脚 [394]
46. 他努力要超越以前的历史学家吗? [395]
47. 不 [396]

48. 实用主义历史理论 [396]
49. 有倾向性的历史理论 [397]
50. 它在理论和实践中的普遍性 [397]
51. 它不可能是人们有意识而为的 [398]
52. 作为神正论的历史 [400]
53. 世界历史就是世界法庭 [401]
54. 黑格尔和克罗齐对此观点的看法 [401]
55. 拒绝乐观主义和悲观主义 [402]
56. 过去并非道德判断的主题 [403]
57. 这是因为过去是观念的东西 [403]
58. 过去为现在而存在 [404]
59. 只有现实的才是可知的 [404]
60. 过去、现在和未来 [405]
61. 历史是对过去的观念性重建 [406]
62. 历史问题是如何产生的 [406]
63. 首要的和次要的问题 [407]
64. 历史与史学史 [408]
65. 它们的同一性 [409]
66. 过去如何不同于未来 [410]
67. 没有关于未来的记忆或历史 [411]
68. 过去＝必然性；未来＝可能性 [412]
69. 古代史和近代史 [413]
70. 历史的结构或模式 [415]
71. 警惕误解 [417]
72. 黑格尔的观点及其批评者 [417]
73. 过去的目的 [418]
74. 普遍史和专门史 [418]
75. 解决二律背反 [420]
76. 人人都是历史学家 [422]
77. 历史学和哲学 [422]

一、导论：历史的一般观念

1. 在平常的或当前的含义下，历史这个词指的是过去的知识；并且，为了理解其特性及其特殊问题，我们必须询问过去是什么。这意味着要探究时间的本质。

2. 对我们自身而言，时间往往以一种隐喻的形式被描绘或想象成川流，或者连续且始终如一的运动。当我们想要好好思考一下时，这些隐喻的确令人困惑。川流的隐喻除了意指河川相对于堤岸是在运动之外，没有其他意思。但是，当我们将它运用于时间，我们不可能说时间的流逝或继续与某些停滞或静止的东西是相对的；因为这种其他事物只能被假定为其他时间，即保持固定而非运动的时间。我们也不能确切地说时间在运动，或流逝，或继续；因为一切运动都以时间为先决条件，反之，是运动体在时间中运动——时间本身是不能在时间中运动的，除非存在（前面说的）两种时间——并且，它若不在时间中便肯定不能运动。

3. 要想象时间本身是运动太不容易了，以至于我们会很自然地被诱惑而放弃这种概念，并声称运动和变化的东西不是时间，而是事件或过程在时间中变化或运动。按照这种观点，时间被看成是静止而事件在经历时间时运动或变化，就像钟表的指针在钟面上转过数字。但这种看法并不先进：因为，若不是在时间中，没有什么东西能够运动，同样，若不是在时间中，也没有什么东西能够保持静止。如果我们说时间是固定的，而事件在其中经历运动，我们便是在假定另一种时间，它与我们所说的静止的时间相关。这还不只是仅有的困难。因为钟面上的数字就它们都在上面写着这个意义而论，它们是静止的；但很明显，1点钟、2点钟、3点钟等等并不在一个时间上。

4. 但是，如果我们不再用钟表这个隐喻，也不再用川流的隐喻，而是贯注于那种直线的意象，情况并没有真正好转。如果我们将时间看成是一条线，我们便将现在看成是线上的一点，而过去在线的一端，未来在另一端；我推测，现在将被想象为前进到未来，于是过去曾是未来的东西逐渐地先是变成现在,再变成过去,并且随后在过去中越来越遥远。但是,只有当我们忘记了这条线确实被看成包括了排列在时间序列上的事件,并且,我们因而在想起所有的事件时,不是把它们想象成偶然发生的事,而是想象成永恒的存在,在现在触及到它们时,它们正在等待着被称为现在的某种探照灯或探头来显露它们,这时,这种构想看上去才是合适的。我们要不是这样看待它们,直线的构想无论如何都不恰当;因为未来的事件并不像剧场售票处外面排队等着依次买票那样,等着它们依次呈现。未来的事件根本不存在,也就不可能按任何顺序聚合在一起。类似的还有过去的事件;因为它们发生过了而不是正在发生,它们也不存在了,因此无法依线性排列。这样,被视为直线的时间序列实际上是一条只包括一个点的线,这个点便是现在。

5. 只有现在是实际存在的;过去和未来都是观念的,并且只能是一种观念。有必要强调这一点,因为我们将时间"空间化"的习惯,或者说我们自己根据空间来构想时间的做法使得我们想象,过去和未来存在的方式就类似于我们沿着高街①经过女王学院、莫德林学院、万灵学院时那样的一条道。这仅仅是一种错觉,尽管也是一种顽固的错觉,人们在认识到历史的真正问题时,必须小心翼翼地消除这种错觉。我们有时在不合逻辑或漫不经心的时候通常认为,过去仍然存在,并且隐藏在我们身后的某个地方,因此,运用恰当的工具和方法便能将过去揭示出来、找出它的本质。这种观点正是时下某些哲学教条所信守的,它们的辩护如下:

> 被认识的事物必有一真实存在;
> 在历史思想和记忆中过去可以被认识;
> 因此,过去必定真实地存在。

就这个三段论,我假定大前提对了,然而,小前提却错了;它不是绝

---

① 高街(the High)指牛津的主街,女王学院(Queens)、莫德林学院(Magdalen)、万灵学院(All Souls)都是这条街旁的学院。——译者注

对错误,它的错只是局限在使结论不再正确这一点上。不管是在历史思想中还是在记忆中,就知识能够确保真实存在的任何意义而言,过去本身都是没有被认识到的。这样,结论就不成立了。

6. 另一种支持过去仍然留存这一信念的尝试,来自生理的或者心理的记忆理论。它认为,我们之所以记住过去的事件,是由于它们在我们的生理-心理机体上留下了永久的或者至少是持久的效果。一个在我们的机体上没有留下任何印迹的事件不会被记住,现在,这一点多半是真的;但是,效果和记得不是同一回事。的确,心理分析表明,在许多例子中,记忆缺失完全是由于效果太巨大,就如,当一个人被恐惧逼得快要疯狂时,正是因为这个原因,他可能无法记住令他恐惧的事。我们有必要非常清楚地区分我们记得的过去事件与那一事件如今在我们机体中的留存物;也有必要(为了防止另外一种关于错误的记忆理论)区分我们记住的事件和其他那些可能伴随这一记忆的事件。例如:狗叫声让某个人感到恼怒。这种恼怒可能产生一种永久的作用,即,一种对狗恼怒的长期倾向,一种对狗的嫌恶。但是,对狗的嫌恶是完全不同于对引发这种嫌恶的事件的记忆。此外,当他记起那第一个事件的时候,他也许而且非常可能经历某种最初的恼怒的复苏:他可能想"那是一只多么令人讨厌的狗啊!"但是,这种恼怒的复苏与对最初事件的记忆是不同的;实际上,那一事件必须被记住,以便使那种恼怒可以以这种独特的方式复苏。那些把记忆等同于留存痕迹或者过去经验之复苏的错误理论,只要它们把我们记住的时候那些确实发生过的事物凸显出来,它们就是有价值的;但是,只要这些理论试图使记忆包含那些实际上并非它不可分割的伴随物,它们就是错误的,因为过去经验的留存和复苏能够而且确实会在没有对于原始经验的任何记忆时出现。这些错误源于一种偏见,即认为记忆的对象必须是现在存在的某事物。这一偏见无疑多半是无意识的,它出自一种认识论教条,即认为任何情形的意识都必定有一个不依赖于它自身的真实对象。这种偏见使得其受害者们认识不到我们所记住的是过去而不是现在,而且也认识不到,当过去存在时,我们不可能令人信服地记起它。它必须首先不再存在,这样才第一次处在被记住的位置。

7. 历史和记忆是完全不同的事物,但是它们有一点是共同的,即两者的对象都是过去。它们之间的不同在于,记忆是主观的和直接的,而历史是客观的和间接的。说记忆是主观的,是指它的对象总是某种发生在我们自己身上或者在我们自己的经验范围内的事物。我不记得克里米亚战争,但是我确实记得布尔战争;我不记得圣索菲亚大教堂,但是我记得圣马可教堂。一旦对象超出了我个人的经验,我就无法记住它。然而,重要的是注意到,我可以同样生动、准确地想象它,就如同我记住了它一样。一个孩子如果经常听到在他出生之前家里发生的事情,他可能非常清晰准确地想象它,就如同他想象那些他记得的事情一样,这可能使得他认为自己记住了实际上根本没有记住的事件。比如,我能够回想起我在不到两岁的时候发生的事情,但是我的回想模糊不清,它们实际上还没有我对家里年长者在我小时候向我描述的、发生在我出生之前的那些事情的想象清晰生动。我毫不怀疑这解释了许多乍一看是出生前记忆的事情。说记忆是直接的,我指的是我既没有,也无法拥有,甚至也无法得到任何除了它自身之外对它的承诺或者根据。"你为什么记得这个?"的问题意思是"你有什么理由记得它?",这个问题永远无法回答,除非是用不相关的或者没有什么意义的答复,比如"哦,我记忆力很好",或者"它给我的印象很深"等诸如此类的答复。我当然能够认识到,我所认为的记忆不可能是记忆,就如我说我记得寄了信,后来却又在口袋里找到了那封信,当这清楚了之后,我其实是想象或者梦到我寄了信。但是,虽然我可能有理由把这看成是一个记忆的例子或者不是一个记忆的例子,但我不可能有理由去记住。我仅仅是记住了,而且它也有消失的时候。

  8. 相反,历史却是客观的,说它客观,意思是说它关注的不是我自己个人的过去,而是一般的过去、不受个人情感影响的过去或仅仅作为事实的过去。虽然我可能比任何其他人更牢固、完整地掌握我自己的历史,这也不是要必然这样。我对我不记得的克里米亚战争的了解,可能多过我对自己记得的布尔战争的了解;我对我的孩子们童年历史的了解,可能多过我对自己童年历史的了解,因为我可以用成人的智慧去研究我孩子们的童年历史,而我自己童年的时候我还太小,认识不到正

历史哲学讲稿[1926]

在发生的一切。而且，虽然不太可能，但是可以想象的是，一个习性孤僻的学生或许能够更好、更真实地记述古代雅典的社会和政治，这要强过他同样去记述他一生中自己祖国的社会和政治。当我说历史是间接的时候，我的意思是，历史做出的陈述总是有根据的，当我们要求历史学家解释的时候，他们能够说出这些根据。"你为什么相信这个？"的意思就是"你有什么理由做出这样的历史陈述？"，这是一个实质上可以回答的问题，根据历史学家了解其工作的程度，他能够给出一个合理的、可接受的回答。

9. 这个回答总是会表现为大致同样的形式，即"我在我的原始资料中发现了某种信息，它引导我相信这一点"。这个回答是历史的特征。其他一些类型的思考是间接的，并且在受到质疑的时候，它们能陈述自己的根据；但是在其他任何领域的思考中，都没有被称为原始资料、证据或诸如此类的根据。因此，我们必须检查这个概念，看它意味着什么。

二、历史的原始资料

10. 原始资料、权威文献或者文件就是用来产生出历史的原始材料。它本身可能是对过去事实的陈述，也就是说，它可能是与历史学家试图将它转变成的制成品相似；但是它也不是必须相似。它可能是诸如宪章、契约或公告的一份文件，表现为一份命令的形式；在这种情形之下，再没有什么比将它转变为叙述更为容易的了，该叙述这样写"在X年，Y皇帝把某某土地赠予某某修道院"；但是，我们必须记住，有可能这个命令没有被执行，有可能那个发布命令的人甚至没有打算让人执行它。就此而言，当某人的文件采用了叙述的形式，他就必须记住，叙述者可能正在无知地或者故意地传播谬误。当原始资料甚至还不是一份命令，而仅仅只是一种行为的遗迹时，比如一枚落下的钱币或者建筑物和器具的残存，情形就变得更加复杂了。在此，甚至最缺少反思的头脑也很明显地知道，文件没有告诉我们任何事，除非运用某些原则，我们才能成功地解释它，证明这类建筑必然是为了某种目的、在某个特定的时间建造的等等。但是,对这些非语言资料来说是真实的东西,实际上对于所有资料都是真实的。一切都是沉默的,除非面对的是能够解释它们的头脑;即便一份由简单的叙述构成的原始资料,如一部修昔底德或者傅华萨的作品,人们找到解释它的某种方法之前,都没有产生任何无论是好的还是坏的历史结果。

11. 这样,原始资料的解释就是历史的形式要素,以平衡作为原始资料本身的质料要素。没有这两个要素就没有历史。尽管原始资料作为限制历史学家活动范围的材料,其本身必须由历史学家去发现、收集、汇编,解释它们的工作仍然是按照他为自己凭空创造的原则来进行;他找不到现成的原则,而不得不通过一种类似于立法的行为来决定这些原则。历史学家对于用来解释资料的那些原则的"自发性"平衡了他对于其原始资料的"接受性"。

12. 于是,原始资料必须被发现,被现成地交给历史学家。历史学家的工作就是收集它们,而这就暗含了对它们仔细查验。但是,在他同意某些解释原则之前,他是无法仔细查验的;因为在此之前,他不知道要找些什么。他必须知道,按照他使用的方法,什么样的文件会得出结果;因为不同的方法需要完全不同种类的文件。本来,搜集全部资料是不可能的,即便只是关于某个限定时期或者该时期内某个特别问题的资料也是如此,因为对那个问题的研究取得的每一点进展,都牵扯出一类新的原始资料。例如,一百年前,研究罗马帝国史的原始资料,并非全部但几乎全部包括了古代历史作家。碑铭的重要性虽然从来没有被完全地忽视,但只是在19世纪,人们才第一次充分地认识到它的重要性,于是着手编撰《拉丁铭文集成》(*Corpus of Latin Inscriptions*,它至今还没有做完,也永远不可能完成),以便用一种历史学家们能够使用的方式,把这些人们新认识到的知识的原始资料收集起来。19世纪末,一种非常新的原始资料类型得到了利用,这就是陶器;随着对这一时期研究的深入,其他类型的原始资料肯定会出现。但是,我们对原始资料能够进行的全部处理,就是认识和解释它们;我们不能在缺失的地方添加一丁点片段;在那些我们找不到文件的地方,我们什么也做不了。当1923年的《伯肯黑德勋爵不动产法案》(Lord Birkenhead's Real Property

Act)使得土地的占有不再需要地契时,全国上下,保管契约的律师和代理人们开始系统地销毁地契;这场对未经检查和解释的潜在的中世纪历史原始资料进行的破坏,成了自法国大革命以来知识所遭受的最为沉重的打击。因为原始材料的损失是无法弥补的,以后不可能有任何途径可以重新获得这次浩劫失去的信息。

13. 然而,当一种原始资料缺失的时候,历史学家设想出新的解释方法,并揭示出另一种资料。例如,中世纪历史有丰富的书写文件和可以确定年代的建筑物。任何人都能在很短的时间里学会解释哥特式建筑和中世纪手抄本,并且有大量这样的东西。因此,想要重构某座修道院的故事的历史学家不会费心去利用这些原始资料之外的材料。但是,在罗马帝国,我们发现除了碑铭外,没有什么值得一提的文字材料,而这些碑铭除了告诉我们一些个人细节外也没有说什么,并且,也几乎没有什么可以确定年代的建筑物。这样,我们被迫去找别的原始资料。于是,我们创造了一门复杂的考古科学,其目的是按年代顺序解释定居点叠加的地层以及其中包含的物品。这种意义的考古学不是为中世纪研究而存在的;比如,没有什么人了解一点点中世纪陶器,而任何研究古希腊罗马的新手都了解这个时期的陶器。

14. 因此,研究任一历史问题的人永远都不可能穷尽资料,在这个意义上,原始资料的供应是无限的,当我们认为自己已经穷尽资料的时候,那不过是我们自己的解释原则已经用尽了它们所能解释的那种特殊类型的材料。但是,特定的研究者在任何特定的问题上实际可以利用的资料,总是有限的。因此,要列出在解决某个特定问题中用过的资料的名单是可能的,但是,要列出解决某个尚未解决的问题时可能会用到的资料的名单却不可能。

15. 了解资料的研究者被称作学者;学问或者博学是历史必需的要素,它是由占有历史材料构成的。一位有学识的人未必是一位历史学家;但一位历史学家必定是一位有学识的人。可是,有那么一种自然的倾向,要混淆这两个概念并把历史学等同于博学。这是一种非常普通的错误。虽然一个被给予的经验成分与一个由那个正在经验的心灵所提供的经验成分是存在区别的,但正是因为心灵活动特别稳定,导致它忽视了这种区别，因此，全部经验被看作是那种被给予的成分。因此，画风景和其他自然物体的画家倾向于认为，自己的艺术作品在外部世界中是现成的，但他们却忽视了一个事实，即，他们在画风景画时，一直都在进行选择、修改、规范化、理想化，没有这些，一幅画简直就不会是一幅画了。同样的，人们经常讨论环境对体质和性格的影响，就好像环境所要影响的那个人本身具有的特性与其行为没有任何关系。那些最活跃、最冲动的人，经常是最忽视自己存在冲动行为的人；正是历史学家解释其原始资料时的轻松和成功，使得他认为自己根本就没有解释它们，而是资料自己在解释自己，把它们的意思夸张地写在字面上。想要理解它们的话，只要查验一下就可以了。因此，原始资料被错误地等同于人们能够根据它们写成的历史；而当历史被这样误解的时候，它被看成了对原始资料的简单转述。从这种观点来看，原始资料就成了权威文献，或者成了历史学家接受并且用他自己的叙述移接的陈述的集合；而历史学家的作品，只不过是由那些从他的权威文献中引述的句子组成的拼凑物，或多或少用外在的文学方式焊接在一起。多数大部头的、涵盖相当大范围的历史书都有这种缺陷的痕迹。当一种权威取代另一种权威时，叙述似乎以一种奇怪的方式改变了它的基调；因此，当希罗多德让位于修昔底德的时候，每一部希腊史都经历了风格的变化，而研究早期罗马帝国史很难不受塔西佗的戏剧性叙事之害。此种缺陷甚至可以用这样的托辞来辩护，即历史学家无法调查他的资料，除了接受它们并相信它们所告诉他的一切，他别无选择。但是，这是完全错误的。历史学家即便是在其思想发展的最初阶段，都应该对他把他的权威当作权威来接受负有责任；他相信权威所说，不是因为他们说了它，而是因为他定下了原则要相信他们；他总是有一个选择，尽管他接受被告知的选项或许是而且常常就是断定有关特定问题的可资信赖的材料眼下还无从获得。辩称一个人被其权威的话所束缚，这样做总是愚蠢的标志；然而，对于历史思考的材料方面来说，这一点却是正确的，不管它在形式上是多么不正确。

16. 把历史看作是现成地包含在其原始资料之中，这个错误的一个后果就是将历史与史前史加以区别。从这种区分的观点来看，历史与成文资料相关,而史前史是与缺少这种成文资料相关。人们认为,只有在我们拥有从中可构建出历史的成文文献的地方,我们才能构建一份相当完备、准确的叙述,在我们没有任何成文文献的地方,我们只能把那些松散构建起来的、模糊而且无确实根据的猜测放在一起。这是完全不正确的。成文的原始资料并没有像上面所暗示的那样,对可信赖性或者提供了信息具有那种垄断权,而且,凭借未成文证据解决不了的问题是非常少的。比如,人们常常说,年代学的问题绝对是需要成文资料来解决;但是,在成文的年表涉及那些我们无法确定地与我们自己的年代相关联的年代时(比如,埃及的天狼星周期是一个为期1460年的时期,它让我们对于整个早期埃及史面对了这样一种不确定性,即,一个事件是发生在这一个天狼星周期里还是发生在另一个相隔1460年的天狼星周期里),这种年表常常也很难解释;另一方面,未成文的年代资料,比如冰河时期末期消褪的冰川每年留下的沉积层,有时可以提供格外精确的结果。严格来说,所有的历史都是史前史,因为所有历史资料都是纯粹的材料,没有一个是现成的历史;它们都需要通过历史学家的思想转变成历史。而且,另一方面,没有任何历史是纯粹的史前史,因为任何资料或者资料群的解释难度,都比不上人们所认为的解释史前史资料的难度。①

17. 但是,在思想的某一层面上,区分历史和史前史是有价值的。如果我们在历史学家发展中的某个起点来考量他,而不是以他的观点或者把他当作他应该成为的人去思考他;如果我们以历史研究的新手为例,我们将发现,对于他,对于他一个人而言,在未经加工的历史材料(即契约和特许状、被毁坏的建筑物、钱币和陶片)与预先消化过的历史材料(即现成的叙述)之间,是存在着差别的。这种差别就是,那种预先消化过的历史材料早已被整理成了某种与他试图将它转变为的那种事物相似的事物,而未经加工的材料对他的要求是他无法满足的。他不知道如何解释契约和陶片,对他来说,它们只是些古董,是他在博

---

① 在该页反面添加了以下文字:"注意,史前史或许意味着还未形成的历史。参阅第67页。"(此处提到的这节在本书的第417—418页[边码]可以找到。)

物馆的展箱前茫然凝视的东西;但是,在某种意义上,他确实知道如何阅读一本历史书,并且,在未加工的历史材料不会给他的心灵传达任何东西的时候,这本书却是给他传递了一些东西的。因此,人们向初学历史的人介绍现成的历史著作,他从这些书中获得某些东西;虽然他后来的学习会证明他所学的大部分都是错的。尽管如此,这种错误仍是通往真理的一个必须阶段。在向孩子们教授历史的时候,这一点必须牢记在心。诺亚方舟的故事、罗慕路斯和雷穆斯的故事、阿尔弗雷德国王和糕饼的故事等等,这些故事可能都是不真实的,但是,一个从未受过这些故事或者其他同样神话般的故事滋养的孩子,几乎没有机会以任何方式获得对历史的健康爱好,而单单是这种爱好就能够取代那些更为真实的故事。我们在学校使用的教科书比阿尔弗雷德国王和糕饼这样的故事要真实一两分;但是他们也同样受到传奇的影响,我们可以稳妥地概括说:等到某种陈述被收入学校教科书的时候,知识的进步已经将它或者驳斥过或者至少严重动摇过了。

18. 未加工的材料与事先消化过的或者现成的材料之间的关系,类似于自然之美与艺术之美之间的区别。当一个孩子学画画的时候,他发现临摹某物体的图画比直接画该物体本身要容易一些,因为那张图画是物体经过加工后的形式;有人早已解决了如何画该物体的问题,而小孩子从前人的经验中获益。这就是为什么按惯例画物体容易一些,而用写实的方式画它们要困难些。同样地,领会在艺术作品中被解释过并理想化了的物体之美,要比在该物体以其天然的粗糙呈现在我们眼前的时候去领会其美要简单得多:艺术家向其他人指出物体之美,要不是他的帮助,其他人原本看不到这种美。因此,如果坚持说任何人都不应该临摹画而是应该直接描绘自然,那就是荒谬的迂腐行为;同样,如果要求人们忽视艺术作品,并总是为了他们的审美经验而依赖于自然及他们自己的想象力,那也是荒谬的。用宗教的语言来说,这就是在忽视为提高我们自己的精神生活而赋予我们的蒙恩之道,这就是在亵渎提供这些蒙恩之道以便引领我们进入所有真理的那种精神。

19. 这样,身为初学者的历史学家,原封不动地接受他所发现的叙述而不加考察,并且他至今既没有能力探究并批判它,也(同样)没有能力从原始材料中建构他自己的叙述。但是,在这个阶段,他只是一个 in fieri [成长中的]历史学家,而不是一个 in esse [实际上的]历史学家。他正在不加考察地接受现成的叙述,并且还没有获得历史真实的观念,而这种真实是从批判中产生并能够经得起批判的。他还不能把他所接受的那种叙述称为一种真实的叙述;他所有能说的就是,这是他在他的权威那里发现的叙述。他到这个阶段为止,还没有学会为自己建构叙述,他还完全依赖于现成的叙述,因此,对他而言,历史就是把所有现成的叙述连在一起。当这些令他失望的时候,他找到的就不是历史而是史前史,也就是他无法准确而自信地加以解释的材料。

20. 但是,即使在历史思想的这一初级阶段,历史学家也不是像他所认为的那样被动。毕竟,他确实接受了他的权威文献,而这就意味着某种喜好原则,不管他多么不愿承认这一点;而且,他阅读了它们的叙述,并在其中只找到了他对它们的书写语言的了解能够允许他在那儿找到的东西,从这个意义上说,他确实解释了他们。而且,他在一个非常早的阶段就发觉,在阅读这本或那本书的时候,他必须考虑到作者一方的这种或那种特性或偏见,必须记住作者其实也受制于他的权威,作者绝对不可能是他所叙述的一切的独立目击者。这些观念开始改变对现成叙述的那种不加批判的复制;随着复制现成叙述的尝试越来越一贯,这些观念也变得越来越明显。一旦初学者开始通过阅读其他书来补充他对某一本书的研究,他就必然发现,他们的观点不同,对同一种叙述的描述也从来不是完全吻合的。因此,他发觉他自己的历史,也就是他正试图在自己的心灵中确立的那种叙述,无法遵循一种权威而不偏离别一种权威。这样,他被迫承担起选择相信谁的责任。

21. 这种从许多彼此竞争的要求者中选择某人的权威的权力,是历史学家开始意识到他自己的自由的第一种也是最基本的形式。但是,因为它是历史自由之发展的一个原始阶段,这并不意味着它所展现的种种困难易于解决。它们不易解决;事实上,在我们如今所达到的思想水平上,它们是无法解决的。因为,ex hypothesi [根据推测],任何权威,无论他多么糟糕,对于正在讨论的事件,他所了解的都比研究者要多得多;那么,研究者怎么可能决定反对他们中的任何一个呢?这看起来就会是,任何在权威之间的选择必定是反复无常的;我们决定听从 A 而忽视 B 不为任何原因,仅仅是因为我们决定这样做。或者,如果必须给个原因的话,那会是个不相关的原因,诸如,A 作者比 B 作者更好,他对自己见解的陈述更有吸引力;或者,A 是我们长久以来一直熟悉的原始资料,而 B 的见解是一种新发现的因而也是令人吃惊的陈述;或者,A 的见解与我们在政治上、心理上或者类似方面上的个人成见一致。当我们仔细思考那些导致我们喜欢 A 而不喜欢 B 的糟糕理由时,我们会很容易得出这样的结论,即,我们相信 A 是毫无根据的;这会导致一种对于历史信念的普遍怀疑主义,会导致人们相信所有的历史叙述都(如伏尔泰所说)是一种 fable convenue[约定的神话]①,导致历史探询(如卢梭所说)是"选择的艺术,是从众多的谎言中挑选出一个最类似于真理的谎言"("l'art de choisir, entre plusieurs mensonges, celui qui ressemble le plus à la vérité")。② 这种怀疑主义的确是把历史看作转抄现成叙述的必然结果,那些前后都未陷入这种怀疑主义的人之所以避免了它,仅仅是因为他们太缺乏逻辑连贯性,或者是他们对自己的历史研究的态度太过轻浮,甚至走的太远。但是,历史思想并没有在此仅仅以灾难告终。把历史带到了这一困境的不是软弱而是力量;要是它过于软弱的话,它就只是满足于复制现成的叙述了;但是它已经不满足于此,因为它已经认识到,即使在复制现成的叙述时,它都已经在自由地选择权威了,现在它所面临的问题是,弄清楚在这种自由选择中包含了什么意义。当这个问题被解决的时候,那种把历史看作是对权威之转抄的观念将不复存在,而历史学家将从学徒阶段走出来,进入独立

---

① 伏尔泰在 1768 年 7 月 15 日写给赫瑞斯·华尔波尔(Horace Walpole)的一封信中说:"先生,我也像您一样一直认为必须怀疑所有的古代史。丰特奈尔(Fontenelle,1657—1757)是路易十四时代唯一一个既是富有诗意的哲学家同时又是科学家的人,他曾说古代史是约定的神话。"见《伏尔泰全集》(Oeuvres complètes de Voltaire, Nouvelle édition, Correspondance générale, ix, Paris,1822),第 271 页。

同样,伏尔泰在《耶诺与高兰》(Jeannot et Colin)中写道:"所有的古代史,就像我们一个有才华的人曾说过的那样,都只是些约定的神话"。见《伏尔泰全集》(Oeuvres complètes de Voltaire, Nouvelle édition, Romans, ii,Paris,1921),第 123 页。
② 卢梭:《爱弥儿》(Émile ou de l'éducation, Paris, 1957),第 283 页。最后几个字应该是"le mieux à la vérité"。

的、自力更生的研究阶段。这种转变可以被描述为从教条式历史到批判式历史的转变：教条式历史是初学者眼中的历史，批判式历史是能干的研究者眼中的历史。同样的转变也出现在艺术、宗教以及实际上每门学科的发展中；因为总是有这样一个法则：我们都是通过首先不加疑问地接受在我们之前掌握了某种活动的人的命令，来学会掌握该活动的。在人类生活中，教条主义是必需的，它有着永恒的位置，那些大规模消除它的人们只是通过这种愿望暴露出这样一个事实，即他们还没有理解人类生活，因而也还没有超越为了他们精神的利益而需要教条主义的阶段；但是，教条主义的合适位置是在学校。初学者的第一件事就是学习人们教他的一切，并做人们告诉他去做的一切；如果他到那时能够独立思考并独立选择做什么，他就不再是一个初学者了。因此，所有的讲授都必然是教条的，而讲授的历史一定是教条的历史，是仅仅分发给学生以便他学习和复制的现成的叙述。

三、对原始资料的解释

22. 我们现在所讨论的史学思想发展的这个时刻，是历史学家不再满足于现成的叙述而询问他为什么应该接受一种见解而不是另一种见解的时刻。在教条式历史的领域内，答案很简单：老师告诉他必须接受那种叙述，因此接受的行为涉及的不是推理而是学校的纪律。但是，当纪律的动机不再运用，而初学者离开了学校的时候，他就要选择遵循一种权威并要对自己的这一选择负责，并且，正如我们已经看到的那样，他禁不住发现，任何反对遵循任意一个权威的理由，做点必要的修正之后都适用于任何其他权威，其结果是，他陷入怀疑主义之中。

23. 当人们意识到原始资料不是权威而只是原始资料的时候，即历史学家对它们的态度必须是既非接受也非拒绝，而是解释的时候，他们就找到了摆脱上述怀疑主义的方法。我们已经看到，在某种意义上，对某种权威的接受总是暗含着解释；但是，如果这仅仅表示读者必须认识他正在读的语言并将它翻译为他自己的语言，那么，解释只用在该权威的词语而没有用在他的思想上。我们现在已达到的程度，要求我们不仅仅询问"这位作者使用这些词语想要传达什么？"这样的纯粹语言学阐释问题，而且询问"在他想要传达的意义之后，历史真实是什么？"的问题，这个问题是真正意义上的历史解释问题。我们现在达到的程度还要求我们假定，我们所寻求的真实并不是我们正研究着的那位作家掌握的、现成的东西，或者至少不是他打算用他正在运用的词语向我们传达的。简而言之，我们现在正试图绕到我们的权威的身后，这正是在历史思想的教条阶段中我们曾说过的永远不可能做的事；我们正在想办法保护我们自己免受权威的危害，那些权威或者无视那些我们试图从它们那里获得的事实，或者实际上想要对我们隐瞒这些事实。

24. 这实际上并没有听起来那样困难。唯一有些重要的困难是心理上的困难，即如何说服我们自己去批判地对待那些迄今为止我们一直教条地对待的原始资料。让人迷惑和震惊的是面对这样一个事实：被人们奉为权威和正直的真理渠道的那些作者们，完全误解了他们所描绘的事件，或者故意说了有关这些事件的谎言；而且，当老练的历史学家们向我们保证说，所有的原始资料都沾染了无知和谎言，我们倾向于认为他们的这种观点不过是愤世嫉俗。但是，这种观点确实是历史思想中最为珍贵的财富。它是一种工作假设，没有了它，任何历史学家都无法前进一步。当人们遇到任何一篇他们试图用作历史材料的叙述，完全有必要把叙述者放在证人席上，并倾注所有的聪明才智以便撼动他的证词。任何人只要意识到正确地叙述事实是极其困难的，都不会厌恶这种处理方式。但是，我们现在所关心的是一个比仅仅目击者丧失信用更为高级的阶段。到现在为止，我们都同意，所有的目击者都是值得怀疑的，因为我们不可能只是不加修正地将目击者的叙述转抄成我们自己的叙述就证明他们有根据；并且，我们正在处理的问题是，如何从一位不知真相或者正试图隐瞒真相的目击者那里获得真相。这是积极的或者建设性的批判阶段。

25. 正如我已经指出的，这个问题类似于在法庭上盘问目击证人；但是，与后者不同的是，在这种情形下，目击者没有出现在我们面前，我们无法让他回答问题，因此，我们无法用所有可能的方法中最让人信服的方法，来检验其叙述是否一致。不过，我们能够做些类似的事。我们可以研究我们的目击者的性格、境遇和态度,而这让我们能够建立一种人格系数,它在用于目击者的陈述时,至少给出了部分的结果。比如,我们发现某位作者赞赏民主,并总是尽其所能地讲述民主的好处以及其他政治体系的坏处;另一位作者希望通过历史叙述的间接方式,来支持一项当代的政治计划——比如,通过描述资本家雇佣下的工人所受的苦难来支持社会主义;还有一位作者非常钦佩或憎恶他叙述的中心人物并深受影响,这样的中心人物可能是尤里乌斯·恺撒或者拿破仑,他们非凡的天赋使得人们在思考他们的时候几乎不可能不带某种情绪。我现在不是在提出历史学家是否能够或者应该回避这些让人烦扰的影响的问题;我只是在指出,它们是些令人烦扰的影响,而且我们如果不提前考虑到它们,就无法放心地把叙述作为原始资料使用。

26. 现在,这就意味着,我们必须把确定某一给定事件是否真实的任务推迟,直到我们确认写作它的那个历史学家的真实情形。我们必须处理的不仅是历史本身,而且还要处理我所称的第二级历史,或者史学史。人们或许倾向于把第二级历史看作一种多余的历史训练,历史学家对它感兴趣是因为这是他们自己行业的历史,就像人们对自己所在学院的历史感有趣一样;但是,总的说来,它与第一级历史的研究是不相关的,是第一级历史的赘疣,总而言之,它是一种毫无用处、微不足道的赘疣。但是,事实恰恰相反。第二级历史是第一级历史绝对必需的成分;只有在我们解决了与过去事件的历史问题有关的史学史问题之后,我们才能解决任何与过去事件有关的历史问题。比如,没有人会期望声称自己已经解决了围绕马拉松战役的问题,除非他研究了这一主题的文献,并在他自己的心灵中建立起一个有关马拉松战役的理论和研究史的叙述,并以这种方式编写它。对于一位已经解决了马拉松战役问题的人,该问题的研究史无疑是多余的、无意义的;但是,那只是因为,研究过该问题的人按理说自己已经经历了所有那些早期的研究阶段,当然,那些太无聊而暂时没有引起他注意的阶段除外;而用一种新的历史叙述来转述它们不过是重新核查一下原有的根据。一位解决了问题并且生动、完整地记住了解决方案的人,依然知道涉及这个问题及其解决方案的清晰思想,也就是说,他依然记得在解决方案中被铭记的、所领会的真实具有的种种要素,以及种种可能的差错,而他是在这些差错之间成功地驾驭了他的研究。过去研究同一问题的人(*ex hypothesi*[假定]是不成功的研究者)肯定把握了一部分真相,避免了一些相应的过错,如果没有的话,人们就没有理由在这种研究史中提及他们。只要他们最后是不成功的,他们就犯过某个错误,最终失败了。因此,成功的研究者处在一个相对于过去的研究者更为优越的位置,而研究他们是学不到什么东西的;所以,对于这位成功者来说,有关他们的思想的叙述是没有什么意思的。但是,史学史对于以下两种可能都有着巨大的意义:第一是对于那些希望自己解决问题、迄今仍不成功的研究者;第二是对于成功的研究者,他已经不再完全知道自己的发现的意味和表达,而且除了通过回想早期研究者们解决同一问题时的努力,他根本不可能更好地记起这些。这两种作用正是第二级历史存在的永久依据。其一,对有关研究主题的思想史进行初步评论,可以使研究者自觉地把自己加到一系列研究者中合适他的位置上,如果没有这样的评论,任何第一级历史的问题都无法解决;其二,它使得每一问题成功的解决方案获得新的养分并且复活,以便回顾以往解决这个问题的努力;若没有这种复活,解决方案便会僵硬得像一个纯粹的公式,人们无须才华就能像鹦鹉学舌一样重复它。

27. 但是,如果说第一级历史的每个问题若要解决的话,都需要第二级历史中某个问题先行解决,这看起来是有矛盾的。比如,如果我们必须首先评价蒙森的性格才能恰当地评价尤里乌斯·恺撒的性格的话(而且这是我一直所说的),很容易指出,蒙森也和恺撒同样是历史人物,因此,研究蒙森的性格的问题就和研究恺撒的性格的问题是同一类问题,即,是第一级的历史问题。所以,我们所说的一切就是,在我们解决一个问题之前,必须解决同类的另一个问题,因而这大概会呈现出同一种困难,并且必须用相同的方式去解决。在这种情况下,我们要研究蒙森的传记和文存,并且作为这一步的准备工作,先要去研究他的传记作者的品性,这样以至无限穷尽下去。这种无穷无尽的追溯的荒谬,总是会给我们提出另一个要先解决的问题,从而使我们永远解决不了任何问题,因此,如果我们要避免它的话,无疑必须拒绝我提出的那种观点,并且认为史学史不是历史本身的一个逻辑上的前提,而是它的逻辑上的必然结果。

28. 我不认为第二级历史是第一级历史合乎逻辑的结果。我已经指出,所有历史学家们一致的和不可缺少的实践,都证明了与之相反的观点。一盎司的实践就相当于一吨的理论,所以,我们可以放心地任由一个像这样的事实在刚刚提到的那种困难前面去证明它自己是正确的。但是,我们在此处的工作就是理论,因此我们必定要以论证来迎接困难。要做到这一点,只有指出所有历史著作都是从现在向前追溯的。正如亚里士多德会说的那样,时间上在前的事物却在我们之后。我们从我们自己开始,从我们所生活的世界开始,只有在我们对此有了一定理解之后,我们才能希望去掌握过去任何事物的真相。史学史是一种比历史容易的研究,因为在史学史中,我们研究的对象是历史学家们,他们处在离我们自己更近一些的位置,而且相比于他们所描述的人物,他们面对我们的审视也更为开放一些。我们自己认识 A 先生,这使得我们能够颇为自信地预测他在自己写的有关中世纪历史的书中会下意识地暴露出来的那种偏见;我们从传闻中了解 B 先生,从一种新近忠实的口碑中了解 C 先生,对他们来说情况也是如此。蒙森的心理比恺撒的心理更容易把握一些,因为虽然他不是我们自己的熟人,但他是一位近代欧洲人,一位 19 世纪的德国人,从他的环境和训练来判断,我们对他可能隶属于的那类人的了解,要比我们能够以任何方式对恺撒所作的了解多得多。不过,同样的道理甚至也适用于生活在遥远过去的历史家。由于修昔底德和帕特尔库路斯给我们留下了他们的作品,我们掌握的关于修昔底德和帕特尔库路斯的性格和态度的证据,远远超过了我们所能掌握的有关克伦和提比留①的证据。因此,史学史向我们提出的问题,总是比第一级历史所提出的问题更容易,这些问题的证据也更加庞大、更加可靠。但是,这种程度的区分并没有彻底表现出两者的区别。第二级历史不仅有更丰富的史实;比起第一级历史总是间

---

① 克伦(Cleon)和提比留(Tiberius)分别为修昔底德和帕特尔库路斯(Velleius Paterculus)作品中的人物。——译者注

接的、推论性的,它还有着一种直接性。历史学家通过为我们写读物把自己直接放在我们面前;我们对他的了解,与我们对那些我们遇到并与之交谈过的人的了解相比,仅仅是程度的区别;相反,我们却永远无法对亚历山大大帝或者征服者威廉有什么程度的直接了解。这使得第二级历史的问题不仅比那种纯粹、简单的历史更容易,而且,实际上其结构也更简单,因而能够用那种对于成功处理后一种历史来说是太粗糙的方法来处理。

29. 因而,批判的态度承认,尽管我们对我们的原始资料的了解是直接的,或者仅仅借助于语言阐述作为媒介,我们对于正在研究的事件的了解却总是间接的,是以我们对原始资料进行的批判性解释为媒介。我们不再认为在我们阅读李维或者吉本的时候,我们是在直接面对罗马早期或者晚期的历史;我们意识到,我们所读的不是历史而只是资料,通过独立思考,我们或许希望从这些资料中构建出历史。从这种观点来看,李维和吉本就不再是权威,而只是原始资料;他们不是被追随的对象,而是被解释的对象。他们现在不过被看成是完成了的作品中的一个因素;另一个因素不是其他的原始材料,而是我们自己的解释原则。米开朗琪罗曾说,他将他的色彩与大脑混合,在同样意义上,我们也不得不把李维们与我们自己的解释原则混合。

30. 对原始资料的解释必须依据原则来进行。如果根据直觉的命令去解释它们,如果处理单个事例就好像每一个事例都是独特的、并且不同于任何其他事例,那这就不够了。人们有时主张用这种无为的或者直觉的方法,来处理那种由道德行为、艺术、科学乃至哲学打着根据每个事例的价值来处理它的幌子而提出的问题,并通过与诡辩和抽象规则的专制论战的方式来支持他们的论点。毫无疑问,抽象规则都是糟糕的控制者,但这并不意味着它们不是好的工具。人们有时候忘记了,我们是不可能依照事例的价值来处理它的,除非事例有价值可言,也就是说,除非它与其他事例有可辨认的接触点,而其他事例也有同样一般的价值。每一事例都是独特的,这一点无疑是正确的;但是,独特性并不排除该事例与其他独特事例存在的相同之处;否认全称命题的真实性至少和否认那些单称命题的唯一性一样,都是灾难性的。实际上,没有人会想到要去解释一份历史文件,除非存在有一般原则作为根据。比如,这部手稿具有13世纪英语写作的特征,或者那种银币在5世纪早期突然变得非常罕见,或者那种官方文件倾向于夸大成功而尽可能不提失败;而唯一真实的问题是,我们是应该仅仅接受我们的原则,并且只要可能就对它们不予理睬,还是应该对它们进行充分的讨论。不可否认的是,它们必定是存在的。

31. 然而,对于它们的起源和基础,人们有着各种各样的观点。人们有时认为,而且目前也广泛认为,解释的原则是人们在核验和比较历史原始资料中归纳得出的;并且,在得出这些原则之后,人们就用它们去解释更加困难的事情。我们凭借经验发现,人们把官方文件与其他原始资料相比较之后,认为官方文件是那种所谓的"乐观的"文件;这使得我们在那些没有任何其他原始资料可以与之进行对比的事例中,小心谨慎,以免被它们通常有的倾向所误导。这种观点的优劣便是一般归纳逻辑的优劣。在心理学意义上,我们认识到某些原则是通过核查它们的种种例子,这样做无疑是正确的;并且,我们很可能是偶尔看到一次战役的文献,交战双方都自称取得了决定性胜利等等,这才第一次清晰地意识到官方报告的乐观倾向。但是,从不那么符合心理学的观点来看,即从人们不那么容易满足于事实最初的表面印象的观点来看,很明显,我们接受该原则并不是因为我们已经看到了它的一个实例,而是因为该原则本身证明它是可以接受的;而且该原则所拥有的确定性,远比依赖于事实(我们曾经想象事实会保证该原则)的那种确定性完整得多。现在,那个实例的作用更像是要向我们揭示我们暗中接受的原则,而不是向我们介绍那些我们直到现在还陌生的原则。事实一定也是如此,因为我们实际上所做的,不是发现夸张地写在事实表面上的官方捏造谎言的原则,而是要求助于使事实易于理解的原则;并且,只是在此之后,我们假定事实必定本质上就是那个原则的实例,因为我们认为,事实一定原本就是易于理解的,要不然,我们就看不出它们怎么可能会容易被理解。因此,稍稍多一点反思必然使我们相信,我们的解释原则的起源,并不在我们观察的那些事实中,而处于我们应用在它们之上的思想中。

32. 但是，这一发现尽管正确，却使我们面临一种新的混乱。如果我们的解释原则不是源于事实，而是源于我们的思想，那么，它们不过是主观的，而且，这看起来不仅意味着它们是心灵的创造物，也意味着它们是随意无常的创造物。根据这一观点，单个思考者可以自由选择任何他感兴趣的原则，并借助它们的帮助建构历史叙述，也无须努力证明是这些原则而不是别的什么原则是正当的。如果他对此心存不良的话，他可能在事后表明，他任意选择的原则毕竟"起了作用"，或者产生了一种多少是融贯的叙述，以此来抚慰它；但是，这并不能证明它们是有效的，因为问题依然是，这样构建出的叙述是否是真实的。例如，设想一位作家正在构思盎格鲁-撒克逊居住区的历史。他可能在研究中假定，当时的作家最见多识广，因而他把吉尔达斯①说的每件事都当作真的来接受；他可能进一步假定，盎格鲁-撒克逊的民间传说几个世纪来保留了对事实的精确记述，所以他接受了《盎格鲁-撒克逊编年史》；他可能也认为奈尼斯②是值得信赖的，因为奈尼斯记载了可上溯至5世纪的传说，这些传说和那些记在编年史中的一样，可能是准确的。有了这些假设之后，他随后可能认识到，现代考古研究已经得出了与这些假设完全不相容的结果，而且，这可能导致他信奉另一个原则，即考古研究总的来说是没有办法得出历史结果的。把这些原则运用到目前的问题上，他会得到一份罗马不列颠时期主要事件的确定叙述，可问题是，他的叙述是真实的吗？而且，那个问题现在转变为这样一个问题：他的原则是令人满意的吗？无疑，如果他的原则是正确的，那么，他的叙述就会是真实的，或者以我们掌握的证据来说，尽可能让它做到真实。除了询问某个叙述是不是合理地从证据中得来，我们无从判定它是否真实，并不是好像我们有了某种独立的方法来确定叙述的真实性，于是由果及因，来证明这些原则的有效性。我们别无选择，要么把原则看成那种随意无常的个人选择的东西，这样，由此得出的叙述不再要求

---

① 吉尔达斯（Gildas，约516—570），不列颠历史学家。——译者注
② 奈尼斯（Nennius，8世纪末—9世纪30年代后），中世纪威尔士牧师，历史学家，公元796—830年间编纂、修订有《不列颠史》，最早记述了有关亚瑟王的历史。——译者注

被看成一种想象之外的作品；要么坚持认为原则应当被 *a priori*［先验地］证明是正当的，也就是说，通过一种历史的科学方法论，将它变成批判性研究和讨论的对象。

33. 这种方法论将牵涉到与历史思想中使用的各种概念相关的那些抽象或概括的问题。由于这些概念被抽象地对待，处理它们的科学就存在高度分裂的倾向，从而导致不计其数的历史科学，每一种都涉及处理和解释某类证据的方法。人们注意到，从教条式历史到批判性历史的转变伴随着证据领域的极大拓展。鉴于教条式历史不承认原始资料，只承认必定是由现在的叙述组成的权威文献，批判性历史却不把这些叙述当作权威或者现成的历史来对待，而是把它们当作原始资料，或者当作通过解释将转变成历史的证据；这就意味着忽视了它们都是叙述的这一事实，并且用一种如果它们不是叙述，它们就可以得到平等对待的方式来对待它们。因此，批判性历史的方法可运用在无数对象上，只要历史学家同样能够找到各种方法来利用这些对象，它们就都能够变成历史资料。现在，在那些能够用作历史材料的事实和不能用作历史材料的事实之间，不存在 *a priori*［先验的］区别；所有这一切都取决于历史学家发现他所能运用的材料的那种能力，而这些材料在种类上会有天壤之别，它们的运用原则也会无限多样。这便是诸如古文书学、铭文学、钱币学、历史建筑学，以及考古学所有分支在应用于各种器物和遗迹时，它们的 *raison d'être*［存在的理由］。所有这些科学都把理论方面和实践方面结合在一起；理论方面由一般命题组成，涉及诸如历史时期之类的东西，例如，在某个历史时期中使用了这种或者那种嵌边或者装饰；实践方面由一般建议构成，例如如何查找与正在研究的问题有关的特殊证据。我们会发现，教科书中提到过这些科学的一部分，但那只是很小的一部分。学生如果渴望学习它们，就必须与技艺高超的解释者一起工作，自己当学徒；他会在博物馆、图书馆、发掘现场的人员中，甚至是大学里找到这些人。这些技艺高超的历史研究者群体，通过个人指导和口耳相传，传下来大量在书中找不到的知识，它们构成了我们的文明在知性方面最有意思的特征。它让人想起中世纪行会体系，并且具有同样的优点，即确保了其他任何事物都无法保证的一种高度一致的工作等级,而且使一位完全无能的或者未经训练的人很难承担一项精巧的研究并且把他的毫无用处的结果强加给公众。因为事实是,只有通过类似于在学徒期间获得那种个人的、长期的交流这样的体系,才能够提供完善的技术培训;正如一个人若要成为一位好工匠就必须当学徒学习手工艺技术一样,如果他要成为一名合格的历史学家,他就必须当学徒学习历史研究的技艺。然而,值得指出的是,我们对于印刷和出版的技术细节的嗜好倾向于把如此抱负的人引入历史知识的歧途。比如,钱币学,想要找一本钱币学书来读的人可以找到许许多多这样的印刷品,以至于人们常常被诱惑而想象自己可以成为钱币学家,甚至纯粹通过阅读形成一种关于钱币学的范围、有效理论和历史价值的总印象。这完全是错误的。这个人读的那些书肯定是误导人的,除非是对于一个经常和别人一起与钱币打交道的人,而那些人能够让他注意到钱币的种种显著特征;再多的书本学习也无法弥补这种摆弄实物时的个人指导和个人经验。渔夫先用水砣测深后再闻闻水砣,便在大雾中找到回家的路,他不可能比一位考古学家有更多独立的书本学习,而这位考古学家会拿起一块陶片,用拇指搓搓它的边缘,并且说:"图密善统治之后,陶片摸起来就不像这样了。"

34. 面对这种科学的处理方式,叙述不比任何其他种类的历史材料经得起检验。叙述所要求的这种特殊对待一般被冠以高级批判或文献批判(higher criticism, *Quellenkritik*)等等名称。在目前的《新约》批判的情形中,我们可以找到一种非常显著的、几乎是独特的例子:基督教徒将其对人类幸福和救赎的希望都押在了《新约》中叙述的真实性上,人们对《新约》进行的批判,就是要故意以最具可能的严格性来检验那些叙述的可靠性。这种对《新约》的批判性研究,已经完全掌握在那些热切渴望尽可能多地相信基督教教义的人们手中,这一事实是对我们这个时代的道德尊严和思想诚意的一个非凡和几乎难以置信的证明;还有一个事实是,如果我们要找一个近代历史方法的完美例子,就需要到这个特殊的领域中来找,这表明,神学家们根本还没有采用别人已经准备好的一件武器,而是在历史技艺方面走在了历史学家前面。我们可以有把握地说,如今,一般水平的专业历史学家对希罗多德的态度中批判的成分,远远不及一般的专业神学家对圣马可的态度中的批判成分。

35. 但是,到目前为止,我们只是考虑了历史方法论的经验主义部分,或者说只是关注了不同类型证据的特性。此外,历史方法论还有一个重要得多的部分,即一般的或者纯粹的方法论。这是关于方法的问题,它们从来没有在任何历史思维中缺少过。这类问题的一个实例便是沉默的论证问题。问题是这样的:因为没有人告诉过我们某一事件发生过,我们就能说它没有发生过吗?一方面,人们或许争辩说,我们不能,因为我们的原始资料并没有详尽阐述它们那个时期的全部事件,许多事情可能发生过而资料中却对它们只字未提。但另一方面,人们可能争辩说,所有历史学家在接受建立在某种原始资料之上的叙述时,始终都依赖于沉默的论证,因为他们没有其他原始资料,也就无法检验他们拥有的那个叙述;因此,我们对于任何只有一种权威文献的事件所做的记述,一旦我们发现第二种权威文献,我们对它的记述就肯定必须修改了(例如,对公元前411年雅典寡头派政变的记述,以及在发现了亚里士多德的《雅典政制》之后对它的修改)。因而,在每一个历史推论中始终存在一种隐性的沉默的论证。当我们发现类似于下面这样的争论时,这一点就变得明显了:在这个遗址所发现的所有物品,其年代都不早于X年或不晚于Y年,因此,它只处在X与Y期间。这里,我们是直接从我们没有发现某种类型的物体这一事实来论证的。然而,没有哪位考古学家会在使用这种论证时有所犹豫。因此,原则上,沉默的论证似乎明显是站不住脚的,可是在实践中,每一位历史学家都在使用它,并且从来没有停止过使用它。然而,不时会有人在争论过程中突然站起来,对他的论敌说:"这样不行:你的论据是建立在默证之上的。"纯粹历史方法论的工作,就是解决这个问题及其他类似问题,这些问题关注的是与解释证据的种种原则有关的完全是一般或普遍的问题。

36. 这种一般或纯粹部分的方法论,实际上几乎完全被历史学家们忽视了。他们在这方面仅能勉强对付。当他们偶尔开始思考这个主题时,他们倾向于断定,一切历史思想在逻辑上都是不可辩护的,虽然有时，他们还会加上一句保留的话，大意是他们个人能够很好地解释证据，因为他们对真理有一种神秘的直觉本领，一种"神灵的标记"（δαιμονιον σήμειον），当他们的权威文献在说谎时，它就会告诉他们。现在，这种态度太容易理解了，因为它是大多数人对任何哲学问题总是摆出的一种姿态。当有人要求他们彻底考虑一下时，他们就无能为力了，而是求助于教条的、几乎是本能的信念，而我们若是批判地审视一下这些信念，就能看到它们有一丝风吹草动就会转变、动摇。例如，如果你以一位没有哲学头脑的人的态度对待伦理学的一般问题，你会发现，他对于任何一种态度，永远都无法提出一种一贯的陈述或者辩护，但是他的实际态度却是所有你曾知晓的伦理学理论的一种混乱的杂合物，它们都被当作直觉上确定的事物呈现出来，并得到本能信念的一切神圣性所保证。其结果是，他们完全知道要做什么，但无法解释的是，他们为什么要这样做或者他们如何知道他们应该这样做。同样地，普通的历史学家也无法道出他从原始资料中提炼叙述的过程；所有他所能说的就是，他糊里糊涂地成功地做到了，那是有某种东西引导着他决定什么证据是合理的，以及该证据指向何方；而这种东西他或许称之为直觉，以此表明他不知道其真实名称这个事实。

37. 但是，我们不能接受对问题的这样一种记述。接受它就意味着退回到一种因为心理上的和主观上的因素而纯粹是蒙昧主义的解释原则理论，而这种理论的缺点我们早已经考虑过了。如果有人认为，本能的信念可以教我们如何正确测定科林斯陶瓶的年代，没有人片刻忍受得了这样的看法，因为，正如我们已经看到的那样，这种看法把历史降格到了寓言的水平。但是，如果同样的看法用在一般的或者纯粹的解释原则上，其结果完全一样。如果它仅仅是一种引导我们用这种方式选择和解释这个证据的本领，我们如何知道最终的叙述是真实的呢？任何一种解释无疑都会得出一种叙述；可是，历史学家并不满足于一种随意的叙述，他想要的是一种真实的叙述，除非他堕落到做出耻辱的行为，即正儿八经地声称自己有一种直接的直觉感可以区分真实的叙述与虚假的叙述，就像神话故事中的魔杯在倒入毒液时就会破裂一样；在这种情况下，他必须承认我们在经验主义原则的情形下已经讨论过的一切,即承认那些原则必须是不假他人 a priori[先验地]确立起来的,以便通过他们的方式建构起来的叙述可以被认为是真实的。

38. 因此,必定有一种历史思想的一般逻辑,而且,它必须是一种与经验主义科学相对的哲学的科学,并且必定先验地确立起了那种一切历史思维皆要遵循的纯粹的原则。若没有清晰、明确地构建这样一种哲学方法论,我们的历史研究的结果或许是真实的,可我们不可能知道他们是真实的;这一次,我们只能希望自己没有落入不正当地使用默证或者诸如此类的陷阱之中,但是,我们无法确定这一点。在世的哲学家没有谁比克罗齐更有资格讨论史学思想的问题,他甚至认为,哲学的整个任务除了建构历史方法论之外别无他用。我不敢肯定自己能够像这样接受他的观点,但无论如何,我同样相信,如果历史不想只是一种根据随意解释的证据而武断建构起来的虚幻叙述的话,我们需要一种有关历史的哲学方法论。

四、叙　述

39. 当我们已经找到并解释了我们的证据时,我们得到的就是作为制成品的历史,或者叙述。我说它是制成品,但必须记住的是,这个成品实际上从未完成。搜集原始资料的工作和解释它们的工作一样是永无止境的,因此,我们在任何既定时刻所能提出的每一种叙述,都只是一份有关我们的历史研究进展的临时报告。对这样的事情做定论是完全不可能的。我们永远不能说"它就是这样发生的",而总是只能说"就目前所知,我想它就是这样发生的"。

40. 因为最终的、彻底的真相,即便是对于一个非常小的历史问题来说,也是难以获得的,这并不能由此断定历史知识不可能有任何坚实的进展。我们当然永远无法知道我们想要知道的一切,比如说有关马拉松战役的一切;但是,如果就此推论说,所有关于它的可能的记述因而都同样决非真相的话,那也太草率。说某种记述比另一种更接近真实,但同时却承认我们不知道真相是什么,这可能看起来像是悖论;但是,我们必须面对这一悖论,之后要试图消除它,同时我们坚守一个明显的事实,即我们能够并且确实用一种叙述代替了另一种叙述,不是根据个人喜好,而是完全基于客观依据;任何人看过这些依据,都会承认它们有说服力,同时他也完全明白,我们自己的叙述不是完全真实的,它在某些细节上肯定是不真实的。一种对诸如马拉松战役这样的事件的记述确实比另一种更可取,尽管这两种记述都不完全真实。

41. 如果这可以称为怀疑主义的话,那么,它就是一种完全不同于我们在早先的研究中分析的那种怀疑主义,后者以为我们会在权威文献中找到现成的历史,却发现没有任何权威文献值得轻易接受。这里的怀疑主义更高级,却也不是那么无力;因为它仅仅对我们的历史思维的绝对真实性有影响,而不触及它的相对真实性,也就是说,没有触及到这种历史叙述比那种更可取这一判断的真实性。如果有人争辩说,没有了绝对真实性,这种相对真实性就无法存在,我们将回答说,恰恰相反,如果这种相对真实性不确定,那么,批驳绝对真实性的论证就会站不住脚。[因为只有反驳这种或者那种历史理论的经历,才会使我们相信所有这样的理论都是可以最终驳倒的;而且,如果我们认为这种或者那种理论已经真正被驳倒了这种想法是错误的话,那么,就没有理由认为所有的理论必定能够被驳倒。但是,驳倒一种特定的历史理论就意味着取代它;因为,唯一能够驳斥它的方法]①是通过重新解释它所依据的证据,并表明该证据实际上指向了一个不同的方向。我们在历史思维中唯一能够确定的就是,我们肯定在以往的理论上取得了明确的进展。如果我们想要的比这更多,那无法得到。如果我们希望通过推进自己的研究而能够完全如实地了解过去,那么我们的希望就会落空。这一点或许人们普遍都认识到了,但是,我要提醒你们注意的是我们认识它的那些依据,因此,你们可能会原谅我。

42. 在历史中,我们依靠的是原始资料。我们不是依靠权威文献:也就是说,我们不是完全受资料提供者的学识和诚实性所支配;因为我

---

① 反面写着:"不对。我本应该这样说:——因为这个论证依靠的是历史理论容许有反驳的原则;也就是说,依靠批评可能有效的原则。但如果批评是有效的,那么,它会导致一种更恰当的观点,也就是一种相对真实的观点,取代被驳斥的观点。因为,唯一能够驳斥历史理论的方法。"文中括号是柯林武德所加。

们在某种程度上能够察觉和体谅他们的过失，并用其他种类的证据来补充他们的信息。但是，无论我们使用何种证据，在我们研究的任何一个特定阶段中，可供我们支配的资料数量都是一定的并且不会更多。现在，我们并没有像个归纳逻辑学家一样，认为未知的将会类似于已知的，从而犯下愚蠢的错误。我们从未想象过我们未曾拥有的原始资料会像我们拥有的资料那样诉说一个同样的故事。相反，我们知道，它们或许会告诉我们一个不同的故事，并且，这就是为什么我们感叹没有得到它们，并竭尽全力去寻找。但是，正如我们已经看到的那样，历史学家能够使用的证据种类取决于他自己，而不是证据。因此，对于任何特定的主题而言，其证据的总体都是无法穷尽的。我们一直明白，如果我们更勤奋，就能发现更多的证据，而如果我们更有创造力，我们就能从自己所掌握的证据中榨取出更多的信息。例如，公元前5世纪的希腊史对于初涉历史研究的人来说是一份更有价值的研究，因为有关它的资料非常少，初学者能够从总体上把握它们，进而以非常浅薄的学识自己解释它们。因此，在开始研究这一时期的几个月内，他就能够对任何可能提出的理论所具有的优点做出还算不错的判断。另一方面，当他研究罗马帝国早期的历史时，大量可以获得的资料，尤其是从碑铭中得到的资料，让他觉得局促不安；因而，他在此面对着相反的问题，即他要掌握丰富的学识或者熟知原始资料，而解释资料的工作相对来说就居其次了。因此，这所大学所教的古代史的学生面前相继摆着两个不同的问题：在学习希腊史时，他必须训练自己通过细致的解释从特定的原始资料总体中榨出最后一滴价值；而在学习罗马史时，他必须训练自己掌握大量的资料，在允许他的时间限度内，这批资料的范围实际上是取之不尽的。但是，希腊史和罗马史之间的这种差别只是一种 *prima facie*[表面上明显的] 差别，它将随着人们的进一步了解而消失。因为，人们很快开始认识到，希腊史真正进展的希望，是和通过发挥考古学、人类学等资源，从而扩充可获得的证据的总量这一希望紧密联系在一起的；另一方面，如果有更多的时间，是有可能先非常彻底地掌握早期罗马帝国史的资料，然后再开始解释它们的工作的。

43. 这两方面的任务都无穷无尽，因此，当历史学家说"ich will nur

sagen wie es eigentlich geschehen ist"①——(引用兰克的名言)我将只是如实直书——他只是许下了一个他永远也无法兑现的诺言:除非事实上"将"(will)一词不是暗指一种承诺,而是一种愿望——不是"我将"而是"我想要",在这种情况下,这个短句是在陈述一个观念,而且是一种无法实现的观念。因为很显然,无论历史学家工作多么长时间,他都永远到不了能够说这句话的地步——"我现在已经收集到了一切能够收集到的证据,并已经用尽一切方法彻底解释了它"。历史被看作是有关过去事实的知识,它是不可能有最终结果的。

44. 这就让我们面对了一个新的问题。我们在历史研究中努力要做的是什么呢? 到目前为止,我们一直假定我们努力在做的是按照事实实际发生的情况叙述事实。我们现在明白,这是无法做到的。如今,可能我们会说,我们正在努力做的和我们成功地做到的之间存在着偏差,以此来解释这一点;我们正在努力做的便是了解过去的事件,我们成功做到的则是改进了以前了解它们的尝试。因此,如果认为我们总是能知道实际发生的事情,那是一种幻想,但是,只要它是我们实际取得真实进展的必要条件,它就是一种必需的、有益的幻想。同样,我们总是试图在道德完美的意义上做得好,这一点我们永远做不到;但是,努力去做不可能之事,我们实际上就成功地做了一点事,要不是这样,这件事本身是不可能的——也就是说,不可能变得更好的。或许人们会论证,只有在自己前面设定一个不可能实现的目标,一切真正的进步才有可能。

45. 毫无疑问,这其中有着某种似是而非的,甚至是真理的东西。许多人误解了他们仍然在做的行为,这是肯定的;而在某些情况下,如果我们理解了自己正在做的事情,就应该停止,这也是肯定的。有些历史的研究者相信,通过他们的研究,他们能够发现过去的真实情况(wie es eigentlich geschehen ist)②;确实,在人们仔细思考这件事之前,那是

---

① 柯林武德记错了引文。原文应该是:"Er will bloss sagen, wie es eigentlich gewesen",见兰克:《1494年到1535年间拉丁和条顿民族史》(L. Ranke, *Geschichten der romanischen und germanischen Völker von 1494 bis 1535*, Leipzig, 1824),第 vi 页。
② 正如上一个注释中所提到的,此处引自兰克的引文是错误的。

一种他们会持有的完全自然的信念。而且,其中可能会有一些人,如果或者当他们得知这一信念是错误的,他们会放弃自己的历史研究。但是,我可以信心十足地断定,不是所有人都会这样做;因为我本人就知道这种朴素实在论是错误的,但我从没有因此而有片刻想要放弃历史研究;正如一位现代科学家,他已经得知物理学的世界是一个抽象化的世界,而不是一种形而上学的实在,但他并不因此就不研究物理学了。一般而言,人们不可能争辩说①,对于我们正在做的事情无知,即使这种无知到了肯定误解了它的地步,它对于做这件事情还是必需的。我们一般都相信,我们最成功的行为是那些我们最清楚地想明白并且最彻底地理解了的行为。毫无疑问,有许多事情我们经常称之为行为,比如消化我们的晚餐,那是能够完全无意识地去做的;但是,这样的例子并没有真正有助于消除困难。因为,虽然我们不是刻意为了消化我们的晚餐而使用我们的消化器官,我们当然也不是为了任何其他别有用心的目的而使用我们的消化器官;我们使用它们(如果能够说我们使用它们的话)根本是没有任何目的的。这个行为是一种无意识的行为,不需要任何目的;因此,它无助于解释一种有目的行为,比如,历史地思考或者遵循道德规范的行动,与该行为在自己前面设定的却没有实现的目的之间的那种特殊关系。在那些我们旨在得出某种结果的情形中,看起来几乎不容置疑的是,我们对结果考虑得最清楚的时候,我们针对的就最有效;并且,说某种行为只有靠我们对结果抱有一种错误的想法才成为可能,这看起来就是自相矛盾的说法了。

46. 我们如果说自己真正努力要做的不是要了解过去,而是要改进以往那些了解过去的努力,那么,我们是不是就能提供一种对历史思维的新的、改进了的叙述?我们能否不根据无法实现的理想而是根据实际取得的进步去界定历史呢?

不能!因为,在实际的历史工作中,渴望超越别人或者超越自己过

---

① 在原稿中,从"许多人误解了他们仍然在做的行为,这是肯定的"(第45段的第2句)到"人们不可能争辩说"这一段是在稍后的日期加上的,并且是写在背面。在最初的文本中,第45段第2句开头部分"但是,它涉及那种古怪的学说"被划掉了。

去的自我的那种理想绝不是一种根本的动机。历史学家不是在怀疑他的前辈,而是在努力获得事实;历史学家总是这样说。此外,如果你说由于那种理想是无法实现的,因而它事实上无法像一种理想那样运转,那么,你就消除了进步被称为进步所依据的唯一标准。只有当我们对历史应该是怎样的有了一种概念,我们才可以说"这部历史作品比那部更接近我认为历史应该是怎样的概念"。我并没有说,在是与应是两者之间存在的分离从长远看在形而上学上是令人满意的;但是,我确实说过,相比于二元论的任意简化,它的害处要小些。二元论进行简化是通过否定它其中的一元,并试图想象一种除了进步本身这个理想之外就根本没有任何理想的进步,而进步的理想并不是一种理想,它只是一个与某个理想相关而不与进步本身相关的术语。

47. 因此,我们被留在了有关历史目的的困境之中。我们已经看到,历史不能仅仅满足于一种对过去的超然的好奇心,因为这种好奇心无法被满足。历史也不可能是历史学家们好斗天性的纯粹体现,尽管历史学家们当然会有好斗的天性,可他们也还是历史学家,并且是想要通过历史争论来表现他们的好斗天性。这种历史争论,如果我们只是把它称为天性好斗的一个例子的话,那么,它独有的特征就还没有得到解释。

48. 这时,人们或许会认为,历史的目的是实用主义的,也就是说,它的价值在于它的垂训作用;我们能够从中获得教益,指导我们当前的行动。我不想否认历史具有这种教益。人们有时候说它没有,因为历史从不重复它自身,而既然相同的情形永远不会重现,适合某种情形的行动,对另一种情形就不适合了。但是,我们不需要假设它是适合的。当然,人们可以说,我们凭经验知道如何处置流感病例,这不需要有人教导我们说,所有的流感病例彼此都极为类似。没有人认为它们完全相像,但是,人人都认为它们彼此相像的程度足以使我们有理由把某种一般规则运用到所有这些病例中,比如让发烧的病人躺在一间暖和房间的床上,并小心警惕后效。毫无疑问,我们是从自己和他人以往感冒的经验中,学到了这些规则。如果有人自命同样的原则在谋略、立法和医疗实践上都没有效果,那就是十足的愚蠢行为。的确,一名完全不了解战争史或者政治史的士兵或政治家是完全不适合他的工作的。但是,这并不是说实用价值就是历史的本质,即让历史成其为历史的那种价值。相反,从实用主义角度理解的历史,首先被认为是完成了它自己的确定过去事实的任务,然后继续藉此给出与现在相关的建议。因此,当有人指出过去的事实永远无法完全确定,实用主义历史就被扼杀在萌芽状态了。我们正在提出的问题是:"如果历史无法确定过去的事实,那它又有什么益处呢?"如果像实用主义观念那样回答说,"历史的益处是,确定了过去的事实之后,它能告诉你现在做什么",那这可不是答案。

49. 但是,实用主义历史理论已经过时。如今没有人鼓吹它了,因为人们普遍认识到,它假定历史研究的结果会有一种它们实际上并不具有的最后状态。这种理论已经被有着新形式的同样一般的倾向性所取代。当你认识到不可能先确立事实再推论出它们的教益时,你可以通过允许道德规范来确定事实,以克服这一困难。例如,你想告诫人们不要酗酒。你说,"诺亚喝醉了,黑人就是黑人。警惕那可怕的灾难吧"。那就是实用主义历史。但是,如果你认识到诺亚的酩酊大醉在有学识的人中间是件颇有争论的事情,而且,如果你仍然对历史的垂训价值感到茫然,你说,"有些人说诺亚喝醉了;另一些人说他没醉,而只喝了一两杯。我会说他喝醉了,因为我滴酒不沾,而且我想要教导人们厌恶酒精。"相对于实用主义的历史,这是有倾向性的历史。它们的区别在于,在有倾向性的历史中,道德进入了历史思想的过程,并在确定其结论中起到了决定性的作用。

50. 这样理解的话,有倾向性的历史比它初看起来或许显得要更普遍一些。历史学家个人立即对他正在描述的事件中某个当事人有好感,这很正常;在这种情况下,他或许完全无意地让他的情感改变了他对事实的看法,并拒绝不利于他同情的人的证据,因为他无法相信那位朋友做过任何如此可耻的事情;或者,他会故意以辩护者的心态,用一种片面的方式陈述他同情的人的(或者,当然就是他自己的)立场,因为他知道别人已经陈述了对立的看法。这都无可指责,除非你指责几乎所有的传记,无疑,还有所有的自传,认为它们从历史的角度来说都是毫无价值的;而这也同样适用于英格兰的各种历史作品,作者显然在其中为她的胜利而欢欣、为她的失败而惋惜、为她的光荣而骄傲、为她的耻辱而羞愧;或者,也适用于某一政党的成员所写的政治史,他希望解释并且证明该政党所支持的计划;或者适用于我们所说的从新教徒或者天主教徒的立场写的宗教改革史等等诸如此类的事。但是,更多的是,如果历史学家对他自己的舞台上的角色并没有什么个人喜好,他依然会有一种理想的依恋。因此,一位现代民主主义者可能会像格罗特一样,在写希腊史时或多或少地带有为古代民主辩护并因而间接颂扬现代民主的特定目的;或者一位蒙森式的历史学家可能会因为他自己对独裁政府的爱好而把恺撒当成自己的英雄。我们必须记住,一位没有格罗特式政治理想的格罗特,根本就不会去写希腊史,更不会写出那种让我们因为拥有它而心存感激的历史。从某种意义上,所有历史学家都是如此。所有的历史都是有倾向性的历史,而且,如果历史没有倾向性,没有人会去写历史;至少除了那些没有血性的学究们,没有人会去写历史,而他们把历史资料误当作历史本身,并认为他们自己是历史学家,实际上,他们充其量不过是学者。

51. 另一方面,历史根深蒂固的那种倾向性,无论它出现在哪里,都是一种瑕疵。屈从于它就意味着不再做历史学家而是要做律师了。他可以是一位好的、有用的社会成员,处在正确的位置上,但是,如果他自称是历史学家的话,他就犯了一个可能招致指控的错误。因此,虽然我们研究历史的时候都受到倾向性的感染,但我们实际的历史工作在很大程度上必须克服这种倾向性,并且净化我们的心灵,竭力将自己带进一种不偏不倚、不悲不喜而只为真理的心灵境界。我们永远做不到把我们自己完全带进这种心境之中,当我们看到像塔西佗、李维、吉本和蒙森这样的人都没有完全做到时,我们对此更是深信不疑;但是,我们必须继续努力,并且,首先绝不要争辩说:"因为蒙森到最后也是带着倾向性来写作,所以,我也会如此:我将随心所欲,按照我想要历史成为的模样去写历史。"这一点有必要强调,因为目前有人就是这样来争辩的。据说,迄今为止,历史一直是资本主义者从资本家的角度写的,人们也广泛相信这一点。因此,是该把历史从他们手中夺走、自觉地从无产阶级的角度来写历史的时候了;是该建构一种世界史,以便把无产阶级表现为永远受压迫的英雄、把资产主义者表现为人类戏剧中永远的恶棍和暴君的时候了。无论这个提议在牛津大学的报告厅里听起来多么奇怪,今天,这是一个实践政治学的问题;许多人在按照它行动,制造出它所需要的作品。其结果是,这样一种类型的历史多少令人想起了18世纪反宗教的历史:那是一种由仇恨激发的历史,它努力通过把那种仇恨的对象,以时代错置的最糟糕的方式,用一种带着疯狂本性的执迷,投射到人类发展的整个进程中,以此证明自己的正确。与此类似的,还有反犹太的各种历史,它们把整个历史描绘成一出情节剧,犹太人是剧中的坏蛋;最近的战争便造就了一大批反条顿主义的历史,至于反条顿主义和反犹太主义的结合,我们可以去看海莱尔·贝洛克①先生的论述。对此类事情,在此,我想说的只是,任何有着最微弱的历史意识之火的人看待这些作家的方式,都会像科学家们看待一个想要在实验室里创造出生命却故意阻止为他的仪器消毒的人一样。这样的人是历史中的低级罪犯,说到这类人,争论是没有什么用的。但是,想到下面这一事实,我们会深受鼓舞:18世纪反宗教的历史毕竟还是造就了一个吉本,尽管他也被他那一代流行的恶习所扭曲,可他还是一名一流的历史学家。我有点怀疑下一部真正伟大的历史会是受社会主义神话鼓舞的一部反资本主义的历史。

52. 但是,伟大的历史从来不是只有倾向性的;吉本不只是一位反宗教小册子的作者,虽然他的反宗教热情当然会是推动他写作的动机之一,但是,在工作中支撑他的力量正是对历史真正的热爱。像我已经说过的,倾向性在真正的历史学家当中很普遍,现在,当对真实性和不偏不倚的热爱克服了这种倾向性的时候,在历史学家的心灵中就创造出了一种新的道德氛围:如今,他不站在任何一方,而是站在历史本身一方,站在各种事件的过程一方,这些过程以同样的方式从自身中创造出各方,再把它们吸纳到自身之中。从这个角度来看,历史不再是一种情节剧,而是成了一种神正论,并且是唯一可能的神正论。历史过程被

---

① 海莱尔·贝洛克(Hilaire Belloc,1870—1953),英国评论家、诗人。——译者注

看作是一种绝对的、无所不包的整体,所有冲突都发生在其中却没有瓦解它的统一,因为只有它的统一性使得冲突各方在它们的生死搏斗中面对面,而彼此冲突的各方不过是时代精神的体现;时代精神创造了它们以便可以通过它们获得其自身的具体的、客观的存在。世界精神在历史中正努力使得自己完全客观化,为了这一目的,它经历了一连串的阶段,每一阶段都部分地揭示出它的真实本质;但是,在每一阶段,部分的揭示与没有实现的理想之间的冲突,把实现了的客观世界撕得粉碎,它创造出某种将要取代它并更接近理想的新事物来破坏它。因此,雅典与斯巴达之间的冲突,不是正确的一方与错误的一方的冲突;它完全应该看作不是两种力量之间的冲突,而是一个称之为希腊世界的有机体之内的冲突。它是该有机体作为一个整体出现了问题的症状;是某种地方病的症状,因为没有找到治愈这种病的方法,它便以自我毁灭的狂暴形式爆发出来;它也是孕育了它的文明进行自杀的征兆。在希腊文化废墟上兴起的希腊化文明从中幸存了下来,因为它应该幸存下来,因为它已经诊断出它的前身所患的疾病之根源,并找到了治愈它的方法。事实上,希腊化成功了,因为它克服了那种把希腊世界分裂成众多敌对单位的政治原子论,并且不惜一切代价获得了政治上的一致性。罗马征服了希腊精神,因为罗马这个亚历山大的学生不但学到了希腊精神的教训,而且还赋予其更多的东西,即,希腊化时期暧昧的世界主义文化中缺乏的那种道德力量的刚性,那种性格的力量。这样,罗马将希腊世界的城邦,它的鲜明的、令人鼓舞的自我意识与希腊化的胸怀和包容性结合在一起;因此,奥古斯都在亚历山大和伯里克利失败的地方取得了成功。他的成功是因为他应该成功,因为他解决了那两人没能解决的问题。

53. 那是一个被看成是神正论的历史实例,世界历史便是世界法庭。它的基本论点是,在每次斗争中(它把一切历史都看成是斗争史),胜利者是应当胜利的人,因为他突破了那种限制其同时代人的思想束缚,并且利用了世界历史中的新的、更高阶段里的更强大的力量。适者生存;任何人要生存下来,唯有解决生活呈现给他的种种问题,他对这些问题的解决方案就是对他的力量要有准确的估量。拿破仑说,上帝站在战斗力强的那方,那就是对这种历史观点的真实表达,只要我们记住,它的意思仅此而已,即在一个以斗争为规则的世界里,更好的人或者更好的国家要表现出优越并因此适合生存,要么是靠比别人更会战斗,要么靠找出废止战争的办法,并把他的力量解放到另一个领域中去。

54. 这种历史观在黑格尔那里找到它的经典阐述者;确实,黑格尔比其他任何人都更好地设计了过去一百年中近代思想运动的总路线。在这个特定的例子中,的确如此,我想不出近代有哪位重要的历史学家或者哲学家,会有一点不认同我概括的观点。即便是不赞成黑格尔历史哲学的克罗齐,他也坚决接受了自己称之为历史的积极性的学说中那个本质的部分。他说,在历史中,不存在坏的事实、坏的时期这样的情况:历史过程不是从坏到好(更不可能是从好到坏)的一种变迁,而是从好到更好的变迁;我们所谓的坏只是相比于更好而言的好本身。因此,历史学家的职能不是判断,而是解释;并且,解释经常就是去论证,就是去表明被解释事物的合理性。因为(他接着说),既然实践意识总是面向未来,试图创造一种比现存事物更好的事物,并因此总是把现在看作是坏的;既然实践意识能够把过去看作是好的,这只是因为过去不是真实的,因而不必反对它和改善它;那么,理论意识或者历史意识所关心的只是,它必须不偏不倚地看待现在,进而必须从现在之中看出过去所做的一切努力的结果,并由此而认为现在比过去更好。克罗齐和黑格尔一样,谴责这样的历史观念多愁善感,就像是(用黑格尔的话来说)屠宰场,在那里,民族的幸福、国家的智慧和个人的美德都被毫不留情地牺牲了,并且是白白地牺牲了。黑格尔用来描述这种悲观历史见解的词,使得人们不可能指责他自己的观点是一种浅薄的乐观主义;事实上,如果历史被看作是神正论,那么,它为世界精神的道路进行论证,世界精神便是一位比正义更可怕的神。

55. 这样一位神几乎不需要我们努力去为他辩护。有这样的考虑,我们就可以向历史乐观主义和历史悲观主义告别。人们把整个历史进程说成是一个从好到更好的连续过程。如果这种说法意味着,我们必须不带着批判的观点看待历史,而是带着接受它,并使我们自己顺从它而非使它顺从我们的观点看待历史,那么,这种说法就是正确而有价值的。但是,如果这种说法意味着要求我们对历史过程做道德判断,同时,又限制我们只能做出好的判断,那么,这种说法就是错误的。我们根本不是被要求去做道德判断的。我们的职责只是去面对事实。说希腊人在马拉松的胜利是件好事,或者说文艺复兴时期的教皇制度是件坏事,这样的说法完全是沉溺在那些阻碍而不是推进历史研究进程的幻想之中。历史学家对于呈现在他眼前的事实表现出自己在情感和实践上的反应,它们带来的灾难才是历史的真正灾难。真正的历史必须完全是超然的,完全没有任何一点的价值判断。

56. 这可能看起来是句很难做到的话,不过,我呼吁每一位有点历史研究经验的人都来确认这一点。如果我们发现它难以接受,那么我认为,我们接受它是因为我们忘记了我们在历史思想中研究的是什么。我们研究的是过去。你们会记得,哈克贝利·费恩①在寡妇和华珍小姐承担起他的宗教教育时,他开始一直为摩西非常着急,直到有一天华珍小姐说摩西已经死了很长时间了;于是,哈克贝利·费恩失去了兴趣,因为,正如他所说,他不关心死去的人。如今,真正的历史学家也像哈克贝利·费恩一样,不关心死去的人们。他不为他们着急,只是因为他们死了;他不去做那些我认为哈克贝利·费恩开始时做过的一切,即做道德判断,并对他研究的对象采取实践的或者凭意志的态度。但是,我们很容易忘记我们正在研究的是过去,并容易诱使自己认为雅典与斯巴达就像法国与德国一样真实。在我们这样做时,我们对它们的感觉就像我们对法国和德国的感觉一样,觉得该由我们对它点什么来决定行动的过程,或者至少在行动时机出现时,决定我们应当如何行动。这一切不会出现;正因为这个原因,我们在决定自己应当如何行动的过程中享受到的那种自欺欺人的快乐,就与我们想出辛辣的妙语攻击自己知道不会遇到的对手时得到的快乐一样。我们在想象中把自己移植到一个场景中,以此自娱自乐;而作为历史思想对象的这幕场景,其本质恰恰是,我们没有身在其中,而且永远也不可能身在其中;这一

---

① 下文以马克·吐温小说《哈克贝利·费恩历险记》为例。——译者注

点不仅干扰了我们的历史思维,而且在幻想中浪费了那种道德能量,我们的职责本应该把这种道德能量用在解决生活中的实际问题上。

57. 在这些演讲之初我曾强调,作为历史思想之对象的过去,并不是那些因时间流逝而从我们眼前移走却依然在某地大量存在的东西。它是由事件组成,这些事件因为已经发生了,所以不是目前正在发生的,并且它无论如何都是根本不存在的。过去绝不是任何现存的东西,它完全是观念中的。这就是为什么我们对它的态度会完全不同于我们对现在的态度,现在是现存的,所以它是我们实践活动的场合,是我们的道德判断的恰当对象。对过去做道德判断就是陷入了这样的一种谬误之中,即想象着在某个地方,在帷幔之后,过去依然还在发生;当我们这样想象它的时候,我们就陷入了一种类似于行动遇挫后的愤怒,似乎科孚岛大屠杀正在隔壁房间里发生,而我们应该破门去阻止它。要摆脱这种心境,我们只需要清楚认识到这些事情已经发生过了,它们结束了;我们对它们没有任何可做的;必须让死者去埋葬死者,去赞扬他们的美德,并哀悼他们的沦丧。

58. 这样看的话,历史可以算得上一项非常冷血的工作,而且人们可能会指责我没有考虑所有那些令历史富有吸引力的东西。我不怕这样的指责;我认为任何能够这样指责我的人实际上并不比我本人对历史更感兴趣,或者更专心于历史研究。但是,如果我们永远无法知道过去的本来面目,如果我们甚至不可以把过去作为我们的情感和道德判断的一种宣泄,人们肯定会要求我解释历史为什么会有吸引力。答案就是,历史是观念,它是从现实中提取并为了现实而存在的。

59. 恰当地说,只存在一种可知的对象,那就是现实,即现在存在的那些东西;每个能够恰当提出来的思想问题,都与我们对这个对象或者这种对象的联合体所具有的知识有关。而我们有关现实的知识,是与我们自己的意志行为以及我们对它的情感反应分不开的。现实,即现在,是我们的知识唯一可能的对象,是我们活动的领域,以及我们各种感觉的刺激物。我们无法知道未来,因为它不是就在那儿等着被了解的;我们无法知道过去,因为它也不是就在那儿等着被了解的。这就一下子解释了为什么我们不可能知道过去的真实面目,为什么我们不可能对它采取实践的或者情感的态度。那么,这是否就证明历史是一种幻想,而从事历史研究是愚蠢的呢?不!因为历史虽然不是现存的,但它是现在中的一种观念成分,因此我们能够以同样普遍的方法去研究它,以任何抽象概念可以被研究到的同样的程度来研究它。现在是被转化了的过去。在了解现在的过程中,我们也正在了解过去已经被变成了什么。过去已经变成了现在,因此,如果我们问,在活生生的、具体的现状中,我们会在哪里找到过去,答案就是,在现在中。但是,尽管过去确实作为现在现实地存在着,它作为过去是在想象中存在的,即作为它变成现在之前的样子存在。现在,所有的知识都是通过分析和综合来进行,即把特定的整体拆分成小块,分别研究这些小块,然后再把它们合成整体。但是,这个过程完全是一个观念的过程;我们并没有真正把整体拆开,因为它不会分开;我们所做的是,在它内部进行观念的区分,并且研究我们这样区分出来的部分。我们区分出来的组成部分并非真实的,它们只是观念的部分。真实的是作为整体的对象,而真实的整体是由观念的各个部分组成。如果这样看起来很难理解的话,若是有人认为一个真实的整体必须由真实的各部分组成,那就让他思考一下我们分析任何可感知对象的那些特性,如某物的蓝颜色、方形等等,它们都不是我们可以捡起来粘在一起的真实的事物;它们全是抽象物,不过,却是些合起来确实组成了对象的抽象概念。①

60. 现在就是以这种方式由过去和未来这两个观念的成分构成。现在是过去的未来和未来的过去;因此,未来和过去都在现实这个综合体中。(当然,任何未来的时间在它到来的时候,如今的现在就成了它的过去,而更远的未来则成了它的未来;所以,任何时刻都是过去和未来的综合体,但在它到来之前,这种综合都不是现实的,而只是观念中的。)人们一般把现在想象成过去和未来之间的一个极微小的点,但那是个错误的比喻;因为实际上它不是一个点,而是一个世界,一个错综复杂的事件正实际进行的世界;并且,它不是一个纯粹的抽象概念,即

---

① 反面写了下面这句话:"或者想想牛顿对月亮椭圆轨道的分析是(a)一种朝地球的直线落体运动(b)二次直线切向运动,这两者都完全是观念的。"

不是两种真实的延伸范围之间的一个极微小的点,相反,它们才是纯粹的抽象概念,而它作为现实,把过去和未来作为其观念成分包含在自身之中。

61. 因此,我们所谓的关于过去的知识,并不是像有关现实对象那样的关于过去的知识,因而,它不是真的知识,而仅仅是为了认识现在而对一个观念对象进行的重建。历史的目的是要使我们能够认识(并因而能够相对地影响)现在,那就是包含在实用的历史观中的真理。但是,有关过去的知识不应被误解为关于过去这个对象的知识,这样的过去一旦完成,就成了了解现在这个对象的手段。那就是实用观点的错误所在。过去和现在不是两个对象。过去是现在中的一个成分;在研究过去的过程中,我们实际上在逐渐了解了现在,而不是在了解别的什么要引导我们了解或控制现在的东西。

62. 过去的观念性这一原则解释了我们为何无法,以及我们为何不需要知道实际发生的过去。我们无法知道,因为不存在要知道的东西;不存在要研究的事物;除了迄今我们在历史思想中重建的过去的事实之外,不存在什么过去事实。我们也不需要知道,因为历史的目的在于领悟现在,因此,任何过去的事实若没有在现在留下任何明显痕迹,就不是、不需要是也不可能是历史思想中的真正问题。从纯粹抽象的观点看,要问"从恺撒的船上跳到肯特郡岸上的那个掌旗官的外公最喜欢喝什么酒?"这样的问题似乎是行得通的,我们也可以责备历史学家既不知道也不关心这个问题。但是事实是,历史学家是不会用这样的方式随意地提出问题,而是问题自己提出自己来,历史学家必须做的是,在问题提出来时解决它们。一位现实中的历史学家在面对这类问题时,如果他费心解释他对此的态度,他会说"那个问题还没有在我的研究中提出来,在它提出之前我不会去关心它的"。现在,如果过去事实的整个世界是一种实际存在的世界,而历史学家的职责就是发现、探索它的全部,那么,这种态度就是该受责罚的主观态度;因为在那种情形下,过去的每一个事实都像每一个其他的事实一样真实,因而每一个事实都有同等的权利得到他的注意,关心一个而不关心其他事实是不能原谅的。但是,所有历史问题都出现在现在的经验中,如果一个问题没有以任何方式嵌入现在的经验并改变我们对现在的态度,那么,它就不是个真正的问题,而是个无意义的问题,就像是无意义物理学的领域中的有关不可抗力和固定的物体这样的幼稚谜团一样,实在是个无意义的问题。

63. 历史问题出现的方式千差万别,这些差别并非完全没有意思。它们都有一个共同点,即都是在人们试图理解我是什么、我的世界是什么的过程中提出来的。当我问我是什么的时候,我开始回忆,并开始思考在我的行为和经验中我把自己表现成了什么;在努力批判并验证我的记忆时,对于我发现我自己在这个特定的时刻是什么,我建立了一种或多或少是融贯的叙述。这种自我叙述对于任何需要自我意识作为其部分条件的行为,都是必要的基础。当我问客观世界是什么的时候,记忆帮不了我多少忙;我必须研究我现在发现的这个世界,并且重建它的过去,但不是像在我个人的例子中我能够在记忆中做的那样直接地重建,而是根据推理来重建。而且,只要这种重建过去的活动变成习惯性的,一种新的现在就形成了,它与过去的联系不仅仅在于它是过去的结果,或者过去自身的现在变形,还在于它是对过去有意的、系统的记录。我把这种现在的实在性指称为关于过去的谈话、历史书等等。如今,这些东西都是现在的一部分,但是它们具有奇特的双重功能,既是过去的结果(就如现在之中的每一件事物),也是有关过去的思想表达。它们是历史意识的产物,而不纯粹是一般意识的产物,更不用说是一般世界过程的产物。这就揭示出一个奇怪的事实,即在观念上重建过去的努力因为是一种现在进行的活动,它给现在带来了一系列客观现实,这些客观现实不仅引起一个新的知识的问题,而且还导致了一种特殊种类的问题。原初意义上的历史,即第一级的历史,是对过去的观念性重建;第二级的历史是对这种重建的重建。这样,在试图回答以下问题的过程中,最初的历史问题出现了,例如,那个荒废的建筑是什么?在加冕礼上发生的这些怪事是什么?我们为什么穿礼服?第二级历史问题出现在试图回答这样的问题时:人们为什么对马拉松战役表露出如此不同的观点?为什么麦考莱对17世纪晚期的货币状况是那样的说法?等等。在前一种情形中,人们努力理解那个独立于任何历史学家存在的世界时,历史问题产生了。如果所有的历史学家都在一场革命中被送上了断头台,并烧掉了他们所有的书,那么,正是这些问题将确保历史研究快速复苏。在后一种情形中,历史学家们自身及其特殊的作品都是我们感兴趣的问题诸要素之一;而且,在这种情形下,历史问题或许被称为学术的问题或者人为的问题,如果历史学家讨论的不是事实的话,那根本无须讨论它们。因此,假如我问自己,在我目前的经验中,我希望通过自己的历史研究去阐释什么呢?答案有两种:一、是我在自然界或人类制度中发现的某种东西;二、是我在历史研究中读过或者听到的某种东西。这种区分很重要,因为如果我们说历史的目的是使真实世界更易于理解,然后,又不得不承认有些历史研究只是使得某些历史学家的陈述易于理解(我们显然必须承认这一点),于是,我们似乎陷入了循环论证。摆脱循环论证的办法似乎就在于把历史和史学史区分开来。

64. 迄今为止,我们假定史学史的唯一功能就是对清理第一级历史的基础起到方法论的作用。但是,一旦人们认可历史思想是人类必需的心灵活动,而且获得那种认可是在我们认识到把现在分解成过去和未来是理解现在的必需阶段时,由此就可得出结论:历史思想的组织和绵延是构成文明生活的制度必要的部分,因此,对受到教化的人来说,史学史与战争史或者科学史一样必要。当历史本身被体现为图书馆和学校里的历史学习,即在这些图书馆和学校里学习就自动变成了史学史方面的训练时,人们就不可能说历史的问题至关重要而史学史的问题仅有学术上的意义。相反,人们越来越清楚,这样理解的过去的事实及其总体是无法了解的,因为人们逐渐认识到,我们能够知道或者需要知道的唯一的过去,是在现在之中留下了可识别的印迹的过去;因此,人们必须最终明白,一切历史实际上就是史学史,而我们在陈述自己是把什么当作过去的事实时,我们实际上只是并且总是讲述、概括我们自己与他人有关过去的研究。这并不意味着"它是这样的"这个陈述被换成了"A 认为它是这样,B 认为它是那样,C 认为它是另一样的;我让读者来选择";因为那并不是在把历史分解为史学史,而只是在逃避整个问题。真正的提法会是这样的:"A 认为它是这样的;B 认为它是那样的；C认为它是另一样的；而我，在不懈地研究了他们的观点以及所有其他的证据之后，认为它是这样的。"在此，史学史在现在，即在它应该终结的地方终结了。因为，尚未达到现在就停止了的历史是一部被删简的历史，是一段没有圆心的圆周。

65. 第一级历史和第二级历史因而是历史本身的两个方面，即直接的或客观的方面和反思的或主观的一面。在前者，心灵转向过去的事件；在后者，心灵转向自身把握过去事件的努力；这两个方面汇聚并统一在一个现在的思想行为中，而这个行为立即也成为历史（"它是这样的"）和史学史（"我认为它是这样的"）。当我们说"它是这样的"时候，我们实际上所说的与过去无关，而只和现在有关；因为，我们从不可能说过去本身真正是什么样的，而只能说目前我们掌握的证据使得我们能够说它是这样的；并且，正如我们已经看到的那样，毫无疑问，这种证据总是支离破碎的、不充分的。我们在历史思想中重建的过去不是真实的过去（如果真有一个真正的过去，那么它就不存在）；它是那种能够用现在的思维活动从现在的客观世界分辨出来的过去。因此，应该用一种客观的现在时态来平衡"我认为它是这样的"这句话中主观的现在时态，把"它是这样的"变成"手上的证据表明它是这样的"。这两个判断意思相同。历史和史学史证明是同样的。正如我们在历史意识中或者为了历史意识所发现的那样，现在或现存的实在不是一个纯粹的世界或一个纯粹的心灵，而是在认识其世界的心灵或一个正被心灵所领会的世界；心灵不可能在了解它的世界的同时却不了解它自己。这不是要充当有关所有类型的认知的一个一般性陈述，而是要作为有关历史思想的一种特定陈述。比如，没有人愿意主张感知包含了对感知的感知作为其自身的一个必要部分；但是，我们却已经表明，历史确是如此，它包括了史学史。

66. 我说过，现在是一种具体的实在，能够被分解为两个要素：过去和未来。我重提这句话是为了防止一种可能的误解。有人可能争辩说，如果这两个观念的成分之一，即过去，能够成为历史思想的对象，那么，未来也应该成为某种预期的历史思想的对象。目前显然不是如此。但是，根据我们的观点，事实不应该是这样吗？因为我们不可能像有的人做的那样,认为过去是真实的而未来是不真实的,以此来驳斥这一说法。根据那种观点,现在本质上是一个创造的时刻,事物在这一刻从虚无中被创造出来,一旦它们被创造出来,就永远被创造出来了,因此,宇宙不断地被事实塞得越来越满。然而,宇宙永远不会被塞满,因为它总是设法不断扩展而为事实腾出空间。如今,我们已经抛弃了这种把过去看作是事实的一种残渣或者沉淀的观点,因为过去实际上包含了那些不是正在发生的事件,也就是说包含了非现实。但是,我们可以顺便指出,如果认为现在是一种不加破坏地进行创造的永久的创造性过程,这整个观点就是一种十足的思想混乱。如果现在被认为是创造性的,那么,它所创造的东西必须是要么被保存,这意味着它们继续是一种现在的实在;要么不被保存,这意味着消逝,变成了过去并因而成了不存在的。但是,这种观点至少有这样一个好处,即它在现在和未来之间进行了区分,并且不把它们看作是同一类事物。我们主张过去和未来都是观念的,或者说都是抽象概念,但我们这一主张并没有强迫我们去认为它们是同一种抽象概念。例如我们前面举过的例子:三角形的形状和颜色是抽象的;但是,并不能由此得出结论说,因为几何学给我们提供了有关三角形形状的先验记述,因此,几何学或者任何其他学科能够给我们提供有关其颜色的 a priori[先验的]记述。

67. 那么,过去和未来是属于不同种类的;它们不是同一类事物,尽管它们都是想象的。伯特兰·罗素先生没能意识到这一点,他被一种线性时间观所蒙蔽,认为时间是一条连续的线,它的各段都必然是彼此同类的,因此,他说:"我们没有对未来的记忆,这只是个意外;在未来会是什么就会是什么这个意义上,未来的事件像过去一样都是被决定了的",他还接着说,有些人认为自己拥有预测未来的力量,对此,哲学上没有理由进行怀疑(《我们对外部世界的知识》,凭记忆引用)。① 对此的回答很简单。

---

① 柯林武德提到的文章是这样写的:"我们没有对未来的记忆,这只是个意外。就像在预言家们号称的幻象里,我们可以立即看见未来的事件,就如同我们看见过去的事件一样。它们肯定会成为它们会成为的那样,并且,在这种意义上,未来就和过去一样是被决定的。"见伯特兰·罗素:《我们对外部世界的知识》(Bertrand Russell, *Our Knowledge of the External World*, London, 1914),第 238 页。

把"超前记忆"的缺失称为一个纯粹的意外,这就等于是承认它是事实,但又补充说某人自己的哲学无力对它做出任何记述;承认某些人或许能够预见未来,这就等于收回了第一次所承认的事,并断言有关未来的记忆尽管罕见,但确实存在;他们所主张的是否合理?如果听任这个问题悬而不决,这就是承认这些主张是不合理的,因为没有人能够把我们是否记得过去看作一个悬而未决的问题。进而,因为我们记得过去,并因此对它有直接的意识,我们能够在这基础上建立起来批判性历史的整个结构,它以记忆为起点,但最后远远超出记忆。假如即使有几个人确实具有超前记忆,或者对未来有直接的洞见,那么,就有可能在那个基础上建构出一种关于未来的批判性历史,它的方法和结果原则上与有关过去的批判性历史是一样的。但这种关于未来的批判性历史不可能建构起来,没有人真的相信这一点。即使是最无能的历史学家都能在某种程度上肯定地、精确地重构欧洲过去十年甚至是过去一万年的历史进程,但没有人有什么办法以这种肯定性和精确性来预见欧洲历史的进程,即使只是在未来十年的进程。我们当然能够预料未来,但是我们所有的预料都是猜测,或者只是一种就我们可能看到的而言,可能会发生的事情所做的陈述,而我们对过去的重构绝不是猜测,但它们通常是就我们可能看到的而言,肯定发生过的事情所做的陈述。这一点甚至也适用于我们最系统的、最令人满意的预测,即,在航海天文历中精心阐释的天文学预测。这些例子都不是先见性历史的例子。它们从头到尾都是假设的:它们都在说,如果没有干扰因素出现就会发生什么,可是干扰因素总是可能出现而推翻我们的预测。但是,人们可能会说,我们对过去的陈述也是假设:它们陈述发生过的一切,其前提是我们拥有的证据是可靠的。然而,这并不是一种真正的相似。没错,我们重构过去,那只是在事情的现状允许我们这样去做的意义上这样做;我们也是在现在允许我们这样做的意义上预测未来。证据匮乏以及我们可能误释证据影响着这两种思维,但是,证据匮乏和可能误释证据是一种不同于可能受干扰影响的缺陷。后者是一种相当鲜见的困难,它影响我们对未来的预测,却不会影响我们对过去的重构。人们可能会说,一种理想中完美的天文学能够根除这种困难。可是,我们现在讨论的并不是我们在理想(也就是说,不可能的)条件下可能可以做的事情,而是我们实际上做的事情;并且,无论天文学进展到什么程度,它都会一直在实际条件下运作,而永远不会是在理想条件下运作。

68. 那么,过去和未来之间的差别就是,人们能够在现在环境强加的限制之中,批判性地把过去重建成它肯定发生过的那样;而在同样的限制之中,人们却只能猜测未来,或者在假设的命题下加以描述。以逻辑术语来表述这种差别,我们得到的结果是:现在是现实存在的、过去是必然的、未来是可能的。必然性和可能性是两种抽象的要素,它们一起构成了现实性。现在既可以也必须是它所是;过去必须但无法是它所是;未来可以但不必是它所是。因此,不谈过去的非实在性,它能够成为批判的、严格的推理性思维的对象,因为它必然包含了每一件它所包含的事物,而且,在对过去的研究中,没有给想象、任性、或者任何无法拿出有效理由来证明自身合理的那种主张留下空间。另一方面,未来却是可能的、不确定的事物,它只能这样描述:"如果 A 发生,那么,就会发生 X;如果 B 发生,那么,就会发生 Y;但是,虽然假定 A 将发生而 B 将不会发生是明智的,我们却无法给出有效的理由支持这一假设。"当然,未来将成为它将成为的样子;不过,那只是意味着,当它发生的时候,它将成为现在,并将具有现在所有的现实性。它并不是预先形成后躺在某个地方,等着发生,而罗素先生显然认为"它将成为它将成为的那样"这句话就是这个意思。

69. 关于过去的观念性这个概念有着深远的影响。如果我们把过去看成一个无限的事实储蓄库,所有的事实都并排紧紧地挤在一团等着我们去调阅,那么,我们必定要把这些事实本身具有的那些实际的特征,与那些外来的、主观的特征区分开来,后者是我们在历史研究的过程中为了自己的目的而赋予它们的。因此,比如我们把古代史与近代史区分开来,这种区分显然并不是事实本身所固有的,而是内在于我们自己对它们的看法。我们把那些与我们生活的这个世界的事实相联系的事实看作是近代的,而把属于目前已经消失了的事物序列中的那些事实看作是古代的。因而,如果过去是真实的对象或者许多对象的综合体,如果我们对它的研究是以其实在性来领会它的一种努力,那么,古代史与现代史之间的区分就必须被当作我们的想法中的一种偶然的幻象,从心灵中清除出去。但是,如果正如我们所看到的那样,过去是观念的,并且始终只是作为历史思想的一个对象,那么,它与我们的观点之间的关系就是它真正的本质,并且,任何在我们的观点中所必然暗含的一切,在其自身的本质上都是一种真实的、合法的成分。如今,我们对历史的看法确实必然地暗示了古代史与现代史之间的区分。因为,过去是那种已经变为现在的东西;但是,过去的每一刻在它存在的时候都是现在,而如今,它也被历史学家看作是一种观念的现在,有着它自己的过去;因此,所有的历史思想必然都会产生一种过去与过去的过去之间的区别。但是,过去或者最近的过去,必须有一种不同于过去之过去或者遥远的过去的特征;因为最近的过去是已经转变成现在的事物,而如果遥远的过去类似于最近的过去,它也应该已经转变成了现在,而不是像它实际的那样,转变成了最近的过去。因此,把时间序列的纯粹逻辑结构看作是一种理想的结构,会得出这样的结论:在历史的两个部分之间,即近代史和古代史之间,它们的特征一定有着显著的、普遍的差异。近代史被看成是直接产生了现在,而古代史则被看作是产生了最近的或者近代的过去,并因而间接地产生了现在。但是,对过去的细分不能到此为止。在最近的过去和遥远的过去之中,类似的区分会再次出现;这样,这两个主要时期将揭示出一种原则上复制了它们彼此之间关系的内部结构。如果寻找区分的努力 ad infinitum [无限地]进行下去,结果便会是一种时间单位的同质流动,每一个时间单位都紧跟前面一个而紧随后面一个;在这些时刻发生的事件将失去它们古代的、近代的等等特性,被简化为一种静止的过去。但是,我们实际上无法 ad infinitum [无限地]进行这种区分;我们没有时间这样做,并且这样做也没有什么意义。我们关注的是现在的历史学家实际上研究的那些历史,而不是由一台计算器来研究的观念的历史。对于一台计算器来说,没有必要把过去和现在联系起来;因此,计算器不需要根据过去与现在的关系是直接的或是间接的来分割过去。但是,过去只是观念的;它只是历史思想为了把它与现在联系起来而制造出来的;因此,一旦这种需要消失,过去也随之消失。①

70. 因此,只要我们毕竟还在思考过去,我们就必须把它看作拥有那种确定结构;这种结构由一连串或多或少明确定义了的时期组成,而每一个时期都有着自己的特征,又都正好具有那些它们转变成下一个时期所必需的特征等等。这也就是说,我们必须在历史中找到一种模式或者方案,它们使得历史成为一个自足的、逻辑明晰的整体。而且,我们能够 a priori[先验地]确定这个结构。历史的现实性是现在;历史的观念性是过去;而过去要么是最近的,要么是遥远的,这要根据我们认为它是直接的还是间接地转化为现在。既然转变成其他事物的事物根据定义不是转变成的事物;因此,最近的过去总是被认为不同于现在,而是一种与现在的对比,但这种对比就使得这样一种转变必不可少,也即要将它转变为它要与之相对比的东西。因此,最近的过去必然被看作一种处于不稳定平衡状态中的事物,它本身就包含了转变成它的对立面的种子。作为即将紧随其后的那个时期的最近的过去,每一个时期都必须以这种一般方式去思考。但是,当我们说每一个时期都转变为它自己的对立面时,我们并不是说历史是 A、非 A、A、非 A 等等这样 ad infinitum[无限地]转变。如果真是这样,现在早就发生无数次了;这是很荒谬的,因为现在是此刻正在发生的一切,它不可能在过去也发生过。古代和近代是对立的,它们共同构成了过去,并且,过去和现在是对立的;因此,当最近的或者近代的过去转变成现在的时候,实际发生的并不是近代转变成了它自己的对立物(那应该是古代),而是近代和古代一起,即整个过去,转变成了它的对立物。因此,历史结构

---

① 在背面,柯林武德后来写下了如下注释:"历史阶段和历史循环的问题。神学的、形而上学的、实证的(孔德)、有机的和批判的(重现的)圣西门。柏拉图式的循环——36,000 太阳年。亚里士多德赞同。'这种再现说如今不流行了;但是,无论我们喜欢还是不喜欢,没有别的宏观世界论是站得住脚的。'英格(Inge),《真言》(Outspoken Essays)卷二,第 160 页。(他指的是,从自然法则上来讲。)引文中把歌德当成一个相信循环论的人,但他并不明确。

《循环对进步》(Cycle versus progress)——英格的肤浅讲座的主题。他赞同循环拒斥进步。

循环论不能从字面上理解。现在只是此刻:必须用某种方式把现在与它在过去中的种种同样的时刻区分开来,即便它们在某些方面难以分辨。要不然,我们就不能使用循环这个词的复数形式。"

的程式是,A 转变成它的对立物非 A,由 A 和非 A 组成的复合时期共同转变为它的对立物,一个新的时期 B。因此,每一个时期都是之前消逝了的所有时期的对立物,而不仅仅是它的前一个时期的对立物;这是不证自明的,因为现在不是即刻的过去的对立物,而是过去的对立物。①

这种程式呈现了一切历史叙述的必需结构。只要叙述显示出这种程式,那么,它就会像历史那样写得清楚、想得明白、容易理解。如果看不到这种结构的话,我们拥有的根本就不是历史,最多不过是一团编年的琐事或者可以用来建构历史的别的什么材料。

71. 但是,推断出这种程式之后,我们必须谈谈对它的几点看法。正如你无法通过掌握任何类型的冒充为思想并强行把自己塞入三段论形式中的材料来科学地思考一样,无论任何程式有多好,你也无法通过游戏它们而能够历史地思考。我们会发现,我们已经制定好的这个程式在所有历史叙述中疯狂滋长;在那些它没有自发滋长的地方,它无法被采纳;而且,我们在陈述它的时候并不是(千万不要这样)在向历史

---

① 手稿 65 页到此结束。在 65 页和 66 页之间后来插进来单独一页,标题是"插入到 65 页之后(概括我 1927 年对此所做的论述)",内容如下:"所有历史都以这种方法分为古代史和近代史。这不是一个可以用年代来表现的区分,想要指定某个日期是古代史结束现代史开始的日期,这种想法是荒谬的。这个区分是内在于历史学家的观点中的。无论他的编年范围有多么宽或多么窄,无论他的回顾的时期跨越了了 10 年、100 年还是 10 万年,他必然在这种回顾中区分一种过去(近代史)和过去的过去(古代史)。过去将始终是他自己的对立物,过去的过去也是他自己的对立物的对立物,并因此实际上类似于他自己,或者某种程度上感觉与他自己相同。一种文化如果感觉维多利亚时代是它自己的最近的过去,并因此排斥这个时代,那它就会觉得前维多利亚时代(或许是 18 世纪)与自己相似,因此它的文化史仅仅追溯到那么远;如果它再深入追溯下去,古代和近代之间的区分就会落在不同的地方。对古代的留恋在这里有它的逻辑基础,而且是不可避免的,例如黄金时代、起源的英雄气质具有的意义(感觉像英雄的是因为它们给人的感觉是最初的,也就是说是古代的)、折回异教等等,都是建立在历史是一个循环,不是一系列循环,而是一个循环这一事实之上的。因此,无论我们对过去知道多少,过去在我们看来都必然是一个巨大的循环,它有着单一的节奏古代—近代—现在。但是,在这个循环中,在这个基本的循环中,我们能够在它的圆周的任何一点上,发现无数个周转圆,因为我们取的任何一个点都变成一个观念的现在,并因此获得它自己的一种观念的历史,即近代史和古代史。但是,当我们把自己的显微镜移到历史领域中,便看到这些周转圆在移动和变化:它们都是 ἀγωνίσματα ἐστὸ παραχρῆμα[即兴的慷慨陈辞]——一切已知历史的最大循环是 κτῆμα ἐςχει[传之永久的财富]。"

学家们表明,他们应该强行把它引入到自己的作品中,或者不费吹灰之力草草抛出它,就如一名低水平钢琴家匆匆忙忙弹出赋格曲的主旋律一样。此外,这个程式不会帮助任何人确定任何历史事实。历史事实不能像一道按比例运算的加法题中的第四项那样,可以通过公式推出;这正是历史学与数学之间的差别。如果你手上没有证据,也没有解释证据的技巧,那你在历史思想中一步也别想前进;如果对于历史你什么都知道,你就不会去尝试。如果你抗议像这样的程式包含了一种 *a priori*[先验地]而非通过合理的历史方法来建构历史的努力,那么,这毫无用处。你不妨辩解说,任何有关逻辑原则的陈述都包含了 *a priori*[先验地]而不是通过观察和实验来建构科学的努力。如果有人觉得这种程式是对其敏感的历史意识的一种侵犯,那么,他不过是在承认自己无力领会它的意义。

72. 众所周知,黑格尔发现一切历史中都有的这种结构,而且,人们很不满意他对此所做的阐释,因而拒绝接受它。我认为,人们拒绝它的原因是与实证主义的历史观密不可分的。实证主义把历史看作是一种以天然的块状或糊状存在的事实,看作是一种真实因而无结构的过去。历史学家可以研究这一过去的各种成分,但是,没有对主观性做出危险的让步,它们就不能编排进任何模式之中。在我看来,这种有关真实的过去的理论是人们反对黑格尔主要观点的基础。因此,人们指出,虽然黑格尔的历史知识和我们比起来很少,但是,他成功地根据自己的程式把过去排列得整整齐齐;并且,由于他的事实那么不完整,他的模式本应该显示出缺陷,可它并没有。然而,这样来争论就等于忘记了黑格尔不是在谈论我们所知道的过去,而是在谈论他所知道的过去;并且,因为过去完全是观念的,黑格尔完全有权利把他对过去的了解看作是穷尽了要了解的一切。另外,人们指出,黑格尔故意把远东的历史以及实际上是欧洲和近东以外的历史都排除在他的模式之外;人们认为,这一点表明,为了使他的模式行得通,他不得不将它限制在整个历史中的很小一部分里。但是,这样做也会忘记黑格尔这个模式是一个望远镜的模式,只要你选用了它,就可以指向任何一个方向。黑格尔用了讲演的一个单元专门论述这个主题,他所截取的那点历史是他当时认为自己能够利用而好好消化的那点历史。我不否认黑格尔确实弹出了他的赋格曲的主旋律；而我希望他多花些时间解释他正在做的是什么，而少花点时间去做它；可是这样的愿望不过是在希望他为我们这一代人而不是为他自己那一代人写作。

73. 认为过去呈现出一种确定的模式，这不仅暗示了它有一种必然的结构，而且还暗示了该结构终结于现在或者是以现在为中心；这意味着，过去被看成是为了给现在做先导而存在的，它是现在这一终极目的的手段。的确如此，当我们思考过去的时候，我们确实都倾向于这样思考它；甚至在我们责备自己在思考过去时表现的那种荒唐的自大时，我们都认为整个过去是由某种神意安排好，目的是为我们创造一个我们生活于其中的世界。如果过去是真实的，这显然是一种错觉，因为它不是为我们而存在，而是为它自己而存在。但是，如果过去是观念的，那么，我们认为它被赋予了某种神意目的就是对的：因为这种神意目的正是我们自己的目的；是我们为了自己可以理解现在而创造了过去，因此，现在是一切过去历史的目的，这是真实的，虽然这种真实并不是我们天真地相信这个意义上的那种真实。同样，如果我们能够说出来未来会是什么样子的话，它必然会被看成是现在的目的；不过我们不能这样做，因为我们不可能知道它会是什么样子。

74. 由过去是观念性的观念回答的另一个问题，就是世界历史意义上的普遍史是否可能的问题。关于这个问题，那种认为过去是真实的理论使我们处在一种尴尬的两难之境。历史学家的工作就是确定过去的事实；只有他确定了所有过去的事实，他的工作才算完成。但是，过去的事实在数量上和复杂性上都是无限的；无论历史学家发现的过去事实有多少，留待发现的无限数量的过去事实都没有减少。并且，每一位历史学家都必定会认识到，在我们弄明白过去的事实与它的情境之间的关系之前，我们不可能真正确定任何历史事实，当历史学家明白这一点时，上述情形就变得更糟糕了。所谓的外部关系理论规定，A 和 B 之间存在的关系是与 A 和 B 两者的本质是没有关系的。该理论是对数学中种种关系的真实描述，但是，对于在历史中发现的各种关系来说，它是一种完全错误的描述。如果不是处在与其他事实的关系中，你绝对不可能就任何历史事件谈出一点点东西,即便对于历史事件的日期也是如此,而这个日期是你能够谈论该事件的最为抽象的东西;并且,构成一切历史的除了叙述之外没有任何别的东西。叙述则并不是列举不同的事件,而是对事件之间种种关系或关联的陈述。因此,一个未经研究的情境的出现,会使得已经研究过的那部分历史也沾染上不确定性和误解;每一个走出了教室的历史学学生都熟悉这个真理。现在,如果所有过去的事实都是真实的,并且存在于一个固定的单元中供我们去研究,那么,我们能够确定的事实的数目远远少于那些我们无法获得任何证据的事件;因此,无论我们将自己的历史知识扩展多少,它仍然不仅是极不完备的,而且,即便在它狭窄的范围内,也是极不确定的。这就有了这样的两难:要么历史学家必须知道整个的过去,要么他必须仅仅知道它的一部分。至于前者,他永远做不到,因为要知道整个的过去意味着列举无穷无尽的事实,后者他也永远做不到,因为他对整体的无知损害了他对于部分的知识。如果他立志要写世界史,其结果将只是一种荒唐的碰巧选出的种种事实的集合,随着历史变得越来越遥远,它也变得越来越不足,直到最后完全失败,靠那些关于人类、生命、地球起源的含糊揣测来支撑;它不再是一部世界史,就像《英诗金库》(Golden Treasury)不是英国文学一样。但是,如果他立志要写一部关于英国农民起义的专论,他的状况也并没有好转,因为关于英国农民起义不仅有数不尽的事实,我们现在完全不可能发现,而且即使我们能够发现这些事实,脱离了世界史的情境,农民起义依然难以理解。

那么,我们应该致力于做什么呢,是拓宽我们的历史知识,还是深化它?如果过去是真实的,那么,这两者都是徒劳。但是,如果过去是观念的,那么,两者都是可能的,并且是同时可能的。

75. 一切历史都是理解现在的努力,其方式是重构现在的种种决定性条件。显然,这是一项永无止境的任务,这并非因为它的那些条件是有效原因的倒推,即无论我们对这些有效原因追溯得有多远,在更远的尽头,它们依然是未经过核实的;而是因为现在是一种具体的实在,因此它无法通过分析而穷尽。当我们尽我们所能对它进行分析之后,剩余的东西并不是我们不能掌握的;它就在此时此地,作为现存的事实直接呈现在我们面前;它们未经分析、未获理解,却不是未被感知。因此,当我们把历史的进程追溯到我们的测深锤能够测到的最遥远的过去,并发现自己被迫把那称为历史的开端时;当有人问这样的问题:"这个开端是如何发生的,你有什么权利像你必须做的那样假定在你的历史的最开始,世界将持续运行下去?"答案是:"我所假定的我的历史的前提,恰恰是以我目前所见我无法记述其历史起源的那部分世界"。因此,说自然没有历史,其意思就是,自然是我们对那些迄今一直无法追溯其起源的事物的称呼,这样,一个迄今没有得到解决的问题是任何解决它的努力的前提,在这个意义上,自然是历史的前提。现在的世界,正如我们在感知中理解的那样,它是历史的开端;历史试图通过追溯这个现在世界的起源来解释这个世界;那个我们无法追溯其起源的部分仍然未被解释,到研究结束时它还留在我们的手中,因此它被安置在我们的叙述的第一部分。一切历史都是一种尽可能完整地叙述现在世界的努力,从这个意义上说,一切历史因而都是普遍史;但是,因为现在的世界在内容上是无穷无尽的,这种记述永远不可能是完整的,而一切历史都不得不从某个地方开始,都不得不把某些东西当成是想当然的,都不得不专门研究某个特殊的问题而不顾其他问题。事实上,每一部历史都是一部历史专论,是对一个有限的历史问题的讨论,甚至对于所谓的世界史来说,情况也是如此。这些世界史总是从某个特定角度来写,涉及某个特定的主题或者一组主题而不顾其他主题;但是,因为世界史作者倾向于自欺欺人地认为有这样一种作为整体的历史,并且他的确正在叙述历史的整体,这样,他的主题和意图在他自己的思想中有可能解释得不充分或者有错误,结果可能得出支离破碎的一系列浅薄的专论。对于一个耐心地研究了这部世界历史呈现的种种问题的人来说,每一篇专论都是一个嘲笑的对象。但是,如果专论的作者写作历史是因为受到世界现在将自身呈现给他的那种方式所驱使,那么从这个意义上说,一部真正的、符合要求的历史专论实际上是一部普遍史或者世界历史。在那些展现在他眼前并争相吸引其注意力的大量事物中,有一样脱颖而出,显得特别需要,以至于就只有他,多半也没有别人,会努力去理解它。这部分是因为该事物对于世界来说是具有普遍重要性,因而它应该被理解;部分是因为他特别的气质和训练使得他成为研究它的合适人选。如果单单是第一种动机起作用,他的作品将由于它的大众性而有价值,但在技巧上有所不足;如果第二种动机起作用,它本身将是一部很好的作品,但缺少主要的学术兴趣。但是,无论在哪种情形中,他都在解决从一个点上理解现在世界的问题,这个点对于他来说就是可理解性的中心所在。因此,他的作品将是一种真正的世界史,因为它是世界某个部分的历史,对他来说,他此时此地能够撰写这个部分的历史。因此,有关世界历史的观念与讨论某种特殊的历史问题的观念之间不存在真正的冲突。因为过去是观念的,我们尽最大可能研究的历史就是所存在的一切的历史。这并不是说当我们写完我们的专论的时候,我们已经用尽了所有存在的历史;因为,除非我们是很糟糕的历史学家,否则,专论本身将为我们创造一大堆新的历史问题。

76. 我一直在谈论历史书籍和专论,好像这些是历史思想的主要产物;这可能让人想到,历史主要是被称为历史学家的专业人士们所关注的。那是我想要提出的最后一个建议。历史只是一种理解现在的尝试,其做法是把现在分解成它的逻辑上的必然性成分或者过去,以及逻辑上的可能性成分或者未来;这是每个人都一直在做的尝试。一个人若不能历史地建构他身处其中的情境的前提,他就连完成一份疏通管道或骑摩托车的事也做不到;同样,一名泥水匠在练习手艺的时候进行的历史思考,与一位叫吉本的人或者叫克罗齐的人进行的历史思考在原则上没有什么区别,两者只是在程度上有所区别。问题是相同的,所涉及的思考的范畴是相同的,并且解决方式也是相同的。历史是心灵活动的一种必然的、先验的模式,是一切心灵的共同财产。

77. 最后,你们可能希望我讲讲历史学和哲学之间的关系。在一种非常真切的意义上,它们是而且必定是相同的。因为它们的问题是相同的。任何可以想到的思想类型有而且只能有一个问题——理解现实的问题,即发现世界是什么的问题。我们只有一个世界,也就是那个实际存在的世界。这个世界存在于每一个心灵的直接感观之中;在那种直观中,它自身呈现为尚未获得理解的事物、问题、永恒的斯芬克斯,即在它可见的有形存在中,面对着心灵上永远的俄狄浦斯,吩咐它解开

423 谜团,不然就消亡。这个谜不仅仅是向有文化受过教育的人提出的;它至少以相同的紧迫性呈现在孩子、野蛮人和疯子面前。它的解决方案也不是毫无偏见的心智愉悦的问题;它是一个完全实践的问题,而失败就意味着苦痛、疾病、不幸和死亡。因为,如果我们能够完全理解世界,我们就该是神了,享受着不朽的幸福,这一点当然是千真万确的。作为人,我们通过各种权宜的方式在这种程度上理解世界,以至于我们能够暂时驯服斯芬克司,让它为我们打杂,直呼其名并强迫它服从我们。但是,迟早有一天,我们对它的理解会瓦解,它会摆脱我们的掌控并再次起来反抗我们,用它直接可感觉的外在性即死亡来威胁我们。这就是每个人都生活在其统治之下的规则。

如今,我们依靠自己在生存的斗争中设计出来的、自己发明的各式各样的方法,继续着理解世界的努力。在这些方法中,我们能够分辨出一些非常普遍的、必然的方法,以至于我们几乎忍不住把它们归为永远有效的根据。就我来说,我发现的像这样普遍的东西正是我们称为艺术、宗教和思想的东西。通过艺术,我理解了在我们自身之内创造的想象世界,它之所以能被我们理解只是因为我们创造了它,并在创造它的行为中发现它在我们眼前是透明的。这个想象的世界是美的世界,它的作用就是锻炼我们的智力,就像在我们强加给自己的体育锻炼中一样,其目的是要抓住在它之外的真实世界。这一点它确实做到了;但它仅仅是把我们带到了真实问题的门槛边。通过宗教,我理解了那样一种认识,即,我们在艺术中想象过的一切都是实在的一个象征或者影子,因此,现实世界实际上与艺术的世界是类似的,它是一个本质上具有一种创新精神的世界,居住在其中的生命只存在于那种精神的意识中,并且只为那种精神的意识存在。在此,我们也已经取得了进步,并朝着解决我们的问题的方向前进了;但是我们还没有成功,因为我们对这种创造精神的了解,只是一种模糊黯淡、拐弯抹角的设想,被表达它的那些模糊的想象符号所歪曲。通过思想,我理解通往真实现实的直接方法,它把想象的、符号的东西搁置在一边,抓住了实质而非幻影。但是,我再次在这里发现了永恒的、必然的区分。第一种是最简单的,但也是最不充分的思想形式,即我们在思想中确实抓住了实在的真正

历史哲学讲稿 [1926]

特性,但我们试图通过逐一把握这些特性并将其从其余的特性提取出来,从而理解它们,并希望每一种特性因为它是真实世界的一个恰当实例而可能揭示这个世界的秘密。在某种意义上,它确实做到了,不过,这个秘密现在分解成了小的变化,取而代之的是,我们获得了数不尽的众多秘密,它们都是真实的,有价值的,但却都没有触及那个核心的秘密,即将它们连在一起的那种联结。我把这种思想的方式称为科学。第二种方法是把实在分解为各种要素,但又认识到这些要素是观念的,并且不认为它们自身包含了世界的秘密;它还认识到,这些要素表现了在从事物的实际存在中进行抽象时事物的理由。这就是历史学。历史学认为,抽象的事物只是观念的而不是真实的,但科学并不这样认为,因为科学认为,它的实体及其属性是真实可知的,而历史学认为它的过去事件是过去的、观念的,而现在,即实际不是被分解为真实的部分,而是被分解为观念的部分。但是,历史学试图通过把真实的分解成想象的来理解真实的,而具体的事物是不可能因为被分解为抽象的事物而被耗尽的;因此,无论历史学走多远,它总是留下直观性的残余,留下未经分析、未被理解的现实性的残余。哲学是一种思想的形式,它把克服一切抽象,无论是科学中真正的抽象还是历史学中观念的抽象,都看作自己的工作;它把抽象仅仅看作是具体中的事物的替代物。因而,它是仅有的思想形式,甚至想要完整地理解真正的现实,而不是把自己限制在理解别的什么事物上,即那种它自己创造出来的并取代了现实而成为研究对象的事物上。因此,哲学朝着解答知识之谜的方向比历史学更进了一步。但是,就所有其他的思想形式来说,历史学是离哲学最近的,也是最能分享其精神。人们在研究哲学的时候发现的大多数困难,都是因为这样的一个事实,即他们已经习惯了以科学而不是以任何其他的思想形式来训练他们自己;如果他们在接受了严格的历史学训练后再去学哲学,这些困难几乎可以完全克服。但是,没有了我列举出来的所有的意识形式的不断滋养,哲学根本什么都不是。它有它自己的问题和自己的方法,并且要求一种非常严格尽责的训练——实际上,相比于任何其他形式的脑力劳动来说尤其如此;但是,如果没有来自直接的经验世界的材料供应,哲学将衰减为一袋纯粹的诡计。而这些材料最初是由未经加工的感情提供的,它在经过艺术、宗教、科学和历史作品逐渐变形后,到达哲学面前。因此,历史学是一切哲学问题最近的、直接的来源。如果你损毁了历史学,那么,你就损毁了哲学赖以为生的营养;如果你培养、发展一种健全的历史意识,那么,你就掌握了除了哲学自身方法之外哲学所需要的一切。一切哲学都是历史哲学。

历史哲学纲要[1928][①]

前　言

　　本文论述的是在作者看来史学理论中最为重要的问题。它们分列在四个标题之下,出于对康德几部批判的敬意,这四个标题分别被称为质、量、关系和模态。在质这个标题下,提出的问题是历史是否是真实的,如果是的话,是在什么意义上;这个问题的答案就是下文中所称的历史的观念性这一概念。首先讨论这一点是因为它是根基:所提出的其他一切问题都是参照它或者由它推导而获得解决。在量这个标题下,所提出的问题是有关普遍性与特殊性相对立的问题,即把历史完全看成一部单一的普遍的世界历史,还是把它看成众多的特殊历史的问题。从历史的观念性这个角度来看,这个问题的答案是,区分消失了,我们只剩下了历史思想这个概念来作为解决某个历史问题的尝试,而这个历史问题是特殊的,因为它始终是一个新的、不同的问题,但它又是普遍的,因为作为历史学家心灵中唯一的问题,它是此时此刻对于历史学家来说唯一的历史问题。在关系这个标题下,所提出的问题是历史事实的内在结构问题。有了在量的标题下得出的专论这一概念具有的普遍性和特殊性的帮助,我们现在发现,这样的一部专论的第一个条件是主题的统一;第二个条件是事件的有序排列;第三个条件是事件阐释主题的完整性,以便形成一个各部分相互解释的完整的整体。从这个角度来看,要解释进步的准确含义是可能的。在模态这个标题下,我们将论及历史的确定性或逻辑地位的问题。有了对历史观念性讨论的

[①]　手稿原文见牛津大学 Bodleian Library, Collingwood Papers, dep.12。页上写着"1928年4月"。

427 帮助,我们能够最终回答那种否定历史之科学价值的怀疑论。我们能够表明,借助于考古学的经验主义方法论和哲学的纯粹方法论,历史学家如何能够以其准确性和确定性,解决那些根据他所掌握的证据而自身呈现在他心灵中的特定的历史问题,而不是让他真正去"了解"他既不可能了解也不想去了解的那个真实发生过的过去。

按照现在的情况,这整篇文章只是一个框架或者草稿,它的长篇大论配上插图、评论以及插入可选择的陈述,写起来或许会更容易。以它现在的形式,它肯定会误导读者,因为它的论证看起来是建立在一个单一的论点上,即历史的观念性上,并由此加以演绎展开。因此,想要推翻这个论证的读者自然会把注意力集中在历史的观念性上,试图驳倒这个命题;他会认为,该命题如果垮了,整个论证将随之倒塌。但是,他错了。论证过程中的各种立论,实际上都是立足于历史研究过程中所作的观察,而这些研究都以特别的眼光关注着方法上的种种问题。它们中没有哪一个是从历史的观念性这个概念中推断出来的。相反,根据这个概念来思考它们的想法仅仅是很晚才闪现在作者的脑海中,在此之前,多数立论作为历史研究中的经验性成果对他来说已经很熟悉了。因此,当它们像在这儿那样以一个单一论证链的形式展现出来,我们要求读者记住,这根链条上每一个环节的位置得以确保都不仅仅是依赖于它与第一个环节的关系,而且也依赖于各个环节在历史研究经验中的交互关系。在第二节中,历史的观念性原则不是反对纯粹的普遍史和纯粹的特殊史这些概念的理由;那都是一些反对之声,其力量对于任何细心思考它们的人来说都是显而易见的,所有富于思想的历史学家们都早已熟悉;在这种情况下,历史的观念性原则所能做的就是提供一种观点,由此回应这些异议,并维护历史学家们的常规程序。

428 在采纳康德的四个标题的过程中,作者似乎认可了过去以体系的方式卖弄学问的做法,这无疑令他招致了敌意。如今,人们认为,任何体系都不如没有体系;尝试把一系列问题按它们的自然顺序排列,而不是仅仅按照它们在作者心灵中出现的顺序记下来,这样做不仅仅是卖弄学问的标志,而且是头脑空洞的标志。但是,时下的风尚或许就其反对体系而言做得有些过头。确实,任何体系都只是思想的临时休憩之

历史哲学纲要 [1928]

处,是会很快再次消失的某些事物暂时的结晶;的确,任何体系都不可能彻底满足任意两个人,正如同它无法在不同时刻完全满足同一个人一样。但是,如果任何人以此为论据来反对系统性思维,我们应该提醒他一个仆人的故事,这个仆人拒绝擦主人的靴子,因为第二天靴子又会变脏。系统地思考意味着以一种清晰、条理的方式思考,意味着把一个人在思考的经营中算算账,以便表明他所处的状况,以及他的买卖做得怎么样。财务报告并非要想一劳永逸地描述此人的营业状况;更不是要取代商店中的日常经营;但是,此人如果因为这些事实不算算账,那仅仅表明他不懂经营,并顺便为他的邻居们提供了绝好的理由不给予他信任。同样,一个哲学家如果考虑到他自己思想的迅速进展,不试着以一种体系的形式表达他现在的所思所想,那么,他的邻居们就有理由相信,在他心灵中发生的一切并不是一种进展(进展必定是从某个确定的地方往另一地方的进展),而是一种混乱。因此,哪里有陈述,哪里就必须有某种体系。对于当前的目标,旧有的质、量、关系和模态四分法证明了,它对于需要表达的那些材料是一种方便的形式。

有一个读者可能希望开篇就正式讨论的问题一直被晾在了一旁,即主观性历史(history *a parte subjecti*)、历史思想(historical thought)、客观性历史(history *a parte objecti*)以及历史事实(historical fact)之间的关系问题。历史的观念性学说含蓄地讨论并解决了这个问题;因为该学说规定,历史学家所了解的历史事实,本质上是与了解它的那个思想有关。但是,在这篇前言中思考该问题的某个方面或许更合适,即,思考历史哲学是历史思维的理论还是历史事实的理论这个问题;换句话说,它在目的上是方法论的还是形而上学的。

历史哲学一词在 18 世纪是指一种形而上学哲学,它旨在建构一种关于历史事实的性质和结构的理论,并表明这种被看作是特殊实在的历史事实有着不同一般的特点,它本身包含了特殊种类的顺序、循环或者进步等等。黑格尔是对这种传统概念最伟大也是迄今最深刻的阐释者,在他的阐释中,历史哲学的形而上学方面甚至仍旧是至高无上的,而在他的继承者们例如孔德、马克思和斯宾塞那里,这种形而上学的历史哲学观点占据了统治优势。

直到世纪之交,这种观点才被颠覆。在那之前,历史思想的哲学理论这一概念作为逻辑或知识理论的一个特殊分支,已经取得了相当大的进步;但是,直到克罗齐关于这个主题的作品问世,形而上学的历史哲学才系统地被方法论上的历史哲学所取代。这是自黑格尔以来,历史哲学向前真正决定性地迈出了的第一步。

　　但是,当方法论视角的历史哲学与历史的观念性学说结合起来的时候,所有反对形而上学历史哲学的理由都消失了。因为人们现在看到,历史思想的必然形式和条件决定了其对象的必然形式和条件。因此,人们所说的任何有关主观性历史的话,都可以 *mutatis mutandis*[在做了必要的修正后],用在对客观性历史的描述上。

　　这就是本篇文章所采纳的观点。对于经验主义或实证主义哲学而言,将历史思想和历史事实分隔开来的鸿沟消失了。历史思想及其对象现在被看作是不可分割的,后者只是作为一种观念的东西存在于前者之中;因而,有关历史思想之必然形式的方法论上的理论,也是一种有关历史事实之必然形式的形而上学理论。①

开场白②

　　1. 在这些演讲的标题中,历史哲学一词的用意与艺术哲学、宗教哲学这些词的意义类似。在这些情形中,这种表达意味着艺术或宗教是人类活动的一种特定形式,一种知识或行为或知识行为两者的特定形式,由于某种原因,它值得或者要求哲学家进行特定的研究。

　　那是什么原因呢? 回答是,艺术或宗教是人类活动的一种普遍的、必然的形式,它不是一种在某些情形下不可或缺的偶然的或者随意的形式,而是一种在人类经验的范围中始终出现并且必定会出现的形式。如果一个人认为(比如)艺术在这种意义上是普遍和必然的;如果一个

---

① 前言的结尾是:"1928年4月。德龙省,迪镇,马赫杜侬"。马赫杜侬(Le Martouret)是一座乡村房子的名字,它邻近法国东南部德龙(Drôme)省的迪(Die)镇。柯林武德在《自传》第107页提到了它。

② 手稿上加了"1928年5月1日"。

人认为每一个人在他有意识的生命中每一刻都是一名艺术家,而且艺术行为是我们经验的基本要素之一,那么,他就会认为存在或者应该存在一种艺术哲学,即,一种哲学科学,它把人类经验作为一个从这种美学方面来考虑的整体来进行研究。

另一方面,如果一个人认为艺术并不是在这种意义上普遍的、必需的,例如,如果一个人认为有些人是艺术家而另一些人不是,并且那些是艺术家的人在某些时候是而在另一些时候不是,那么,他就认为不存在而且不可能存在艺术哲学,存在的只是一种经验主义的或心理学的艺术科学,作为一种独特的、偶然的经验类型。

现在,有一种意义,其中,艺术的确是一切经验中普遍的、必需的要素,在这种意义上,我们都是而且一直是艺术家。这就是艺术一词最深远、最真实的意义。在这种意义上,艺术科学是一种哲学科学。但是,还有一种相对肤浅的、不重要的意义,按这种意义,有些人是艺术家而另一些不是;并且,一种经验主义的或者心理学的艺术科学有机会与艺术哲学并肩存在。同样,宗教一词也有那么一种意义,其中,宗教与人类经验的范围同样广阔,它就人类经验形成了一种普遍的、必然的要素;在那种意义上,每个人都有一种宗教。据此,宗教科学是一种哲学科学。但是,也有这样一种意义,我们在其中谈及某人摒弃所有的宗教,没有宗教信仰,没有宗教感情等等,这是宗教一词的经验主义意义;在这种意义上,宗教的科学是一种经验主义的科学,是对宗教经验的种类和特质进行的一种心理学研究。

那么,宗教或者艺术的哲学意味着宗教或者艺术的理论,而宗教和艺术被看成是人类经验的普遍的、必然的形式、方面或者要素。同样,在这些演讲中,历史哲学意味着历史理论,而历史被看作是人类经验的一种必然形式,它不是一种专属于某些所谓的历史学家的事物,而是一种对任何时候一切有思想的人都很普通的事物。

2. 我们有必要一开始就把这一点弄清楚,因为很久以来人们一直使用的是这个词的另外一个意义。历史哲学一词在18世纪首先由伏尔泰开始使用;伏尔泰之后,18世纪晚期和19世纪早期许多作家又接着使用它,在所有这些作家的笔下,这个词的含义完全不同于我给它下的定义。

伏尔泰急于给历史研究指出一条新的方向。在他之前的时代,人们把注意力部分集中在不加辨别地、幼稚地重复远古那些不可能发生的故事上,部分集中在叙述军事事件以及国王和王后的传记上。伏尔泰想要舍弃大部分古代史,理由是它包含了任何启蒙了的、有批判心灵的人都无法相信的无稽之谈;于是,他要历史学家把注意力集中在工艺史、礼仪和风俗以及我们将来所谓的社会和经济问题上。对于这种改良了的历史,他称之为历史哲学,而哲学只是指系统的、批判的思考。通过在这个意义上使用这个词,伏尔泰的意思是,这样处理过了的历史将在这个词的广义上成为一门科学,它是一门值得受过精确性和系统性思维训练的人们注意和信任的学科。

人们遵循着伏尔泰的引导。古代史并没有真正被舍弃,但是,一连串的作家们对它进行了彻底的修正,他们带给它一种新的批判标准和一种关于证据的科学研究的新主张;近代历史同时决定性地转向了社会和经济问题。这样,历史确实经历了伏尔泰所要求的变化,并且,所有的近代历史研究都是他所谓的历史哲学。但是,这样称呼它涉及保留哲学这个术语的一个废弃已久的含义,此外,还涉及夸张地强调批判性历史的方法和自然科学或者牛顿所指的哲学的方法之间的相似性。

后来的作者在采用伏尔泰的这个词时,赋予了它一点新含义。康德没有用过这个词,但是他写了一篇出色的文章,名为"世界公民观念之下的普遍历史观念"。在那篇文章中,他断言,作为整体的人类史可以看作公民概念的一个渐进的发展和实现,即,看作政治制度和组织的一种循序渐进的发展。我们这里有伏尔泰的历史观念,他把历史看作是社会生活的历史,应用于人类历史的整个范围。康德的继承者们,尤其是施莱格尔,把历史哲学这一名称用在这种观点上。这样,在后康德时期的德国,历史哲学一词成了普遍史的常用名称,而普遍史被看作是人类进步的历史。至于这种普遍史的读物,最著名的尝试就是黑格尔的历史哲学演讲。

康德本人谨慎地拒绝做这样的尝试,不过他指出,任何这样的尝试都需要两个条件,即哲学头脑和非常丰富的历史学识。显然,书写一部世界史的任务需要后一种条件;把这部历史假想成一种进步的任务就需要一个哲学头脑,因为除非一个人愿意非常清楚地想明白进步的意思,以及在历史发展的各阶段中实现了的各种价值之间有什么关系,否则就没有人能够完成这个任务。德国伟大的历史哲学家们,尤其是黑格尔本人,很大程度上拥有这两个条件;而且,尽管他们的著作如今很少受青睐,他们确实为历史研究的发展做出了巨大的贡献。他们现在之所以不受青睐,部分是因为历史知识在过去的一百年里取得了巨大的发展,他们用的事实已经过时了;还有部分原因是因为我们意识到,历史太过复杂,不可能用一个单一的持续进步的链条这种形式来表达。但是,这样表达它的尝试是出于一种合理的、完全历史的动机,即,把历史看作一个连续的整体,其中的每一事物都是有意义的,每一事物都是值得研究的;这就是为什么这些历史哲学家们对历史思想的影响总的说来是非常有益的。

3. 这就使得这个词保持空白,不被任何观念占据;同时,一个新观点出现了,即,一种历史思想的哲学科学的观点。因而,这里运用的就是这个词的这一含义。

这个意义上的历史哲学将具有两个方面,它们紧密交织,所以我们不必尝试令它们分离。历史既是指一种特殊的知识,又是指一种特殊的对象,即那种知识的特定对象。主观性历史(history *a parte subjecti*)指的是历史学家的心灵中进行并见诸于其笔端的思考;客观性历史(history *a objecti*)指的是历史学家所思考的那些事实或者事件,以及凡是他发现并解释的事实或事件的性质。现在,过去的伏尔泰和黑格尔意义上的历史哲学仅仅涉及客观性历史。它没有研究历史学家心灵过程或活动,而心灵的对象是历史事实或者历史事件的序列。但是,在我们的意义上的历史哲学涉及的是主观性历史。它的主要职责是研究历史学家心灵中进行的思考;它主要是历史方法的一种逻辑。

另一方面,如果历史方法适合它特定的对象,就像如果它真是历史方法,它就必须如此那样,那么,我们由此可以断定,在研究历史方法的必然的、普遍的特征这个过程中,我们也正在研究它的特定对象即历史事实的必然的和普遍的特征。如果一个法则确实是逻辑法则,也就是说,是一个具有有效性的思想法则,而不仅仅是一个心理法则,那它必定也是一个形而上学的法则,从这个意义上来说,逻辑和形而上学便是相同的;而一个具有有效性的思想法则,必须是一个与那一思想所了解的实在相关联的法则。因而,我们的职责可以界定为发现历史学家一直并且必然是如何思考的;但是,我们必须把这一点理解为完全等同于另一个职责,即发现历史事实一直并且必然是如何构建的。

因为这个原因,如果把历史哲学简单地称为历史方法的科学、历史的方法论,那就会是一种误解。它既是历史思想的方法论,又是历史实在的形而上学,只有主观方面和客观方面合在一起,它才是一门令人满意的科学。

4. 主观性历史是有关过去的知识;客观性历史是过去本身。我认为,这种双重陈述并不会引起争议,人们一般将把它作为真实的来接受,但同时也必须对它做些备注。

(1)历史和记忆虽然类似,但并不是一回事。历史学家可能会记住他叙述的事件,但是他并不必如此。只要他仅仅因为记得它们才叙述,他就很难说是一个真正的历史学家。要配得上那个称号,他就应该通过接触其他的信息来源来检查他的记忆;他应该忽略他记得的一些事情,把它们看作与自己的主题无关的事情,并且加进一些他不记得的事情。历史和记忆的对象都是过去,在这一点上它们相似;但是,历史的对象是根据证据按照推理的方法"重建"出来的过去,而记忆的对象是某一行为直接"感觉"到的过去,推理在其中不起任何作用。

(2)只要记忆是直接的而且没有明确的依据,它是否配得上知识这一称号就值得怀疑了。记忆的不可靠有赖于这样一个事实,即在记忆的过程中,我们面前没有任何有关我们正试图记住的一切的证据,因此,没有什么途径可以核对我们的记忆。历史学家如果犯了错误,他可以问自己,他面前的证据是否证明了他的观点,进而认识到证据没有做到这一点,从而改正错误;但是,在记忆中,我们不可能做到这一点。因此,历史比记忆更像真正的知识,因为它具有一种自我批判的因素,而这是记忆所缺乏的。

(3)因为这个原因,我们几乎应该怀疑真与假之间的区分对记忆的适用程度是否并不比它对感觉的适用程度更高。记忆难免有错,但或许可以适当地说,它并不是假的;它可能把我们引向错误,但是它本身不可能是错误的。相反,历史正如它现在这样,包含了有关过去的种种理由充分的判断,但它却或真或假。①

---

① 在该页最后,柯林武德写道:"从这里开始是在马赫杜佽写的文章。"

目 录①

一 质 　　　　　　　　　　　　　　　　　　　　　[439]
　　历史在什么意义上是真实的？　　　　　　　　　[439]
　　历史的观念性　　　　　　　　　　　　　　　　[439]
　　在现在中重演的过去　　　　　　　　　　　　　[440]
　　这是如何可能的？　　　　　　　　　　　　　　[444]
　　一切历史都是思想的历史　　　　　　　　　　　[445]
　　思想如何能够被重演　　　　　　　　　　　　　[447]
　　没有变成现在　　　　　　　　　　　　　　　　[447]
　　拒斥实在论　　　　　　　　　　　　　　　　　[450]
　　拒斥摹本论

二 量　　　　　　　　　　　　　　　　　　　　　　[450]
　　回忆录　　　　　　　　　　　　　　　　　　　[451]
　　普遍史　　　　　　　　　　　　　　　　　　　[452]
　　专论,困难的理论　　　　　　　　　　　　　　　[452]

---

① 在目录之后,"马赫杜俅手稿中论及的主题"这一标题的下面,加了一列"将来要研究的主题",内容如下：
　　1. 作为对过程进行理解的历史(但历史不仅仅是一系列事件),它引向：
　　2. 作为对现在进行理解的历史(但不是整个现在),它引向：
　　3. 历史的偶然性。
　　4. 历史想象(即,对历史推论的本质进行进一步研究)。
　　5. 布莱德雷的理论。
　　6. 历史中的先验成分(即,作为起点的历史学家的观点)(参阅史学史)。
　　7. 偏见、主观性、价值判断(与 6 有关)。
　　8. 历史过程和自然过程。
　这个表中提到了布莱德雷的理论,因此它肯定是后来才加上去的。因为柯林武德 1932 年才读到 1874 年出版的布莱德雷的《批判历史学的前提假设》,哲学家约瑟夫给他寄给一本该书。柯林武德在 1932 年 7 月 15 日写给约瑟夫的信中说："您真是太好了,把这本珍本借给我,我很久以来就想看这本书,但以前却从未见到过"(Bodleian Library, MS Eng. Lett., c453, nr.202)。在《历史的想象》(1935)和《人性与人类历史》(1936)两文中,柯林武德确实涉及了上面提到的一些主题。柯林武德 1935 年又重读了马赫杜俅手稿,这一点从他在那年所做的补充(见边码第 470 页)中可以清楚看到。因此,这个"将来要研究的主题"列表或许是同一个时间记下的。

	如何被逃避？普遍史	[453]
	对此的怀疑	[453]
	配不上	[454]
	历史特殊主义的惩罚	[455]
	专论观念下普遍史的辩护	[457]
	历史真实＝证据迫使我们所相信的	[458]
	专业化的辩护	[459]
	史学史	[461]
	作为阶段的专论	[470]
	历史循环论	[471]
三	关系	[472]
	作为部分之整体的专论	[473]
	整体先于部分	[473]
	历史序列和因果关系	[474]
	驳历史唯物主义	[475]
	作为一种历史经验的专论	[478]
	进步＝这种经验的结构	[478]
	进步，多么普遍	[479]
四	模态	[482]
	历史的确定性	[482]
	没有过去本身的历史	[483]
	历史建立在现在的证据上	[485]
	确定性＝证据的可靠解读	[487]
	权威文献的错误概念	[488]
	成文的和未成文的原始资料	[489]
	技术装备：考古学	[490]
	结论：历史自己的辩护	[494]

一　质

客观的历史(history *a parte objecti*)是历史思想的对象,就作为对象而言,它某种意义上当然是真实的,若非如此,说历史判断是真是假也就没有什么意思了。可是,在什么意义上,历史事实(用该术语来表示历史思想的对象)是真实的呢?

实在论哲学似乎一般将实在等同于存在和实体。存在是一种现实事物的实在,它在时空中占有确定位置,并且有着实现了的特质。实体是实现了的特质的实在,或者(根据某些理论)可能是无论是否实现了的任何特质的实在[这样,桑塔亚那①的准柏拉图式本质便会是真实的]。

但是,历史事实的实在并不受这些框框的影响。历史事实与其说是一种本质(essence),不如说是一种事物(thing)。它具有种种特质(character),但并非特质。因此,它并非实存(subsist),而应当存在(exist)。但历史事实并不存在。一项历史事实是一个事件。一个事件的现实性被称为发生之事,它在事件中与存在相似或类似。真实的事物是存在着的事物,即一个真实的事件是正在发生的事件。但是,当历史思想把历史事件当作其对象那一刻,没有什么历史事件仍然是正在发生的。当然,某位作家或许在战争进展之中编撰一部战争史,可是,在这种情况下,他经年叙述的一场场战斗或战役在他描述之时,其历史总是过去的事件;并且,不到战争作为一个整体成为过去的事件时,就不能说他撰写了一部整个战争的历史,他只是撰写了战争早期阶段的历史,即那些相对于现在是过去的事件的历史。

这样,历史思想的对象便是过去,即过去的事件。在过去事件的无限整体中,有多少是历史思想的合法的或必要的对象?在什么意义上可以说"过去事件的无限整体"?这些属于本研究进一步要关注的问题,将在"量"(即本文第二节——译者注)的名目下来讨论。

---

① 桑塔亚那(George Santayana, 1863—1952),西班牙裔美国哲学家,批判实在论倡导者。——译者注

现在我们知道，正在发生的事件是现实的，也就是说，已经发生的事件并非正在发生，也就是说不是现实的。作为历史思想对象的所有事件都不是正在发生的事件，因为它们不再发生，这样，它们也就不是现实的。

这样的陈述我称之为历史的观念性(the Ideality of History)。我用观念性一词，是想指出作为不具有真实性的思想对象存在的质：这样，一个观念的事物就是此时不具有现实存在的思想对象、一种观念的质便是在任何存在着的事物中都不会作为现实范例的思想对象、一件观念的事件乃是并非现实中正在发生的思想对象。在所有这些情形中，"现实中"一词意味着与讨论中的思想具有同时性。一个对象若既是观念的，也是现实的，这或许有些奇怪。在这个意义上，仅仅作为观念的对象而呈现给思想的可能是现实的，人们没有认识到，如，一位考古学家可能将某种原始文明的历史文献放在一起，而不知道这种类型的文明仍然存在，并且在他未涉足的地域可以作为事物的现实状态来进行研究。但是，像这样的情况下，历史学家思想的对象并不像这种不顾及时间和空间的青铜时代，而是（例如）西北欧的青铜时代，其始与终的年代约束在可确定的一定时限内。唯有那种非历史的和抽象的，或者说是概括性的思想类型，会忘记在西北欧古青铜时代与现今仍然在世界上其他地区保留的青铜文明之间的差异。于是，历史的对象由于既不是某种事物或某种特质，而是事件，它也就不可能既是观念的，又是现实的。我记忆中 10 年前的马特霍恩峰①是观念的，我现在看到的马特霍恩峰是现实的，但是，曾经的山峰与现在的山峰都是同一座山峰。不过，历史思想的对象不可能是这种双重的实在。我可以撰写一部音乐史，人们或许会说，该音乐在现在与过去之间的关系就像是现在的与过去的马特霍恩峰之间的关系。的确如此。可是，此时的音乐不可能进入我作为音乐史家的范围内。如果我以"现在的趋势"这章内容来结束这部音乐史，那么，我要么撰述最近的过去的历史，它仍然是

---

① 马特霍恩峰(Matterhorn)，意大利和瑞士交界处的一座山峰，属于阿尔卑斯山脉。——译者注

整个的过去而绝不是现在;要么我(作为历史学家)师出无名地大胆预言未来,或者沉浸在有关现在的争执之中。对于作为历史学家的历史学家而言,作为现在的现在是没有什么意思的。音乐的现在并不属于音乐史家,而是属于作曲家和音乐批评家。因此,如果谁认为音乐既是观念的(就像过去的音乐)又是现实的(就像现在的音乐),人们必定回应他,即音乐这个词在此有些模棱两可:一方面,它意指音乐史中过去的事件,那永远是纯粹地过去的,纯粹观念的;另一方面,它意指现在的事件,而永远是纯粹地现实的或现在的。然而,在音乐史中,没有什么事件可以同时隶属这两个范畴。

但这个有关音乐史的例子说明了另一个而且是重要的观点。除非音乐史家独自研究了传统音乐,努力描述其成长与发展,否则他就不配音乐史家之名。他必须听巴赫、莫扎特、帕莱斯特里纳①和拉索②,并且需要对他们的作品有着亲身领悟。这意味着,他必须亲临这些作品的实际演奏中,要么是在现实中,要么是在想象中。而后一种情况,想象这种演奏的能力唯有实际听过类似的演奏才能获得,例如,没有听过贝多芬时期管弦乐的人不可能有机会获得一种在想象中倾听它的能力,从而用乐谱来理解贝多芬的交响乐。因而,我们或许可以大胆地说,撰写过去音乐的历史的 *sine qua non*[先决条件],便是令这种过去的音乐在现在重演。对于其他艺术形式同样如此。例如,我们必须自己阅读旧诗,带着实际存在的时代尘封来观赏绘画,在想象中祛除尘封,令色彩恢复如旧时般鲜艳。同样,撰写战役史时,我们必须重新思考决定其不同战术阶段的思想,我们必须像对方指挥者所看到的那样观察战场,并且从地形中得出他们所得出的结论,等等。③ 尽管过去的事件是观念的,在历史学家重演它时,它必定是现实的。

在这个意义上,也只有这样,历史对象的观念性与现实性是一致的,并且事实上与现实性不可分离。音乐史家当然不可能写出他没有

---

① 帕莱斯特里纳(Palestrina, 1526—1594),意大利作曲家。——译者注
② 拉索(Lasso, 1532—1594),荷兰作曲家——译者注
③ 这句话是后来加到手稿中的。

历史哲学纲要 [1928]

听过的任何音乐作品的历史,因为那是些在他自己的音乐经验中没有实际演奏过的作品。那么,第九交响乐与马特霍恩峰有什么不同吗?难道前者比后者更是观念的吗?①

在此,我们还没在意询问,是否存在什么思想领域,在其中,实在论哲学对于事实是一种貌似合理甚或充分的说明;我们只在乎表示出,在历史学中,它做不到那样。或许马特霍恩峰就像马拉松战役那样都是观念的;但缺少了那些能或者不能得出这种结论的探询,我们②必定答复说,此时,我们正在讨论比这个远为简单的问题。我们正指出一种区分,一旦要求我们注意它时,它就变得明显了。它区分了两种方式,一种是一个正在观看马特霍恩峰的人发现在他眼前的那个现实的对象的方式,另一种是一个正在历史地思考黑斯廷斯战役的人不得不在他的头脑中重构该战役的方式。并且,我们也正指出,这种区分也并没有因为我们正在说过去在现在被重演而消失。就如此重演而言,它仍然只是观念中的。通过思考黑斯廷斯战役,历史学家并没有造成再次战斗的真实战役,他也没有错到相信他在思想中重构的战役仅仅由于他重构了它而实际上正在进行中。这同样可以应用在音乐史家那儿。仅只

---

① 在此句之后,柯林武德加上了一个划着圈的短语"现在与过去之间的区别"(Distinction between present and past)。

② 此处,原先的文本上粘了一张纸,上面写着新的内容。原先的文本这样写道:"[我们]在此必定答复说,第九交响乐的观念性在于这样一个事实,即,尽管对于纯粹的音乐批评家而言,第九交响乐是一种当代的音乐体验,与之相关要问的问题是:它写得好吗?演奏得好吗?对于音乐史家来说,当代的音乐体验或者说是一个媒介,凭此他了解到作曲家、最早的演奏者和听众的体验。对于该交响乐,历史学家并不说'多么宏伟,多少纯朴的感情,这就是欢乐颂吗?'而是说:'这是浪漫主义的一个多么有趣的典范啊!'现在,浪漫主义并不是历史学家自己的心灵框架,而是他正在撰写的历史中那些人的心灵框架。因而,他必须既体验到它又没有体验到它,即他必须进入这个心灵框架,在他自己的心灵中重构它,同时又使这种真正的重构对象化,以免它控制他的心灵而失去对他自己的控制。

历史事件便同时是这样现实的和观念的,但并不是像马特霍恩峰那样同时是现实的和观念的。马特霍恩峰由于是一个自然事物而不是事件,它在时间中延续,或许也因此立刻被人们感知并记住。然而,历史思想的对象是事件,它并不延续。就它具有持久性而言,其真正的持久性在于它完全是非存在,即一旦死了就死了,不再是正在死亡的;事件一旦结束或了结了,就可以在任何地方和时间在历史学家的心灵中重演,因为没有任何地方和任何时间可让它实际上重演。它的现实性不过是其观念性的另外一个名字:就其本身而言,它纯粹地并且仅仅是观念的;就它被当作历史思想这个行动的对象而言,它是现实的,因为思想的行为是现实的。(转下页)

是再次表现一回,古代艺术并不会就变成近代艺术。唱着16世纪的复调合唱曲和弥撒曲,人们会感到有趣和喜悦;但是历史学家清楚,在他唱着或者听着别人唱时,这些曲子仍然是16世纪的而不是20世纪的。他欣赏它们不只是把它们当作音乐,即不只是把它们当作用音乐语言来表达感情的东西,而是把它们当作16世纪的音乐,这种音乐属于一个过去的世界,而他正努力理解这个世界中人们的精神和文明。此刻,我们要做的是让人们注意到这两种对音乐的态度都是可能的这一事实。这两种态度便是:当代批评家的态度,他欣赏音乐时将音乐当作他自己时代现实生活的一种表达;历史学家的态度,他把音乐当成他正尝试重构的过去生活的一种表达。我们都很熟悉这两种态度之间的区别,现在,我只是想强调这种区别的存在,稍后我们要问,这种区别怎么可能?它意味着什么?

历史学家因而在他的心灵中重演过去;但在这种重演中,过去并没有变成现在或具有现实性。现实性是重演过去的历史学家的那种现实的思想。历史思想的对象是现实的,其唯一的含义在于它被现实地思考着。但这样并没有赋予它任何类型的现实性,将现实性吸纳到自身中,它仍然整个地是观念的。

可是,历史学家如何能够重演过去呢?发生过的已经发生了,它不可能因为思考它而再次发生。历史学家怎么能够通过科学研究为死去的东西唤起生命呢?这样一种理论难道不是带有那种粗暴的魔幻成分,而没有了严肃的哲学研究成分吗?回答是①,并没有任何魔幻的因

(接上页)这种在历史学家心灵中的历史重演是历史的观念性的对立方面或补充方面。因为历史事实是观念的,它有它自己的现实性,即一种特殊类型的现实性:就它有其观念性存在而言,它被思想行为现实化了。于是,历史的对象离开了思想就不可能存在,它是观念的,但它被思考它的思想现实化了。

不过,这样的看法有其难解之处。历史学家如何能够在他的心灵中真正地重演历史呢?他怎么能够将死去的东西再次唤醒,怎么能够重复只发生一次并且是不可挽回的过去的事件呢?在历史学家心灵中,过去在文字上的复活这个观念,比起那种严肃的知识理论,难道不带有那种粗暴的魔幻成分吗?"原先的文本止于此。接下来便是"人们很容易回答","这里被划掉了。

① 粘在原先文本上的新文本止于此。

素。历史学家可以重演过去的事件,即使该事件本身是一种思想也可以重演。当阿基米德揭示出比重的概念,他是完成了一个思想行为,我们可以毫不困难地重复它;阿基米德从确定的数据中得出确定的结论,而我们可以从同样的数据中得出同样的结论。我们不但能够这样做,若是我们要撰写希腊科学史,就必须这样做,并且知道我们正在自己的心灵中重复阿基米德的思想。类似的,我们如果要叙述战役史,就必须亲眼看到获胜的指挥官所看到的战术问题,同时明白他所看到的解决之道。若是叙述宪政改革史,我们必须看到在改革者面前呈现的事实,以及他以怎样的方式处置它们。这些事实正如他感觉到其存在满足了某些需要。在所有这些情形下,也就是说,在所讨论的历史乃是思想的历史①的所有情形下,就有可能在文字中重演过去,这也是一切历史的基本要素。

不仅仅思想的历史是可能的,而且,倘若在更广泛的意义上理解思想,能够成为历史的也只能是思想。唯有思想,历史学家能够如此亲近地对待,而没有它,历史就不再是历史。因为只有思想才可能以这种方式在历史学家的心灵中重演。太阳系的诞生、我们星球上生命的起源、地质史的早期过程——所有这些都不是严格的历史研究,因为历史学家不可能真正深入其境,在他的心灵中使它们现实化:它们是科学,不是历史。因为无论它们可能在多大程度上采取叙事的形式,它们都是概括性的叙事,是对事物在任何世界都必定如此发生的记述,而不是对事件在这个世界实际怎样发生的记述;它们是些假设,不管怎么可能,都不会获得类似有文献证明的历史的地位。

因而,一切历史都是思想的历史,此处是用的思想最宽泛的意义,它包括人类精神的所有意识行为。② 如同发生在时间中的事件,这些行为稍纵即逝。历史学家在其心灵中重演它们:他并不仅仅重复它们,就像后来的科学家那样可能重新发明前辈的发明。他是有意识地重演它们,知道这正是他在做的,并因此赋予这种重演一种心灵的特殊活动

---

① 在手稿中"思想的历史"被圈起来了。
② 在手稿中"因而,一切历史都是思想的历史"下面划了线强调。

的品质。这种活动是自由的活动,它全然不同于模仿。模仿可能促使人或者兽做其他人或兽所做的事,因为前者看到后者正在那样做。历史学家并没有看到其他人在做他要重新做的事。若没有再一次做完,历史学家就不知道这些事情是什么?只是在我把握住了明确的重力概念后,我才能明白阿基米德在欢呼 ηϋρηκα["我找到了"]时的所作所为;因而,我绝不是在模仿阿基米德。

在此,必定会遇到对于历史学家重演过去这个概念的一种哲学的或貌似哲学的非议。人们或许会说,这种重演是不可能的,因为没有什么东西会再次出现。阿基米德发现了明确的重力概念,我能够知道他这样做了,但是我不可能重新发现它,因为发现暗含着优先权。人们或许也会说,这不是一种纯粹的逻辑区分;在发现或发明的经验中存在一种特殊的质,存在一种作为第一个深入该特定真理之处所的人具有的特殊情感,这种情感是历史学家绝不可能再次体验到的,这正是因为它同样隶属于发现。因而,很明显,如果说历史学家是通过重演过去而认识过去,他不可能重演这种发现的要素或原创性,也就不可能历史地认识它。这样,根据这里的观点,*reductio ad absurdum*[归缪法]得出的结论便是,没有什么真正原创的或独创的发现或思想(又有什么真正的思想不是这样的呢?)能够被历史地认识到。

我们以承认这种非议来回答它。的确,人人都知道,得胜的指挥官在目睹敌人防线的溃退时那种特殊的兴奋,历史学家是无法体会到的。没有人认为研究希腊科学的历史学家在书中写到阿基米德时,应当跳出浴室并在城里裸奔。很明显,历史学家重演该发现或该战役的工作并不会扩大为实际上再次发现某个定律或击败敌人这样的不可能的做法上,而只是扩展到这种对过去尽可能的重演。

正如我们表明的那样,有些重演是可能的;如果反对者认为没有哪种重演是可能的,这只是因为他认为没有什么事情会第二次发生,我们对这种反对意见就不那么恭敬了,即指出来他本人会毫不犹豫谈论起两次在同一家餐馆用餐,或者两次在同一条河里洗澡,或者两次读同一本书,或者两次听同一部交响乐。如他所了解的二项式定理,我们就会问,该定理是不是牛顿发明的呢?如果他说是,那么他就承认了所有我们想要的结论,如果说不是,我们能够轻而易举地证明他自相矛盾,因为他假定在我们彼此的话语中,我们有些共同的观念,而这是与他的看法相矛盾的。

然而,我们必须转向一个更严肃的难题。诉诸一种"特殊的刺激"来区别行动本身和历史学家对该行动的重演,这很好,但是,这样一种区分的确不过是休谟在印象和观念之间进行的区分,其根据是,印象是活生生的幻觉,并且更为生动逼真。我们可能而且必须承认,历史学家不可能分享他叙事中的人物在做所述之事时的那种情感热度,并且,历史学家的情感热度只是与历史研究的本领、所做出的历史发现,以及所解除的历史疑惑联系在一起。但是,我们必须继续问,如果历史学家的确能够重演过去,为什么过去所伴有的情感热度、印象的生动性和活泼性在这种重演中没有了呢?并且,反过来说,如果这种重演缺少了原先表现中如此重要的元素,怎么可能说它是相同事物的再次呈现,而不是对该事物的一种纯粹苍白的复制,或者说是一种根本不同的东西呢?

回答是,在现在重演过去是要在一种赋予过去新质的情境中重演过去。这种情境是对过去自身的否定。这样,诗学史家在读但丁的作品时,重演这些诗歌表达的中世纪经验,但他在这样做时,他仍然是自己,是一个近代人而不是中世纪人。这就意味着,但丁的中世纪精神此时在他的心灵中真正复活并得到了重新体验,而与这种中世纪精神相伴的,乃是根本上有着非中世纪习俗和观念的整个世界。这些习俗和观念与它对比,并且控制着它,防止它一直占据整个视域。对于但丁而言,《神曲》便是他整个的世界。对我而言,《神曲》至多是我半个世界,另半个世界是我心中阻止我真正成为但丁的所有那些东西。这些东西包括,比如,莎士比亚、牛顿、康德这些一同塑造了我的个性的人。在阅读但丁的时候,我没有丧失这种个性,相反,只是因为充分运用了我的能力,我最终读懂了但丁。而这些能力正是判断他们是怎样,是比但丁更好些还是更糟糕些,因为我在学校时念的是莎士比亚、牛顿、康德。如果我不再是这些东西塑造成的个性,我就不能够像读但丁那样做任何如此艰涩的事;但是,如果我继续有由他们塑造的个性,我就是通过一种我自己的现代性的媒介来贴近但丁和他的中世纪精神,并且在我与但丁的中世纪精神接触时,我必须完好无损地保持这种现代性。

这样,我真正地重演了但丁的中世纪精神,如果我没有做到,那只不过因为我不能理解或鉴赏他的诗歌,但我在一种赋予它新质的情境(即我的精神机制的其余部分)中重演它。这种新质便是成为超越它的思想整体中的一个要素,而不是成为一个思想整体,在这个思想整体之外,一无所有。这种在我的经验中成为一个要素的质,即成为其他人控制或均衡的要素并因而有助于整体平衡的质,正是历史的观念性。整体是现实的并且是唯一现实的。当征服者威廉在黑斯廷斯战役中战斗时,他的战术计划对他而言是现实的,因为在这份计划中,他有关战役知道的一切东西都合计在一起了,因此这对他而言是一个完善的整体。对于研究战争艺术的历史学家来说,黑斯廷斯战役的战术形成了一种思想、一份计划,他能够在自己的心灵中重演它,但这份计划对他就不再是一个整体了,这只是一个部分,与其他计划形成了该历史学家称之为战争史的整体,也就是说,他全部现实的历史知识。这是他现在思想的整体,就如同黑斯廷斯战术计划是威廉思想的整体一样。

此处所说明的概念或许可以解释得更清楚些,或者至少可以通过把它与两种熟悉的知识理论相比较,将它的某些暗含之义揭示出来,这两种理论分别是实在论和摹本论。

根据实在论,知识的对象总是某种实际存在的东西,其现实性独立于一切认识它的那个心灵的认知行为。在这种理论中,心灵与对象一般被视为两个独立的实际存在物,它们以心灵"认知"对象这样的方式聚在了一起。人们假定"认识"完全是个及物动词,而该动词的语法对象便是这样一种东西,心灵会采取一种认知态度面对它,或者它进入了一种被称为知识的关系中。实在论者常常强调,这个活动对认识对象没有什么影响,它在认识活动之前与之后,都一样是实在的,也就是这样一种常常得到论证支持的陈述:如果认识对象行为导致了对象的改变,该行为严格说来就不是一种认识行为,因为认识暗含着我们所认识的东西不会因为我们的认识而改变。

从普通的知识实在论立场看,立即就很明显了,即历史是不可能的。如果感知被当成是知识唯一的合法示例,那么把知识看成是对独

历史哲学纲要[1928]

立对象的"领悟"这样的理论便是有道理的;如果知识被柏拉图式地视为抽象观念的知识,那就有些华而不实了;在历史这种情况中是不存在华而不实之处的。撰写一本有关马拉松战役的专论的历史学家并不是在"领悟"某个事物,即马拉松战役,它在领悟之外独立存在,就好像放在那里等着被领悟一样。马拉松战役是一个2400年前就停止发生了的事件,那没有什么可领悟的;在对象这个词的实在论意义上,不存在任何可供历史学家认识的对象。并且,由于不存在对象,也就不可能有知识,按照实在论的说法,历史作为知识的一种形式乃是荒唐的。

也许一些活络点的实在论者通过诉诸现代物理学理论的四维时空观会规避这种困难。如果时间只是这四维中的一维,并且,如果任何一维都可能被任意地视为暂时性的,那么,通过把2400年感受为空间而不是时间,我们与马拉松战役分隔开的年代也许就被随意地化为无形了;而一个实际在马拉松的人可以任意地将他在战场上的空间位置解释成与战役在时间上具有同时性。于是,他大概会看到战役在进行中,而他作为历史学家的任务将被极大地简化。但是,在某位实在论哲学家用这种方法真正地目睹了马拉松战役之前,我们可以回避去思考被严肃地提出来这样一种论证的可能性。

于是,任何历史哲学为了反对一切实在论,都必定宣扬历史事实的观念性,反对实在性。它声称,过去作为过去无论如何都不再存在,过去是由那些不再发生的事情、停止发生的事件组成;它还认为,这些事件可以历史地认知,这丝毫不是因为与感知、观察,或者与任何可以清晰描述为"领悟"的过程或行动相类似,而是因为它们能够在历史学家的心灵中重演。

这看上去或许可以把当前的理论比作知识的"摹本论"。这种理论通过"内在于"我们心灵中的图像,即精神图像是复制的"外在于"我们心灵的对象的形象这个假设,装模作样地来解释我们是如何认识事物的。过去既然不是现在,必然是在我们心灵之外的、未知的和不可知的,但是我们在心灵中制造了一个摹本,并且了解这一点,因此会间接地认识过去。

这是一种完全错误的比较,同时伴随着一种对此处所坚持理论的不被认可的嘲弄。对我们而言,过去并不在心灵(不管心灵指的什么意思)之外,它是整个的、彻底的非存在。因此,在我们心灵中对过去的重演无论在哪种意义上,都不是一个对过去的摹本。人们怎么可能为那个并不存在的东西制造一个摹本呢?就历史学家所知而言,在现在重演的过去是过去本身。我们通过再次思考牛顿的思想本身,而不是其思想的摹本(这是个愚蠢而毫无意义的词)理解他想了些什么。当我们思考过后,我们立刻而不是间接地了解了牛顿的思想。

因而,历史学家的思想既不是,也不包含或牵涉到其对象的任何摹本。历史学家的思想就是该对象本身,或者更确切地说将该对象纳为自己的一个要素。该对象也就是历史学家正尝试由他自己在现在去理解、重新思索的思想行为。没有认识到思想并非私有财产的人或许会说:"我理解的不是牛顿的思想,那只是我自己的思想。"这样说很愚蠢,因为无论主观唯心主义可能如何伪称,思想在任何时候任何地方 *de jure*[按道理]都是人们共有的财产,并且,思想是 *de facto*[事实上的]共同财产,无论在哪里,任何人都有能力共同思考它。①

二 量

下面要考虑的问题是,历史思想的范围是什么?事实上,它等同于这样一个问题:恰当的或最好的历史构成形式是什么?理论上,它相当于下面这个问题:历史知识的限度是什么?

最简单并且在这种意义上最好的历史构成形式乃是回忆录或当代史。该形式最杰出的例子便是修昔底德的《历史》。② 修昔底德作品的突出优点在于与其范围的限度紧密相连。除了第一卷中包括的介绍性内容,其他内容都涉及作者有生之年发生的事件和他自己观察到的事件,或者他能够面对面交谈的人参与过的事件。搜集资料和解释资料,历史研究中这两个最重要的问题实际上并没有消除,而是被还原为一

---

① 在此,柯林武德补充了一个单独画上圈的注,写着"狄尔泰的摹本"。
② 即《伯罗奔尼撒战争史》。——译者注

历史哲学纲要 [1928]

种极为简单的状态。这种简单使得修昔底德从历史家工作中所有那些更为技术性、更为精细的部分中解脱出来,使得他自动处于完成了资料搜集和解释的人所处的位置。在该位置上,他可以毫不犹豫、毫不尴尬地使用其无与伦比的写作才能。

自此以后,历史家们写出了许多同类型的历史。但是,在希腊、罗马历史家依此撰述之后,也没有人把它描述成历史的理想类型。从技术上讲,这是一种只能称为初阶的形式,只能运用在最简单的、可能的历史问题类型之上。一旦人们的视野拓宽,超越了他们自己当前关注的对象,并且要包括其他民族的生活以及他们自己的过去,人们就不会再对这类问题感兴趣了。随着兴趣的拓展,那种简单的自我中心的怪圈被打破了,从此,确定历史探询的适当范围和限度的问题变得紧迫起来。修昔底德表现出希腊人那种直率的自我中心,对于他们来说,不属于希腊的都是野蛮的,因而不值得认真的研究。但罗马人可能会说"人的一切特性,我无不具有"(humani nihil a me alienum puto),这就促使罗马人理论上要尽其所能,研究整个世界的历史。

这种兴趣的拓展导致了复杂化。这不是因为人们往历史中引进了什么全新的要素,并非如此,事实是,在我们所说的那种最初阶的历史类型中,最高深复杂的历史思想的所有技术性问题都呈现出来了。真正的原因在于,人们在历史中引进了新的兴趣,对外来的、遥远的和新奇的事情的兴趣。为了满足这些兴趣,历史家被迫寻求新的答案来回答下面这个问题:"我为什么要研究这样一个特殊的主题而不研究别的什么主题?"只要他的主题是他自己生活时代的事件,他就可以借口说,事实很简单,这些有意思的事情在他眼前发生,该主题被强加给他了;要不是这样,他选择主题的职责就在于他本身。那么,他选择主题的原则是什么呢?

在此,我们面对的是选择这个概念。它似乎暗示着历史家有权使用浩如烟海的事实,他必须从中选出一些来研究。历史以其完整性,即全部的历史事实,在他眼前伸展开来。显然,历史是一个巨大的对象,不是简简单单瞥一眼就能够理解的;历史家必须从中选出一些便于处理的部分并忽略剩下的部分,至少暂时要如此,这样他才能够对选出来的部分获得令人满意的知识。

于是,就单个确定范围内的历史主题,出现了专论或文章的观念。它也许只有一页篇幅,或者是像《罗马帝国衰亡史》那样的大部头作品;但只要它把自身表现为特殊的而不是普遍的历史,它就仍然是专论,是对历史真实的部分的陈述,而不是对其整体的陈述。

但是,专论总是面临理论上的异议,并受到实际难处的困扰。每一位试图写作专论的历史学家都知道,将某些主题排除在外,把它们当作与专论格格不入的东西,这会在专论中导致出现目标松散、聚焦错误和重点错误、误导表述,乃至铸成彻头彻尾的大错。论述的主体在多大程度上可能受这些错误的影响,这仍然是个永远不会有精确决断的问题。历史事实要不是处于它们的情境当中,就肯定不可理解,也绝不会真实地显露出来。如果你不了解高卢的台纳(La Tène)文明①是什么样,你就不会知道恺撒征服这片地区时他面对的问题是什么,进而,你就不会理解恺撒生命的主要目标,也就不能理解罗马共和国结束期间这位主要的人物。或许有人会说,这太苛刻了,因为忽略台纳文明而导致的对于作为一个整体的罗马史的误解非常小。但是,那会有多小呢?这在校正误解之前是不可能发觉的。一位将军整个的英名或许激发了这样一个问题:在思考针对确定敌人的确切行动会获得成功这方面,他是不是对的;并且,对一位粗心大意的人看上去是小小的细节,或许在他形成那种观点时便是决定性的要素。

因而,实际上,专论往往陷于重重困难之中,它随时随地都会碰到一些这样的问题,这些问题的答案不得不被当作是想当然的,但是,人们无法体会它们的对与错。而在理论上,专论通常也有不合理之处:既然历史事实仅只在与其他事实的关系中才是其所是,那么,为了编撰出一部专论,把某些事实从其情境中纯粹地分离出来,这就是一种错误的抽离行为,也是主动去犯的过错。

像这样的考虑促使 18 世纪的历史家们尝试编纂普遍史。这种尝试,或者说诸如此类的尝试,以前的历史家不止一次地实践过,但我们

---

① 公元前 5 世纪到公元 1 世纪期间,在法国东部存在的铁器时代文明。——译者注

目前对那些早期的努力没有多大兴趣,而会把注意力限制在像18世纪哲学所阐述的普遍史观念上。这个观念便是,历史应当被看成一个整体,并且,这样的话,人们就会发现历史存在着一种确定的有机统一,它要么充当不变的普遍规律的例证,要么表现为一个单一计划的展开。这种观念在所有文明国家中都被非常广泛地接受了,并且对历史研究是一种强有力的促进因素。它尤其促成了人们研究朦胧的、知之甚少的时期的趋向,因为,为了使普遍史完整,这些时期的历史必须嵌入到普遍史的计划之中。另外,它比任何其他东西所能做到的都更有助于教会历史家,在他们自己当前之外的其他事情是值得进行认真研究的。普遍史观念冲破了历史中的褊狭,这就像牛顿的万有引力理论冲破了天文学中的褊狭。

既然已经取得了这样的成果,普遍史的观念就陷入了朦胧之中,就像城区中某幢房子曾经时髦,如今却很少被人看重了。任何严谨的历史学家都充分认识到,如果专论存在不合理之处,那么,按照普遍史的要求更广这个比例来说,它更有其不合理之处。人们永远不可能写出一部普遍史,因为整个历史对于任何人来说内容都太多,他无法将一切集中在一部单一的著作中;这样,每一部所谓的普遍史都是一部纯粹的事实选辑,作者碰巧认为所选的事实重要、有意思,或者在某种方式上适合他的特殊斧子的削砍。在令人尊敬的比德(Venerable Bede)时代①,将所有知道的历史合并到一部著述中还是可能的,这只能标志着那个时代在历史方面的匮乏;如今,普遍史甚至不是一种真心实意追求真正普遍性的努力,它只不过是作者把自己的一种偏见和迷信强加给读者的隐藏着的努力。现在,对历史学识有任何一点自负的人都不会尝试去写这样的著作,除非那是单纯为考试而编写的教科书,老实说,它包括的不是世界的历史,而是编写者选出来觉得考生们需要记住的那些事实。这样,普遍史作品落入到两类人的手中,一类是不老实的人,一类是无知的人。不老实的人讲述着一个断章取义的传说,以便用外表华丽的谎言散布他们自己的观点;无知的人天真地记下他们就历

---

① 比德(673—735),被称为"英国历史之父",著有《英吉利教会史》。——译者注

史所知道的一切,从未觉察到他们知道的都是错的。

如此完整恰恰是普遍史所蒙受的耻辱,我们发现人们很难以一种宽容或同情的眼光看待18世纪和19世纪早期使普遍史令人欢欣鼓舞的作家们。我们倾向于把他们的作品看作是要努力关闭历史研究的一扇扇大门,并且要努力制定一种历史事实的规则,认为在此之外不存在任何解决之道;因而,我们嘲笑他们不了解今天每一个历史学家都知道的许多东西。但是,如果要想理解他们,我们就必须改变这种态度。我们必须把他们看作正在开启历史研究的一扇扇大门,而不是正在关闭它们。我们必须将他们的体系视为刚刚开始的工作计划,而不是已完成工作的梗概。关于这些体系,真实情况乃是它们是些预言,并且大体上是相当准确的预言,预言的是到往后几代人从事历史研究所要遵循的路线。

在职业历史学家圈子之外,人们并不曾感受到这种对于普遍史的极度反动。普遍公众总是渴望普遍史。当所有知识的种种简明概要成为有学识的公众的主食,并且成为许多出版商主要的收入来源时,人们对普遍史的渴望从来没有像现在那么急切。前面提到的那两类普遍史在世界范围内被大量生产、销售、阅读,这该会令伏尔泰伤心落泪,也自然会给我们自己时代的那些写作专论的历史学家带来疑虑。事实上,很明显,它的确带来了一些疑虑,足以诱使其中一些历史学家为了利益,如果说还有点羞怯的话,写些报刊式的历史概述和大众选集式的廉价小册子;并且引诱另一些历史学家构想、使用一些精巧的妥协方案,即以多卷本著作的形式,在封面上写成普遍史,但里面却是由诸多优秀的专论组成,每一篇都被编成一个章节。

然而,职业历史学家把特殊史加之于特殊史来得到普遍史是徒劳无益的,因为普遍史的普遍性并不存在于将它组合起来的众多单个的专论中,而是存在于构想它的观点的一致性当中。当职业历史学家在做无用功时,一般公众表现出来的常识与技术上的理想相反,他们会抱怨只见树木是见不到森林的。他们期盼着这样一个时代,那里,人们通过对作为整体的历史的种种问题采用一种更开阔、更富有人性的眼光,来缓解这种对细节的痴迷。人们的怀疑并非没有理由,他们会认为,历史学家们对细节的关注不单纯是把人们的注意力从这些更宏大的问题上转移开了,而且根本是在剥夺他们处理这些问题的能力;对细节的关注正在造成一种智识上的近视,它在训练有素的历史学家当中成了一种流行病,它迫使对宏大问题感兴趣的读者远离他们那些令人绝望的作品,进而到新闻记者、小说家和神职人员的著述中寻找自己需要的东西,而后几类人正因为在历史方面是新手,因此还没有立志要克制不去处理有兴趣的问题。

职业历史学家可能争辩说,公众的这种口味是堕落的、病态的,或者无论如何,这不是一种历史的口味,而是说教的、小说的和新闻的口味;他可能争辩说,历史学家有权拒绝迎合这种口味,进而表明对自己工作的正确理解,此时,他们严格地将那些所谓的更宏大的问题置之一旁,而把自己局限在真正是历史的问题,他或许会说,这些问题正是历史学家们现在研究的。他可能争辩说,历史在于查明事实真相,并且,到历史学家挑选出每一件与事实相关的零碎证据时,如果他允许自己离题而沉湎于教诲式的种种概括,他就是在远离自己作为一位历史学家的职责。他可能会说:"让记者和牧师到罗马帝国的衰亡中获取道德和政治教训;我的任务是发现这种衰亡有多准确,如在财政、管理等等方面,它牵涉些什么变化? 这就是等待我去做的工作,我若不做,人们将以一种对于他们谈论的事物的性质完全无知的陈旧状态,就罗马帝国的衰亡继续使用些陈词滥调。"这样,他将再次安心去研究霍诺里乌斯①治下的财政史。

但是,这种极端的特殊主义(可以这样说它)就像它所反对的极端的普遍主义一样,是基于一种对历史事实的错误观点。一百年前作为普遍主义基石的观念是:存在一种历史事实总体,它能够以某种全面性叙述出来。浅薄的思考者幻想这种整体或多或少已经被发现了,并且在历史著作中,已经或多或少得到了全面陈述,尽管那是分别陈述的;他们假定,具有哲学头脑的历史学家的任务只是把它们编成整体,进而

---

① 霍诺里乌斯(395—423年在位),罗马帝国执政官,在他统治时期,罗马帝国衰落日益明显。——译者注

阐发它的意义。深刻一点的思考者则把这个整体看成尚未了解的东西，它等待人们去发现，并且能够发现；即便某些过去的事实不可能被揭示出来，他们认为，那些与该系统完整性有关的过去却能够被发现。错误的根本在于把历史理解成了一种模式，即一种事实的全体，有其自身的表达方式和结构，而历史学家只需要去发现就行了。这里涉及对历史之观念性的否定，因为，如果历史是观念性的，它就不可能是一种等待历史学家去发现的单一自足的事实体，而必定是一个成长的和变化的思想体，每一代新的历史工作者都将对它分化、重写；并且，普遍史观念中暗含的历史事实可以穷尽乃是一种幻觉。

457　　在历史特殊主义的根基处，也存在同样的幻觉。热衷历史专论的作家旨在搜集存在的一切证据并进行全面的解释，以便对某些细节做出最终说明。在此，我们再次遇到了穷尽的观念。"存在的一切证据"意味着，不管从哪方面说，存在着能够在一部专论中一网打尽的数量有限的证据。可这明显是不对的。一位特定的作者，或者特定的一代作者，就某个特定主题占有的只是数量有限的证据；而另一位作者，或者后一代作者成功地开启了新的信息之源，那么，这个过程会在哪里终结呢？在历史研究终结之前，这个过程绝不可能终结。因此，我们的历史学家为了把自己限制在细枝末节中而给出的种种理由都是些糟糕的理由。它们就等同于：这样的细节需要严格地、科学地对待，而"更大"的问题却不需要。但是，我们现在看到，恰如无知的人认为那些更大的问题最终会解决，并且因此而只是表现出他自己的无知，这样，当职业历史学家认为更细微的问题最终能得以解决，他也是在暴露出，他不是对现在解决的问题无知，而是对未来发现的可能性无知。与这一点或那一点有关的证据观念，作为一个特定有限的整体，恰恰像历史的观念一般作为某个特定有限的整体那样是错误的。这两种情形中都否定了历史学的观念性。因为，宣称历史学的观念性意味着断言与特定问题有关的证据是由历史研究已经发现的或将要发现的与之相关的一切所构成。

　　无论普遍史家的网撒得多广，大海中剩下的鱼都会像他捕捞到的那样好，更不用说那万千漏网的物种。无论专论作者的显微镜有多大倍率，超出显微镜的证据也不比他发现的少，更不用说还有些被放大的东西本身从他的视界中移开了。这是不是表明一切历史研究都毫无意义？

我们若维护历史学的观念性，事实就并非如此。因为在这种观点之下，尚未发现的无穷事物无损于我们已经发现的那些事物；它们对于无限可能的未来发现而言只是一个名称。然而，倘若历史事实是某种实际存在着的东西，任何一点东西落在普遍史家的构思之外都会令他彻底失败；对专论作者也是如此，如果有什么与他的主题相关的证据未得核实，他面对的也是完全的失败。我们举例来说明这一点。A 和 B 两位是四十年前的历史学家，而且都是雅典政制专家，在某个问题上彼此观点相左。在两人论战展开，观点变得日趋尖锐之后，学术界却因为发现了亚里士多德的《雅典政制》而震惊了。发现的新证据证明，A 和 B 都是错的，这令相关专家都满意了。接下来会怎样呢？如果历史事实是某种实际存在的实在，如果历史思想的真实性在于它与历史事实相吻合，并且，如果历史思想的价值在于它的真实，那么，A 和 B，他们的观点的价值就等于零；A 和 B 因此也就是傻子，同样，分别坚持他们的观点的人也是傻子。

但没有人会接受这种观点。人们都同意，在发现《雅典政制》之前的那些观点必定是根据当时可以获得的证据，以及这些证据支持的论证而做出的判断。这么来看的话，多数人会同意 A 的观点比 B 的好，并且没有哪种观点是完全没有价值的。我们是不是由此就认为一种历史观点的价值是不同于其真实性的某种东西呢？这是不可能的。A、B，或者任何其他人都不会接受这种看法。我们不得不说，A 和 B 的目标同样都是"一个与证据一致的结论"，即一种有关雅典政制的理论，它与那时候能够获得的证据严格一致。并且，既然亚里士多德的论述对我们来说并没有就这个主题提供万全的说明，我们自己必定也面临同样的情况。我们现在认为是正确的观点在下一项至关重要的新证据出现之后，也会成为错的。

这样，两个结论之一就是，即使就最微不足道的细节来说，要想达到任何真实，都不得不推迟到所有的新证据被发现的时刻，也就是说永

459 远地推迟；因为事物的性质决定了总是有可能翻出新的证据。在这种情况下，每一种历史观点都和另一种一样是错误的，而且绝对是错误的；或者说，针对任何一个问题的真实指的是相对于提出这个问题的人所掌握的证据而言是真实的。历史学的观念性原则极为清晰地表明第二种回答是正确的。第一种回答意味着拒斥这种原则，因为它暗含了历史事实本身就是未知或不可知的；而第二种回答则意味着坚持这一原则，它暗示了只要有历史思想存在，其对象就总是现在的、被把握了的。

这就得出了相当重要的结论。它表明，历史专论作家可能认为，自己可以一劳永逸地确定任何事情，并且从此关上历史研究的大门，但是，无论这有多么错，他以其细致与娴熟技艺来评价就所研究的问题（无论这个问题有多么小）能够得到的一切证据，这都是正确的。不过，他之所以正确的理由是因为不存在类似于或大或小的问题这种事情，任何一位历史学家切实进行并且有效研究的一切问题都大得不能再大了，足够装满他的脑袋。专论作家因此而获得了合法地位，因为事实在于，历史事实是观念上的而非实际存在的，除了那些历史思想提出的问题之外，再没有历史问题了。如果我全身心地研究霍诺里乌斯时期的财政制度，这个主题对我来说就是全部的历史。

但是，根据同样的原则，一部通史的作者也同样具有合法地位。恰恰是他的失败证明了他有存在的理由，而证明他是正确的根据正是我们认为证明了他是错误的东西。也就是说，毕竟事实就是，他的通史并不通，也不全面，那不过是将选取出来的一些事实编排成表现或证明某些特殊的观点罢了。这就令他成了一位专史作家，也从那个"通史"的称呼上拔除了"通"这根刺。现在，他的作品全部的错误只是那个称之为"世界史"的标题；它理应被称为"过去25个世纪无产阶级被压迫史"或者"近代自由概念的形成"等等诸如此类的题目。甚至于说，就叫"世界史"也未必都错，因为，就像我们看到的，我正在撰写的专论，

460 其主题对我而言也是全部的历史，并且，每一部专史在某种意义上就是一部世界史，此时，对于我感觉是真正的问题的那个唯一的历史问题来说，这是我能够提供的最好的解答。但是，鉴于在这个意义上每一部历

史都同样是一部世界史,而根本不可能在任何其他意义上是一部世界史,我们从曾使用的那个名称中并不能了解到什么。

这样看来,人们对于处理"更大"的问题的种种历史所怀的普遍要求也具有了合理性。但这并非因为这些问题真的比历史学家通常处理的更大,而是因为它们更令学术圈之外的普通人感兴趣。某个问题从来不存在不能科学回答的情形,只是因为它恰巧令那些不具科学知识的人感兴趣。这个道理用在历史学中和用在任何其他知识领域中是一样的。近代史学思想疏远了普通人最感兴趣的那些问题,部分原因在于它受到了一种错误的理论和错误的史学方法理念影响。历史事实作为一个实际存在的、可以穷尽的整体这一概念,将历史学引向了以一簇簇越来越细小的材料来追求那种整体性;这种情形也致使历史学摒除了任何普通人都会想要问的问题,这些问题对于现在的知识状态来说太过复杂了。可是,对于会果断提出问题并以其最卓越的能力着手解决问题的提问者来说,从来不存在太复杂的问题。探询那些根本上就简单的问题并认为能够完全解决它们,本就是一种错误的知识原子论,这只能导致失望。除去真正令某人感兴趣的那些问题,追求这种探询就是招来那种往往针对书呆子的嘲讽,并且要令其合理化。

另一方面,谴责当前历史研究的专业化完全是错误的,而设想这种专业化完全是奠基在一种错误的史学理论之上,这也不对。通常,一种错误理论,其产生不过是为了证明某种本质上具有合理性且不证自明的实践。近代历史研究的专业化是一剂必要的良方。它集合了不偏不倚的精确性、冷静而逻辑严密的思维,以及细心考究,绝不次于常常获得许多溢美之辞的科学研究的专业性。与近代科学研究相比,近代历史研究是一位后来者,公众对其成就所知甚少,对其优点评价不多,但它们同样都是真实的,在近代世界的生活中是同等重要的要素。更进一步,这种专业化研究增进的成果要远远大于过度专业化而损失的知识。总而言之,研究者们很容易理解这些成果,它们为历史学家的活动提供了一个巨大的、持续增长的领地,它足够宽广,历史学家以其兴趣来有效地利用它。历史研究经历的专业化阶段确实是下一个阶段的序幕。在历史学好像是经历了一个自我否定的行动,回到那些现在的历史学家拒绝提出的"更大"的问题之前，公众觉得是令人讨厌的那种专家的狭隘性为这下一个阶段扫清了道路。一旦这个过程发生了，人们或许就会认识到，每一次新的综合和观点的拓展都可能是奠基在一代学者详尽而艰苦的专业化研究之上，而这些学者在世之时，他们的工作只是被看成放纵了一种稀奇古怪的恋古癖。①

在这一点上，我最好介绍一个对于历史学方法论而言极为重要的概念：即第二级历史，或者说史学史概念。

当历史学家试图解决一个特殊的问题而收集、批评同行已经使用的解决方式时，史学史就诞生了。搜集和批评以往的解决方式可能会以两种途径进行：要么以一种不相干的方式对待各式各样的解决方式，分别处理它们，并且以一种随意的秩序来讨论它们；要么是历史地对待它们，表明每一种解决方式都表达了一种确定的态度，其本身就是一种历史现象，并且是通过批评前辈而确立起来的。既然历史思想本身有其历史，那么，在批评某种史学理论时不考察它产生的处境，这将是毫无意义的，就如同我们在批评某种政治或军事体制而不考察它们产生的处境一样。我们已然明了，只有把自己放到前辈的位置上，思考他们面对的问题，利用他们有过的证据，我们才能评价他们过去所做的史学工作。唯其如此方可说，历史思想自身，当它是过去的历史思想时，才可能并且必定是现在历史思想的对象。

现在，历史思想是历史学家可能思考的东西之一，这再清楚不过了；同样，在历史研究无穷可能的主题当中，有一些或许是从过去历史研究本身的发展中合理地引导出来的。然而，这样表述总是会曲解史学史的真实本质及其重要性。因为事实上，史学史在历史研究中有着相当独特的位置，这个位置甚至可以这样来表述：一切历史都是史学史，或至少与史学史相关，以之为前提。

我这样说意思是指，任何一位急于解释某个特殊历史问题的人必须知道自己身处何处？通过考察他的问题本身的历史而准确地知道这

---

① 在此处之后，柯林武德写道："[1928 年添加]"。这里添加的内容涉及的是史学史的主题，在 1926 年的演讲中也讨论过。该处内容一直延续到 469 页最后一段。

个问题是什么？也就是说,要考察与该主题相关的研究史。假定这个主题是农民起义,假定这对你是个问题,因为出于某些原因你决心写一篇与此相关的文章,或者像一般所说的,形成某种有关农民起义到底是什么的观点,现在,你首先要做的研读规范的和最新的研究史；如果你无法深入这个主题,你就只能囫囵吞下之前看到的材料,也不能走远。但是,假如你有兴趣,或者对你的历史书中某些东西有所怀疑,你就会诉诸其他书中有关农民起义的记述,并且发现这些记述与你起初了解的不同,它们彼此也不相同。倘若你决心要获得真实,首先必须将这些差异变得井井有条,而只有当你发现各不相同的记述彼此相辅相成才能做得到这一点。这样,你就发现 A 记述因为其中某些矛盾被消解了而被修正,变成了 B 记述；B 添加了某些新发现的史料而变成了 C；C 很明显是太片面了,激发了一种出自 D 的争议和反驳；C 和 D 放在一起导致了 E 提出的一种折中和妥协等等。现在,关键就在于,在与该主题相关的工作都完成的情况下,没有谁有理由不考虑这些而提出他自己的新观点。这样做不仅忽视了可能的帮助,也忽视了某些危险。一种新构成的理论如果没有参考之前的种种理论,就是在拒绝由于看到别人强调过了的论点而可能得到的帮助,它所冒的风险在于,建构者有可能倡导的是一种原来已经被确切反驳过的观点。这在实践中远不止是一种单纯的风险,而是在实践中确定会出现的情形。有鉴于此,所有的历史学家都认为,研究必须从收集相关主题的文献开始,并且,每一位历史学家也都认为,如果其他历史学家在作品中指出他对自己的主题一知半解,那会是件极不光彩的事。如同历史学家在参考书目中所说,他们需要处理两类材料："原始资料"和"近代文献"。研究原始资料是历史学,而研究近代文献,并且追寻其思想发展,这便是史学史。

一切历史都涉及某个既定主题,因而就成了与该主题相关联的史学史的必要部分。进而,有必要考察一下史学史是优于第一级历史的。在我整理完有关农民起义的文献并研究过其中的作品之前,我不能写这样的著作。原因不难理解。我努力要解决的问题正是手头那些前人就相同主题的研究中讨论的那个问题。我不是纯粹以一种相当模糊、凡俗的方式问问"什么是农民起义？"我要得到的是对与农民起义有关的某些确定问题的回答,而这些问题前人在研究中已经提出过了。现在,唯有我在自己的脑海中细细核查前人的研究,即重演它,或者叙述其历史,我才能理解摆在我面前的问题是什么,它是怎么产生的。在这样的情况下,我不是想要说我就能够成功地回答这个问题。回答一个问题的先决条件是,回答它的人应当知道正在被提出的问题是什么;这就意味着要弄明白人们是怎么想到要提这个问的。

对此,例证多如牛毛。比如,老师要求某个学生写一篇有关萨拉米斯战争①的论文,无疑,他必须熟读所有原始资料中对该战争的记述;但人人都知道,他也必须遍访近代学者就该次战役的著述。很明显,其论文的价值多半有赖于他是不是清晰地把握住了近代历史学家们涉及的问题,以及清楚地理解了他们彼此之间存在差异的原因。再比如,有人要求某位学者撰写一本有关拿破仑日常生活的书。如果只是当作一本大众读物来考虑,该书的价值取决于作者是不是能够明白受教育有限的读者对此知之多少,接下来想了解些什么。拿破仑的日常生活必然联系到读者的心灵中已然发生的历史思想的进程,这就意味着,作者必须了解其读者接受历史教育的历史。最后,如果某个研究者过的是一种孤独并且高度专业化的生活,他研究的主题没有文献可查,因为除了他之外没人研究,他也不想发表他的研究;即使如此,他在这个领域的进展仍然有赖于他对第二级历史的研究。在任何一个时刻,他的进步都依赖于解决那个通过他自己的思想的进步而出现在他的心灵中的问题,并且,为了把握这个问题,他必须了解自己思想是怎么演变的,这个新问题又是怎样提出的。这样,史学史就成了历史学家的思想自传。

因此,史学史并非历史之外附属的或新增加的东西,甚至也不纯粹是像艺术史和战争史那样的特别类型的历史,它是历史本身中永恒的和必不可少的要素,是历史学家的意识,这种意识使得他弄明白了自己是如何站在他面对的特别的问题之前。每一个有思考能力的人都知道,有时,人们会遗失掉思想的线索,他追寻某个问题,直到最后他忘记了这个问题是怎么提出来的、它会通向哪里;并且,在这样的时刻,这个

---

① 公元前480年,希腊与波斯之间发生的一场海战。——译者注

问题突然变得没有意义了,不再是个现实的问题了。在这种情况下,有的人出现了,他转过头来问自己:"我要说什么?我在想什么?我是怎么变成这样的?"等等。这些问题都与他自己的思想的历史相关,它们的作用就在于保存这种思想之自我意识的连续性。在思想即是历史思想之处,其自我意识的连续性便通过这第二级历史保存下来了。

  史学史的概念作为历史自身中的要素这一观点面临一种明显的异议,并且,这种异议因为史学史是历史自身的先决条件这一说法而有所加强。如果历史关乎史学史,或者以此为先决条件,那么(其异议就出来了)史学史就关乎史学史的历史,并以此为先决条件,进而是史学史的历史的历史,以至 ad infinitum[无限]。这样,我们就被卷入了一种无穷的倒推,其荒唐结果是我们必须从研究第 N 级历史开始,而 N 是一个无穷大的数。逐渐的,我们研究回来,才能够回答那个简单的问题:"黑斯廷战役发生在哪年?"①

  这个异议自然包含了真理的要素,但真理总是被谬误所掩盖,乍一看几乎就看不见。真理是:如果 A 的观点导致了 B 的观点,并且,B 的导致了 C 的,C 的导致了 D 的,而我的观点以 D 的观点为基础,那么,在叙述从 A、B、C、D 到我自己的研究史时,我就是在叙述这样一种历史,它的每一个术语都已经概括了整个的序列。这种根据并没有在等着我。B 的观点已经牵涉到他自己与 A 的关系的意识;C 的观点牵涉到他与 B 的关系的意识;因而,C 有关该问题的历史已经不只是一种史学史,还是一种史学史的历史;由于它涉及说明的不仅只是 B 如何理解农民起义,还涉及说明 B 如何理解他自己有关农民起义的记述与 A 的记述之间的关系。因此,如果我叙述从 A 到 D 的思想史,它牵涉到的至少有下列一些说法:A 的理论、B 的变更、B 对自己的变更与原始理论之间关系的看法、C 的变更、C 对其变更与 B 的理论之间关系的看法、C 对 B 关于 B 与 A 的观点之间关系的看法的看法,等等。这样列举种种看法会令人生厌,它被一种错误的假设非法地缩略了,即,B 的

---

① 1066 年 10 月 14 日,哈罗德国王的盎格鲁-撒克逊军队和诺曼底公爵威廉一世在黑斯廷斯地区激战。为史称诺曼底征服中的决定性战役。——译者注

理论是一种简单的一元论,而不是一种自我批判的持续过程,它令理论上的努力不断被提升、纠正和更新。实际上,B 的理论就必定是这样的。简而言之,既然在推进研究的过程中,每一个阶段都涵盖了作为整体的过程,并且对这种推进的成果构成了一种暂时的记录,那么,每一个阶段就不仅仅是一种有关事实的评论,还是对于过去对于事实的评论的评论,因而也是对于过去对于事实的评论的评论的评论,如果你愿意,可以这样 ad infinitum[无限地]追溯下去。

关于真理的要素就说到这里。那么,谬误是什么呢?它不过是阿基里斯和乌龟的那个古老悖论。① 一开始,你将阿基里斯和乌龟之间的距离切成无穷数量的确切距离,每一个距离都以某个可分离的运动而跨越,那么,你就会推导出,为了完成无穷数量的可分离运动,阿基里斯就需要无穷数量的时间,也就永远也不可能追上乌龟。阿基里斯在实践中最后追上了乌龟,原因是他的运动并没有被切成无穷数量的独立运动;它是一个单一的连续性运动。同样,如果你将历史思想的单一连续性过程切成许多确切的事件,每一种都称之为某个理论、观点或见解,其结果就是,你可能尽你所愿区分出许多这样的见解。并且,由于其数量是无穷的,你也就永远不可能贯穿它们的总体。此时,其谬误就在于把过程(即历史思想过程)分化为一系列静态看法的企图。在这种意义上,没有哪种看法曾经存在。任何一种历史看法或理论,都是许多思想的某种综合,它自身之中已经包含了运动。它不是思想之流的一个截面,而是这股细流的一小段。历史学家对其主题的解释,从来不是保持观点绝对不变;当他领略到一个更有意思的领域,其思想就更活跃,他也变得更敏锐;当他回到一个自己更迟钝或少有细致研究的领域,他就落入一种对观念毫无批判地接受状态,在别的地方,他就落伍了。这不仅仅是人类的缺陷,也是一切知识的必要条件。因为,在一切知识当中,我们都在和谬误及偏见战斗,而这场战斗永远不会结束。即

---

① 公元前 5 世纪古希腊哲学家芝诺提出的一个悖论。即假设阿基里斯赛跑的速度是乌龟若干倍,乌龟处在阿基里斯前面若干米,二者同时起跑,阿基里斯永远也追不上乌龟,他每次跑到乌龟前一刻的位置,乌龟都往前又跑了一点,仍在阿基里斯前面。——译者注

便我们像有的人那样不再思考,以免不断地改变我们的心灵,我们也达不到目标,因为我们的谬误和偏见在不同程度上会围绕着我们的思想开始加强,而我们的心灵将经受一种不断加深的麻痹和堕落。

于是,我们的思想一直在推进,它不是猛地从点到点的推进,而是连续性的;因而,当我们说每一个阶段的思想都必然是整个之前思想过程的概括时,这种概括当然不能看成是那种单独的静态看法的算术之和。正如历史不是单独的、孤立的、原子的事件的连接,史学史也不是单独的、孤立的、原子的历史思想之连接。一旦认识了这一点,我们顾虑的那种异议的压力就消失了。由于不存在系列的割裂的看法,也就不存在那种无穷的倒退,而只存在一个连续的思维过程。

以史学史的观点来看,我们就能看到有关历史普遍性的一个新观点。我们已经注意到,任何特别的历史研究,就其主题是单一的历史问题而言,无论它有多么特别,它都是此刻提出的唯一问题,是占据历史学家心灵的唯一的事情,并且因而对他来说是此刻存在的一切历史,在这样的意义上,这项历史研究就是普遍的。但是,一旦被认定是一项史学史研究,对该问题的研究在某种更深层的意义上就是普遍的,也就是说,在它是对于所有过去就该问题曾经做过的研究进行评论和概括的意义上,它是普遍的。作为历史,我的研究只涉及霍诺里乌斯治下的财政史;作为史学史,那就要牵涉迄至今日有关霍诺里乌斯治下财政史曾经有过的所有著述和评论。这样,每一项研究都迁延至今,也贯穿了以它自身作为最后阶段的那整个过程。如果是第一级历史就不必如此了;罗马史完全有权以阿克提乌姆战役①或者罗慕路·奥古斯都②的统治作为终结,而无须延续到墨索里尼;但是,作为史学史,它就不能不绵延至今,并且必须考虑最新的发现、最新的理论,将自身当成是这些发现和理论的延续。

一切历史都会牵涉至现在,这一认识极其重要,它牵涉到为什么人

---

① 公元前31年9月2日,屋大维与安东尼的海上决战。安东尼战败,此事可视为罗马共和国的终结。——译者注
② 西罗马帝国皇帝,公元476年被废黜,其统治期可视为罗马帝国的最后时期。——译者注

们要研究历史,他们想从研究中有何获益这样的问题。很明显,在某些情形下,历史研究为的是理解现在。例如,倘若我们问起:我们发现有些特定的法律和习俗环绕着我们,为什么我们会生活在其中?这时,我们就是在问一个某种意义上只有历史能够回答的问题。如果我们理解这些法律和习俗是历史过程的产物,这个过程将它们塑造成了现在的形式,我们就比先前更好的理解了它们。因此,认为历史是对我们生活于其中的现实世界成为现在这样的一种解释,以这样的方式来定义历史的价值和意义,或许会更合理。

针对这种说法的异议也是显而易见的。历史学家常常沉浸在研究那些与现实世界无关的问题。如果历史学家费尽心思构造出一种新的苏美尔人编年理论,这无助于他说明他自己生活于其中的这个世界的社会、政治和经济的状况。这样,我们就必然推断出,要么这种有关历史之价值的说明是错误的,要么除了与最近的过去有关,其他一切历史都毫无价值。

不过,这种异议能够以史学史的观点来回应。研究苏美尔王朝的历史学家不只是与苏美尔王朝相关,他也(甚至更密切地)与相关的近代史学理论相关。的确,他在努力重构非常古老的历史,但也在努力构建出与该历史相关的非常近代的历史。因而,虽然他没有令苏美尔人的历史降至当前,他却给同时代人带来了亚述学的历史。亚述学正如煤矿业一样,是近代世界的真实要素。[①] 这样,亚述学家存在着两重目的:既描述苏美尔王朝,也综述、批判和评论某种近代生活特征,即亚述学研究。

大众有一种观点,认为历史学家是一个梦想家,他那样聚精会神是要使一切远离现在,转向遥远并且早已消逝的过去。这是错误的。遥远的过去就好像是一种托辞,背后隐藏着的却是历史学家对现在的观察和批判。如果这种观点看起来多少有些奇怪和夸张,那么看看事实就一目了然了,它足以令任何明智之士相信其真理性。史学大师,如麦

---

① 在手稿中添加了:"并且,亚述学展现出来的思想的诸种形式也是具有近代世界特有的形式。"

考莱、休谟、格罗特、吉本、蒙森、梅特兰,他们都是对自己的时代极感兴趣的人。他们写的每一页历史都表现出在写作时,他们关心的不仅是发现遥远过去的真实,也专注于纠正历史谬误。这些谬误统统源于当代文明过错,反过来,它们也激励并助长了这些过错。休谟和吉本的理性主义历史是对18世纪所谓的宗教狂热即迷信进行的抨击;19世纪经济学家写的唯物主义历史是对19世纪浪漫主义的抨击;当今的史前研究是对我们过于强调物质文明的价值这一近代倾向的抨击,这种倾向把原始人看成可以剥削的奴隶,看成可以蔑视的牲畜。史学大师们洞悉这些动机,而他们在学术上的追随者和模仿者们对此或许有,或许没有那种朦胧的意识。

这样就可以说,当一切历史因其存在特殊的问题或外在的主题而显得特殊时,它也因其必须评论与该主题相关的整个的研究史而具有普遍性。因此,在某种意义上,历史总是涉及过去,甚至是非常遥远的过去,而在另一种意义上,它却总是与现在相关,把自身树立为典范,标示出应当怎样思考过去以及思考我们自己与过去的关系。这样,历史的量的方面,即与历史的普遍性和特殊性相关的这个问题,是由历史的概念来定义的。就其内容,以及研究涉及的特别的问题而言,它是特殊的;就其形式,以及将该问题与当前实际生活的整个广度联系起来而言,它是普遍的。

这里或许要注意一种现今特别突出的特殊形式,即尝试将特殊的历史与普遍史结合起来。每一种特殊的历史,或者专史都有其确定的特征,这源自于它是一部专论这一事实,并因此与所有其他专史一样。就像一部悲剧,据亚里士多德所言,它必须有一定的长度,有开始、中间和结局,一部历史专论也是如此,它必须从某个地方开始,经历了一定的过程,最后在某个地方结束。在它开始之前以及结束之后都是漆黑一片,也就是说,这部专论没有研究历史的情境,并且在这种情形下,历史思想之光还没有照亮这个情境。伟大的启明之光或许会洒落在某些可能是中心的位置,而在这个位置两边都可能因为周围黑暗的吞噬而只有一点点减弱了的光线。对于这个时期的早期阶段,我们可能仅有一点点非常不完整的理解,这是因为我们对那些历史从中发展而来的事件无知；对于这个时期的最后阶段，我们也可能因为对它们正在转变成的事物无知而知之甚少。将要详细描述的历史时期，其两端相对不易理解，这在感情上相应地会显得意思不大或价值不高①：即，开端表现为一个呆板、愚蠢和粗俗的阶段，对它感兴趣仅仅是因为在它之中萌生了一种显而易见的期望；结局同样表现为一个呆板、愚蠢和粗俗的阶段，不过这一回，这种粗俗并不是最初那种早期的粗俗，而是一种老于世故的颓废的粗俗。②

就某一部专论的观点成了公认的观点并被确定下来而言，这种原始的、成熟的和衰落的文明三阶段论在某种情况下就成了一种公认的教条。如今，各种不同的历史阶段论通过某部专论的观点像这样被固定在那些有组织的统一体中。这样，我们习惯于认为希腊世界是从公元前8世纪到公元前6世纪的原始状态中产生，在公元前5世纪的古典时期达到巅峰，并且在公元前4世纪随着城邦的瓦解和希腊化的兴起而陷入衰落。还有，我们习惯于认为中世纪文化的古典阶段，尤其是通过哥特式教堂的造型艺术表现出来的那个阶段，是从黑暗时代原始的野蛮主义中产生出来的，后来进入了使得中世纪衰落的那种老于世故的野蛮主义。

当人们认识到这样几个阶段后，就可能运用历史循环论的概念将它们串联成一个单一的体系。这种理论是这样建构的：历史在一个有规律的连续波段中运动，在其中，文化周期性地在完美的经典阶段达到

---

① 手稿中这个句子下划了线。
② 这一页背面标注了1935年，上面添加了如下陈述："从感情上讲，这是错误的。我认为，关键在于历史（不去管那种'纯学术'派相反的观点）从来不是只由事实判断（如发生的某某事）构成的，它总是涉及价值判断。我认为，价值判断正确与否与被研究的事件是不是得到更清晰的理解成正比。按照这种看法，文本的结论就接踵而至了。"

如果有人问道，为什么会有些价值判断？回答不仅仅是心理学上的（即，事实上，我们真的不应当也不可能认真研究任何没有引起我们同情和得到我们承认的事情，这正是那个我们认为值得研究或具有历史重要性的问题）。如果我们在自己的思想中重演过去，那么，我们重演的过去思想在得到重新思考时就被看成是有根据的（这是克罗齐关于历史之确实性的观点，需要仔细陈述）。我们越是充分地重演过去，过去在我们看来就越是有根据的；因此就有了有区别的结果。历史中那些我们否定地判断为错误或邪恶的东西，恰恰是我们未能理解的东西。

高峰。它曾经历从野蛮主义中产生的原始阶段,达到高峰之后被那些颓废的阶段所继承,这时,经典时期的活力和纯洁性被毫无表情的冷漠和混乱所取代了。于是,那些有着独创性的丰功伟绩有可能通过努力构想出一个循环系统而得到体现,并且沿着不同事物与将他们彼此区别开的特殊性之间的轨道行进。

这样的努力是徒劳无益的。从本质上讲,它们的根基是错误的,即表面上用某一种专论来定位其他事物,以此希望获得一种普遍史。如果有两种专论,例如一部论希腊文化,一部论"波斯巫师"(用一个斯宾格勒所熟悉的概念),它们不是简单地合并在一起,而是被放置在一个设计好的单一整体中,从一个阶段向另一个阶段的过渡得到了细致的描绘,两个阶段之间的种种关系也得到了充分的研究,那么我们就不会有一对波段,而只有一个单独的波段。相反,如果我们不再满足于往常那样以贬低公元前5世纪之前和之后的事情来奉承公元前5世纪,而是尽心对希腊化时代做一点点专业性研究,这时,我们就会发现希腊化时代自身的特征及其卓越,并且在某些方面不得不把这个时代视为一些趋势的顶峰,而这些趋势在公元前5世纪时还未走出原始阶段。

的确不错,人们在历史过程中认识的任何事物都有其兴与衰的阶段,生于斯或亡于斯。在这个意义上,所有的历史观念都是正确的,它们构成了各种循环,而这些循环各自都表现出三重阶段性。同样,单个文化的不同方面或要素都同时变化,这也是对的,这样的话,某个时期诗歌禀承的有特色的品质也会在其建筑、政治和科学中看到。但是,每一种历史变化都是同时在两个方向上的变化。它既是后来者的成长,也是先到者的衰落,同时也是自身的完善。只有在我们无法解放自己,远离在我们的时代中实际上习以为常的种种偶然的历史专业化事件之时,我们才只看到这些方面中的一个方面,并对其他方面的视而不见。

三 关 系

正如我们现在所看到的那样,每一部历史作品都牵涉到一个特别的和有限的问题,并因此成了我们所说的专论。不过,这样一部论述有普遍的方面，也有特殊的方面。因为那个特别的和有限的问题对于那个对它全神贯注的人来说，是存在的唯一一个真正的问题。他在这个问题中贯注了所有的技巧能力，用他了解的所有历史见解来阐述它。于是，整个的历史都被聚集成了这一部专论，而它也就成了以某种特别的观点来看的那个世界的历史。

专论就其写作而言，既是单一的，也是多元的。作为单一的，它是单个的叙述，以艺术的和逻辑的方式编成一个整体；主观上讲，它是一篇论述；客观上讲，它是有关一件事情的。作为多元的，它由许多对那件事情做出判断的陈述构成。这件事情是一件事，例如，法国大革命、玫瑰战争，或是哥特式尖顶的演变。它被称为专论的主题，因为它是专论中所有陈述在逻辑上的主题，也就是说，所有的陈述不管可能是什么，都是和法国大革命有关的。但是，这一事件是个复杂的事情，它包括许多方面，每一个方面本身都是一个事件；这样，撰写那个单一事件的历史就是在罗列构成它的不同事件。玫瑰战争的历史于是由罗列不同的战役、战斗等等组成，它们继而构成了战争，其中的每一次战斗都被充分地描述成对整个叙述有着自己的贡献。

依据这种观点，专论作为整体便是部分之和。每一部分都被设计成对整体有所助益，整体对各部分而言是一个有组织的体系。例如，我们能够以不同的方式描写特拉法加战役①，将它写成一篇围绕海军战术的论述、或者是围绕拿破仑战争的、或者是有关纳尔逊生涯的，又或者是关于历史上海权之影响的。要不然，我们还可以撰写一部有关特拉法加海战的专论，只是按照一种不同的要求来处理。这样，整体必定优于部分，在这个意义上，部分必定要考虑一下它与整体的关系。相反就不对了。整体并不考虑它与部分的关系，它纯粹是部分彼此之间的组合。例如，拿破仑战争史包括的只是各式各样军事行动的记述，它们聚合在一起被赋予拿破仑战争之名。因而，整体是一个规定性体系，左

---

① 1805年发生在英国海军与拿破仑的法国西班牙联合海军之间的海上决战，最后以拿破仑失败告终。英国舰队主帅纳尔逊战死。——译者注

右着著述的细节①:若将细节分离了,它便是一种纯粹的抽象,最多不过是某人意图撰写的一部历史著作的名字而已,或者是有人干了这桩事情的事实而已。

这样,它的实际后果是,在写作历史著作时,要做的第一件事便是确定主题。这看上去像是常识,可人们有时候却迷途不返,认为不断累积论述,历史会自我组织,并且希望,如果这些论述只要或多或少覆盖了某个特定的时期,最后那部作品就会是那个时期的历史。我已经说过,表面上将各种专论缝合在一起,这是错误的。要避免这样,历史学家必须一开始就具有他的作品是一个整体的观念,每一个部分都要在与整体的关系中展开。如果把没有参考那个整体而撰写的某个片断合并到结构中,那就会破坏组织的一致性,要不然就对它进行修正,使之能够和作品的其他部分聚焦在一起。声名狼藉的艺术作品就是如此,因此,就历史作品作为一种文学而言,很明显,这个原则也必须运用在它的身上。不过,像在历史中那样,它从来就用在历史之上。如果有人提出,对特拉法加战役的任何记述,只要是准确的,都会和任何其他记述一样填补拿破仑战争史的一块空白,这会多么荒唐可笑。每一位历史学家都会认识到,从拿破仑战争的立场来看这次战役,这与从纳尔逊的传记的立场来看,其意义是不一样的。对于后一种立场而言,非常准确的记述这次战役意思不大,而从前一种立场来看,对战役确确实实的误解以及由此导致的记述不准确,它也就没有什么意义了。

承认了历史的观念性,这就很好理解了,根据这种理论,某个历史事件的真实性与研究它的人的观点是相关的,那么从一种错误的观点来记述的事件就不仅不切题,还是错误的,如果说对它进行描述就等于是在声称这是切题的,这样做就误导了读者,并使他似乎看到了根本不存在的联系。

然而,一篇论述的不同部分不仅和整体联系在一起,它们也彼此相关。首先,它们在编年上是相连的,陈述了一种时间序列,并因此构成了一个叙事。不过,它们彼此之间的关系远不仅只是编年关系,它们不

---

① 手稿中这个句子下划了线。

仅构成了一个序列,也构成了一个过程,每部分都导致了紧随它的那部分,并以它之前的那部分为依托。

在某种意义上可以说,这个过程是一种因果链,前事为后事之因,后事为前事之果。在某种意义上,前事是后事的条件,而后事以前事为条件,这当然也是对的。如果说星云假说或者地质分期理论像历史那样是合理的,我们就有了严格的因果关系意义上的历史过程的范例。我们已经明白,一切历史都是思想史。思想不可能不是因就是果,但思想可以形成一种受条件限制的和作为条件的要素的序列。例如,在象棋游戏中,因为白棋出招特别,黑棋也特别应对,这再次促成白棋决定了下一步。可是,这种决定并非因果关系。其中发生的是,白棋的走法将黑棋逼进某种确定的局势中,黑棋只有一种走法可以避免败局;因此,为了不落败,黑棋选择了走这一步,这样又给白棋造成了一个新的棋局。恰恰是因为每一方都是一个自由而高明的对手,他才这样下棋,那种人们所说的决定了他的走法的东西只是创造了一个新的局势,他在其中施展着自己的自由和智慧。

这便是历史序列的本质。每一件事,就其作为人类思想的一种表达而言,就是对某种局势的一种有意识的反应,而不是某个原因的结果。这种反应接下来又造成了一个新的局势,于是出现了新的反应。但是,为何特定的局势导致了特定的行动,唯一的理由是行为者受到了某些原则的引导,在象棋中,那就是游戏规则。若不理会这些规则,下棋者就对手的走法所做的反应便毫无意义,并且会不可理喻;但是,如果你了解游戏规则,也知道他想要赢,你就能明白他为什么那样下,除非他的下法真的是因为疏忽了,这样的话,你最好试着理解他想做什么,可是却失败了。

此处所指的原则不同于自然科学中的因果律,因为它们都是有意识的作用。只是因为游戏者了解游戏规则,游戏规则才可以解释他的下法。因而,当人们不再考虑这些原则时,它们就不起作用了,这样,他们自己就成了历史现象。历史学家的任务就在于,揭示出是些什么原则引导着行动者做出了他所研究的事情,而不是假定这些原则总是一样的。

历史哲学纲要 [1928]

忘记了这一点便会陷入自然主义或唯物主义历史的错误之中,这种历史以因果律取代种种原则,并且假定这些规律就像自然规律一样是不变的。结果,历史序列被错误地转变成因果序列,而历史学家也无法把握他所叙述的行为中自由和智慧的特征,无法把握他的主题的各个部分,也无法把握该主题作为整体,作为一个有着它自己的特征和面貌的特殊的历史事件而具有的个体性。倘若历史中的决定性力量是那些不能改变的自然规律,每个历史时期除非是在纯粹外在的和毫不相干的细节里,否则就会像是所有其他东西一样,它会是自然,而自然是没有历史的。令历史时期个体化的东西正是人们行为遵循的原则具有的多样性。不过,历史唯物主义者不得不否认这种多样性,并且对所有的人都一样施加一套一致的行为动机和原动力。

犯下这种错误的理由往往在于,在某种意义上,所有理性的人都是并且必须按照相同的原则行动。这些原则界定了什么是合理的。因此,很有必要区分两类原则,一类是普遍的和必然的原则,若不服从这类原则,根本不存在像行为这样的事情;另一类是可以称之为经验主义的原则,它们可以被改变而不会有这种后果。举例如:不同的政治组织在现行法中会有非常大的区别;某个团体可能强制车辆靠右行驶,另一个团体则要求向左行驶;历史学家则应当列举这种区别。但所有的政治组织必定会同意制定法律并强制执行,尽管他们在执行这些法律时效率不高。我们可能对于有什么样的具体的法律可以选择,但对于我们必须有法律却没有选择,并且有了法律之后,都坚决认为必须遵守法律。

这样,有可能存在两项多余的错误:一是认为必须的事实上是可选择的;二是认为可选择的实际上是必须的。第一种我们已经提到了,第二种也是错误。主张这种错误的人急于把文明的和野蛮的心灵具有的不同思维方式截然区分,声称野蛮人并不像我们那样逻辑地思考。但是,在他的心灵中,野蛮人有其他的律法来替代,其中包含了我们运用的基本的逻辑规则。这种所谓的规则事实上根本不是规则,它们不过是对于无论是文明人还是野蛮人都易于接受的某些类型的错误所做的经验性描述。我们稍稍清醒一点想想,就足够说明犯这类错误的人正像那些受过严格训练的科学家一样,对同一律、矛盾律和排中律太过执著了。

477　　事件的编年序列正如我们看到的那样,也是一种对局势做出反应的逻辑序列。或许,它看起来能够在两个方向上无限拓展,并由此而(可以说)在某个维度上创做出一部普遍史。很显然,这是一个错误的观点。假定存在这样一类单一线索,它也会与其他一些线索反复交织,同样,就我们所了解的而言,也会存在一些它永远不可能与之相交的线索。很明显,历史作为一个整体不可能只由一个单一的叙事构成,只叙述一维的事件序列;但是,同样明显的是,它也不可能由许多(不管有多少)这样的一维叙事构成。这是因为,这种类型的事件序列只是在历史学家限定了的时期内才能够展现出来。当我们确定了历史研究的主题时,我们就能以编年的方式排列其中的部分。但是,假定如此确定的编年序列是从现成的一个无限的编年序列中加以选择的结果,就好比某条道路是我们选定的旅程的一部分,那么,我们就是在重复那个错误,即把历史事实看成实际存在的东西。实际上,历史事实是一种观念性的东西,它的那些我们尚未研究的各个部分和各个层面根本不存在,存在的只是我们或许能够研究它们的抽象的可能性。这种抽象的可能性是唯一的实在,它附属于一般而言的历史的编年体系和抽象理论。这些情形都是对我们可能进行历史思考时采用的各种方式所做的(非常不完全的)列举。它们类似于被看成是旅游行程单的那种指南书,但绝不会相似到被看成是对实际名胜的描述。

　　这样,实际上慎重考虑所得的编年体系仅只是作为细节的组织在历史专论中存在。因此,历史专论的编年结构与交响乐的韵律结构之间有着某种相似性。交响乐的节拍在音乐开始之前与结束之后,并不是 ad infinitum[无限地]进行;他们形成了某种组织,仅仅在交响乐本身之中存在。节拍的作用在于使得交响乐作为一个整体节奏分明地演奏出来。只是当摆在我们面前的是一部作为整体的交响乐(作曲家必定是有这样一个整体的,而每一位真正内行的听众也有这样一个整

478　体),并且它前后相续的各个乐章都彼此阐释,以至于每一乐章都渲染了其他乐章,并赋予它们特殊的意义,这时,有节奏的结构才变得可以

理解,而且显得必要。因而,交响乐的各个乐章,尽管确实是在不同的场合进行演奏的,也只有当听众立刻知道所有的乐章而克服了这种场合的差别时,它才被看成是同一部交响乐中的乐章。这看起来可能有点深奥,其实这是件非常简单、非常常见的事情。正是因为节奏和第一个主题的音调会在听众耳中余音环绕,他才会感觉与之对比的节奏和第二个主题的音调有意义。对于熟知这部交响乐的人而言,部分是因为他知道第二个主题会如何与前一个主题进行对比,所以他会更欣赏第一个主题的含义。这一事实名为索福克勒斯式反讽,是一种平常的戏剧理论。俄狄浦斯的堕落尽管还没有发生,但对于得到提示的观众而言,他的伟大已经黯然失色。在这种意义上,戏剧各部分的表演尽管前后相继,它们却是同时被体验到的。

一部历史专论的内容必定也是以同样的方式同时被体验到的。那些作为一个序列而表现为编年的内容在历史学家的思想中定然也表现为一个同时存在的整体。历史学家在重新表述哥特式建筑的历史时,在其中的每一个阶段,他肯定了解了已经逝去的那个阶段的成果,也看到了即将到来的那个阶段的萌芽。他必定感到早前的阶段为后来的阶段铺平了道路,而后者则解释了前者的真正意义。简而言之,他一定是把那主题的内在结构理解成了一种发展。

这种发展或者进步的概念界定了每一个历史时期的必然特征,而时期则意味着一个历史研究的特殊主题,即一部专论的主题。发展只是在存在统一性的地方才是可能的,那儿必定有一个发展的事物,当它演变成不能看成是和原来一样的东西时,就不能再说它是在发展了。发展也意味着那个过程中有多个阶段,并且还进一步意味着该过程在不同的层次中产生了一开始不太清晰的某些特征。发展是观念性的过程,而非实际过程,其本质就在于事物会变得越来越容易理解。同样,进步也是理想的过程,它往往简单地或错误地被理解成事物绝对会变得越来越好;这种想法明显是错误的,因为从某种观点来看,变得越来越好意味着从另外一种观点来看变得越来越糟。但是,相对于某个进步着的概念而言,进步是比较容易理解的。如果我对于科学是什么有着某种概念,那么,我或许可以说19世纪科学进步了,意思是,我心中的19世纪科学史可能表现得越来越科学;如果我对于科学有着一种不同的概念,我可能不得不说,它正变得越来越不科学了。现在,如果我的科学概念是取自19世纪,我必定会说19世纪的科学是进步了,因为这仅仅等于说19世纪的科学有其自身的理想,并且在其发展中逐渐实现了这个理想。

进步是普遍的,因为理想总是逐步实现的。一个未能实现某种理想的民族正是一个并不视其为理想的民族。理想是某些人或社会设置在自己前面用来指导其行为的原则。如果他们真的设置了理想,就真的会在理想的指导下行动;如果其行为不由理想指导,就会受其他一些原则指导,而那些原则便是他们的理想。这种情形有时有点模糊,因为虚伪会令人掩盖自己真实的理想而向别人说空话;可是,一旦这些话被揭穿,真理就一清二白了。

现在,当我们划出一段历史进行研究,这是因为我们看出其中有一种统一性或同质性。既然一切历史都是思想史,这种统一性便是思想的统一性,即某些人思想中的统一性,而他们的行动铸就了我们研究的这个时期。这也就是说,它是那些原则和理想的统一性。我们关于这个时期的历史实际上便是这些理想的历史。从这些理想的观点看,对于这个时期历史的叙述将它呈现为一种发展,即构成这个时期的种种行动逐渐表现出我们所谈论的理想是什么,就好比一部悲剧中的各幕逐渐显示出悲剧的情节(或理念的统一性)是什么。这种发展是一种进步,因为,随着这个时期的进展,对于历史学家而言,那些理想是什么越来越清晰了,所以历史人物的行动也越来越明显地与这些理想相吻合。

有一种特殊的情况会引发更多的讨论,即新近的过去——直接作为现在之先导的过去。在这种情形中和在任何其他的情形中一样,某个时期的历史表现了该时期理想的逐步实现。可是,在这种情形中,理想是我们自己的理想,我们就处在这个时期之中或者它的边缘,因此,我们特别容易看到存在着一种进步。一个人如果浏览过从格拉古到安东尼时期的罗马政治史,除非他能够理解或同情那个时期的罗马政治理想,否则他无法看出其中体现出了某种进步,这就要求某种研究和心灵的拓展。

但是,任何一个人,因为他生在这个时期,长在这个时期,于是学会了接受这个时期绝大多数的理想,无论他具体可能反对多少也是一样。因此,任何一个人如果了解一点最近的过去的历史,他必然从中看到他自己的理想的发展,并且由此而必定将它看成一个进步的时期。有些人否认在最近的过去中能够看出进步,他们都夸大了自己反叛现在的理想的程度。既然每个有思想的、独立的心灵在心中都有这种反叛的因素,那么,就没有哪个有思想的、独立的人会毫无保留地把最近的过去描述成一个进步的时期,因为他会部分地把这个时期理解成他必须反抗的事物生长的时期。事实上,最近的过去的理想并不完全是我们自己的,而只是非常像是我们自己的,因此,要把这个时期理解成一种进步,我们就必须竭力区分它的理想和我们的理想,最后以它自己的标准来判断它。

任何一种对于特定的历史时期的叙述就如同该时期的进展一样,越来越清楚地揭示了这个时期理想的本质,在这种意义上,进步就是普遍的;并且,理应依据这些理想来对它加以评判。人们不会认为,依据相同的标准,下一个时期必然会更好,相反,它必定更糟糕,但是,根据它自己的标准,则会更好。不过,以这种方式将两个时期放在一起来比较乃是在糟蹋历史。如果要把两个时期放在一起考虑,它们就必须合并成一个时期,从其中找出共同的特征。如果它们没有这些特征,再比较也没用处。要不是认为自己发现了两个事物之间有些共同之处,没有谁会想到去比较它们。不过,通过揭示这些共同的特征,人们恰恰是在把他比较的这两个时期当成一个单一时期来描述,把它们的理想当成一种修正了的共同理想。如果谁真正有办法把所有的历史,即公元前3000年到公元后1900年的历史当成一个单一的时期来研究,用一个思想的单一行为来把握,并且在一部专著中加以解释(不是将它的不同部分当作各个时期来加以把握,并且在一系列不相连接的专论中进行解释),他必然会以同样的方式把它看成是某个单一理想逐步发展的过程。毫无疑问,没有哪位活着的历史学家能够做到这一点;或许未来也没有谁可以做到。但这并不能确定哪位历史学家不会从这个巨大的时期中挑选出一个单一有限的方面,并且从这个有限的观点出发,将整个时期描述成一个真正的统一体。我们或许回忆起康德的普遍历史观念这个事实,它特别是"从世界公民的观点"而产生的;也就是说,他特别指出世界公民的观念能够(被一位学识渊博并且有哲学头脑的历史学家,而不是被他自己)用作一篇论文的主题,涵盖整个有文字记载的历史。如果真是这样论述,他就会看到,并且正确地看到叙述会是一种进步的叙述,会是一种理想逐渐加强的叙述,这个时期自始至终都能够发现以这种或那种形式呈现的理想。

从另一种而不是这种意义上来看,进步就是一种幻象。依据我们自身特有的善的观念,假定世界会变得更好,这就超越了理性的范围。我们或许能够确定的只是:我们的后代将生活在一个与他们的理想相符的世界里,这恰如我们生活在这个与我们的理想相符的世界里。

四 模 态

下面要讨论的第四个问题涉及历史的确定性,它所依赖的基础的性质,以及它作为真正的知识的地位。从构成现在流行的知识理论的实在论和经验论观点看,这个问题已经回答过了,因为根据这些理论,像这样的知识是有关某个对象的知识,而该对象事实上独立于认知之外。既然到目前为止,根据历史的观念性这一论点,整个讨论转变了,我们将毫不犹豫地承认,根据实在论或经验论,历史学家什么也没有认识到,因此,他的思想并不是知识。

历史的观念性是真实存在的,它太明显了,也不可否认,这使得实在论和经验论哲学家习惯以冷漠甚至实际上是恶意的方式对待历史。他们发现探讨知觉理论最自在,它似乎清楚地显示出,对象是实际存在的,在某种意义上独立于感知者。所以,他们很容易辨别某种情形,并运用自己的自然科学观点来解释。而他们所理解的自然科学总是存在一个感知的对象,可以对它进行观察和实验,甚至对纯粹的数学也是如此,如它们能够把数字实体化等等,并且就这些实体要求一种知性的直觉。在历史的情形中,这种方法无济于事,于是实在论者发现自己处于两难之境。要么他不得不抵制作为幻想形式的一切历史思想,这通过 obiter dicta[附带说明]的方式很容易做到,但以一种前后一贯的和合乎逻辑的方式却不可能做到,因为要说明那种幻想何以达到这样一种不同寻常的一致性水平,并且在表面上呈现出科学的完美地步,这是不可能的;要么他就不得不声称,历史思想的对象根本不是过去,而是过去在现在中留存的印迹或遗迹。后一种便是目前关于记忆的正统经验论观点。如果经验论者和实在论者认为历史是一种值得理论化的东西,毫无疑问,他们就会把这种观点用在历史上。可是,任何这样的观点一开始就是破产的,这再明显不过了。整个现在由过去的印迹或遗迹组成,因为现在是过去转变而来,而过去则是那种要转变成现在的东西。因此,谈论现在之中过去的印迹乃是在谈论现在,并且只是谈论现在。心理学家"解释"记忆时可能提到过去的这些印迹,他们提出的理论最多可以说明某些幻觉,就像经过剧烈的海上航行之后感觉陆地明显在晃动;但是,这无法解释为什么在认为陆地在晃动与记得船曾经摇晃二者之间会有区别。

此处主张的这种观点同样处于这样的两难之境。我们会看到,如果历史的目的在于认识过去,是为了了解事情实际发生的情形,就好比实在论者必定会设想的历史的目的那样,那么,历史当然就是一种幻想。这样的话,我们就会明白,真实的历史思想与现在之中的过去的印迹是紧密联系在一起的。

如果有谁认为自己可以通过历史研究揭示真实的和完整的过去是如何如何,那么,对历史研究的情形稍作反思便能令他清醒。他所能做的是按照自己的要求来解释证据。如果他毫无批判之心,那就会认为自己恰巧得到的证据只是一个曾经遗失的恰当的例子,并且认为他从这些片断中重构的过去正是实际上的过去。多数历史学家非常明白地认为,他们的证据越不完整,自己关于过去的知识肯定就越零散;认为合理的推论无法弥补这些知识的片断之间存在的间隙,想象也做不到;还认为绝大多数过去的事件必定永远是未知的,而且是不可知的。但多数历史学家也认识到,过去并不是一种有着许多原子事件的状态,在其中，任何一个事件都可以按一种不考虑其他事件的适当方式得到"认识"，相反，过去是一个整体，其中各部分相互关联，互为解释，使得彼此之间易于理解。于是就得出后面的看法，即我们对于过去越是无知，我们对于自己声称了解的那些片断具有的知识就越容易产生误解和谬见。不过，即便一个人谈到最近一次普通的选举、格累斯顿的生平、或者他刚刚写好的一篇获奖论文所涉及的领域，当他考虑到我们无知的程度有多大时，他都不可能闭眼不见这样一个事实，即在最有利的情形下，一个人的无知都是无边无际的，他的历史知识只是由虚无飘渺的无限空间中遗失的一些原子组成。这种观点需要细心反思，因为当我们就某物了解了所有已经了解的知识时，我们倾向于认为自己对它"全"都了解，也就是说，拥有了有关它的全部知识。我们误把我们的资料和现有资料之间的相符当成了我们的资料和对象之间的相符。一旦消除了这种混乱，任何历史学家都会毫不犹豫地说，即便他最了解的历史时期，也有数不尽的东西的确是他不知道的。

这样，如果历史意味着具有实在性和完整性的过去的知识，那么，它当然是一种幻想。可它真是的一种幻想吗？我们很容易通过实验来回答这个问题。假设有位历史学家对滑铁卢战役进行了专门研究，问问他被步枪击中而失去战斗力的第一百人的姓名。他不可能回答。可问题是，他会不会为此而感到不安呢？不会。他会认为这是一个愚蠢的问题，并且，你问这个而不是抓住机会和他讨论所有那些与战斗有关，而他也有话可说的有意思的问题，他会相当恼火。这就证明，他并不想在所有的细节方面获得与滑铁卢战役有关的完整的知识；他知道并且接受这样一个事实，即他对其研究对象的知识是并且必定总是局部的知识。他承认，更确切地说，他还会辩论说，以过去具有的实在性和完整性来了解过去并不是历史的目的。因此，他就暗示了历史的目的是别的什么。

假设你要迫使他说清楚，为什么他对那第一百人的名字没有兴趣，他会回答说，该战役的文献记录中没有这方面的记载，而他作为历史学家的工作在于研究和解释这些文献。那么，现在这些可能的各式各样的文献，例如急件、往来信件、目击者的叙述或者来自谣传的叙述，甚至

历史哲学纲要 [1928]

战场上发现的墓石和物品，统统是过去留在现在的印迹。战役中的任何一个方面或事件，如果没有留下任何印迹，必定永远都不可知了，因为历史学家的工作不能超出重构那些过去的要素，它们在现在中留下了印迹，使得历史学家能够感知并加以阐释。

在这个意义上，历史是有关现在的研究，根本与过去无关。文件、书籍、信件、建筑物、陶片以及燧石，这些都存在于现在，是历史学家从所有他知道的和他曾经能知道的与过去有关的东西中提取出来的。如果它们后来腐烂了，例如历史学家所写的手迹就可能腐烂掉，它们也就变成了过去的东西；如果历史学家要对它们有点什么知识，就必须在现在中为它们留下点印迹。这些印迹肯定远甚于纯粹的结果，而必须是可以认识的结果，即对于历史学家而言可以认识的结果。可以想象，过去没有什么东西不能在现在之中留下什么结果；也可以想象，一个垂死之人头脑中掠过的最后的思想也会在他的脑细胞中留下某种印迹，之后在他的骨灰中留下某种印迹。但是，在我们学会如何读出这些印迹之前，它们都因为不能被识别和解释，而不成为历史证据；这样，相对于我们现在的知识而言，我们必须说这种思想根本没有留下任何印迹。

历史学家受其证据约束，他的工作是解释证据，而不是重构某种并非指向他的过去。抽象地说，整个的现在是由过去的印迹、整个过去的印迹组成的；因此，理论上（在这个词平常的也是错误的意义上），现在的任何部分都可以被当成一部普遍史的完整的、充分的证据使用。实际上（意思是确实），证据在被解释的时候只是证据，这意味着必须有人来解释它。但是，他首先必须找到它，这又意味着他必须在心灵中有一个自己正努力要回答的问题。这个问题必定是我们所说的那种历史专论的主题。只有当一个主题作为历史问题得到正视，才可能有证据这样的东西。这是因为，证据指的是与某个问题有关的事实，它指向回答。因此，把世界描述成任何一个可以想象的历史问题的实实在在的证据，这是颠倒黑白。在某个问题被提出之前，是不存在该问题的证据的；而既然任何问题都是从许多可能的问题中选出来的那个特殊的问题，与它相关的证据便是由特殊的事实构成的，其他的事实都与此无关。这样,选择证据,或者发现证据,以及解释证据,就很有必要了。①

这是人们熟悉的理由。每一位历史学家都知道,即便最全面的、最深入人心的证据,也只是对那个在心灵中有着正确的问题而分析它的人,才有说服力并且真正有意义。下面的这个论证有点晦涩,它以一位正在进行历史探索的人来说明这一点。人们发现,一个人要想成功地领悟论证的要点,这有赖于他能够在关键点上提出正确的问题,这种情形一再出现;相反,我们也容易看到,这样的解释不能说服的人事实上也无法被说服,因为他们没有理解正在讨论的问题是什么。倘若他们只是有着一种开放的心灵,那他们是希望折服的;可他们忘记了,开放的心灵意味着就某个确定的问题并不想专心获得某个确定的答案,他们也忘记了,对这样一种心灵来说,最明显的证据也是没有意义的。

在此,前面批判过的记忆理论诸原则与当前的历史理论诸原则之间的差异便呈现出来了。经验主义者的记忆理论满足于看到现在中确定的要素都是过去的结果,由此而冒下结论:当这些要素被意识到时,心灵是 *ipso facto*[按照事实本身]记起了或者感觉到了过去。但是,在现在之中那些过去的印迹只是对于决心把它们当作过去的证据来研究的那个心灵来说,才是过去的展现。无论现在在何种程度上是过去的结果,单纯观察现在都不可能在心灵中唤起过去的观念。过去的观念借助于心灵必定有着一种 *a priori*[先验的]成分,唯其如此,在研究现在的时候,人们才能够问"关于过去,这样做告诉我们什么?"并且,只有问了,才能知道。

按照这样的观点,关于历史的确定性的问题就呈现出了新的面貌。以过去的实在性和完整性而言,历史学家对于过去是什么不可能有确定的知识,但他也不会对此有无法确定的知识,甚至臆想的或想象的知识。对历史学家来说,实在的和完整的过去什么也不是,并且,好比过

---

① 在这页手稿背面,后来加了几句话:"历史学家提的问题便是那个只有他能提的问题。这是历史学家个体性的一种机能,因而也是他那一代人的机能。它以其自身特有的方式表达了心灵的态度,不论从理论上还是实践上,这都是那个心灵自己时代的特征。这便是没有哪一代人能够接纳现成的、上一代人的历史结论的缘故——他们拒绝这些结论,并非因为它们是错误的,而是因为它们没有告诉这一代人他们所想要知道的东西。"

去已经发生过了,它本质上也是虚无,因此,历史学家对于过去的无知不会失去什么。历史学家要求的唯一的知识与回答有关,而这个回答是他以自己掌握的证据为他提出的问题所做的回答。问题本身是以证据为转移,反之亦然;因为,若不是证据为某人所提的问题给出了回答,也就没有什么证据了;这样的话,人们提出问题时若不是相信用来回答的证据会接踵而来,就不会有什么真正的问题了。我们没有材料用来回答的问题不是真正的问题。历史学家如果不是有所懈怠,他是不会提出这样的问题的;并且,如果有人问他这样的问题,他无力回答不是说他作为一名历史学家不合格,而恰恰是说他合格,这表明他了解自己的工作。

这样,历史的确定性是指,我们掌握的证据明确指向了对我们提出的问题所做的特定的回答。这个真理一定程度上是通过一种错误而其中又有着真理要素的意见来表达的。它认为,历史学家的工作是把从过去传承到他那儿的传统信息传递下去,即他从信息提供者那儿知道一个故事,然后在自己的历史作品中重复它,当然,他也会将它和其他故事拼接在一起。

这样说的话,就会忽视在所有历史中都或多或少会存在的那种自然的、批判的和独立的思想的要素,并且忽视多数最值得称为思想的东西。于是,历史被看成是在重复故事、将故事一代一代传承下去、贮存在记忆中或者编进卷帙,而其他人或许会将故事找出来无限制地复制、改写或重新组合。根据这样的观点,历史学家的资料都是"权威",也就是说,是他发现他现成的陈述的地方;历史学家的才能只有持久的记忆,而他的工作方法则是剪刀加浆糊。

许多人,甚至有些历史学家都相信这是对历史的恰当描述。他们认为,历史著述是指从值得信赖的权威著作中选出些片断抄在一起,而成为一名好的历史学家则是指他记住了大量你在这些书中读到的东西。历史中的确有许多这样的东西,不管怎么说,它描述了历史的一个特征,如果没有这个特征,就不可能产生历史,也不可能产生任何其他形式的思想。这个特征就是:盲目地相信权威、被动地接受人们缺乏能力而也没有意愿去进行批判的观念。但是,这个特征对于科学就像对于历史一样,都是合理的。科学家常常照抄彼此的观念,借用彼此的公式,并且描述彼此的实验,人们却很少责备他们。如果他们不这样做,就会浪费大量理应更好利用的时间。不过,这样被动地接受二手成果并不是科学,它最多是一种在心灵中放置一个坚实基础的方式,而在这个基础之上,人们能够建立起真正的(即原创的和批判的)科学思想的结构。同样,历史学家被动地接受大量他们发现的其他历史学家说的东西,但这种接受不是科学,它不过是历史教育的小学或幼儿园阶段。

当这个教条的阶段被超越,历史思想具有了批判性时,真正的历史研究就开始了。在这个阶段,权威文献消失了,取而代之的是我们被交给了原始资料。① 区别在于,鉴于权威做出了我们接受和重复的陈述,原始资料就是那些能够让我们做出自己的陈述的东西。使用权威文献时我们是被动的,而使用原始资料时,我们是主动的。在权威文献中,我们找到了现成的历史;而在原始资料中,我们找到的是迫使我们创作出自己的历史的那些资料。权威文献因为给了我们现成的历史,它必定是由一些陈述组成,即,它必定要措辞表达,必定是一本书、一部讲稿、一篇碑铭等等诸如此类的东西。作为权威的文献,其精髓在于我们把它的陈述当成是真实的,并且将它们编入到我们自己的历史信念之中。倘若我们不再将其陈述当作真实的而加以批判,不论这些陈述到底是不是真实的都细加考量,设法读出言外之意,自问作者想掩盖什么,是什么动机促使他说出自己做了什么,这时,那些书面的或口头的文字就不再是权威文献了,而是成了原始资料。然而,当我们学会了这样做时,就可以利用其他东西作为原始资料,而不只是书面的或口头的文字。目击者提供证词时的语气、下意识的姿势;文法和用辞、手写体、文件的纸张;甚至并不提供证据的手势,以及对文件并无意义的质料和形式等等;现在,所有这些都能用作历史资料,得到同样有价值的成果。

在成文和未成文的资料之间没有原则上的区别。真正有意义的区

---

① 在手稿背面后来加了一句:"我们必须反复质疑证据(参考培根),而不仅仅是听从它。这就摧毁了权威文献(authorities)的概念,而引向了原始资料(sources)的概念。"

别在人们归结出来的时候,是指权威文献和原始资料之间的区别。人们认为,使用成文资料比不成文资料要更容易些,并且在书面资料完全缺失的地方,历史根本上是不是能够存在也是很值得怀疑的。有着确定性和明晰性的历史与朦胧的史前时代之间的区别,依据的就是它们的存在与否。但是在所有这些情形中,我们讨论的问题是,批判的历史学是不是可能,或者说历史学家是不是必须一直停留在幼儿园阶段。成文的资料比未成文的更容易利用,这纯粹是因为成文资料可以被当作权威文献使用,能够复制而无须辨别,能够整个地接受而无须仔细考察。如果对作为资料的成文资料进行核查而不是教条式地接受,它们一点也不会比未成文的资料更容易利用。认为成文资料比未成文资料更容易利用,这就好比说以你的能力游泳比超出你的能力游泳更容易,如果这也叫作游泳的话,你还可以在陆地上用一只脚来游泳。此外,怀疑历史是不是可以根本用不着成文资料,这仅仅意味着,或许历史是少不了权威文献的,它们的陈述可以不加批判地复制,从而为一种批判的上层建筑充当未经批判的基础。此时,我们再一次注意到这个理论,即没有人能够超出自己的能力去游泳。现在,我们做了些修正,目的只是为了表明,我们必须允许游泳者每游几下就触一次底。主张这种理论的人应当约定,两次触底之间最多可以允许游几下,换句话说,人们不依靠权威文献到底能够走出多远?最后,所谓的史前史的不确定仅仅在于史前史没有权威文献,只有资料这个事实。在此,历史学家明显被抛进了史前史之中,这是他力所不能及的,而在我们职业历史学家当中,正统的观点看来是愿意把他看作是没有什么希望了。*E pur si muove*[但它还是在转动呀]①。史前史在过去50年取得了大量的成果。现在,它的立足点已经很可靠了,以至于即便面对大量伪造的东西,并且有几个其他学术领域而非史前史领域的杰出之士断言其真实性,都不会有严重的动摇。对于未来史前史研究来说,格罗泽事件是最有意思的可能征兆。每一位史前史家都看穿了这个把戏,那种宁静,几乎是缄默的确定性证明,我们此时的立足之处不再会从脚下溜走了,并

---

① 伽利略的名言,指事实不以某些人的意志为转移。——译者注

且证明了历史思想要走出幼儿园的要求。

这种要求是以它具有批判原始资料并且从中抽绎出历史的意图为基石的,并且,从历史学家的观点来看,它也暗示了那种一般称之为科学的技能。这种才能并不要求人们能够囫囵咽下所有的东西,或者抄下其他人说过的一切,因此,正是这种技能之有无,最明显不过地标示出利用原始资料的、积极的和批判的历史学与从权威文献那儿接受的、被动的或武断的历史学之间存在的区别。批判的历史学将其原始资料分组,随后再将各组细分,并制定规则对各种细分组进行处理。从整体上看,这种技艺是一种抽象的或分类的科学,没有通常的名称,除非可以用考古学来作为它的名称,并且将其细分成许多科学分科,如古文书学、钱币学、铭文学等等。这些考古学的科学分支均为批判历史学所 sine qua non[必需]。它们自身不是历史,而只是处理历史资料的各种方法,但若没有这些学科,历史就不可能超越教条的或幼儿园的阶段。它们宛如形成了一切历史思维的骨架。历史自身必须灵活,不过它必须有坚硬的骨骼,要不然它就会丧失所有独立运动的能力而变成寄生虫。分类的和抽象的思想是对历史的否定,它从头到尾都是个别的和具体的,可是,历史的具体性只能通过考古学式科学的抽象才能达到。

批判历史学的每一点进展都有赖于解释证据方面的进展,即考古学式科学的进展;而考古学式科学的每一点进展都在于,发现过去未起作用的某类事实现在可以用来得出历史知识了。考古学家觉得,他获得新进展的方式是常常问自己,这种或那种笔迹的细节,或者铸币、陶器是否能够证明某个确定时期或某种起源的特征。他收集实证,也许有数千件,来验证自己的设想,并且可能以致力于得出这种特征有一定的含义这样的概括而结束。他之后的考古学家学到了新的观念,就像是医生学会了一种新的诊断方法。这种学习部分是通过读他的论文,而更多的是因为后来者与材料有更多接触,以及从他的指点中重新发现了窍门。对于那些不是考古学家的人来说,正是这一点令他们觉得考古学如此沉闷。它看来被写进了著作或报告中,当有人读到它们时,就会证明要么是不易理解的,要么是极不合逻辑的。不过,这些著作和报告只是些指示,告诉训练有素的人如何运用他的材料来获得确定的结果。它们不是真正的考古学,就如测量员的土地簿不是地图。

考古学是历史的方法论。一位对所有考古学无知的历史学家不可能拥有真正的历史思想的力量,他只能接受他所发现的权威所说的东西。当他开始批判他的权威时,他就开始发展考古学的工作方法了,例如文献学、校勘学等等。但是,即便在考古学最宽泛而可能的含义上,它也只提供完全批判性的历史研究所必须的某个方面的方法论。考古学是一种经验性的方法论。任何考古学分支科学的方法都只能运用在发现了一定类型材料的有限范围之中。另外还有一种方法论是纯粹的方法论,这是一种科学,它设置了方法论的普遍原则来处理任何种类的原始资料,可以建构起任何主题的任何叙述。这种纯粹的方法论就是历史哲学,它是科学,可以用来处理一切历史思维的普遍的和必然的特征,将历史和其他思想形式区分开来。

就这种科学能够为寻求历史知识提供指导而言,它是实践性的,或者说是方法论性质的,因为它研究的是,无论在何时何处,历史是什么,这样,也研究无论在何时何处,历史应该是什么。这是很容易引来异议的,因为照这样看来历史总是它应该是的那样,因而历史哲学就不可能有实际的价值。倘若不是那些与从事哲学探索无缘的人们总是多多少少被种种哲学谬误摆布的话,就真的会是这样的情形了。不过,人们往往受到许多彼此对立的谬误影响,这些谬误从长远看并无影响,也没有妨碍人们的实际生活。但是,一个简单的谬误会把它自身强加于人并且变成执迷,任何对立性的力量都无法对其加以校正,直到发生不可挽回的损害,这种情形常常出现,尤其对于那些自以为逻辑严密、头脑清醒的人更是如此。

因而,执迷不悟的严守逻辑的思考者按不同的倾向来扭曲历史。他们或是主张历史唯物主义、或是断言在野蛮的心灵和文明的心灵之间存在奇怪的差异而破坏历史连续性、或是通过抑制一切使之成为历史的东西而努力把历史变成科学、或是虚构出各种历史循环论学说、或是主张一种机械的进步论、或是根本就否认进步、或是接受上百种类似的谬误,每一种都包含了一种历史哲学中的错误,并且每一种最后都使

493 其历史思想的整个结构误入歧途。① 所有这些中,最严重的错误是,他们看不到历史研究的价值、逻辑严密性,以及在理智上令人尊敬的地方可敬的,尔后就将人类精神中一种普遍必然而又在给人们带来愉悦的行当,断然贬为一种卑下而犯下了哲学错误的活动。哲学家对这种通常困扰着专家们的自负和卖弄学问的危险并没有免疫力,并且,在哲学家中,这种恶习还有了这样一种形式:哲学家倾向于把自己树立为人类各种各样的实践和理论追求的判定者,并且以一种笼统的话声称艺术、宗教,在此还有历史,是一种妄念和谬误。当这种哲学讨伐中卖弄学问的做法肆虐时,它就至少为怀疑炫耀者自己的哲学中存在着错误提供了根据。因为,炫耀者对抨击的事情所做的那些指责是基于这样一个假设,即,事实上,被质疑的事物是非理性的,因此对于理性的人来说那不值得关注。可是,如果它真的是非理性的,为什么它还存在呢? 要说这样做的炫耀者是在一种错觉的支配下工作很容易;但是,若是不能对于原始资料和所谓错误的真正本质给出一些解释,那它就不过是一种毫无意义的反控。除非给出了这种解释,否则任何人都无法反驳"你是另类"这种粗野的抨击。假如哲学家武断地声称历史是以谬误为根基,有人就该告诉他,这恰恰是他自己关于历史是什么的理论是错误的。

　　就如柏克在一个著名的段落中所说,如果你无法拟出一份控告来反对一个民族,你更无法拟出一份控告反对人类经验的整个领域。这些把自己称为哲学的敌人的人,都是抱有自己的哲学的人,而他们自己的哲学却不像是哲学,因为他们本能地将其藏而不露,使之逃避犀利思想的冷峻目光。还有一些人自称哲学家,他们称自己是艺术、科学或者任何非哲学的敌人,并且通过表明自己厌恶无理性而赋予这种表白一种恰当的哲学形式。这些人都是些对自己抨击的事物抱有错误的哲学
494 理论的人。人们非常容易陷入某种哲学错误,作为必然的后果,这种错

---

① 在手稿背面,柯林武德后来补充写道:"要避免坏哲学的这种后果,除了找到一种更好的哲学,别无它法。在这种意义上,就如同我们试图在此说明的那样,历史哲学对于有关历史思想的逻辑问题充当了一种实际的指导"。

误与关于人类经验中这个或那个领域的错误理论相关。例如,一个人的知识理论若是将知识变为一种非理性直觉的说法,他就可能是一位艺术爱好者,但他几乎肯定会鄙视科学。一个人的知识理论如果把知识说成是对普遍本质的理解,他很可能对科学充满着敬意,但他就不会喜欢历史了。可是,这些厌恶所表现的并不是科学或历史有什么错,有错的话也是厌恶者本人的错。

像艺术、科学或历史这样的东西并不要求哲学来为之辩护,它可以为自己辩护。许多人长久以来致力于艺术、科学或历史,他们通过想出种种方法,以及精心阐述自己追求的特别的目的,在彼此之间建立起一种融贯的思想体系。这一事实本身就是它的合理性证明。如果有人有另外的想法,除了请他检查自己的哲学所依赖的基本理念,我不知道该如何帮他;而请人做一件如此费心的事,通常是要被拒绝的。可是,不这样做就难以令人信服,就好比当一位天文学家说,行星的轨道是一种理性的事物,而且是万有引力定律的一个证明,可彗星的轨道就是一种奇耻大辱,理应被宇宙的警察部门阻止;如果不请这位天文学家自我反省,那也难以证明他是错的。天文学家们认识到,只要彗星事实上是按抛物线轨道运动,他们的工作便是接受这个事实并且将其归纳为某种规则。但是,这或许只是因为天文学家不得不承认,他们要想对彗星鼓吹什么是毫无用处的,而哲学家却并不总是清楚向人类鼓吹某些东西又有多少用。如果他们太过自负,不能认真考虑奥利弗·克伦威尔① 的建议:"同胞们,我恳求你们,想想你们是不是可能犯下错误",那么,他们就会把自己的每一个错误都当作一个藉口,来对那些他们抱有错误看法的人、制度或者实践鼓吹一通。

哲学家如果要想把人类生活理论化,就必须以玛格丽特·福勒② "接受宇宙"的精神接受人类生活。这并不意味着他必须整个吞下。他必须理解人类生活,为了做到这一点,他必须分析它、解剖它,并且拒

---

① 奥利弗·克伦威尔(Oliver Cromwell,1599—1658),17世纪英国政治家。——译者注
② 玛格丽特·福勒(Margaret Fuller,1810—1850),19世纪美国超验主义文学家,女性主义理论的早期阐述者。——译者注

绝接受任何未经分析的东西。不过,他必须不陷入错误之中,认为正是他的分析使得人类生活成了合理的,他能够在人类生活中发现的仅仅是已经在其中存在的理性。

这样的话,哲学家要发现他分析的对象是不合理的,这并不容易。他若接受这样一种判断,便是在责备自己未能找到他打算要找的东西。但是,这个问题还有另一面。如果哲学只是把历史思想当作一个对象进行研究,即当作完全不同于自身并且独立于自身的东西来研究,就好比天文学家研究恒星的运动那样,那确实会发现它是合理的,可这只是在恒星运动是合理的这个意义上,即它是由无意识的规律决定的。这样,从外部研究历史的哲学家会发现历史乃是思想的一种合理的和必然的形式,但他在其中没有发现历史学家发现的那种必然性或逻辑联系。因此,他最多是把历史学家想象成有几分不合逻辑的逻辑和不合理的合理。只有在哲学家从内部研究历史时,即只有当哲学家和历史学家是同一个人,并且,这个人的哲学工作和历史学工作相辅相成时,这种困难才会消除。这样,哲学家必定相信历史学家的历史思想是合理的,因为他自己就是历史学家,而他只是向自己保证他自己的思想的合理性。这不仅仅是一种信仰的表现,而且是良心的拷问,这使得他把历史思想当作某种合理的追求来接受,以期成为一个健全的人。不过,反过来,历史学家在某些事情上也可以依赖哲学家。哲学家在其历史知识理论中关心的是解决与历史的限度、有效性和目的有关的那些问题,而历史学家则可以令他的历史研究与这种探询的结果保持一致。

于是,接下来会有双重结果。哲学家的哲学会因为他对于自己正在加以理论化的主题有着个人的经验而变得更值得信赖;历史学家的历史则会因为与它自身的哲学观念有着越来越多的一致性而变得更加理性。历史为哲学提供资料,哲学为历史提供方法。

考古学被形容成历史的方法论。但历史存在着两种方法论:一种是经验的方法论,它牵涉的是特殊的、各式各样的历史材料,以及用来处理它们的不同的方式;另一种是一般的或普遍的方法论,它牵涉到普遍的方法问题,这些方法对每一块历史工作的影响都和对所有其他历史工作的影响是一样的。这种普遍的方法论正是历史哲学,这是历史学家自己进行的研究,旨在澄清他自身对于历史研究的性质和目标看法。

在这种历史与哲学的联合之中,单个人在进行研究却又是对别人做出反应人之间产生了作用,历史第一次成了真正合理的,而哲学也是第一次理解了这种合理性,这不是通过纯粹的信仰行为,而是因为这样一个事实,即历史必定会像哲学要求它的那样理性,因为哲学本身使它做到了这一点。

附 录

评柯林武德的史学理论

何兆武

一

柯林武德在 20 世纪初期的学术活动主要是在纯哲学方面,后来对历史学的理论考察越来越引起了他的兴趣。从 20 世纪 20 年代起,他写过一系列有关历史哲学的文章,但他这方面重要遗文之最后汇集为他的代表作《历史的观念》一书,却是他死后三年由友人诺克斯于 1946 年编辑出版的。

1910 年当柯林武德在牛津开始读哲学的时候,格林三十年前所奠立的那个哲学运动仍然在统治着学院;在这个有势力的流派中包括有他的后学 F. H. 布莱德雷、鲍桑葵、W. 华莱士和奈特尔席普等人,即通常人们所称的新黑格尔派或英国唯心派。然而他们自己反对这个名称,认为自己的哲学既是英格兰和苏格兰土生土长的哲学的延续,同时又是对这一哲学的批判。1880—1910 年的三十年间,这个流派不但在牛津、而且更多地是在牛津以外,有着广泛的影响。这个流派的反对派则是所谓实在主义者。

柯林武德本人自始即不同意实在主义者的论点。他认为实在主义者把哲学弄成了一种徒劳无功的空谈游戏、一种犬儒式的自欺欺人,对于英国思想与社会带来了灾难性的后果;又过了三十年以后,他仍在批评实在主义者是建立在"人类的愚蠢"①之上的。第一次世界大战后,大多数英国哲学家都已属于实在主义,而凡是反对实在主义的就自行

---

① 《形而上学论》,1940 年英文版(以下同),第 34 页。

归入唯心派,亦即格林后学的行列。以实在主义者的论敌和对手而出现的柯林武德,也被列入其中。这时候,罗素和摩尔的重要著作均已问世。随后亚历山大的《空间、时间和神性》、怀特海的《过程与实在》相继发表;实在主义者一时大畅玄风。就在这个时期,柯林武德仍然认为这些著作不但没有能驳倒、反而更加证实了他所坚持的论点。他认为罗素哲学赖以立论的逻辑和数学都是先天的,不属于实验科学的范围;而摩尔则根本不讨论存在问题或者什么是存在,只讨论命题的意义。如果实在主义的含义是指被认识的对象与认识者的认识无关,那么怀特海那种通体相关的哲学就不能算做实在主义;因为它承认认识与被认识的对象二者总是相互依存的,而这一点正是实在主义所要否认的。至于亚历山大那部名噪一时的著作,柯林武德则认为其主体大都出自康德和黑格尔的观念,只不过是装潢上一道实在主义的门面而已。怀特海所依据的是反实在主义的原则,而亚历山大所依据的是非实在主义的材料。所有这些著作都不足以说明实在主义的论点,反而正是返回到了实在主义所要与之宣告决裂的那个传统。

柯林武德的中心论点是"哲学是反思的(reflective)",[①]因此它的任务就不仅是要思维某种客体,而且要思维这一思维着某种客体的思维;因此"哲学所关怀的就并非是思想本身,而是思想对客体的关系,故而它既关怀着客体,又关怀着思想"[②]。他晚年的兴趣虽日益由哲学问题转到史学问题上来,但实质上仍然是这个论点在史学理论上的继续和深入。和大陆思想背景不同的是,英国思想多少世纪以来就富于经验主义的传统。例如像休谟那样一个充满着怀疑与不可知论的色彩的人,同时却又是一位出色的历史学家。柯林武德一生在史学研究上卓有成绩,他的理论思维也始终浸染着浓厚的经验主义色调。

二

实在主义者每每引向语言分析,把对客观实在的研究转化为语言

---

① 《历史的观念》,1946年英文版(以下同),第1页(即本书边码)。
② 同上书,第2页。

学的问题,乃至流入只问用法、不问意义的地步。柯林武德反对实在主义的这一倾向,而把提法重新颠倒过来;他提出:"哲学的对象就是实在,而这一实在既包括史家所认识的事实,又包括他对这个事实的认知。"①柯林武德自称他继承的是笛卡儿和培根的传统,即一种哲学理论就是哲学家对自己所提出某种问题的解答;凡是不理解所提出的问题究竟是什么的人,也就不可能希望他理解这种哲学理论究竟是什么。换句话说,知识来自回答问题,但问题必须是正当的问题并出之以正当的次序。当时不但牛津的实在主义者们认为知识只是对某种"实在"的理解,就连剑桥的摩尔和曼彻斯特的亚历山大也不例外。柯林武德把实在主义者的论点归结如下:知识的条件并非是消极的,因为它积极参与了认知过程,即认识者把自己置于一个可以认知某一事物的位置上。和实在主义者的立场不同,柯林武德认为他自己的"提问题的活动"并不是认识某一事物的活动;它不是认识活动的前奏,而是认识活动的一半,那另一半便是回答问题,这问答二者的结合就构成为认识。这就是他所谓的问答哲学或问答逻辑。

要了解一个人(或一个命题或一本书)的意义,就必须了解他(或它)心目中(或问题中)的问题是什么,而他所说的(或他所写的)就意味着对于这一问题的答案。因此"任何人所作的每一个陈述,就都是对某个问题所做的答案"。② 这也就蕴涵着,一个命题并不是对一个又可以做出别的另外答案来的问题的答案,——或者至少并不是正确的答案。这种关系,柯林武德称之为问答二者之间的相关性(correlativity)原则。他把这一原则应用于矛盾。他不承认两个命题作为命题可以互相矛盾。因为除非你知道一个命题所要求回答的问题是什么,你就不可能知道一个命题的意思是什么。所以除非两个命题都是对于同一个问题的回答,否则这两个命题就不可能互相矛盾。

上述原则同样可以应用于真假。真假并不属于某个命题本身,真假之属于命题仅仅有如答案之属于问题一样,即每个命题都回答一个

---

① 《艺术哲学》,1925年英文版(以下同),第93页。
② 《形而上学论》,第23页。

严格与其自身相关的问题。但一般人往往认为逻辑的主要任务在于分辨真假命题,而真假又属于问题本身。命题往往被人称为"思想单元",那意思是指一个命题可以分解为主词、谓语等等,每一部分单独而言都不是一个完整的思想,所以不可能有真或假。在柯林武德看来,这是由逻辑与文法之间悠久的历史渊源——即以逻辑上的命题与文法的直陈语句挂钩——而产生的错误。这种逻辑可以称之为"命题逻辑";它与"问答逻辑"不同,并且应该为"问答逻辑"所取代。他把历史上的"命题逻辑"归结为四种形式,即:(1)真假属于命题本身的性质。也就是它本身或则真、或则假。(2)真假在于命题与命题所涉及的事实二者是否相符。(3)真假在于一个命题是否与其他命题融通一贯。(4)真假在于一个命题是否被认为有用。以上第一种说法即传统的说法,第二种即真理的符合说(correspondence theory),第三种即真理的融贯说(coherence theory),第四种即实用主义的观点。在他看来,这四种说法都是错误的。错误的原因就在于它们都假设了"命题逻辑"的原则,而这种原则正是他所要全盘否定的。

　　柯林武德的意见是:通常所谓一个命题是"真",不外意味着:(1)命题属于一组问答的综合体(complex);而这个综合体作为一个整体来说,是真;(2)在这个综合体中有着对某个问题的答案;(3)问题是属于我们通常称之为明晰的(sensible/intelligent)那种;(4)命题是对该问题的"正当"的答案。假如以上所述就是我们称一个命题为真的含义;那么除非我们知道它所要回答的是什么问题,否则我们就不可能说某一命题为真为假。真并不属于某个命题,或是属于某一组命题的综合体;它属于、而且只属于包括问题与答案都在内的那个综合体,而那种综合体却是历来的"命题逻辑"所从未萦心加以研究的。上述"正当的答案"的"正当"(right)一词,并非指"真";所谓对一个问题的"正当的答案",乃是指能使人们继续进行问与答的那种答案。一个命题之为真为假、有意义或无意义,完全取决于它所要回答的是什么问题。脱离了一个命题所要回答的特定问题,则命题本身并无所谓真假或有意义无意义。故此,重要之点就在于我们必须明确找出它所要回答的问题,而绝不可以根本茫然于它所要回答的究竟是什么问题。这种"提问题的能力",他称之为"逻辑的功效"(efficiency)。① 传统的"命题逻辑"之必须为"问答逻辑"所取代,他于 1917 年就作了全面的论述。

既然在思想方法上反对实在主义的分析路数,所以在对待形而上学的态度上他也一反分析派的结论。对形而上学,分析派采取完全否定的态度。柯林武德虽然认为根本就不存在什么有关"纯粹存在"(pure being)的科学或半科学乃至伪科学,亦即根本就不存在本体论,并且在这种意义上,他也根本不承认有所谓"纯粹存在";但本体论不存在并不意味着形而上学也丧失其存在的权利。反之,柯林武德认为形而上学是不能取消的,虽则他所谓的形而上学已不是、或不完全是传统意义上的形而上学。这一论题枝蔓过多②,这里不拟详谈。但是有一点是应该提到的,即他坚持"形而上学对于知识的健康与进步乃是必要的",因此"那种认为形而上学是思想上的一条死胡同的看法,乃是错误的"。③ 原因就在于形而上学有好坏真假之分,逻辑实证论者却没有看到或者不懂得这个区别;因此,"逻辑实证主义并没有区别好的形而上学和坏的形而上学,而是把一切形而上学都看作是同样的无意义"。④ 这一点是柯林武德与分析学派的根本分野之一。他认为不仅分析学派,以往历史上之所以有那么多的哲学家都在理论上跌了跤,原因之一"就正在于他们没有区别(真)形而上学和假形而上学。"⑤

三

逻辑实证主义所掀起的分析思潮,自第一次世界大战后蔚为巨流,

---

① 《形而上学论》,第 33 页。
② 例如他谈到维特根斯坦的二分法,即可知的事实与可直觉(shown)的神秘,以及罗素的逻辑结构之只能直觉而不能论证(demonstrate);并认为以往的哲学大多是企图论证只能被直觉的东西,因而是无意义的,或者是什么也没有说。
③ 《形而上学论》,第Ⅶ页。
④ 他接着又说:"于是量子论在一个彻底逻辑实证主义的眼里,也就和古典物理学是同样地没有意义。"(《形而上学论》,第 260 页)
⑤ 《形而上学论》,第 343 页。他并且认为怀德海所谈的哲学(甚至可以说是形而上学)已超出了通常逻辑之外(与之上),因而与分析派或实证派的旨趣已不大相同。

迄今未衰。这一思潮的意图是要避免或者反对形而上学,但发展到极端,竟致对全部哲学根本问题有一并取消或否定之势。无论语言分析或逻辑分析对于澄清哲学思想可能有着多么巨大的作用,但哲学终究不能仅仅归结为语言分析或逻辑分析,而是无可避免地要回答世界观的问题。这一点就成为西方各派生命哲学对分析哲学分庭抗礼的据点。古来有所谓学哲学即是学死法的提法,现代各派生命哲学的共同点也正在于解决生命本身在思想上对外界的适应和反应,所以它的对象就包括全部现实生活在内,例如包括感情生活在内。哲学的本性究竟和科学是根本相同,还是根本不同呢?在这个问题上,双方各有其不同的解答。近代史从一开始就有一种思潮极力追求思想的精确性,追求几何学那样的思想方式。同时,也有另一种思潮,不以科学为满足,认为在科学知识之外,人生尚另有其意义和价值,而那是科学所无能为力的。这一派也有同样之悠久的历史传统,例如与笛卡儿同时、同地、同属 17 世纪最卓越的数理科学家行列的帕斯卡尔就提出过:心灵有其自己的思维方式,那是理智所不能把握的。① 两派之中,前者重思维的逻辑形式,后者则重生命存在的内容。

20 世纪初,两派对峙呈现新的形势。两派虽都不满于 19 世纪的思想方法,在反对形而上学这一点上是共同的;但一派走向纯形式的语言分析和逻辑分析,另一派则把哲学思维看作就是生命的活动,它虽然不给人以知识,却从内部阐明生命存在的意义,因此哲学就不是、或不只是理论思维而且是活动。分析哲学后来较流行于英美,而生命哲学则在西欧大陆较占上风。两派之中,柯林武德对罗素在分析哲学中和胡塞尔在现象学中所起的作用,有着深刻的印象②。

---

① 帕斯卡尔:《思想集》,1912 年,布伦士维克本,第 277 节。
② 他认为:罗素哲学包括两个组成部分,即(1)逻辑,(2)仅仅从直接感觉与材料出发的内容;而在胡塞尔那里则直接感觉与材料并不是直接的,真正直接的乃是日常生活事物,所以出发点也应该转移到日常生活事物上来,人们通过认识而把握的这种日常生活的经验就叫作"意向的行为"。罗素把生活经验分解为直接感觉与材料,正有如把化合物之分解为各种元素(所以他的理论又称"原子主义")。实际上,从来就有一种看法(包括布莱德雷)把日常生活看作是非真实的,以为真实只能求之于"绝对"之中;罗素本人只不过是把真实移置于感觉与材料之中罢了。

柯林武德在双方对峙之中采取了一个比较特殊的立场。他本人一生始终是一位专业历史学家,因而把史学带入哲学很自然地就成为他思想的特点。近代西方哲学家大多从科学入手,而柯林武德所强调的历史知识与历史研究对于人类认识的必要性和重要性,恰恰是大多数哲学家所忽视的。在这一方面,他受到两位意大利思想家,即维柯和克罗齐的影响,而与克罗齐相似和相通之处尤多。他早年即曾批判传统上以经验心理学来研究宗教的方法,而把宗教视为知识的一种形式,后来又通过心灵的统一性来论证他的一套文化哲学。他讨论了人类五种经验形式,即艺术、宗教、科学、历史、哲学(这里面显然可以看出有克罗齐的浓厚的影子),而且企图对不同层次的人类知识进行综合。他企图打通各种不同的学科并在其间建立一种亲密的关系(rapprochement),这种亲密的关系不仅存在于哲学和史学之间,而且也存在于理论与实践之间。这同时就意味着:人不仅生活在一个各种"事实"的世界里,同时也生活在一个各种"思想"的世界里;因此,如果为一个社会所接受的各种道德的、政治的、经济的等等理论改变了,那么人们所生活于其中的那个世界的性质也就随之而改变。同样,一个人的思想理论改变了,他和世界的关系也就改变了。第一次世界大战后,柯林武德的思想更多地转到道德以及社会政治和经济的问题上来,提出了:每一种人类行为都具有其多方面的含义,因此就不存在什么纯道德的、或纯政治的、或纯经济的行为;但是我们却不可因此就把道德性与政治性或经济性混为一谈,不加区别。在他看来功利主义,就是由于以经济效果来解说或检验道德,——即一种行为是好是坏取决于其经济后果如何,——因而犯了错误。

四

　　以上理论特别涉及自然科学与历史学的关系。19 世纪由于自然科学的思想方法取得了极大的成功,实证主义遂风靡一时。这一思潮大大影响了近代西方史学思想与方法,或者如柯林武德所说的:"近代史学研究方法是在她的长姊——自然科学方法的荫庇之下成长起来的"①;这样就使得专业史学家有意无意之间强烈地倾向于以自然科学的思想方法治史,乃至史学有向自然科学看齐的趋势。柯林武德的思想则是对于这一思潮的反动或反拨。史学对自然科学的这种模仿或效颦,他称之为"史学的自然主义";并宣称目前到了这样一个时代:"历史学终于摆脱了对自然科学的学徒状态。"②

反对史学中的自然科学或实证主义思潮的,不只是柯林武德一个人。19世纪的德罗伊森即已标榜自然科学与人文科学两者的题材和方法论都是根本不同的。随后的布莱德雷,20世纪的奥特迦-伽赛特、卡西勒、狄尔泰等相继属于这一行列。狄尔泰把历史学划归精神科学或心灵科学,认为它与自然科学的不同就在于它的主题是可以体验的(erlebt),或者说是可以从内部加以认识的。柯林武德对这一论点做了深入的发挥。他认为历史科学和自然科学虽同属科学,因而都基于事实;但作为两者对象的事实,其性质却大不相同。他说:"一切科学都基于事实。自然科学是基于由观察与实验所肯定的自然事实;心灵科学则是基于由反思所肯定的心灵事实。"③两者的不同就在于"对科学来说,自然永远仅仅是现象","但历史事件却并非仅仅是现象、仅仅是观察的对象,而是要求史学必须看透它并且辨析出其中的思想来。"④自然现象仅仅是现象,它的背后并没有思想,历史现象则不仅仅是现象,它的背后还有思想。一场地震可以死掉多少万人,但地震只是自然现象,其中并无思想可言。一场战争也可以死掉多少万人,但战争并不仅仅是现象,它从头至尾在贯穿着人的思想,它有思想在指导行动。只有认识了这一点,历史才成为可以理解的,因为历史事件乃是人类心灵活动的表现。所以自然科学家研究自然现象时,没有必要研究自然是在怎么想的,但是历史学家研究历史事件时,则必须研究人们是在怎么想的。

---

① 《历史的观念》,第228页。
② 同上书,第315页。
③ 《新利维坦》,1942年英文版,第280页。
④ 《历史的观念》,第214页。

自然科学研究所依据的数据是通过知觉而来,但历史研究所依据的材料却不能凭知觉。或者说,自然界只有"外表",而人事却还有"内心";史家的职责就在于了解这种"内心"及其活动。柯林武德着重阐述了他的论点:"自然科学概括作用的价值取决于如下的事实,即物理科学的数据是由知觉给定的,而知觉却不是理解";但"根据历史事实进行概括,则情形便大不相同。这里的事实要能作为数据加以使用,则首先必须是历史地为人所知。而历史知识却不是知觉,它乃是对于事件内部的思想的剖析"。① 这就要求史学家必须有本领从内部钻透他所研究的历史事件,而不仅仅如自然科学家之从外部来考察自然现象。一个人由于自然原因而死去,医生只须根据外部的现象就可以判断致死的原因。但是布鲁塔斯刺死了恺撒,史学家却不能仅止于断言布鲁塔斯是刺客而已,而是必须追究这一事件背后的思想,包括布鲁塔斯本人的思想。严格说来,史学所研究的对象与其说是历史事实,倒不如说是历史事实背后的思想活动。自然科学并不要求科学家认识自然事件背后的思想,而史学则要求史家吃透历史事件背后的思想;唯有历史事件背后的思想——可以这样说——才是历史的生命和灵魂。这就是史学之所以成其为史学而有别于自然科学的所在。谈到史学与自然科学的不同时,柯林武德反复申说他的中心思想如下:"与自然科学家不同,史家一点也不关心如此这般的事件本身。他只关心作为思想之外在表现的那些事件上,而且只是在它们表现思想时,他才关心它们;他关心的只是思想而已。"② 这就是说,史家之关心历史事件,仅只在于历史事件反映了思想,表现了或体现了思想。归根到底,历史事件之成其为历史事件都是由于它有思想。这样就达到了柯林武德史学理论的一条根本原则:历史就是思想史;他说:"史学的确切对象乃是思想,——并非是被思想的事物而是思想本身的行为。这一原则使人一方面可以区别史学与自然科学,自然科学是研究一个给定的、客观的世界而与正在思想着它的行为不同;另一方面又可以区

---

① 《历史的观念》,第 222 页。
② 同上书,第 127 页。

别史学与心理学,心理学研究的是直接经验和感觉,这些尽管也是心灵的活动,但不是思想的活动。"① 不过我们必须指出,这一历史即思想史的论点却包含一个理论的前提,即人们必须有可能对前人的思想直接加以认识。这一点在柯林武德看来似乎是不言而喻的和理所当然的,但实际上它并不像它看起来(或至少像柯林武德看得)那么简单。这一点后面将再谈到。

这样,历史科学与自然科学的不同就并不在于两者的证实方法不同,而在于两者所要证实的假说,其性质根本不同。"史学的任务在于表明事情何以发生,在于表明一件事情怎样导致另一件事情"②;在历史事件的这种"何以"和"怎样"的背后,就有着一条不可须臾离弃的思想线索在起作用,史学家的任务就是要找出贯穿其间的这一思想线索,而在自然科学中却不存在这个问题③。这一任务就向史学家提出了一个苛刻的要求,即史学家必须具有充分的历史想象力。19世纪中叶麦考莱即曾特标史学家必须以想象力来使历史著作的叙述生动而且形象化。④ 但柯林武德认为麦考莱的说法尚属皮相,而未能触及史学的本质;因为麦考莱所谓的想象力只是指文词的修饰,而"历史想象力严格说来,却不是修饰性的而是构造性的"。⑤ 缺乏这一构造性的功能,就谈不到有真正的历史知识。这里所谓构造性,大致即相当于康德知识论中"调节性的"(regulativ)与"构造性的"(konstruktiv)之别的"构造性的"一词的含义。

柯林武德认为,近代自然科学的进展极其深刻地改变了人类的思想面貌和整个世界历史面貌;但是人类控制自然能力的增长却并未同时伴之以相应的控制人类局势能力的增长。而后者的徘徊不前,更由于前者的突飞猛进而格外暴露出其严重弱点。人类控制物质力量的能

---

① 《历史的观念》,第 305 页。
② 同上书,第 100 页。
③ 奥特迦-伽赛特也说:"我们必须使自己摆脱并且彻底摆脱对人文因素的物理的或自然的研究途径","自然科学在指导人们认识事物时所获得的丰富成绩和自然科学面对严格的人文因素时的破产,恰好形成鲜明的对比"(《哲学与历史》1936 年英文版,第 293 页)。
④ 麦考莱:《史学论》,1828 年英文版。
⑤ 《历史的观念》,第 241 页。

力的增长与控制人类本身局势的无能形成了日益扩大的差距,从而使得文明世界中的一切的美好与价值有面临毁灭的危险。因此,成为当务之急的就不仅仅是要求人与人之间的和解或善意,而尤其在于真正理解人事并懂得如何驾驭人事。这就要求历史学进行一场革命、一场培根式的革命,从而使得历史学也能处于近代自然科学的那种地位并起到近代自然科学的那种作用。培根的思想革命开辟了近代科学的新时代;柯林武德提出的史学中培根式的革命,则是要把以往杂乱无章、支离破碎的史学研究改造成为真正能提出明确的问题并给出明确答案的史学。这一思想和他的问答逻辑一脉相承。要进行这样一场革命,首先就必须向史学家进行宣传,使史学家抛弃其因循守旧的思想方法,而在自己的认识中掀起一场培根式的革命。

研究历史是不是就能使人们更好地理解人事?史学怎样才能在人类文明史上或思想史上扮演一种相当于或类似于近代自然科学所曾扮演过的角色?柯林武德的回答是:传统的史学是不能担此重任的,因为传统的史学只不过是剪刀加浆糊的历史学,或者说剪贴史学。他在书中屡屡使用这一贬义词,作为他对于传统史学的恶谥;历来史家的工作大抵不外是以剪刀浆糊从事剪贴工作,重复前人已说过的东西,只不过是出之以不同的排列与组合的方式而已。历来的史学家却寄希望于通过这种史学就能做到鉴往以知来。柯林武德认为这种史学完全是徒劳无功,并借用黑格尔的话说道:我们从历史中所学到的东西,实际上只是并没有人从历史中学到任何东西。

五

柯林武德还写过一部美学著作,即 1928 年的《艺术原理》,其中一些基本论点远祧柯勒律治,近承克罗齐,通常被称为克罗齐—柯林武德的表现学说。对克罗齐的直觉与表现二者同一的公式,他的后学曾各有所侧重和发扬:一派强调对事物性质的直觉,形成所谓构造主义(contextualism),一派则强调表现,形成所谓表现主义(expressionism)。柯林武德和他的老师凯里特都属于后一派,认为艺术品是艺术家情操的表现。表现成功的就把艺术家自己的情操传达给了公众。柯林武德把思想分为理知和意识,理知适用于科学而艺术则是感情的意识;意识把感觉经验转化为想象的活动,就成为了艺术美。艺术要求能够既体现真挚的情操,而又把它传达给观众。这种表现论虽可以上溯到柏拉图和亚里士多德,但克罗齐和柯林武德却是这一理论近代形式的重要代表。

托尔斯泰的《艺术论》(1898年)曾揭橥以能否鼓舞人们的道德与宗教的情操作为评价艺术的原则,艺术必须是能以作者自己的崇高情操感染观众。这种《艺术论》引起了思想界的争论。① 柯林武德的艺术论没有托尔斯泰那种浓厚的宗教说教,而是把艺术和史学与哲学三者更紧密地结合在一起。他以为人与人之间需要有科学概念的传达,但除此之外,还需要有情操的传达;艺术就是传达情操的媒介。有许多东西是科学概念所不能传达的,唯有凭借艺术才能有效地加以传达。故而艺术形象正像科学概念是同样地有价值而又必不可少,因为人类需要情操的传达并不亚于他们之需要有科学概念的传达。

这里成为问题的是他所谓真挚的感情(或感情真挚性)的含义,因为并不是所有一切种类和形式的感情传达都可以称之为艺术;浅薄无聊的情操就被排斥在所谓真挚之外。真挚的感情这一概念有点近似于后来存在主义所谓"真正的"情操。对于这个问题,克罗齐强调表现的圆满性,从而排除了艺术美中一切概念的或实用的内容;但柯林武德却同时还容纳了智力的或知识的成分,只要它们也能被融会在情操之中。他区分了所谓"腐化的"和"未腐化的"两种情操,并且把压抑看成是腐化的根源。

在他的美学理论和艺术理论中,柯勒律治和克罗齐的影子随处可见。他承袭了柯勒律治的想象论②,标榜想象,提出"艺术归根到底无非是想象,不多也不少"③,同时又把想象力引用于史学作为史学家的

---

① 文艺史有名的故事之一,是它影响了青年的罗曼罗兰以及托尔斯泰、罗曼罗兰两人的通信。
② 见柯勒律治:《文学自传》,1817年英文版,特别是第13章。
③ 《艺术原理》,第3页。

必备条件。至于他的有关精神与实践两者关系的基本论点,即"就理论方面说,就叫作精神力图认识它自己;就实践方面说,就叫作精神力图创造它自己"①,则克罗齐体系的影响更可谓跃然纸上。因此卡西勒评柯林武德的艺术论就指责他说:"他完全忽视了作为艺术品产生与观赏的前提的全部构造过程。"②

这里我们要讨论的不是他的美学理论或艺术论本身,而是它和他的史学观念之间的联系。在美学上,柯林武德强调:"真正的美绝不是主观与客观相排斥这种意义上的主观与客观。它是心灵在客观之中发现其自身。"③美学认识的性质如此,史学认识的性质也类似。在历史认识上,也不存在主观与客观相对立这种意义上的历史知识,或如通常所谓的认识主体认识了客观事物那么一回事。而把史学中的主体与客体打成一片的,则是"思想"这条渠道。

六

史学思想或对历史的观念,严格地说,虽然和历史学本身同样地古老,但近代史学思想之成为历史哲学,则始自 18 世纪的维科而大盛于 18 世纪末的启蒙运动,特别是在大陆上的德、法两国思想界的代表人物中间。维柯④已经提出史家必须神游于古代的精神世界,重视古人的精神,而不应把今人的思想认识强加于古人。这一重现或再现的观念,衍为柯林武德史学思想中一个重要的契机。另一方面,18 世纪末赫德尔和康德⑤的富有积极意义的思辨历史哲学观念却在稍晚的德国

---

① 《艺术原理》,第 88 页。
② 《人论》,1944 年英文版,第 182 页。又可参看《艺术哲学》,第 279—285 页。
③ 《艺术原理》,第 43 页。
④ 维柯在一般书籍中曾有近代历史哲学开山祖之称(如巴恩斯《史学史》,1963 年英文版,第 192 页)。
⑤ 赫德尔和康德虽相凿枘,但两人的一系列基本论点又复有惊人的类似之处:如两人均以为历史的目标在于人道的充分发展,而这一目标是终将实现的;一切反面的历史势力最后终将成就为全体的美好,理性与正义是人类进步的保证,它们必然促进上述目标的实现,等等。

哲学中变了质。如谢林之以历史为"绝对"的自我实现的历程,实际上不过是一种改头换面了的由天意所实现的神功;因而未免中世纪神学残余之讥,缺乏近代式的分析和洗炼。自布莱德雷《批判历史的前提》(1874年)问世之后,西方史学思想逐步从探讨历史本身的规律转移到探讨历史知识的本性上来。柯林武德史学的两个根本观点,即(1)史学是过去思想的重演,(2)史学的目的就在于把过去的思想组织为一套发展体系;都由布莱德雷发其微。

在历史观点上影响柯林武德的另一个人是克罗齐。克罗齐强调离开思想便没有实在,因而也就没有历史的实在。通常意义上的史学家们,在克罗齐看来,都只能算是史料编纂者,不能算是史学家(即对历史有真正理解的人);因为史实只有通过史学家本人心灵或思想的冶炼才能成为史学。古奇评克罗齐时曾说:"克罗齐看不起通常的编年史方法。过去之对于我们,仅仅在于它作为过去所发生的事件的主观观念而存在。我们只能以我们今天的心灵去思想过去;在这种意义上,一切历史都是当代史。"[①]柯林武德由此再加引申,于是就达到了一切历史都是思想的历史这一基本命题。

第一次世界大战后,柯林武德即开始考虑如何建立一种人文(human affairs)科学的问题。1928年,他在度假时,酝酿出本然的历史与伪历史之别这一论点。真史和伪史都是由某些叙述构成的,但区别在于真史必须说明支配历史事件的有目的的活动;历史文献或遗物仅仅是证件,而其所以能成为证件,则只在于史家能就其目加以理解,也就是说能理解其目的何在。伪史或假历史学则不考虑目的,从而仅只成为把史料分门别类归入各个不同时期的一篇流水账。1930年左右,他总结出比较明确的论点如下:

考古学上的各种遗物都是属于过去时代的,但它们都必须向考古学家表明它们本身的目的何在。考古学家把它们当作是历史的证件,仅仅是在如下的意义上,即他能理解它们是做什么用的,也就是他必须把它们看作是表现一种目的的。这一"目的"才是史家的立

[①] 古奇:《十九世纪历史学与历史学家》,1952年英文版,第XXXVI页。

足点和着眼点,离开了它就谈不到对历史的理解,也就无所谓史料或历史的证件。一切历史都是思想的历史,那意思是说:人们必须历史地去思想,也就是必须思想古人做某一件事时是在怎么思想的。由此而推导出的系论便是:可能成其为历史知识的对象的,就只有思想,而不能是任何别的东西。例如,政治史就是、而且只能是政治思想史。当然,这并不是指政治史就是通常意义上的政治思想史,即政治理论或政治学说的历史,而是指人们在进行政治活动时,他们头脑中所进行的思想,或他们是在怎么想的。这里也许可以用一个流行的比喻说法,即:思想是灵魂,抽掉了思想,历史或史学就将只剩下一具没有灵魂的躯壳。

柯林武德自认为上述的这一论点(或者说发现),在19世纪是不可能出现的,因为当时的史学尚未经历过一次培根式的革命而成为科学。19世纪的史学还笼罩在18世纪的观点之下;18世纪的理论家们在看到有必要建立人文科学时,并不是把它当作历史学而是把它当作一种"人性的科学",从而错误地以随时随地莫不皆然的普遍人性为其对象,如像休谟和亚当·斯密的例子。19世纪的学者又往往求之于心理学,把人类的思想错误地归结为心理的事实。人性论或心理学都不是、也不能代替历史学,——因为历史乃是思想史,而人性论或心理学却不是。如果说17世纪的哲学是清理17世纪的自然科学,那么"20世纪哲学的主要任务就是要清理20世纪的史学"。① 他认为直迄19世纪末以前,史学研究始终处于类似前伽利略的自然科学所处的那种状态。但从这时起,史学却经历着一场革命,足以媲美17世纪的自然科学革命,而其规模之巨大则远甚于哥白尼的革命② 目前人们正处在这样一个时代,史学在其中要起一个相当于17世纪的自然科学所起的作用。

---

① 《自传》,1939年英文版,第29页。按,早在伏尔泰即有一切历史都是现代史的提法,但现代克罗齐之强调:"历史从目前出发","一切真正的历史都是当代的历史"(《历史学的理论和实际》1912年英文版),对柯林武德的影响尤大。
② 这一点,据柯林武德说,是阿克顿在其1895年的剑桥就职演说中就已开始提到的。

七

上述理论意味着,一切过去的历史都必须联系到当前才能加以理解。当然,既是过去的历史,就需要有证据;但是这类证据却是今天的史家在此时此地的当前世界中所现有的某种东西。假如一桩过去的历史事件并未为当前世界留下任何遗迹,那么我们就对它毫无证据可言,因而也就对它一无所知。但是这里所谓的遗迹或证据,绝不仅仅是物质的东西而已,而是还需要有更多的东西。过去所遗留给当前世界的,不仅仅有遗文、遗物,而且还有其思想方式,即人们迄今仍然在以之进行思想的那种思想方式。1920年,柯林武德把这一论点概括为他的历史观念的第一条原理,即史家所研究的过去并非是死掉的过去,而是在某种意义上目前依然活着的过去。因此,史学所研究的对象就不是事件,而是"历程";事件有始有末,但历程则无始无末而只有转化。历程 P_1 转化为 P_2,但两者之间并没有一条界线标志着 P_1 的结束和 P_2 的开始。P_1 并没有而且永远也不会有结束,它只是改变了形式而成为 P_2。P_2 也并没有开始,它以前就以 P_1 的形式存在着了。一部历史书可以有其开端和结束,但它所叙述的历史本身却没有开端和结束。今天由昨天而来,今天里面就包括有昨天,而昨天里面复有前天,由此上溯以至于远古;过去的历史今天仍然存在着,它并没有死去。因此,P_1 的遗迹并不是 P_1 的死掉的残骸,而是仍然活生生在起作用的 P_1 本身,只不过是被纳入另一种形式 P_2 而已。不妨这样说,P_2 是透明的,P_1 就通过 P_2 而照耀出来,两者的光和色是融为一体的。这就是柯林武德所谓"活着的过去"(livig past)的论点①。因此,柯林武德的历史哲学,首先在于阐明历程——或者称之为"变"(becoming)——的性质和意义。接着他就攻击实在主义的理论说:实在主义者不承认"变"这一实在,

---

① 当然,这种观点或类似的观点在当代史学思想中并非为柯林武德一个人所独有;克罗齐和奥特迦-伽赛特大体上也都相近。奥特迦-伽赛特说:"我们之了解昨天,只能是通过乞灵于前天,而前天也如此类推。历史是一个体系,是全部人类经验之联成为一个单一的、无可抗拒的链锁体系。"(奥特迦-伽赛特,《历史是一个体系》1941年英文本,第221页)

而把"P_1 变为 P_2"这一真命题肢解为"P_1 是 P_1""P_2 是 P_2""P_1 不是 P_2""P_2 不是 P_1""P_1 的结束是 P_2 的开始"之类的同义反复的命题或者假命题。

复次,历史问题与哲学问题之间也不可能划出一条清楚明白而不可逾越的界限。假如划出了这样一条界限,那就等于假定哲学问题乃是永恒的问题。但所谓问题 P 实际上只是一连串在不断转着或过渡着的问题 P_1、P_2、P_3 等等。由此而得出的有关历史观念的另一条原则就是:研究任何历史问题,就不能不研究其次级(second order)的历史。所谓次级的历史即指关于该问题的历史思想的历史,亦即史学思想史或史学史(因为历史即思想史,所以史学史就是史学思想史)。例如研究某一战争的历史,就包括必须研究前人是以怎样的思想在论述这一战争的。由此便推导出他的历史观念的第三条原则,那就是:历史知识乃是对囊缩于(incapsulated)现今思想结构之中的过去思想的重演,现今思想与过去思想相对照并把它限定在另一个层次上。柯林武德批评了近代的史学,认为近代史学虽然也在研究各种历史问题,但其所研究的归根到底都是统计问题而非思想问题。研究历史而撇开思想不谈,那就成了演哈姆莱特而没有丹麦王子,因为历史就是思想史。

近代史学的一大因缘应该说是考据学派的兴起,这一学派标榜客观如实("Wie es eigentlich gewesen"),而以德国的兰克最为大师[①],其在英国的后学则先后有弗里曼、斯塔布斯、格林、莱基、西莱和迦丁纳等人。柯林武德父子两人也侧身其间从事古史研究,并甚有收获。另一方面,由布莱德雷开其端的另一史学思潮却把重点转移到探讨历史知识的本性上面来,遂于传统的思辨历史哲学之外,另辟分析历史哲学的蹊径。[②] 属于这一思潮的狄尔泰和克罗齐都认为历史是一堆糊涂账,唯有在史学家使之成为可以理解的这一意义上,它才成了可以理解的。所以他们的探讨着重在历史知识之所以可能的条件,反而不在于考据

---

① 19世纪的正统史家多宗兰克,乃至古奇有云"他是近代最伟大的史学家","正是这位史学界的歌德使得德国学术称雄于欧洲"。(古奇,前引书,第97页)
② 应该提到,这些早期的分析历史哲学和后来20世纪中叶流行起来的分析历史哲学也有不同,这里不拟涉及。

意义上的历史事实的本身。问题更多的倒不在历史事件是什么,反而在人们是怎样认识历史事件的,于是史学的重点就从研究历史事实的性质转而为研究历史知识的性质——亦即历史研究在逻辑上所假设的前提。① 柯林武德本人毕生是一个历史学家,始终努力把历史和理论紧密联系起来加以考察,所以不同于某些历史理论家往往脱离历史的实际和史学的实践,流于凿空立论。他认为研究历史就是为了对人类目前的活动看得更清楚,并且自称他的每一个理论细节都是从实际的史学研究中得出来的。他的历史观念大体上在 1930 年左右形成,其中史学思想方法论占有突出的地位;因为按照他的看法,史学家应该抛却寻求历史发展的结构这一野心,转而从事于论证研究的方法或途径问题。在他 1931 年的《哲学方法论》和 1940 年的《形而上学论》中,都曾讨论过作为人类文明基础的历史的性质,并认为应该把这也视为历史的产物而不应视为永恒的真理或概念。

和克罗齐一样,柯林武德也着重批评了以前的历史理论在方法论和在主题两方面所犯的根本错误;错误在于它们努力要模仿自然科学,以自然科学为蓝本,力图以自然科学那样的普遍规律来归纳历史现象。因此,史学必须摆脱它自己对自然科学的模仿阶段;这就要求史学家对过去历史的理解,不能再把它当作是由归纳得出的普遍规律的事例。它应该是史学家自觉的、有目的的思维的表现,也就是史学家必须在自己的心灵中重建或重演过去的思想。

历史哲学这一课题的研究者,在近代西方是哲学家远多于史学家;像克罗齐和柯林武德这样以哲学家而兼历史学家的人,情况尚不多见。柯林武德自称历史考古研究是他生平的乐趣所在。第一次大战前,他在牛津是罗马不列颠专家哈佛菲尔德的入室弟子,战后 1919 年,哈佛菲尔德逝世,他成为维护牛津学派的代表人物,虽则他的观点和他的老师不尽相同。在他一系列的历史著作中②,他自命解决了一些长期以

---

① 借用康德的提法,则史学所要回答的问题首先是:史学,作为一种知识或科学,是怎样成为可能的?
② 《罗马不列颠考古学》(1930 年)和《牛津英国史》(1936 年)有关章节。

来争论不休的问题,但其解决并非是由于发现了新材料,而是由于重新考虑了一些原则性的问题。① 他以为这可以说明,就史学研究而言,努力促进哲学与史学之间的亲密关系是何等必要。他在《自传》中提到,正是由于历史研究的训练才使他认识到"提问题的活动"的重要意义,从而也使他强烈不满于实在主义者的那种"直觉主义的知识论"②,因为知识既包括认知活动,也包括被认知的事物,所以只着眼于答案而忽视提问题的逻辑便是假逻辑。

八

剪刀浆糊历史学或剪贴史学就是排比过去的现成史料,再缀以几句史家本人的诠释③;有时柯林武德也把它称之为前培根式的史学。他攻击这种史学说:"根据抄录和组合各种权威的引文而构造出来的历史,我就称之为剪刀浆糊历史学","有一种史学(指剪贴史学——引者)全靠引证权威。事实上,这根本就不是史学。"④在剪贴史学看来,仿佛史学家的任务就只在于引述各家权威对某个历史问题都曾说过些什么话,都是怎么说的;换句话说,"剪贴史学对他的题目的全部知识都要依赖前人的现成论述,而他所能找到的这类论述的文献就叫作史料"⑤。但真正的史学却绝不是以剪贴为基础就可以建立的。

真正的史学决非以剪贴为能事,而必须从某种培根式的概念出发;即史学家本人必须确切决定他自己所要知道的究竟是什么东西,这一点是没有任何权威能告诉他的。他必须努力去寻找一切可能隐藏有自

---

① 作为说明,他举了这样的例子:恺撒曾两次入侵不列颠,其目的何在?过去研究者很少考虑这个问题,而恺撒本人著作中也从未提及。但是恺撒对此沉默无言,恰好构成他的意图所在的主要证据。因为无论恺撒意图如何,那目的总归是不能向读者说明的,故而最可能的解释便是:无论他的目的是什么,他却未能取得成功,如果成功了,他就没有沉默的必要。
② 《自传》,第 30 页。
③ 《形而上学论》,第 58 页。
④ 《历史的观念》,第 257 页。
⑤ 同上书,第 278 页。

己问题的答案的东西。[①] 剪贴史学那种把历史当作"连续发生的事件的故事"完全是"假历史观念"[②];真正的史学必须是就史学家心目中所提出的具体问题,根据证件来进行论证[③]。或者换一种说法,史料(包括权威论断)的排列与组合并不就是、也不等于史学,史料与史学二者并不是等值的或等价的。史料,像剪贴史学所提供的那样,都只停留在史学知识的外边,史学必须从这个"外边"或外部过渡到"里边"或内部去。史料不是史学,史学是要建筑一座大厦,而史料则是建筑这座大厦的砖瓦;建筑材料无论有多么多,都不是建筑物本身。史实的堆积和史料的考订,充其极也只是一部流水账,要了解这部流水账的意义,则有赖于思想。史家是无法回避思想理论的,尽管剪贴派史家曾用种种办法来抗拒理论,包括以剪贴现成理论文献的方式来对抗真正的理论;——史学有史学的义理,既不能用考据本身代替义理,也不能以考据的方式讲义理。只有通过思想,历史才能从一堆枯燥无生命的原材料中形成一个有血有肉的生命。只有透过物质的遗迹步入精神生活的堂奥,才能产生真正的史学。

通常史学家对"知识"一词的理解,大致即相当于自然科学家对自然知识的那种理解。但这里有着这样一个重大的不同:自然界的事物并没有思想,而人则有思想。每一桩自然界的事件都没有目的,但每一桩历史事件都是由人来完成的,而每个人在做任何一件事都是有目的的。自然科学研究客观事实,但历史并没有自然科学那种意义上的客观事实,因为每一件历史事实都包括着主观目的,把这一主观的目的置之于不顾,那将是最大的不客观。排斥主观于历史之外的人事实上最不科学;当然,这并不是说,应该把自己的主观强加之于客观,而是说必须承认主观本身乃是客观存在,只有承认这一点,才配称真正的史学。既然史学研究的对象并不是自然科学那种意义上的客观事实,所以自

[①] 当代史学家中运用这种史学方法比较成功的,他列举有伊凡斯的考古研究和蒙森的罗马史研究。
[②] 《历史的观念》,第220页。
[③] 《形而上学论》,第59页。

然科学的方法也就不能运用于史学研究。"人的心灵是由思想构成的"①,历史事件则是人们思想所表现出来的行动。

一个历史学家诚然可以掌握一大堆材料;然而无论史料可能是多么详尽和丰富,但古人已矣,假如他不能重新认识古人的想法,则这一堆材料就难免断烂朝报之讥。自然科学的研究方法要靠观察和实验,但对过去的历史事件却不能进行观察和实验,而只能靠"推论加以研究"②。每一桩历史事件都是人的产物,是人的思想的产物;所以,不通过人的思想就无由加以理解或说明。要了解前人,最重要的就是要了解前人的想法;只有了解了历史事实背后的思想,才能算是真正了解了历史。我们对于一个人,是通过他的某些具体行为而了解到他的精神或心灵或思想的。同样,我们也是通过一些具体的历史事件而了解过去的思想的。过去的历史不妨说有两个方面,即外在的具体事实和它背后的思想。史家不仅要知道过去的事实,而且还要知道自己是怎样认识和理解过去的事实的。不理解过去人们的思想,也就不能理解过去的历史。正是在这种意义上,历史就是思想史,一切历史都是思想史,过去的思想这样加以理解之后,就不再是单纯的思想而成为了知识,成为了历史知识。

既然历史就是思想史,因此历史上就没有什么纯粹的"事件",每一桩历史事件既是一种行为,又表现着行为者的思想。史学研究的任务就在于发掘这些思想;一切历史研究的对象都必须是通过思想来加以说明。因此,"史学所要发现的对象,并不是单纯事件,而是其中所表现的思想。发现了那种思想也就是理解了那种思想";"当史家知道发生了什么事的时候,他已经知道它何以会发生了"③,因为他已掌握了其中的思想。史学研究的对象,确切说来,不外是人类思想活动的历史而已④。所以他又说:"凡是我们所着意称之为人文的一切,都是由

---

① 《新利维坦》,1·61,第5页。
② 《历史的观念》,第251页。
③ 同上书,第214页。
④ 可以比较诗人蒲伯的名句:"人类恰当的研究乃是人类本身。"(《书翰》Ⅱ.i,行1.I)

于人类苦思苦想所致。"①这种思想的功能就构成为史学的本质,这就是说:"历史思想总是反思,因为反思就是对思想的行为进行思想",——"一切历史思想都属于这种性质"②。史学家要想知道某种情况下何以发生某一历史事件,他首先就要能在思想上向自己提问一个明确的问题,即自己在这种情况下所能希望得出的是什么,然后再从思想上解答这个问题。这些问题并不是向别人提出的,而是史学家向自己提出的,史学家必须是自问自答;这样,史学"论证的每一步就都取决于提问题"③的能力。

要真正捕捉古人的思想和意图,又谈何容易;古人并不为后人而写作,古人有古人的问题,但这些问题到了后世已经被遗忘了。史学的任务就是要重建它们,而要做到重建,就非有特殊的史学思想方法不为功。要了解某件古代艺术品,就必须了解当时那位古代艺术家心目中的意图是什么,要了解某一古代思想家,就必须了解当时那位古代思想家心目中的问题是什么,换句话说,要了解古人都是在怎么想的。这就要求史学家必须能够使自己设身处地重行思想古人的思想,然后才能解释古人思想的表现,即具体的历史事件。于是,根据历史即思想史的原则,便可以得出来另一条原则,即历史知识就是史学家在他自己的心灵里重演(re-enact)他所要研究的历史事实背后的思想。这就是说,史学家的任务就在于挖掘出历史上的各种思想,而"要做到这一点,唯一的办法就是在他自己的心灵中重新思想它们"④。然而这里必须注意:这一重演绝不是史学家使自己消极地发思古之幽情而已:这一重演是以史学家本人的水平高低为其前提的,并且是通过把古代纳入今天的轨道在进行的。因此,它并不是停留在古代水平上的重演,而是提高到今天水平上的重演。因此,"这一重演只有在史学家使问题赋有他本人心灵全部的能力和全部的知识时,才告完成";"它并不是消极地委身于别人心灵的魅力;它是一项积极的、因而是批判思维的工作";"他

---

① 《形而上学论》,第 37 页。
② 《历史的观念》,第 307 页。
③ 同上书,第 274 页。
④ 同上书,第 215 页。

之重演它,乃是在他自己的知识结构中进行的,因而重演它也就是批判它并形成自己对它的价值的判断"①。所谓过去,绝不是史家根据知觉就能从经验上简单地加以领会的某种给定的事实。根据定义,史家就不是、而且不可能是他所要知道的历史的目击者或经历者;因此他对于过去所可能有的唯一知识乃是间接的、推论而来的知识,而并非直接的经验。这种知识只能是靠以自己的思想重演过去,因此"史家必须在自己的心灵中重演过去"②。在这种意义上,史学家可以说是有似于演员;演员必须思角色之所思,想角色之所想,史学家也必须重行思想前人的思想,——否则就只是伪历史,是一篇毫无意义的流水账。昔人往矣,心事幽微,强作解人,无乃好事;史学家所要扮演的就正是这种好事者之徒,他的任务就正是要强解昔人的心事,——但他是站在今天的更高的水平上在这样做的。所谓理解前人的思想,也就是要历史地去想它们。历史知识并非是指仅仅知道有如此这般的若干事件前后相续而已(那是剪贴史学),它要求史家钻进别人的脑子里去,用他们的眼光观察与看待他们的处境,然后再自己做出判断:前人究竟想得正当与否。

　　史学家这种重演前人的思想,并不是、也不能是简单的重复,其中必然也包含着有他自己的思想在内。史学家所知道的是过去的思想,但他是以自己的思想在重行思想它们而知道它们的,所以历史研究所获得的知识中也就有他自己的思想成分在内。史家对外界的知识和他对自己的知识,这两者并不是互相对立或排斥和不相容的;他对外界的知识同时也就是他对自己的知识。在重行思想前人的思想时,是他本人亲自在思想它们的;前人的思想就被囊缩在他的思想之中,所以他本人就是、而且不可能不是他所知道的全部历史的一个微缩世界。过去之所以可知,正因为它已经被囊缩在现在之中;现在之中就包含有过去。或许可以换一种说法,即历史的各个时代在时间上并非如人们通常所设想的那样是互不相容的,是现在就不是过去,是过去就不是现

---

① 《历史的观念》,第281页。
② 《艺术原理》,第282页。

在;而是过去是以另一种比例或尺度而被纳入现在之中,——即过去和现在乃是一连串内在相关的、重叠的时辰,尽管它们并不相同,但并不分别独立,而是一个包罗在另一个之中。这一点,柯林武德曾用一个比喻说:"过去的一切都活在史学家的心灵之中,正有如牛顿是活在爱因斯坦之中。"①

只要过去和现在截然被分作两橛,彼此相外,则关于过去的知识对于目前就谈不到有什么用处。但如果两者没有被割裂(而且事实上也不可能被割裂),那么过去的历史就可以为当前服务。历史为当前服务,这是柯林武德的重要论点之一;我们前面已经提到,他特别强调20世纪正在步入一个新的历史时代,其中史学对人类所起的作用可以方之于17世纪的自然科学。自然科学教导人们控制自然力量,史学则有可能教导人们控制人类局势;然而仅凭剪刀浆糊历史学却绝不可能教导人们控制人类局势,像自然科学之教导人们控制自然力量那样,如果借用卡西勒评赫德尔历史哲学的话:"他的著作不是单纯对过去的复述,而是对过去的复活"②,那么不妨说,剪贴史学仅仅是对过去的复述,而真正的史学则是对过去的复活。但必须是真正的史学,才能完成这一使命。

九

同理,理论和实践两者的关系,也并非互相独立,而是互相依存。思想有赖于人们从实践中所获得的经验,而行为则有赖于他们对自己以及对世界的思想。流俗的看法总是把思想和行为两者对立起来;而当时牛津的习惯是承袭希腊传统,把生活分为思想生活和实际生活两橛。柯林武德认为,这是一种错误。例如,通常总以为是民族性或多或少决定着一个民族的历史,但人们却常常忽略了另一个方面,即"历

---

① 《历史的观念》,第334页。
② 《人论》,第225页。

史造就了民族性,并且不断地在取消它、改造它"①。民族性也是在历史中形成并在历史中改变着的东西。

一般看法又往往把不同的思想流派,看作只是对于同样的问题所作的不同答案。例如,历史上不同的哲学派别,产生于对同一个哲学问题各有不同的答案。这是严重的误解,事实并非如此。不同的思想派别所谈的并不是同一个问题,不仅仅是其答案不同。柏拉图的《国家篇》和霍布斯的《利维坦》两书讨论的都是国家,但它们却并非都在回答同一个国家问题;因为他们问题的性质并不相同,他们心目中的国家并不相同。两人所谈的、所要回答的,在很大程度上是两回事。希腊的国家(polis)和近代的国家(state)是两种不同的东西,尽管部分地有其共同之处。历史就是思想史,但思想史(例如政治思想史)并不是对同一个问题(例如对同一个国家问题)的不同答案的历史。问题本身不断在变化,因而解答也不断在变化,——这才是历史。历史上的每一种思想都由前人的思想演变而来,并且它本身也将演变下去;因而人类思想本身就构成一个不断在演变着的整体,并且因此一切心灵的知识就都是历史的,也就是说,只有通过历史研究才能了解人们的心灵。这就意味着,一切知识都包括历史的成分,并且"唯有一个人的历史意识已达到了一定成熟的程度,他才能知道各种不同的人所思想的是多么地不同"②。在柯林武德看来,实在主义者的谬误就在于他们忽视了史学,所以他们的知识论并不符合历史实际。这种对历史的认识与解释,维柯曾在17世纪发其端,但要到20世纪的克罗齐和柯林武德才做出系统的解释。柯林武德之所以要突出历史的重要性、崇史学于上位,原因在于他深深感到近代科学与近代思想两者前进的步伐已经脱节,而不能维持同步,补救的办法则要靠史学在20世纪必须起到物理学在17世纪所起的那种作用③,所以他才有20世纪哲学的任务就是要清理20世纪的史学的提法。

---

① 《形而上学论》,第98页。
② 同上书,第56页。
③ 这个论点他曾反复提到,可参见《形而上学论》,第61页。

十

上面简略地叙述了柯林武德的历史的观念。为了较全面地评价他的观点,这里似有必要赘叙几句他的政治态度和政治思想。他写过一部政治学专著,题名为《新利维坦》,显然意在承续霍布斯的《利维坦》。利维坦是古代神话中的巨灵,霍布斯以之称呼近代国家。① 然而自《利维坦》以来,史学、心理学、人类学等多方面的进展,已使它显得跟不上时代②,这是他要写《新利维坦》的原因。

柯林武德自命他的政治观点就是英国所称为"民主的"、大陆所称为"自由的"那种政治观点。他又自命是英国体制的一分子,在这个体制中,每个人都有投票权,可以选举议会中的代表;并且他认为英国的普选以及言论自由,可以保证不会再有相当一部分人受政权的压迫或者再被迫蒙蔽起他们苦难的真相。民主制不仅是一种政府形式,而且是一所传授政治经验的学校,它在政治上可以以公共舆论或意见为基础,而这一点是任何极权体制所做不到的。这种政体所具有的优越性超过了人类迄今为止所曾有过的任何其他政体;因为它是自馈的(self-feeding),议员由选民从他们自身之中选出,政务官由议员担任。正由于政治取决于多数,所以少数人的无知和错误是不足为虑的。他甚至称美这种"通过自我解放的行动而达到的自由意志","标志着一个人在近代欧洲所达到的思想成熟的高度"③;所以尽管他承认这种所谓民主制也存在着腐化问题,但又肯定英国仍不失为真正民主的传统。凡此都表现出他的偏见和浅视,只从形式看问题,并没有触及政治的实质;这是无待多说的。

霍布斯的出发点是:人与人的关系在自然状态中是"每个人对所

---

① 霍布斯《利维坦》第一卷第一章:"这个巨灵就叫作国家(civitas),它只不过是一个人工制造的人,尽管在体型上和力量上都要比自然人来得大。"
② 参见《新利维坦》,第 iv 页。
③ 《新利维坦》,13·56—57,第 94—95 页。

有的人在进行战争"①,人对人都是豺狼。柯林武德补充说,但人与人之间也还有友善:"他(霍布斯)认为人们'天然地'彼此是仇敌,这是对的;但他们同时也还'天然地'是朋友。"②人类彼此是朋友这一天性,不仅仅是出自理性的深思熟虑,"人与人之间的合作,并不像霍布斯所想象的那样,仅仅是奠基于人类的理性这样一个薄弱的基础之上"③,而且还因为人们在友好之中享受感情的欣慰。这里柯林武德虽和霍布斯的结论不同,但两人都是从普遍的抽象的人性出发,其推论形式是一样的。可是,这和他自己的史学理论有矛盾,因为按照他的史学理论,人性并不是永恒不变的。

20世纪20年代,柯林武德亲眼看见了社会主义思潮的兴起,30年代又出现了法西斯主义的思潮;两者从不同的方面都成为对他所信仰的"民主"传统的冲击。他曾指出并谴责了当时英国保守党从鲍尔温到张伯伦政府对法西斯的三次迁就——意大利侵略阿比西尼亚、西班牙内战、出卖捷克——终于导致第二次世界大战的爆发。西班牙内战本来是法西斯所发动的对外战争,英国保守党政府却在中立的幌子之下纵容法西斯。第二次大战前夕,他还指出法西斯主义就意味着人类理性的终结和非理性主义的胜利,并声称他本人要自觉地与之斗争,这反映出他自由主义的政治态度。他把纳粹主义列为人类历史上的野蛮之一,但同时也流露出一种恐惧与悲观的情调;他说:"真理是世界上最宝贵的东西,人的全部职责就在于追求真理,非理性主义的瘟疫如果在欧洲一发而不可收拾,那么它就会在很短的时间内摧毁一切号称欧洲文明的东西"④,这段话写在第二次大战爆发的那一年。但同时他又把历史上的伊斯兰教、土耳其帝国乃至阿尔比异端(Albi)均归入野蛮之列,反映出了自由主义者的褊狭性。

从同样的立场出发,他反对社会主义。他曾论证:"政治学的第一

---

① 《利维坦》,第13章。
② 《新利维坦》,36·72,第305页。
③ 同上书,36·73,第305页。
④ 《形而上学论》,第140页。

条定律就是：一个政治体是分为统治阶级和被统治阶级的"①；他不但承认"自由是个程度问题"②，即自由总是就一定的环境和条件而言的，而且还承认"近代欧洲政治体中的自由，首先是只限于统治阶级"③；但是他又认为不同的、对立的阶级可以互相"渗透"④。因而主张走阶级调和的道路。他曾多次表示不同意马克思主义，认为马克思尽管要反对空想，但是马克思有关国家消亡的学说却使自己也"在千年福王国的梦想这一特殊形式中陷入了空想"⑤。他还指责社会主义会"使得教育者们官僚化"⑥。按照他本人的理论来说，马克思所要解决的既是实际问题，即改造世界的问题，所以他的理论对于不同意把这种愿望视为合理的人，便是毫无意义的；但这一点对他自己的理论来说，在某种意义上也可以说是夫子自道。

30年代以后的历史现实，使得他对英国的政治和政府的看法染上了一层怀疑和悲观的色彩，特别是当他看到保守党政府在禁运武器与不干涉的幌子下，实际上在于着支持佛朗哥法西斯政权勾当的时候。他同意这种看法，即哲学不应该是消极的知识，而应该是一种积极的武器；也曾论断文明的进步有赖于思想，——所以宣称"就其对自然界的关系而言，文明就是榨取，或者更确切地说，是科学的与思想的榨取"⑦。但是这一时期，无论在科学上或在思想上，他都没有什么更多的新东西提出来，除了死后出版的压卷之作《历史的观念》留下了一部评价他的史学理论的最重要的证件。

十一

自柯林武德《历史的观念》问世以来，一直有人在对他的理论进行

---

① 《新利维坦》，25·7，第189页。
② 同上书，21·8，第156页。
③ 同上书，27·72，第208页。
④ 同上书，25·8，第189页。
⑤ 同上书，25·33，第185页。
⑥ 同上书，37·58，第313页。
⑦ 同上书，35·36，第291页。

评价。有人就总的英国唯心主义哲学加以评论,有人则偏重于其史学理论。就后者而言,也一直有不同的评价;有人把他和狄尔泰、克罗齐并列为唯心主义史学的突出代表,称他是"英语国家中最有影响的历史哲学家"①,也有人认为他的史学方法专靠艺术上的移情(empathy),那并不是真正的科学方法。大体上可以说,思辨的历史哲学虽然自古有之,但批判的或分析的历史哲学在西方却要到19世纪末才正式登上理论舞台;柯林武德的书不失为这方面一部有代表性的著作,近几十年来分析的历史哲学有逐渐成为显学的趋势,论者谓这"部分地要归功于柯林武德的影响"。而相形之下,传统的思辨历史哲学②却显得有点式微了③。看来思辨的体系似乎有必要先经过一番批判的洗礼。与思辨历史哲学同时存在的还有实证主义的历史观点;它在近代西方远比思辨历史哲学更有市场。几乎大部分近代史学家都有意或无意信奉着实证主义的教条,把史学简单看作是类似于自然科学的某种东西。克罗齐和柯林武德极力想把历史哲学纳入一条新途径,对于反击流行的实证主义观点是起了很大作用的。

克罗齐拘守新黑格尔派的家法,认为离开精神就没有实在,精神就是实在。柯林武德不如克罗齐那样强调精神本体,而有着更多康德的影子。他对理性能力的结构的提法,基本上脱胎于康德的三分法④。康德的巨大影响⑤还表现在柯林武德的历史观念上。康德以理性的自我批判来否定传统形而上学。柯林武德一方面并不完全否定形而上学,另一方面则把理性自我批判的办法转移到史学上面来,要求史家在

---

① 沃尔什:《历史哲学导论》,1960年英文版(以下同),第48页。
② 20世纪初的斯宾格勒和20世纪中的汤因比都可归入这一类。
③ 康金编:《史学的遗产和挑战》,1971年英文版,第114页。鲍亨斯基也把柯林武德列为狄尔泰的后学,见《当代欧洲哲学》1965年英文版,第125页。
④ 《艺术原理》第10页:"每种活动都有理论的成分,心灵由此而认识某种事物;又有实践的成分,心灵由此而改变自身与世界;还有感觉的成分,心灵的认识与行动由此而赋有好恶苦乐的色彩。"可以比较康德:《判断力批判》,Meredith英译本,第15页。
⑤ 他特别有契于康德的如下原则,即有关自然界的命题有赖于联系性的原理;在一个序列的两项之间总有一个第三项存在,他认为这样康德就在科学上前进了一大步,"他(康德)就从伽利略以及自然科学原则必须是一种应用数学这一普遍原则,而过渡到莱布尼茨和牛顿以及自然科学必须包括微分方程这一特殊原则"(《形而上学论》,第258—259页)。

认识历史之前首先对自己认识历史的能力进行自我批判。他说："人要求知道一切,所以也要求知道自己","没有对自己的了解,他对其他事物的了解就是不完备的"①,"理性的自知绝不是什么偶然,而是由于它的本性所使然"②。这样,历史哲学的重点就被转移到对理性自身认识能力的批判上来。固然,认识能力的自身首先应该进行自我批判,否则任何科学认识都有陷入盲目的危险;但认识能力的自我批判却不能就此代替或者是取消对客观规律的探讨。理解历史规律与对理解的方法及其概念的分析,二者是属于两个不同层次的两回事。分析的历史哲学实际上往往是用对历史认识的逻辑分析取代了对历史规律的探讨,这严格说来,只是回避了(或篡改了)问题而并没有解决问题。一切分析学派之所以不能令人满意(而招致反对派的攻击),归根到底也就在此。不做答案并不是答案,而分析历史哲学却每每以不做答案为其答案。柯林武德的理论也未能避免这一点,虽然他和更晚近的分析派历史哲学也有不同,而后者似乎更为变本加厉。

  上面这个带根本性的问题,也牵涉到主客体之间如何明确地划定界限的问题。这条界限如何划分?划在哪里?对此,柯林武德以普遍概念的互为前提(presupposition)来解释。③ 这样一来,例如惯性原则就不再成其为动力学中的普遍的真实,而毋宁说是人们所采用的一种前提,或者说解释原则;于是通常的客位就被转移到主位上来。这种办法表面上的优点是,它可解释某些类型的科学论证何以具有看起来的那种必然性。然而实际上它却根本否定了任何科学知识的客观性,把科学的概念结构归结为只是科学家所任意选择并强加于自然现象的解说。事实上,这种办法——连同它的一切优点和缺点——或多或少以大致相同的方式,也被他引用于史学理论研究。他在逻辑上独标所谓

---

① 《历史的观念》,第 205 页。
② 同上书,第 227 页。
③ 柯林武德解释说:"每个问题都包括一个事先的前提"(《形而上学论》,第 25 页)。例如在物理学中,牛顿预先以"某些事件有因"为其前提,康德则以"一切事件都有因"为其前提,而爱因斯坦则以"任何事件都没有因"为其前提(同上书,第 545 页)。提出问题之前,须先有某些前提,尽管事后可以受到修正乃至被其他前提所取代。

问答逻辑的思想方法,——他自命这是逻辑学上的一大革命,认为它与时下流行的各派均不相同,并且自我评价甚高。然而它的作用究竟如何,尚有待今后的发展做出答案。① 而他的历史观念则大致可以看成是他这套理论与方法在史学方面的引申和应用。康德曾标榜哥白尼式的革命,那是总结17世纪所奠立的自然科学的。柯林武德认为现在到了20世纪的史学行将取代17世纪自然科学的地位的时代。因此,他标榜一场其意义更甚于哥白尼革命的培根式的史学革命。

十二

最后,我们对以上柯林武德的史学理论试作一些初步的评论。

首先他的理论所使用的一些基本概念不够明晰,有的乃至完全缺乏科学规定;这就不可避免地导致某些理论的混乱。诸如他所谓的"理解""思想""重演"等等究竟应该作何解释,他并没有讲清楚,经不起分析和推敲。这是他理论的薄弱性的所在。

他的逻辑推论也有一些成分是应该重视的,包括他以问答方式处理逻辑,指出了某些看来似乎矛盾的命题,其实并没有矛盾,——只要我们善于分辨它的具体含义是什么,亦即具体问题是什么,或要回答的是什么具体问题。这有助于澄清一些思想上和逻辑上的混淆。特别是他应用这种思想方法于史学所达到的结论是:史学给人以真正的知识。这一点就使他有别于当代其他历史哲学的立场。20世纪生命派的流行观点是把世界看作某种不是被理解的、而是被体验的对象。因此哲学就不是科学知识,或者不能给人以知识,因为哲学家并不在他所思考的事物之外,而是参与其中,研究方法与答案是受观察者本人的制约的;甚至竟然认为所谓知识只能是对于中性的人才存在。而分析派的代表们则认为哲学是识而不是知,是洞见而非事实,哲学只是从事实中

---

① 如果谈到逻辑学上的革命,那么至少迄今它还无法比拟差不多在同时、同地问世的罗素和怀德海的《数学原理》,后者几乎使传统逻辑丧失其存在的根据和价值,而其势头似乎仍在有增无已。

籀绎出秩序。与这两派不同,柯林武德肯定了以新方法可以求得新的历史知识;这一点有其积极的意义。

与此相关,他区别自然科学与人文科学的不同,也有其绵密与深邃之处。但他截然划分并割裂科学方法与史学方法却不免绝对化,甚而不谈或不承认历史本身也多少可以有像自然规律那样的客观规律。自然科学的方法,例如应用数学方法或统计学方法,没有理由不能应用于史学研究。人文既是统一的世界的一部分,当然也就要服从普遍的规律。自然和人文切成两,实在是有见于特殊性,而无见于普遍性。自然科学和人文科学所研究的并不是两个截然不相通的世界,其间并没有一道不可逾越的鸿沟;它们同属科学,研究的是同一个统一的世界,而且它们互相渗透、影响、利用并促进。仍然与此相关的是,他把历史过程 P 看作仅仅是 P_1、P_2、P_3……也犯了同样的毛病;因为所有的 P_1、P_2、P_3 终究都有一个共同属性构成其为 P,否则 P 就没有存在的理由。特殊性是不能被强调到取消普遍性的地步的。同时,既然 P 只是 P_1、P_2、P_3……,所以 P_1、P_2、P_3……每一个环节对历史就同样是不可少的,所以它们必须同等地被史学家所复活。历史可以如他所论断的,无所谓结束,每一个 P_n 都是 P_{n-1} 的发展,所有的 P_1、P_2、P_3……都活在 P_n 里;但这一点却不可绝对化。并不能由此推导说,过去全部的 P_1、P_2、P_3……都是等价的或等值的,并且是等值地或等价地都活在今天。事实上,它们有些仍然活着,有些则不是那样活着,有些则已死去或正在死去。它们绝不是同等地都活在今天。如果肯定它们全部都同样活着,那至少也有资格被戴上一顶柯林武德的"坏形而上学"的帽子。史学家没有必要,也没有可能复活以往全部历史的每一个环节或事件。

一切历史都是思想史,因而只有重演古人的思想才能理解历史。情形真是这样的吗?真的是"除了思想以外,任何别的东西都不可能有历史"①吗?史学上强调研究思想的重要性,虽然始自 19 世纪②,但

---

① 《历史的观念》,第 304 页。
② 19 世纪阿克顿已有这样的提法:"我们(史学家)的任务就是要注视并掌握思想的运动,它并不是历史事件的结果而是它的原因。"(《历史研究》,1911 年英文版,第 6 页)

把它总结为一套史学原则的则是柯林武德。然而即使思想是历史最主要的内容,也没有理由可以引申出思想就是历史的决定因素或唯一因素的结论。柯林武德在强调历史的思想内容时,对于历史上非个人的力量几乎不着一词,完全无视于起巨大历史作用的非思想的物质力量。而实际上物质力量却往往有如海水之下的冰山,至于思想则不过是水面上浮露出来的那一小部分顶尖罢了。假如他的意思是说,任何物质力量也都要通过思想而表现,所以历史仍然是思想史;这种说法诚然无可非议,但并没有任何理由应该就此把历史全部归结为思想史。而这正是柯林武德史学理论的特征。非思想的物质力量中甚至可以包括人们的本能和各种潜意识,——其作用往往并不呈现为有意识的、有目的的、逻辑的思想形式。"思想"一词,他用得实在太滥,其含义大体上我们可以归结为广、狭二义。狭义的思想指推理的思想,广义的则略如康德所称的"全部的心灵能力",即知、情、意均包括在内。但他本人根本没有正视那些采取非逻辑形式的思想;而有时候那些下意识或潜意识对于人的行为的支配力却并不亚于有意识的思想。归根到底,历史的进程是不以人的思想为转移的;个别地看,每桩历史事件虽然贯穿着当事者的思想意图,但整个历史运动却又与每个当事人有意识的思想关系不一定很大。在历史上,一个人的有意识的思想倒往往像是一幕偶然的插曲、一种假象。例如历史上的神学争论,往往只不外是用以掩盖世俗利益冲突的外衣。恰好是历史之作为这样一幕"理性的狡猾",在他十分强调思想的时候,却十分幼稚地被他忽视了。历史事件在很大程度上并不是、至少不仅仅是当事人有意识的思想的表现;不重视当事者的思想和过分强调当事者的思想是同样地不正确。历史事件确实表现思想,但这在任何意义上都不能说历史仅仅是思想或思想的产物。在规定着历史进程的巨大物质力量的面前,思想——它被柯林武德赋予了那么重要的意义——有时候还会显得苍白无力。历史并不是由某个人或某些人的思想所规划的,这一点柯林武德的理论几乎没有触及。

柯林武德既提出思想重演的理论,但同时又不得不承认那并非是简单的重演。即使如此,这里面也还存在着许多问题。就理解历史而言,史学家必须在自己的心灵中重演古人的思想,——这一点在理论上是否有必要,在事实上是否有可能？严格说来,神游于古人的境界并非对一切历史了解都是必要的,即使对于理解心灵或思想或目的是必要的,但对于理解非个人的物质力量及其运动却绝非是必要的。在这里,科学的推理能力要远比艺术的移情能力更为需要。在历史上,物质力量本身并不直接发言,但它通过人的思想而间接发言;所以沉默着的物质力量本身和思想的活动或表现,两者是同等地值得史学家注意。其次,思想的重演有无可能？单纯的或纯粹的重演是没有的,如实的思想重演,正如如实的历史复述,是不可能的事,这是作者本人也承认的。真正要做到重演,仅仅设身处地的同情是不够的,直觉的洞见（假如有的话）也还是不够的。不但没有两个人的思想是完全相同的,即使同一个人的思想前后也不可能完全相同。歌德晚年写他的自传,却题名为《诗与真》;他知道对自己的过去已不可能再重复其真实,他所能做到的只是诗情的回忆。对自己的思想尚且如此,对古人的思想更可想而知。既然古人的思想被纳入今人的思想格局之中,它就不再是古人的思想了。在这种意义上,它就不是思想的重演。还有,思想总是和事实不可分割地构成一个历史整体。史学不能撇开事实而专论思想。伽利略的思想是根据他一系列的科学实验的事实而产生的,我们可以重复他的实验,因而可以以自己的思想重演他的思想;拿破仑的思想是根据他一系列的社会生活的事实而产生的,我们已不可能重复他的生活,又如何可能在自己的思想里重演他的思想？历史事实显然是无法重演的,史学家对事实的认识无论如何也不可能完全如实,因为他的知识只能间接地通过材料由自己的思想来构造,何况材料总归是不完全的而且必然要受原作者条件的局限。假如具体的历史事实和历史条件不可能重演,那么又如何可能把当时的思想从产生这种思想的具体环境和条件中离析出来而加以重演？对于一个给定的思想-环境的整体,又如何可能在环境改变后(这是柯林武德也承认的),却使思想如实地加以重演？柯林武德谈艺术美时,是把思想从时空环境中离析出来的,或许在史学上他认为也可以用这种方法对过去的思想加以再思想。但思想和行为同属于一个历史事件的组成部分;如果不能重演古人的行为,史学家有可能重演古人的思想吗？这似乎不太好自圆其说。史学家不可能重演历史人物;历史的整体既然不可能重演,那么作为整个组成部分的思想就应该也不可能重演,至少是不可能完全重演。我们前面提到,思想一词可以有广狭不同的含义;最狭义的思想或抽象的概念,例如逻辑的思想或数学的思想,是可以重演的;今人可以思前人之所思,想前人之所想,例如他完全可以像亚里士多德一样重演三段论式的思想,或像欧几里得一样重演几何学的思想。但广义的思想——柯林武德是把感情和意识都包括在内的——作为具体条件的产物,却是不可能这样重演,至少不可能完全重演,因为具体历史条件已不可能重演。思想是看不见、摸不着的,故而不能凭知觉来直接经验,而只能靠推论;既然是推论,就不是重演而且还可能有错误。

既然史学家对古人思想的认识总需要纳入他自己的思想结构,而每个史学家的思想又各不相同;所以假如每个史学家都在自己思想里重演古人的思想,那结果将是有多少史学家在思维,就会有多少种不同的历史世界,每个人各以其自己的思想方式在重演古代的历史。那样一来,客观历史作为一个统一体也就不复存在而被分裂为无数的单子,那就非但没有史学,甚至也没有历史了。作者极力要求史学家在心灵中复活过去,宣称史学家只有使自己置身于史事背后的心灵活动之中,亦即以个人本身的经验来重行思维并重新构造过去的历史,才有可能认识历史的意义。这一论点中包含有合理性的因素,它对剪贴史学的因循浅陋、对考据史学的幼稚无聊,在一定程度上揭露了其缺点并力图代之以一种更富有思想深度与心灵广度的史学及其方法论。但这种历史学及其方法论正如它所批判的传统史学一样,其自身也应该首先受到批判;认识能力首先也应该为这种史学及其方法论划定一个有效性的范围;有效性总是有一定范围的,出了圈子就变成不正确了。有人评论柯林武德所谓的重演只是假说,尚有待于事实来验证。[①] 但应该说,更重要的是这个假说本身首先就需从概念上澄清。合理的成分如果不限定其正确的范围而成为脱缰之马,那就会变成为荒谬。柯林武德的历史的观念虽对当代西方历史哲学有很大影响,但即使受他影响的人

---

① 多纳根编:《历史哲学》,1965年英文版,第20页。

也有不少表示不同意他或批评他的;例如德雷就不同意他的培根式的史学革命论,认为史学家的本质和任务更应该是批评家而非科学家;沃尔什则批评他的理论是前后抵牾不能一致。[1]

柯林武德对于史学以及他本人所创立的史学理论寄予极高的、乃至过分的希望。历史家对于他来说,意味着人类的自知,而这正是人的本性;换言之,史学即人性科学。他说:"历史学的目的是为了人类的自知","所谓自知不仅指他(史学家)个人有别于他人的特性,而且是他作为人的本性"[2];又说:"人性的科学只能由史学来完成,史学就是人性科学宣称自己所应当是的那种东西。"[3]但这样一种无所不包与无所不能的史学,他却远远没有能建立起来。他曾想建立一种科学的史学而与传统的史学相对立,前者以自己为权威而后者则接受现成的权威,但他所做的主要工作却只限于对史学进行思想方法的与知识论的考察,而非对历史规律本身做出任何结论。或许可以说,他的主要工作只在于使史学界认识到:对历史科学进行哲学的反思乃是必要的而又重要的,而且严肃的史学必须使自己经历一番严格的逻辑的与哲学的批判和洗炼。正是在这一点上,我们不应该低估他对当代西方历史哲学思潮的作用和影响。史学的高下不仅仅取决于史料的丰富与否,而更重要的还取决于史学家思想的驾驭能力。这虽在某种意义可以说是常识,但柯林武德却做了详尽细致的发挥,——尤其是他着重分析了史学与其他科学之不同在于必须掌握人的思想(这样就使死历史变成了活历史),不失为对传统剪贴史学的一种非常有价值的批判。

1981年冬,北京

---

[1] 沃尔什:《历史哲学导论》,第109页。
[2] 《历史的观念》,第10页。
[3] 同上书,第209页。

索 引

（页码为原书页码，本书边码）

Achilles and the tortoise 466
action:
    nature of xi, xiv, 41–2, 46–8, 57, 96, 121, 309, 311–12, 352, 395, 407, 475
    rational, as free 318–20
    relation to environment 40, 79, 124, 200, 371
    relation to purpose 309–12
    relation to thought xxv, 115–16, 118, 178, 213–16
    as a transcendental concept, *see* transcendentals of action;
    see also history and human actions
Actium, battle of 131, 467
Acton, Lord 147, 281
actual, the xliv, 109, 113, 404, 440, 442
    knowledge of xlv, 404, 448, 482
Agricola 39
Alexander, S. xxxv, 142, 210n., 211
Alexander the Great 31–2, 37, 382, 401
Alfred, King 52, 69, 373
Amasis 23
Ambrose 51
Anglo-Saxon Chronicle 385
anthropology 79, 91–2, 148, 155, 224, 393
Aphrodite 22
Apollo 22
Aquinas, St Thomas 47
archaeology x, 58, 68, 127, 199, 210, 212, 253n., 260, 370, 385–6, 393, 440, 491
    as the methodology of history 427, 490–2, 496; *see also* historical sciences; history, methodology of, empirical
Archaeology of Roman Britain xxxi
Archimedes 287, 296, 298, 444–6
argument from silence 388–90
Aristotle 24, 27, 29, 42, 210, 212, 229, 239, 253–5, 329, 333, 381, 388, 415n., 458, 469
Arnold, Thomas 135
art xxxii, 33, 76, 108, 121, 191, 313–14, 335–6, 344, 355, 376, 383, 425, 431, 493–4
    as an empirical concept 353–4, 431
    history of 88n., 105, 121–3, 132, 213, 311, 314, 347–9, 357, 432, 441, 443, 464
    and history 22, 27, 122, 168, 191–4, 196, 236, 242, 279, 356, 370–1, 373–4, 376, 383, 464, 472, 474
    philosophy of, *see* philosophy of art
    and philosophy, *see* philosophy and art
    progress in, *see* progress in art
    as a trancendental concept, *see* transcendentals of art
Assyriology 468
Athens 160, 329, 347, 367, 400, 403
    Constitution of the Athenians (Aristotle) 388, 458
    Athenian revolution 388
Augustine xxii, 46, 51
Augustus 218, 401
authorities 33–4, 36–7, 62, 69, 71, 107, 135, 137, 139, 203, 234–45, 256–60, 265–6, 269, 282, 368, 371–2, 374–8, 382, 386, 388–9, 391–2, 464, 488–91
Autobiography xii, xiv, xx, xxiv, xxix–xxxi, xxxiv–xxxv, xxxvii, xlii, xlv–xlvi
awareness xxxix–xl, 291–2, 306–7, 411

Babylonia 15, 17
Bach, J. S. 329, 441
Bacon, Francis xxxi, xli, xlvi, 6, 58–9, 62–3, 68–9, 72, 84, 237, 243, 252, 265, 269, 273, 320, 342, 488n.
barbarians and Greeks 32, 451
Barker, E. xxi
Barth, P. 176
Bauer, W. 175
Baumgarten, A. G. 93
Baur, F. C. 122, 135
Baynes, N. H. 151
Becket, Thomas 297
Bede 51, 454
Beethoven, Ludwig van 329–30, 441
Bellini 330
Belloc, Hilaire 399
Beloff, M. xxiv
Bergson, H. 185, 187–9, 198, 211, 306
Berkeley, G. 47, 71, 73, 84
Bernheim, E. 176
Birkenhead, Lord 369
Bodin, J. 57
Boer War 366–7
Bollandists, the 61–2, 77

Bosanquet, B. 143, 155
Boutroux, E. 186
Bradley, F. H. 135–43, 151–2, 238–40, 437n.
Breysig, K. 176, 178
Brutus 214
Brutus the Trojan 58
Buchanan, G. 61
Buckle, H. T. 144
Burke, Edmund 493
Burnt Njál 308
Bury, J. B. xix, 147–51, 155, 177, 249
Butler, Samuel 308

Caesar, Julius, *see* Julius Caesar
Cambridge histories 147, 240, 260, 347
Camden, W. 58
Campanella, T. 68
Canute, King 52
Cartesianism 61–5, 71–3, 75
causality 23, 185, 230
  in history xlvi, 80–1, 125, 149–50, 176, 178–80, 214–15, 420, 474–5
  in natural science 184, 214, 475
change xiv, 20–3, 42–3, 46, 63, 210
  in history 23, 44, 46, 48–9, 56, 79, 82–3, 90, 162–3, 178, 210–12, 217, 220, 223, 323, 325–7, 329–30, 334, 415–16, 456, 472
  in nature 210–11, 216, 225, 302, 321
China 14, 22, 69, 90–1
civilization:
  nature of 160–4
  rise and fall of 56, 400, 471
classifications 336–7, 490–1
Cleon 382
Cleopatra 80
Cochrane, C. N. 29
Coleridge, Samuel Taylor 304
Collingwood, R. G.:
  as an archaeologist and historian xxviii–xxxi, xxxiv–xxxv, xlvii–xlviii
  conversion, thesis of radical xxi, xxix
  on cosmology xxxv
  development of his thought xx–xxiii; on history xxix–xlviii
Comte, Auguste 128, 130, 222, 264–5, 415n., 429
concepts:
  empirical xxxiii, 352–8
  nature of 118–19, 196–8, 351–2

transcendental, *see* transcendentals, conception of
Condorcet, Jean, Marquis de 80, 86
Copernican revolution xli, 50, 60, 236, 240
Corcyra 404
Cornford, F. M. 18
Corpus of Latin Inscriptions 127, 131, 369
Cournot, A. A. 149
creation, doctrine of 47, 49, 65, 255
Crimean War 366–7
criteria 341–3
  historical 60–1, 137–8, 139–40, 238–40, 244–5, 248, 341–2, 344, 396
Croce, Benedetto xxx, xlv, 118–19, 140, 190–204, 284, 289, 300, 390, 401–2, 429, 470n.
Croesus 23–4
Croiset, A. 19
Cromwell, Oliver 494

Dalton, J. 211
Daniel, Book of 57
Dante 76, 447
Darwin, Charles 115, 129, 211, 332
Decline and Fall of the Roman Empire 452
  see also Gibbon, E.
deduction 254–4, 417
Descartes, René 6, 59–66, 71–3, 75, 82, 152, 209, 232, 247–8, 273, 313, 320
dialectic xxxii, 21, 57–8n., 118–19, 122–6, 193
  see also materialism, dialectical; process, dialectical
Dilthey, W. v, 171–5, 192, 199, 450n.
dogmatism xviii, xxxii, 376–7, 389
  historical 8
  see also history, dogmatic
Domitian 39, 387
Donagan, A. xxiv, xxvii–xxviii
Dray, W. H. xxiv, xxvii–xxviii
Droysen, J. G. 165–6
duty 310
  history and x, xxxix–xl

economics 224, 229
  history of xxv, 105, 122–3, 125–6, 213, 310–11
  and history 79, 123, 169, 311, 345–7, 356, 433, 469
  progress in, *see* progress in economics

索 引

Einstein, A. 332, 333-4
Eleatics, the 21
empiricism 64, 71, 93, 142, 239, 340, 429, 482, 486
Enlightenment 72, 76-81, 82, 86-8, 91, 93, 99, 100, 102, 116, 117, 183
environment, *see* action, relation to environment
Epicureans 36, 38-9
Epicurus 296
Esar-Haddon 16
Essay on Metaphysics ix, xii, xiv, xx, xxii, xxxvii
Essay on Philosophical Method ix, xx-xxi, xxxiii, xxxv, xliii, xlviii
ethics x, xliii, 3-4, 345, 350-1
  and history xl, 36, 42, 97, 102, 168, 196, 389
ethnogony 17
ethnology 199
etymology 69-70
Euclid 263, 284-5, 287-8, 298-9
Euseubius of Caesarea 50-1
evidence xi, xxviii, xxxiii, xl-xlii, xlvi-xlvii, 9-12, 18-20, 24-5, 27, 62, 68, 75, 110, 117-18, 120, 127, 137, 139, 154, 179-80, 202-4, 237, 241, 245-8, 252-3, 257, 265, 268, 270, 275-6, 279-81, 282, 296, 312, 327, 347, 367, 372, 382, 385-6, 388-90, 392-4, 398, 409-10, 412, 417, 419, 427, 433, 435, 456-9, 462, 483, 485-9, 491
  interpretation of, *see* historical interpretation
  questions and, *see* questions and evidence
evolution 89, 99, 114-15, 128-9, 144, 146, 211-12, 216, 225, 321-2, 324
experience xxxii-xxxiii, 72, 75, 76, 98, 137-9, 141, 142, 151-3, 156-8, 187-8, 206, 224, 226, 248, 284, 287, 289-96, 299-300, 302-3, 365-6, 370, 396, 406-8, 425, 431-2, 442, 445, 478, 493-5
  historical 7-8, 91-2, 98, 105, 137-40, 143, 146, 152-9, 172, 175, 239, 302, 305, 308, 324, 327, 334, 383, 392, 407, 427, 447-8, 478
  identity of 284, 296-7, 301
  immediate 141-2, 151-2, 158, 172-4, 188, 190, 198, 291, 293-4, 297-9, 301-7, 309

  unreflective 314, 330

feelings:
  and history 204, 403, 416n., 445-6
  immediacy of 141, 158, 174, 291, 293, 297, 306-7
  subjectivity of 188, 294
Fichte, J. G. 106-11, 112, 114, 117, 120
Finn, Huckleberry 403
Flint, R. 142-3
Fontenelle, B. de 375n.
Frazer, Sir James 155
Frederick the Great 93
Freeman, E. A. 132, 144
French Revolution 52, 80, 369, 472-3
Froissart, J. 368
Fueter, E. 120
Fuller, M. 494
Furneaux, H. 44
future 105, 139, 363-4, 405, 408, 410-13, 418, 441
  ideality of xliv, 364, 405, 410-11
  knowledge of 54-5, 58, 68, 104, 105, 114, 120, 181-2, 220, 404, 411-12, 418
  as the possible xliv, 413, 422

generalization:
  in history 223-4, 456, 491
  in science 222
Gentile, G. xlv
Gibbon, E. xxii, 26, 78-9, 146, 147, 382, 399-400, 422, 452, 469
Gildas 385
Gladstone, W. E. 484
Glaucon 39-40
Glozel forgeries, the 189-90, 490
Godiva, Lady 52
Goethe, J. W. von 415n.
grace, doctrine of 47, 49, 374
Greece xvi, xvii n., 49, 51, 67, 69, 119, 164
Greek:
  art 29, 88n.
  conception of history 17-33, 34, 41-5
  distinction between knowledge and opinion 20-3, 25, 28, 35
  historiography, *see* historiography: Greco-Roman, Greek
  history 18, 27, 32, 67, 260, 371, 393, 398
  mathematics, *see* mathematics, Greek
  mind 18-19, 29, 35

Greek (*cont.*):
  music 329
  painting 202
  politics 229, 336
  sculpture 202
Grote, G. 27, 30, 260, 347, 398, 422, 469
Grote, J. 208
Grotius, Hugo 61

Hadrian xxxi, 183
Halévy, E. 189
Hammurabi 219
Hastings, battle of 443, 448, 465
Hebrews, the 17
Hegel, G. W. F. xii, xix, xxx, xliii, 111, 132, 134, 165, 179, 211-12
  his philosophy of history 1, 57-8n., 60, 88n., 113-26, 128, 144, 201, 264, 311, 401-2, 417-18, 429, 433-4
Hellenism 32, 160, 164, 400-1, 471
  historiography of, *see* historiography, Hellenistic
Hengist 44
Henley, W. E. 316
Heraclitus 210
Herder, J. G. 86, 89-93, 97, 102, 113-14, 130
Herodotus 17-20, 22-3, 25-33, 35, 37, 42-3, 53, 260, 269, 371, 388
Hesiod 18
Hippocrates 29
Hippolytus 53
historian:
  autonomy of 236-8, 256, 274-6, 375
  and his object 158, 170-1, 172, 174-6, 218, 304-5, 440-1, 442n., 443-50, 451-64, 467-9, 481, 483-5
  as part of the historical process 164, 169, 171, 181, 248
  philosophical 37, 105, 456, 481
HISTORICAL:
  authorities, *see* authorities
  bibliographies 278-80, 463, 491
  causality, *see* causality in history
  certainty xli-xlii, 65, 135, 180, 262-3, 270, 347, 384, 391-2, 412, 419, 426-7, 482, 487, 489-90
  change, *see* change in history
  character 15, 30, 39-40, 44, 50, 74, 82, 91, 347-8, 378, 380-1, 439-40, 447, 471-2, 476, 478, 480
  compilation 33, 40, 51, 127, 147, 204, 487

consciousness 12, 29, 31, 34, 259, 399, 402, 407, 410, 425, 464-5
consequences 179, 407
consistency 246, 482
construction xlvii, 30, 33, 36, 42-3, 58, 65-6, 69-70, 77, 109-10, 115, 117, 138, 163, 170-1, 179-80, 202-3, 209, 235-7, 240-7, 293, 295, 308, 310, 313, 341, 370, 372, 374, 382, 384-5, 390, 399, 406-7, 409, 412, 414, 417, 420, 422, 429, 435, 443, 468, 483, 492
continuity 34, 123, 164, 183, 241, 306, 333, 413, 434, 465, 492; *see also* historical thinking, continuity of
criteria, *see* criteria, historical
criticism xli, 38, 61, 130, 165, 203-4, 215, 235-7, 242-4, 259, 261-2, 269, 341-2, 348, 374, 378, 387-8, 392n., 433, 461-2, 489-91; constructive 378
data 58, 71, 74, 133, 138, 153, 172, 176, 210, 222-3, 242-4, 329, 359, 368, 496
decline 164, 456
development 44, 53, 65, 69, 71, 78-81, 84, 87-8, 90, 92, 94, 96-8, 103, 106, 112, 114, 117, 122, 123, 162, 169, 172, 175, 229-30, 301, 330, 347, 433, 441, 453, 470, 478-81
documents 10, 62, 74, 110, 118, 120, 170, 172, 202-3, 209, 212, 219, 259, 282, 328, 336, 368-70, 383, 489
dogmatism, *see* dogmatism, historical; history, dogmatic
events 1, 3, 5, 10, 15, 18-19, 23, 25-7, 30-1, 37-8, 41-3, 45, 48, 50-5, 59-60, 74, 79-81, 97, 99, 104, 109-10, 115, 118-19, 121, 125, 132, 143, 148-50, 152-3, 167-8, 170, 176-80, 197, 199-200, 202, 210n., 213, 214-15, 217, 220, 222, 228, 233-4, 242, 245-6, 249, 251-2, 257, 281-2, 303, 345, 348, 363-5, 372, 375, 378-9, 382, 385, 388, 391, 394, 397, 400, 403, 409-11, 414, 419, 424, 426, 434-5, 437n., 439-45, 449, 451-2, 466-7, 470, 472-5, 477, 483
evidence, *see* evidence
experience, *see* experience, historical
explanation xxv, xxviii, xlvii, 43, 78-81, 92, 148-9, 176-7, 246, 426, 468
eyewitness 24-6, 31, 33, 74, 238, 256-7, 282, 374, 484

fact xxxii–xxxiii, 53, 58, 118, 120,
127–8, 130–3, 135–8, 141, 143, 147–8,
154, 156, 163–4, 169–72, 176, 178–9,
181, 182, 189, 191–2, 197–8, 201–2,
222–3, 243–4, 251, 265, 317, 337, 352,
357, 384, 386, 394–5, 397, 401–2, 406,
409–10, 413, 417, 419–20, 426, 428–9,
430, 434–5, 439, 443–4, 449, 452–4,
456–60, 466, 476–7, 485–6, 491
generalization, *see* generalization in history
imagination xlii, xlvi–xlvii, 30, 52,
105, 241–9, 302, 347, 366–7, 385, 413,
437n., 483, 487
importance 42–3, 48–50, 55, 80, 150,
179–81, 356, 421, 454, 470n.
inference xli–xlii, 110, 133, 137–8,
154, 176, 234, 237, 250–3, 256,
262–3, 276, 282, 382, 388, 407, 413,
435, 437n., 483
influence 179, 200, 313, 371, 473
interpolation 235, 237, 240
interpretation xlvii, 9–12, 56, 133,
137–8, 150, 202–4, 248, 296, 359,
368–74, 377–94, 451, 483, 485–6,
491; principles of xlv, 203, 368–70,
383–5, 389–90
judgements, *see* judgements, historical
knowledge xliv–xlvi, 5, 60, 75, 118,
133, 138–40, 197, 210, 215, 234, 247,
282–3, 289–90, 293–4, 302, 326, 348,
356, 363, 365, 373, 386–7, 391–4,
417–20, 434–5, 448–50, 482–4, 487,
491–2; *a priori* aspect of 109–10,
118, 196, 240–3, 245–6, 248, 385–6,
390, 415, 437n., 486–7; subjective
aspect of xxv, 131, 170–1, 174–5,
180, 184, 190, 218, 289–92, 294, 384,
389, 406, 409, 413, 417, 437n., 472;
'what' and 'why' relation in 176–7,
214, 348; *see also* 156
laws, *see* laws, historical
materialism, *see* materialism, historical
methods xii, xxxi, xxxiv, xl, 10, 24–7,
31, 33, 52, 58, 61–3, 67, 69–70, 77,
80–1, 105, 120–2, 126, 129–31, 135–6,
140, 143, 146–7, 148, 209–10, 213, 228,
237–8, 246, 258–61, 269, 320, 336, 359,
364, 368–9, 382–3, 385–7, 408, 417,
425, 427, 433–4, 460–1, 488, 490–2,
494, 496; and legal methods 25, 268
monograph 127, 420–2, 426, 452–5,
457–60, 469–70, 485; structure of
470–4, 477–81
narrative xlvii, 103, 192, 194, 341–2,
345, 368, 371–80, 384–422, 445,
472–3, 492; structure of 34, 36, 44,
241, 416–22, 472–4, 477, 480–1
naturalism, *see* naturalism, historical
necessity 53, 56, 79–81, 87, 94, 117,
144–5, 149–50, 180, 245–6, 264, 323,
347–8, 495; *see also* history, determinism in
particularism 31, 49, 50, 456–7
periods 49–50, 52–4, 57, 67–8, 106,
109, 264, 281, 327–9, 386, 388, 401,
414–16, 470–3, 476–81
positivism, *see* positivism, historical
principles 8, 58, 63, 71, 140, 147–8,
176, 203, 258, 342–8, 359, 368–71,
374, 383–6, 388–90, 392n., 452
problems xxxi, 34, 39, 62, 67, 74, 123,
131–2, 135–6, 140, 142–3, 163, 166,
180, 195, 213, 243–4, 248, 251, 256,
259, 261–2, 274, 281, 312–13, 318,
355, 363, 369–70, 372, 379–82, 391,
406–9, 421–2, 426–7, 451, 455–7,
459–65, 467, 469, 484–5, 472
process, *see* process, historical
progress, *see* progress, historical
questions, *see* questions, historical
realism, *see* realism in history
reality xxxiii–xxxiv, xxxvi, 37, 54,
66, 130, 138, 143, 152, 169, 171, 180,
196–9, 209, 242, 348, 364–5, 426,
429, 435, 439–40, 449, 458, 477
relativism xxii, xxvi
scepticism, *see* scepticism and historical knowledge
schemes 57, 67, 109, 163, 251, 264–5,
415, 453, 456, 458, 471, 473, 477
scholarship 56, 57, 62–3, 77, 103, 105,
147, 189–90, 203–4, 300, 370, 393,
398, 460–1, 464, 470n., 490
selection 235–6, 240, 356, 390, 452,
454, 459, 477, 481, 486, 488
sciences 385–7; *see also* archaeology
as the methodology of history;
history, methodology of, empirical
situation, *see* situation
sources, *see* sources
substance, *see* substance
testimony 25, 33, 62, 74, 136–9,
202–4, 256–8, 260–2, 266, 269,
278–82, 299, 308, 378

HISTORICAL (cont.):
  thinking 2, 7, 148, 155, 188, 289, 307, 389, 397, 405; continuity of 465–7; development of 372, 375, 377, 463–7; process of, see process of historical thought; progress in, see progress in historical thought; rationality of 155, 167, 176, 249, 349, 493, 495–6; and reflection 307–9, 409
  tradition 26, 34–5, 37–8, 44, 52, 56, 62–3, 69–70, 381, 385, 487
  truth 19, 37, 39, 59–61, 71, 135, 169, 170–1, 180, 192, 194, 204, 235, 237–8, 240, 243–4, 246, 248, 256, 258–9, 261, 265, 284–5, 297–8, 333, 343–4, 373–4, 377–81, 385, 387, 389, 391, 398–400, 445–6, 452, 458–9, 462, 469, 474; relative 238, 248, 391–2, 459, 474
  understanding xxviii, xxxvi, 39, 48, 58, 92, 97, 103, 113–15, 128, 132, 173, 175–6, 192, 195, 199, 202–3, 214–15, 218–19, 223, 225, 228, 230, 283–4, 301, 310, 329, 334, 407–8, 418, 420–2, 424, 437n., 443, 447, 450, 452, 468, 470, 483
  universalism 456
  witness, see witness
historicism xx–xxii
historicity 179, 200, 210n., 227
historiography:
  Cartesian 61–3
  Christian 49–52
  of the Enlightenment 76–81, 87–8, 116
  European 46, 48
  French 189–90
  Greco-Roman xvii n., 17–45, 46, 52, 55
  Greek 26, 31, 451
  Hellenistic 52, 451
  medieval 52–6, 57
  nineteenth-century 122, 127, 131–2, 143–7
  positivistic 127, 131–2
  Roman 52, 451
HISTORY:
  accidents in, see history, contingency in
  apocalyptic 49–50, 52, 80
  and archaeology xxx; see also archaeology as the methodology of history
  of art, see art, history of
  autobiography and 27, 295–6, 398, 464
  autonomy of xi–xii, xxxviii–xxxix, 125–6, 131, 140, 148, 151, 155, 159, 201, 209, 244, 256, 264, 318–19
  biography and 94, 304, 347, 381, 398, 432
  chance in, see history, contingency in
  and change, see change in history
  and Christianity 46–52, 387–8
  and chronicle 202–3
  'common-sense' theory of xli, 234–6, 238–40, 242
  constructive xli–xlii, 71, 209, 240
  contemporary 202, 289, 451
  contingency in 45, 49, 117, 143, 149–51, 177–8, 180, 347–8, 437n.
  continuity in, see historical continuity
  critical xli, 37, 61–2, 71, 135, 137, 147, 209, 239, 259–60, 270, 274, 376, 382, 386, 411–13, 433, 488–91
  cyclical theory of 67–8, 181, 264, 328, 415n., 416n., 471–2, 492
  and detective stories 243, 266–8, 270–3, 275–6, 280–2, 320
  determinism in 36, 54, 57, 94; see also historical necessity
  dogmatic 376–8, 386, 488, 490–1
  and duty, see duty, history and
  economic, see economics, history of
  and economics, see economics and history
  empirical 1, 113, 118, 176
  as an empirical concept xxxiii, xlviii, 355–8
  epistemology of 140, 184
  and eschatology 54
  and ethics, see ethics and history
  and exact sciences 250–1
  and feelings, see feelings and history
  and fiction 239, 341
  of the first degree 379–82, 407–9, 463, 467
  formal element of 368, 372
  fortune in 36
  and freedom xii–xiii, xxxviii–xxxix, 97–8, 103, 106–8, 112, 114, 125, 165, 177–8, 315–19, 348, 475
  geography in 78–9, 90–1, 97, 200
  of history 248, 379–82, 407–10, 461–9
  being history of thought xxiv–xxv, xlvi, 115, 117, 120–1, 215, 227, 288, 304, 317, 444–50, 474, 479

and human actions 9, 15, 18–20, 41–5, 118, 213–16, 348, 368, 475–6, 479–80
and human nature, see human nature and history
humanistic 18–19, 37, 40, 49, 57
ideality of 404, 426–7, 429, 440, 442–3n., 448–9, 456–9, 474, 482
the individual and x, xxv, xxxix–xl, 40–1, 46, 48, 53, 95, 98, 118–19, 140–1, 149–51, 161–3, 166–8, 169, 172–3, 178, 191–9, 220, 233–4, 303, 347, 383, 486n., 491
irrationality in 77–9, 93, 100, 102–4, 117, 150, 231
and laws, see laws and history
and logic, see logic and history
as a logical process 117–18
material aspect of 368, 372
materials of 25–6, 33, 38, 55, 127–8, 137, 153, 172, 178, 180, 200–1, 346, 356, 368–70, 373–4, 378, 382, 386–7, 398, 417, 460, 463, 487–9, 491–2, 496
and mathematics, see mathematics and history
and memory 26–7, 32, 58, 62, 69, 70, 74, 234–5, 238, 252–3, 257, 293–6, 302, 307, 364–7, 407, 435–6, 482–3, 486–8
methodology of 346–9, 385–90, 427, 434–5, 491, 496; empirical 388, 427, 491–2, 496 (see also archaeology as the methodology of history; historical sciences); general or pure 388–90, 427, 492, 496 (see also philosophy of history as methodology of history)
and mind, see mind and history
moral judgements in, see judgements, moral, in history
and morals, see morals, and history
of morals, see morals, history of
of music 440–3
mythical 15–19
national 34, 68, 398
and natural environment 78–9, 89, 91
nature of 7–12, 21, 35, 110, 153–4, 156–8, 347–9, 359
and nature, see nature and history
of nature, see nature, history of
and novels 242–3, 245–6, 455
object of xxxix, 2, 5, 7, 9, 12, 65, 132, 151, 153, 157, 178–9, 214, 216, 218, 233–4, 294, 302–5, 307, 327, 347–8, 355–7, 359, 366–7, 403–6, 409–10, 413, 428–30, 434–5, 439–50, 482–5
objectivity of xxv–xxvi, 366–7, 391
a parte objecti and *a parte subjecti* xxiv, xxxviii, xlvi, 428–9, 434–5, 439
particular 33, 49, 426–7, 452, 460–1, 467, 469, 472
passion in 57, 103–4, 116–17, 400, 402
and perception 233, 307–8, 410, 420, 449, 482
philological 204, 300
philosophical 113–14, 176, 201, 481
and philosophy, see philosophy and history
of philosophy, see philosophy, history of
pigeon-holing in 163, 264–5
point of view in xxiin.,66, 81, 108, 130, 147, 183, 248, 375, 398–9, 413–14, 416n., 421, 437n., 455, 471–2, 474, 479–81
political 73, 88n., 105, 121–2, 123, 125–6, 132, 213, 215, 309–11, 347, 397–8, 480
positivity of 401, 470n.
and practice 381, 399, 402–4
and prehistory, see prehistory
in the primary sense, see history of the first degree
a priori 108–10, 117, 264, 417
providential 48–53, 55, 100
pseudo- xlvi, 203–4, 223, 262, 300
and psychology, see psychology and history
purpose of 10, 37, 51, 61, 180, 348, 359, 396–8, 406–8, 418, 468, 492–3, 495; pragmatic 23–4, 35–6, 39, 45, 59–61, 396–7, 406
rationality in 80, 93, 99, 101–4, 123, 144, 402
rationality of 77, 80, 88, 89, 111, 113, 116–17, 122, 402, 493–6
ready-made 163, 235, 243, 246, 256, 264, 274–5, 277–8, 305, 372–7, 386, 391, 486n., 488
and re-enactment, see re-enactment, conception of
of religion, see religion, history of
and science 73, 96, 125, 127–31, 139, 142, 144, 148–9, 151, 152, 155, 161–2, 165–8, 172–3, 175–6, 177, 183, 190, 192–3, 199, 201, 214, 222–4, 228, 234,

HISTORY (cont.):
    249–56, 264–5, 305, 315, 318, 320, 356–7, 399, 411, 417, 424, 433, 445, 460–1, 475, 482, 488, 492
    as a science 18, 148, 192–3, 249, 251–3, 258, 264–5, 320, 427, 432
    of science, see science, history of
    scientific 14, 26, 76, 146, 176, 263, 268–70, 275–6, 279–82, 320, 385, 433, 457, 461, 490
    scissors-and-paste, see scissors-and paste method in history
    of the second degree, see history of history
    and self-knowledge xi–xiii, xxxviii, 10–11, 12, 18–19, 113, 142, 174–5, 202, 226–7, 292, 297, 315
    as a spectacle 97, 121, 163, 170, 181, 184, 187, 214, 218
    and statistics, see statistics and history
    subject-matter of 65, 121–2, 132, 213, 216, 302–15, 347, 355–6, 421, 426, 451–72, 477–8, 485
    and substantialism, see substance, conception of
    tendentious 397–400
    theocratic 14–17, 18–19, 50
    as theodicy, see theodicy
    as a transcendental concept, see transcendentals of history
    universal 1, 27, 31–4, 37, 49, 50–4, 84, 103–4, 105, 114, 127, 265, 347, 419, 421, 426–7, 433, 452–5, 457–9, 467, 469, 471–2, 477, 481, 485
    value of, see history, purpose of
    of war 215, 249–50, 310–11, 347, 397, 408, 439, 441, 448, 464, 472–4, 484
Hobbes, Thomas 100, 107, 229
Holmes, Sherlock 281
Homer 18, 67, 76
Honorius 456, 459, 467
Horsley, J. 62
How, W. W. 19
human nature xviii, xxxvi, 73, 76, 82–5, 86, 89, 91–2, 96, 98, 111, 226
    and freedom 98
    and history 46, 65, 76, 84, 91, 117, 226
    science of 206–9, 220, 224–5, 229
Hume, David xviii, 47, 64, 71, 73–8, 81–3, 87, 97, 142, 194, 206–7, 222, 224, 446, 469

Hundred Years War 250
Huxley, T. H. 146
hypothesis 336–7, 339–40, 445

Idea of History:
    background of v–vi, ix–x
    composition of xi–xix
    Epilegomena xi–xv, xxiv
    Knox's preface xix–xxiii
    reception of xxiii–xxviii
Idea of Nature ix–x, xvi, xix–xx, xxxv
ideal, the xliv, 109, 396, 404, 440
idealism 64, 124, 149–51, 159, 165, 300, 352, 450
ideas:
    'diffusion' of 71
    innate 72, 82, 247–8
individuality, conception of 162–3, 166–7
    see also history, the individual and
induction 23, 127, 139, 254–5, 261, 383–4, 392
inference, nature of 252–4, 261
    historical, see historical inference
Inge, W. R. 143, 155, 415n.
Isidore of Seville 51
Isocrates 35, 45

Jean, C. F. 11
Jerome 51
Jesus 135–6
Joachim of Floris 54
Joseph, H. W. B. 143, 437n.
judgements:
    historical 132, 137–8, 164, 195–7, 201, 258, 325–7, 329, 391, 393, 402, 410, 436, 439, 470n.
    moral, in history 347, 402–4
    nature of 194–5, 337–40
    universal and individual 140–1, 194–7
    of value 168, 215, 327, 402, 437n., 470n.
Julius Caesar 2, 53, 74, 138, 172, 174, 213–15, 240–1, 379–82, 398, 406, 452
Jullian, C. 189
Junius, letters of 342

Kant, I. xix, xxxii, xlviii, 60, 82, 92, 122, 128, 165, 172, 194, 206–7, 224, 229–30, 232–3, 236, 240–2, 248, 264, 322, 352, 426–7, 447
    his philosophy of history 93–104, 105, 106, 109–11, 112, 114, 116–18, 121, 264, 433, 481

Kepler, J. 94
knowledge:
  copy-theory of 284–5, 288, 448–50
  historical, see historical knowledge
  mathematical, see mathematical knowledge
  realistic 448–9, 482; see also realism
  theory of 2–3, 20–1, 28, 64–6, 188, 233–4, 342, 404–5, 424, 429, 466–7, 494
Knox, T. M. v, ix–xxiii, xxix, xxxviii

La Tène civilization 452–3
Lachelier, J. 185–6
Lamprecht, K. 176–8
Langlois, C. V. 143
Lasso 441
laws:
  historical 127, 130–1, 144, 176–8, 181–2, 214, 323, 492
  and history 1, 149, 166–7, 453, 476
  nature of 434–5, 476–7
  of nature 93, 136, 139, 146, 169, 475–6, 495
  scientific 127, 132–3, 166–7, 335, 475, 494
Lectures on the Philosophy of History (1926) xxix, xxxiv, xxxvi, xl, xlii–xlviii
Lectures on the Philosophy of History (1936) xi, xiii–xix, xxix, xxxvi–xxxvii
legend 17, 18–19, 37, 58, 70, 135, 373
Leibniz, G. W. 62–3, 65, 96, 101, 183, 185, 194
Livy 36–8, 40, 43–4, 52, 57, 130, 269, 382, 399
Locke, John xviii, 64, 71–3, 82, 99–100, 142, 206–7, 209, 220
logic 3–4, 6, 253–5, 337–8, 340, 344, 351, 434–5, 476
  and history 106–12, 114, 117–18, 123–5, 140, 143, 194, 229, 251, 253n., 264, 337, 390, 417, 492–3, 495
  inductive, see induction
  and linguistics 318–19
  and mathematics 335–6
  of questioning 273–4, 281; see also question and answer
  transcendentals of, see transcendentals of logic
Lotze, R. H. 165

Mabillon, J. 77
Macaulay, Baron Thomas 146, 241, 408, 469
Machiavelli, N. 57, 68, 191
Mackenzie, R. 145–6
Maitland, F. W. 127, 146, 469
Marathon, battle of 379, 391, 402, 408, 442, 449
Marcus Aurelius 32
Marius 296
Mark, St 388
Marx, Karl xii, xix, 122–6, 264–5, 345, 347, 429
Marxist historians 52
materialism 125, 209, 309, 346, 475
  dialectical 125–6
  historical 126, 345–6, 469, 475–6, 492
mathematical knowledge xli, 4–5, 64–5, 217–18, 248, 251, 262–3, 335–6, 338–40, 482
mathematics 4–6, 59, 61, 64–5, 73, 82
  Greek 4, 20, 225, 253
  and history xli, 5–6, 217–18, 225–6, 248, 251, 262–3, 417, 419, 482
  and logic, see logic and mathematics
  and philosophy, see philosophy and mathematics
memory 293–4, 304, 306–7, 364–7, 411
  and history, see history and memory
Mesopotamia 14–17
metaphor 15, 46, 70, 95–6, 237, 273, 363, 405
metaphysics x, xxii, xxvi, xxxvii, 6, 59, 66, 82, 97, 184–5, 207, 350, 434–5
  and history xxi, xxxiv, 3, 20, 42–3, 47, 71, 99, 140, 144, 184, 217, 222, 415n., 429–30, 435
meteorology 1, 249–50
Meyer, E. 176–81
Michelangelo 383
Mill, J. S. 139, 195, 197
mind:
  corporate 77, 219–20, 226
  and freedom 97, 112, 165, 187–8
  and history xxiiin., xlviii, 64–5, 69–70, 83, 96–7, 112, 141, 162–3, 165, 174–6, 188, 190, 199, 209, 218–21, 226–7, 247, 304, 410, 422
  nature of xxxv, xliii, 42, 69–70, 72, 76, 82–3, 96, 113, 141, 186, 205–6, 222, 226–7, 229, 231, 288, 292, 297, 476, 492

mind (*cont.*):
  and nature, *see* nature and mind
  and philosophy, *see* philosophy and mind
  and psychology, *see* psychology and mind
  science of 1, 84, 220–4, 229–30
  and self-knowledge xi–xiii, xxxviii, 85, 113, 141–2, 152, 174–5, 202, 208, 220, 226
  understanding of 206–8
  transcendentals, *see* transcendentals of the mind
Mink, L. O. xxi, xxvii
miracles 136, 139, 240
Moabite Stone 16
Mommsen, Th. xxii, 127, 131, 380–1, 398–9, 469
Montesquieu 78–9, 81, 82, 97, 200
morals 207, 344–5
  history of 73, 195, 310
  and history 36, 168, 229, 396–7, 400, 456
  and progress, *see* progress in morality
Moses 403
Mozart, W. A. 330, 441
Mussolini, B. 467
myth 15–18, 70
mythology 17, 70

Napoleon 172, 223, 379, 401, 464, 473–4
nationalism 53, 132
naturalism 148, 151, 176, 181, 193, 324
  historical 123, 125, 163, 181–3, 315, 475
nature:
  history of 114, 211, 302, 476
  and history 78–9, 93–9, 101, 104, 105, 111, 112, 114–15, 124–5, 128–9, 162, 164, 165–6, 169–70, 175–6, 184, 197–200, 210–17, 231, 239, 318–19, 321–4, 330–1, 420, 475–6
  and mind xxxv, 85, 92, 96–7, 108, 113, 123–4, 128, 162, 165, 176, 185–6, 190, 209, 217, 223
  and progress, *see* progress of nature and spirit 200
Nelson, Horatio 473–4
Nennius 385
Neoplatonism 38
Nero 44, 244–5
New Leviathan x, xx–xxii, xxxix–xl

New Testament 135–6, 240, 387–8
Newton, Isaac 94, 229–30, 313, 332–4, 446–7, 450, 453
Niebuhr, B. G. 130
Nietzsche, F. 296
Noah 373, 397
Novalis 179

Oakeshott, M. J. 151–9, 180, 289
Occam's razor 12
Old Testament 17
Outlines of a Philosophy of History (1928) xxix, xxxiv, xxxvi, xxxviii, xlii–xlviii

Palestrina 441
Pascal, B. 80
past, the:
  actuality in the present of xxxviii, xliv, 158, 164, 170, 171, 174–5, 182, 187–8, 218, 225–6, 229–30, 404–6, 410, 413, 415, 441–2, 443n., 444
  ideality of xliv–xlv, 364, 403–7, 410–11, 413, 418–21, 424, 427, 441–2, 443n., 444, 449
  knowledge of xliv–xlv, 363–5, 392–4, 404, 406, 409, 412, 427, 435, 450, 483–4, 487
  nature of xliv, 154–5, 157–8, 359, 363–7, 403–4, 410–19, 435, 450
  as necessary xliv, 413, 422
  relation to the present of, *see* present and its relation with the past
Pater, W. 88n.
Peasants' Revolt 420, 462–3, 465
Peloponnesian War 19, 27, 233, 244, 260
Percy, Bishop 88
Pericles 401
Persian Wars 27, 32
Petrarch 191
Petrie, Sir W. M. F. 264
Phaedra 22
philosophy:
  and art 425, 493–4
  of art 335–6, 431–2
  history of 63, 88n., 120–2, 123, 126, 132, 173, 179, 203, 215, 283, 311–13, 314
  and history xx, xxix–xxxiv, 3, 8–9, 61, 63, 72–3, 76, 82, 103–4, 105, 122, 142–4, 147, 151, 156–7, 159, 163, 196–7, 201, 215, 231–3, 248, 342,

348–52, 359, 376, 389–90, 422, 424–5, 427, 433–4, 482, 492–6
and mathematics 339–40
and mind 1–5
nature of xxxii, xliii, 1–6, 76, 121, 156, 173, 231–2, 335–40, 345–6, 350–2, 376, 424–5, 428, 433, 492–5
and philosophy of history xlviii, 336–7, 346, 349, 355, 425
of politics 196, 210–11, 229, 336–7
progress in, see progress in philosophy
of religion 335, 431–2
and science 152, 197, 335, 337, 340, 345, 424–5, 493–4
and transcendentals, see transcendentals of philosophy
philosophy of history:
form of 349
matter of 349
metaphysical 3, 429–30
as methodology of history 347, 429–30, 434–5, 492, 496; see also history, methodology of
nature of 1–7, 93, 96, 104, 111, 113–14, 118–22, 126, 128, 142, 144, 170–1, 172, 175, 184, 311, 335–7, 341–50, 355–8, 429–30, 431–5, 492, 496
and philosophy, see philosophy and philosophy of history
'second stage' of xxxix, 6–7
and study of history xxxiii, xlviii, 144, 346–7, 433–4, 492, 496
as transcendental, see transcendentals of philosophy of history
Pilgrim Fathers 119
Plato xliii, 21, 23, 26, 28–9, 31, 35, 42, 45, 46, 65, 68, 98–9, 110, 124, 143, 210, 215, 229, 274, 300–1, 313, 329, 332–3, 336, 415n., 439, 449
Poirot, Hercule 281–2
politics x, 60, 86, 92, 120, 189, 207, 213, 229, 281, 309, 311, 314, 331, 336–7, 379, 398–9, 400–1, 456, 462, 472, 476
philosophy of, see philosophy of politics
see also history, political
Polybius 33–6, 37, 43, 68
Polycrates 23–4
Polydore Virgil 58
Popper, Sir Karl xxiii
Poseidon 22

positivism 1, 126–33, 134–6, 139–40, 142–3, 144, 147–51, 159, 171, 174–5, 177, 179–80, 183–5, 429
historical 153, 155, 161, 169–70, 180, 181–2, 228, 417
prehistory xxxv, 12, 372, 374, 469, 490
present, the:
actuality of 364, 403–5, 410, 412, 424
history as understanding 106, 406, 418, 420–2, 437n., 468–9
nature of 109, 363–4, 405, 410, 413
past and future as ideal elements of xliv, 364, 405, 408, 410–11, 413, 422
and its relation with the past xxv, xxxv–xxxviii, xlv–xlvi, 22, 60, 66, 87–8, 104, 105, 106, 108–10, 114, 119–20, 153–5, 157–8, 164, 169–71, 175, 179–80, 182, 187–8, 203, 218, 225–6, 229–30, 247–8, 284, 287, 289–90, 293–4, 296–7, 306, 326, 333–4, 347, 381, 406–7, 409, 414–16, 418, 420, 440–1, 442n., 443–4, 447–8, 450, 467–9, 480, 482–7
principles:
of history, see historical principles
nature of 230, 342–6, 351, 417, 475–6, 479, 475–6
Principles of Art ix, xx, xxvii
Principles of History ix–xvii, xix–xx, xxiii, xxvii, xxxvii–xlii
content of xi–xv, xvi n., xix
process xiv, 21, 363, 437n.
dialectical 56, 76, 119, 122
historical 43–4, 46, 48–9, 51, 53–4, 56, 65, 80–1, 83, 85, 98–9, 101, 103, 105, 110–11, 113, 115–17, 123, 149–50, 163–5, 169, 171, 172, 174–5, 181–2, 226–7, 231, 302, 324, 330, 400–1, 437n., 468, 472, 474, 479; historian as part of, see historian as part of the historical process; see also history, cyclical theory of
of historical thought 389, 397, 405, 434, 457, 464, 466–7
mental 83, 182, 184, 187–8
natural 165–6, 225, 302, 304, 321–4, 330; as cyclical 114
in nature and history xiv, xxxv–xxxvi, 92, 93, 97, 114–15, 128–9, 171, 175–6, 184, 190, 197, 199, 210, 212, 215–17, 220, 225–6, 228, 302, 322–4, 437n.
spiritual 175, 184, 186

progress, idea of 85, 144–6, 321–2, 328, 333–4, 394, 396, 426, 478–9
　in art 83, 330, 332
　in economics 331
　in happiness 330–1
　historical 87, 90, 94, 99–104, 105, 113, 114, 120, 129, 144–6, 264, 321–30, 334, 415n., 426, 429, 433–4, 478–81, 492
　and historical thought 333–4
　in historical thought 86, 391, 393–6, 464
　in the Lectures on the Philosophy of History (1936) xiii–xiv
　in morality 330–1
　of nature 99, 104, 129, 321–3
　in philosophy xliii, 63, 332–3, 429
　in rationality 99, 103
　in religion 333
　in science 83, 332, 413, 479
psychology 2–3, 121, 174, 186, 208, 230–1, 344, 431–2, 435, 470n.
　and history 2, 29–30, 40, 91–2, 172–5, 190, 303, 305, 365, 375, 381–2, 384, 389, 483
　and mind 2, 174, 186, 221, 223, 230–1
Pythagoras 98, 217, 263

Quakerism 123
question and answer xxviii, xxxi, xli, 9–11, 14, 18, 28, 237, 269–70, 274, 281, 485–7, 488n.
　see also logic of questioning
questions:
　and evidence 18, 247, 280–1, 485–7
　historical 18–19, 66, 132, 248, 256, 260, 270, 273, 275, 347–9, 367, 406–8, 452–3, 460, 468, 463–5, 484, 486–7
　see also witness, cross-examining of
Quintilian 37

race 90–2
Ranke, L. von 122, 130, 132, 393, 394n.
rationality, man's 19, 41–2, 89, 98–9, 101, 115–17, 121, 185, 207, 216, 227, 231, 316–19, 323, 476
Ravaisson, J. G. F. 185
Real Property Act (1923) 369
realism 142, 366, 442, 448, 482–3
　in history 181, 394–5, 403, 410, 417, 419–20, 439, 443, 448–9, 458, 482–4
reality xxxvi, 21, 66, 72, 96–7, 107, 112, 140–1, 143, 151–2, 156, 158, 167, 169, 184–6, 197–8, 209, 298, 340, 352–3, 395, 410, 420, 422–4, 435, 439
　historical, see historical reality
　ideal parts of 405, 424
re-enactment, conception of xi, xiv, xvi n., xxiv–xxviii, xxxvii–xxxviii, xlvi, 39, 65, 97, 115, 138, 158, 163, 177–8, 202, 204, 215–19, 226, 228, 282–304, 308, 312–13, 326–7, 329, 334, 441–50, 463, 470n.
　methodological interpretation of xxv, xxvii–xxviii
Reid, T. 206
religion x, xxxii, 12, 70, 76–9, 121, 255, 314–15, 374, 376, 425, 431, 493
　as an empirical concept 432
　history of 105, 121–2, 123, 132, 135–6, 311, 314, 329, 347, 387–8
　philosophy of, see philosophy of religion
　progress in, see progress in religion
　as a transcendental concept, see transcendentals of religion
Religion and Philosophy xx
Renaissance:
　historians 57–8
　humanists 79
　papacy 402
　scholars 88n.
Resurrection, the 135–6
Revolution of 1688 250
Rickert, H. v, 168–70, 172, 197
Roman:
　Britain x, xxx–xxxi, xxxv
　Empire 38, 131, 164, 166, 369–71, 393, 452, 456
　historiography, see historiography: Greco-Roman, Roman
　history xxii, 36–7, 40, 43, 49, 62, 130–1, 218, 382, 393, 452, 467, 480
Roman Britain xxxi
Roman Britain and the English Settlements xxxi, xxxv
Roman Inscriptions of Britain xxxi
Romanticism 53n., 57n., 79, 86–8, 93–4, 99, 105, 132, 179, 442n.
Rome xvi, xvii n., 34–8, 44, 47–9, 51, 69, 95, 119, 182, 240–1, 329, 400–1
Romulus Augustulus 467
Romulus and Remus 373
Rousseau, J.-J. 86–7, 93, 107, 376
Rowse, A. L. xxiv

Rubinoff, L. xxi
Ruggiero, G. de xxx–xxxi, xlv, xlvii, 335n.
Russell, B. 142, 411, 413
Ryle, G. xxvi

St Albans, monk of 52
Salamis, battle of 464
Santayana, G. 225–6, 439
savages 70, 100, 227, 422, 469, 476, 492
scepticism xx, xxii, 65, 75
  and historical knowledge xxvi, xxxii, 45, 61–2, 136, 248, 279, 375–7, 391, 427, 462
Schelling, F. W. J. 111–13, 114
Schiller, F. 53n., 57n., 104–5, 106, 114
Schlegel, F. von 433
Schopenhauer, A. 167
science, natural xxxii, 4–5, 9, 107, 126–8, 134, 142, 144, 148, 169, 184, 186, 198, 222, 249, 252, 255, 320, 383
  history of 132, 213, 311–13, 408, 444–6
  and history, see history and science
  and philosophy, see philosophy and science
  progress in, see progress in science
  as a transcendental concept, see transcendentals of science
scientific thinking 5, 139, 188, 190, 237, 252–6, 269–74, 311–12, 335, 424
  facts 132–3
Scipionic circle, the 36
scissors-and-paste method in history xli, xlvi, 33, 36, 125–6, 143, 257–66, 269–70, 274–82, 319, 488
Scott, Sir Walter 87
Seignobos, C. 143
self-knowledge 85, 205, 292, 297
  and history, see history and self-knowledge
  and mind, see mind and self-knowledge
Sennacherib 16
Shakespeare, William 447
Simmel, G. 170–1, 174–5, 192
Simon, St 415n.
Simpson, F. G. xi
situation xxxix–xl, 115–16, 215, 223, 283, 316–17, 324–5, 396, 422, 475, 477
socialism 125, 204, 379, 399
sociology 77, 128, 130, 148–9, 169, 180, 337

Socrates 28, 33, 39–40, 273–4, 313
solipsism 288–9, 343
Solon 219
Sophists, the 99
sources 56, 62, 69, 127, 130, 245, 259–60, 269, 277–80, 348, 367, 368–90, 391–3, 435, 451, 457, 463, 487–90, 492–3
  analysis of 130, 238, 245
  interpretation of, see historical interpretation
  unwritten 62, 210, 238, 258, 277, 336, 372, 489
  written 210, 238, 277, 336, 347, 370, 372, 489
Sparta 160, 400, 403
Speculum Mentis xx, xxxii–xxxiii, xlv, xlviii
Spencer, H. 144, 146, 225–6, 429
Spengler, O. 181–3, 223, 225, 264, 471
Spinoza, B. de 6, 63, 152, 179, 352, 357
spirit 175, 184–6, 374, 445
  and freedom 184–6
  and nature, see nature and spirit
  see also process, spiritual
statistics and history 94, 131, 228
Stebbing, L. S. 143
Stoicism 32, 36, 38–9
Strauss, D. F. 135
Stubbs, W. 146
substance, conception of 34–5, 42–7, 49, 55, 76, 81–3, 222
Suetonius 244–5
Sumerians 11–12
  chronology and dynasties of 468

Tacitus 38–40, 44–5, 245, 269, 371, 399
theodicy 400–2
Theodosian Code 283
theogony 15, 17
theology 4–7, 46, 55–7, 116–17, 126, 232, 255, 258, 415n.
theory, nature of 340–1
  and practice xxxix, 381, 460
thought:
  act of 287, 291–4
  and context 116, 298–301
  as a corporate possession 226, 450
  of the first degree 1–2
  and flow of consciousness or experience 286–7, 291, 293–4, 296, 300, 302, 304, 306–7
  identity of xlvi, 285–8, 298, 300–2
  immediacy of xlvi, 297–303

thought (cont.):
  in mediation xlvi, 158, 297, 300–1, 303
  nature of xxv, xxxvii, 116, 119, 121, 123–4, 141, 151–2, 186, 194, 216, 227, 288, 306, 423, 444–5, 450, 474–5
  philosophical 335
  relation to action, see action, relation to thought
  relation to time, see time in relation to thought
  of the second degree 1, 3
  and self-consciousness 306–7
  subjectivity and objectivity of 291–2, 294, 297
  as a transcendental concept, see transcendentals of thought
  unconscious 307–8
Thucydides 17–20, 25–31, 33, 35, 42, 52, 244, 260, 269, 350, 368, 371, 382, 451
Tiberius 44, 382
Tillemont, L. S. Le Nain de xxii, 61–2, 77
time xliv–xlv, 72, 110, 187–8, 363–4, 405, 411, 414, 449, 477–8
  and logical sequence 109–10, 117, 211, 477
  in relation to thought 218, 286–7, 293
  sense of 182–3
Titian 330
Toulmin, S. E. xxx
Toynbee, A. J. xxiii, 159–65, 183, 264
Trafalgar, battle of 473–4
transcendentals, conception of xxxiii, xlviii, 335–8, 351–3, 357
  of action 352
  of art 352–4, 357, 423, 431–2
  of history xxxiii, xlviii, 337, 339, 344, 349, 355–8, 408, 422, 424, 432, 492
  of logic 338, 353
  of the mind 353–4, 422
  of philosophy 351–2
  of philosophy of history 357

  of religion 423, 431–2
  of science 352–4, 357
  of thought 352, 423–4
truth:
  historical, see historical truth
  nature of xxv, 3–4, 31, 63, 64, 72, 107, 225, 284–5, 344, 374, 445–6
  of reason and truth of fact 63, 194–6, 234

understanding 64, 70, 83–5, 87, 94, 172, 174, 192, 195, 198, 205–9, 222, 232, 299–300, 334, 338, 340–1, 343, 394–5
  see also historical understanding
universal and necessary concepts, see transcendentals
Utopianism 80, 85, 86, 93, 114

Velleius Paterculus 382
Vico, G. xxx, 61, 63–72, 76–7, 103, 130, 259–60, 264
Voltaire 72, 76–8, 81, 86, 93, 101, 113, 328, 375, 376n., 455
  his philosophy of history 1, 432–4

Walsh, W. H. xxvi
Wars of the Roses 472–3
Waterloo, battle of 484
Watson, Miss 403
Wells, J. 19
Whitehead, A. N. xxxv, 211–12, 218, 297
William the Conqueror 382, 448
Wilson, J. Cook 142–3
Winckelmann, J. J. 88n.
Windelband, W. v, 166–70, 172–3, 191–2
witness 25, 137–8, 269, 282, 378, 449
  cross-examining of 25, 31, 237, 259, 378
  see also historical eyewitness
Wolf, F. A. 260
Wuthering Heights 246

Zeus 22

译后记

《历史的观念》是根据柯林武德遗稿汇编而成的一部著作,经柯林武德的学生诺克斯之手编订,于1946年由牛津大学出版社出版。

尽管柯林武德将历史哲学视为自己全部学问的核心,但他生前所发表的历史哲学论著,却只有少数几篇论文,相关遗作主要有《历史的观念》和《史学原理》(未完稿)两部手稿。诺克斯编订的《历史的观念》一书只是以《历史的观念》手稿为主,辅以来源不同的部分文章,尽管不符合作者的初衷,湮没了柯林武德自己最为看重的《史学原理》,但它却风靡一时,成为20世纪西方历史哲学研究的一部经典之作。柯林武德身后的声名可以说主要就是来自于这部书。

1978年,柯林武德的家属将其多达四千页的手稿、笔记等文献资料捐藏于牛津大学的Bodleian图书馆。荷兰学者杜森(Jan van der Dussen)等人最早开始对这批柯林武德文献进行研究,从中发现了《史学原理》一书的部分原稿,以及柯林武德数次讲授历史哲学课程的讲义。为了向世人揭示柯林武德历史哲学著作的本来面目,经家属同意,杜森重新编订《历史的观念》,将新发现的柯林武德历史哲学讲义附录于后,并撰文介绍了柯林武德相关著作、手稿的内容及语境,指明诺克斯编辑过程中的一系列问题。这部增补版的《历史的观念》篇幅几乎增加了一倍,同样由牛津大学出版社刊印行世(1998年)。

《历史的观念》一书的中译工作始于上世纪80年代。依据诺克斯版本翻译的第一个中译本,由何兆武、张文杰于1979—1983年合作完成,作为"汉译外国史学理论名著丛书"之一种,中国社会科学出版社1986年出版。1997年,收入商务印书馆"汉译世界学术名著丛书"再版。2002年,商务印书馆又出版了该书的节选本。

　　杜森新编本的问世,使得对柯林武德历史哲学的研究获得了一个新的文献基础,而重译这部学术经典自然也是题中应有之义。北京大学出版社从牛津大学出版社购得杜森新编《历史的观念》(增补版)的中文出版权,译者应邀重译此书,补充翻译了新刊的柯林武德历史哲学讲义,并对原有译文加以校订。新译部分主要由陈新完成,译文校订由何兆武、张文杰负责。为方便读者参考,译者在近二十年前为旧译本所作序言移为本书附录。

　　需要说明的是,这一翻译工作得到了中国社科院老年科研基金项目的支持,特此表示感谢。

何兆武　张文杰　陈新
2008年12月

历史的观念译丛

已出书目

01 德罗伊森:《历史知识理论》(胡昌智译,2006.07)
   Johann Gustav Droysen, *Historik*

02 帕拉蕾丝-伯克(编):《新史学:自白与对话》(彭刚译,2006.07)
   Pallares-Burke, ed., *The New History: Confessions and Conversations*

03 李凯尔特:《李凯尔特的历史哲学》(涂纪亮译,2007.05)
   Heinrchi Rickert, *Rickert: Geschichtsphilosophie*

04 哈拉尔德·韦尔策(编):《社会记忆》(白锡堃等译,2007.05)
   Harald Welzer, hg., *Das soziale Gedaechtnis*

05 布克哈特:《世界历史沉思录》(金寿福译,2007.06)
   Jacob Burckhardt, *Weltgeschichtliche Betrachtungen*

06 布莱德雷:《批判历史学的前提假设》(何兆武译,2007.05)
   F.H.Bradley, *The Presuppositions of Critical History*

07 多曼斯卡(编):《邂逅:后现代主义之后的历史哲学》(彭刚译,2007.12)
   Ewa Domanska, *Encounters: Philosophy of History after Postmodernism*

08 沃尔什:《历史哲学导论》(何兆武、张文杰译,2008.10)
   W.H.Walsh, *An Introduction to Philosophy of History*

09 坦纳:《历史人类学导论》(白锡堃译,2008.10)
   Jakob Tanner, *Historische Anthropologie zur Einführung*

10 布罗代尔:《论历史》(刘北成、周立红译,2008.10)
   Fernand Braudel, *Ecrits sur l'histoire I*

11 柯林武德:《历史的观念》(增补版)(何兆武、张文杰、陈新译,2010.01)
   R.G.Collingwood, *The Idea of History: With Lectures 1926-1928*

12 兰克:《历史上的各个时代——兰克史学文选之一》(杨培英译,2010.01)
   Jürn Rüsen & Stefan Jordan eds., Ranke: *Selected Texts*, Vol.1, *Über die Epochen der neueren Geschichte*

13 安克斯密特:《历史表现》(周建漳译,2011.09)
F.R.Ankersmit, *Historical Representation*

14 曼德尔鲍姆:《历史知识问题》(涂纪亮译,2012.02)
Maurice Mandelbaum, *The Problem of Historical Knowledge*

15 约尔丹(编):《历史科学基本概念辞典》(孟钟捷译,2012.02)
Stefan Jordan, hg., *Lexikon Geschichtswissenschaft*

16 卡尔·贝克尔:《人人都是他自己的历史学家》(马万利译,2013.02)
Carl L.Becker, *Everyman His Own Historian*

17 孔多塞:《人类精神进步史表纲要》(何兆武、何冰译,2013.08)
Marquis de Condorcet, *Esquisse d'un Tableau Historique des Progrès de l'Esprit Humain*

18 卡尔·贝克尔:《18 世纪哲学家的天城》(何兆武译,2013.09)
Carl L.Becker, *The Heavenly City of the Eighteenth-Century Philosophers*

19 扬·阿斯曼:《文化记忆》
Jan Assmann, *Das kulturelle Gedaechtnis*

20 洛伦茨:《跨界:历史与哲学之间》
Chris Lorenz, *Bordercrossings: Explorations between History and Philosophy*

21 阿莱达·阿斯曼:《回忆空间》
Aleida Assmann, *Erinnerungsräume*

22 利奥波德·冯·兰克:《近代史家批判》
Leopold von Ranke, *Zur Kritik neuerer Geschichtsschreiber*

23 梅吉尔:《历史知识与历史谬误:当代史学实践导论》
Allan Megill, *Historical Knowledge, Historical Error: A Contemporary Guide to Practice*

24 柯林武德:《史学原理》
R.G.Collingwood, *The Principles of History: And Other Writings in Philosophy of History*

待出书目

柯林武德:《柯林武德历史哲学文选》
R.G.Collingwood, *Collingwood: Selected Texts*

吕森:《吕森史学文选》
Jürn Rüsen, *Rüsen: Selected Texts*

德罗伊森:《德罗伊森史学文选》
Johann Gustav Droysen, *Droysen: Selected Texts*

科泽勒克:《科泽勒克文选》
Lucian Hoelscher, hg., *Reinhart Koselleck: Selected Texts*

赫尔德：《赫尔德历史哲学文选》
Herder, *Herder: Selected Texts*

兰克：《世界史的理念：兰克史学文选之二》
Lanke, *Ranke: Selected Texts*

安克斯密特：《安克斯密特历史哲学文选》
Ankersmit, *Ankersmit: Selected Essays*

海登·怀特：《海登·怀特历史哲学文选》
Hayden White, *Hayden White: Selected Essays*

吕森：《历史学：叙事、解释与方向》
Jürn Rüsen, *History: Narration, Interpretation, Orientation*

罗素：《论历史》
Bertrand Russell, *Essays on History*

赫尔德：《人类历史哲学的观念》
Herder, *Ideen zur Philosophie der Geschichte der Menschheit*

特勒尔奇：《历史主义及其问题》
Ernst Troeltsch, *Der Historismus und seine Probleme*

梅尼克：《历史学的理论与哲学》
Meinecke, *Zur Theorie und Philosophie der Geschichte*

耶格尔（编）：《历史学：范畴、概念、范式》
Friedrich Jäger, hg., *Geschichte: Ideen, Konzepte, Paradigmen*

布克哈特：《历史断想》
Jacob Burckhardt, *Historische Fragmente*

艾克克·鲁尼亚：《由过去推动：非连续性与历史突变》
Eelco Runia, *Moved by the Past: Discontinuity and Historical Mutation*

阿斯特丽德·埃尔：《文化记忆与集体记忆引论》
Astrid Erll, *Gedachtnis und Erinnerungskulturen Eine Einfuhrung*

尤尼-马蒂·库卡宁：《后叙事主义史学哲学》
Jouni-Matti Kuukkanen, *Postnarrativist Philosophy of Historiography*

尤尼-马蒂·库卡宁：《历史哲学：21世纪的视角》
Jouni-Matti Kuukkanen, *Philosophy of History: Twenty-First-Century Perspectives*

亚历山大·贝维拉夸，弗雷德里克·克拉克：《以过去时思考：历史学家访谈录》
Alexander Bevilacqua, Frederic Clark, *Thinking in the Past Tense: Eight Conversations*

卡勒·皮莱宁:《历史学的工作:建构主义和关于过去的政治》
Kalle Pihlainen, *The Work of History: Constructism and a Politics of the Past*

托波尔斯基:《历史知识的理论与方法论》
Jerzy Topolski, *Theory and Methodology of Historical Knowledge: An Anthology*